普通高等教育"十二五"高职高专规划教材·专业课（文科）系列

新编刑事诉讼法原理与实务

中国高等教育协会　组织编写

主　编　徐黄华　杨　红

副主编　赵昌平　杨　静　崔樱花　和　梅

主　审　刘新民　延永生

中国人民大学出版社

·北京·

前　言

“刑事诉讼法”是法学专业的一门必修课，是一门理论和实践性都很强的课程。该课程是在学生们学习了刑法，法理等基础法律课程后再次对刑事法律学科进行提高和升华的课程，对于拓宽学生的刑事法律专业知识，夯实法学专业基本功和培养学生自主学习和理论联系实际的学习以及创新能力都具有重要意义。在以往的“刑事诉讼法”教学过程中，教师面临教材的内容难以取舍，且授课难易程度很难把握，而学生又感到授课内容过于庞杂、过深、艰涩和理解困难。同时随着 2012 年 3 月 14 日《刑事诉讼法》的大幅度修改、2012 年 11 月 22 日最高人民检察院《人民检察院刑事诉讼规则（试行）》、2012 年 12 月 20 日《最高人民法院关于适用＜中华人民共和国刑事诉讼法＞的解释》、2012 年 12 月 26 日《最高人民法院、最高人民检察院、公安部、国家安全部、司法部、全国人大常委会法制工作委员会关于实施刑事诉讼法若干问题的规定》以及公安部于 2012 年 12 月 13 日《公安机关办理刑事案件程序规定》的颁布，更使教师们对于《刑事诉讼法》教学有些无从下手。鉴于以上种种原因，为法学专业的学生编写一本实用性强、内容新颖、难易程度适中的刑诉教材就成为一项刑诉教师们的迫在眉睫的任务。恰逢此时，我校收到了中国人民大学出版社“十二五”职业教育规划立项教材编写征稿函。因此，我们组织了本校从事多年“刑事诉讼法”教学的骨干教师，同时吸收专门从事刑诉理论与实践研究工作的新疆兵团第五师党委党校法律理论与实践研究室主任王红梅、新疆兵团电视广播大学刑诉教研室的龙燕老师编写了这本《刑事诉讼法原理与实务》。

本教材有以下特点：

1. 内容新颖

本教材依据 2012 年修改的《刑事诉讼法》，同时吸收了最新的《刑事诉讼法》的立法内容、司法解释以及目前较前沿的《刑事诉讼法》理论，凸显了教材内容的时代性与前瞻性。

2. 内容严谨

本教材在编写过程中，紧扣《刑事诉讼法》条文，不但基本理论部分观点明确、用语严谨，就是课后练习题以及分析等各个细枝末节也严格把关、杜绝谬误。对于整个教材的编写我们力求严谨科学，因为对于进行法制教育教学和育人传道的教材，不应有任何引起歧义的纰漏！

3. 理论简洁、通俗易懂

本教材的内容以简洁为基调，并突出了《刑事诉讼法》理论通说，深入浅出，通俗易懂，同时又对重要概念、重点原则进行了系统概说与对比阐述，通过以法析理，较好地体现了教材论述的简要性、透彻性与实践性。

4. 原理与实践紧密结合

本教材不但对每章的导读案例和课后实务训练的典型案例进行了详细分析，而且还吸收了近几年的司法考试的大量习题。除此之外，对于学有余力的学生而言从每章的拓展与反思中也应有颇为丰厚的收获。

5. 教材结构完整，内容详略有致

本教材每章由导读案例、本章重点与难点、基本理论、导例分析、实务训练、思考与练习和拓展与反思等七部分组成。本教材根据每一章和每一节内容的难易程度和在《刑事诉讼法》中所处的位置，详略程度各有差异。

本教材的撰写分工（以章节先后为序）：本教材由新疆兵团警官高等专科学校党委书记刘新民和校长延永生主审，法律系徐黄华、杨红任主编，由赵昌平、杨静、崔樱花、和梅任副主编，全书由主编徐黄华、杨红审稿、定稿。

刘新民：第一章、第三章；彭东流：第二章；崔樱花：第四章；和　梅：第五章、第六章；王红梅：第七章；赵昌平：第八章，第十五章；龙　燕：第九章；张志平：第十章、第十一章；徐黄华：第十二章、第十三章、第十四章；杨　静：第十六章、第十九章、第二十章；单　珊：第十七章、第十八章；杨　红：第二十一章、第二十二章、第二十三章、第二十四章、第二十五章、第二十六章。

本教材的篇章结构如下：

第一编为刑事诉讼基本理论部分，包括刑事诉讼概述、《刑事诉讼法》的历史沿革、《刑事诉讼法》的基本原则和我国刑事诉讼的专门机关与诉讼参与人，共四章。

第二编为刑事诉讼基本制度部分，包括管辖、回避、辩护与代理、刑事证据、强制措施和期间与送达，共六章。

第三编为刑事诉讼审前程序部分，包括立案、侦查和起诉，共三章。

第四编为审判程序部分，包括刑事审判概述、刑事审判第一审程序、刑事审判第二审程序、死刑复核程序和审判监督程序，共五章。

第五编为刑事执行程序部分，包括刑事执行和刑事执行的变更，共两章。

第六编为刑事诉讼特别程序部分，包括附带民事诉讼、未成年人刑事案件诉讼程序、当事人和解的公诉案件程序、犯罪嫌疑人、被告人逃匿、死亡案件违法所得的没收程序、依法不负刑事责任的精神病人的强制医疗程序以及涉外刑事诉讼程序与司法协助制度，共六章。

感谢本教材编写组全体成员的共同协作与努力。感谢校领导、法律系领导、法院专家和同志们的关心与支持。除此之外，还要感谢学生赵文斌和王佳佳在本教材的编写过程中所给予的大力帮助！

在本教材编写完毕，交稿之际，我们一遍又一遍地予以检查与矫正，内心惶恐，尽管如此，本教材难免有一些不妥之处，敬请使用本教材的师生能够诚恳地批评、指正，希望我们下次做得更好！

编　者

目　录

第一编　刑事诉讼基本理论

第一章　刑事诉讼法概述

【导读案例】 郭某夫妇在家中被人袭击致重伤。公安局将任冀东监狱二支队政治部主任的李久明确定为犯罪嫌疑人，并在李久明家搜出钢珠手枪一支。分局办案人员遂以涉嫌私藏枪支罪将李久明刑事拘留。

公安局办案人员将李久明提至该大队办公室讯问。因李久明坚称此案非己所为，于是侦查人员聂晓东、王建军、杨策组织卢卫东等人，对李久明进行刑讯逼供。李久明受刑不过，承认此案系己所为。市人民检察院提起诉讼，市人民法院以故意杀人罪和非法持有枪支罪判处李久明死刑，缓期两年执行，附带民事赔偿10万余元。其后李久明提出上诉。在此期间，温州市瓯海公安分局看守所在押人员蔡明新供称自己曾闯入郭某家中抢劫伤人的事实，蔡明新的供述后被查证属实。后李久明被无罪释放。市公安局7名民警因涉嫌参与刑讯逼供罪被提起公诉。河间法院认为，被告组织、指挥或参与对犯罪嫌疑人使用肉刑，逼取口供，致人轻伤的行为，均构成刑讯逼供罪。

问： 刑事诉讼法的目的和任务是什么？本案中，刑事诉讼法的目的和任务是否得以实现？

资料来源：载《燕赵都市报》，2004-12-01。

【重点、难点】 刑事诉讼的概念与特征；刑事诉讼法、民事诉讼法与行政诉讼法之间的异同。

第一节　刑事诉讼的概念与特征

一、诉讼的概念与特征

1. 诉讼的概念

诉讼是解决纠纷的一种方式，是国家专门机关在当事人和其他诉讼参与人的参加下，依照法定程序和方式解决各种案件争讼的专门活动。诉讼一词由“诉”和“讼”构成，所谓“诉”，就是控诉、告诉、起诉的意思；所谓“讼”，就是言于公门（官府）的意思。“诉讼”一词的字面含义，就是指发生了争议或者纠纷，告到官府寻求解决的活动，俗称“打官司”。

2. 诉讼的特征

与其他的纠纷解决方式相比，诉讼具有如下的特点：

（1）诉讼是国家司法机关主持的专门活动，以解决争议和处理案件为目的。

（2）参与诉讼的主体不仅要有国家司法机关，还必须有与纠纷存在利益关系的当事人及其他诉讼参与人的共同参加。

（3）诉讼必须严格依照法定程序进行。国家司法机关主持进行的诉讼活动必须遵循法律规定的程序。

（4）诉讼是一种公力救济方式。诉讼的本质特征是由国家权力体现，而并非由冲突主体来解决社会冲突。

（5）诉讼结果具有强制性和终极性。这是诉讼区别于其他纠纷解决机制的核心特征。所谓强制性，是指依照法定程序进行的诉讼活动所确定的纠纷解决方案以及案件处理结果具有强制效力，由国家强制力保障其得以执行。所谓终极性，是指对争议的解决和案件的处理结果具有彻底性和终局性，裁判的结果一旦生效将不允许当事人及其他社会主体再争执。

二、刑事诉讼的概念与特征

1. 刑事诉讼的概念

刑事诉讼是指在国家司法机关的主持下，在刑事诉讼专门机关和诉讼参与人都参加的情况下，依照法定的诉讼程序，处理刑事案件的全部活动。根据对司法机关范围界定的不同，刑事诉讼存在狭义和广义的不同理解方式。狭义上的刑事诉讼仅仅包括由法院主导进行的刑事审判活动，目的在于认定犯罪嫌疑人是否有罪以及是否应承担刑事责任。而广义上的刑事诉讼还包括审判之前进行的立案活动、侦查活动以及审查起诉活动。

2. 刑事诉讼的特征

正确理解刑事诉讼，应当注意把握其如下特点：

（1）刑事诉讼是行使国家刑罚权的活动。刑事诉讼的中心内容是解决被追诉者（即犯罪嫌疑人、被告人）的刑事责任问题。因此，刑事诉讼法与刑法关系密切，学习刑事诉讼法必须对刑法有所了解。

（2）刑事诉讼是一种国家活动。之所以说刑事诉讼是一种国家活动，是因为刑事诉讼是由专门的国家司法机关进行的。刑事诉讼活动主要由侦查机关、检察机关和审判机关负责进行。在刑事诉讼中，检察权贯穿始终，如对公安机关不立案的监督；自侦案件的侦查；批准逮捕；审查起诉；出庭支持公诉；抗诉；执行监督等等。人民法院是唯一享有审判权的机关。刑事诉讼中的侦查权、检察权和审判权是国家权力的具体体现，刑事诉讼是依照体现国家意志的法律进行的，刑事诉讼是以国家强制力为保证的。刑事诉讼的这一特点，使其同个人行为区别开来。

（3）刑事诉讼具有特定的目的，即通过刑事诉讼揭露犯罪、证实犯罪，追究犯罪分子的刑事责任，保障无辜的人不受刑事追究，保障人权，保护公民的合法权利。我国《刑事诉讼法》第 2 条对此进行了明确规定。

（4）刑事诉讼是在当事人和其他诉讼参与人的参加下进行的，尤其是当事人是刑事诉讼不可缺少的诉讼主体时，更不能忽略其重要性。这一特点决定了刑事诉讼的公开性和民主性。

（5）刑事诉讼是依照法定的诉讼程序进行的。司法机关进行刑事诉讼必须依照法律规定，分阶段循序渐进地进行，而不能任意颠倒或者越过诉讼阶段。

第二节　刑事诉讼法的概念、渊源与性质

一、刑事诉讼法的概念

刑事诉讼法是国家制定或认可的，调整刑事诉讼活动的法律规范的总称。它调整的对象是公安机关、检察机关和自诉人为揭露、证实犯罪而实施的追诉活动，被追诉者实施的辩护与防御活动，法院的审查、裁判活动以及其他诉讼参与人参加刑事诉讼的活动。它的内容包括刑事诉讼的基本原则与制度；公安机关、检察机关、人民法院在刑事诉讼中的职权和相互关系；当事人及其他诉讼参与人的权利、义务；刑事诉讼中强制措施的种类、适用对象、条件和程序；规定刑事诉讼各个阶段的任务、程序和进行的方法以及适用的法律文书；规定监督、检查刑事诉讼活动是否正确、合法以及纠正错误的原则、程序和方法等。

二、刑事诉讼法的渊源

1. 宪法

宪法是一国的根本大法，具有最高的法律效力，是一切法律、法规、司法解释赖以产生、存在、发展和变更的基础和前提。刑事诉讼法的所有内容必须以宪法为依据，不能与之相抵触。我国《刑事诉讼法》第1条明确规定，根据宪法，制定本法。

2. 刑事诉讼法典

指1979年7月1日通过的，1996年3月17日第一次修正、2012年3月14日第二次修正的《刑事诉讼法》，这是我国刑事诉讼法主要的法律渊源。

3. 其他法律

指国家立法机关制定的其他法律、法令中有关刑事诉讼程序的规定。如《刑法》、《人民检察院组织法》、《人民法院组织法》、《国家赔偿法》、《监狱法》、《律师法》和《安全法》等。

4. 相关司法解释

主要是指2000年12月13日公布的《最高人民法院关于刑事附带民事诉讼范围问题的规定》，2000年3月公布的《最高人民法院、最高人民检察院、司法部〈关于适用普通程序审理“被告人认罪案件”的若干意见（试行）〉》，2003年3月14日试行的《最高人民法院、最高人民检察院、司法部关于适用简易程序审理公诉案件的若干意见》，2006年12月28日公布的《最高人民法院关于统一行使死刑案件核准权有关问题的决定》，2007年2月27日公布的《最高人民法院关于复核死刑案件若干问题的规定》，2008年5月21日公布的《最高人民法院、司法部关于充分保障律师依法履行辩护职责确保死刑案件办理质量的若干规定》，2008年12月15日的《最高人民法院关于适用停止执行死刑程序有关问题的规定》，2010年1月11日公布的《最高人民法院关于人民陪审员参加审判活动若干问题的规定》，2010年5月30日最高人民法院、最高人民检察院、公安部、国家安全部和司法部联合发布的《关于办理死刑案件审查判断证据若干问题的规定》和《关于办理刑事案件排除非法证据若干问题的规定》，2011年4月18日公布的《最高人民法院关于审理人民检察院按照审判监督程序提出的刑事抗诉案件若干问题的规定》，2011年4月20日公布的《最高人民法院关于死刑缓期执行限制减刑案件审理程序若干问题的规定》，2012年11月22日公布的最高人民检察院《人民检察院刑事诉讼规则（试行）》，2012年12月20日公布的《最高人民法院关于适用〈中华人民共和国刑事诉讼法〉的解释》，2012年12月26日公布的《最高人民法院、最高人民检察院、公安部、国家安全部、司法部、全国人大常委会法制工作委员会关于实施刑事诉讼法若干问题的规定》，

5. 有关行政法规、规章

指国务院及其主管部门颁布的行政法规中有关刑事诉讼的规定，或者本部门业务部门所作的有关刑事诉讼的规定。如公安部于2012年12月13日公布的《公安机关办理刑事

案件程序规定》。

6. 地方性法规

指地方性人民代表大会及其常务委员会颁布的地方性法规中关于刑事诉讼程序的规定。

7. 有关国际条约

我国缔结或者参加的国际条约中有关于刑事诉讼程序具体规定的，适用该国际条约的规定，但我国声明保留的条款除外。我国目前加入的与刑事诉讼有关的国际条约有《禁止酷刑和其他残忍、不人道或有辱人格的待遇或处罚公约》（1986 年 12 月 12 日中国政府签署该公约，同时声明对公约第 20 条和第 31 条第 1 款保留。中国立法机关于 1988 年 10 月 4 日批准该公约，同年 11 月 3 日，该公约对中国生效）。

三、刑事诉讼法的性质

1. 刑事诉讼法是国家的基本法律

刑事诉讼法在国家的法律体系中，占有重要的地位，属于基本法律的范畴。同时，由于刑事诉讼作为一种国家活动，涉及国家和公民之间的关系，宪法规定的重要公民权利，如政治权利、人身权利和财产权利，几乎在刑事诉讼中都会涉及。这样，刑事诉讼法作为调整国家同公民关系的法律也有其独特的法律价值。正是基于这一点，刑事诉讼法直接源于宪法，许多国家都将刑事诉讼中的一些重大原则如审判公开、无罪推定、保障被告人辩护权、公民不受非法搜查等，在宪法中作出了明确规定。

2. 刑事诉讼法是程序法

刑事诉讼法是规定刑事案件应当怎么处理、刑事诉讼应当怎样进行的法律。它所规定的是一起刑事案件发生以后，应当如何立案、侦查、起诉和审判，司法机关在刑事诉讼中有哪些职权，当事人和诉讼参与人在诉讼中有哪些权利和义务，诉讼过程中应当遵守哪些原则、方式和方法，应当履行哪些法律手续等问题。

3. 刑事诉讼法具有阶级性

从根本上讲，刑事诉讼法是为惩罚犯罪服务的，而犯罪则是以不同的行为方式触犯符合统治阶级利益的社会关系。因此，以惩罚犯罪为直接目的的刑事诉讼从根本上讲，是维护统治阶级利益的手段，其阶级性是十分明显的。

4. 刑事诉讼法具有社会共同性

在承认刑事诉讼法在整体上具有阶级性的同时，还应当看到刑事诉讼法的社会共同性。各国刑事诉讼法都包含了一些基于刑事诉讼的客观规律而产生的内容。因为在追究犯罪、惩罚犯罪的活动中，执法人员如何准确地认定事实，正确地适用法律，存在着认识规律和办事规程问题，而且也与科学技术、文明成果有密切关系。通过不断地摸索，人们开始总结出了一些共同的带有规律性的制度，如审判公开、无罪推定、审检分立等。刑事诉讼法的社会共同性为各国刑事诉讼制度间的相互借鉴和移植提供了理论依据。

5. 刑事诉讼法属于公法

法律按其调整的对象可以区分为公法和私法。公法是调整国家机关之间以及国家机关与社会成员之间关系的法律，私法是调整社会成员关系之间的法律。刑事诉讼法既调整公安司法机关之间的关系，也调整公安司法机关与当事人和其他诉讼参与人之间的关系，特别是与犯罪嫌疑人、被告人、辩护人、诉讼代理人之间的关系，属于公法的组成部分，对社会成员私权利的保护具有极其重要的意义。

第三节　刑事诉讼法与其他部门法之间的关系

一、刑事诉讼法与宪法的关系

宪法是制定刑事诉讼法的根据，刑事诉讼法是宪法的具体体现。刑事诉讼法的内容，务必符合宪法的基本原则及其所规定的刑事司法制度、组织和原则。同时，刑事诉讼法必须根据具有最高效力的宪法规范直接解释、运用，因此刑事诉讼法又被称为“应用宪法”。刑事诉讼法甚为重视宪法所要求的人权保障，所以有学者也称刑事诉讼法是“宪法性的刑事诉讼法”。刑事诉讼法规定的内容，务必符合宪法的基本原则及其所规定的刑事司法制度、组织和原则，刑事诉讼法是宪法所规定的政治制度和政治体制的具体体现。

二、刑事诉讼法与刑法的关系

刑事诉讼法与刑法是程序法与实体法的关系。刑法是实体法，规定什么是犯罪，都有哪些行为是犯罪，要受到什么样的刑罚。刑事诉讼法是程序法，规定了什么样的情况下立案侦查，抓到人后如何关押，需要什么条件。公安机关侦查结束后，检察机关如何进行公诉，法院如何进行审判，一审和二审的程序等。接下来就是公检法三家的任务及如何进行衔接，及各个阶段的时限。最后，法院根据罪行，比照《刑法》量刑。刑事诉讼法与刑法都属于刑事法律，都是用于解决犯罪问题的法律，在刑事案件的处理中，没有刑法的正确实施，刑事诉讼法就失去了目的和意义。

三、刑事诉讼法、民事诉讼法和行政诉讼法的关系

1. 相同之处

刑事诉讼法、民事诉讼法和行政诉讼法同是程序法，所以，在三个诉讼法中规定的许多诉讼原则、制度和程序，都是相同的。

（1）相同的诉讼原则。

①司法机关依法独立行使职权；②以事实为根据以法律为准绳；③公开审判；④使用本民族语言文字进行诉讼的原则等。

（2）相同的制度。

①两审终审制度；②合议庭制度；③回避制度；④辩护与代理制度。

（3）相同的程序。

审判监督程序。

2. 不同之处

三大诉讼法由于其任务、目的的差异，使它们在各自解决的实体性问题、诉讼原则、制度和程序方面，又有许多不同。

（1）各自解决的实体性问题性质的不同。

刑事诉讼法解决的实体性问题是涉嫌犯罪的人是否确实犯罪和犯什么罪以及应处何种刑罚问题，是排除一切合理怀疑的；民事诉讼法解决的实体性问题是平等主体之间的民事权利和义务的争议，具有高度盖然性；行政诉讼法解决的实体性问题是国家行政机关的具体行政行为是否合法、正确的问题，是不能事后取证的。

（2）诉讼的原则不同。

刑事诉讼法只有自诉案件才可以调解；民事诉讼法有调解原则；行政诉讼法规定不适用调解原则，在诉讼程序上、在证据制度上、在诉讼结果上都有区别。

（3）提起诉讼的主体不同。

刑事诉讼除自诉案件由自诉人提起诉讼外，均由人民检察院提起公诉；民事诉讼中双方当事人都可以提起诉讼，原告起诉后，被告可以反诉；行政诉讼只能是由行政管理的相对人提起诉讼，行政机关始终处于被告地位，不能反诉。

（4）证据制度不同。

①证据种类上的不同：犯罪嫌疑人、被告人的供述与辩解是刑事诉讼法特有的证据种类；而民事诉讼法和行政诉讼法规定有当事人陈述。

②证明责任的承担方面：《刑事诉讼法》规定公诉人负有提供被告人有罪的证据，并加以证明的责任，被告人一般不承担举证责任（有特例），但可以提出自己罪轻或无罪的材料为自己辩护；民事诉讼法规定当事人对自己的主张负有举证责任；行政诉讼法规定被告方（行政机关）承担举证责任。

（5）参与的专门机关不同。

刑事诉讼中参与诉讼的专门机关有公安机关、检察机关和审判机关，而民事诉讼与行政诉讼参与的专门机关主要是审判机关。

（6）诉讼程序不同。

我国《刑事诉讼法》规定刑事诉讼有侦查阶段，还有专门限制人身自由的强制措施；民事诉讼法规定民事诉讼有特别程序、督促程序、公示催告程序以及破产还债程序；行政诉讼法规定在特定情况下提起行政诉讼在需要先经过行政复议。

（7）适用法律不同。

刑事诉讼主要适用《刑法》和《刑事诉讼法》；民事诉讼主要适用《民法通则》和《民事诉讼法》；行政诉讼主要适用行政法律、法规和《行政诉讼法》。

第四节　刑事诉讼法的目的与任务

一、刑事诉讼法的制定目的

根据《刑事诉讼法》第1条的规定，《刑事诉讼法》制定的目的主要包括以下四个方面：

（1）保证刑法的正确实施。

（2）惩罚犯罪，保护人民。

（3）保障国家安全和社会公共安全。

（4）维护社会主义社会秩序。

此条规定了刑事诉讼法的立法目的，这四个目的之间是层层递进关系，但在该法条中提到“保护人民”，而“人民”是一个政治术语。因此，有的学者主张把“保护人民”改为“保障人权”。

二、刑事诉讼法的任务

《刑事诉讼法》第2条规定，中华人民共和国刑事诉讼法的任务，是保证准确、及时地查明犯罪事实，正确应用法律，惩罚犯罪分子，保障无罪的人不受刑事追究，教育公民自觉遵守法律，积极同犯罪行为作斗争，以维护社会主义法制，尊重和保障人权，保护公民的人身权利、财产权利、民主权利和其他权利，保障社会主义建设事业的顺利进行。其中保证准确、及时地查明犯罪事实，正确应用法律，惩罚犯罪分子，保障无罪的人不受刑事追究是直接任务；教育公民自觉遵守法律，积极同犯罪行为作斗争是重要任务；维护社会主义法制，尊重和保障人权，保护公民的人身权利、财产权利、民主权利和其他权利，保障社会主义建设事业的顺利进行是根本任务。三个任务之间是相互联系，缺一不可的。《刑事诉讼法》第2条规定，尊重和保障人权，这实现了从“人权入宪”到“人权入法”的新突破，其意义是非常重大的。

第五节　刑事诉讼法学的研究对象、方法和体系

刑事诉讼法学是以刑事诉讼法为主要研究对象的一门法律学科，属于部门法学的范畴。刑事诉讼法学同刑事诉讼法的关系是法律学科同研究对象之间的关系。

一、刑事诉讼法学的研究对象

刑事诉讼法学的研究对象包括以下四个方面：

（1）刑事诉讼立法。

刑事诉讼法学首先要全面、系统地研究刑事诉讼法律规范，从理论上进行科学的阐述和说明。不仅要研究、论述刑事诉讼立法的重要性，而且要研究、论述它的科学性，以及具体条文的含义和运用。这样，才能全面准确地理解刑事诉讼法，不断地发展刑事诉讼理论，更好地指导刑事诉讼的实践。因此，刑事诉讼法学的首要任务是对现行刑事诉讼法进行注解。

（2）刑事诉讼实务。

刑事诉讼法学是一门实践性很强的法律学科，研究刑事诉讼法学的目的也在于指导刑事诉讼的实践。因此，刑事诉讼法学还要研究刑事诉讼实务，分析刑事诉讼法在具体贯彻实施过程中的经验和问题。通过总结和研究刑事诉讼的实践经验，指导刑事诉讼立法以及新的实践活动，使刑事诉讼法不断得到修改、完善，更加适应新的形势。

（3）刑事诉讼理论。

刑事诉讼法学作为一门独立的学科，还有自己的一套专业性较强的理论体系，这对于刑事诉讼法律规范的逻辑结构和语义含义的研究是第一个阶段；分析刑事诉讼法律规范的内在缺陷并提出如何进行补充与修改是第二个阶段；对于刑事诉讼法理学的研究是第三个阶段，而恰恰在这个阶段是刑事诉讼理论推陈出新的必经之路，更是刑事诉讼法学研究的理想圣殿。刑事诉讼理论研究还需要开拓的领域十分广阔，如刑事诉讼结构理论、刑事诉讼社会学理论、刑事诉讼哲学、刑事诉讼文化学、刑事诉讼主体理论、刑事诉讼职能与法律关系理论以及程序正义理论等。

（4）古今中外的刑事诉讼制度、司法实践和刑事诉讼理论。

刑事诉讼法学作为一门独立学科，像其他任何学科一样有着自己发展的历史过程。通过古今中外关于刑事诉讼学说和理论的研究探讨，丰富了我们关于刑事诉讼法学研究的内容，并为完善具有中国特色的刑事诉讼法学服务。

二、刑事诉讼法的研究方法

1. 比较分析研究法

比较研究，就是对不同国家的刑事诉讼法进行比较，在比较的基础上进行研究，从而促进中外刑事诉讼法之间的合作和交流。目前，两大法系代表性国家的刑事诉讼法已经基本上有了中文翻译成果，而其他一些国家如英、美、法、德、日、俄等国，他们的权威刑事诉讼法教科书也有了中文译本。这些条件为中外刑事诉讼法的比较研究奠定了基础，有利于更新研究人员的观念。我国现正处于法制过渡、转型的阶段，因此，这些特征注定了我国在未来相当长的一段时间内，将会继续采用比较研究作为刑事诉讼法的基本研究方法之一。

2. 规范分析研究法

规范分析是一种比较传统的刑事诉讼研究方法。它是一种通过分析法律规范的文理解释和价值，并在此基础上结合立法的背景及司法环境，分析法律规范的潜在或者显在的性质和效果。研究人员运用这种研究方法研究刑事诉讼法，有许多优点。一方面基于规范分析，可以通过分析某一法律规范能够适应社会的需求，从而推进我国立法的完善；另一方面，应用规范分析可以更好地为法律规范做出更正确的解释，从而指导我国的司法实践。再者，应用规范分析，能更好地对法律法规进行系统的阐述。不过，就我国目前的情况来看，应用规范分析法研究我国《刑事诉讼法》，仍存在以下不足之处：

（1）应用规范分析研究法理解和解释刑事诉讼法，容易与司法实践之间脱节。这是因为我国《刑事诉讼法》的立法解释往往不够严格，并且主要采用抽象静态的规范性文件进行解释，缺乏典型案例的参照和理解。

（2）应用规范分析法不太重视来自宪法规范对刑事诉讼立法的约束力。刑事诉讼法研究人员往往很少从宪法角度分析具体刑事诉讼制度的具体刑事诉讼行为。在我国的司法实践中，如果公民的基本权利依据宪法受到了侵犯，是无法通过刑事诉讼领域得到救济的。不仅仅如此，如果当事人援引宪法的保障条例提出上述，法院也不会将其作为判决刑事案件的法律依据。

3. 实证研究法

实证研究分析法，就是通过分析和观察经验事实来检验和建立各种理论的研究方法。实证研究是一种近年兴起的刑事诉讼法研究方法。也就是说，实证研究就是要通过尽可能多的方式和渠道，收集经验事实，然后对这些收集到的材料进行分析、推理以及深入研究。刑事诉讼法是一部具有很强操作性的法律规范，研究刑事诉讼法的最终目的，是指导我国刑事诉讼的实践，从而更好地改善我国的《刑事诉讼法》。因此，了解实践及经验事实，对于刑事诉讼法是十分重要的。这也说明了实证研究法对刑事诉讼法的研究具有十分重要的意义。不过，根据目前的研究情况来看，实证研究仍存在些许不足和局限。

4. 历史分析法

历史分析法是刑事诉讼法研究经常采用的方法。刑事诉讼不是从来就有的，而是在一定历史条件下产生的，并随着社会的不断发展而发展。因此，研究刑事诉讼法应当将其放到当时的历史环境中去考察，才能合理解释不同制度下的刑事诉讼法的不同特征，才能合理解释相同制度下不同国家的刑事诉讼法律制度的不同特色。

5. 价值分析法

刑事诉讼中的价值分析法是指通过分析刑事诉讼程序的利益、价值和目的，来研究刑事诉讼程序以及程序模式。在刑事诉讼价值中，公正处于首要地位。因为刑事诉讼的根本目的就是在查清案情的基础上，惩罚犯罪、保障人权，以一种和平和非自助的方式解决国家与被告人、被害人与被告人之间的矛盾，从而恢复被犯罪行为破坏的社会秩序。而这种目的的达到就体现为实现实体公正和程序公正。只有在正义得到实现的前提下，才能提高诉讼效率；对诉讼效率的追求，不能妨碍公正价值的实现。如果为了实现诉讼效率价值而无视诉讼公正，就有本末倒置之嫌。

6. 经济分析法

由于国家通常难以增加或大量增加司法资源，所以刑事诉讼过程中要求在有限的司法资源的前提下，合理地设计刑事诉讼程序和科学地配置这些司法资源，从而实现刑事诉讼的目的，而并不是通过最大程度的司法投入来解决案件拖延或积压。经济分析法是通过成本结构的优化配置来实现司法资源利用的最大化，以达效益最大化。具体而言，就是国家通过诉讼规则和程序的设置和运用，对诉讼权力与责任、诉讼权利与诉讼义务等法律资源进行合理配置，来促使各诉讼主体选择适当的行为，使司法资源有效地被利用，以实现效率和利益的最大化。

三、刑事诉讼法学的体系

总的来看，刑事诉讼法学由三部分构成：第一部分是总论部分，介绍刑事诉讼的基本原理，包括刑事诉讼法学概述，刑事诉讼的历史类型，刑事诉讼法的基本原则与基本制度，刑事诉讼主体等；第二部分是制度论部分，介绍和研究一些基本的诉讼制度，主要包括：管辖、回避、辩护与代理、证据、强制措施、附带民事诉讼、期间与送达；第三部分是程序论部分，专门介绍一个案件的全部办理过程，包括：立案、侦查、起诉、审判（包括第一审程序、第二审程序、死刑复核程序和审判监督程序）和执行。

【导例评析】

刑事诉讼的目的和刑事诉讼法的任务是一致的，即保证准确、及时地查明犯罪事实，正确应用法律，惩罚犯罪分子，保障无罪的人不受刑事追究，教育公民自觉遵守法律，积极同犯罪行为作斗争，维护社会主义法制，尊重和保障人权，保护公民的人身权利、财产权利、民主权利和其他权利，保障社会主义建设事业的顺利进行。本案中，公安司法机关片面追求打击犯罪、惩罚犯罪分子，忽视了刑事诉讼法中的保障无罪的人不受刑事追究、尊重和保障人权以及保护公民的人身权利、民主权利和其他权利的重要目的，致使李久明的权利没有得到应有的尊重和保障。

【实务训练】

犯罪嫌疑人王某、李某系河南省洛阳市人。自2006年3月起，王某、李某创办公司，未经有关部门批准，以高利率与国家金融机构争夺民间资金，向社会进行非法集资活动。王某、李某为吸储更多的资金，采取挑选代办员、提高代办费等种种手段，用后吸储的资金给付先集资户的本金及利息，同时，设立假账逃避有关职能部门的监督干预，此种情形一直维持到2007年9月。因集资范围越来越广，数额越来越大，付息额也越来越高，直到公司无力继续，才被迫停止集资活动。事发后，河南省洛阳市公安部门立即组织工作人员进行了侦查，并逮捕了本案的主要犯罪嫌疑人王某、李某。在犯罪嫌疑人被羁押后的2个月内，公安机关经过一系列侦查活动，认定犯罪嫌疑人有罪，应追究刑事责任，即作出起诉意见书将本案移送河南省洛阳市人民检察院审查起诉。检察院在经过审阅案卷、讯问犯罪嫌疑人等一系列诉讼活动后，认为犯罪嫌疑人的犯罪事实已查清，证据确实、充分，依法应追究刑事责任，即在1个月内向河南省洛阳市中级人民法院提起公诉。该人民法院在法定的审理期间内，审结了此案。

问：本案中体现了哪些刑事诉讼的基本理念？

资料来源：施秀艳：《刑事法律基础与实务》，26页，北京，法律出版社，2013。

【评析】

本案中涉及《刑事诉讼法》第154条规定的侦查中犯罪嫌疑人羁押期限的规定和第202条对第一审程序的审理期限的规定，这些体现了我国《刑事诉讼法》追求的诉讼效率这一基本理念。

本案严格依照《刑事诉讼法》规定的诉讼各个阶段进行诉讼活动，并且每个阶段的诉讼活动都尽力达到《刑事诉讼法》规定的证明标准。这些都体现了刑事诉讼法的惩罚犯罪和保障人权相结合的基本理念。

本案每个阶段依照《刑事诉讼法》规定的程序进行，以最终达到犯罪事实清楚，证据确实充分，依法追究犯罪嫌疑人的刑事责任，体现了司法公正的基本理念。

【司考真题】

1. 关于《刑事诉讼法》第1条尊重和保障人权，保护公民的人身权利、财产权利、民主权利和其他权利的规定，下列哪项是正确的？（　　）（2012/二/22/单选）

A. 体现了以人为本，保障与维护公民基本权利和自由的理念

B. 体现了犯罪嫌疑人、被告人权利至上的理念

C. 体现了实体公正与程序公正的理念

D. 体现了公正优先，兼顾效率的理念

2. 下列关于刑事诉讼中程序公正含义的表述哪一项不正确？（　　）（2005/二/21/单选）

A. 诉讼参与人对诉讼能充分有效地参与

B．程序违法能得到救济

C. 刑事诉讼程序能得到遵守

D. 刑事诉讼判决结果符合事实真相

【拓展与反思】

惩罚犯罪与保障人权之间的关系

在刑事诉讼中，如何对待控制犯罪与保障人权的关系，直接反映出其刑事诉讼价值取向。惩罚犯罪与保障人权作为刑事诉讼的双重目的从根本上说来是一致的。政府依法追究犯罪，虽直接出于维护法律秩序、保护社会公共利益的需要，但同时也是每一个社会成员生存和幸福的安全保障。即使是确定无疑的罪犯，政府也不可能放弃国家的司法保护而容忍他人侵害其合法权益。

从理论上看，惩罚犯罪与保障人权，二者既对立，又统一，应当并重。追求正确控制犯罪，就不能忽视保障人权；保障人权也离不开对正确控制犯罪的追求。任何一方都没有优越于对方的理论根据。片面强调惩罚犯罪，轻视或者忽视人权保障，就必然导致政府权力的恶性膨胀、任意拘捕、无理追诉和不公正的审判，甚至有关部门会不经任何程序非法剥夺个人的自由、财产乃至生命。反之，片面强调保障人权，轻视惩罚犯罪，势必导致过分地限制政府的权力，致使犯罪活动猖獗，社会不得安宁，个人的权利最终还是得不到保障。只有把惩罚犯罪与保障人权紧密结合起来，对二者同等看待，才能在政府权力与个人权利之间达到平衡，使刑事诉讼的过程和结果既符合政府所代表的公共利益需要，又能满足个人作为社会生活的主体所应该受到宪法和法律保护的基本权利需求。

在现实的刑事诉讼中，惩罚犯罪与保障人权却总是表现出明显的对立。从惩罚犯罪方面看，政府能够用于证实、惩罚犯罪的人力、物力的有限性，代表国家执行职务的侦查、起诉和审判人员的素质和相应的技术手段的有限性，以及犯罪的复杂性和新型化，使得政府在实现惩罚犯罪的目的过程中，不可避免会出现一些违章越轨甚至侵犯人权的行为，或者通过修改某些刑事政策，采取某些限制个人权利的措施，从而导致个人在刑事诉讼中的地位低下、待遇恶化，使司法公正程度降低，错案相对增加。从保障人权方面看，立法上所承认的个人权利（法定权利）在范围上一般总是少于个人相对于政府的正当权益（应有权利），而且法定权利在实际落实过程中又会受到一定的“折扣”。法定权利与应有权利、应有权利与实有权利之间客观存在的差距。同时，国家也不可能完全杜绝侦查、起诉和审判人员在刑事诉讼中侵犯个人的权利，而这些行为和法律上的不足又反过来刺激个人采取更极端的手段来破坏现有的法治秩序或诉讼规则，增加惩罚犯罪的压力。

因此，追求正确惩罚犯罪，就不能脱离开程序性权利的保障。如果在刑事诉讼中违反宪法、刑事诉讼法中有关权利保障的规范，滥用司法权力，甚至刑讯逼供、诱供等，往往会造成冤假错案的增加，导致错案率越来越高，最终既不能保障人权，也不能准确有效地惩罚犯罪。同时，保障人权也不能脱离开惩罚犯罪。如果不去查明案件真实、惩罚犯罪，不仅被害人的实体权利得不到维护，犯罪嫌疑人、被告人的实体权利也易受侵犯，而且诉讼参与人的程序性权利保障也就失去了原本的含义。因此，惩罚犯罪与保障人权是联系密切、同等重要的两个方面。

第二章　刑事诉讼法的历史沿革

【导读案例】 在清代，陈其元任南汇知县时，有一位棉花行主姚某，控告王某欠他棉花钱共计 106 个银元，有债券、中证人、代笔人为证。但姚某声称不但没有讨回欠款，反而被王某凶猛地殴打。陈其元提审时，首先询问了原告、中证人、代笔人，他们的陈述与状子上所写的一致。随后，陈其元对被告进行了询问，被告跪在堂下，惊慌战栗，过了好久才辩解说："实在没有欠钱。"陈其元追问："既然没有欠钱，为什么人家控告你？"被告却又不能答出原由。陈其元怀疑他没有说出实情，就催促他开口。他说："我若是欠钱，何必请开烟馆的作中证人？"陈其元笑着说："你又不是贵人，开烟馆的如何作不了中证人？"他又回答："我自己会写字，怎么会请人代书？"陈其元大声呵斥道："你蓄意不良，不亲自书写，就是为了以后赖账！"差役一齐吆喝。王某伏地招供，表示愿意还钱，但却泪如雨下。陈其元觉得此事蹊跷，命令将他带下堂去。

问： 本案反映的是我国古代的何种诉讼模式？它有哪些特征？

资料来源：陈光中：《刑事诉讼法教学案例》，16 页，北京，法律出版社，2007。

【重点、难点】 弹劾式诉讼模式的特点；纠问式诉讼模式的特点；当事人主义诉讼模式与职权主义诉讼模式的异同。

第一节 外国刑事诉讼法的历史沿革

一、外国刑事诉讼立法的历史沿革

1. 外国上古、中世纪（公元 500 年至 1500 年）的刑诉立法

（1）公元前 1792 至公元前 1750 年，古巴比伦王国《汉穆拉比法典》：控告、传唤证人、举证责任、法官责任、神明裁判。

（2）公元前 449 年，古罗马的《十二铜表法》：第一表传唤，第二表审理；乌尔比安等学者发现并确立了既判力原则、举证原则、法官中立原则、反对强迫自证其罪原则、禁止重复追究原则、理智推定原则。公元 5 至 9 世纪，日耳曼法的《萨克森法典》：神明裁判制度和公开审判原则、法院从黎明到日落进行审判，日落后法院不再行使权力。

（3）公元 9 世纪至 18 世纪，法国：先实行神明裁判和司法决斗，后实行形式证据制度，并建立了纠问式诉讼和检察制度。

（4）1215 年，英国《自由大宪章》确立了正当程序原则，实行对抗制诉讼程序和陪审团制度。

（5）1532 年，德国颁布《加洛林纳法典》：实行纠问式诉讼，将刑事诉讼分为侦查和审判两个阶段，实行有罪推定和刑讯制度，审理不公开，判决分为有罪判决、无罪判决和存疑判决。

（6）1833 年，俄国编纂了《俄罗斯帝国法律全书》，对证据制度作了详细规定。

2. 外国近现代的刑事诉讼立法

（1）法国。

1789 年，法国《人权宣言》规定了以下刑事诉讼原则：不得任意捕人、罪刑法定、无罪推定、反对酷刑。1808 年《法国刑事诉讼法典》（世界上第一部刑事诉讼法典）规定：采职权主义诉讼程序，起诉、预审、审判职权分立，依重罪、轻罪、违警罪分设法院，确立自由心证的证据制度。

（2）意大利。

1865 年制定《意大利刑事诉讼法典》：无罪推定，自由心证，陪审制度。

1930 年（第二次世界大战时）颁布第三部刑事诉讼法典，强化了检控机关的权力，对被告人的权利则严格限制。

（3）德国。

1877 年制定《德意志帝国刑事诉讼法》。

1950 年彻底废除了纳粹时期制定的法律，恢复了 1877 年刑事诉讼法典的效力。

1965 年对法典作了重要修改。

（4）美国。

因实行判例法而无统一的刑事诉讼法典。

1945年制定《联邦刑事诉讼规则》。

1967年制定《联邦上诉审规则》。

1975年制定《联邦证据规则》，后多次修订。

美国的一些州制定了统一的刑事诉讼法典。

通过米兰达诉亚利桑那州［Miranda v. Arizona］等判例强化了对被告人沉默权的保护和对非法证据的排除，掀起了美国司法史上的“正当程序革命”。

（5）英国。

1679年制定《人身保护法》［Habeas Corpus Act］，

1898年制定《刑事证据法》［Criminal Evidence Act］，

1948年制定《刑事司法法》［Criminal Justice Act］，

2002年公布《所有人的正义》［Justice for All］白皮书，强调对被害人权利的保护，主张刑事司法制度应当向有利于被害人和证人的方向寻求新的平衡，被害人应当处于刑事司法制度保护的核心。

2003年颁布《刑事司法法》，规定耗时很长的案件、陪审团可能遭受恐吓的案件，可以不实行陪审团审判而由法官审理。

（6）俄罗斯。

1991年以来对刑事诉讼法典不断进行修改，重新设立了陪审（团）制度（1993），规定犯罪嫌疑人有权聘请辩护人，同时还借鉴了美国的辩诉交易制度和其他国家的简易程序制度。

（7）联合国。

1948年通过《世界人权宣言》。

1966年通过《公民权利和政治权利国际公约》规定了权利平等、司法补救、生命权的保障、禁止酷刑、独立公正审判、辩护权、未成年人特别保障、无罪推定、反对强迫自证其罪、刑事赔偿等原则。

二、外国刑事诉讼模式的历史沿革

1. 早期的弹劾式诉讼模式

（1）弹劾式诉讼模式的概念。

弹劾式诉讼模式是指个人享有控告犯罪的绝对权利，国家审判机关不主动追究犯罪，而是以居中仲裁者的身份处理刑事案件的诉讼制度。弹劾式诉讼主要在奴隶制和封建制早期的国家实行。实行于古巴比伦、古希腊、古罗马共和时期以及日耳曼法（法兰克王国）前期时代和英国的封建时代。

（2）弹劾式诉讼模式的特征。

①起诉权自由行使，控诉与审判职能分离。起诉权最初属于被害人及其亲属，其后又

逐步扩展到其他民众，还没有进行控告的专门官方机构，统一实行私人告诉制度。

②实行不告不理原则。没有原告就没有法官，法官不得主动追究案件和进行审判。

③法官不得主动传唤被告，传唤被告仅由原告负责。

④法官处于消极仲裁者的地位，庭审主要由当事人之间进行争辩。

⑤原告和被告的诉讼地位在形式上是平等的，享有同等的权利、负有同等的义务，谁主张，谁举证。

⑥审判公开并以言词方式进行，双方及证人采取对质的方式核实证据。

⑦案件裁判上出现疑难而决断不了时，通过神灵裁判解决纠纷。

⑧采用神示证据制度。

(3) 优点与缺点。

①优点："没有原告就没有法官"的做法，确保了裁判者的中立地位，同时也有助于避免裁判者集控诉权与审判权于一身而带来的角色冲突；原被告享有同等诉讼权利并主导诉讼活动的发展；裁判者只负责听取证据和辩论，并不过多的干预换取诉讼双方的充分辩论；诉讼以言词、公开的方式进行，有助于社会公众对判决的接受和承认。

②缺点：弹劾式诉讼模式具有优点的同时，其不足之处也十分明显。在此，姑且不说其神明裁判的历史局限性，但就诉讼制度而言，其弊端有二：第一，不利于追诉犯罪。第二，不利于保护被害人权益。但弹劾式诉讼模式第一次把解决争议与冲突的程序规范化，从而结束了社会冲突的无序状态。

2. 纠问式诉讼模式

(1) 纠问式诉讼模式的概念。

纠问式诉讼模式，又称为审问式诉讼模式、讯问式诉讼模式，是指国家司法机关对犯罪行为，不论是否有被害人控告，均依职权主动进行追究和审判的诉讼模式。

(2) 纠问式诉讼模式的特点。

①国家官员依职权主动追查犯罪，而无需等待被害人或其他人的控告。相对于弹劾式诉讼的"不告不理"，纠问式诉讼更强调国家在追诉犯罪方面的责任，实行的是"不告也理"。

②法官是诉讼中享有广泛权力的主体，负责侦、控、判。

③实行有罪推定，在诉讼中，被害人与被告人不享有任何诉讼权利，被告人主要作为被纠问的客体存在；唯有负责审判的国家官员才是诉讼主体。

④整个诉讼以秘密、书面的方式进行。

⑤被告人的口供被视为"证据之王"；在一定证据基础上，为获取被告人供述，可以采取刑讯，刑讯逼供制度化、合法化。

⑥采用法定证据制度。

(3) 纠问式诉讼模式的优缺点。

优点：与弹劾式诉讼相比，纠问式诉讼大大强化了惩罚犯罪的能力。在这种诉讼模式中，被认为犯罪的人几乎不可能逃脱法律的制裁。就此而言，纠问式诉讼取代弹劾式诉讼意味着一种制度上的进步。

缺点：①纠问式诉讼是一种漠视个人人格尊严的制度；②纠问式诉讼尽管有“诉讼”之名，却无诉讼之实；③刑讯的野蛮残忍，再加上法定证据制度的机械僵硬，使得纠问式诉讼在制度设计上完全走向了人性的反面。

3. 职权主义诉讼模式

（1）职权主义诉讼模式的概念。

职权主义诉讼模式，是近代西方国家两种诉讼模式之一。与其对应的是当事人主义诉讼模式，它是指在诉讼中，法官居于主导地位，控辩双方居于从属地位，法官可以依职权主动调查取证，判决不局限于当事人的诉讼请求，起诉方式以公诉为主，自诉为辅，侦查在诉讼中居重要地位，是救济程序比较完善的一种诉讼模式。这种诉讼结构是在纠问式基础上发展而来的，同时吸收了当事人主义的一些合理因素。

（2）职权主义诉讼模式的特点。

①侦查机关、检察机关和其他有侦查权的机关依职权主动追究犯罪。

②侦查和预审在刑事诉讼程序中居重要地位，侦查、预审不公开进行。

③在刑事案件的追诉上，一般实行公诉为主，自诉为辅的方式。

④法官起主导、指挥作用的审判程序。

⑤确定的上诉和法律救济程序。

⑥实行自由心证的证据制度。

（3）职权主义诉讼模式与纠问式诉讼模式的区别。

①时间上的不同：职权主义诉讼是公权力机关利用职权主动参与案件审理的一种诉讼模式，是现代大陆法系的刑诉模式；纠问式诉讼是司法机关对犯罪行为的一种诉讼模式，无论是否有被害人控告，均依职权主动予以追究，是封建社会的一种刑诉模式。

②人权保障上的不同：职权主义是纠问式诉讼模式在保障人权、考虑效率的前提下的一种发展后的诉讼模式，对被告人权利保障较好；而纠问式诉讼模式由于其处在封建社会更易受皇权之影响，被告人常受刑讯等非人道对待。

③公开程度不同，职权主义诉讼模式公开性高，而纠问式诉讼的审判秘密进行。

④司法机关主动性不同，职权主义是司法机关一定程度上的便宜主义，根据案件性质、当事人要求等情况，有些案件不予追究，较灵活；纠问式指司法机关全部主动追究，较僵硬，且费时力。

⑤证据制度上的不同，职权主义诉讼模式法官采取自由心证方式审理，而纠问式诉讼模式法官采取法定证据制度。

职权主义诉讼模式注重发挥司法机关特别是法官在审判中的作用，体现国家主动干预刑事诉讼案件的原则，是对纠问式模式改造的结果。相对于纠问式诉讼模式而言，职权主义诉讼模式融入了公正、理性、人权的观念，摒弃了野蛮、落后的拷问方式，通过将控辩审职能的分立与制约，尤其是将国家的刑事追诉权分由各自独立的机关行使，保障了诉讼程序的公正和诉讼结果的公正。检察官制度始于这一时期。

(4) 职权主义诉讼模式的优缺点。

①优点：诉讼模式效率较高，利于打击犯罪。

②缺点：对被告人权利保护不够，尤其是法官过于主动，易同被告人直接对立，形成先入为主的印象，造成不公正。

4. 当事人主义诉讼模式

(1) 当事人主义诉讼模式的概念。

当事人主义诉讼模式是英美法系的诉讼模式，又称对抗式诉讼模式，它是由弹劾式诉讼发展而来的，是指诉讼的发动、继续和发展主要依赖于当事人，由控辩双方举证、质证、辩论，法官仅处于消极的中立的裁判者地位。当事人要负责证据的调查、准备、提出、和证据价值的陈述工作，法官不能在当事人指明的证据范围以外依职权主动收集证据的一种诉讼模式。

(2) 当事人主义诉讼模的特点。

①法官不主动依职权调查取证，而由检察官和辩护律师进行。在侦查阶段，控辩双方当事人作为平等对抗的诉讼主体均有独立调查和收集证据的权利，法律赋予被告一系列的诉讼权利，以保障被告方足以与控方相抗衡。

②允许控方变更、追加、撤回诉讼，允许控辩进行辩诉交易。在美国，检察官可以同辩护方通过辩诉交易处理刑事案件。

③奉行"起诉状一本主义"。在起诉阶段，检察官向法院起诉时一般都只需移送一份起诉状和证据清单，而案件材料及证据不随案移送。

④庭审实行交叉询问制度，法庭调查和法庭辩论始终在检察官和辩护律师之间进行，法官是主持者与指挥者，不处于审问者的地位，其主要职责是评断控辩双方在举证、质证等活动中是否违反有关规则，并在此基础上进行裁判。在审判阶段，案件事实的发现在于控辩双方的举证和辩论，在法庭调查中实行交叉询问制度。

⑤对被告自愿承认有罪指控的，法官可以径行作出有罪的判决。

⑥实行陪审团制度，负责对事实的有无作裁决。

⑦当事人主义的诉讼模式强调程序公正的价值。当事人主义以追求程序的正义为目的，只要程序是公正的，双方当事人都给予了平等的攻击和防御的权利，则不管实体的真实是否被发现，也应当维护公正的程序。即使原告主张的事实是真实的，但原告不能举证证明，法官也不应当主动收集证据去证实来造成对程序的破坏。美国法强调法官的消极性，并认为这是维护正义的手段，诉讼必须由当事人而不是由法官来推动和发展，这样才是更为民主和公正的。

(3) 当事人主义诉讼模式与职权主义诉讼模式之间的区别。

①程序结构不同。当事人主义诉讼模式将诉讼程序明确区分为定罪程序与量刑程序两个阶段，而职权主义诉讼模式则将定罪和量刑规定为一个阶段。

②审判主体不同。当事人主义诉讼模式实行"二元制"审判，在陪审团制度下，陪审法官与职业法官之间存在着分权与制衡，陪审团就罪责问题加以裁判，职业法官则除了程

序问题以外，主要的是处理量刑的决定；职权主义诉讼模式虽然也实行参审制，但非职业法官和职业法官之间并没有明确的权限划分，两者在执行法官职务时，有同样的权限范围及表决权，二者一起共同裁判有关罪责与量刑的问题。

③检察官的法律地位不同。在当事人主义诉讼模式下，检察官仅仅作为一方当事人参加诉讼，与其称其为检察官不如称之为控方律师；而在职权主义诉讼模式下，检察官是作为司法机关参与诉讼，监督法官诉讼活动的合法性，并保障被告人的合法权利，为此，检察官承担客观公正义务，可以为了被告人的利益提起上诉。

④程序运作不同。在当事人主义诉讼模式下庭审主要由控辩双方推动，证据的调查与质证由控辩双方进行，法官消极听审，不直接介入证据调查过程。在职权主义诉讼模式下，庭审主要由法官推动和掌握，为了案件事实，法官会依法依职权主动调查证据。

（4）当事人主义诉讼模式的优缺点。

①优点：双方当事人都是侦查权的主体，均有权各自独立收集证据；当事人有权处分诉讼标的，实施起诉便宜原则，起诉变更主义。

②缺点：由于当事人推进诉讼活动，诉讼结果受双方诉讼技巧的影响，不利于查明事实真相；反复进行法庭调查和法庭辩论，降低了诉讼效率，很难从重从快打击犯罪；另外辩护指控受被告人经济状况影响较大，使法律在金钱下容易倾斜，辛普森案就是一个典型。

5. 混合式诉讼制度

第二次世界大战后，随着世界政治、经济形势的变化，两大法系的刑事诉讼制度呈现相互融合、吸收的趋向，有的国家兼采当事人主义诉讼和职权主义诉讼两种制度的因素，形成混合式诉讼，又称“折衷主义”诉讼，兼采当事人主义和职权主义诉讼模式的因素而成，是在职权主义基础上大力吸收了对抗制的积极因素。

主要代表国家是日本和意大利。其基本特征有以下方面。

（1）吸收了当事人主义的对抗制诉讼的特点，在诉讼中注重发挥控辩双方的积极性，注重控辩双方的平等对抗。在法庭审判中，实行交叉询问等制度。

（2）保留了职权主义的某些特点，肯定了法官主动依职权进行调查证据的权力，注重发挥法官在调查案件事实方面的主观能动性。

（3）起诉与审判职能分开，实行不告不理。

（4）实行无罪推定原则，被告人享有广泛的诉讼权利。

（5）控诉、辩护、审判三足鼎立，构建刑事诉讼的基本结构。

刑事审判模式的形成，是一个复杂的历史过程，采用何种刑事审判模式，是与一个国家的司法传统和社会文化背景密切相关的。

三、外国刑事诉讼证据制度的历史沿革

1. 神示证据制度

（1）神示证据制度的概念。

神示证据制度，也称神明裁判或神证，是指用一定形式邀请神灵帮助裁判案情，并且用一定方式把神灵的旨意表现出来，根据神意的启示来判断诉讼中的是非曲直的一种证据制度。神证产生于奴隶社会时期，与弹劾式诉讼模式相对应，是证据制度发展史上最原始的一种证据制度。神示证据制度曾普遍存在于亚欧各国，具有广泛的影响力。

（2）神示证据制度的形式。

对神宣誓、诅誓、水审（冷水审和沸水审）、火审、决斗、卜筮、十字形证明。

（3）神示证据制度的特点。

信奉神灵、畏惧神灵是神示证据制度的鲜明特征。

（4）评价。

①不合理性：唯心主义。

②相对合理性：一是提高司法判决的权威性，维护社会稳定；二是对查明案件的真实情况也有一定的积极作用。

2. 法定证据制度

（1）法定证据制度的概念。

法定证据制度又称形式证据制度，是指一切证据的证明力的大小，以及对它们的取舍和运用，都由法律预先明文加以规定的证据制度。法定证据制度实行于中世纪后期的欧洲国家，尤其是16至18世纪这种制度最为发展。

（2）特点。

①法律预先规定了各种证据的证明力和判断证据的规则。

②法律规定证据证明力的根据是证据的形式而不是证据的具体内容。

③刑讯逼供为取得口供的合法方式。

④证据证明力的大小与封建等级特权有关。

⑤法官对证据的运用没有自由裁量权。

（3）法定证据制度的优点和缺点。

①优点：这种证明模式有助于提高司法裁决的规范性；这种证明模式有助于提高司法裁决的可预见性。因为诉讼中的规则是具体明确的和人们知晓的，所以人们能事前预见到结果；这种证明模式有助于提高司法裁决的权威性。

②缺点：这种证据制度在运用证据问题上过于死板缺少灵活性；这种证据制度容易导致刑讯逼供的泛滥。

（4）评价。

①进步意义。一是限制法官的司法专横。二是与神示证据制度相比，更多地体现了人类的理性和智慧。

②局限性。一是制约了法官的主观能动性。二是刑讯逼供盛行。

3. 自由心证的证据制度

（1）自由心证的证据制度的概念。

自由心证的证据制度是指一切证据证明力的大小以及证据的取舍及其证明运用，法律不预先作出规定，均由法官或陪审团根据自己的理性和良心自由判断，根据其形成的内心确信认定案情的一种证据制度。18 世纪末法国在立法中最早提出自由心证的证据制度，此后欧洲各国立法也相继作出类似规定。

（2）自由心证的证据制度的特点 。

①法官享有自由判断、运用证据的权力。证据的证明力由法官包括陪审员自由判断，法律不做预先规定。不仅一个个孤立的证据能够证明何种事实及证明程度如何是由法官自由判断，而且所有证据综合起来能否证明起诉的犯罪事实，也是由法官自由判断。在相互矛盾的证据中，确定何者更为可信，同样由法官来自由判断。

②法官认定案情是根据自己的内心确信，而不是法律的硬性规定。法官或陪审员通过对证据的审查判断所形成的内心信念称作“心证”，心证达到深信不疑的程度，叫做“确信”。法官或陪审员只根据自己的内心确信来判断证据和认定事实。

（3）对自由心证的限制。

①内心确信必须是从本案的情况中得出的结论。

②必须是基于一切情况的酌量和判断。

③所考察的情况不是彼此独立的，而是它们的全部总和。

④法官必须在证据调查和辩论的基础上，按照经验法则和逻辑要求合理地进行判断。

⑤心证应当公开。

（4）评价。

①进步性。一是推动诉讼的民主化。二是充分发挥裁判者的主观能动性。

②局限性。存在法官滥用自由裁量权的危险。

4. 当代证据制度

总体上，当代社会已不存在绝对的法定证据制度和自由心证制度，都是相对的自由心证制度。但两大法系存在一定的区别。大陆法系法官自由的程度高。英美法系可称为采证上的法定证据制度，证据判断上的自由心证主义。英美法系国家的证据规则主要有：诱导性询问规则、意见证据规则、证据的相关性规则、最佳证据规则、传闻证据规则、自由和沉默权规则、非法证据排除规则等。

第二节　中国刑事诉讼法的历史沿革

一、中国古代刑事诉讼法

1. 中国古代的刑事诉讼法

（1）舜时的《舜典》。

皋陶为刑官，罪行有：肉刑、流放、鞭刑、杖刑、赎罪。

皋陶是舜帝执政时国家的司法官，上古时期伟大的政治家、思想家、教育家，被史学界和司法界公认为“司法鼻祖”。他的“法治”和“德治”思想，与今天的“依法治国”和“以德治国”有着一定的历史渊源关系。皋陶的首要政治主张是实行德政，他认为实行德政的关键在于提高人的品德修养。

(2) 西周时期的《吕刑》、《周礼》。

两造俱备，师听五辞，察辞于差，简孚有众，惟貌有稽，无简不听（无法即不能定罪），惟察惟法，以两造禁民讼，入束矢于朝，然后听之。以两剂禁民狱，入钧金三日，乃致于朝，然后听之。仲春之月，勿肆掠。证据种类有证人证言、物证、书证、伤害检查记录等。

(3) 战国时期李悝的《法经》。

盗法、贼法、囚法、捕法、杂法、具法。

(4) 秦朝的《秦律》。

师承《法经》，关于起诉、庭审、上诉、再审、现场勘验、证据收集等方面的规定已相当严密，规定拷讯。

(5) 汉代的《九章律》。

即捕、告劾、断狱。

(6) 三国时期的《魏律》。

告劾、系讯、断狱、囚律、捕律、“八议”（亲故贤能，功贵勤宾）。

(7) 隋代的《开皇律》。

五刑分别为笞、杖、徒、流、死。规定“十恶”不赦（谋反、大逆、谋叛、恶逆、不道、大不敬、不孝、不睦、不义、内乱）。

(8) 宋代。

《宋刑统》沿袭唐律，南宋孝宗颁发《检验格目》，宁宗颁发《检验正背人形图》，宋慈著《洗冤集录》。

(9) 其他。

元代《大元通制》，诉讼篇。明代《明律》，诉讼、捕亡、断狱。清代的《大清律》。

2. 中国古代的司法机构

(1) 中央司法机构。

先秦：士、司寇。

周代：大司寇、小司寇、士师。

汉代：廷尉、大理寺。

隋唐：大理寺（审理）、刑部（复核）、御史台（督察），合称“三法司”。

宋代：大理寺、刑部、御史台（审刑院）。

元代：刑部、大宗正府、枢密院。

明代：刑部（审理）、大理寺（复核）、督察院（督察）。

清代：刑部（为首）、大理寺、督察院、宗人府、理藩院。

（2）地方司法机构。

周代：乡士、遂士、县士、方士、讶士。

秦汉：郡设决曹吏，县设县丞。

三国两晋南北朝：州设刺史或州牧，郡设郡守，县设太守。

隋朝：州设刺史（法曹辅佐），县设县令（司法佐辅佐）。

宋代：州设知州和通判。

元代：县设府尹。

明代：省设提刑按察司，府、县两级行政司法合一。

清代：设总督（巡抚）、省按察司、府、州县四级。

3. 中国古代的起诉制度

（1）被害人及其亲属的告诉。

（2）知情人的告发。

（3）官吏举发。

（4）犯罪人的自首。

（5）审判机关的纠问。

允许亲亲相隐、对年老体弱和残疾者所犯的一般案件不得告诉、禁止越诉、允许直诉。

4. 中国古代的审判制度

（1）一般由承审官一人坐堂问案，少数案件实行会审制度，重大案件九卿会审。

（2）法官有严格的审判责任并实行回避制度。

（3）实行“两造”审理，审原告，审被告，审证人，对质，最后杖刑。

（4）案件调查实行“五听”制度。

（5）实行“录囚”制度。

5. 中国古代的证据制度

（1）中国古代证据制度的特点。

不存在典型的神示证据制度；不存在典型的法定证据制度。“断罪必取输服供词”“罪从供定”“据众证定罪”；口供至上。无供不录案、无供不定罪；刑讯逼供盛行。依法刑讯和法外用刑普遍；强调以五声听狱讼。辞、色、气、耳、目听。

（2）中国古代证据制度中存在的问题。

在证据制度的理论基础上，过分强调辩证唯物主义的认识论原理，而忽视了程序正义理论。在证据立法上，缺乏系统的有关证据的法律、法规和判例。司法实践中，受中国封建社会传统证据制度的影响较深，一是有罪推定（被告人举证、疑罪从有、轻、挂），二是口供至上、刑讯逼供严重，三是程序虚无；古代证据制度本质上是法官几乎不受约束的自由心证制度。

二、中国近现代刑事诉讼法

1. 清朝末年的刑事诉讼法

（1）1906年，沈家本主持，编成《大清刑事、民事诉讼法草案》，采行公开审判制度、陪审制度和律师制度，是中国第一部具有近代精神的诉讼法典草案。

（2）1909年，沈家本主持，重新编纂《刑事诉讼律》，但未及颁行，清朝灭亡。

2. "中华民国"的刑事诉讼法

（1）1912.1—1912.3，南京临时政府时期，《中华民国临时约法》确认了三权分立制度，实行司法独立和审判公开的原则，提出"天赋人权，胥属平等"，法律面前人人平等。南京临时政府草拟了《中央裁判所官职令草案》和《律师法草案》，但只持续了3个月

（2）1912—1928，北洋政府时期将前清的《刑事诉讼律》改为《刑事诉讼条例》后于1922年1月施行，规定了法定起诉原则、简易程序、辩护制度和律师考试制度

（3）1927—1949，国民党政府立法院在继承北洋政府《刑事诉讼条例》的基础上，吸取德国、日本等大陆法系国家《刑事诉讼法》制定的基础上，于1928年颁布了《中华民国刑事诉讼法》和《中华民国刑事诉讼法施行法》，规定了公诉为主自诉为辅、直接言词、自由心证、审判公开等多项原则，并实行四级三审制，第三审为法律审。

三、《中华人民共和国刑事诉讼法》的制定

1. 刑事诉讼法律制度的初创

新中国成立初期，中央人民政府于1951年制定公布了《中华人民共和国人民法院暂行组织条例》、《中央人民政府最高人民检察署暂行组织条例》和《各级地方人民检察署组织通则》。1954年9月，第一届全国人民代表大会第一次会议通过了《中华人民共和国宪法》、《中华人民共和国人民法院组织法》和《中华人民共和国人民检察院组织法》；同年12月，全国人大常务委员会第三次会议还颁布了《中华人民共和国逮捕拘留条例》。这些法律法规不但确立了公安机关、人民检察院和人民法院的职权，同时规定了刑事诉讼的基本原则和制度。

2. 刑事诉讼法典以及相关法律的制定

在1954年，全国人大常委会法工委着手进行刑事诉讼法的起草工作，并完成了草案和初稿。

1979年7月1日第五届全国人大第二次会议正式通过《中华人民共和国刑事诉讼法》，1980年1月1日起正式实施。至此，中华人民共和国第一部刑事诉讼法典正式诞生，这部刑事诉讼法典共4编，117章，164个条文，确立了回避制度、辩护制度等基本制度框架。

1996年5月15日 ，八届人大常委会通过了《律师法》。

2004年，全国人大常委会通过了《关于完善人民陪审员制度的决定》。

2005年，全国人大常委会通过了《关于司法鉴定管理问题的决定》。

2007年10月28日，十届全国人大常委会修订通过《律师法》，自2008年6月1日起施行。

四、我国《刑事诉讼法》的进一步发展

1. 刑事诉讼法的第一次修改

1996年3月17日，八届人大第四次会议审议并正式通过了《关于修改〈中华人民共和国刑事诉讼法〉的决定》，对我国的《刑事诉讼法》进行了重大修改，并于1997年1月1日正式实施。此次修改将原有的164个条文增加为225条。其主要内容如下：

（1）确立了未经人民法院依法判决，对任何人都不得确定有罪的原则。与此相适应，取消了免予起诉制度，完善了不起诉制度，并在审查起诉与一审判决中确立了疑罪从无的原则。

（2）确立了人民检察院依法对刑事诉讼实行法律监督的原则，增加了立案监督程序和执行监督程序，完善了刑事诉讼的法律监督系统。

（3）改善了辩护制度。将辩护人参加刑事诉讼的时间，由审判阶段提前到审查起诉阶段，并补充规定在侦查阶段，律师可以为犯罪嫌疑人提供法律帮助，可以会见在押的犯罪嫌疑人。

（4）改革了庭审方式，增加了合议庭的职责。该法取消了开庭前的实体审查，改革了法庭调查程序，实行控辩相衡对抗，法官居中裁判的方式。

（5）废除了重罪从快的特别程序，增设了轻罪从快的简易程序。修改刑事诉讼法的决定中明确规定，《全国人民代表大会常务委员会关于迅速审判严重危害社会治安的犯罪分子的程序的决定》，自1997年1月1日起废止，而同时增设了仅对部分简单轻微的一审案件适用的简易程序。

（6）取消了收容审查，完善了强制措施。该法在取消收容审查的同时，放宽了逮捕条件，增加了拘留对象，延长了拘留时间、明确了拘传，取保候审和监视居住等措施的条件与要求。

（7）明确了诉讼主体的权利义务，加强了对诉讼参与人，尤其是被害人的法律保护。该法调整了公安司法机关的职能管辖范围，明确了公安司法机关各自的责任。同时赋予被害人当事人诉讼地位，增设了被害人将公诉案件转为自诉案件的诉讼程序。此外，还增设了诉讼代理人制度。

2. 刑事诉讼法的第二次修改

2012年3月14日，十一届全国人大五次会议顺利通过关于修改刑事诉讼法的决定。此次修改内容涉及100多处，修改比例超过总条文的50%，修正后的条文总数达到290条。其主要内容有：

（1）将“尊重和保障人权”明确写入刑事诉讼法。“尊重和保障人权”是我国宪法确立的一项重要原则，体现了社会主义制度的本质要求，刑事诉讼法在程序设置和具体规定中都贯彻了这一宪法原则。

(2) 证据部分重点完善了非法证据排除制度，强化证人出庭和保护制度。具体有：一是在原有刑事诉讼法规定严禁刑讯逼供的基础上，增加不得强迫任何人证实自己有罪的规定。同时，明确规定了言词证据和实物证据的非法证据排除的具体标准以及法庭审理过程中对非法证据排除的调查程序。另外，还对讯问场所和讯问过程的录音录像制度进行了规定。二是明确证人出庭范围，加强对证人的保护。公诉人、当事人或者辩护人、诉讼代理人对证人证言有异议，且该证人证言对案件定罪量刑有重大影响，人民法院认为有必要的，证人应当出庭作证。增设了强制证人出庭制度。为进一步加强对证人以及鉴定人、被害人的保护，对于某些案件，证人、鉴定人、被害人因在诉讼中作证，本人或者其近亲属的人身安全面临危险的，人民法院、人民检察院和公安机关应当采取必要的保护措施。证人、鉴定人、被害人认为因作证面临危险的，可以请求人民法院、人民检察院、公安机关予以保护。

(3) 完善了逮捕、监视居住的条件、程序和采取强制措施后通知家属的规定。具体有：一是进一步明确逮捕的条件和审查批准程序，将逮捕的条件进行了细化。还增加规定了人民检察院在审查批准逮捕时讯问犯罪嫌疑人和听取辩护律师意见的程序，以及在逮捕后对羁押必要性继续进行审查的程序；二是适当定位监视居住措施，明确规定其适用条件。将监视居住定位为减少羁押的替代措施，并规定了其与取保候审不同的适用条件；三是严格限制采取强制措施后不通知家属的例外情形。删去了原来逮捕后有碍侦查不通知家属的例外情形，明确规定，采取逮捕和指定居所监视居住措施的，除无法通知的以外，应当在逮捕或者执行监视居住后 24 小时以内通知家属。

(4) 完善了辩护人在刑事诉讼中的法律地位和作用的规定，扩大了律师援助的适用范围。具体有：一是明确犯罪嫌疑人在侦查阶段可以委托辩护人。这种规定较以前的立法有重大突破。二是完善律师会见程序。法律规定除危害国家安全犯罪、恐怖活动犯罪、特别重大的贿赂犯罪案件需要经过批准外，律师凭律师执业证书、律师事务所证明和委托书或者法律援助公函，看守所应当及时安排会见，最迟不得超过 48 小时。三是扩大法律援助的适用范围。将审判阶段提供法律援助修改为在侦查、审查起诉、审判阶段均提供法律援助，并扩大了法律援助的对象范围。

(5) 重点完善了讯问犯罪嫌疑人的程序和必要的侦查措施，同时，强化了对侦查措施的规范和监督，防止滥用。其中，一是增加规定了口头传唤犯罪嫌疑人的程序，适当延长了特别重大、复杂案件传唤、拘传的时间，增加规定了询问证人的地点，完善了人身检查的程序，在查询、冻结的范围中增加规定了债券、股票、基金份额等财产。增加了严格规范技术侦查措施的规定。二是强化对侦查活动的监督。当事人和辩护人、诉讼代理人、利害关系人，对司法机关及其工作人员的不当行为有权申诉、控告，并规定了相应程序。

(6) 进一步完善了审判程序中的重要环节。其中，一是调整简易程序的适用范围，将适用简易程序审判的案件范围，修改为案件事实清楚、证据充分的；被告人承认自己所犯罪行，对指控的犯罪事实没有异议；被告人对适用简易程序没有异议的案件。同时，根据审判工作实际，对第一审普通程序中的案卷移送制度、开庭前的准备程序、与量刑有关的程序、中止审理的程序等作了补充完善。二是明确了第二审应当开庭审理的案件范围，对发回重审作出限制规定。此外，还完善了查封、扣押、冻结的财物及其孳息的处理程序等。三是完善附带民事诉讼程序。增加规定了提起附带民事诉讼的主体、证据保全和多样化的处理手段等内容。四是对死刑复核程序作出具体规定。明确规定最高人民法院复核死刑案件的程序，同时规定了最高人民检察院可以进行监督。五是对审判监督程序进行补充完善。主要包括申诉案件决定重审的条件，指令原审人民法院以外的下级人民法院审理，人民检察院派人员出席法庭，再审案件强制措施的决定程序，原判决、裁定的中止执行等内容。

(7) 重点完善了暂予监外执行的规定，强化人民检察院对减刑、假释、暂予监外执行的监督，其中，一是严格规范暂予监外执行的决定、批准和及时收监的程序；二是强化人民检察院对减刑、假释、暂予监外执行的监督。

(8) 增加规定特别程序。增加一编“特别程序”，对有关程序作出专门规定。其中，一是规定未成年人刑事案件诉讼程序。设置了附条件不起诉制度及犯罪记录封存制度。二是设置特定范围公诉案件的和解程序。对符合条件的公诉案件，犯罪嫌疑人、被告人真诚悔罪，通过向被害人赔偿损失、赔礼道歉等方式获得被害人谅解，被害人自愿和解的。双方当事人可以和解。三是设置犯罪嫌疑人、被告人逃匿、死亡案件违法所得没收程序。四是设置依法不负刑事责任的精神病人的强制医疗程序。

此外，本次修法还对刑事案件证据的种类、证明标准、学证责任，取保候审和监视居住的监督管理，辩护人和诉讼代理人的申请回避权，辩护人对阻碍其依法行使诉讼权利的申诉控告权及处理机制，中级人民法院的管辖范围，人民法院审理案件的期限，社区矫正执行等规定作出了补充完善。

值得注意的是，2012 年《刑事诉讼法》修订之后，比较重要的综合性司法解释和部门规章如最高人民法院《关于执行〈中华人民共和国刑事诉讼法〉若干问题的解释》、《人民检察院刑事诉讼规则（试行）》、《公安机关办理刑事案件程序规定》和最高人民法院、最高人民检察院、公安部、国家安全部、司法部、全国人大常委会法制工作委员会《关于刑事诉讼法实施中若干问题的规定》等，也进行了相应的修改，进一步完善了刑事诉讼的法律规范体系。

【导例评析】

本案反映的是我国古代的纠问式诉讼模式，其特征如下：(1) 国家官员依职权主动追查犯罪，而无需等待被害人或其他人的控告；(2) 法官是诉讼中享有广泛权力的主体，负责侦、控、判；(3) 在诉讼中，被害人与被告人不享有任何诉讼权利，被告人主要作为被纠问的客体存在；唯有负责审判的国家官员才是诉讼主体；(4) 整个诉讼以秘密、书面的方式进行；(5) 被告人的口供被视为“证据之王”；刑讯逼供制度化、合法化；(6) 采用法定证据制度。

【实务训练】

1612 年 11 月 10 日，一个星期天上午，应坎特伯雷大主教的奏请，英国国王詹姆士一世召见了英格兰的法官们，这就是著名的“星期日上午会议”。事情的起因是，教会法院不依任何既定法律和成规，不遵从任何控诉便对案件进行审判。但在它在一个案件中仅凭一份世俗性质的诉状而派其随员进入被告人的住宅并对其实施拘捕时，高等民事法庭颁发了禁令，取缔其有关诉讼行为。一些人建议国王按照自己的意图收回部分案件的审判权，由国王对这些案件进行亲自审理和判决。为了证明这一行为的合理性，坎特伯雷大主教在会议上宣扬王权至上，提出：法官只是国王的代表，国王在认为有必要时，把本应由自己审理的案件由给法官审理。大法官爱德华·柯克代表法官进行了反驳，指出：根据英格兰法律，国王无权审理任何案件，所有刑事和民事案件，皆应交由法院裁决。国王听罢说：“朕以为法律应以理性为本，朕和其他人与法官一样有理性。”柯克回答：“上帝恩赐陛下以丰富的知识和非凡的天资，但微臣认为陛下对英王国的法律并不熟悉，而这些涉及臣民的生命、继承权、财产等的案件并不是接天赋理性来决断的，而是按照人为理性和法律判决的。法律是一门艺术，它需经长期的学习和实践才能掌握，在未达到这一水平之前，任何人都不能从事案件的审判工作。”詹姆士一世恼羞成怒，质问道：“按照这种说法，法官将被置于法律之下，这是大逆不道的犯上行为。”柯克引用布莱克斯通的名言说：“国王不应服从任何人，但应服从上帝和法律。”经过了几次激烈辩论的会议，柯克最终被免去大法官职务。问：法官独立的含义是什么？柯克坚持法官独立对于司法公正有什么意义？

资料来源：陈光中：刑事诉讼法教学案例，6页。

【评析】

法官独立包括以下要素：

（1）法官不受任何非司法官的干涉而保持独立性。

（2）法官不受非属承审同一案件的审判组织的其他法官包括上级司法机关的法官的干涉而保持独立性。

（3）法官不受承审同一案件的审判组织内的其他司法官的干涉而保持独立性，简言之，司法官的独立就是享有不受任何他人干涉的权利。也有人认为，法官独立包括两层含义：一是身份独立，即对法官职位的条件和任期加以适当保障，以确保其不受外来干涉；二是实质独立，即法官在实际履行其司法职务时，除了受法律及其良知的拘束外，不受任何干涉。从这两层含义的关系上看，身份独立是实质独立的保障，实质独立是身份独立的目的和归宿，两者相辅相成，缺一不可。还有人将法官独立分为外部独立和内部独立，外部独立是指法官不受任何外界之干涉. 内部独立则是指法官不受自我之干涉。

这里记载的是英国司法史上的著名事件，柯克对英国国王表白的王权与法律的关系、国王的理性与司法人员的专门化的观点，至今经常为人们所引用。英国是现代法治的起源国，现代法治的重要特征之一是法律居于至上的地位，即使是皇帝、国王也必须服从法律。法治的这一特性要求立法者要独立于皇权或者王权（它们被看做是行政权），这样才能有限制皇权或者王权的法制，但仅靠这一点是不够的，司法权也就是执行法律的权力也必须脱离皇权或者王权而独立，否则司法权一旦与皇权或者王权结合，皇帝或者国王就掌握了操纵法律的特权，法律对于专横权力的遏制功能就会消失，法治就不复存在。这是柯克力争司法权由法官独立行使的根本意义之所在。大法官柯克为维护司法独立，与英国国王展开了一场辩论，有力地反驳了王权至上的观念，重申了“国王不应服从任何人，但应服从上帝和法律”的法治原则，提出了如下著名论断：“法律是一门艺术，它需经长期的学习和实践才能掌握，在未达到这一水平之前，任何人都不能从事案件的审判工作。”柯克虽然因此而被罢官，但他据理力争，为英国的法治和法官独立做出了贡献。一个国王的理性不足以公正地断处一个案件，司法权的行使者必须交由经过专业训练、有法律素养和法庭经验的专门人员去行使，这种司法权的专属性观念，对于我国当前的司法改革也是具有重要的借鉴意义的。

【司考真题】

1. 在刑事诉讼中，法官消极中立，通过当事人举证、辩论发现事实真相，并由当事人推动诉讼进程。这种诉讼构造属于下列哪一种类型？（　　）（2013/二/23/单选）

A. 职权主义　　B. 当事人主义

C. 纠问主义　　D. 混合主义

2. 以下关于对抗主义诉讼模式叙述正确的是（　　）。

A. 将刑事诉讼视为抗辩双方之间争辩　　B. 法官处于消极地位

C. 盛行于英美法系资本主义国家　　D. 当事人处于积极主动的地位

【拓展与反思】

米兰达规则

一、米兰达规则（Miranda Rule）包括两个方面的内容：

（1）沉默权。这已为世人所共知，并成为保护犯罪嫌疑人基本人权的强有力的工具。沉默权，即对提问可以不回答，从而减少和避免刑讯逼供、诱供或惧于强权的假供，是当今世界各国普遍确立的无罪推定原则下犯罪嫌疑人拥有的一项重要权利，它肯定了犯罪嫌疑人不得被迫自证有罪；

（2）获得律师帮助的权利。嫌疑人个人的力量不足以保证讯问的“正常”进行时，律师的参与对讯问程序的合法有效起到监督保证作用，在一定程度上是必不可少的，因此对无力聘请律师的嫌疑人，应由政府免费提供，以确保法律面前人人平等。

二、米兰达忠告的具体内容

宪法要求我告知你以下权利：

（1）你有权保持沉默，你对任何一个警察所说的一切都将可能被作为法庭对你不利的证据。

（2）你有权利在接受警察询问之前委托律师，他（她）可以陪伴你受询问的全过程。

（3）如果你付不起律师费，只要你愿意，在所有询问之前将免费为你提供一名律师。

（4）如果你不愿意回答问题，你在任何时间都可以终止谈话。

(5) 如果你希望跟你对律师谈话，你可以在任何时间停止回答问题，并且你可以让律师一直伴随你询问的全过程。

在询问过程前，如果警察没有提出米兰达忠告，那由此而收集到证据将不被法院接受。

三、米兰达规则的程序价值和局限性

米兰达规则主要是体现了保障被告人人权的程序性规则，程序正义的价值在于诉讼双方公平竞争。米兰达规则的确立，改变了美国警察办案的做法。在程序上有着非常重要的价值。

(1) 米兰达规则使美国宪法修正案第五条“任何人不得在刑事案中被迫对自己作证”更加具体化，从而加强了控方的举证责任。“反对自证其罪原则”是联合国司法准则之一，很多国家都确立了这一原则。这一规则适用的范围是可能导致刑罚或者更重刑罚的事实，既包括直接证明犯罪的事实和间接证明犯罪的事实以及导致发现犯罪的线索的事实。正是因为一方当事人没有义务帮助对方获得用以反对自己的武器，诉讼的另一方就必须依靠自己的力量获取反对对手的武器。这样就迫使在刑事诉讼中控方放弃对犯罪嫌疑人、被告人口供的依赖性。如今，在美国这一规则已扩大解释为任何政府机构都不得强迫任何人自证其罪。被告人的口供在刑事审判中的证据作用发生了变化。

(2) 米兰达规则在刑事诉讼程序中确立了审讯的定义。所谓“审讯”一般理解就是问话，目的是从问话者的口中套出归罪的证据。如果警察问被捕者：“这个人是不是你杀的?”这个问话当然是审讯。在米兰达案公布以后，如果被捕者选择保持沉默，这样的问话得出的证词当然不能用作证据。这就要求警察对逮捕的人在问话前，必须要向他告知“米兰达警告”，否则，就构成审讯，当然这种审讯是非法的，从审讯中得到的证据以及案件的线索都不得进入司法程序。

(3) 加强了犯罪嫌疑人、被告人的防御力量。在刑事诉讼中，诉讼双方是不平等的，特别是对穷人和文化程度不高或者说法律知识欠缺的群体来说，这种抵御能力低下，他们不知道自己的权利是什么，“米兰达规则”的适用，使他们首先可以避免作出对自己不利的行为，说出对自己不利的话。他可以保持沉默，等到有律师提供法律帮助的时候再决定自己该做什么，该说什么。从而使诉讼力量达到平衡，在程序上保障了他们的诉讼权益。总之，“米兰达规则”是沉默权的具体体现，也是程序正义的一系列思想的集中体现，正因为如此，“米兰达规则”才被各界所接受。

尽管米兰达规则有着非常重要的程序价值，但米兰达规则也有其局限性，如司法程序繁琐，使纠纷不能在短时间之内得到解决，在司法资源严重匮乏的前提下，对诉讼效率有着消极影响。

第三章　刑事诉讼基本原则

【导读案例】被告人乔某，男，2009 年 6 月 7 日傍晚，范某回家途中恰遇乔某同路，路上乔某向范某提出与其交朋友，范某予以拒绝。当两人行至一岔路偏僻处，乔某强行将范某奸污。回家后，范某当即报案。于是当地公安机关将乔某抓捕归案，并移送到当地同级人民检察院审查起诉。人民检察院以强奸罪向当地人民法院提起公诉。人民法院依法对该案进行开庭审理时，审判长宣布此案因涉及个人隐私，故不公开审理。

问：本案中人民法院的做法是否正确为什么？

资料来源：陈光中：刑事诉讼法教学案例，45 页。

【重点、难点】人权保障原则；犯罪嫌疑人被告人有权获得辩护的原则；公开审判原则；具有法定情形不予以追究刑事责任的原则；未经人民法院依法判决不得确定有罪的原则。

第一节　刑事诉讼基本原则的概述

一、刑事诉讼基本原则的概念和意义

1. 刑事诉讼基本原则的概念

刑事诉讼基本原则，是指依照《刑事诉讼法》的规定，贯穿于刑事诉讼全过程，对刑事诉讼活动具有普遍指导意义和规范作用，并为国家专门机关和诉讼参与人进行或参与刑事诉讼活动所必须遵循的基本行为准则。

2. 刑事诉讼基本原则的意义

（1）有利于在实践中贯彻和掌握刑事诉讼的各项制度和程序。

（2）便于解决刑事诉讼中出现的新问题。

（3）便于总结经验，进一步完善刑事诉讼法。

二、刑事诉讼基本原则的特征

1. 内容上的根本性

在内容上，刑事诉讼基本原则具有根本性，刑事诉讼基本原则是刑事诉讼立法精神的直接体现。作为构建具体刑事诉讼程序、制度的基础和航标，刑事诉讼基本原则一般承载着立法的价值和伦理目标。因此，刑事诉讼基本原则调整的内容应当是对于刑事诉讼程序具有根本性、基础性地位的内容。

2. 在效力上的最高性

刑事诉讼基本原则具有较高的法律效力。在刑事诉讼领域，刑事诉讼基本原则具有高于一般程序规则的法律效力。对具体程序规则的解释，必须合乎基本原则的要求，在没有具体程序规则的时候，司法官员的裁量权必须遵循基本原则的内在要求。

3. 在范围上的普适性

刑事诉讼基本原则具有广泛的适用性。刑事诉讼基本原则往往具有抽象性、概括性的特点。因此，与具体规则不同，刑事诉讼基本原则具有更强的涵盖力。刑事诉讼基本原则既可以适用于刑事诉讼的立法活动，又可以适用于刑事诉讼的具体运作；既可以适用于有具体规则的诉讼活动，又可以适用于没有具体规则而需要司法官员依法裁量予以处理的诉讼活动。

第二节　国际通行的刑事诉讼基本原则

一、程序法定原则

1. 程序法定原则的要求

（1）立法方面的要求，即刑事诉讼程序应当由法律事先明确规定。

（2）司法方面的要求，即刑事诉讼活动应当依据国家法律规定的刑事程序来进行。

2. 外国关于程序法定原则的立法与适用

（1）大陆法系国家的法定原则的内容：程序法定原则和罪刑法定原则。

（2）英美法系国家的“正当程序”、“除非事先经过依据调整司法程序的既定规则进行的审判，任何人不得被剥夺生命、自由、财产或者法律赋予的其他权利”等原则。

3. 程序法定原则的理念基础

（1）程序法定原则是法治国家的必然要求，是国民主权原理的体现。

（2）程序法定原则是刑事诉讼的公正、秩序等价值得以实现的保障。

（3）程序法定原则是维护法律良性发展，确立立法与司法相互平衡关系的需要。

（4）程序法定原则是在刑事法领域实现人权保障的基础。

二、司法独立原则

1. 司法独立原则的含义

司法独立是指国家确权的中立机关及其工作人员在按照法定程序和方法对冲突事实适用法律的过程中排除任何非理性干预的法律自主性。

司法独立原则有三层含义：第一层含义指就政治层面而言，司法独立指司法权独立，源于孟德斯鸠的三权分立原则；第二层指法院独立，法院独立是司法权独立的制度表现，包括法院独立于非法院机构和法院之间相互独立，审判权只能由法院行使，其他任何机关不得行使；第三层是指法官独立，法官独立行使审判权，只服从宪法和法律，既不受立法、行政机关的干涉，也不受其他法院或本法院其他法官的影响，强调法官的自主性，法官独立是司法独立的最高形态。

2. 保障司法独立的制度设置

（1）法院的组织机构独立，将行使司法权的法院与立法、行政机构分开，自成体系，以确保其独立行使审判权。

（2）规定法官的任免、高薪以及退休等制度，通过对法官身份的保障，来实现司法独立。

三、无罪推定原则

1. 无罪推定原则的含义

无罪推定原则是指，在指控一个人的时候，应当先假设他是无罪的，然后根据掌握的材料来一步一步证明其是否有罪，如果这些材料不能证明其有罪，就不能对其判定有罪。

无罪推定原则主要强调了三层意思：首先，对任何人有罪决定的宣告，只能由法院决定，其他任何机关和组织都没有权决定；其次，强调证据裁判主义精神，法院应当用证据证明被告人有罪，不能推定或假设；最后，在判决生效之前，被告人是无罪的，不能因为其被逮捕、被起诉、被审判而认为其有罪。

2. 法律依据

联合国《公民权利和政治权利国际公约》第 14 条第 2 项规定，受刑事控告之人，未经依法确定有罪以前，应有权被视为无罪。

《世界人权宣言》第 11 条规定，凡受刑事控告者，在未经依法公开审判证实有罪前，应视为无罪，审判时并须予以答辩上所需之一切保障。

3. 由无罪推定原则派生出的诉讼规则

(1) 控方承担证明犯罪嫌疑人、被告人有罪的责任。

控方承担举证责任这是无罪推定原则的必然结果，犯罪嫌疑人、被告人不能自证其罪，他们有反驳控诉、证明自己无罪的权利，但是没有证明自己无罪的义务。公民的自由权利既是法律赋予的，又是受法律保护的。享有充分司法资源的控诉机关的责任，就是保护公民享受其应有的各项权利，同时揭露犯罪，惩罚犯罪，调查收集证明犯罪嫌疑人、被告人犯罪的证据，从而把他推到罪犯的地位上去。这是无罪推定的最基本规则。

(2) 沉默权。

沉默权规则与无罪推定的人权保障精神密不可分。任何人不应成为追诉自己的工具。沉默权规则举证责任的归属密不可分。既然犯罪的证明责任在控方，犯罪嫌疑人、被告人没有证明自己无罪的责任。他们就不应被拷问、被逼供，也不会被拷问、被逼供。仅有被告人供述，没有其他证据的，不得认为被告人有罪。沉默权是消极意义上的辩护权，也是犯罪嫌疑人、被告人成为诉讼主体的重要体现。唯有犯罪嫌疑人、被告人享有沉默权，他们的其他诉讼权利才会有保障，才能有效地抵御司法机关对其合法权益的侵害，才能体现他们的诉讼主体地位。

(3) 有利被告原则，亦称罪疑从无原则、疑案处理原则。

罪疑从无原则是与疑罪从有、有罪推定对立的。这一原则要求证明有罪的证据必须达到充分的程度，如果控方的证据达不到认定犯罪事实所必需的程度，不能排除被告人无罪的合理怀疑，即使被告人的犯罪嫌疑仍未排除，被告仍应被宣告无罪。有利被告原则，从根本上防止了冤假错案的发生。这是无罪推定原则的进步性和合理性的所在。

四、控审分离原则

1. 控审分离原则的含义

控审分离原则是指控诉职能和审判职能必须分别由专门的诉讼主体来承担，而不能把两种职能集中由一个诉讼主体来承担，如果没有法定的控诉主体提起诉讼，承担审判职能的法院就不能主动审判任何案件。这也是刑事诉讼中不告不理原则的由来。

2. 控审分离原则的主要内容

（1）刑事追诉权和裁判权分别由侦查机关、检察机关和法院各自独立行使。

（2）实行不告不理，只有当起诉机关或自诉人提起诉讼后，审判机关才能进行审判活动，法院的审判必须在检察官或自诉人提出合法起诉后才能启动。

（3）法院审理和裁判的对象和范围必须仅限于检察官或自诉人的起诉书所明确记载的对象和范围。

五、控辩平等对抗原则

1. 控辩平等对抗的含义

控辩平等对抗是指控诉方和辩护方在刑事诉讼中享有平等的法律地位，为此法律应当赋予双方相应的权利，规定相应的义务，以保证诉讼双方实力上的平等，从而形成平等对抗的情势。

2. 控辩平等对抗原则的理解

（1）“控”和“辩”。“控”，是指控诉方，在公诉案件中，从广义上说，控诉方除了检察官之外，还包括侦查人员、被害人，侦查人员为检察官进行控诉提供条件，确定犯罪嫌疑人，收集证据。在中国，被害人作为刑事案件的当事人，也行使一定的控诉职能。

（2）控辩平等对抗存在的诉讼阶段。控辩平等对抗集中体现在法庭审判阶段。在法庭上，控辩双方同时在场，通过举证、质证进行法庭辩论，这是一种形式上的平等对抗。

（3）控辩固有的不平等。控诉方是代表国家对被告进行追诉的一方，辩护方是针对控诉进行防御的一方，由于双方的角色和任务不同，决定了控辩双方注定存在一些固有的不平等，主要体现在以下方面：

其一，进攻与防御的地位不平等。进攻掌握着诉讼的主动权，防御处于被动地位。

其二，双方可利用的资源不平等。控诉方有专门的侦查机关为其调查、收集证据，检察机关自己也可以进行侦查，而且还可以使用强制性措施，如搜查、扣押、拘传、拘留、逮捕、取保候审、监视居住等，而辩护方只能自行收集证据，而且手段有限，不能使用强制性措施。

（4）控辩平等对抗的内容。控辩的平等对抗只能是法律地位的平等、机会和手段的对等、诉讼规则的公平。在一定意义上说控辩平等是一种“均衡感”，即在打击与保护、在国家利益与被告人个体利益之间的一种取决于社会理性的“均衡性感觉”。

六、诉讼迅速原则

1. 诉讼迅速原则的含义

诉讼迅速原则的基本含义是，本着保护嫌疑人、被告人利益和查明真相的目的，尽可能快速地实施刑事程序。

2. 诉讼迅速原则在刑事诉讼中的体现

（1）明确诉讼期间或办案期限。

①能使办案机关在法律规定的可以预见的一定时间内办理刑事案件；诉讼期间涉及一些主要诉讼行为的诉讼期间，如英国、美国、法国刑事诉讼中的警察拘留期间，法国的先行羁押期间，各国法规定的上诉期间；不同诉讼阶段的办案期限，如美国迅速审判法规定的起诉到审判之间的期限，中国法律规定的审查起诉、一审和二审期限等。

②通过期间的规定，可以防止诉讼的拖延，而将诉讼限定在法律规定的期间之内。在犯罪不断增长、案件负担加大而司法资源配置相对滞后的背景下，各国司法机关普遍采用加快诉讼行为、提升办案节奏的方式加以应对。

（2）集中审理的制度。

①整个审判阶段以庭审为中心，所有的事实、证据和法律观点等都应在庭审中一并提出，审判结论也应在庭审过程中形成，而不是在别的场合。

②对一个案件应该一次连续审理完毕，即使对需要进行两天以上审理的复杂案件也应当于次日继续审理，直至审理完毕为止。

（3）完善、简化程序。

根据案件不同，设立不同的程序，对于轻罪案件，尤其是被告人认罪的轻罪案件，各国普遍采用简易、速决程序进行处理，如德国的处罚令程序、法国的直接出庭程序、英国的简易审判程序、美国的辩诉交易制度等。

七、禁止重复追究原则（一事不再理原则）

1. 禁止重复追究原则的含义

禁止重复追究原则是指对被追究者一旦作出有罪或无罪的有效判决，便不得再次就同一行为予以审判或处罚。禁止重复追究原则源于古罗马法律精神，在大陆法系称作“一事不再理”，在美国称作“禁止双重归罪”。

2. 禁止重复追究原则的适用范围

（1）从适用主体看。

公诉案件的检察机关和自诉案件的自诉人（其中包括其他国家机关、社会团体、公民个人）在诉讼提起后，不得就同一案件事实再次起诉；法院的裁判生效后，不得对同一案件再行起诉。

（2）从适用对象看。

“一事不再理”原则下“不再理”的对象是“同一案件”，包括同一犯罪事实和同一被告人。

（3）从适用时间看。

“一事不再理”原则的时间效力包括起诉以后和起诉以后诉讼被驳回或撤销起诉两个阶段。

3. 一事不再理原则的特点

（1）以法院的生效裁判为前提。

（2）法院作出的有罪、无罪判决适用一事不再理原则，法院作出的纯程序性的裁判不适用一事不再理原则。

（3）是维护既判力的原则。

（4）宗旨是强调法的安定性。

八、适度原则

1. 适度原则的概念

适度原则又称“相应性原则”或“比例性原则”，是指刑事诉讼中采取的诉讼手段，特别是限制或剥夺公民基本权利的强制措施，在种类、轻重、力度上，必须与所追究的行为相适应，不能过度。

2. 适度原则的双重要求

（1）适当性，刑事追究措施的种类应当与犯罪行为的社会危害性相适应。适当性在刑事诉讼程序中的体现：强制侦查措施的配置；实行起诉便宜主义；设立简易程序和未成年人审判程序。

（2）适度性，刑事追究措施实施的程度必须与犯罪行为的社会危害性程度相适应。适度性在承担刑事责任中的体现：尊重被告人的名誉和人格尊严；使用武力不应超过必要的限度；保障犯罪嫌疑人、被告人的其他实体和诉讼权利。

九、反对强迫自证其罪原则

1. 反对强迫自证其罪原则的含义

反对强迫自证其罪原则是指在刑事诉讼阶段，不得强迫犯罪嫌疑人和被告人做出不利于自己的言辞口供。反对强迫自证其罪原则可以在两方面进行理解：一是犯罪嫌疑人、被告人对于是否陈述享有不受强迫的权利；二是犯罪嫌疑人、被告人对于是否陈述及是否提供不利于己的陈述享有选择权。前者是消极性权利，后者是积极性权利，两者具有密切联系，前者体现了后者的基本要求，也是实现后者的重要保障。

2. 不强迫自证其罪原则也应该适用于证人

因为证人在刑事诉讼中处于特殊的地位，犯罪嫌疑人和被告人会因为证人证言而可能定罪量刑。而且证人既然目击了案件发生但不排除其参与了某项犯罪事实时，证人完全有可能会自证其罪。所以不强迫证人在证言“可能导致他自己有罪”的情况下，证人可以引用不强迫自证其罪的权利保护自己，拒绝透露有关事实。对于证人，不强迫自证其罪的权利不仅适用于刑事诉讼，而且适用于各种司法或行政的听审。

3. 不强迫自证其罪原则的理论基础

（1）人权保障理论。刑事诉讼法中的力量对比就是公民处于弱势，国家公权力处于强势状态，如果我们违反了“无罪推定”原则，那么在控诉双方的力量权衡中，个人权利很容易被公权力所侵害，而这个受害人可能是任何一个普通公民。刑事诉讼法被誉为“公民权利保障的小宪章”，是维护宪法所赋予公民的人身权利的重要手段。因此反对强迫自证其罪必须被确立。

（2）程序正义理论。刑事诉讼说到底还是诉讼，这就要求遵守诉讼的基本规则，强势的一方不能迫使另一方“自我控告”，否则就可能丧失诉讼的应有品质。应当强调任何时候，对真相的追求都不得以侵害犯罪嫌疑人、被告人的基本人权为代价；任何时候，对正义的伸张都不得以牺牲法律的正当程序为代价。刑讯逼供从来不曾获得法律认可，之所以大行其道乃是相关法律缺乏后果的规定，也没有对非法证据明确“说不”。强迫自证其罪所取得的证据，应当作为非法证据排除掉。违背了无罪推定原则，我们每个人都有可能在刑讯逼供的阴影下生活。

（3）无罪推定理论。作为一项与有罪推定相对立的原则，无罪推定需要在刑诉中反映其一系列的要求。第一，既然无罪推定意味着被告人在未经判决有罪以前，应被视为无罪的人，那么刑事诉讼法应赋予并保障被告人各项诉讼权利。第二，既然无罪推定要求追究被告人的刑事责任，需要经过法律规定的程序，那么，刑事诉讼为追究被告人刑事责任而设立公正的诉讼程序就应当维护犯罪嫌疑人、被告人最基本的权利——保持沉默的选择权。

第三节　我国刑事诉讼的基本原则

一、人权保障原则

1. 法律依据

《刑事诉讼法》第 2 条规定，中华人民共和国刑事诉讼法的任务，是保证准确、及时地查明犯罪事实，尊重和保障人权。该条规定首次在我国明确提出了国家“尊重和保障人权”是刑事诉讼法的目的和任务之一。

2. 含义

人权保障原则，具有广义和狭义两层涵义：广义上的人权保障原则，是指刑事诉讼法应当尊重和保障所有参与刑事诉讼的诉讼参与人的合法权益；狭义上的人权保障原则，指的是刑事诉讼法对被追诉人（犯罪嫌疑人、被告人）合法权益的尊重和保障。我们认为，《刑事诉讼法》第 2 条中规定的“尊重和保障人权”，所指应当是狭义上的人权保障原则。

3. 在刑事诉讼法中的体现

“尊重和保障人权”，不仅明确规定于《刑事诉讼法》中的第 2 条，更重要的是体现在刑事诉讼程序的各个方面和环节。

（1）刑事诉讼立法上明确宣示尊重和保障被追诉人的各项基本人权（包括实体权利和程序权利），并严禁国家专门机关违法侵犯其人权。

（2）为保障涉讼公民基本人权，赋予国家专门机关诉讼关照义务。

（3）为保障被追诉人的基本人身自由和财产自由，在其基本人权遭受国家公权力机关的违法侵犯时，及时提供司法救济途径。

二、侦查权、检察权、审判权由专门机关依法行使原则

1. 法律依据

《刑事诉讼法》第 3 条第 1 款规定，对刑事案件的侦查、拘留、执行逮捕、预审，由公安机关负责。检察、批准逮捕、检察机关直接受理的案件的侦查、提起公诉，由人民检察院负责。审判由人民法院负责。除法律特别规定的以外，其他任何机关、团体和个人都无权行使这些权力。第 4 条规定，国家安全机关依照法律规定，办理危害国家安全的刑事案件，行使与公安机关相同的职权。这两个条文所确立的就是侦查权、检察权、审判权由专门机关依法行使原则。

2. 含义

（1）侦查权、检察权、审判权只能由公安机关、人民检察院、人民法院等专门机关依法行使，严禁其他任何机关、社会团体和个人追究公民的刑事责任。当然，此处的“公安机关”应作广义理解，泛指除人民检察院以外的一切可以行使刑事侦查权的国家机关。

（2）侦查权、检察权和审判权必须由公安机关、人民检察院和人民法院依照法定的权限分别行使，而不能相互代替和混淆。

（3）公安机关、人民检察院和人民法院行使职权，必须严格遵守刑法、刑事诉讼法和其他有关法律的规定，不能为所欲为和独断专行。

三、严格遵守法律程序原则

1. 法律依据

我国《刑事诉讼法》第 3 条第 2 款规定，人民法院、人民检察院和公安机关进行刑事诉讼，必须严格遵守本法和其他法律的有关规定。这一规定确立了严格遵守法律程序的原则。

2. 含义

严格遵守法律程序原则，要求公、检、法机关在法律规定的范围内行使职权，不得超

出法律的规定自行其是。法律没有明确赋予的职权，公、检、法机关不得先行行使，法律明确禁止的行为，公、检、法机关更不得实施。

四、人民法院、人民检察院依法独立行使职权原则

1. 法律依据

《刑事诉讼法》第 5 条规定，人民法院依照法律规定独立行使审判权，人民检察院依照法律规定独立行使检察权，不受行政机关、社会团体和个人的干涉。这一规定确立了人民法院、人民检察院依法独立行使职权原则。

2. 含义

人民法院、人民检察院依法独立行使职权是指追究犯罪、惩罚犯罪的权力由检、法等专门机关依法独立行使，不受其他机关、团体和个人的干预。具体而言，其含义主要包括以下几个方面：

（1）除法律特别规定的以外，刑事诉讼的检察权、审判权只能由检、法两机关行使，其他任何机关、团体和个人都无权行使这些权力。

（2）独立的检察权、审判权应当由人民检察院和人民法院集体行使。

（3）人民检察院和人民法院必须依法行使职权，严格遵守法定程序。

（4）人民检察院和人民法院分别依法行使检察、审判职权，不受当事人及其他诉讼参与人意志的约束，任何公民、企业事业单位和社会团体不得拒绝司法机关对案件的调查，不得妨碍和阻拦诉讼的进行，否则，要依法受到相应的制裁处理。

3. 人民法院、人民检察院独立行使审判权、检察权应处理好几种关系

（1）要处理好依法独立行使职权与中国共产党领导的关系（谨防领导变幕后司法）。

（2）要处理好依法独立行使职权与国家权力机关监督的关系（谨防监督变干扰）。

（3）要处理好依法独立行使职权与社会及人民群众监督的关系（谨防舆论司法或民意压法）。

五、专门机关与群众相结合原则

1. 法律依据

《刑事诉讼法》第 6 条规定，人民法院、人民检察院和公安机关进行刑事诉讼，必须依靠群众。这就是依靠群众原则的法律依据。

2. 专门机关与群众相结合原则在刑事诉讼中的体现

（1）保证一切与案件有关或了解案情的公民，有如实提供证据的条件，除特殊情况外，可以吸收他们协助调查（《刑事诉讼法》第 50 条）。

（2）对于正在实施犯罪或者在犯罪后即被发觉的人、通缉在案的人、越狱逃跑的人或者正在被追捕的人，任何公民都可以立即扭送公安机关、人民检察院或人民法院（《刑事诉讼法》第 82 条）。

（3）任何公民都可以控告、检举犯罪；公民控告、检举犯罪后，司法机关不立案的可以申请复议（《刑事诉讼法》第 108 条）。

（4）刑事案件审判过程中可以吸收公民参加陪审（《刑事诉讼法》第 13、第 178 条）。

（5）实行审判公开，允许群众旁听案件审判（《刑事诉讼法》第 11 条）。

（6）管制刑和监外执行案件，动员群众参与执行等（《刑事诉讼法》第 258、第 259 条）。

3. 专门机关与群众相结合原则的意义

（1）专门机关与群众相结合，有利于查明案件的事实真相。

（2）专门机关与群众相结合，有利于预防和减少犯罪的发生。

（3）专门机关与群众相结合，有利于增强办案人员的责任意识。

六、以事实为以法律为准绳原则

1. 法律依据

《刑事诉讼法》第 6 条规定，人民法院、人民检察院和公安机关进行刑事诉讼必须依靠群众，必须以事实为根据，以法律为准绳。这是贯穿在刑事诉讼全过程的一条重要原则。

2. 含义

（1）以事实为根据，就是要求公安司法人员无论是解决实体问题，还是解决程序问题都必须实事求是；而不能以任何主观上的猜测、推断、设想作为根据。

（2）以法律为准绳，包括两层含义：其一是公安司法机关在诉讼活动过程中必须严格按照刑事诉讼法及其他有关法律规定的权限和程序进行，不能越权办案、违法办案；其二是公安司法机关在对案件作出处理决定时，法律的具体规定是处理案件的唯一标准和尺度。

以事实为根据和以法律为准绳，是相互依存、紧密联系、不可侵害的整体。

七、适用法律上一律平等原则

1. 法律依据

《刑事诉讼法》第 6 条规定，人民法院、人民检察院和公安机关进行刑事诉讼，必须依靠群众，必须以事实为根据，以法律为准绳。对于一切公民，在适用法律上一律平等，在法律面前，不允许有任何特权。该规定确立了我国刑事诉讼中对一切公民在适用法律上一律平等的基本原则。

2. 含义

（1）司法机关在进行刑事诉讼时，对一切公民的犯罪行为，不管其社会地位高低、家庭出身、宗教信仰如何，都必须严格依法处理。

（2）司法机关在进行刑事诉讼时，对于一切公民的合法权益，都必须依法予以保护。

(3) 任何公民或组织，在刑事诉讼活动中，在同等享有法定诉讼权利的同时，必须同等履行应尽的诉讼义务，不允许有特权和例外。但诉讼权利平等不等于所有公民的诉讼权利完全相同。

八、公、检、法三机关分工负责、互相配合、互相制约原则

1. 法律依据

我国《宪法》第135条规定，人民法院、人民检察院和公安机关办理刑事案件，应当分工负责，互相配合，互相制约，以保证准确有效地执行法律。

2. 含义

(1) 分工负责，是指公安机关、人民检察院和人民法院在刑事诉讼中分别行使侦查权、检察权和审判权，三机关根据法律规定的职权，各负其责、各尽其职，严格依照分工进行诉讼活动，不允许互相代替和超越职责权限。

(2) 互相配合，是指公、检、法三机关进行刑事诉讼，应当在分工负责的基础上，互相支持，协调一致，互相补充，共同完成揭露犯罪，证实犯罪，惩罚犯罪分子，保护涉讼公民的合法权益，保障无罪的人不受刑事追究的诉讼任务，而不能各行其是，甚至相互抵消力量。

(3) 互相制约，就是指公安机关、人民检察院和人民法院按照法律规定的分工，在刑事诉讼活动中互相监督，以便及时发现并纠正可能发生的错误，保证不枉不纵，不错不漏，保证法律的有效执行，促进刑事诉讼的顺利进行。

九、人民检察院对刑事诉讼实行法律监督原则

1. 法律依据

《刑事诉讼法》第8条规定，人民检察院依法对刑事诉讼实行法律监督。这就是我国刑事诉讼法规定的人民检察院对刑事诉讼实行法律监督原则。

2. 人民检察院实行法律监督在刑事诉讼法中的体现

(1) 对公安机关立案活动的监督。

(2) 对公安机关的侦查活动是否合法进行监督。

(3) 对公安机关提请检察院批捕的案件审查批捕，并对逮捕的执行情况进行监督。

(4) 对审判是否合法进行监督，对审判程序违法可以向法院提出纠正意见。

(5) 对刑事执行活动进行监督。

十、使用本民族语言文字进行诉讼原则

1. 法律依据

《刑事诉讼法》第9条规定，各民族公民都有用本民族语言文字进行诉讼的权利。这

一规定确立了各民族公民有权使用本民族语言文字进行诉讼的原则，体现了我国民族平等、民族团结的宪法原则。

2. 含义

（1）各民族公民都有使用本民族语言文字进行诉讼的权利。

（2）公安司法机关有义务为不通晓当地语言文字的诉讼参与人指派或聘请翻译人员进行翻译。

（3）在少数民族聚居或多民族杂居的地区，应当用当地通用的语言进行审讯、审理案件，用当地通用的文字发布判决书、布告和其他文件。

十一、公开审判原则

1. 法律依据

根据《刑事诉讼法》第 11 条规定，人民法院审判案件，除本法另有规定的以外，一律公开进行。这一规定确立了刑事诉讼法上的公开审判原则。

2. 含义

公开审判原则，是指人民法院开庭审判案件的过程和结果，除合议庭评议以外，都应当向群众公开，向社会公开，允许社会公众旁听，允许新闻媒体公开采访、报道的一项审判原则。

根据《刑事诉讼法》第 196 条的规定，无论审判过程是否公开，宣告判决，一律公开进行。

十二、犯罪嫌疑人、被告人有权获得辩护原则

1. 法律依据

《刑事诉讼法》第 11 条规定，被告人有权获得辩护，人民法院有义务保证被告人获得辩护。这一规定确立了犯罪嫌疑人、被告人有权获得辩护的原则。

2. 含义

在任何情况下，对任何犯罪嫌疑人、被告人，都不得以任何理由限制或剥夺其辩护权。

（1）犯罪嫌疑人、被告人在刑事诉讼过程中既可以自行辩护，也可以委托辩护。

（2）犯罪嫌疑人、被告人在刑事诉讼全过程中均有权获得辩护。

（3）被告人有权获得法律援助。

十三、未经人民法院依法判决不得对任何人确定有罪原则

1. 法律依据

《刑事诉讼法》第 12 条规定，未经人民法院依法判决，对任何人都不得确定有罪。

2. 含义

(1) 刑事案件的定罪权由人民法院统一行使。

(2) 未经人民法院依法判决，对任何人都不得确定有罪。

3. 未经人民法院依法判决，对任何人都不得确定有罪原则的局限性

(1) 没有赋予犯罪嫌疑人、被告人以沉默权。

(2) 律师介入刑事诉讼的时间虽提前了，但受到的限制较多。

(3) 无罪结案的不起诉案件有可能再被追诉。

(4) 法律对于非法收集的证据没有彻底禁止使用。

十四、依法保障诉讼参与人的诉讼权利原则

1. 法律依据

《刑事诉讼法》第 14 条规定，人民法院、人民检察院和公安机关应当保障犯罪嫌疑人、被告人和其他诉讼参与人依法享有的辩护权和其他诉讼权利。诉讼参与人对于审判人员、检察人员和侦查人员侵犯公民诉讼权利和人身侮辱的行为，有权提出控告。这一规定确立了我国《刑事诉讼法》保障诉讼参与人诉讼权利的原则。

2. 含义

(1) 诉讼权利是一种法定权利，应当受到法律的保护。

(2) 公安司法人员应当告知诉讼参与人依法享有的诉讼权利。

(3) 公安司法机关应当尊重诉讼参与人的诉讼权利，并有义务为诉讼参与人行使诉讼权利提供必要的方便、设施和条件，不得故意刁难，除此之外，还要采取措施排除他们在行使诉讼权利过程中的各种障碍，确保诉讼参与人享有的诉讼权利落到实处。

(4) 诉讼参与人有权用法律手段维护自己的诉讼权利，有关机关对于侵犯诉讼权利的行为应当认真查处。

十五、具有法定情形不追究刑事责任原则

1. 法律依据

《刑事诉讼法》第 15 条规定，具有法定情形的，不追究刑事责任，已经追究的，应当撤销案件，或者不起诉，或者终止审理，或者宣告无罪。这一规定确立了具有法定情形不追究刑事责任的原则。

2. 不追究刑事责任的法定情形

(1) 情节显著轻微、危害不大，不认为是犯罪的。

(2) 犯罪已过追诉时效期限的。

(3) 经特赦令免除刑罚的。

(4) 依照刑法告诉才处理的犯罪，没有告诉或者撤回告诉的。

(5) 犯罪嫌疑人、被告人死亡的。

（6）犯罪嫌疑人、被告人在事实上没有实施犯罪的。

（7）在法律上犯罪嫌疑人、被告人的行为不构成犯罪的。

（8）其他法律规定免于追究刑事责任的。

3. 对于不予追究刑事责任情形的处理

（1）在立案审查阶段，应作出不立案的决定。

（2）在侦查阶段，应作出撤销案件的决定。

（3）在起诉阶段，应当作出不起诉的决定。

（4）在审判阶段，应判决宣告无罪或裁定终止审理。

（5）在自诉案件中，法院应根据情形分别作出不立案的决定或准予撤诉、驳回起诉、终止审理的裁定，或作出宣告无罪的判决。

十六、追究外国人刑事责任适用我国《刑事诉讼法》原则

1. 法律依据

《刑事诉讼法》第16条规定，对于外国人犯罪应当追究刑事责任的，适用本法的规定。对于享有外交特权和豁免权的外国人犯罪应当追究刑事责任的，通过外交途径解决。这就规定了追究外国人的刑事责任应适用我国《刑事诉讼法》的基本原则，这一原则是国家主权在刑事司法领域的体现。

2. 含义

（1）对于外国人的犯罪行为，依照我国刑法应当追究刑事责任的，适用我国《刑事诉讼法》，由我国公安司法机关进行立案、侦查、起诉和审判，不应对其差别对待。

（2）对享有外交特权和豁免权的外国人，其犯罪行为应当追究刑事责任的，不适用我国《刑事诉讼法》的规定，而是通过外交途径解决。

（3）国家主权高于刑事司法权，因此在刑事诉讼中，必须坚持国家主权的独立和完整。

十七、刑事司法协助原则

1. 法律依据

《刑事诉讼法》第17条规定，根据中华人民共和国缔结或者参加的国际条约，或者按照互惠原则，我国司法机关和外国司法机关可以相互请求刑事司法协助。这一规定确立了刑事司法协助原则。

刑事诉讼中的司法协助，是指我国司法机关与外国司法机关之间，根据相互缔结的条约或者参加的国际条约以及互惠原则，相互协助，代为进行某些刑事诉讼行为的活动。

2. 刑事司法协助原则的基本含义

（1）刑事司法协助的主体是我国司法机关和外国司法机关。

（2）刑事司法协助的法律依据包括我国与外国缔结的条约或者协定、我国参加的记有

司法协助内容的国际条约以及国际公认的互惠原则。

(3) 刑事司法协助的内容主要包括代为送达文书，代为调查取证，相互委托进行鉴定、勘验、检查、搜查和扣押，相互代为通知证人、鉴定人出庭，相互移交物证、书证等证据。

【导例评析】

本案中人民法院的做法是正确的。根据《刑事诉讼法》第 11 条和第 183 条第 1 款第一部分的规定，人民法院审判案件，除本法另有规定的以外，一律公开进行。但根据《刑事诉讼法》第 183 条第 1 款第二部分的规定，下列案件可以不公开审理：(1) 涉及国家秘密的案件，即案件性质、案情涉及国家保密法规定的国家秘密的案件。对这类案件不公开审理，是为了防止泄露国家秘密，危害国家安全或其他国家利益。(2) 有关个人隐私的案件，即涉及个人的性关系及其他影响个人名誉的私生活案件。对这类案件不公开审理，是为了保护当事人的名誉和防止对社会产生不良的影响和后果。(3) 涉及商业秘密的案件，当事人申请不公开审理的。《刑事诉讼法》第 274 条规定，审判的时候被告人不满十八周岁的案件，应当不公开审理。这是为了防止未成年人的精神受到创伤，影响其健康成长。

本案是强奸案，涉及被害人范某被他人强奸的事实，事关被害人的名誉，属于法律规定的“有关个人隐私”的案件，所以人民法院决定不公开审理是正确的，不违背审判公开原则。但需要指出的是，不公开审理的案件，宣告判决仍要公开进行。

【实务训练】

在一个偏僻山村，农民周某某（男，19 岁）强奸了同村的女青年李某某（18 岁）。为了解决这一问题。村长和其他几名村干部商议后决定，由村长主持对本案进行调解，以防止家丑外扬。村长在双方家长的参加下，与其他村干部协商，让双方家长达成了如下调解协议：(1) 周某某向李某某赔礼道歉；(2) 周家向李家赔偿损失 2 000 元；(3) 周某某承诺今后一定娶李某某为妻；(4) 李某某承诺不向司法机关告发。事后不久，李某某不同意嫁给周某某，并向司法机关告发。司法机关在追究周某某刑事责任的同时，也追究了村长包庇犯罪的刑事责任。村长面对判决一脸茫然，不理解为何自己做了一件化解纠纷的好事，却反而要吃官司。

问：请运用我国《刑事诉讼法》的基本原则分析本案中村长和村干部的做法是否正确？

资料来源：严励，刑法案例教程，46 页。

【评析】

不正确。《刑事诉讼法》第 3 条第 1 款规定，对刑事案件的侦查、拘留、执行逮捕、预审，由公安机关负责。检察、批准逮捕、检察机关直接受理的案件的侦查、提起公诉，由人民检察院负责。审判由人民法院负责。除法律特别规定的以外，其他任何机关、团体和个人都无权行使这些权力。这一原则规定了侦查权、检察权、审判权由专门机关依法行使。其他任何机关、团体或个人都不得行使。同时第 6 条规定，对于一切公民，在适用法律上一律平等，在法律面前，不允许有任何特权。这一原则明确规定了所有的公民在法律面前都是平等的，平等地受到法律保护也应当平等地受到法律的惩罚，任何人都不得享有超越法律的特权。《刑事诉讼法》第 15 条规定，有下列情形之一的，不追究刑事责任，已经追究的，应当撤销案件，或者不起诉，或者终止审理，或者宣告无罪：（一）情节显著轻微、危害不大，不认为是犯罪的；（二）犯罪已过追诉时效期限的；（三）经特赦令免除刑罚的；（四）依照刑法告诉才处理的犯罪，没有告诉或者撤回告诉的；（五）犯罪嫌疑人、被告人死亡的；（六）其他法律规定免予追究刑事责任的。这一原则规定了只有具有以上六种情形的情况下才能不追究刑事责任。

本案中周某某强奸李某某的行为，依照我国法律规定已经触犯我国刑法，理应受到刑事处罚，而且周某某又不具有《刑事诉讼法》第 15 条规定不予以追究刑事责任的情形，因此，本案中村长和村委会的做法违背了我国《刑事诉讼法》规定的“侦查权、检察权、审判权由专门机关依法行使”和“适用法律上一律平等”的基本原则，他们在调解协议中涉及的刑事责任部分也是无效的。

【司考真题】

1. 检察院以涉嫌诈骗罪对某甲提起公诉。经法庭审理，法院认定，某甲的行为属于刑法规定的“将代为保管的他人财物非法占为己有并拒不退还”的侵占行为。对于本案，检察院拒不撤回起诉时，法院的哪种处理方法是正确的？（　　）（2007/二/36/单选）

A. 裁定驳回起诉　　B. 裁定终止审理

C. 径行作出无罪判决　　D. 以侵占罪作出有罪判决

2. 检察院立案侦查甲刑讯逼供案。被害人父亲要求甲赔偿丧葬费等经济损失。侦查中，甲因病猝死。对于此案，检察院下列哪一做法是正确的？（　　）（2009/二/30/单选）

A. 移送法院以便审理附带民事诉讼部分　　B. 撤销案件

C. 决定不起诉　　D. 决定不起诉并对民事部分一并作出处理

【拓展与反思】

反对强迫自证其罪

反对强迫自证其罪原则是十七世纪初英格兰人民反对星宫法院单方宣誓程序的产物。反对强迫自证其罪原则属于行为责任的分配，在刑事诉讼中，原则上应当由控诉方提供证据来证明其所指控的犯罪事实成立，被告人在诉讼中不承担证明自己无罪的责任，既然如此，被告人也就没有义务在针对其进行的查找证据的活动中予以合作，他可以在诉讼过程中保持沉默，也可以明确表示拒绝陈述。

1. 反对强迫自证其罪的含义

反对强迫自证其罪，是指在刑事案件中，被指控犯罪的人有自愿证明自己有罪和不证明自己有罪的自由，不得以任何形式强迫其做出有罪供述或可能证明其有罪的供述，并且不能因其不证明自己有罪或者因此所保持的沉默，而做出对其不利的判断。

2. 反对强迫自证其罪原则的基本内容

(1) 反对强迫自证其罪的前提是如实陈述义务。反对强迫自证其罪本是英美普通法上的一种证人特权，而之所以被称为特权，主要是因为这一原则是以有陈述或作证义务为前提的，并以“藐视法庭罪”、“伪证罪”和其他程序性制裁为强制后盾的。也就是说，只有在当事人的陈述会涉及使自己陷于罪的事实时，才能够获得这一特权的保护，其可以拒绝回答提问，否则行为人必须如实陈述（包括证人的陈述和犯罪嫌疑人、被告人的供述）。

(2) 反对强迫自证其罪的核心是禁止物理、精神强制。反对强迫自证其罪原则上所禁止的是以暴力、胁迫等方法强行违背被询问人自由意志获取有罪供述和其他证据的行为，主要是禁止物理强制和精神强制。随着人权保障要求的进一步强化以及反对强迫自证其罪原则的逐步完善，禁止强制还包括使用违反《刑事诉讼法》规定的强制措施和其他有损记忆力、判断力的一切方法。值得注意的是，侦查人员对犯罪嫌疑人的法律告知和政策宣讲不属于精神强制。

(3) 反对强迫自证其罪的效果是抑制侦查讯问。反对强迫自证其罪特权能够对侦查讯问产生不同程度的影响。在当事人主义诉讼模式的美国，一旦犯罪嫌疑人因可能自陷于罪而主张沉默，则侦查机关必须立即停止讯问，并不得再次讯问嫌疑人，除非嫌疑人基于自身利益放弃沉默，美国的“米兰达规则”即是如此。在英国，遇此情况，原则上也必须停止，但在特殊情况下，可以允许侦查机关在犯罪嫌疑人会见或咨询律师之后予以讯问，或者在律师有权会见之前继续讯问。采取职权主义诉讼模式的法国、德国等大陆法系国家，遇到犯罪嫌疑人因可能自陷于罪而主张沉默，侦查人员不必停止讯问，而可以“说服”嫌疑人放弃沉默权，然后再继续讯问。而日本、荷兰等国法律规定，犯罪嫌疑人因可能自陷其罪而主张沉默时，侦查人员不但不用停止讯问，而且犯罪嫌疑人必须听取讯问，负有“忍受调查的义务”，只是对侦查人员所提的问题有权拒绝回答而已。

3. 反对强迫自证其罪与沉默权的关系

反对强迫自证其罪与沉默权虽然都以人权保障为宗旨，但在保障程度方面有明显区别。反对强迫自证其罪仅对有罪事实有拒答的权利，且需要说明理由，其实质是如实陈述义务的例外规定。而沉默权以全面维护犯罪嫌疑人、被告人的供述自由为核心，侧重保障个人的人格尊严，不仅禁止强制陈述，而且还产生禁止不利评论和推定以及禁止从重判刑的附随效果，不但能够使犯罪嫌疑人、被告人可以沉默，而且从制度上确保其敢于沉默。尽管如此，反对强迫自证其罪与沉默权本质上具有趋同性。现代意义上的反对强迫自证其罪必然要求在个人成为犯罪嫌疑人和被告人时有权保持沉默。虽然沉默权有广狭之分，但狭义的沉默权与反对强迫自证其罪不仅具有相同的形成基础，也具有相同的功效和精神，而广义的沉默权（即包括证人在内的任何人在任何程序中，对于可能自陷于罪的提问有权拒绝回答）与反对强迫自证其罪更是具有性质和范围上的类同。

第四章　我国刑事诉讼的专门机关与诉讼参与人

【导读案例】某县发生一起杀人案。被害人经抢救，虽脱离生命危险，但仍神志不清。县公安局经侦查，查明被害人为该县食品厂女工王某，犯罪嫌疑人系王某的同事张某。张某作案后，其父当即向该食品厂领导报告，表示愿意向王某及其亲属赔礼道歉并负担其全部经济损失。经过磋商，张某的父母与王某的父母达成相关协议，并由食品厂领导监督执行。当县公安局拘捕张某时，该食品厂领导将双方签订的协议交给侦查员，说这一案件已经妥善解决。

问：此案能否由食品厂调解解决？

资料来源：甘肃警察职业学院，精品课程，公安机关刑事办案程序与实训讲义。

【重点、难点】刑事诉讼中各专门机关性质和诉讼职能；诉讼参与人的权利和义务。

第一节　专门机关

刑事诉讼中的专门机关，是指依照法定职权进行刑事诉讼活动，并在诉讼中承担一定职能的国家机关。刑事诉讼中的专门机关主要是指公安机关、人民检察院和人民法院。另外，还包括国家安全机关、军队保卫部门、监狱、海关走私犯罪侦查部门等。

一、人民法院

1. 人民法院的性质

根据《宪法》第 123 条和《人民法院组织法》第 1 条的规定，人民法院是国家的审判机关，代表国家依法独立行使审判权。只有人民法院才能代表国家行使审判权，除人民法院以外的任何机关、团体和个人的审判都是非法的。

2. 人民法院的任务

《人民法院组织法》第 3 条规定，人民法院的任务是审判刑事案件和民事案件，并且通过审判活动，惩办一切犯罪分子，解决民事纠纷，以保卫无产阶级专政制度，维护社会主义法制和社会秩序，保护社会主义的全民所有的财产、劳动群众集体所有的财产，保护公民私人所有的合法财产，保护公民的人身权利、民主权利和其他权利，保障国家的社会主义革命和社会主义建设事业的顺利进行。人民法院用它的全部活动教育公民忠于社会主义祖国，自觉地遵守宪法和法律。

3. 人民法院的组织体系和领导体制

根据《宪法》和《人民法院组织法》的规定，我国人民法院组织体系由最高人民法院、地方各级人民法院和专门人民法院构成。

（1）最高人民法院。

最高人民法院是国家最高审判机关。它负责监督地方各级人民法院和专门人民法院的审判工作；审判法律、法规规定的由它管辖的和它认为应当由自己审判的第一审案件、对高级人民法院和专门人民法院判决、裁定的上诉、抗诉案件和按照审判监督程序提起的再审案件；复核判处死刑的案件；对在审判过程中如何具体应用法律、法规问题进行解释。

（2）地方各级人民法院。

地方各级人民法院包括：①省、自治区、直辖市设立高级人民法院；②在省、自治区内按地区设立的中级人民法院，在直辖市内设立的中级人民法院，省、自治区辖市的中级人民法院，自治州中级人民法院；③基层人民法院：县人民法院和县级市人民法院，自治县人民法院，市辖区人民法院。

（3）专门人民法院。

专门人民法院是人民法院组织体系中的一个特殊组成部分，它们是在特定部门或者针对特定案件而设立，受理相关的专业性案件的法院。根据宪法和人民法院组织法的规定，目前我国设有军事法院、海事法院和铁路运输法院等专门人民法院。其中海事法院没有刑事案件审判权。根据2010年12月7日中编办、最高法和最高检联合发出《关于铁路法院检察院管理体制改革若干问题的意见》，明确了铁路法院和铁路检察院的改革目标，要求铁路两院同铁路运输企业全部分离，一次性全部纳入国家司法管理体制。最高人民法院、最高人民检察院和铁道部发出通知要求截止2012年6月30日，铁路两院全部移交地方司法系统。2012年6月30日铁路法院已经被纳入地方司法系统，铁路法院作为专门法院已经不存在了。

最高人民法院对全国人民代表大会和全国人民代表大会常务委员会负责并报告工作。地方各级人民法院对本级人民代表大会及其常务委员会负责并报告工作。

我国现行宪法规定，最高人民法院监督地方各级人民法院和专门人民法院的审判工作，上级人民法院监督下级人民法院的审判工作。这表明上下级人民法院之间的关系不是领导关系，而是监督和被监督的关系。根据这一规定，上级人民法院不能直接指挥命令下级人民法院如何进行审判，只能对下级人民法院在审判活动中是否正确适用法律进行审查监督。这种监督主要体现在上级人民法院按照上诉程序、审判监督程序及死刑复核程序对下级人民法院具体案件的监督，纠正错误的判决和裁定。这种审判监督表现在以下方面：①通过二审程序审查下级人民法院未发生法律效力的一审裁判认定事实是否清楚，适用法律是否正确，诉讼程序是否合法，如有错误则按法定程序予以纠正；②通过审判监督程序纠正下级人民法院已发生法律效力的确有错误的裁判；③最高人民法院和高级人民法院通过死刑复核程序对下级人民法院审判的死刑案件实行监督；④最高人民法院通过司法解释法律、法令等方法，指导、监督各级人民法院的审判工作；⑤通过检查工作，总结经验，发现问题，对下级法院的审判工作实施监督和指导。

审判委员会是人民法院内部对工作实行集体领导的组织，根据《人民法院组织法》及诉讼法的有关决定，各级人民法院均设立审判委员会。审判委员会由院长、庭长和资深审判员组成。地方各级人民法院的审判委员会委员，由院长提请本级人民代表大会常务委员会任免。最高人民法院审判委员会委员，由最高人民法院院长提请全国人民代表大会常务委员会任免。审判委员会的任务是总结审判经验，讨论重大的或疑难的案件和其他有关审判工作的问题。审判委员会讨论、决定案件时，实行民主集中制，必须获得半数以上的委员会同意方能通过。对审判委员会的决定，合议庭应当执行，如果仍有意见的，可以建议人民法院院长提交审判委员会复议。

4. 人民法院的职权

（1）有权直接受理自诉案件，并根据案件的具体情况作出处理，或者决定开庭审判，或者说服自诉人撤回自诉，或者裁定驳回自诉。

（2）有权对人民检察院提起公诉的案件进行审查，对符合起诉条件的决定开庭审判。

（3）有权对被告人决定逮捕和采取拘传、取保候审、监视居住等强制措施。

（4）有权在法庭审理过程中，对证据进行调查核实，必要时可以进行勘验、检查、扣押、鉴定和查询、冻结。

（5）有权对违反法庭秩序的诉讼参与人和旁听人员进行必要的处罚。

（6）有权根据事实和法律对被告人作出有罪或者无罪、罪重或者罪轻、处罚或者免刑的判决。

（7）有权对诉讼程序问题和部分实体问题作出裁定或者决定。

（8）有权收缴和处理赃款、赃物及其孳息。

（9）有权执行某些判决和裁定。

（10）有权对执行中的某些问题进行审核裁决。

（11）有权向有关单位提出司法建议。

二、人民检察院

1. 人民检察院的性质

根据《宪法》第129条和《人民检察院组织法》第1条规定，中华人民共和国人民检察院是国家的法律监督机关。明确指出了人民检察院的性质，是国家的法律监督机关，是代表国家行使检察权的专门机关。

2. 人民检察院的任务

人民检察院的任务是通过行使检察职权，惩治一切犯罪分子，维护国家法制的统一，维护人民民主专政的制度，维护社会主义法制，维护社会秩序、生产秩序、科学教研秩序和人民群众的生活秩序，保护国家财产，保护公民私人所有的合法财产，保护公民的人身权利、民主权利和其他权利，保护社会主义现代化建设的顺利进行。

3. 人民检察院的组织体系和领导体制

根据我国《宪法》和《人民检察院组织法》的规定，人民检察院的组织体系有以下几个部分。

（1）最高人民检察院。

最高人民检察院是我国的最高检察机关。其主要职责是：领导地方各级人民检察院和专门人民检察院的工作；对全国的重大刑事案件行使检察权；对各级人民法院已经发生效力的判决和裁定，如果发现确有错误，按照审判监督程序提出抗诉；依法对监狱、看守所的活动进行监督；依法对刑事诉讼、民事诉讼和行政诉讼实行法律监督；对检察过程中具体应用法律、法令的问题进行解释；制定检察工作条例、细则和办法；规定各级人民检察院的人员编制。

（2）地方各级人民检察院。

地方各级人民检察院又分为：

①省、自治区、直辖市人民检察院；

②省辖市、地、州、盟设人民检察院分院；

③市辖区、县、自治县、县级市和旗设人民检察院。其中，省一级人民检察院和县一

级人民检察院，根据工作需要，提请本级人民代表大会常务委员会批准，可以在工矿区、农垦区、林区等区域设置人民检察院，作为派出机构。此外，为适应检察工作的需要，地方各级人民检察院还先后在监狱、劳教所、看守所设立了驻监、驻所检察室，在税务机关设立了税务检察室。地方各级人民检察院的主要职责是：对本辖区内的重大刑事案件行使检察权；对需要提起公诉的案件进行审查，决定是否提起公诉；依法对刑事诉讼、民事诉讼、行政诉讼实行法律监督。

（3）专门人民检察院。

专门人民检察院是在特定的行业部门内设置的。我国的专门人民检察院主要有：中国人民解放军军事检察院和铁路运输检察院。军事检察院是设立在中国人民解放军中的专门法律监督机关，对现役军人实施的违反职责罪和其他刑事案件依法行使检察权。铁路检察院包括铁路运输检察院分院和基层铁路运输检察院。根据2010年12月7日中编办、最高法和最高检联合发出《关于铁路法院检察院管理体制改革若干问题的意见》，到2012年6月30日为止铁路检察院已经被纳入地方检察院，不存在专门的铁路检察院。

我国检察机关实行双重领导体制：一方面，各级人民检察院由同级人民代表大会产生，对它负责，受它监督；另一方面，最高人民检察院领导地方各级人民检察院和专门人民检察院的工作，上级人民检察院领导下级人民检察院的工作，并可以直接参与指挥下级检察院的办案活动。在刑事诉讼中，这种领导与被领导的关系表现为：上级人民检察院，包括最高人民检察院可以直接参加并领导下级人民检察院对自侦案件的侦查工作；可以对下级人民检察院的审查批捕和审查起诉活动进行指导和作出指示；对上级检察机关的指令或决定，下级检察机关应当执行；上级检察机关可以决定撤销下级检察机关不正确的不起诉决定，可以向同级人民法院撤回下级人民检察院对同级人民法院提起的不正确的抗诉；最高人民检察院通过对检察工作具体应用法律问题的解释指导各级人民检察院的工作。

各个人民检察院由检察长统一领导日常工作。各级人民检察院均设立检察委员会，在检察长主持下讨论决定重大疑难案件和其他重大问题。检察委员会的成员由同级人民代表大会常务委员会任免，检察长、副检察长、各职能部门负责人一般都是检察委员会成员。检察委员会实行民主集中制，在讨论决定问题时实行少数服从多数原则；如果检察长不同意多数人的意见，可以报请同级人民代表大会常务委员会决定。

4. 人民检察院的职权

（1）侦查权。

由人民检察院立案侦查的案件有：贪污贿赂犯罪，国家工作人员的渎职犯罪，国家机关工作人员利用职权实施的非法拘禁、刑讯逼供、报复陷害、非法搜查等侵犯公民人身权利的犯罪案件，以及侵犯公民民主权利的犯罪案件。另外，经省级以上人民检察院决定，人民检察院也可以对国家机关工作人员利用职权实施的其他重大犯罪案件进行立案侦查。侦查人员对直接受理的案件进行侦查，有权讯问犯罪嫌疑人、询问证人、被害人；勘验，检查，搜查，扣押物证、书证，组织鉴定等；向有关单位和个人收集和调取证据；决定对犯罪嫌疑人进行逮捕、拘传、监视居住、取保候审等强制措施。

（2）批准和决定逮捕权。

公安机关要求逮捕犯罪嫌疑人的时候，必须经过人民检察院批准，由公安机关执行。人民检察院的批准和决定逮捕权是指人民检察院对公安机关提请的批准逮捕的犯罪嫌疑人的审查批准逮捕和对直接受理案件的决定逮捕的权力。

（3）公诉权。

在我国，公诉权由人民检察院代表国家统一行使，其他任何机关、团体、组织都无权行使这项权力。除自诉案件由人民法院直接受理，刑事案件都应当由人民检察院提起公诉。人民检察院有权对公安机关审查终结移送起诉的案件进行审查，决定起诉或不起诉；对公安机关审查终结的案件，有权退回，要求补充侦查或自行补充侦查；对事实清楚，证据确凿、充分，依法应追究刑事责任的案件提起公诉；对符合《刑事诉讼法》第 15 条规定的情形之一的，有权作出不起诉的决定。在审判阶段，人民检察院的具体权力有：派员出庭支持公诉和附带民事诉讼；在法庭上经法庭许可，有权讯问被告人，询问证人、被害人和鉴定人员；参加法庭辩论。

（4）诉讼监督权。

①立案阶段。人民检察院对公安机关的立案活动是否合法进行监督，通过立案监督，依法纠正和防止公安机关有案不立或者以罚代刑的现象，使犯罪分子受到刑事追究。

②侦查阶段。人民检察院在审查侦查机关提请批准逮捕犯罪嫌疑人和移送起诉的案件时对侦查活动是否合法实行监督，人民检察院通过对侦查活动的监督，一方面是惩罚犯罪的主要手段和武器；另一方面，通过监督，发现并纠正侦查中在搜查、扣押、讯问被告人、询问证人、现场勘验、检查、鉴定等环节上的违法乱纪情况，以保护公民的民主权利、人身权利和其他权利。

③审判阶段。人民检察院对审判机关的刑事审判活动是否违反规定的诉讼程序以及对于确有错误的判决和裁定实行监督，通过审判监督，人民检察院要求审判机关对其违法行为进行纠正，并提出纠正意见。人民检察院对自诉案件也有权派员出庭，监督法庭审判活动。对法院做出的判决和裁决拥有抗诉权，以保证法院正确行使刑事处罚权（抗诉权同时也是公诉权的组成部分）。

④执行阶段。人民检察院对刑事判决、裁定的执行和监管改造机关的活动是否合法进行监督，对于执行中的违法情况，有权通知执行机关予以纠正。人民检察院这一职权包括两个方面的内容：一方面是对执行刑事判决、裁定的刑罚，其中包括生命刑、自由刑和财产刑，负责监督这些刑罚是否合法、正确、严肃的实行；另一方面是对看守所、监狱的监管改造工作是否合法实行监督。

三、公安机关

1. 公安机关的性质

公安机关是国家的治安保卫机关，是各级人民政府的组成部分。公安机关是武装性质的国家治安行政力量和刑事司法力量，是掌管社会治安和国内安全保卫工作的专门机关，担负着保卫国家的社会治安，维护社会秩序的重要任务。因为刑事诉讼活动的主要目的之一是惩罚罪犯，维护社会治安，所以法律赋予公安机关参加刑事诉讼活动的职责，在刑事诉讼中享有诉讼权利，承担诉讼义务。在刑事诉讼中，公安机关同人民检察院和人民法院的地位相同，各自行使具体的职能。但从性质上来看，公安机关与人民检察院和人民法院是不同的。根据宪法的规定，人民检察院和人民法院由同级人大及其常委会产生并对其负责，因而属于司法机关。公安机关属于同级人民政府的一个职能部门，在性质上属于行政机关。

2. 公安机关的任务

公安机关在刑事诉讼中也是主要的诉讼主体，公安机关在刑事诉讼中不仅享有诉讼权利和承担诉讼义务，而且在由公安机关负责立案侦查的诉讼阶段，公安机关还始终处于指挥者和主持者的地位，是这个阶段刑事诉讼得以成立和刑事诉讼法律关系得以形成的不可缺少的重要方面。没有公安机关，这些案件的立案侦查就无从谈起，刑事诉讼也就不会开始。所以，从广义上讲，公安机关也应该是构成刑事诉讼法律关系的主要诉讼主体。

在刑事诉讼中，公安机关的任务就是通过各种侦查手段，收集证据并查明犯罪事实，查获犯罪嫌疑人，为人民检察院的起诉工作和人民法院的审判工作奠定事实基础。此外，公安机关在刑事诉讼中还要负责部分刑事判决、裁定的执行等等。

3. 公安机关的组织体系与领导体制

公安机关均设置在各级人民政府，在性质上属行政机关。中央人民政府即国务院设有公安部，是全国公安机关的领导机关，负责领导和指挥全国的公安工作，并根据协议与国际刑警组织或国外、境外的警察机构合作，共同打击跨国、跨境的犯罪活动。地方各级公安机关按照行政区划设立，省、自治区、直辖市的人民政府设有公安厅（局）；地区行政公署和自治州、省或者自治区辖市、盟的人民政府设有公安处（局）；县、自治县、县级市、旗的人民政府设有公安局，直辖市和其他设区的市的市辖区人民政府设有公安分局。铁路、民航、水运等系统的公安部门，是公安机关的组成部分。公安派出所是基层公安机关的派出机构，履行基层公安机关的部分职责。派出所是一级派出机构，并不是公安机关。所以派出所对于决定立案、进行强制措施、侦查等都要由基层公安局或公安分局作出。

公安机关上下级之间是领导与被领导的关系，上级公安机关可以直接指挥和参与下级公安机关的侦查活动，上级公安机关发现下级公安机关作出的决定或者办理的案件有错误的，有权予以撤销或者变更，也可以指令下级公安机关予以纠正。下级公安机关对上级公安机关的决定必须执行，如果认为有错误，可以在执行的同时向上级公安机关报告。不同地区、不同类型的公安机关之间实行互相配合和协调作战的原则。在刑事诉讼中，公安机关在对刑事案件进行侦查过程中，除受上级公安机关的领导，应依法接受人民检察院的监督。

公安机关，它不仅要接受上一级公安机关的领导，同时也要接受同级人民政府的领导。因此，地方公安机关实行双重领导，对于铁路、交通、民航、林业公安局和海关走私犯罪侦查局应列入公安部业务局序列，受主管部门和公安部双重领导。公安机关内部实行行政首长负责制。

4. 公安机关的职权

（1）立案权。对于属自己管辖的案件，在认为有犯罪事实发生并且需要追究刑事责任时，公安机关有权决定立案。对依法不追究刑事责任的不予立案，已经追究的撤销案件。

（2）侦查权。公安机关是刑事诉讼中的主要侦查机关。在侦查过程中，公安机关有权依法讯问犯罪嫌疑人，询问证人；有权进行勘验、检查、搜查，有权扣押物证、书证，冻结存款、汇款，组织鉴定和侦查实验，实施通缉；有权对犯罪嫌疑人采取拘传、取保候审、监视居住等强制措施，对现行犯或重大嫌疑分子有权先行拘留。对有证据证明有犯罪事实的案件，有权进行预审。

（3）提请批捕权。对符合逮捕条件的犯罪嫌疑人有权申请检察机关批准逮捕。

（4）复议复核权。公安机关有权对人民检察院作出不批准逮捕、不起诉的决定要求复议、提请复核。

（5）移送审查起诉权。对符合法定条件的案件，有权作出侦查终结的决定，对侦查终结应当起诉的案件，有权移送人民检察院审查决定起诉。

（6）执行权。对犯罪嫌疑人进行拘传、取保候审、监视居住、拘留的，有执行权；对经人民检察院批准或人民检察院、人民法院决定逮捕的犯罪嫌疑人，有执行逮捕权；对被判处一年以下有期徒刑或者剩余刑期在一年以下的罪犯，有代为执行刑罚的权利；对于管制、拘役、剥夺政治权利、驱逐出境、暂予监外执行的，有执行权；对假释和判处拘役缓刑、有期徒刑缓刑的罪犯，有执行监督、考察权。

公安机关进行刑事诉讼，必须同人民法院、人民检察院分工负责，互相配合，互相制约，以保证准确有效地执行法律。

四、刑事诉讼中其他专门机关

1. 国家安全机关

国家安全机关是国家的安全保卫机关，是各级人民政府的组成部分。为了适应改革开放形势下对敌斗争的需要，加强同危害国家安全的犯罪做斗争，有效地保卫国家安全，1983 年 6 月，第六届全国人民代表大会第一次会议决定设立国家安全机关。根据《关于国家安全机关行使公安机关的侦查、拘留、预审和执行逮捕的职权的决定》，国家安全机关承担原由公安机关主管的间谍、特务案件的侦查工作。《刑事诉讼法》第 4 条规定，国家安全机关依照法律规定，办理危害国家安全的刑事案件，行使与公安机关相同的职权。由此进一步明确了国家安全机关在刑事诉讼中的地位和职权。

2. 军队保卫部门

军队保卫部门是中国人民解放军的政治安全保卫机关，不是国家公安机关的组成部分，在行政、业务上自成体系，不受公安机关的领导。军队保卫部门的重要任务之一，是负责侦查军队内部发生的刑事案件。1993 年 12 月 29 日第八届全国人大常委会第五次会议通过的《关于中国人民解放军保卫部门对军队内部发生的刑事案件行使公安机关的侦查、拘留、预审和执行逮捕的职权的决定》规定，中国人民解放军保卫部门承担军队内部发生的刑事案件的侦查工作，同公安机关对刑事案件的侦查工作性质相同。军队保卫部门在刑事诉讼中，可以行使宪法和法律规定的公安机关的侦查、拘留、预审和执行逮捕的职权。我国《刑事诉讼法》第290条对此作出了进一步规定。

3. 监狱

监狱是国家的刑罚执行机关，是实现人民法院的生效裁判，对罪犯进行劳动改造的主要场所。依据法律有关规定，被判处死刑缓期二年执行、无期徒刑、有期徒刑的罪犯，在监狱内执行刑罚。在长期的实践中，我国监狱机关形成了一整套行之有效的管理制度，建立了比较完整严密的侦查部门，负责立案侦查罪犯在监狱中的犯罪案件。由于监狱现已全部脱离公安机关，因此，1994年12月29日颁布实施的《监狱法》第60条规定对罪犯在监狱内犯罪的案件，由监狱进行侦查。《刑事诉讼法》第225条作出了相同的规定，监狱办理刑事案件，也适用刑事诉讼法的有关规定。在刑事诉讼过程中，监狱享有公安机关侦查案件的职权，如讯问犯罪嫌疑人、询问证人、勘验、检查、搜查、扣押、鉴定等。侦查终结后，监狱认为应当追究犯罪嫌疑人刑事责任的，写出起诉意见书，连同案卷材料、证据一并移送人民检察院审查起诉。

此外，根据《刑事诉讼法》和《监狱法》的有关规定，监狱在刑事诉讼过程中还享有一些其他职权，如在罪犯服刑期间，发现在判决时所没有发现的新的罪行，有权移送人民检察院处理；对罪犯应予监外执行的，有权提出书面意见，报省、自治区、直辖市监狱管理机关批准；被判处死缓的罪犯，在执行期间，如果没有故意犯罪的，2年后有权提出减刑建议，报省、自治区、直辖市监狱管理机关审核后，报请相应的高级人民法院裁定；对罪犯在执行期间具备法定的减刑、假释条件的，有权提出减刑或假释建议，报人民法院审核裁定；在刑罚执行过程中，如果认为判决确有错误或罪犯提出申诉的，有权转交人民检察院或人民法院处理。

4. 海关缉私部门

为了加大对走私犯罪的打击力度，国务院于1998年批准设立了专门的走私犯罪侦查机关。最高人民法院、最高人民检察院、公安部、司法部、海关总署于1998年12月3日联合发布了《关于走私犯罪侦查机关办理走私犯罪案件适用刑事诉讼程序若干问题的通知》。该通知规定，根据《国务院关于缉私警察队伍设置方案的批复》和《国务院办公厅关于组建缉私警察队伍实施方案的复函》，海关总署、公安部联合组建成立走私犯罪侦查局。走私犯罪侦查局纳入公安部编制机构序列，设在海关总署。缉私警察是对走私犯罪案件依法进行侦查、拘留、执行逮捕、预审的专职刑警队伍。走私犯罪侦查局既是海关总署的一个内设局，又是公安部的一个序列局，实行海关与公安双重领导、以海关领导为主的体制，按照海关对缉私工作的统一部署和指挥部署警力，执行任务。走私犯罪侦查局在广东分署和全国各直属海关设立走私犯罪侦查分局，走私犯罪侦查分局原则上在隶属海关设立走私犯罪侦查支局。各走私犯罪侦查机关负责其所在海关业务管辖区域内的走私犯罪案件的侦查工作。根据2002年12月30日据《国务院办公厅关于海关总署走私犯罪侦查机构职能调整和更名的复函》，“海关总署走私犯罪侦查局”更名为“海关总署缉私局”；“××海关走私犯罪侦查分局”更名为“××海关缉私局”；“××海关走私犯罪侦查支局”更名为“××海关缉私分局”。例如“海关总署走私犯罪侦查局广东分局”更名为“海关总署广东分署缉私局”。

国家安全机关、军队保卫部门、监狱、海关缉私部门在各自所参与的刑事诉讼活动中，同人民检察院和人民法院之间实行分工负责，互相配合和互相制约的原则，以保证准确有效地执行法律。国家安全机关、军队保卫部门、监狱、海关缉私机关在刑事案件的侦查中需要逮捕犯罪嫌疑人时，由相应的检察机关批准；侦查终结后，对犯罪嫌疑人需要提起公诉的，写出起诉意见书连同案卷材料、证据一并移送检察机关审查决定。

第二节　诉讼参与人

诉讼参与人是指除国家专门机关以外的所有依法参加刑事诉讼活动并且享有一定诉讼权利、承担一定诉讼义务的人。根据《刑事诉讼法》第106条的规定，诉讼参与人是指当事人、法定代理人、诉讼代理人、辩护人、证人、鉴定人和翻译人员。诉讼参与人一般可分为两大类：一是当事人；二是其他诉讼参与人。

一、当事人

当事人是指与案件的结局有着直接利害关系，对刑事诉讼进程发挥着较大影响作用，在诉讼中分别处于控诉或者辩护地位的诉讼参与人。

当事人包括自诉人、被害人、犯罪嫌疑人、被告人、附带民事诉讼的原告人和被告人。

当事人共有的诉讼权利主要有：以本民族语言文字进行诉讼；申请回避；对于驳回申请回避的决定，有权申请复议一次；对侦查、检察、审判人员侵犯其诉讼权利或人身侮辱的行为，有权提出控告；有权参加法庭调查、质证和辩论、发表意见；申请通知新的证人到庭，调取新的物证，申请重新鉴定或勘验；对生效裁判提出申诉等。

1. 被害人

被害人是其人身、财产或者其他权益遭受犯罪行为直接侵害的人。

在刑事诉讼中，被害人可能以不同的身份参加诉讼：在人民检察院代表国家提起公诉的刑事案件中，被害人以个人身份参与诉讼，并与人民检察院共同行使控诉职能；在自诉案件中，被害人以自诉人身份提起刑事诉讼；在刑事附带民事诉讼中，以附带民事诉讼原告人的身份对于被告人的犯罪行为而遭受物质损失有权提起附带民事诉讼。通常情况下，如无特别说明，在刑事诉讼中提到被害人通常仅指公诉案件的被害人，不包括其他情况。本书也是在这一意义上使用“被害人”一词。

（1）被害人作为当事人的特点。

①被害人作为遭受犯罪行为侵害的人，与案件结局有着直接的利害关系。他不仅具有获得经济赔偿或补偿的欲望，而且更有着使对其实施侵害的犯罪人受到法律上的谴责、惩罚的要求。刑事诉讼的进行，在使犯罪嫌疑人、被告人的刑事责任问题处于待判定状态的同时，也使被害人的上述欲望和要求处于待确定状态。这是赋予其当事人诉讼地位的理论

基础。

②被害人通常也是了解案件情况的人，其陈述本身是法定的证据来源之一。被害人在提供陈述方面与证人具有相似的地位。他有义务接受侦查人员、检察人员、审判人员的传唤，且有义务到场或出庭提供有关案件事实的陈述，并接受各方的询问和质证。

③被害人既有权要求公安司法机关追究犯罪和惩罚犯罪，保护其人身权利、民主权利，也有权要求经济赔偿，保护其财产权利。

④被害人作为诉讼当事人，与犯罪嫌疑人、被告人居于大致相同的诉讼地位，也拥有许多与犯罪嫌疑人、被告人相对应的诉讼权利。但是，刑事诉讼毕竟不同于民事诉讼，在检察机关作为追诉机关已构成被告人的强大对手的情况下，被害人如果再拥有与被告人完全相同的诉讼权利，那么被告人事实上将同时面对两方的指控，其诉讼地位将处于十分不利的状态。因此，为了维护控、辩双方总体上的地位平衡，刑事诉讼法对被害人的诉讼地位作出了一些限制性规定，如不享有完全的上诉权，不属于一般意义上的原告人。

(2) 被害人在刑事诉讼中除了享有诉讼参与人共有的诉讼权利以外，还享有诉讼权利。

①对侵犯其合法权利的犯罪嫌疑人、被告人，有权向公安机关、人民检察院或者人民法院报案或者控告，要求公安司法机关依法追究犯罪、查获犯罪、惩罚犯罪，保护其合法权利。

②对公安机关应当立案而不立案的，有权向人民检察院提出意见，请求人民检察院责令公安机关向检察机关说明不立案的理由。人民检察院应当要求公安机关说明不立案的理由。人民检察院认为公安机关不立案的理由不能成立的，应当通知公安机关立案，公安机关则必须立案。

③自刑事案件移送审查起诉之日起，有权委托诉讼代理人。

④对人民检察院作出的不起诉决定不服的，有权向上一级人民检察院提出申诉。

⑤如有证据证明公安机关、人民检察院对于侵犯其人身权利、财产权利的行为应当追究刑事责任而不予以追究的，有权直接向人民法院起诉。

⑥不服地方各级人民法院的第一审判决的，有权请求人民检察院抗诉。

⑦不服地方各级人民法院的生效裁判的，有权提出申诉。

(3) 在刑事诉讼中，被害人的诉讼义务主要有以下三点：

①如实向公安机关、人民检察院、人民法院及其工作人员作出陈述，如果故意捏造事实，提供虚假陈述，情节严重的，应当承担法律责任。

②接受公安司法机关的传唤，按时出席法庭参加审判。

③遵守法庭纪律，回答提问并接受询问和调查。

2. 自诉人

自诉人是指在自诉案件中，以自己的名义直接向人民法院提起诉讼的人。自诉人是法律规定的自诉案件中特有的当事人，相当于自诉案件的原告。自诉人通常是该案件的被害人。刑事自诉程序由于自诉人的告诉而启动，如果没有自诉人的告诉，就没有刑事自诉案件的审判。

(1) 对于自诉人，需要指出以下两点：

①只有在自诉案件中，才存在自诉人。公诉案件中向公安司法机关控告和报案的被害人不属于自诉人，无权直接启动审判程序。

②自诉案件中，自诉人的地位相当于原告，承担控诉职能。如果自诉案件中的被告人提出反诉的，自诉人具有双重身份：在其自行提起的自诉中是自诉人，行使控诉职能；在反诉中是被告人，行使辩护职能。

（2）自诉人在刑事自诉案件中的主要诉讼权利有：

①直接向人民法院提起自诉。

②随时委托诉讼代理人。

③在告诉才处理的案件和被害人有证据证明的轻微刑事案件中，在人民法院宣告判决前，自诉人有权同被告人自行和解或者撤回自诉。

④在告诉才处理的案件和被害人有证据证明的轻微刑事案件中，自诉人有权在人民法院的主持下与被告人调解。

⑤参加法庭调查和法庭辩论。

⑥申请审判人员以及书记员、鉴定人、翻译人员回避。

⑦人民法院受理自诉案件后，对于因为客观原因不能取得并提供的有关证据，自诉人有权申请人民法院调查取证。人民法院认为必要的，可以依法调取。

⑧对第一审人民法院尚未发生法律效力的判决、裁定提出上诉。

⑨对人民法院已经发生法律效力的判决、裁定提出申诉。

（3）自诉人的主要诉讼义务。

①承担举证责任，自诉人对自己的主张和请求应当提供证据证明。人民法院已经立案的自诉案件，经审查缺乏罪证的，自诉人应当补充证据。如果自诉人提不出补充证据，人民法院将说服自诉人撤回自诉，经说服不予撤诉的，人民法院将裁定驳回自诉。自诉人经说服撤回自诉或者人民法院裁定驳回起诉后，再次提起自诉时，自诉人应当提出新的足以证明被告人有罪的证据。

②不得捏造事实诬告陷害他人或者伪造证据，否则应当承担法律责任。

③按时出席法庭审判。《刑事诉讼法》第 205 条第 2 款规定，自诉人经两次依法传唤，无正当理由拒不到庭的，或者未经法庭许可中途退庭的，人民法院将按照撤诉处理。

④遵守法庭纪律，听从审判人员的指挥。

3. 犯罪嫌疑人、被告人

犯罪嫌疑人、被告人的概念。“犯罪嫌疑人”和“被告人”是对涉嫌犯罪而受到刑事追诉的人的两种称谓。公诉案件，受刑事追诉者在检察机关向法院提起公诉以前，称为“犯罪嫌疑人”，在检察机关正式向法院提起公诉以后，则称为“被告人”。

刑事诉讼活动是一种旨在对犯罪嫌疑人、被告人的刑事责任问题作出权威裁判的活动。没有犯罪嫌疑人、被告人的参与，刑事诉讼就无法进行。犯罪嫌疑人、被告人一旦死亡，刑事诉讼活动即告终止。可以说，犯罪嫌疑人、被告人是刑事诉讼中的核心人物，具有十分重要的诉讼地位。

（1）在我国，对犯罪嫌疑人和被告人的诉讼地位问题，可以从以下三个方面理解。

①犯罪嫌疑人、被告人是拥有一系列诉讼权利的诉讼主体，居于当事人的地位。这一

地位标志着他们不是被动地接受传讯、追诉和审判，消极地等待国家专门机关处理的客体，而是可以通过积极主动的防御活动与追诉一方展开对抗，并对裁判活动施加积极影响的独立的一方当事人。

②犯罪嫌疑人、被告人与案件结局有着直接利害关系，他们居于被追诉者的地位，国家追诉机关发动刑事诉讼的直接目的就在于通过对犯罪嫌疑人、被告人实施追诉，使那些在法律上构成犯罪的人受到定罪、判刑，从而剥夺其财产、自由乃至生命。作为被追诉者，犯罪嫌疑人、被告人在一定程度上负有接受公安机关、人民检察院、人民法院的强制性措施、协助国家专门机关顺利进行刑事诉讼的义务，如承受逮捕、拘留、拘传等强制措施，接受讯问、搜查、扣押等调查措施，接受传唤，按时出庭接受审判等等。

③犯罪嫌疑人、被告人本身还是重要的证据来源。根据《刑事诉讼法》的规定，犯罪嫌疑人、被告人所作的供述和辩解是法定的重要证据。法律严禁以刑讯逼供和以威胁、引诱、欺骗以及其他非法方法收集证据，以确保犯罪嫌疑人、被告人的供述出于自愿而不受强迫。尽管如此，犯罪嫌疑人在侦查人员对其讯问时亦应如实陈述，这是其法定的义务。

（2）根据《刑事诉讼法》的规定，犯罪嫌疑人、被告人享有的防御性权利。

①有权使用本民族语言文字进行诉讼。

②有权自行或在辩护人协助下获得辩护：在公诉案件中，犯罪嫌疑人自被侦查机关第一次讯问或者采取强制措施之日起，有权委托辩护人；在侦查期间，只能委托律师作为辩护人，自诉案件和公诉案件的被告人有权随时委托辩护人。犯罪嫌疑人、被告人在押的，也可以由其监护人、近亲属代为委托辩护人，有权聘请律师为其提供法律咨询、代理申诉和控告，代为申请取保候审等；有权在法定条件下获得公安机关、人民检察院和人民法院为其提供的援助和法律援助机构为其指定的辩护律师提供的辩护和法律帮助；有权拒绝辩护人继续为其辩护，也有权另行委托辩护人辩护。

③有权拒绝回答侦查人员提出的与本案无关的问题。

④有权在开庭前 10 日收到起诉书副本。

⑤有权参加法庭调查，就检察机关指控的犯罪事实发表陈述，向证人、鉴定人发问，辨认、鉴别物证，听取未到庭的证人的证言笔录、鉴定人的鉴定意见、勘验、检查、辨认、侦查实验笔录和其他证据文书，并就上述书面证据发表意见。有权申请通知新的证人到庭，调取新的物证，申请重新鉴定或者勘验。

⑥有权参加法庭辩论，对事实的认定和法律的适用发表意见，并且可以与控诉方展开辩论。

⑦有权向法庭作最后陈述。

⑧自诉案件的被告人有权对自诉人提出反诉。

（3）犯罪嫌疑人、被告人享有救济性权利。

①有权申请侦查人员、检察人员、审判人员、书记员、鉴定人、翻译人员回避，对驳回申请回避的决定不服的，有权申请复议。

②对审判人员、检察人员和侦查人员侵犯公民诉讼权利和人身侮辱的行为，有权提出控告。

③犯罪嫌疑人、被告人被羁押的，有权申请取保候审。

④对于人民法院、人民检察院和公安机关采取强制措施超过法定期限的，有权要求解除强制措施。

⑤对于人民检察院依照《刑事诉讼法》第173条第2款的规定作出的不起诉（包括法定不起诉与酌定不起诉）决定，有权向人民检察院申诉。

⑥对地方各级人民法院的第一审的判决、裁定，有权以书状或者口头向上一级人民法院上诉，从而引起第二审程序的开始。

⑦对各级人民法院已经发生法律效力的判决、裁定，有权向人民法院、人民检察院提出申诉；申诉符合《刑事诉讼法》第242条所规定的5种情形之一的，人民法院应当重新审判。

除了以上诉讼权利以外，犯罪嫌疑人、被告人还享有一系列程序保障。这些程序保障对维护犯罪嫌疑人、被告人的诉讼主体地位具有非常重要的意义。这些程序保障有：在未经人民法院依法判决的情况下，不得被确定有罪；获得人民法院的公开审判；获得人民法院独立、公正的审判；在刑事诉讼过程中，不受审判人员、检察人员、侦查人员以刑讯逼供、威胁、引诱、欺骗及其他非法方法进行的讯问；不受侦查人员实施的非法逮捕、拘留、取保候审、监视居住等强制措施；不受侦查人员的非法搜查、扣押等侦查行为；在提出上诉时不得被加重刑罚等等。

（4）由于犯罪嫌疑人、被告人是被追诉者，最后有可能被确定为犯罪分子而受到刑罚的处罚，为保障刑事诉讼任务的顺利完成，刑事诉讼法在赋予犯罪嫌疑人、被告人一系列诉讼权利的同时，也规定其必须承担一定的诉讼义务。对于这些诉讼义务，犯罪嫌疑人、被告人应当全面履行，否则就必须承担相应的法律责任。根据《刑事诉讼法》的规定，犯罪嫌疑人、被告人必须承担的诉讼义务主要有：

①在符合法定条件的情况下承受逮捕、拘留、监视居住、取保候审、拘传等强制措施。

②接受侦查人员的讯问、搜查、扣押等侦查行为。

③对侦查人员的讯问，应当如实回答。

④承受检察机关的起诉，依法按时出席并接受法庭审判。

⑤遵守法庭纪律，听从审判人员的指挥。

⑥对于生效的裁定和判决，有义务执行或协助执行。

4. 附带民事诉讼当事人

附带民事诉讼当事人包括附带民事诉讼原告人和附带民事诉讼被告人。

（1）附带民事诉讼原告人。

附带民事诉讼原告人是指在刑事诉讼中，因被告人的犯罪行为遭受物质损失，并在刑事诉讼过程中提出赔偿请求的人。附带民事诉讼原告人既可以是遭受犯罪行为直接侵害的被害人本人，包括公民、企事业单位、机关、团体等组织。也可以是已经死亡的被害人的近亲属。无行为能力或者限制行为能力被害人的法定代理人，也有权提起附带民事诉讼。

《刑事诉讼法》第99条第2款规定，如果是国家财产、集体财产遭受损失的，人民检察院在提起公诉的时候，可以提起附带民事诉讼。

在刑事诉讼中，附带民事诉讼原告人依法享有以下诉讼权利：①提起附带民事诉讼，要求赔偿物质损失；②申请回避权；③委托诉讼代理人；④为了保证赔偿的实现，有权要求公安司法机关采取保全措施；⑤为了解决生产或生活上的困难，有权要求先予执行；⑥参加法庭调查，对于附带民事诉讼部分的事实和证据作出陈述和发表意见，参加法庭辩论；⑦请求人民法院主持调解或者与附带民事诉讼被告人自行和解；⑧对地方各级人民法院第一审尚未发生法律效力的判决和裁定的附带民事诉讼部分提出上诉；⑨对地方各级人民法院发生法律效力的判决和裁定的附带民事诉讼部分提出申诉。

附带民事诉讼原告人的诉讼义务主要有：①对于附带民事诉讼请求提供证据证明；②如实陈述案情；③按时出席法庭，参加审判活动；④遵守法庭纪律，听从审判人员的指挥。

(2) 附带民事诉讼被告人。

附带民事诉讼被告人是指在刑事诉讼中，对犯罪行为所造成的物质损失负有赔偿责任的人。附带民事诉讼中依法负有赔偿责任的人包括刑事诉讼被告人（包括公民、法人和其他组织）；没有被追究刑事责任的其他共同致害人；已被执行死刑的罪犯的遗产继承人；未成年刑事被告人的监护人；共同犯罪案件中，案件审结前已经死亡的被告人的遗产继承人；其他对刑事被告人的犯罪行为依法应当承担民事赔偿责任的单位和个人。附带民事诉讼的成年被告人，应当承担赔偿责任的，如果其亲属自愿代为承担，依据有关规定，应当准许。

附带民事诉讼被告人的诉讼权利主要有：①委托诉讼代理人；②有权提起反诉；③有权申请回避；④有权参加附带民事诉讼部分的法庭调查和法庭辩论；⑤有权要求人民法院主持调解或者与附带民事诉讼原告人自行和解；⑥对于地方各级人民法院第一审尚未发生法律效力的判决、裁定的附带民事诉讼部分不服的，有权提出上诉；⑦对于地方各级人民法院已经发生法律效力的判决、裁定的附带民事诉讼部分不服的，有权提出申诉。

附带民事诉讼被告人的主要诉讼义务有：①如实陈述案情；②按时出席法庭审判，接受调查；③对自己的主张提供证据证明；④遵守法庭纪律，听从审判人员的指挥；⑤执行已经发生法律效力的判决、裁定的附带民事诉讼部分。

5. 单位当事人

当事人通常都是自然人，但在一些特殊情况下，单位也可以成为刑事诉讼的当事人。随着我国社会主义市场经济的发展和改革开放的深入进行，单位作为犯罪嫌疑人、被告人、被害人以及附带民事诉讼原告人或被告人等参与刑事诉讼的机会越来越多。

(1) 单位犯罪嫌疑人、被告人。

单位犯罪已经成为一种普遍的社会现象。自 1987 年海关法颁布以来，我国已有数十部单行法律法规规定单位也可以构成犯罪，并且规定了对有罪的单位适用“单罚制”或“双罚制”的刑罚处罚方式。1997 年修订后的我国刑法，正式确立了有关单位犯罪的制度。根据刑法的规定，公司、企业、事业单位、机关、团体实施的危害社会的行为，法律规定为单位犯罪的，应当负刑事责任。一般情况下，对于单位犯罪，应当对单位判处罚金，并对其直接负责的主管人员和其他责任人员判处刑罚，也就是实行所谓的“双罚制”。

在单位犯罪的情况下，单位可以独立成为犯罪嫌疑人、被告人，与作为自然人的直接负责的主管人员和其他直接责任人员一起参与刑事诉讼。

代表涉嫌单位参加刑事诉讼的诉讼代表人，应当是单位的法定代表人或者主要负责人；法定代表人或者主要负责人被指控为单位犯罪直接负责的主管人员的，应当由单位的其他负责人作为被告单位的诉讼代表人出庭。在审判阶段，被告单位的诉讼代表人与被指控为单位犯罪直接负责的主管人员是同一人的，人民法院应当要求人民检察院另行确定被告单位的诉讼代表人出庭。

单位犯罪嫌疑人、被告人的诉讼权利和诉讼义务，与自然人犯罪嫌疑人、被告人大致相同。《最高人民法院关于适用〈中华人民共和国刑事诉讼法〉的解释》第280、281、282和285条规定：

①诉讼代表人有出庭的义务。人民法院决定开庭审理单位犯罪案件，应当通知被告单位的诉讼代表人出庭。开庭时，诉讼代表人席位于审判台前左侧。

②单位被告人有权委托辩护人，单位被告人委托辩护人遵循自然人委托辩护人的有关规定；

③人民法院对诉讼代表人有权进行拘传。接到出庭通知的被告单位的诉讼代表人应当出庭。拒不出庭的，人民法院在必要的时候，可以拘传到庭。

④专门机关有权对单位财产采取强制性措施。人民法院为了保证判决的执行，根据案件的具体情况，可以先行扣押、冻结被告单位的财产或者由被告单位提供担保。

（2）单位被害人。

被害人一般是指自然人，但单位也可以成为被害人。首先，单位是能够成为民事法律关系主体的社会组织，有一定的财产和经费，在侵犯财产等刑事案件中也可能遭受犯罪行为的直接侵害，成为被害人。其次，根据《刑事诉讼法》第99条的规定，被害人在刑事诉讼中因犯罪行为遭受物质损失的，有权以被害人的身份，提起附带民事诉讼。最后，允许单位以被害人的身份参加刑事诉讼，有利于保护国家、集体的合法利益，维护和发展社会主义市场经济。

单位被害人参与刑事诉讼时，应由其法定代表人作为代表参加刑事诉讼。根据《刑事诉讼法》的规定，法定代表人也可以委托诉讼代理人参加刑事诉讼。

单位被害人在刑事诉讼中的诉讼权利和诉讼义务，与自然人作为被害人大体相同。

二、其他诉讼参与人

其他诉讼参与人，是指除当事人之外，参与诉讼活动并在诉讼中享有一定诉讼权利、承担一定诉讼义务的诉讼参与人。根据《刑事诉讼法》第106条规定，其他诉讼参与人包括：法定代理人、诉讼代理人、辩护人、证人、鉴定人和翻译人员。他们在刑事诉讼中不是独立承担诉讼职能的诉讼主体，但他们同样依法享有参加诉讼活动所必需的诉讼权利，承担相应的诉讼义务。

1. 法定代理人

（1）法定代理人的概念。

法定代理人是由法律规定的对被代理人负有专门保护义务并代其进行诉讼的人。《刑事诉讼法》第106条第3项规定，法定代理人的范围包括被代理人的父母、养父母、监护人和负有保护责任的机关、团体的代表。从这一规定看，法定代理人代表被代理人的利益参加诉讼，他应当是有完全民事行为能力的自然人。《民法通则》第 14 条规定，无民事行为能力人、限制民事行为能力人的监护人是其法定代理人。

未成年人的监护人是其父母，父母死亡或者没有监护能力的，由下列人员中有监护能力的人担任监护人：祖父母、外祖父母；兄、姐；关系密切的其他亲属、朋友愿意承担监护责任，经未成年人父母的所在单位或者未成年人住所地的居民委员会、村民委员会同意后，也可以作监护人。对担任监护人有争议的，由未成年人父母的所在单位或者未成年人住所地的居民委员会、村民委员会在近亲属中指定。对指定不服提起诉讼的，由人民法院裁决。没有上述监护人的，由未成年人父母的所在单位或者未成年人住所地的居民委员会、村民委员会或者民政部门担任监护人。

无行为能力或者限制行为能力的精神病人，由下列人员担任监护人：配偶；父母；成年子女；其他近亲属；关系密切的其他亲属、朋友愿意承担监护职责的，经精神病人所在单位或者住所地的居民委员会、村民委员会同意后，也可以做监护人。对担任监护人有争议的，由精神病人的所在单位或者住所地的居民委员会、村民委员会在近亲属中指定。对指定不服提起诉讼的，由人民法院裁决。没有上述监护人的，由精神病人所在单位或者住所地的居民委员会、村民委员会或者民政部门担任监护人。

（2）法定代理人的地位。

法定代理人参加刑事诉讼是依法律的规定，而不是基于委托关系。在刑事诉讼中，法定代理人具有独立的法律地位，法定代理人不受被代理人意志的约束，在行使代理权限时无须经过被代理人同意。

法定代理人参与刑事诉讼的职责是依法保护无行为能力人或者限制行为能力人的人身权利、财产权利、诉讼权利以及其他一切合法权利，同时，法定代理人有责任监督被代理人的行为。法定代理人享有广泛的与被代理人相同的诉讼权利，但法定代理人不能代替被代理人作陈述，也不能代替被代理人承担与人身自由相关联的义务，比如服刑等。

法定代理人代理的被代理人不同，其诉讼权利就有很大差异。如被告人、自诉人的法定代理人，有不服地方各级人民法院第一审的判决、裁定的，有权向上一级人民法院上诉，而被害人的法定代理人对第一审的判决不服的，只能请求人民检察院抗诉，而无权独立地提起上诉，附带民事诉讼当事人的法定代理人，只能对地方各级人民法院第一审的判决、裁定中的附带民事诉讼部分提出上诉，无权对刑事部分提起上诉。

2. 诉讼代理人

根据《刑事诉讼法》第 106 条第 5 项的规定，诉讼代理人，是指公诉案件的被害人及其法定代理人或者近亲属、自诉案件的自诉人及其法定代理人委托代为参加诉讼的人和附带民事诉讼的当事人及其法定代理人委托代为参加诉讼的人。所谓近亲属，是指夫、妻、父、母、子、女、同胞兄弟姊妹。

（1）诉讼代理人的概念。

诉讼代理人是基于被代理人的委托而代表被代理人参与刑事诉讼的人。被代理人有限定性，诉讼代理人以被代理人的名义进行诉讼活动，只能在代理权限内从事活动，进行代理活动产生的法律后果由被代理人承担。诉讼代理可分为三类：刑事自诉案件的代理；公诉案件被害人的代理；附带民事诉讼案件的代理。诉讼代理人的诉讼权利与所代理的被代理人的诉讼权利相同，并以被代理人委托的权限为代理活动范围。

（2）法定代理人与诉讼代理人以及辩护人之间的关系。

法定代理和诉讼代理作为完备的刑事诉讼代理制度的两个部分，两种代理有相同之处：两者都是代替被代理人行使一定诉讼权利的人；法定代理人与诉讼代理人只能在法定规定的职权范围内行使诉讼权利，在他们的代理权限内进行诉讼活动；法定代理人与诉讼代理人的目的都是为了保护被代理人的合法权益。

法定代理人与诉讼代理人的不同点在于：法定代理人的产生是自然是产生的，没有委托关系，而诉讼代理人的产生是基于委托人的委托事实才产生的；两者的代理权限不同，而且法定代理人也可以委托诉讼代理人代为参加诉讼活动；法定代理关系不能解除，而诉讼代理关系被代理人可以随时要求解除。

诉讼代理人与辩护人不同主要表现：首先，委托主体不同。有权委托诉讼代理人的是公诉案件被害人、法定代理人及其近亲属、自诉案件的自诉人及其法定代理人以及附带民事诉讼当事人及其法定代理人，而有权委托辩护人的是犯罪嫌疑人、被告人。其次，刑事诉讼代理只有被代理人委托一种方式，而辩护人的产生有犯罪嫌疑人、被告人委托辩护和人民法院指定辩护两种方式。再次，刑事诉讼代理人与辩护人的地位不同。刑事诉讼代理人只能在被代理人授权范围内进行诉讼活动，严格受到被代理人意志的左右，而辩护人在刑事诉讼中具有独立的诉讼地位，不受犯罪嫌疑人、被告人意志的约束，有权独立地按照自己对事实的认识和对法律的理解来发表意见，以保护犯罪嫌疑人、被告人的合法权益。最后，刑事诉讼代理与刑事辩护承担的是不同的诉讼职能。公诉案件被害人的代理人、自诉案件自诉人的代理人以及附带民事诉讼原告人的代理人，在刑事诉讼中都是承担控诉职能，而辩护人承担的是辩护职能。

依据《刑事诉讼法》第 32 条和第 45 条的规定，下列人员可以被委托担任诉讼代理人：律师；人民团体或者被代理人所在单位推荐的人；被代理人的监护人、亲友等。

上列人员如果是正在被执行刑罚或者依法被剥夺、限制人身自由的人，不得担任诉讼代理人。

3. 辩护人

（1）辩护人的概念。

辩护人是指在刑事诉讼中受犯罪嫌疑人、被告人及其法定代理人的委托或人民法院指定，帮助犯罪嫌疑人、被告人行使辩护权，依法维护犯罪嫌疑人、被告人合法权益的诉讼参与人。

在我国刑事诉讼中，可以依法接受委托担任犯罪嫌疑人、被告人的辩护人的人包括：律师；人民团体或者犯罪嫌疑人、被告人所在单位推荐的人；犯罪嫌疑人、被告人的监护人和亲友。在刑事案件的审判阶段，可以依法接受人民法院指定担任被告人的辩护人的只能是承担法律援助义务的律师。

（2）辩护人的地位。

辩护人是犯罪嫌疑人、被告人合法权益的专门维护者。理解辩护人的这一诉讼地位包括两个不可分割的方面：一方面，辩护人在刑事诉讼中承担的唯一职能就是辩护，除此以外不承担别的职能。在我国，公安司法机关也具有维护犯罪嫌疑人、被告人合法权益的职责，但只是在履行其他诉讼职能的过程中，兼顾犯罪嫌疑人、被告人的合法权益，只有辩护人才是犯罪嫌疑人、被告人合法权益的专门维护者。所以，辩护人在刑事诉讼中，绝对不能充当第二控诉人，检举、揭发犯罪嫌疑人、被告人已经实施的犯罪行为，即使这种行为是没有被司法机关所掌握的。另一方面，辩护人在刑事诉讼中所维护的是犯罪嫌疑人、被告人的合法权益，而不是非法权益。因此，辩护人只能依据事实和法律为犯罪嫌疑人、被告人进行辩护，而不能为其当事人谋取非法利益，更不得教唆犯罪嫌疑人、被告人翻供，帮助犯罪嫌疑人、被告人威胁、引诱证人改变证言或者进行其他妨碍诉讼的活动。

辩护人参加诉讼是源于犯罪嫌疑人、被告人的委托或法院的指定，在刑事诉讼中与控方主张相对立，依事实和法律维护犯罪嫌疑人、被告人的合法权益。辩护人是一种独立的诉讼参与人，具有独立的诉讼地位，以自己的意志开展辩护活动。辩护人与犯罪嫌疑人、被告人的关系，不同于诉讼代理人和当事人的关系。辩护人有独立的诉讼地位，不是犯罪嫌疑人、被告人的代言人，不能充当犯罪嫌疑人、被告人的“传声筒”。他们参与诉讼是履行法律规定的职责，而不是基于犯罪嫌疑人、被告人的授权。虽然在委托辩护人中，辩护人要在犯罪嫌疑人、被告人委托以后才能取得辩护资格，但是辩护人在接受委托以后，则取得了独立的诉讼地位，在诉讼过程中，他是以自己的名义，根据对事实的掌握和对法律的理解，独立进行辩护，而不受犯罪嫌疑人、被告人意思表示的约束。

辩护人不是基于本人利益参加诉讼的，与案件的处理结果也无法律上的利害关系，从这一点来看辩护人与诉讼代理人有着共同的特征，但两者仍有着有较大的区别，他们无论是从根据、诉讼地位、使用范围、诉讼任务、权限范围、权利内容和活动名义，都有着区别。

4. 证人

(1) 证人的概念。

证人是指除当事人以外，向司法机关提供自己所了解了的案件情况的诉讼参与人。证人是由案件事实决定的特定的自然人，证人不能更换和代替，也不能任意指定。作证是公民应尽的法律义务，一切公民只要了解案情并有作证的能力，都有作证的义务。

(2) 证人享有的诉讼权利。

①司法人员到证人单位或住所进行询问时，证人有权要求他们出示司法机关的证明文件。

②有权用本民族语言文字进行诉讼。

③证人有权按照自己知道的案件情况提供证言，不受任何机关、单位个人的干涉。

④证人有权要求对其个人情况予以保密。

⑤证人出庭作证的通知书至迟应在开庭3日以前送达。

⑥有权查阅证言笔录，并在发现笔录的内容与作证的内容不符时要求予以补充或者修改。

⑦对于公安司法机关工作人员侵犯其诉讼权利或者人身侮辱的行为，有权提出控告。

⑧对于其因作证而产生的误工费等经济损失，有权要求补偿。

⑨有权要求公安司法机关保证其本人以及其近亲属的安全，防止因作证而遭受不法

侵害。

⑩拒绝作证权。《刑事诉讼法》第188条第1款规定，经人民法院通知，证人没有正当理由不出庭作证的，人民法院可以强制其到庭，但是被告人的配偶、父母、子女除外。这种强制还可以推广到祖孙、兄弟姐妹。

（3）证人依法应当承担的诉讼义务。

①如实提供证言，如果有意作伪证或者隐匿罪证，应当承担法律责任。

②有义务回答公安司法人员的询问。

③出席法庭审判并接受控辩双方的询问和质证。

④遵守法庭纪律，听从审判人员的指挥。

⑤对于公安司法人员询问的内容予以保密。

⑥证人应承担应到庭而不到庭的法律责任。

（4）对证人的保护。

《刑事诉讼法》第62条规定，对于危害国家安全犯罪、恐怖活动犯罪、黑社会性质的组织犯罪、毒品犯罪等案件，证人、鉴定人、被害人因在诉讼中作证，本人或者其近亲属的人身安全面临危险的，人民法院、人民检察院和公安机关应当采取以下一项或者多项保护措施：

①不公开真实姓名、住址和工作单位等个人信息。

②采取不暴露外貌、真实声音等出庭作证措施。

③禁止特定的人员接触证人、鉴定人、被害人及其近亲属。

④对人身和住宅采取专门性保护措施。

⑤其他必要的保护措施。

证人、鉴定人、被害人认为因在诉讼中作证，本人或者其近亲属的人身安全面临危险的，可以向人民法院、人民检察院、公安机关请求予以保护。

人民法院、人民检察院、公安机关依法采取保护措施，有关单位和个人应当配合。

5. 鉴定人

（1）鉴定人的概念。

鉴定人是指接受公安司法机关的指派或聘请，运用自己的专门知识和技能对刑事案件事实的某些专门性问题进行分析并提出书面鉴定意见的诉讼参与人。鉴定人的鉴定意见是一种独立的证据。

（2）鉴定人应当符合一定的条件。

①应当具有专门知识或者技能，即具有分析判断案件中专门性问题的能力。鉴定人只能解决刑事案件中的专门性问题，而不能解决法律问题。

②鉴定人应当受到公安司法机关的指派或者聘请，这是必不可少的形式要件，也是刑事诉讼中的鉴定人与一般具有专门知识或者技能的专业人员的区别所在。

③鉴定人应当与案件当事人或者案件无利害关系，鉴定人如果具有《刑事诉讼法》第28条规定的情形之一的，应当自行回避，不得参与该案件的诉讼活动。当事人及其法定代理人也有权要求他们回避。

④鉴定人也必须是自然人。

(3) 刑事诉讼中的鉴定人依法享有的诉讼权利。

①有权了解与鉴定有关的案件情况。

②有权要求指派或者聘请的机关提供足够的鉴定材料，在提供的鉴定材料不充分并且不具备作出鉴定意见的条件时，有权要求有关机关补充材料，否则有权拒绝鉴定。

③有权要求为鉴定提供必要的条件。

④有权收取鉴定费用。

(4) 鉴定人依法承担的诉讼义务。

①如实作出鉴定，不得故意作出虚假鉴定。如果故意作出虚假鉴定要承担相应的法律责任。

②对于在鉴定过程中了解的案件情况和有关人员的隐私，应当保密。

③在接到人民法院通知时，应当亲自出庭作证，说明作出鉴定意见的根据和理由，并接受公诉人、当事人和辩护人、诉讼代理人以及审判人员的发问、询问。

④遵守法庭纪律，听从审判人员的指挥。

一个案件有几个鉴定人时，共同讨论并提出鉴定意见；在意见有分歧的情况下，鉴定人有单独提出鉴定意见的权利。

6. 翻译人员

(1) 翻译人员的概念。

翻译人员是指在刑事诉讼过程中接受公安司法机关的指派或聘请，在诉讼中进行语言、文字（包括聋哑手势和盲文）翻译工作的诉讼参与人。

我国《刑事诉讼法》第 9 条规定，各民族公民都有用本民族语言文字进行诉讼的权利。人民法院、人民检察院和公安机关对于不通晓当地通用的语言文字的诉讼参与人，应当为他们翻译。

(2) 翻译人员应当具备的条件。

①能够胜任语言文字翻译工作，有为当事人及其他诉讼参与人提供翻译的能力。

②应当与案件或者案件当事人无利害关系，否则应当回避。

(3) 刑事诉讼中的翻译人员依法享有的诉讼权利。

①翻译人员有权了解与翻译有关的案件情况。

②有权要求公安司法机关提供与翻译内容有关的材料。

③有权查阅记载其翻译内容的笔录，如果笔录同实际翻译内容不符，有权要求修正或补充。

④有权获得相应的报酬和经济补偿。

(4) 翻译人员应当承担的义务。

翻译人员应当实事求是，如实进行翻译，力求准确无误，不得隐瞒、歪曲或伪造，如果有意弄虚作假，要承担相应的法律责任。此外，翻译人员对提供翻译活动所获知的案件情况和他人的隐私，应当保密。

【导例评析】

此案不能由食品厂调解解决。《刑事诉讼法》第 3 条规定，对刑事案件的侦查、拘留、预审，由公安机关负责。公安机关作为刑事诉讼中的专门机关，其主要任务是负责刑事案件的侦查。《刑事诉讼法》第 18 条规定，刑事案件的侦查由公安机关进行，法律另有规定的除外。在刑事诉讼中，除人民检察院、国家安全部门、军队保卫部门、监狱、走私犯罪侦查机关侦查的案件以外，绝大部分刑事案件都是由公安机关进行侦查的。张某的行为已经构成犯罪，依法只能由公安机关立案侦查。在食品厂领导主持下，张某的父母与王某父母采取协商的办法“私了”，是不符合法律规定的，所做出的“协议”也不具有法律效力。

【实务训练】

李某，男，33 岁。2012 年 6 月 15 日晚，潜入一居民家盗窃，窃得现金 3 000 元。李某搜遍全屋，没有找到更多的财物，不由得气上心头，在墙上写了几句打油诗：“今夜光顾，所获不多，充分准备，来日方长”。然后用脚将一只价值 20 元的暖水瓶和一面价值 120 元的衣镜踢碎，跳窗逃走。后公安机关将其抓获，在公安机关侦查期间，李某又从看守所逃走，后又被抓回。公安机关以盗窃罪、故意毁坏财物罪移送人民检察院审查起诉。区人民检察院审查后认为，李某毁坏财物的行为不构成犯罪，但李某在羁押期间逃跑的行为构成脱逃罪。于是，区人民检察院以盗窃罪、脱逃罪向区人民法院提起公诉。区人民法院受理此案后，认为如果追究当事人的脱逃罪，必然要牵涉公安机关有关人员的责任问题。根据《刑事诉讼法》有关三机关相互配合的规定，对公安机关的工作不可苛刻要求。所以区法院仅以盗窃罪判处李某有期徒刑 3 年。接到人民法院的判决书后，区人民检察院认为一审人民法院不追究李某脱逃罪的刑事责任是错误的，于是向市人民法院提起抗诉。市人民法院采纳了人民检察院的意见，以盗窃罪、脱逃罪判处李某有期徒刑 4 年。问：在本案中，人民检察院是如何对刑事诉讼实行法律监督的？

资料来源：山东警察学院教学案例库，刑事诉讼法学。

【评析】

我国《刑事诉讼法》第 8 条规定，人民检察院依法对刑事诉讼实行法律监督。这就明确了依法监督是检察机关的职权，也是保证刑事诉讼办案质量的有力措施。检察机关的依法监督与分工负责、互相配合、互相制约原则是不同的。在分工负责、互相配合、互相制约原则中，三机关的关系是互动的。根据检察机关依法监督原则，检察院对公安机关和法院的监督是单向的。在本案中，区人民检察院发现公安机关认定的李某毁坏财物的行为并不构成犯罪，而公安机关没有认定的脱逃行为实际上已构成犯罪，依法予以纠正，以盗窃罪、脱逃罪提起公诉。进入审判阶段后，法院对互相配合原则作了错误的理解，对脱逃罪不予认定，检察院发现后，向上级人民法院提起抗诉，纠正了法院的错误做法，保证了法律的正确实施。

【司考真题】

1. 在杨某被控故意杀人案的审理中，公诉人出示了死者女儿高某（小学生，9 岁）的证言。高某证言称，杨某系其表哥，案发当晚，她看到杨某举刀杀害其父。下列哪一选项是正确的？（　　）（2006/二/26/单选）

A. 因高某年幼，其证言不能作为证据出示

B. 因高某对所证事实具有辨别能力，其证言可以作为证据出示

C. 高某必须到庭作证，否则其证言不能作为证据出示

D. 高某与案件有利害关系，其证言不可以作为定案的根据

2. 下列哪些人是承担控诉职能的诉讼参与人？（　　）（2007/二 76/多选）

A. 公诉人　　B. 自诉人　　C. 被害人　　D. 控方证人

【拓展与反思】

对我国证人保护制度的思考

证人保护制度是指对有关诉讼中的证人作证及作证方式、证人权利的保护和对作证中违法犯罪行为的处罚等一系列法律规定和司法活动的总称，是防止证人受到侵害而给予证人的特殊保护。

无论是在英美法系抑或是大陆法系的证据制度中，证人证言均是一种重要的证据形式。在大陆法系国家，书证和物证因罗马教会法传统更显得重要，但证人的作用并没有被忽视；在普通法系国家，证人是司法程序的中心，甚至有“无证人，无诉讼”一说。在刑事诉讼中，证人是重要的诉讼参与人，证人出庭对查明案件事实，正确定罪量刑都有着十分重要的意义。在审判实践中，证人出庭作证的情况并不乐观，在一定程度上影响了司法公正。在我国的司法实践中，证人不愿出庭、出庭率低一直是困扰我国刑事司法工作的顽疾，公开数据显示，全国法院一审刑事案件中，证人出庭率不超过10%，二审案件的证人出庭率不到5%。证人之所以不愿意出庭作证，究其根源在于法律对证人的保护不力，对证人重义务而轻权利，作证风险大。

我国现行刑事诉讼中的证人保护制度在法律上取得了可喜的进步。目前，修改后的《刑事诉讼法》第61条、第62条、第63条从证人的保护机关、效果、措施等方面进行了相关规定，可以说，《刑事诉讼法》此次修订，对于我国刑事诉讼中的证人保护制度有了很大的完善。但是，其中依然存在一些缺陷，主要有：

1. 就保护主体而言，证人保护主体缺乏明确性

在新《刑事诉讼法》中没有做出规定究竟应由哪一个机关接受申请，哪一个机关具体实施，公、检、法三机关具体职责如何予以规定，如何避免三机关互相推诿的现象出现？而且，现在公、检、法三机关既无专门的机构又无专门的人员和经费来执行保护证人的任务，很难有效地开展证人保护工作。同样，在新《刑事诉讼法》中也没有规定，当司法人员没有实行证人保护制度，会有什么责任后果，这些都严重影响证人保护制度的落实。

2. 证人保护对象的单一

在新《刑事诉讼法》中，将证人及其近亲属都纳入了证人的保护对象范围，值得肯定。但是，实践中，证人的精神依托是多方面的，相应的，这些精神依托会对证人产生重大的影响，近亲属只是其中之一，从这方面而言，证人保护对象显得很单一。另外，依据我国刑法关于打击报复证人罪和妨害作证罪的规定，保护对象只限于证人，对证人近亲属

以及被害人及其近亲属的保护没有规定，形成了证人近亲属保护的刑法真空，造成证人的近亲属受到打击报复而求诉无门，也使得打击报复证人近亲属的不法分子常常逃避法律的制裁，从而给证人作证带来非常大的心理负担。

3. 证人保护措施缺乏操作性

《刑事诉讼法》第62条规定的保护措施属于法律移植。禁止特定人员接触证人、鉴定人、被害人及近亲属的措施类似于国外的禁身令和贴身保护措施，如英美法系的证人保护制度中又一措施就是人身保护，由警察或其他组织在一定时间内对证人及其有密切关系的人提供人身安全保障。为了确保证人在出庭作证时不泄露身份，许多国家和地区还规定了特殊的作证方式，英国《1999年青少年审判和刑事证据法》规定了对证人身份保密的特殊措施，例如，向被告遮蔽证人；法庭发现有合理理由相信除被告之外的任何人已经着手，或将着手威胁在诉讼程序中作证的证人时，可以秘密给出证据。德国证人保护法第58条、第168条规定：对于未满16岁或证人于公证有正当理由不宜于庭上与被告对面时，可利用录音，录像进行，以及利用有线电视系统于别室对证人进行询问，特别是针对儿童性侵害事件加以严密的保护。我国台湾地区为避免在刑事诉讼中对证人质证时证人身份暴露，对出庭的证人采用蒙面、变声、变像、视频传送或者采取其他适当隔离措施。《刑事诉讼法》第62条规定的采取不暴露外貌、真实声音等出庭作证措施亦借鉴了上述国家和地区的做法。上述国家和地区类似的做法均有配套的措施和成熟的经验，而我国《刑事诉讼法》移植一些法律发达地区的先进经验的做法本无可厚非，但其证人的保护措施如何落实?

建立、健全证人保护制度不但是完善我国诉讼制度的内容之一，也是实现公正高效审判目的的需要。完善我国刑事证人保护，要从我国现有的社会主义初级阶段的实际出发，我们更应通过不断地探索和努力，建立适合我国国情的证人保护制度。

第二编　刑事诉讼基本制度

第五章　管辖制度

【导读案例】 2010年5月10日，家住甲市的被告人侯某、王某、刘某三人驾车开往乙市，在途中劫持女青年并实施了轮奸，直到乙市境内后，轮奸行为仍未实施终了。受害人被轮奸后又被抛出车外，恰遇乙市的治安联防队员及时报案，乙市公安机关当夜将窜至乙市的三名被告人抓获归案。甲、乙两市法院在管辖上存在争议。

问： 本案应由哪个法院管辖？为什么？

资料来源：司法考试刑诉法案例分析大全，2012年。

【重点、难点】 管辖的概念、意义以及我国立案管辖的根据；公安机关、人民检察院和人民法院各自管辖的刑事案件；审判管辖的三种形式。

第一节　刑事诉讼管辖概述

一、管辖的概念与意义

1. 管辖的概念

我国刑事诉讼的管辖，是指公安机关、人民检察院和人民法院等国家专门机关依照法律规定，对直接立案受理刑事案件的权限划分以及人民法院系统内部对第一审刑事案件审判权划分的一种诉讼制度。其实质是国家专门机关在受理刑事案件方面的权限划分和职责分工。公安机关、人民检察院和人民法院等国家专门机关受理刑事案件的范围，称为管辖范围。

2. 管辖的意义

管辖是刑事诉讼中的一项重要的诉讼制度，它明确、合理地确定刑事案件的管辖，对于保证刑事诉讼活动的顺利进行以及刑事诉讼任务的实现，都具有十分重要的意义。

（1）明确规定公安机关、人民检察院和人民法院等国家专门机关各自受理刑事案件的权限和职责范围，有利于它们依法行使自己的职权，防止在受理案件上互相争执或推诿；又有利于增强它们的责任感，充分发挥它们的积极性和职能作用，从而做到各司其职，各尽其责，保证各类案件都能得到及时、公正的处理。

（2）明确各司法机关的案件管辖范围，便于各机关、团体、企事业单位和公民个人按照管辖范围向公、检、法机关控告、检举犯罪，避免或减少不必要的案件移送环节，有利于保障各单位和公民行使控告和检举的权利，有利于充分发挥人民群众同犯罪作斗争的积极性，保证刑事诉讼活动及时、有效地进行。

（3）正确、合理地确定刑事案件的管辖，有助于诉讼活动的顺利进行，有助于保障诉讼活动得到正确、及时的处理。管辖是刑事诉讼活动顺利进行首先要解决的问题，因为在发现有犯罪事实或者犯罪嫌疑人，需要追究刑事责任时，最初面临的程序问题就是由公安机关、人民检察院和人民法院等国家专门机关中哪一个机关、哪一级别的机关立案受理。管辖明确了公、检、法等国家专门机关受理刑事案件的权限和职责范围，有利于它们及时展开调查取证，及时采取相关措施缉获犯罪嫌疑人，也便于相关单位和公民个人参与诉讼，行使诉讼权利和履行诉讼义务，从而使刑事诉讼活动顺利进行。

二、管辖的种类

依据我国现行刑事诉讼法和诉讼理论，一般将管辖划分为立案管辖和审判管辖两大类。立案管辖又称职能管辖，是指公安机关、人民检察院和人民法院在直接受理刑事案件上的权限划分。审判管辖是指人民法院系统内部、普通人民法院与专门人民法院以及专门人民法院之间在审判第一审刑事案件上的权限划分。审判管辖又分为普通管辖和专门管辖。普通管辖又进一步划分为级别管辖、地区管辖和指定管辖。这是一套科学的、行之有效的刑事案件管辖体系。

立案管辖与审判管辖的区别主要包括以下四点：立案管辖解决的是公、检、法等国家专门机关之间在受理刑事案件上的权限划分，而审判管辖所解决的是人民法院系统内部对刑事案件上的权限划分；人民法院的立案管辖和审判管辖是重合的，都是审判权的具体落实；对于公诉案件而言，这两种管辖的关系，实质上是侦查权和审判权相互关系的反应。一方面，公安机关，人民检察院的立案管辖和人民法院的审判管辖，并不是同时发生的，而是先后发生在不同的诉讼阶段，即侦查和审判两个阶段。另一方面，立案管辖并不必然导致审判管辖；人民法院在审判管辖中确定级别管辖和地域管辖的依据也是确定不同级别和不同地域的公安机关和人民检察院立案管辖的主要参考依据。

三、确定管辖的原则

1. 依法管辖的原则

鉴于犯罪情况所发生新的变化，新类型犯罪案件的增多，以及刑事执法环境的改善和司法实践积累的经验。刑事诉讼法对公、检、法三机关案件管辖的分工作了重新划分与调整，这不仅进一步明确了公、检、法三机关在刑事诉讼中的职责、权限，而且对各司法机关在受理案件中管什么、如何管作出了具体规定，为司法机关依法管辖提供了法律依据，从而有效地防止了刑事管辖中的任意性和越俎代庖现象的发生，对于保证公、检、法三机关分工负责、互相配合、互相制约原则的贯彻落实起着十分重要的作用。

2. 准确及时的原则

刑事诉讼法关于刑事案件管辖的规定，充分考虑到要适应各司法机关的性质和职权，均衡各司法机关的工作负担，以利于它们有效地履行各自的职责，充分发挥它们的职能作用，保证办案质量，提高办案效率。

3. 便利诉讼的原则

刑事诉讼法关于管辖的规定，有利于司法机关调查核实证据，保证办案质量，有利于诉讼参与人参加诉讼，节省财力和时间。有利于群众旁听案件，接受群众对审判工作的监督，从而扩大办案的社会效果。

4. 维护合法权益的原则

为防止告状无门，保障当事人等诉讼参与人的诉讼权利，刑事诉讼法还从维护公民合法权益的角度出发，将被害人有证据证明对被告人侵犯自己人身、财产权利的行为依法应当追究刑事责任，而公安机关或者人民检察院不予追究被告人刑事责任的案件，划归自诉案件的范畴，要求人民法院依法受理，这既体现了法律对公民合法权益的尊重和维护，也加重了人民法院的责任。

5. 原则性与灵活性相结合的原则

为了适应刑事案件复杂性的特点，以及办案实际工作的需要，刑事案件的管辖除了要有明确的原则性规定以外，还应有一定的灵活性。例如，《刑事诉讼法》第 23 条关于上下级人民法院的变通管辖、第 26 条关于地区管辖中可以由上级人民法院指定管辖的规定，都体现了在依法管辖的前提下，仍需贯彻原则性与灵活性相结合的原则，以利于处理管辖中的争议和例外情况。

第二节　立案管辖

一、立案管辖的概念和划分依据

立案管辖，又称职能管辖，是指公安机关、人民检察院和人民法院等国家专门机关之间在直接受理刑事案件上的权限划分。换言之，就是解决哪类犯罪案件，应由公、检、法哪一个机关立案受理的问题。

划分立案管辖的依据，主要有以下三点：（1）犯罪案件的性质和严重、复杂程度。案件的性质和严重、复杂程度在客观上是存在差别的。比如有危害国家安全案件同普通刑事案件的差别；在普通刑事案件中，又有杀人、放火等案件同贪污、渎职以及虐待、侮辱、诽谤等案件的差别；就是同类性质的案件，比如同属于虐待性质的案件，也会有严重、复杂程度的差别。这些差别，是划分立案管辖的主要依据。（2）有利于准确及时地查明案情，有利于同犯罪作斗争。案件由哪个机关直接受理、立案侦查或立案审理，这同能否保证准确及时地查明案情，有效地保护国家、集体的利益和公民个人的合法权益，都具有极为密切的关系。比如杀人、抢劫、盗窃等案件，由公安机关立案侦查就最为适宜。再比如由受害者告诉才处理的案件，都有明确的原告和被告，案件情况一般比较清楚，这类案件也要经公安或检察机关立案侦查，并由人民检察院负责起诉，显然是大可不必的。（3）同公、检、法三机关在刑事诉讼中的具体任务和职责（或诉讼职能）相适应。因此，公诉案件的大部分应当由公安机关直接立案侦查。人民检察院也要直接受理一部分案件，亲自立案侦查，但范围比较小。人民法院直接受理的案件，只能是自诉案件。

二、公安机关立案侦查的案件范围

公安机关直接受理的案件，是指应当由公安机关直接立案侦查的案件。根据《刑事诉讼法》第 18 条第 1 款规定，刑事案件的侦查由公安机关进行，法律另有规定的除外。就是说，除法律另有规定的，其他刑事案件应当一律由公安机关立案侦查。

法律另有规定的主要有：第一，是人民检察院直接立案侦查的案件；第二，是军队保卫部门负责侦查的军队内部发生的刑事案件；第三，是国家安全机关立案侦查的危害国家安全的案件；第四，是监狱立案侦查的罪犯在监狱内犯罪的案件；第五，是海关缉私部门立案侦查的走私案件；第六，是人民法院直接受理的自诉案件。

三、人民检察院立案侦查的案件范围

人民检察院直接受理的案件，是指应当由人民检察院直接立案侦查的案件，即通常所说的自侦案件或人民检察院自行立案侦查的案件。根据《刑事诉讼法》第18条第2款的规定，贪污贿赂犯罪，国家工作人员的渎职犯罪，国家机关工作人员利用职权实施的非法拘禁、刑讯逼供、报复陷害、非法搜查的侵犯公民人身权利、民主权利的犯罪，由人民检察院立案侦查。对于国家机关工作人员利用职权实施的其他重大的犯罪案件，需要由人民检察院直接受理的时候，经省级以上人民检察院决定，也可以由人民检察院立案侦查。从上述法律规定中可以看出，将人民检察院立案侦查的范围限定在以国家工作人员为犯罪主体的相关职务犯罪之内，符合检察院作为国家法律监督机关的性质。

依据《最高人民法院、最高人民检察院、公安部、国家安全部、司法部、全国人大常委会法制工作委员会关于实施刑事诉讼法若干问题的规定》、最高人民检察院《人民检察院刑事诉讼规则》以及最高人民检察院《关于人民检察院直接受理立案侦查案件范围的规定》，人民检察院直接立案侦查的案件，主要有以下四类范围。

1. 贪污贿赂犯罪的案件

由人民检察院直接立案侦查的贪污贿赂犯罪，是指《刑法》第八章规定的贪污贿赂罪和其他章节中明确规定按照《刑法》第八章相关条文定罪处罚的犯罪案件。具体包括贪污案、挪用公款、受贿案、单位受贿案、介绍贿赂案、单位行贿案、巨额财产来源不明案、隐瞒境外存款案、私分国有资产案、私分罚没财物案。

2. 国家机关工作人员的渎职犯罪案件

《刑事诉讼法》第18条所规定的由人民检察院立案管辖的“渎职犯罪”，是指《刑法》分则第九章所规定的国家机关工作人员的渎职犯罪案件。具体包括滥用职权案（第397条第1款）；玩忽职守案；国家机关工作人员徇私舞弊案；故意泄露国家秘密案；过失泄露国家秘密案；枉法追诉、裁判案；民事、行政枉法裁判案；私放在押人员案、失职致使在押人员脱逃案；徇私舞弊减刑、假释、暂予监外执行案；徇私舞弊不移交刑事案件案；滥用管理公司、证券职权案；徇私舞弊不征、少征税款案；徇私舞弊发售发票、抵扣税款、出口退税案；违法提供出口退税凭证案；国家机关工作人员签订、履行合同失职被骗案；违法发放林木采伐许可证案；环境监管失职案；传染病防治失职案；非法批准征用、占用土地案；非法低价出让国有土地使用权案；放纵走私案；商检徇私舞弊案；商检失职案；动植物检疫徇私舞弊案；动植物检疫失职案；放纵制售伪劣商品犯罪行为案；办理偷越国（边）境人员出入境证件案；放行偷越国（边）境人员案；不解救被拐卖、绑架妇女、儿童案；阻碍解救被拐卖、绑架妇女、儿童案；帮助犯罪分子逃避处罚案；招收公务员、学生徇私舞弊案；失职造成珍贵文物损毁、流失案。

3. 国家机关工作人员利用职权实施的下列侵犯公民人身权利和民主权利的犯罪案件

依据《刑法》的规定，由人民检察院直接立案侦查的国家机关工作人员利用职权实施的侵犯公民人身权利和民主权利的犯罪案件包括：非法拘禁案（第238条）；非法搜查案（第245条）；刑讯逼供案（第247条）；暴力取证案（第247条）；虐待被监管人案（第248

条）；报复陷害案（第 254 条）；破坏选举案（第 256 条）。

4. 国家机关工作人员利用职权实施的其他重大的犯罪案件

实践中，为充分发挥人民检察院的法律监督职能，《刑事诉讼法》对人民检察院直接立案侦查的案件范围做出了一定的灵活性规定，授权省级以上人民检察院立案侦查刑事诉讼法中没有明确规定的国家机关工作人员利用职权实施的其他重大犯罪案件。即国家机关工作人员利用职权进行的其他重大犯罪案件，需要人民检察院直接受理的时候，经省级以上人民检察院决定，可以由人民检察院立案侦查。

这类案件必须符合以下条件：犯罪主体必须是国家机关工作人员；在犯罪程度上必须是重大犯罪；在犯罪手段上必须是利用职权实施的，对于属于国家机关工作人员但不属于利用职权实施的案件，例如国家机关工作人员实施的强奸罪，如果公安机关不立案或撤销案件的，人民检察院不能经省级以上人民检察院决定而直接立案侦查，只能根据《刑事诉讼法》的规定对公安机关的不立案进行监督。在审批程序上必须经省级以上人民检察院决定。审批程序是：基层人民检察院或者分、州、市人民检察院需要直接立案侦查时，应当层报所在的省级人民检察院决定。分、州、市人民检察院对基层人民检察院层报省级人民检察院的案件，应当进行审查，提出是否需要立案侦查的意见，报送省级人民检察院。报请省级人民检察院决定立案侦查的案件，应当经检察委员会讨论决定，制作提请批准直接受理书，写明已经查明的案件情况以及需要由人民检察院立案侦查的理由，并附有关材料。省级人民检察院应当在收到提请批准直接受理书后的十日以内，由检察委员会讨论作出是否立案侦查的决定。省级人民检察院可以决定由下级人民检察院直接立案侦查，也可以决定直接立案侦查，这样既体现了管辖的灵活性，又体现了管辖的原则性。

四、人民法院直接受理的案件范围

人民法院直接受理的案件，是指应当由人民法院直接立案审理，而不需要经过公安机关或人民检察院立案侦查，也不需要人民检察院提起公诉的案件。人民法院直接受理的刑事案件是自诉案件。自诉案件是指被害人及其法定代理人、近亲属，为追究被告人的刑事责任而直接向人民法院提起诉讼的案件。《刑事诉讼法》第 18 条第 3 款规定，自诉案件，由人民法院直接受理。《刑事诉讼法》第 112 条规定，对于自诉案件，被害人有权向人民法院直接起诉。被害人死亡或者丧失行为能力的，被害人的法定代理人、近亲属有权向人民法院起诉。人民法院应当依法受理。

根据《刑事诉讼法》第 204 条、《最高人民法院、最高人民检察院、公安部、国家安全部、司法部、全国人大常委会法制工作委员会关于实施刑事诉讼法若干问题的规定》和《最高人民法院关于适用〈中华人民共和国刑事诉讼法〉的解释》的相关规定，自诉案件的范围包括以下三种情况。

1. 告诉才处理的案件

告诉才处理是指被害人及其法定代理人向人民法院提出控告或起诉，法院才予以受理。如果有权进行告诉的人不告诉或者撤回告诉的，法院则不予以受理。如果被害人因受强制、威吓无法告诉的，人民检察院和被害人的近亲属也可以告诉。

告诉才处理的案件，是指《刑法》第 246 条第 1 款规定的侮辱、诽谤罪；第 257 条第 1 款规定的暴力干涉婚姻自由罪；第 260 条第 1 款规定的虐待罪以及第 270 条规定的非法占有代为保管财物罪和非法占有他人遗忘物、埋藏物罪。

2. 被害人有证据证明的轻微刑事案件

依据相关规定，此类自诉案件的成立必须符合三个条件：

(1) 性质上必须属于轻微刑事案件，所谓轻微刑事案件，一般是指犯罪的性质和罪名不严重，情节和后果也不严重，社会影响较小的刑事案件。

(2) 被害人必须有证据能够证明被告人确实实施了被指控的犯罪行为，并且能够承担举证责任。

(3) 人民检察院没有提起公诉。只有全部符合这三项条件的案件，人民法院才能予以直接受理。

被害人有证据证明的轻微刑事案件，具体是指下列犯罪案件故意伤害罪；重婚罪；遗弃罪；妨害通信自由罪；非法侵入他人住宅罪；生产、销售伪劣商品罪（严重危害社会秩序和国家利益的除外）；侵犯知识产权罪（严重危害社会秩序和国家利益的除外）；属于《刑法》第四、第五章规定的犯罪，对被告人可能判处 3 年有期徒刑以下刑罚的其他轻微刑事案件。

上述八种轻微刑事案件，被害人直接向人民法院起诉的，人民法院应当依法受理，对于其中证据不足、可由公安机关受理的，应当移送公安机关立案侦查。被害人向公安机关控告的，公安机关应当受理。

3. 被害人有证据证明对被告人侵犯自己人身、财产权利的行为应当依法追究刑事责任，且有证据证明曾经提出控告，而公安机关或人民检察院不予追究被告人刑事责任的案件

根据《最高人民法院、最高人民检察院、公安部、国家安全部、司法部、全国人大常委会法制工作委员会关于实施刑事诉讼法若干问题的规定》中被害人有证据证明对被告人侵犯自己人身、财产权利的行为应当依法追究刑事责任。而公安机关或人民检察院不予追究的案件，显然原本属于公诉案件，只是由于公安机关或人民检察院不予追究，所以被害人才有权直接向人民法院起诉，人民法院也才有权利和责任直接受理。从理论上讲，这类案件的范围很广，它既包括公安机关或人民检察院不立案侦查或撤销的案件，也包括人民检察院决定不起诉的案件。对于这类案件，只要被害人有证据证明被告人实施了侵犯其人身或财产权利的行为，并且依法应当追究刑事责任，公安机关或者人民检察院已经作出了不予追究被告人刑事责任的书面决定，被害人有权直接向人民法院起诉，人民法院应当受理。

五、其他国家机关立案管辖的案件范围

除规定了公安机关、人民检察院和人民法院立案管辖的案件范围，《刑事诉讼法》还规定了以下国家专门机关立案管辖的案件范围。

(1) 国家安全机关立案侦查的范围。国家安全机关是国家的安全保卫机关，是各级人

民政府的组成部分。《刑事诉讼法》第 4 条规定，国家安全机关依照法律规定，办理危害国家安全的刑事案件，行使与公安机关相同的职权。

(2) 中国人民解放军内部设立保卫部门，负责军队内部发生的刑事案件的侦查工作。军队保卫部门的重要任务之一是负责侦查军队内部发生的刑事案件。《刑事诉讼法》第 290 条规定，军队保卫部门对军队内部发生的刑事案件行使侦查权。

(3) 监狱负责立案侦查的案件范围。监狱是国家的刑罚执行机关，是执行人民法院的生效裁判，对罪犯进行劳动改造的主要场所。《刑事诉讼法》第 290 条规定，监狱对罪犯在监狱内犯罪的案件由监狱进行侦查。

(4) 海关缉私部门立案侦查的案件范围。海关缉私部门负责其所在海关业务管辖区域内的走私犯罪案件。对走私案件，海关缉私部门有立案、侦查、拘留、执行逮捕和预审的权利。

国家安全机关、军队保卫部门、监狱是刑事诉讼中的专门机关，承担某些特殊刑事案件的侦查职能，适用刑事诉讼法的有关规定。

第三节　审判管辖

一、审判管辖的概念

审判管辖，是指各级人民法院之间、同级人民法院之间以及普通人民法院与专门人民法院之间、各专门人民法院之间在审判第一审刑事案件上的分工。人民法院是国家的审判机关，它代表国家行使审判权。无论是公诉案件还是自诉案件，都要由人民法院进行实体上的审理。由于我国的法院组织系统内部存在着级别、地域、职权范围的不同，因此，就必然存在着公诉机关或自诉人应该向哪一级中哪一个法院提起诉讼的问题。审判管辖解决的是人民法院系统内部在受理案件方面的分工，即一起刑事案件应由哪种、哪级、哪个人民法院进行第一审审判。

根据《人民法院组织法》的规定，我国人民法院的组织体系包括最高人民法院、地方各级人民法院和军事法院等专门人民法院。地方各级人民法院又分为基层人民法院、中级人民法院和高级人民法院。按照人民法院的这种设置体系和《刑事诉讼法》第 19 条至第 27 条的规定，我国的刑事审判管辖分为级别管辖、地区管辖和专门管辖。确立了审判管辖，就便于人民检察院和自诉人正确而有效地行使起诉权，也便于人民法院及时受理和审判案件。

二、级别管辖

1. 级别管辖是指各级人民法院之间在审判第一审刑事案件上的权限分工

刑事诉讼法关于级别管辖的划分，主要考虑了下列因素：

（1）案件或案件所涉及社会关系的性质和可能判处的刑罚的轻重程度。一般而言，性质越严重，所涉及的社会关系越复杂或敏感，处刑可能越重的案件，就越应由相应较高级别的人民法院管辖，以保证审判质量。

（2）案件社会影响面的大小。案件的复杂和处理的难易程度常常与其社会影响的强度和影响面成正比，所以管辖法院的级别一般应当与此保持适应性。

（3）各级人民法院的职权范围和工作负担。级别越高的人民法院的职权范围、工作内容越广泛，任务越重，不宜审判过多的第一审案件。因此，大部分第一审刑事案件需要由中级、基层人民法院审判。

（4）原则性与灵活性相结合。刑事诉讼法对四级法院的管辖范围作了原则性规定，同时又保留一定的灵活性，使人民法院能灵活解决实践中的特殊问题。

2. 我国《刑事诉讼法》对级别管辖的规定包括以下内容

（1）基层人民法院管辖的第一审刑事案件。

《刑事诉讼法》第 19 条规定，基层人民法院管辖第一审普通刑事案件，但是依照本法由上级人民法院管辖的除外。这一规定表明，除依照《刑事诉讼法》规定由上级人民法院管辖的少量案件之外，绝大多数刑事案件由基层人民法院进行第一审。从实际情况看，基层人民法院完全能正确处理的一般性的普通刑事案件，总是占多数，同时基层人民法院具有同犯罪地接近，便于查对核实证据，便于群众参加诉讼，便于人民法院结合审判工作进行法制宣传和法制教育，便于人民法院调查核实证据，迅速、及时的审结案件，所以大量的普通刑事案件第一审的任务，主要是由基层人民法院承担。

（2）中级人民法院管辖的第一审刑事案件。

《刑事诉讼法》第 20 条规定，中级人民法院管辖下列第一审刑事案件：①危害国家安全、恐怖活动案件；②可能判处无期徒刑、死刑的案件。现行《刑法》已经没有关于反革命罪的规定。原来的反革命罪已被删除，被危害国家安全、黑社会、恐怖活动有关的罪名吸收。在刑事实体法无此罪名的情况下，程序法关于该罪的管辖自然不再存在。随着国际安全形势的变化，恐怖活动全球曼延，国际和跨国、跨地区恐怖活动日益增多，我国也面临恐怖活动的威胁，此类犯罪通常社会危害性大，数罪并罚的情况容易出现，有时也需要国际司法协助。因此，从专业能力以及被告人可能被判处刑罚的种类和幅度出发，结合案件审理所需司法资源，由中级人民法院审理更为妥当。随着我国对外开放日益扩大，来外的外国人规模已经非常庞大，外国人的刑事案件也呈常态化，加之我国的法治环境较先前发生很大变化，已经加入了多种类、不同层次的国际司法组织，外国人犯罪的个案政治考量已经越来越少，基层法院的办案能力日益提高，由基层人民法院受理普通的外国人刑事案件更为便利，也可以让中级人民法院集中力量审理大案要案和上诉案件。

（3）高级人民法院管辖的第一审刑事案件。

《刑事诉讼法》第 21 条规定，高级人民法院管辖的第一审刑事案件，是全省（自治区、直辖市）性的重大刑事案件。至于全省、自治区、直辖市性的重大刑事案件标准，法律没有明确规定，由高级人民法院自已认定和把握，实际上，由高级人民法院审理的第一审刑事案件很少。高级人民法院是地方人民法院中的最高一级，承担着对本辖区内下级人民法院审判工作进行监督的工作任务，对不服中级人民法院的第一审判决、裁定的上诉、抗诉工作。因此，刑事诉讼只将影响大、涉及面广但数量不多的全省（自治区、直辖市）性重大案件划归高级人民法院管辖，是与高级人民法院所处的位置和工作负担相适应的。

（4）最高人民法院管辖的第一审刑事案件。

《刑事诉讼法》第 22 条规定，最高人民法院管辖的第一审刑事案件，是全国性的重大刑事案件。最高人民法院是全国的最高审判机关，除核准死刑、进行司法解释外，它的主要职能是监督地方各级人民法院和专门人民法院的审判工作。因此，刑事诉讼法把犯罪性质极其严重、案情十分复杂、具有全国性影响的刑事案件划归最高人民法院的决定是恰当的。在实践中，最高人民法院直接审理第一审刑事案件的情况十分少见。

（5）级别管辖的变更及案件的移送。

一般情况下，各级法院都应按《刑事诉讼法》第 19 条至第 22 条所确定的范围管辖，但在必要时，法律也允许变通，以保障案件审判的质量。如《刑事诉讼法》第 23 条规定，上级人民法院在必要时，也可以审判下级人民法院管辖的第一审案件；下级人民法院认为案情重大、复杂需要由上级人民法院审判的第一审刑事案件，可以请求移送上一级人民法院审判。

级别管辖的变更包括两种情况：

①上级人民法院在必要的时候可以审理下级人民法院管辖的第一审刑事案件。必要的时候一般是指案情比较重大、复杂或者社会影响较大的案件，涉及本院院长需要回避，以及下级人民法院遇到自然灾害等困难无法顺利开展审判工作等个别情况。上级人民法院依职权决定审理下级人民法院管辖的第一审刑事案件，决定应当在下级人民法院第一审宣判之前作出，作出决定后应向下级人民法院下达改变管辖决定书，并书面通知同级人民检察院、被告人的羁押场所和当事人。

②下级人民法院把属于自己管辖的第一审刑事案件，请求移送上级人民法院审判。下级人民法院认为案情重大、复杂或者可能判处无期徒刑、死刑的案件，以及其他需要请求移送上一级人民法院审判的第一审刑事案件，应当在案件审理期限届满 15 日以前书面请求移送。上级人民法院应当在接到移送申请 10 日以内作出决定。不同意移送的，向该下级人民法院下达不同意移送决定书，由该下级人民法院依法审判；同意移送的，书面通知同级人民检察院，并向该下级人民法院下达同意移送决定书，该下级人民法院应当通知同级人民检察院和当事人，并将全部案卷材料退回同级人民检察院。

另外，人民检察院认为可能判处无期徒刑、死刑而向中级人民法院提起公诉的普通刑事案件，中级人民法院受理后，认为不需要判处无期徒刑以上刑罚的，可以依法审理，不再移送基层人民法院审理。基层人民法院受理的公诉案件，认为需要判处无期徒刑、死刑的，经合议庭报请院长决定后，报请移送中级人民法院审判。中级人民法院对基层人民法院报请移送的案件，经审查后，按照下列情形分别处理：认为不够判处无期徒刑、死刑的案件，决定不同意移送；认为可能判处无期徒刑、死刑的案件，决定同意移送。

三、地域管辖

1. 地域管辖指的是同级人民法院之间在审判第一审刑事案件上的权限分工

级别管辖是从纵向方面解决刑事案件应由哪一级人民法院管辖的问题，而地域管辖则是在明确了案件级别管辖的前提下，确定由该级人民法院中的哪一个法院管辖，是从横向方面解决刑事案件的管辖问题。级别管辖和地域管辖互为补充，只有级别管辖和地域管辖都明确了，案件的管辖权才能最终落实。

2. 我国刑事诉讼中地域管辖处理的原则

（1）以犯罪地为主，以被告人居住地为辅的原则。

《刑事诉讼法》第24条规定，刑事案件由犯罪地的人民法院管辖。如果由被告人居住地的人民法院审判更为适宜的，可以由被告人居住地的人民法院管辖。

刑事案件一般应由犯罪地人民法院管辖，这是确定地区管辖的首要原则。对于犯罪地的具体含义，《最高人民法院关于适用〈中华人民共和国刑事诉讼法〉的解释》第2条规定，犯罪地是指犯罪行为发生地，以非法占有为目的财产犯罪，犯罪地包括犯罪行为发生地和犯罪分子实际取得财产的犯罪结果发生地。学理上一般认为，犯罪地是指构成某一犯罪的主要行为的实施地或完成地。在不作为犯罪中，犯罪地是指被告人应该作为的地点。如果作广义的解释，犯罪地则还应包括犯罪的预备地、结果地，以及这一犯罪案件曾涉及的其他地区，如盗窃案件的各个销赃地等。

我国《刑事诉讼法》将犯罪地作为确定人民法院地域管辖的首要依据的原因主要有以下四个方面：①便于保护和勘验现场，便于搜集和查对核实证据，迅速查明案情，正确地处理案件；②便于当事人和其他诉讼参与人参加诉讼活动；③便于犯罪地附近的群众参加旁听公开审判的情况，便于结合为大家所熟悉的事例对群众进行法制宣传教育，同时还可以就地平息民愤；④便于系统了解和分析研究犯罪地所属地区的犯罪情况，从而采取相应措施加强防范和更有效地同犯罪作斗争。

另外，被告人的居住地也是划分地区管辖的一个依据，但它是辅助性的，即一般应由犯罪地的法院管辖，如果犯罪地难以确定，或者虽能确定但由居住地法院审判也不难查对核实案情，并且也不需要送回犯罪地法院审判以平息民愤的案件，才可以由被告人居住地法院管辖。所以《刑事诉讼法》第24条规定，刑事案件由犯罪地的法院管辖。如果由被告人居住地法院管辖更为适宜的，可以由被告人居住地法院管辖。被告人的居住地，包括被告人的户籍所在地、居所地、学习或工作所在地，实践中要根据具体情况确定。

（2）以最初受理的人民法院优先管辖为主，主要犯罪地人民法院为辅。

《刑事诉讼法》第25条规定，几个同级人民法院按照犯罪地原则对某个案件都有管辖权时，依这个案件应由最初受理的法院审判，必要时，也可将案件移送主要犯罪地法院审判。对这种案件，法律规定由最初受理的人民法院审判，主要是为了避免人民法院之间发生管辖争议而拖延案件的审判，同时，也由于最初受理的人民法院对案件往往已进行了一些工作，由它进行审判，有利于及时审结案件。但是，为了适应各种案件的复杂情况，法律又规定在必要的时候，最初受理的人民法院可以将案件移送主要犯罪地的人民法院审判。至于在什么情况下才能认为是“必要的时候”，一般应从是否更有利于发挥审判活动的教育作用等方面来考虑确定。

所谓主要犯罪地，一般应该是指数个罪行中的主要罪行的犯罪地。但是同时它也应包括一种罪行的某个主要事实情节的犯罪地，比如犯罪行为的实施地，或者犯罪行为所造成的结果地等。所谓必要的时候，一般应从是否有利于准确及时地查明案情，正确地处理案件，以及是否有利于同犯罪作斗争和有关群众参加诉讼活动等方面来考虑确定。

(3) 指定管辖。

指定管辖是指出现管辖不明或者有管辖权的法院不宜行使管辖权或者管辖权发生争议又协商解决不成等情况时，上级人民法院以指定的方式确定案件的管辖权。《刑事诉讼法》第26条规定，上级人民法院可以指定下级人民法院审判管辖不明的案件，也可以指定下级人民法院将案件移送其他法院审判。《最高人民法院关于适用〈中华人民共和国刑事诉讼法〉的解释》第18条规定，上级人民法院在必要的时候，可以将下级人民法院管辖的案件指定其他下级人民法院管辖。

一般而言，指定管辖适用以下几种情况：

①由上级人民法院以指定的方式确定管辖不明的案件的管辖权。管辖不明的情况，一般是指，刑事案件发生在两个或两个以上地区的交界处，犯罪地属于哪个人民法院管辖的地区不明确，在这种情况下，就可以由上级人民法院指定某一个下级人民法院审判。这样，就可以避免案件无人管辖或者因管辖争议而延误案件的处理。

②两个以上同级人民法院都有管辖权的案件，在对案件管辖权发生争议时，协商又解决不成的，由争议的人民法院分别逐级报请共同的上一级人民法院指定管辖。

③有管辖权的人民法院由于特殊原因不能行使管辖权，由上级人民法院以指定的方式改变管辖权。实践中因案件涉及本院院长需要回避等原因，不宜行使管辖权的，可以请求上一级人民法院管辖。上一级人民法院也可以指定与提出请求的人民法院同级的其他人民法院管辖。

《最高人民法院关于适用〈中华人民共和国刑事诉讼法〉的解释》第19条规定，上级人民法院指定管辖的，应当在开庭审判前将指定管辖决定书分别送达被指定管辖的人民法院及其他有关的人民法院。第20条规定，原受理案件的人民法院，在收到上级人民法院指定其他法院管辖决定书后，不再行使管辖权。对于公诉案件，应书面通知提起公诉的人民检察院，并将全部案卷材料退回，同时书面通知当事人。对于自诉案件应当将全部案卷材料移送被指定管辖的人民法院，并书面通知当事人。

四、专门管辖

专门管辖是指专门法院同普通法院之间及专门法院之间在审判第一审刑事案件上的权限分工。它解决的是哪些刑事案件应当由哪些专门人民法院审判的问题。《刑事诉讼法》第27条规定，专门人民法院案件的管辖另行规定。

专门人民法院是指根据实际需要在特定部门设立的审理特定案件的法院，目前我国已经建立军事、海事、铁路运输法院等专门法院，其中具有刑事案件管辖权的专门法院是军事法院和铁路运输法院。不过从2012年6月30日起铁路运输法院已纳入当地普通法院，铁路运输法院已经不存在了。

1. 军事法院管辖的刑事案件

根据《刑事诉讼法》第290条第1款规定，军队保卫部门对军队内部发生的刑事案件行使侦查权。司法实践中，军事法院管辖的刑事案件范围包括：

（1）现役军人（含军内在编职工，下同）犯罪的案件，主要是现役军人犯军人违反职责罪及其他各种犯罪案件。现役军人实施的其他各种犯罪案件，是指除军人违反职责罪以外的其他各种犯罪，包括现役军人在部队营区外即地方上的犯罪。

（2）现役军人（含军内在编职工，下同）和非军人共同犯罪的，分别由军事法院和地方人民法院管辖；涉及国家军事秘密的，全案由军事法院管辖。

（3）如果是非军人、随军家属在部队营区犯罪的；军人办理退役手续后犯罪的；现役军人入伍前犯罪的（需与服役期内犯罪一并审判的除外）；退役军人在服役期内实施的犯罪（除军人违反职责罪以外），都应由地方人民法院管辖。

现役军人和非军人共同犯罪的，应当分别由军事法院和地方人民法院或其他专门法院管辖，如果涉及国家军事秘密，则全案均应由军事法院管辖。

2. 铁路运输法院管辖的刑事案件

铁路运输法院管辖的刑事案件主要是：铁路运输系统公安机关负责侦破的刑事案件，以及与铁路运输有关的经济犯罪等案件。在国际列车上发生的刑事案件，按照我国与相关国家签订的有关管辖协定执行。没有协定的，由犯罪发生后列车最初停靠的中国车站所在地或者目的地的铁路运输法院管辖。铁路运输法院与地方法院对案件管辖发生争执的，暂由地方法院受理。

需要注意的是，铁路运输法院包括铁路检察院作为特定历史时期的产物，经过多年的运行后，在诸多方面已经不符合时代进步和社会主义法制建设的要求。2012 年 6 月 30 日以后，作为铁路运输法院包括铁路检察院专门管辖案件范围将不再存在，统一由地方各级人民法院管辖。

五、特殊情况的管辖

刑事案件的错综复杂，使得有些案件尚不能完全适用上述地区管辖的法律规定，因此，有关司法解释对下列特殊情况作出规定。

（1）对于我国缔结或者参加的国际条约所规定的罪行，中华人民共和国在所承担条约义务的范围内，行使刑事管辖权，涉及地区管辖的有如下规定。

①对于我国缔结或者参加的国际条约所规定的犯罪，我国具有刑事管辖权的案件，由被告人被抓获地的中级人民法院管辖。

②在中国领域外的中国船舶内的犯罪，由犯罪发生后该船舶最初停泊的中国口岸所在地的人民法院管辖。

③在中国领域外的我国航空器内的犯罪，由犯罪发生后该航空器在中国最初降落地的人民法院管辖。

④中国公民在驻外的中国使领馆内的犯罪，由该公民主管单位所在地或者他的原户籍所在地的人民法院管辖。

⑤在国际列车上发生的刑事案件的管辖，按照中国与相关国家签订的有关管辖协定执行。没有协定的，由犯罪发生后列车最初停靠的中国车站所在地或者目的地的人民法院管辖。

⑥外国人在中华人民共和国领域外对中华人民共和国国家或者公民犯罪，依照刑法应受处罚的，由该外国人入境地的基层人民法院管辖。

⑦刑事自诉案件的自诉人、被告人一方或者双方是在港、澳、台居住的中国公民或者单位的，由犯罪地的基层人民法院审判。港、澳、台同胞告诉的，应当出示港、澳、台居民身份证、回乡证或者其他能证明本人身份的证件。

⑧中国公民在中华人民共和国领域外的犯罪，由该公民离境前的长期（1年以上）居住地或者原户籍所有地人民法院管辖。

（2）对罪犯在服刑期间发现漏罪及又犯新罪的：

①发现正在服刑的罪犯在判决宣告前还有其他犯罪没有受到审判的，由原审人民法院管辖，如果罪犯服刑地或者新发现罪的主要犯罪地人民法院管辖更为适宜的，由服刑地的人民法院或新发现罪的主要犯罪地人民法院管辖。

②正在服刑的罪犯在服刑期间又犯罪的，由服刑地人民法院管辖。

③正在服刑的罪犯在逃脱期间的犯罪，如果是在犯罪地捕获并发现的，由犯罪地人民法院管辖；如果是被缉捕押解回监狱后发现的，由罪犯服刑地的人民法院管辖。

【导例评析】

根据《刑事诉讼法》的上述规定，刑事案件主要应由犯罪地的人民法院管辖。如果由被告人居住地法院审判更为适宜的，也可以由被告人居住地人民法院审判，这主要是指被告人在居住地民愤极大，或者罪犯可能被判处管制或宣告缓刑，需要在当地执行等情况。被告人居住地，一般指被告人户籍所在地，也包括其经常居住地。所谓犯罪地，则包括犯罪预备地，犯罪行为实施地，犯罪行为终了地，犯罪结果发生地，销赃地等。由于犯罪地可能有多个，对于一个单一的案件，就可能有好几个人民法院都有管辖权，在这种情况下，应由最初受理的人民法院管辖，如果有必要，可以移送主要犯罪地的人民法院审判。

本案中，犯罪行为开始于甲市，但轮奸行为分别实施于甲、乙两市，可以说甲、乙两市都是犯罪地。至于何者为主要犯罪地，不好分清。虽然劫持和轮奸行为始发于甲市，但作为本案的一个重要情节，将被害女青年孙某轮奸并抛出车外，驾车逃跑，则发生在乙市。本案虽然发案在甲市，破案却在乙市，是由乙市公安机关侦破的，乙市人民法院也就顺理成章成为最初受理的人民法院，显然再将案件移送甲市人民法院审判也就不适宜了。因此，本案由乙市人民法院审判较为适宜。

【实务训练】

陈某与李某为同一国有企业职工，两家同一道大门进出，常为生活琐事发生口角，遂形成积怨。2001年6月27日，李某把陈家的摩托车撞倒了。陈家的次子小陈向李某索赔，李某不肯。于是，小陈把他哥哥大陈叫上，于次日在过道上把上班的李某拦住，向其索赔。李某推搪他的责任，兄弟二人冒火，合力对李某进行毒打，致李某重伤，经送医院抢救后虽脱离危险，但已致成痴呆，终身残废。企业领导认为事情重大，建议李某的爱人方某找司法机关处理。方某向公安机关报案。公安机关认为这是企业内部职工的斗殴事件，案件事实也比较清楚，无需采用侦查手段，在邻居中作一般的调查了解案情就行了，建议李某的爱人直接找法院告就行了，遂作出不立案决定。人民检察院以国有企业职工不是国家工作人员为由，也不予受理。方某向法院控告时，法院又认为伤害情况严重，不属轻微刑事案件，法院不能直接受理。

问：公安机关作出的不立案决定，正确吗？人民检察院的说法对吗？人民法院的做法对吗？本案中被害人能否向人民法院提起诉讼？人民法院直接受理的自诉案件有哪些的范围？

资料来源：http：//wenku.baidu.com/view/386daeedaeaad1f346933fc7.html。

【评析】

公安机关作出不立案的决定是错误的。根据《刑事诉讼法》第18条规定，在法律没有特别规定的情况下，刑事案件原则上由公安机关立案侦查进行。因此，公安机关的做法是错误的。

人民检察院的说法是正确的。根据《刑事诉讼法》第18条第2款及相关司法解释的规定，一方面国有企业的职工不是国家工作人员；另一方面，即使是国家工作人员，也缺少“利用职权”这一要件。因此，本案不属人民检察院直接立案侦查的案件范围。但检察院应当要求公安机关说明不立案的理由，并予以审查监督，若符合立案条件，有权通知公案机关立案。

人民法院的做法不对。根据《刑事诉讼法》第204条规定，人民法院可以直接受理以下三类自诉案件：（一）告诉才处理的案件；（二）被害人有证据证明的轻微刑事案件；（三）被害人有证据证明对被告人侵犯自己人身、财产权利的行为应当依法追究刑事责任，而公安机关或者人民检察院不予追究被告人刑事责任的案件。本案被害人的情况属于第三种，符合自诉案件的范围及提起自诉的条件，因此，人民法院应予以受理。

【司考真题】

1. 美国人杰克与香港居民赵某在内地私藏枪支、弹药，公安人员查缉枪支、弹药时，赵某以暴力方法阻碍公安人员依法执行职务。下列哪一说法是正确的？（　　）（2011/二/23/单选）

A. 全案由犯罪地的基层法院审判，因为私藏枪支、弹药罪和妨碍公务罪都不属于可能判处无期徒刑以上刑罚的案件

B. 杰克由犯罪地中级法院审判，赵某由犯罪地的基层法院审判

C. 杰克由犯罪地中级法院审判，赵某由中级法院根据具体案件情况而决定是否交由基层法院审判

D. 全案由犯罪地的中级法院审判

2. 赵某因绑架罪被甲省A市中级法院判处死刑缓期两年执行，后交付甲省B市监狱执行。死刑缓期执行期间，赵某脱逃至乙省C市实施抢劫被抓获，C市中级法院一审以抢劫罪判处无期徒刑。赵某不服判决，向乙省高级法院上诉。乙省高级法院二审维持一审判

决。此案最终经最高法院核准死刑立即执行。关于执行赵某死刑的法院，下列哪一选项是正确的？（　　）（2013/二/24/单选）

A. A市中级法院　　B. B市中级法院

C. C市中级法院　　D. 乙省高级法院

【拓展与反思】

单位犯罪的立案管辖

1. 单位犯罪立案管辖的确定

单位犯罪的立案管辖是指对公司、企业、事业单位、机关、团体实施的危害社会、法律规定应负刑事责任的行为，应由哪个司法机关立案追诉。划分这种立案管辖，应根据以下原则：

首先，要根据犯罪嫌疑单位所涉嫌的罪名。根据《刑事诉讼法》的规定，由相应的司法机关受理。

其次，对犯罪嫌疑单位的立案管辖权应与对其直接负责的主管人员或其他直接责任人员的立案管辖权相一致并同案追诉。

再者，在划分级别管辖时，应根据单位直接负责的主管人员或其他直接责任人员，因实施单位犯罪而被追究刑事责任的管制相一致，也就是说如果单位直接负责的主管人员或其他直接责任人员，在实施单位犯罪依法应被判处无期徒刑以上的刑罚时，应由中级人民法院审判，那么对单位犯罪的追究也应由相对应的司法机关进行侦查和起诉。

最后，在地区管辖上，实行犯罪地管辖的原则，只有当犯罪地人民法院认为单位注册地人民法院管辖更为合适时，才可以移交注册地人民法院管辖。

2. 单位犯罪与共同犯罪的区别

第一，产生犯意的时间不完全相同。单位犯罪中，犯意只能产生于犯罪行为实施以前。这是因为，单位犯罪总是在单位集体研究决定或单位负责人决定之后才去实施，因而必然在犯意产生之后才去实施。共同犯罪中，犯意产生的时间是较为随意的，既可以在实施犯罪以前，也可以在实施犯罪过程中。

第二，犯意的种类不同。单位犯罪中的行为人在主观上表现为直接故意。共同犯罪的行为人在主观上既可以都表现为直接故意，也可以有的表现为直接故意，有的表现为间接故意，还可以都表现为间接故意。

第三，承载犯意的最终主体不同。单位犯罪中，除了存在直接负责的主管人员和其他直接责任人员的犯意外，还存在一个单位犯意，并且最终是以单位整体犯意来追究的，个人意志要通过单位的意志表现出来。共同犯罪中，除了各个共同犯罪人的犯意外，不存在其他犯意，犯罪活动一般就是以犯罪分子的名义实施的，不存在以另一个单位的名义实施犯罪的情况，即使是以另一个单位的名义实施的，也不能代表该单位的意志。这是区分单位犯罪和共同犯罪的一个重要标准。

第四，犯罪动机不同。单位犯罪中，各犯罪人实施犯罪活动的动机是为了实现单位利益。共同犯罪中，各共同犯罪人实施犯罪活动的动机是为了实现个人目的。这是区分单位犯罪和共同犯罪的另一个重要标准。当某些犯罪分子利用单位的名义实施犯罪时，究竟是按照单位犯罪处理，还是按照共同犯罪处理，就必须考查是为了个人利益还是为了单位利益。

第五，单位犯罪的情况下，单位成员并非都有犯罪意图和犯罪行为。共同犯罪尤其犯罪集团的参加人都有犯罪意图和相应的犯罪行为。

第六，单位组织与共同犯罪中组织不同。在单位犯罪的情况下，单位都是合法组织（根据司法解释，为了犯罪组建法人，然后以单位名义进行犯罪，其犯罪行为不是单位犯罪。如赖昌星走私案）。共同犯罪中组织即犯罪集团是为了犯罪而建立起来的非法组织。在某些情况下，建立非法组织的行为本身就构成犯罪的既遂，例如刑法第294条规定的组织、领导和积极参加黑社会性质的组织罪。多数情况下，建立犯罪集团是犯罪的预备行为。

第七，法律规定的模式不同。对于单位犯罪，刑法采取的是总则统一规定与分则具体规定相结合的模式。如果刑法分则没有对某种具体犯罪设立单位犯罪条款，即使行为符合单位犯罪的条件，也不能按单位犯罪处理。例如，某行政单位经集体讨论决定，挪用本单位100万元资金从事股票投机，希望给本单位谋取一些预算外资金，结果造成重大损失。这种行为完全符合单位犯罪的特征，但由于刑法没有对挪用公款罪规定单位犯罪，因而对该行为不得以单位犯罪论处。对此情况，如果该行为符合挪用公款罪的构成要件，可以按挪用公款罪追究有关人员的刑事责任。对于共同犯罪，刑法采取在总则统一规定的模式，犯罪活动只要符合刑法总则有关共同犯罪的规定，就应当按共同犯罪处理，除非法律有特殊规定。

第六章 回 避

【导读案例】方某（男，18 岁）对张某（女，15 岁）实施了强奸行为，在审查起诉期间，负责该案审查起诉的检察官李某，多次接受方某之父的请客送礼，使该案迟迟未被提起公诉。张某的法定代理人向李某所在检察机关的检察长提出申请，要求李某回避。

问：本案中被害人的法定代理人否有权申请李某回避？本案中的检察官李某是否应当回避？

资料来源：陈光中：刑事诉讼法教学案例，66 页。

【重点、难点】回避的概念；回避的种类；回避的理由。

第一节 回避的概念与意义

一、回避的概念

刑事诉讼中的回避，是指侦查人员、检察人员和审判人员以及书记员、翻译人员和鉴定人等，因与案件或案件的当事人具有某种利害关系或其他特殊关系，可能影响刑事案件的公正处理，依照法律规定，而不得参加对该案进行的诉讼活动的一项诉讼制度。

诉讼中的回避制度是一种诉讼民主制度，是现代各国刑事诉讼法普遍确立的一项诉讼制度。西方传统的诉讼理论中有一项著名的“自然公正”原则，即要求任何人不得担任自己为当事人的案件的裁判者，否则由其主持进行的诉讼活动不具有法律效力。根据西方国家的诉讼理论，回避制度的建立，旨在确保法官、陪审员在诉讼中保持中立无偏的地位，使当事人受到公正的对待，尤其是获得公正审判的机会。因而，回避的对象主要限于那些制作裁判书的法官和陪审员，回避也主要在法庭审判阶段适用。

二、回避制度的意义

（1）为法官清正廉洁创造有利条件。法官在任职和执行公务时如何处理与亲属之间的关系，法律有了明确的规定，使法官及其亲属都有所依据，便于法官摆脱各种关系的干扰，客观公正，严肃执法，秉公办案。

（2）有利于杜绝不正之风。群众对利用职权为亲友谋私利，“官官相护”，办“关系案”、“人情案”的现象十分不满。依法实行回避，可以有效地防止裙带网的形成，为杜绝各种不正之风和不良倾向提供法律保障，维护人民法院和法官的公正形象，也有助于形成良好的社会风气。

（3）有利于建立健康的组织人际关系，创造良好的执法环境。没有严格的法官回避制度，容易造成单位内部各种裙带关系的产生，派系丛生，相互倾轧，各个机关陷入复杂的权力之争，出现严重的庸俗作风。同时也为办理各种“人情案”、“关系案”开了方便之门。有了健全的法官回避制度，就可以有力保证严肃执法，排除各种人际关系的干扰。

（4）有利于加强对审判工作的监督机制。实行法官回避制度，可以进一步完善人事管理制度，纠正人事管理工作中的违法违纪现象，克服用人方面的不正之风，也便于广大群众监督法官的公正执法。进一步维护司法公正的理念。

第二节 回避的种类、适用对象和理由

一、回避的种类

1. 有因回避和无因回避

以回避的成立是否具备法定的理由和证据为标准，可以将回避制度分为有因回避和无因回避。

（1）有因回避是指回避的成立必须附有证据证明的理由和事实根据，否则不能成立。

（2）无因回避是指回避时不需要特定的事实和理由，在一定次数范围内，只要权利人提出要求，相关人员就应当回避。

在英美法系和大陆法系国家，无因回避和有因回避这两种制度都存在。一般对于陪审员较多地适用无因回避，针对陪审员的遴选，控辩双方都可以行使一定次数的无因回避。对于职业法官一般适用有因回避，提出回避要求的律师或当事人必须提供一定的理由和证据，证明法官有偏见的可能性，才能使回避成立，我国刑事诉讼中采取有因回避，没有无因回避。

2. 自行回避、申请回避和指令回避

以提出回避的主体和方式为标准，可以将回避分为：自行回避、申请回避和指令回避。

（1）自行回避指审判人员、检察人员、侦查人员以及其他人员，在刑事诉讼中，如果遇到法律规定的应当回避的情形，认为自己不应当在本案诉讼中履行职务时，自己主动提出的退出刑事诉讼活动的制度。根据《刑事诉讼法》第28条规定，审判人员、检察人员、侦查人员有下列情形之一的，应当自行回避。自行回避意在通过侦查人员、检察人员、审判人员以及书记员、翻译人员和鉴定人等自觉回避来消除影响案件公正处理的主体因素。

（2）申请回避指案件的当事人及其法定代理人、辩护人、诉讼代理人，认为侦查人员、检察人员、审判人员以及书记员、翻译人员和鉴定人等具有法定应当回避的情形时，依法向有关公安、司法机关提出申请，要求他们退出该案诉讼活动的一种诉讼制度。根据《刑事诉讼法》第28条规定，审判人员、检察人员、侦查人员有下列情形之一的，应当自行回避，当事人及其法定代理人也有权要求他们回避。第31条第2款规定，辩护人、诉讼代理人可以依照本章的规定要求回避、申请复议。申请回避通过赋予当事人及其法定代理人、辩护人和诉讼代理人申请回避以及复议权旨在更好地维护当事人的合法权益，同时公安机关、人民检察院和人民法院也有职责尊重和保障当事人及其法定代理人、辩护人和诉讼代理人行使该项权利。

（3）指令回避指依照法律应当回避的人员，本人没有自行回避，当事人及其法定代理人、辩护人、诉讼代理人也没有申请回避的，公安、司法机关的负责人等依职权命令其退

出该案诉讼活动的一种诉讼制度。指令回避是对前两种回避的补充。虽然我国《刑事诉讼法》中没有对指令回避作出明确规定，但相关的司法解释对指令回避都做出了明确的规定。最高人民法院《关于适用〈中华人民共和国刑事诉讼法〉的解释》第 29 条规定，应当回避的审判人员没有自行回避，当事人及其法定代理人也没有申请其回避的，院长或者审判委员会应当决定其回避。最高人民检察院《人民检察院刑事诉讼规则（试行）》第 20 条规定，检察人员在受理举报和办理案件过程中，发现有《刑事诉讼法》第二十八条或者第二十九条规定的情形之一的，应当自行提出回避；没有自行提出回避的，人民检察院应当按照本规则第二十四条的规定决定其回避，当事人及其法定代理人有权要求其回避。第 26 条规定，应当回避的人员，本人没有自行回避，当事人及其法定代理人也没有申请其回避的，检察长或者检察委员会应当决定其回避。公安部《公安机关办理刑事案件程序规定》第 30 条规定，公安机关负责人、侦查人员有下列情形之一的，应当自行提出回避申请，没有自行提出回避申请的，应当责令其回避。

二、回避制度适用的对象

回避制度适用的对象也就是回避制度适用的人员。根据《刑事诉讼法》第 28 条和第 31 条的规定，在刑事诉讼中适用回避制度的人员包括以下七种。

1. 侦查人员

侦查人员不仅包括直接负责案件侦查的公安人员和检察人员，也应当包括补充侦查人员以及参与案件讨论和作出决定的公安机关负责人与检察机关的检察长、副检察长、监察委员会的成员以及检察机关相关内设机构的负责人。根据《刑事诉讼法》第 30 条第 2 款规定，对侦查人员的回避作出决定前，侦查人员不能停止对案件的侦查。

2. 检察人员

检察人员不仅包括直接负责案件的审查批准逮捕、审查决定起诉、出庭支持公诉的检察员、助理检察员，还应当包括有权参与案件讨论、审查和作出处理决定的检察长、副检察长、内设机构的负责人以及监察委员会的成员。

3. 审判人员

审判人员不仅包括直接审理案件的审判员、助理审判员和人民陪审员，还应当包括有权参与案件讨论、审查和作出处理决定的法院院长、副院长、庭长、副庭长以及审判委员会的成员。

4. 书记员

包括在案件的立案、侦查、起诉和审判阶段担任记录、送达工作的书记员。

5. 翻译人员

在刑事诉讼过程中为诉讼参与人提供语言文字翻译工作的人员。

6. 鉴定人员

在刑事诉讼过程受公安机关、检察机关和人民法院的指派或聘请的鉴定人。

7. 司法警察

根据最高人民检察院《人民检察院刑事诉讼规则（试行）》第 33 条规定，本规则关于回避的规定。适用于书记员、司法警察和人民检察院聘请或者指派的翻译人员、鉴定人。

除过《刑事诉讼法》第31条规定，本章关于回避的规定适用于书记员、翻译人员和鉴定人。对书记员、翻译人员和鉴定人的回避进行规定以外，最高人民法院《关于适用〈中华人民共和国刑事诉讼法〉的解释》第33条规定，书记员、翻译人员和鉴定人适用审判人员回避的有关规定，其回避问题由院长决定。公安部《公安机关办理刑事案件程序规定》第38条规定，本章关于回避的规定适用于记录人、翻译人员和鉴定人。

由于我国的《刑事诉讼法》、《律师法》没有规定诉讼代理人、辩护人的回避问题，因此回避制度不适用诉讼代理人和辩护人。但考虑到某些与法院或其他工作者有特殊关系的律师和其他公民担任诉讼代理人、辩护人会延误诉讼工作或带来其他负面的影响，《律师法》和最高人民法院的有关司法解释规定，有下列情况担任诉讼代理人、辩护人的，法院不予以准许：

(1) 审判人员以及法院其他工作人员离任不满两年的；

(2) 审判人员及法院其他工作者离任两年后，担任原任职法院审理案件的诉讼代理人、辩护人，对方当事人认为可能影响公正审判而提出异议的，但是作为当事人的近亲属或监护人代理诉讼或进行辩护的除外；

(3) 审判人员及法院其他工作人员的配偶、子女或者父母，担任其所在法院审理案件的诉讼代理人、辩护人的。这些规定，可以起到与回避制度同样的作用。

三、回避的理由

1. 我国《刑事诉讼法》规定的回避理由及其存在的缺陷

回避的理由有：

(1) 是本案的当事人或者是当事人的近亲属。

(2) 本人或者近亲属和本案有利害关系的。

(3) 担任过本案的证人、鉴定人、辩护人、诉讼代理人的。

(4) 与本案当事人有其他关系，可能影响公正处理案件的。“其他关系”是指上述情形之外的某种关系，其内容比较广泛。大致可以分为两类：其一，友好关系，如与当事人虽无近亲属关系，但有其他亲属关系或者是同学、同乡或朋友关系，或者与当事人有某种工作、经济关系等；其二，不睦关系，有过仇恨、纠纷等

注意：“其他关系”只有达到“可能影响案件公正处理”时，才构成回避的理由。

(5) 侦查人员、检察人员、审判人员等相关人员接受当事人及其委托的人的请客送礼，或违反规定会见当事人及其委托的人的。

(6) 在一个审判程序中参与过本案审判工作的审判人员，不能参与本案其他程序的审判。

我国《刑事诉讼法》关于回避理由规定的缺陷：

(1) 对“近亲属”界定的范围较窄。

(2) 回避理由规定的的不周延。

(3)《刑事诉讼法》第28条规定的第四种回避理由，是一种模糊的标准。

2. 我国有关司法解释对回避理由的规定

为了弥补刑事诉讼法在回避理由规定上存在的缺陷，2011年最高人民法院《关于审

判人员在诉讼活动中执行回避制度若干问题的规定》第1条和第2条对回避的理由作了补充性规定。根据此规定，审判人员进行回避的理由有以下11个方面：

（1）是本案的当事人或者与当事人有近亲属关系的。

（2）本人或者其近亲属与本案有利害关系的。

（3）担任过本案的证人、翻译人员、鉴定人、勘验人、诉讼代理人、辩护人的。

（4）与本案的诉讼代理人、辩护人有夫妻、父母、子女或者兄弟姐妹关系的。

（5）与本案当事人之间存在其他利害关系，可能影响案件公正审理的。

（6）私下会见本案一方当事人及其诉讼代理人、辩护人的。

（7）为本案当事人推荐、介绍诉讼代理人、辩护人，或者为律师、其他人员介绍办理该案件的。

（8）索取、接受本案当事人及其受托人的财物、其他利益，或者要求当事人及其受托人报销费用的。

（9）接受本案当事人及其受托人的宴请，或者参加由其支付费用的各项活动的。

（10）向本案当事人及其受托人借款，借用交通工具、通讯工具或者其他物品，或者索取、接受当事人及其受托人在购买商品、装修住房以及其他方面给予的好处的。

（11）有其他不正当行为，可能影响案件公正审理的。

注意：这里所称“近亲属”，包括夫妻、直系血亲、三代以内旁系血亲及近姻亲关系的亲属。

相关司法解释的职务性回避主要有：

（1）参加过本案侦查的侦查人员，不能担任本案的检察人员，参加过本案侦查、起诉的侦查人员和检察人员不能担任本案的审判人员。

（2）法院领导干部和审判执行岗位法官实行的任职回避。

（3）审判人员及其他人员从人民法院离任两年内，在原任职法院担任诉讼代理人或辩护人的回避。

第三节　回避的程序

一、回避的提起

回避的提起包括回避的提出和回避的申请两种类型。

1. 回避的提出

回避的提出是指刑事诉讼中，侦查人员、检察人员、审判人员以及其他人员遇到本人应当回避的情形时，自己主动提出不在本案中履行职务的请求。

回避的提出可以口头或书面，向有权决定回避的机关或者人员提出，并且说明理由。口头提出回避的，应当记录在案。

2. 回避的申请

回避的申请是指当事人及其法定代理人、辩护人、诉讼代理人在发现侦查人员、检察人员、审判人员以及其他人员具有应当回避的情形时提出的，要求他们在本案中不能履行职务的申请。

二、回避的期间

1. 回避期间的概念

回避期间指侦查、检察、审判人员及其他适用回避的人员自行回避、当事人及其法定代理人申请回避以及有权指令回避的组织和人员指令回避的时间期限。

2. 在刑事诉讼各个阶段回避的提起

在刑事诉讼中的各个阶段，如侦查、起诉和审判等阶段，有关组织或个人都可以启动回避的程序，使相关人员退出侦查、起诉和审判等程序。

回避可以在刑事诉讼程序开始后的任何诉讼阶段提出申请和审核决定。属于回避范围的人员，应当在接受案件并了解具有法定应当回避的情形后立即提出自行回避的申请；当事人及其法定代理人自他们了解有关人员具备应当回避的情形后即可以行使自己的诉讼权利；有权决定回避的人员或者组织了解本机关的办案人员有应当回避的情形后或者接到办案人员的自行申请、当事人及其法定代理人的请求时，应当及时地加以审核，尽快作出决定，以利于案件迅速地进入正常的程序，提高诉讼效率。

（1）侦查阶段的回避。

刑事诉讼法对于侦查、起诉阶段的回避没有作出明文的规定。司法实践中，侦查人员、检察人员应当基于客观性义务，在相应的诉讼阶段及时告知当事人有申请回避权。

（2）起诉阶段的回避。

检察机关在审查批捕或者审查起诉时也应当对侦查机关的活动进行监督，如果侦查人员应该回避而没有回避时，检察机关应当以程序违法为由，将案件退回侦查机关补充侦查。检察人员应该回避而没有回避时，检察长或者检察委员会可以指令其回避，当事人及其法定代理人也可申请其回避。

（3）审判阶段的回避。

关于审判阶段的回避，《刑事诉讼法》第185条规定，开庭的时候，审判长应当告知当事人有权对合议庭组成人员、书记员、公诉人、鉴定人和翻译人员申请回避。《刑事诉讼法》有关审判阶段适用回避的规定，既适用于第一审程序，也适用于第二审程序、死刑复核程序和审判监督程序。

三、回避的审查决定

（1）侦查人员、检察人员、审判人员的回避，应当分别由公安机关负责人、检察院检察长、法院院长决定；公安机关负责人和检察长的回避，由同级人民检察院检察委员会决定；法院院长的回避，由本院审判委员会决定；书记员、翻译人员和鉴定人员，应当根据其所处的诉讼阶段分别由公安机关负责人、检察院检察长、法院院长决定。

（2）公安司法人员回避的，如果本人没有申请回避，当事人及其法定代理人、诉讼代理人和辩护人也没有申请回避的，公安机关负责人、检察院检察长、法院院长或检察委员会、审判委员会应当决定其回避。

（3）公安、司法机关对当事人及其法定代理人、诉讼代理人和辩护人的回避申请进行审查或者调查，符合法律规定回避条件的，应当作出回避决定；不符合法律规定条件的，应当驳回申请。

四、对驳回申请的复议

1. 公安司法机关关于申请回避的决定

公安司法机关关于回避采用决定的形式，决定既可以采用书面方式，也可以运用口头方式。口头的决定应当记录在案。对于当事人及其法定代理人提出申请回避的，公安司法机关应当将是否同意回避的决定和理由告知申请人。对于自行回避或者指令回避的审查和决定，则不必告知当事人。

2. 对驳回申请的复议

（1）《刑事诉讼法》第 30 条、第 31 条规定，对驳回申请回避的决定，当事人及其法定代理人、辩护人、诉讼代理人可以申请复议一次，这是对当事人及其法定代理人、辩护人、诉讼代理人申请回避诉讼权利的保障性措施。

（2）根据《最高人民法院关于适用〈中华人民共和国刑事诉讼法〉的解释》第 28 条规定："当事人及其法定代理人依照《刑事诉讼法》第二十九条和本解释第二十四条规定申请回避，应当提供证明材料。"

（3）根据《最高人民法院关于适用〈中华人民共和国刑事诉讼法〉的解释》第 30 条第 2 款规定，当事人及其法定代理人申请回避被驳回的，可以在接到决定时申请复议一次。不属于《刑事诉讼法》第二十八条、第二十九条规定情形的回避申请，由法庭当庭驳回，并不得申请复议。

（4）被决定回避的人员对决定有异议的，可以在恢复庭审前申请复议一次。

五、违反回避规定的法律责任

违反回避规定的法律责任是指公安、司法机关及其人员在没有遵守有关回避制度的规定时应当承担的法律后果。

如果判决已经做出，可以通过上诉、申请再审等途径，提出抗辩理由。如果应该回避的人员没有回避，属于严重程序错误，应当发回重审。

【导例评析】

本案中被害人的法定代理人张某有权申请检察官李某回避，本案中的检察官李某应当回避。

根据《刑事诉讼法》第 28 条和第 29 条的规定，当事人及其法定代理人有权申请审判人员、检察人员、侦查人员等人员回避；审判人员、检察人员、侦查人员不得接受当事人及其委托的人的请客送礼，不得违反规定会见当事人及其委托的人。审判人员、检察人员、侦查人员违反前款规定的，应当依法追究法律责任，当事人及其法定代理人有权要求他们回避。本案中的检察官私自接受被告人之父的请客送礼，这一行为就违反了《刑事诉讼法》第 29 条的规定。因此，本案中被害人的法定代理人张某有权申请检察官李某回避，李某本人也应当回避，据此，李某所在检察院的检察长也应当做出回避决定。

【实务训练】

某超市职工常某与本超市女工曹某谈恋爱，后曹某因常某的滥交提出与其中断恋爱关系，常某遂怀恨在心，并多次扬言要教训曹某。2009 年 6 月 28 日，与曹某同住一间宿舍的两名同事回家，常某便乘机于当晚午夜闯入曹某的宿舍。曹某被惊醒后，常某提出要与其发生性关系，曹某拒绝。常某随即掏出随身携带的刀子加以要挟，最终将曹某强奸。曹某于第二天向当地公安机关报案。7 月 10 日，当地人民检察院以强奸罪向当地人民法院起诉常某。在庭审过程中，常某提出担任本案审判长的李某与被害人曹某同住一个小区认识，因此要求李某回避。合议庭对常某的申请进行讨论之后认为，李某虽然与被害人曹某同住一个小区相识，但不足以影响到本案的公正审判。于是当庭作出决定，驳回被告人常某的回避申请。问：在本案中常某的回避申请是否成立？合议庭的做法是否正确？

资料来源：沂蒙司法前沿，2013 年第 4 期，35 页。

【评析】

本案中，常某的回避申请不成立。根据《刑事诉讼法》第 28 条，审判人员、检察人员、侦查人员有下列情形之一的，应当自行回避，当事人及其法定代理人也有权要求他们回避。这三种情形为，本案的当事人或者是当事人的近亲属；本人或者近亲属和本案有利害关系的；担任过本案的证人、鉴定人、辩护人、诉讼代理人的；与本案当事人有其他关系，可能影响公正处理案件的。本案中的李某显然不属于《刑事诉讼法》第 28 条规定的前三种理由，于是李某的回避只能归入第四种理由，但第四种作为回避的条件是可能影响到案件的公正处理，李某与曹某仅仅同住一个小区认识而已，不足以影响到本案的公正处理，所以本案的审判长李某不适用《刑事诉讼法》第 28 条规定的回避理由，更不适用《刑事诉讼法》第 29 条的规定，因此，常某的申请回避不成立。

本案合议庭对常某的回避申请做出的处理是错误的。根据《刑事诉讼法》第 30 条第 1 款规定，审判人员、检察人员、侦查人员的回避，应当分别由院长、检察长、公安机关负责人决定；院长的回避，由本院审判委员会决定；检察长和公安机关负责人的回避，由同级人民检察院检察委员会决定。在本案中，合议庭对被告人提出的回避申请，未提交本院院长决定，便直接驳回的做法是错误的。

【司考真题】

1. 根据《刑事诉讼法》的规定，下列有关回避决定的表述中哪些是正确的？（　　）（2002/二/53/多选）

A. 公安机关侦查人员的回避由公安机关的负责人决定，在回避作出决定前被申请回避的人员应暂停参加对本案的侦查工作

B. 公安机关负责人和检察长的回避，由同级人民检察院检察委员会决定

C. 对书记员、翻译人员和鉴定人的回避，由审判长决定，对合议庭成员回避，由院长或审判委员会决定

D. 对公诉人员提出申请回避的，人民法院应当通知指派该公诉人员出庭的人民检察院，由该院检察长或检察委员会决定

2. 甲某涉嫌刑讯逼供被立案侦查。甲某以该案侦查人员王某与被害人存在近亲属关系为由，提出回避申请。对此，下列哪一选项是错误的？（　　）（2010/二/21/单选）

A. 王某可以口头提出自行回避的申请

B. 作出回避决定以前，王某不能停止案件的侦查工作

C. 王某的回避由公安机关负责人作出

D. 如甲某的申请回避被驳回，甲有权申请复议一次

【拓展与反思】

无因回避制度

回避制度起源于一句著名的法谚“任何人不得做自己案件的法官”，如果案件审理的结果会影响法官本身的利益，那么法官的中立和公正都无法保证。因此，美国法律为法官和陪审员都设置了极为严格的回避制度。“无因回避”作为英美法系的一项诉讼制度，顾名思义是不需要理由的回避。无因回避主要被适用于英美法系的陪审团制度中，其适用也是针对陪审团成员而言的。在美国对申请法官回避，并不要求证明法官事实上已经执法不公，存在偏见，只要能够证明存在偏见的“可能性”即可，而且这种“可能性偏见”的判断标准，则是宪法修正案第六条“正当程序”条款。判例实践中，下列情况通常视为申请法官回避的理由：法官与本案有经济利益或私人关系；法官的薪金与他对被告人做出的罚金数额相关；被告人受到藐视法庭指控主要是因为对本案庭审法官过多的人身攻击行为。申请法官回避需要严格地遵循法律规定的事由。具有回避事由的，甚至有嫌疑的绝对不能审理，而无法提出确实具有回避情节的，则不能够回避，这本身体现了对法官职业的尊重和对司法的一种信仰。这种严格的回避制度能够最大限度地保证司法公正。但在另一方面，作为法官本身应当受到诉讼双方的尊重，案件审理具有一定的程序和流程，因此，美国法律中也避免回避制度成为当事人滥用诉讼权利甚至拖延诉讼的一种手段。例如，《美国联邦刑事诉讼规则》第24条（b）对陪审员的“无因回避”规定，对于陪审员的无因回避，则因案件性质不同，而有次数上的限制。对法官而言，英美法系国家呈现的法官阶层精英化、权威化、荣誉化特点，自然导致了人们对法官公正无私的秉性坚信不疑，而且法律规定十分详细，也使得法官回避在现实中并不常见。这种严谨的回避制度一是保证了正

常的审判秩序，如果法官轻易被回避，那么一个案件前后可能由两三位法官进行审理，可能就会产生两三种审判思路、庭审风格，不利于案件的审理。二是保证了诉讼的效率，不断的法官回避在客观上拖延了庭审时间，本来开一两次庭就能审结的案件，需要五六次甚至更多，浪费了大量的审判资源。三是保证了法官的尊严。频繁并且随意地更换法官，也在一定程度上会降低法官的尊严和法官的职业尊荣感，也会降低法官的责任心。四是保证了双方的公平性，在一方当事人频繁要求法官回避时，难免对对方当事人产生不公，甚至为当事人借回避申请权选择主审法官和管辖的法庭大开方便之门。

第七章　辩护与代理

【导读案例】某区公安局对魏某涉嫌故意伤害罪侦查终结，移送该区人民检察院审查起诉。在审查起诉过程中，魏某委托其在该区人民法院工作的父亲担任辩护人。该区人民检察院认为，魏某的父亲在法院工作，如果由其担任辩护人，将难免影响对案件的公正处理。于是要求魏某另行委托辩护人。

问：区人民检察院的做法是否正确？为什么？

资料来源：中央警官学院：刑事诉讼法练习题，28页。

【重点、难点】辩护的概念和特征；辩护的种类；辩护人的权利与义务；辩护与代理之间的关系。

第一节　辩护制度的概念与意义

一、辩护的概念以及特征

1. 辩护的概念

辩护是指犯罪嫌疑人、被告人及其辩护人在刑事诉讼过程中，根据事实和法律，针对控诉方的指控，进行反驳和辩解，从实体上和程序上论证犯罪嫌疑人、被告人无罪、罪轻或减轻、免除其刑事责任，维护其合法权益的一系列诉讼行为的总和。

辩护有狭义与广义之分。狭义的辩护是指被告人在法庭上针对控方提出的证据进行反驳、辩解以及获得辩护律师帮助的诉讼行为。广义的辩护不仅包含狭义的辩护内容，还包括请求司法机关调查证据、对案件判决结果不符的上诉和申诉等诉讼行为。本教材所指的辩护是广义的辩护。

2. 辩护的特征

（1）辩护是宪法和法律赋予犯罪嫌疑人、被告人及其辩护人在刑事诉讼过程中享有的一项基本诉讼权利。《宪法》第125条规定，被告人有权获得辩护。《刑事诉讼法》第11条规定，被告人有权获得辩护，人民法院有义务保证被告人获得辩护。国家对公民负有保护的责任与义务，一方面要维护公民的人身权利、财产权利等合法权益不受非法侵害，打击、惩罚犯罪；另一方面也要维护刑事诉讼中处于被追诉地位犯罪嫌疑人、被告人的合法权益，使无罪的人不受刑事追究，有罪的人受到公正的裁判，为此，不仅要赋予犯罪嫌疑人和被告人充分、广泛的辩护权，而且还要赋予他们获得律师帮助的权利。否则处于被追究地位，又缺乏法律知识和诉讼经验的犯罪嫌疑人和被告人难以有效地维护自己的合法权益。

（2）辩护是针对指控进行的对抗性和防御性诉讼活动。对抗性诉讼活动是指辩护是一种被动的、针对性的、反驳性的诉讼活动。它是对控诉实行合法制约，与控诉相对立而存在。只有犯罪嫌疑人、被告人被指控有罪，犯罪嫌疑人、被告人才有必要进行辩护。辩护具有防御性，先有进攻性的指控才会有防御性的辩护，辩护针对控诉而存在，辩护的行使旨在对抗控诉方的指控、抵消其控诉效果，辩护是犯罪嫌疑人、被告人进行自我保护的一种手段。

（3）辩护是犯罪嫌疑人、被告人维护自己合法权益的基本手段。在犯罪嫌疑人、被告人享有申请回避权、上诉权、申诉权、辩护权的众多权利当中，辩护权的性质和作用决定了它是最重要的一项诉讼权利，而其他权利则直接来源于辩护权或与它有密切关系。所以辩护权是犯罪嫌疑人、被告人所享有各项权利的核心权利，它贯穿于整个刑事诉讼过程，为保证犯罪嫌疑人、被告人的辩护权，法律一方面规定其为犯罪嫌疑人、被告人的法定权利，另一方面又将其作为公安、司法机关的义务，要求办案人员必须保障犯罪嫌疑人、被告人这一法定权利的充分行使。

(4) 辩护是维护、实现司法公正不可缺少的一项诉讼职能，它是构成刑事诉讼职能的三大职能之一。现代诉讼制度的建立，只有实现控审分立、控辩平等才能使司法公正走上正确的轨道。刑事诉讼的运作是以控诉、辩护、审判三大职能为轴心，辩护职能是现代诉讼职能赖以生存和发展的三大职能之一，它与控诉职能、审判职能相辅相成，共同推动刑事诉讼的发展进程。但如果辩护职能不能与控诉职能相互抗辩，司法公正的实现也是难以实现的。

(5) 辩护具有广泛性。首先，主体广泛。只要受到指控的公民就享有辩护权，不因犯罪嫌疑人、被告人的国籍、家庭出身、宗教信仰、经济状况有任何的区别。其次，辩护的内容具有广泛性。辩护方还享有调查取证、阅读案卷材料、会见当事人等诉讼权利，为辩护权的顺利行使提供一定的保障。

二、辩护制度的概念和历史发展

1. 辩护制度概念

辩护制度是法律规定的关于辩护权的内容、辩护种类、辩护方式、辩护程序、辩护人的范围、责任及权利与义务等一系列规则和制度的总称。

2. 辩护制度的历史发展

(1) 辩护制度在西方的起源与发展。

①辩护制度起源于西方社会，约在公元前五世纪，古罗马出现了辩护制度的雏形。

②奴隶制罗马实行“弹劾式”的刑事诉讼模式，在诉讼中实行公开审判、法庭辩论，被告人享有辩护权。这一制度加速了律师辩护制度的产生与发展。

③《十二铜表法》规定了辩护人进行辩护的条文，到罗马帝国时期，又进而允许刑事案件的原被告双方均可以自行聘请辩护人在法庭上开展辩论。

④近代资产阶级取得政权后随着封建专制的“纠问式”诉讼模式的废除，辩护制度逐渐在立法中被确认。

(2) 中国辩护制度的起源与发展。

①清朝末年、北洋军阀和国民党时期都制定了刑事诉讼法律或法规，同时也有有关辩护制度的规定。

②在第二次国内革命战争时期，中华苏维埃共和国中央执行委员会颁布《中华苏维埃共和国裁判部暂行组织及裁判条例》第 24 条规定，被告人为本身利益，可派代表出庭辩护，但须法庭的许可。

③抗日战争时期，各根据地都依照党中央的路线、方针、政策并结合本地情况，在刑事诉讼中实行了公开审判制度，准许当事人请其家属或有法律知识的人出庭充任辩护人，人民团体对于所属成员的诉讼也可派人出庭帮助辩护。

④新中国成立后，特别是党的十一届三中全会后，随着经济体制改革和民主建设的推进，我国的辩护制度在刑事诉讼立法及实践中不断发展、完善。

⑤1954 年《宪法》将“被告人有权获得辩护”规定为宪法原则，为贯彻这一原则，

《人民法院组织法》第8条规定，被告人有权获得辩护。被告人除自己进行辩护以外，有权委托律师为他进行辩护。

⑥1979年7月中华人民共和国第一部《刑事诉讼法》颁布，不但规定了被告人的辩护权，同时对律师的辩护制度给予法律保障。1980年8月《律师暂行条例》的颁布实施，成为我国律师辩护制度进入新时期的重要里程碑。

⑦1996年3月对《刑事诉讼法》进行了的第一次修改，其中对辩护制度作了重大改革与完善，1996年5月通过《律师法》，这两部法律的修改与颁布实施为我国律师辩护的发展奠定了坚实的基础。2007年10月《律师法》进行了第一次修改，2012年3月第二次修改的《刑事诉讼法》较好地实现了与《律师法》关于审前程序中辩护制度的衔接，解决了《刑事诉讼法》与《律师法》立法冲突的现实问题。

3. 辩护制度发展的趋势

(1) 从自行辩护向辩护人辩护发展。被告自行为自己辩护从其最清楚自己是否实施犯罪这一点看，被告最具有发言权，但由于受到出身、受教育程度、法律知识、家庭背景、社会地位、人身自由、辩护技巧的限制，使被告为自己进行辩护时在很大程度上受到了制约，但律师作为职业的法律工作者，不仅精通法律、富有诉讼经验和辩护技巧，而且具有独立的法律地位，可以提出任何有利于犯罪嫌疑人、被告人的辩护意见以及主张。和犯罪嫌疑人、被告人的自行辩护相比较，辩护人能更加有效地为犯罪嫌疑人、被告人进行辩护。

(2) 委托辩护向法律援助辩护发展。委托辩护和犯罪嫌疑人、被告人自行辩护相比较而言具有多方面的优势，但也有很大的局限性。委托辩护主要是执业律师，一方面执业律师具有辩护的特长或优势，而另一方面委托职业律师需要付出经济上的代价。但如果被告人经济比较困难，没钱支付聘请律师的费用，那么被告人就难以获得委托辩护。因此，当今世界普遍设立了刑事法律援助制度，主要由政府出资为因经济原因请不起律师的犯罪嫌疑人、被告人免费提供律师帮助。

(3) 审判中的实体辩护向侦查中的程序辩护发展。对犯罪嫌疑人、被告人进行辩护无论是自行辩护还是委托辩护，以往主要发生在审判阶段，主要围绕被告人的行为是否构成犯罪，应否承担刑事责任，如何承担刑事责任进行实体辩护。但随着人权保障运动的蓬勃发展，刑事辩护也从审判的阶段向侦查阶段发展，从实体方面向程序方面发展，特别是侦查阶段犯罪嫌疑人通过律师参与辩护对侦查机关和侦查人员的侦查行为进行制约，以维护犯罪嫌疑人、被告人的诉讼权利。

三、实行辩护制度的意义

1. 有利于司法机关准确、及时地查明案情和正确适用法律并提高办案质量

刑事案件的复杂性与不可逆性使刑事诉讼成为事后追溯的逆推案件事实的过程，只有允许犯罪嫌疑人、被告人及其辩护人提出与控诉主张相反的辩解和理由，从不同角度进行论证，才能使公安、司法机关的办案人员不至于偏听偏信，从而全面了解情况，查明案件真相，正确适用法律。

2. 有利于维护犯罪嫌疑人、被告人的合法权益

由于犯罪嫌疑人、被告人处于被追诉的地位，而且人身自由受到限制，在经人民法院判决之前，犯罪嫌疑人、被告人是否有罪处于不确定的状态，犯罪嫌疑人、被告人依法充分行使辩护权，特别是在辩护人的帮助下，克服人身自由、文化水平、法律知识和诉讼经验与技巧带来的局限性，提出无罪辩护或量刑辩护，使无罪的人得以释放，有罪的人得到合理的判决。最大限度地维护了当事人的合法权利。

3. 有利于犯罪嫌疑人、被告人认罪伏法

在刑事诉讼中，通过辩护后，人民法院依法作出的公正判决，使犯罪嫌疑人和被告人心服口服认清自己所犯罪行、给受害人带来的伤害以及造成的社会危害性，有利于其认罪伏法、接受改造。

4. 有利于对公民进行法制宣传教育

在庭审上通过辩护，控诉双方互相辩论，可以使旁听群众全面了解案情，从而明辨是非、判断曲直，了解非法与合法的界限，罪与非罪之间的区别。更能让广大群众了解违法犯罪的社会危害性，生动形象地接受法治教育，增强法制观念，加强自律，同时积极同犯罪行为作斗争。

第二节　辩护人的范围和辩护种类

一、辩护人的概念、特征和范围

1. 辩护人的概念

辩护人，是指接受犯罪嫌疑人、被告人的委托或人民法院的指定，帮助犯罪嫌疑人、被告人行使辩护权，以维护其合法权益的诉讼参与人。

《刑事诉讼法》第 32 条规定，犯罪嫌疑人、被告人除自己行使辩护权以外，还可以委托一至二人作为辩护人。即犯罪嫌疑人、被告人最多可以委托两名辩护人。辩护人在刑事诉讼中与犯罪嫌疑人、被告人一起共同承担辩护职能。

2. 辩护人的特征

（1）辩护人参加诉讼、进行辩护的权利源自犯罪嫌疑人、被告人的委托或法院的指定。

（2）辩护人与犯罪嫌疑人、被告人是刑事辩护职能的承担主体，在刑事诉讼中与控方主张相对立。

（3）辩护人参加诉讼的宗旨是协助犯罪嫌疑人、被告人行使辩护权，依事实和法律维护犯罪嫌疑人、被告人的合法权益。

（4）辩护人是具有独立地位的、不附属于犯罪嫌疑人、被告人的诉讼参与人。

3. 辩护人的范围

（1）可以担任辩护人的人。

①律师。在法律规定的辩护人中，律师是最主要、也是最理想的人选，其理由如下：首先，由于律师在业务能力上的优势，他们更能切实有效地履行辩护职责，维护犯罪嫌疑人、被告人的合法权益；其次，由于组织管理和职业道德、执业纪律的优势，法律将会赋予律师较其他辩护人更广泛的诉讼权利，从而使律师担任辩护人有更大的空间，并得以发挥更大的作用。

②人民团体或者犯罪嫌疑人、被告人所在单位推荐的人。人民团体是指工会、妇联、共青团等群众性团体。这些团体或是犯罪嫌疑人、被告人所在的单位，往往与犯罪嫌疑人和被告人有一定的关系，或者是犯罪嫌疑人、被告人参加的组织，或者是犯罪嫌疑人、被告人工作的地方，相互之间有一定的了解，甚至有一定的信任基础，和律师相比，这类人总体上在业务能力上会有一定的局限性。

③犯罪嫌疑人、被告人的监护人、亲友。由于监护人、亲友与犯罪嫌疑人、被告人之间的特殊关系，由他们担任辩护人，有利于维护犯罪嫌疑人、被告人的合法权益。

（2）不能担任辩护人的人。

根据最高人民法院《关于适用〈中华人民共和国刑事诉讼法〉解释》第 35 条第 2 款的规定，下列人员不得担任辩护人：正在被执行刑罚或者处于缓刑、假释考验期间的人；依法被剥夺、限制人身自由的人；无行为能力或者限制行为能力的人；人民法院、人民检察院、公安机关、国家安全机关、监狱的现职人员；人民陪审员；与本案审理结果有利害关系的人；外国人或者无国籍人。但以上第 4.5.6.7 项规定的人员，如果是被告人的近亲属或者监护人，由被告人委托担任辩护人的，人民法院可以准许。

另外，根据《律师法》第 11 条规定，公务员不得兼任执业律师。律师担任各级人民代表大会常务委员会组成人员的，任职期间不得从事诉讼代理或者辩护业务。

根据最高人民法院《关于适用〈中华人民共和国刑事诉讼法〉解释》第 36 条规定，审判人员和人民法院其他工作人员从人民法院离任后二年内，不得以律师身份担任辩护人。审判人员和人民法院其他工作人员从人民法院离任后，不得担任原任职法院所审理案件的辩护人，但作为被告人的监护人、近亲属进行辩护的除外。审判人员和人民法院其他工作人员的配偶、子女或者父母不得担任其任职法院所审理案件的辩护人，但作为被告人的监护人、近亲属进行辩护的除外。

在我国进行的刑事诉讼中，外国人、无国籍人委托律师为其进行辩护的，依法只能委托中国律师。

关于辩护人的人数，《刑事诉讼法》第 32 条规定，犯罪嫌疑人、被告人除自己行使辩护权以外，还可以委托一到二人作为辩护人。在共同犯罪案件中，鉴于犯罪嫌疑人、被告人之间存在着利害关系，一名辩护人不得同时接受两名以上的同案犯罪嫌疑人、被告人委托，作为他们的共同辩护人。

二、辩护人的诉讼地位和职责

1. 辩护人的诉讼地位

（1）辩护人不是诉讼主体。辩护人作为嫌疑人、被告人的帮助者执行着辩护职能，在一定程度上能影响审判进程和结果，然而他与案件的最终处理结果无法律上的利害关系，嫌疑人、被告人有罪无罪、罪轻罪重的结果均对之不产生法律上的关系，这是他与被告人最大的区别。

（2）在刑事诉讼中，辩护人是独立的诉讼参与人，具有独立地位，主要体现在：

①辩护人是独立于犯罪嫌疑人、被告人的一种诉讼参与人。辩护人是具有独立地位的诉讼参与人，依自己意志依法进行辩护活动，不受犯罪嫌疑人、被告人意志的左右。

②辩护人是完全独立并对立于控诉方的一种诉讼参与人。辩护人是除了犯罪嫌疑人、被告人之外针对控方指控维护犯罪嫌疑人、被告人诉讼权利和其他合法权益的人，辩护人在诉讼中必须以维护犯罪嫌疑人、被告人的合法权益为天职，而不能充当第二控诉人，从事不利于犯罪嫌疑人、被告人的行为，除非法律有特殊的例外规定。

③辩护人是独立于审判人员的一种诉讼参与人。从诉讼结构上看，审判人员是属于控辩对立双方之间的中立的第三方，辩护人不可能、也不应该站在审判人员一方，即使辩护人员是由人民法院依法指派参加诉讼的辩护人，也应当根据案件事实和法律规定独立地提出辩护意见、进行辩护。

④辩护人在刑事诉讼中只承担辩护职能，是犯罪嫌疑人、被告人合法权益的专门维护者。辩护人一般不能揭发犯罪嫌疑人、被告人已经实施的犯罪行为。《刑事诉讼法》第46条规定，辩护律师对在执业活动中知悉的委托人的有关情况和信息，有权予以保密。但是，辩护律师在执业活动中知悉委托人或者其他人，准备或者正在实施危害国家安全、公共安全以及严重危害他人人身安全的犯罪的，应当及时告知司法机关。辩护人依法只维护犯罪嫌疑人、被告人的合法权益。

2. 辩护人的职责

（1）只能根据事实和法律为犯罪嫌疑人、被告人进行辩护，不得捏造事实和歪曲法律。

受到委托或指定的辩护律师，在履行职责过程中，不得帮助犯罪嫌疑人、被告人编造口供，串供，伪造、毁灭证据或威胁、引诱证人提供不实证据。

（2）提出证明犯罪嫌疑人、被告人无罪、罪轻或者减轻、免除其刑事责任的材料和意见。

无罪辩护主要是指根据事实和证据证明犯罪嫌疑人、被告人被控事实不是其所为或是诬告、陷害或是错告、举报失实，从而证明犯罪嫌疑人、被告人根本没有犯罪。

无罪、罪轻或者减轻、免除其刑事责任是指犯罪嫌疑人、被告人的行为，情节显著轻微、危害不大，依照法律规定不认为是犯罪。依照《刑法》规定不需要判处刑罚或者可以免除刑罚，人民检察院可以作出不起诉决定。对于负责侦查机关经过两次补充侦查的案件，仍然证据不足，不符合起诉的条件，人民检察院可以作出不起诉决定。行为在客观上造成了损害结果，但不是出于故意或者过失，而是由于不能抗拒或者不能预见的原因所引起的正当防卫或紧急避险行为。无刑事责任能力的人，在不能辨认或是不能控制自己行为造成危害结果的。我国公民在我国领域外的某些犯罪，按照当地的法律不受处罚的等。

（3）依法只维护犯罪嫌疑人、被告人的合法权益。

犯罪嫌疑人、被告人的合法权益是指依照法律应当予以维护的权益以及一系列诉讼权利。

（4）辩护人只有辩护的职责，没有控诉的义务。

辩护律师对在执业活动中知悉的犯罪嫌疑人、被告人的有关情况和信息，有权予以保密。但是，辩护律师在执业活动中知悉犯罪嫌疑人或被告人准备或者正在实施危害国家安全、公共安全以及严重危害他人人身安全的犯罪的，应当及时告知司法机关。

三、辩护的种类

根据《刑事诉讼法》第32、第33、第34条的规定，我国刑事诉讼中的辩护可分为以下三种。

1. 自行辩护

自行辩护是指犯罪嫌疑人、被告人在针对侦控机关对其涉嫌犯罪的怀疑、指控及采取的相关强制措施或其他强制性措施时，依法自行进行反驳、申辩、解释、要求解除、纠正等一系列行为的总和。自行辩护是犯罪嫌疑人、被告人行使辩护权的最重要的途径。

2. 委托辩护

委托辩护是指犯罪嫌疑人或者被告人为维护其合法权益，依法委托律师或者其他公民为自己进行辩护的一种辩护方式。

（1）从委托关系的发生来讲，委托辩护有两种情形：

①犯罪嫌疑人、被告人自己委托辩护人。根据《刑事诉讼法》第33条第1款规定，犯罪嫌疑人自被侦查机关第一次讯问或者采取强制措施之日起，有权委托辩护人；在侦查期间，只能委托律师作为辩护人。被告人有权随时委托辩护人。

②犯罪嫌疑人、被告人的监护人、近亲属或其所在单位代为委托辩护人。根据《刑事诉讼法》第33条第3款规定，犯罪嫌疑人、被告人在押的，也可以由其监护人、近亲属代为委托辩护人。

（2）从介入诉讼的时间来讲，委托辩护可分为三种：

①侦查阶段的委托辩护。依据《刑事诉讼法》第33条第1款规定，犯罪嫌疑人自被侦查机关第一次讯问或者采取强制措施之日起，有权委托辩护人；在侦查期间，只能委托律师作为辩护人。被告人有权随时委托辩护人。

②审查起诉阶段的委托辩护。根据《刑事诉讼法》第33条第2款规定，人民检察院自收到移送审查起诉的案件材料之日起三日以内，应当告知犯罪嫌疑人有权委托辩护人。

③审判阶段的委托辩护。根据《刑事诉讼法》第33条第2款规定，人民法院自受理案件之日起三日以内，应当告知被告人有权委托辩护人。自诉案件的被告人有权随时委托

辩护人。

3. 指定辩护

指定辩护是指公安、司法机关对于因经济困难或者其他原因没有委托辩护人的犯罪嫌疑人、被告人在法律规定的范围内，指定承担法律援助义务的律师为其进行辩护的一种辩护制度。指定辩护一般包括三种情形：

(1) 申请指定辩护，指犯罪嫌疑人、被告人因经济困难或者其他原因没有委托辩护人的，本人及其近亲属可以向法律援助机构提出申请。对符合法律援助条件的，法律援助机构应当指派律师为其提供辩护。

根据《刑事诉讼法》第 34 条第 1 款规定，犯罪嫌疑人、被告人因经济困难或者其他原因没有委托辩护人的，本人及其近亲属可以向法律援助机构提出申请。对符合法律援助条件的，法律援助机构应当指派律师为其提供辩护。

(2) 强制指定辩护，指公安、司法机关在遇到某种情形时，应当为被犯罪嫌疑人、被告人指定辩护律师的一种辩护形式。

根据《刑事诉讼法》第 34 条第 2 款和第 3 款规定，犯罪嫌疑人、被告人是盲、聋、哑人，或者是尚未完全丧失辨认或者控制自己行为能力的精神病人，没有委托辩护人的，人民法院、人民检察院和公安机关应当通知法律援助机构指派律师为其提供辩护。犯罪嫌疑人、被告人可能被判处无期徒刑、死刑，没有委托辩护人的，人民法院、人民检察院和公安机关应当通知法律援助机构指派律师为其提供辩护。

根据《刑事诉讼法》第 267 条规定，未成年犯罪嫌疑人、被告人没有委托辩护人的，人民法院、人民检察院、公安机关应当通知法律援助机构指派律师为其提供辩护。

(3) 可以指定辩护：指公安司法机关在遇到某种情况下可以为犯罪嫌疑人、被告人指定辩护的一种辩护形式。

根据最高人民法院《关于适用〈中华人民共和国刑事诉讼法〉的解释》第 43 条规定，被告人没有委托辩护人而具有下列情形之一的，人民法院可以通知法律援助机构指派律师为其提供辩护：共同犯罪案件中，其他被告人已经委托辩护人；有重大社会影响的案件；人民检察院抗诉的案件；被告人的行为可能不构成犯罪；有必要指派律师提供辩护的其他情形。

4. 关于被告人拒绝指定辩护的特殊规定

根据最高人民法院《关于适用〈中华人民共和国刑事诉讼法〉的解释》第 45 条的规定，被告人拒绝法律援助机构指派的律师为其辩护，坚持自己行使辩护权的，人民法院应当准许。属于应当提供法律援助的情形，被告人拒绝指派的律师为其辩护的，人民法院应当查明原因。理由正当的，应当准许，但被告人须另行委托辩护人；被告人未另行委托辩护人的，人民法院应当在三日内书面通知法律援助机构另行指派律师为其提供辩护。

四、辩护人介入刑事诉讼的时间

1. 辩护人介入刑事诉讼的时间

《刑事诉讼法》第 33 条第 1 款规定，犯罪嫌疑人自被侦查机关第一次讯问或者采取强制措施之日起，有权委托辩护人；在侦查期间，只能委托律师作为辩护人。被告人有权随时委托辩护人。

2. 辩护人在侦查期间介入刑事诉讼的意义

（1）可以对犯罪嫌疑人做无罪、罪轻、减轻、免除其刑事责任的辩护，促使公安机关和人民检察院在听取辩护律师意见的基础上作出移送起诉或提起公诉与否的正确决定。

（2）辩护律师可以充分、全面地了解案情，以做好正式参与审查起诉阶段辩护的准备工作。

（3）辩护人此时介入诉讼，可以监督检察机关、公安机关是否依法行使诉讼职权，从而纠正非法羁押、刑讯逼供等违法行为，保障犯罪嫌疑人的合法权益，维护国家法制尊严。

3. 辩护人在侦查期间介入刑事诉讼的方式

为了保证辩护律师实现其诉讼权利，《刑事诉讼法》第 37 条第 1 款规定，辩护律师可以同在押的犯罪嫌疑人、被告人会见和通信。其他辩护人经人民法院、人民检察院许可，也可以同在押的犯罪嫌疑人、被告人会见和通信。第 4 款规定，辩护律师会见在押的犯罪嫌疑人、被告人，可以了解案件有关情况，提供法律咨询等；自案件移送审查起诉之日起，可以向犯罪嫌疑人、被告人核实有关证据。辩护律师会见犯罪嫌疑人、被告人时不被监听。

第三节　辩护人的权利和义务

一、辩护人的权利

辩护人依法享有诉讼权利和履行诉讼义务是正确开展辩护活动的重要保障。根据《刑事诉讼法》，《律师法》及其他有关法律的规定，辩护人在刑事诉讼中享有以下权利。

1. 职务保障权

《刑事诉讼法》第 14 条规定，人民法院、人民检察院和公安机关应当保障犯罪嫌疑人、被告人和其他诉讼参与人依法享有的辩护权和其他诉讼权利。此外，《律师法》第 37 条第 2 款规定，律师在法庭上发表的代理、辩护意见不受法律追究。但是，发表危害国家安全、恶意诽谤他人、严重扰乱法庭秩序的言论除外。

2. 代理申诉控告权

《刑事诉讼法》第 36 条规定，辩护律师在侦查期间可以为犯罪嫌疑人代理申诉、控告。《刑事诉讼法》第 115 条规定，辩护人对于司法机关及其工作人员有采取强制措施法定期限届满，不予以释放、解除或者变更的；应当退还取保候审保证金不退还的；对与案件无关的财物采取查封、扣押、冻结措施的；应当解除查封、扣押、冻结不解除的，贪污、挪用、私分、调换、违反规定使用查封、扣押、冻结的财物的现象有权向该机关申诉或者控告。

3. 提出意见权

根据《刑事诉讼法》第36条、第86条、第159条的规定，辩护律师在侦查阶段的审查批捕活动中及侦查终结前，有权向检察机关、侦查机关就案件有关问题提出意见；根据《刑事诉讼法》第170条的规定，人民检察院审查案件，应当讯问犯罪嫌疑人，听取辩护人、被害人及其诉讼代理人的意见。辩护人、被害人及其诉讼代理人提出书面意见的，应当附卷；《刑事诉讼法》第182条第2款、第190条、第193条规定人民法院在开庭前，审判活动中，辩护人都可以充分发表对案件的意见，维护犯罪嫌疑人、被告人的合法权益。

4. 会见、通信和为犯罪嫌疑人、被告人提供法律帮助权

《刑事诉讼法》第37条规定，辩护律师可以同在押的犯罪嫌疑人、被告人会见和通信。其他辩护人经人民法院、人民检察院许可，也可以同在押的犯罪嫌疑人、被告人会见和通信。辩护律师会见在押的犯罪嫌疑人、被告人，可以了解案件有关情况，提供法律咨询等；自案件移送审查起诉之日起，可以向犯罪嫌疑人、被告人核实有关证据。辩护律师会见犯罪嫌疑人、被告人时不被监听。辩护律师同被监视居住的犯罪嫌疑人、被告人会见、通信，适用第一款、第三款、第四款的规定。

5. 阅卷权

《刑事诉讼法》第38条规定，辩护律师自人民检察院对案件审查起诉之日起，可以查阅、摘抄、复制本案的案卷材料。其他辩护人经人民法院、人民检察院许可，也可以查阅、摘抄、复制上述材料。

6. 调查取证权

《刑事诉讼法》第41条规定，辩护律师经证人或者其他有关单位和个人同意，可以向他们收集与本案有关的材料，也可以申请人民检察院、人民法院收集、调取证据。辩护律师经人民检察院或者人民法院许可，并且经被害人或者其近亲属、被害人提供的证人同意，可以向他们收集与本案有关的材料。其他辩护人没有这项权利。为了补充辩护人取证能力不足，《刑事诉讼法》第39条规定，辩护人认为在侦查、审查起诉期间公安机关、人民检察院收集的证明犯罪嫌疑人、被告人无罪或者罪轻的证据材料未提交的，有权申请人民检察院、人民法院调取。

7. 保密权

《刑事诉讼法》第46条规定，辩护律师对在执业活动中知悉的委托人的有关情况和信息，有权予以保密。但是，辩护律师在执业活动中知悉委托人或者其他人，准备或者正在实施危害国家安全、公共安全以及严重危害他人人身安全的犯罪的，应当及时告知司法机关。

8. 申诉控告权

《刑事诉讼法》第47条规定，辩护人认为公安机关、人民检察院、人民法院及其工作人员阻碍其依法行使诉讼权利的，有权向同级或者上一级人民检察院申诉或者控告。

9. 请求排除非法证据的权利

《刑事诉讼法》第56条第2款规定，当事人及其辩护人、诉讼代理人有权申请人民法院对以非法方法收集的证据依法予以排除。申请排除以非法方法收集的证据的，应当提供相关线索或者材料。

10. 申请变更和解除强制措施的权利

《刑事诉讼法》第95条规定，犯罪嫌疑人、被告人及其法定代理人、近亲属或者辩护人有权申请变更强制措施。《刑事诉讼法》第97条规定，犯罪嫌疑人、被告人及其法定代理人、近亲属或者辩护人对于人民法院、人民检察院或者公安机关采取强制措施法定期限届满的，有权要求解除强制措施。

11. 获得出庭通知权

《刑事诉讼法》第182条规定，人民法院确定开庭日期后，应当将开庭的时间、地点通知辩护人，传票和通知书至迟在开庭三日以前送达。

12. 参加法庭调查和法庭辩论权

《刑事诉讼法》第186条第2款、第189条第1款、第193条第2款和第212条规定，被害人、附带民事诉讼的原告人和辩护人、诉讼代理人，经审判长许可，可以向被告人发问；公诉人、当事人和辩护人、诉讼代理人经审判长许可，可以对证人、鉴定人发问；经审判长许可，公诉人、当事人和辩护人、诉讼代理人可以对证据和案件情况发表意见并且可以互相辩论；适用简易程序审理案件，经审判人员许可，被告人及其辩护人可以同公诉人、自诉人及其诉讼代理人互相辩论。

13. 申请重新鉴定、勘验以及通知新的证人和有专门知识的人出庭的权利

《刑事诉讼法》第192条第1款和第2款的规定，法庭审理过程中，当事人和辩护人、诉讼代理人有权申请通知新的证人到庭，调取新的物证，申请重新鉴定或者勘验；公诉人、当事人和辩护人、诉讼代理人可以申请法庭通知有专门知识的人出庭，就鉴定人作出的鉴定意见提出意见。

14. 经被告人同意，提出上诉的权利

《刑事诉讼法》第216条规定，被告人的辩护人和近亲属，经被告人同意，可以提出上诉。为保障这一权利的实现《刑事诉讼法》第196条规定，一审法院应及时将判决书送达被告人的辩护人。

15. 拒绝辩护权

《律师法》第32条规定第2款规定，律师接受委托后，无正当理由的，不得拒绝辩护或者代理。但是，委托事项违法、委托人利用律师提供的服务从事违法活动或者委托人故意隐瞒与案件有关的重要事实的，律师有权拒绝辩护或者代理。

16. 获得有关诉讼文书的权利

《刑事诉讼法》第182条规定，人民法院决定开庭审判后，应当确定合议庭的组成人员，将人民检察院的起诉书副本至迟在开庭十日以前送达被告人及其辩护人。第196条第2款规定，判决书应当同时送达辩护人、诉讼代理人。辩护人有权得到与其刑事辩护权有关的法律文书，如人民检察院的起诉书、抗诉书副本，人民法院的判决书、裁定书副本等等。

17. 申请回避的权利

根据最高人民法院《关于适用〈中华人民共和国刑事诉讼法〉解释》第193条的规

定，审判长应当告知当事人及其法定代理人、辩护人、诉讼代理人在法庭审理过程中依法享有下列诉讼权利：可以申请合议庭组成人员、书记员、公诉人、鉴定人和翻译人员回避。第 194 条第 1 款和第 2 款规定，审判长应当询问当事人及其法定代理人、辩护人、诉讼代理人是否申请回避、申请何人回避和申请回避的理由。当事人及其法定代理人、辩护人、诉讼代理人申请回避的，依照《刑事诉讼法》及本解释的有关规定处理。

二、辩护人的义务

1. 接受委托及时通知办理机关的义务

《刑事诉讼法》第 33 条第 4 款规定，辩护人接受犯罪嫌疑人、被告人委托后，应当及时告知办理案件的机关。

2. 收集犯罪嫌疑人无罪和依法不负刑事责任的证据及时告知公安机关和人民检察院的义务

《刑事诉讼法》第 40 条规定，辩护人收集的有关犯罪嫌疑人不在犯罪现场、未达到刑事责任年龄、属于依法不负刑事责任的精神病人的证据，应当及时告知公安机关和人民检察院。

3. 无正当理由不得拒绝辩护的义务

《律师法》第 32 条第 2 款规定，律师在接受委托或被指派担任辩护人以后，有义务为犯罪嫌疑人、被告人进行辩护，无正当理由，不得拒绝辩护。

4. 不得帮助犯罪嫌疑人、被告人干扰公安司法机关刑事诉讼活动的义务

《刑事诉讼法》第 42 条规定，辩护律师和其他辩护人不得帮助犯罪嫌疑人、被告人串供、隐匿、毁灭、伪造证据，不得威胁、引诱证人改变证言或者作伪证及进行其他干扰司法机关诉讼活动的行为，否则应当依法追究法律责任。

5. 遵守看守所和法庭规则的义务

根据《刑事诉讼法》、《律师法》的有关规定，律师会见在押犯罪嫌疑人、被告人时，要遵守看管场所的规定。

6. 保密的义务

《刑事诉讼法》第 46 条规定，律师担任辩护人应当保守在执业活动中获悉的国家秘密和当事人的商业秘密，不得泄露当事人的隐私。

7. 遵守取证有关规定的义务

《刑事诉讼法》第 41 条第 2 款规定，辩护律师经检察院或者人民法院许可，并且经被害人及被害人提供的证人的同意，可以向他们收集与本案有关的材料。

8. 遵守法庭规则的义务

根据《刑事诉讼法》的有关规定辩护人在参加法庭调查、法庭辩论等法庭审判过程，要遵守法庭规则。

9. 遵守会见法官、检察官及其他工作人员规定的义务

《律师法》第 40 条第 4 款规定，辩护律师不得违犯规定会见法官、检察官、仲裁员以及其他有关工作人员。

10. 遵纪守法，不得请客行贿的义务

《律师法》第40条第5款规定，辩护律师不得向法官、检察官及其他工作人员请客送礼或行贿，或者指使、诱惑当事人行贿。

第四节　刑事诉讼代理

一、刑事诉讼代理概述

1. 刑事诉讼代理的概念

刑事诉讼代理是指在刑事诉讼（包括刑事附带民事诉讼）中，代理人接受公诉案件的被害人及其法定代理人或者近亲属，自诉案件的自诉人及其法定代理人，以及附带民事诉讼的当事人及其法定代理人的委托，在法律规定或者授权范围内以被代理人的名义参加诉讼，进行活动，其法律后果由被代理人承担的诉讼行为。

2. 刑事诉讼代理的特点

（1）基于被代理人委托的意思表示而产生，并且被代理人有限定性。被代理人只能限于公诉案件的被害人及其法定代理人或近亲属、自诉案件的自诉人及其法定代理人、附带民事诉讼的当事人及其法定代理人。

（2）以被代理人的名义进行活动。

（3）只能在委托人或被代理人决定的代理权限范围内从事活动。

（4）参加诉讼时，必须向受诉的人民检察院或法院提交委托书和律师事务所证明律师身份的信函。

（5）法律后果由被代理人承担。

3. 与相关概念之间的区别

（1）法定代理与委托代理之间的异同。

相同之处：无论是法定代理还是委托代理只要在合理权限范围内进行的代理活动，都是合法有效的，其法律后果都由被代理人承担。关于法定代理人本教材有专门章节详述，本节只讲委托代理。

其两者之间的不同之处：

产生的根据不同。法定代理是基于法律规定而产生的代理关系；委托代理是基于被代理人的委托授权行为而产生的代理。

代理人的范围不同。法定代理人只能是与被代理人之间具有某种特殊关系的人；委托代理人可以是具有完全民事行为能力符合法律规定的任意人。

代理的权限不同。法定代理人在刑事诉讼中除了不能代理被代理人做陈述以及与人身自由相关的义务外，一般都可以代理；委托代理只能在被代理人授权的范围内进行。

代理人的诉讼地位不同。法定代理人在刑事诉讼中具有独立的诉讼地位；委托代理的代理人不具有独立的诉讼地位，代理行为要受到被代理人的制约。

（2）辩护人与诉讼代理人之间的区别与联系。

相同之处：辩护人和代理人都是为了维护各自委托人利益而参加到诉讼中的，都与案件处理后果没有直接的法律上的利害关系。二者在诉讼权利和义务，以及一些程序上有许多相通的地方。

两者的区别：

产生根据不同。刑事辩护人参加刑事诉讼的根据是犯罪嫌疑人、被告人委托授权或法院的依法指定；刑事代理人参加诉讼只能是当事人及其法定代理人授权。

诉讼地位不同。辩护人具有独立的诉讼地位，以自己名义进行辩护而不受被告人约束；诉讼代理人不具有独立的诉讼地位，是附属于被代理人的，依被代理人的意志从事活动。

诉讼任务不同。刑事辩护承担的是辩护职能，即反驳控方控诉，证明嫌疑人、被告人无罪或罪轻，应减轻或免除刑事责任；诉讼代理人的职责在于维护被代理人的合法权益。

适用范围不同。两类对象的诉讼利害关系正好相反，刑事辩护适用于公诉案件的犯罪嫌疑人、被告人、自诉案件的被告人；刑事代理适用于公诉案件的被害人、自诉人和附带民事诉讼的当事人。

权利内容不同。刑事辩护人享有法律规定的会见权和通信权、调查取证权等广泛权利，有的权利甚至是犯罪嫌疑人和被告人也不享有的；刑事代理人享有的权利由被代理人授予，而且不能超过被代理人的权限范围。

权限范围不同。辩护人享有的权利是法律赋予的，不存在被告人授权问题，其授权也仅仅是在于使辩护人参加诉讼；诉讼代理人是否参加诉讼，在何权限范围内从事活动都须授权决定。

活动名义不同。辩护人调查取证、提交辩护词等活动中使用的是自己的名义；刑事代理人进行诉讼活动使用的是被代理人的名义。

4. 诉讼代理人的范围

根据《刑事诉讼法》第45条的规定，委托诉讼代理人的范围，与辩护人的范围相同。有权委托诉讼代理人的人可以在下列人中委托一至二人作为诉讼代理人。

5. 委托诉讼代理人的分类

根据权限可以分为：一般委托代理和特别授权代理。

二、刑事代理的分类

1. 公诉案件中的代理

（1）公诉案件中的代理的概念。

公诉案件中的代理是指公诉案件的被害人及其法定代理人或近亲属，依法委托诉讼代理人代理被害人参加诉讼活动，维护被害人合法权益的行为。

（2）代理人参加诉讼的时间。

《刑事诉讼法》第44条第1款和第2款规定，公诉案件的被害人及其法定代理人或者近亲属，附带民事诉讼的当事人及其法定代理人，自案件移送审查起诉之日起，有权委托诉讼代理人。人民检察院自收到移送审查起诉的案件材料之日起三日以内，应当告知被害人及其法定代理人或者其近亲属有权委托诉讼代理人。

（3）公诉案件中代理人的权利。

控告犯罪权；阅卷权；调查取证权；提出意见权；要求公安、司法机关送达诉讼文书权；代理申诉权；申请人民法院收集、调取证据权；获得出庭通知书的权利；参加法庭调查和法庭辩论；有权申请通知新的证人到庭、调取新的物证以及申请重新鉴定或者勘验的权利。

（4）诉讼地位。被害人的诉讼代理人与公诉人的地位是平等的，有权独立发表代理意见，有权与被告人、辩护人甚至公诉人展开辩论。

2. 自诉案件中的代理

（1）自诉案件中的代理的概念。

自诉案件中的代理是指在刑事自诉案件中的自诉人及其法定代理人依法委托诉讼代理人代理自诉人参加诉讼活动，维护自诉人合法权益。

（2）代理人参加诉讼的时间。

《刑事诉讼法》第44条第1款、第2款规定，自诉案件的自诉人及其法定代理人，有权随时委托诉讼代理人。人民法院自受理自诉案件之日起三日以内，应当告知自诉人及其法定代理人有权委托诉讼代理人。

（3）自诉案件中代理人的权利和义务。

自诉案件的代理人经被代理人一般授权享有以下权利：①代理律师有纠正委托人起诉事实的权利；②可以代自诉人向人民法院提起诉讼包括拟写诉状；③阅卷权；④调查取证权；⑤经自诉人授权申请回避；⑥有权出庭参加法庭调查和法庭辩论；⑦有权代自诉人阅读审判笔录；⑧对司法工作人员非法剥夺自诉人诉讼权利和人身侮辱等侵权行为，有权提出控告。

除此之外，自诉案件的诉讼代理人经特别授权还可以行使撤回起诉、与被告人进行和解、接受法院调解以及承认被告人提出反诉等实体性权利。

自诉案件诉讼代理人的义务：①及时到庭依法履行职务；②严格遵守法庭规则和秩序，严格遵守和执行法律规定的程序；③协助自诉人（包括提起反诉的被告人）担负举证义务；④教育委托人认真遵守、执行诉讼纪律和法庭秩序；⑤应当在委托人授权范围内办理委托事务，维护委托人的合法权益；⑥不得在同一案件中为双方当事人担任代理人，也不得代理与本人或近亲属有利益冲突的法律事务。

（4）诉讼地位：自诉案件的自诉人在法庭被被告人提起反诉，自诉人可以委托代理律师兼做辩护人，代理律师如果接受委托，应办理相应的法律手续，做好辩护的准备工作，其代理的权限受被代理人的限制，与被代理人共同承担控诉和举证义务。

3. 刑事附带民事诉讼中的代理

（1）刑事附带民事诉讼中的代理的概念。

刑事附带民事诉讼中的代理是指刑事附带民事诉讼的当事人及其法定代理人依法委托代理人参加诉讼活动，维护当事人合法权益。

（2）代理人参加诉讼的时间。

人民检察院自收到移送审查起诉的案件材料之日起三日以内，应当告知附带民事诉讼的当事人及其法定代理人有权委托诉讼代理人。人民法院自受理自诉案件之日起三日以内，应当告知附带民事诉讼的当事人及其法定代理人有权委托诉讼代理人。

（3）刑事附带民事诉讼代理人的权利和义务。

①代理原告人宣读附带民事诉状，附带民事诉讼被告人的诉讼代理人则可以代理被告人宣读答辩状；②在法庭调查中，附带民事诉讼原告人的诉讼代理人经审判长许可，可以就附带民事诉讼部分的事实向被告人发问；③在法庭进行附带民事诉讼部分的辩论时，附带民事诉讼原告人的诉讼代理人有权先发言，其后附带民事诉讼被告人的诉讼代理人有权答辩。

附带民事诉讼中当事人的诉讼代理人其他的权利、义务参见自诉案件中诉讼代理人的权利和义务。

（4）诉讼地位。

自诉人、被害人及其法定代理人委托的诉讼代理人，特别是律师，在提起附带民事诉讼时，可以兼做附带民事诉讼原告的代理人；而刑事被告人或对被告人负有赔偿责任的机关、团体，或者法定代理人作为附带民事诉讼被告的，可以委托被告人的辩护律师作为诉讼代理人，并应另行办理相关手续。

【导例评析】

区人民检察院的做法是不正确的。根据《刑事诉讼法》第 32 条第 1 款和的规定，犯罪嫌疑人除自己行使辩护权外，还可以委托一至二人作为辩护人。其中，他可以委托的人包括他的监护人、亲友。某甲的父亲是其近亲属，依法可以被委托担任辩护人。因此，区人民检察院无权要求某甲另行委托辩护人。应当指出的是，最高人民法院《关于适用〈中华人民共和国刑事诉讼法〉若干问题的解释》第 35 条第 4 款第 4 项、最高人民检察院《人民检察院刑事诉讼规则》第 316 条第 1 款第 5 项均规定，人民法院、人民检察院、公安机关、国家安全机关、监狱的现职工作人员不得被委托担任辩护人。这一规定的用意，主要是为了保证诉讼公正，消除公众因辩护人的身份而对司法公正产生的怀疑，打消办案人员的思想顾虑。如果仅就这一规定来看，某甲的父亲似乎不宜担任辩护人。但是，应当注意的是，《最高人民法院关于适用〈中华人民共和国刑事诉讼法〉的解释》第 33 条第 2 款又接着规定，如果上述人员是被告人的亲属，由被告人委托担任辩护人的，人民法院可以准许。最高人民检察院《人民检察院刑事诉讼规则》第 38 条第 3 款也规定，如果上述人员是犯罪嫌疑人的近亲属，犯罪嫌疑人委托其担任辩护人的，人民检察院可以准许。本案符合上述规定，因此，人民检察院应当准许某甲委托其在区人民法院工作的父亲担任辩护人。

【实务训练】

甲乙二人是亲兄弟。他们涉嫌盗窃罪，被某县公安局立案侦查终结，移送县人民检察院审查起诉。县人民检察院在收到移送审查起诉的案件材料时，发现犯罪嫌疑人均没有委托辩护人，于是在收到案件材料之日起三日内，告知他们有权委托辩护人。由于他们均被人民检察院批准逮捕，现在押，他们委托自己的父亲代为委托辩护人。县人民检察院通知他们的父亲为他们委托辩护人。甲乙的父亲认为，甲乙是亲兄弟，没有什么利害冲突，请一个律师丙某就够了，多请一个纯粹是浪费。于是为甲乙二人委托了一名律师担任辩护人。问：辩护人丙某能否为共同犯罪案件中的两名犯罪嫌疑人甲乙进行辩护？为什么？

资料来源：http：//swmlaw. blog. sohu. com/101340754. html。

【评析】

本案中的辩护人丙某不能为共同犯罪案件中的犯罪嫌疑人甲乙进行辩护。根据最高人民法院《关于适用〈中华人民共和国刑事诉讼法〉的解释》第 38 条第 2 款规定，一名辩护人不得为两名以上的同案被告人，或者未同案处理但犯罪事实存在关联的被告人辩护。除此之外，《公安机关办理刑事案件程序规定》第 41 条第 2 款规定，对于同案的犯罪嫌疑人委托同一名辩护律师的，或者两名以上未同案处理但实施的犯罪存在关联的犯罪嫌疑人委托同一名辩护律师的，公安机关应当要求其更换辩护律师。最高人民检察院《人民检察院刑事诉讼规则》第 38 条第 2 款规定，一名辩护人不得为两名以上的同案犯罪嫌疑人辩护，不得为两名以上的未同案处理但实施的犯罪相互关联的犯罪嫌疑人辩护。中华全国律师协会印发的《律师参与刑事诉讼办案规范（试行）》第 6 条也规定，律师不得同时接受同一案件两名以上犯罪嫌疑人、被告人或者被害人的委托，参与刑事诉讼活动。本案中甲乙二人虽是兄弟但又是共同犯罪的同案犯罪嫌疑人，律师只能为其中一人担任辩护人，而不能为他们二人担任辩护人。

【司考真题】

1. 郭某涉嫌招摇撞骗罪。在检察机关审查起诉时，郭某希望委托辩护人。下列哪一人员可以被委托担任郭某的辩护人？（　　）（2009/一/23/单选）

A. 郭某的爷爷，美籍华人

B. 郭某的儿子，16 岁

C. 郭某的朋友甲，曾为郭某招摇撞骗伪造国家机关证件

D. 郭某的朋友乙，司法行政部门负责人

2. 数据《刑事诉讼法》的规定，下列何人有权委托诉讼代理人？（　　）（2008/二/27/单选）

A. 涉嫌强奸罪被告人的父亲　　B. 抢劫案被害人的胞妹

C. 伤害案中附带民事诉讼被告人的胞弟　　D. 虐待案自诉人的胞妹

3. 张某故意毁坏李某汽车案中，张某聘请赵律师为辩护人，李某聘请孙律师为诉讼代理人。关于该案辩护人和诉讼代理人，下列哪一选项是正确的？（　　）（2010/二/22/单选）

A. 赵律师、孙律师均自案件移送审查起诉之日起方可接受委托担任辩护人、诉讼代

理人

B. 赵律师、孙律师均有权申请该案的审判人员和公诉人员回避

C. 赵律师可在审判中向张某发问，孙律师无权向张某发问

D. 赵律师应以张某的意见作为辩护意见，孙律师应以李某的意见作为代理意见

【拓展与反思】

指定辩护产生的原因

指定辩护是辩护的一种。法院基于法律及被告人的特殊身份或某种情况，指定律师或其他公民为被告人进行辩护的制度。指定辩护像任何社会制度一样，它的产生和发展也有其深刻的历史背景和理论基础。指定辩护产生的原因主要有以下四种：

一、社会背景——弱势援助

刑事辩护制度的孕育和形成标志着一个社会对刑事司法的意义及其精神技术的思考进入了一个更新的层次，作为法律援助重要内容的指定辩护正是反映了法治社会对刑事司法公正文明的要求。控制犯罪与保障人权已成为现代刑事司法所追求的双重价值，诉讼当事人特别是犯罪嫌疑人、被告人不是单纯的司法客体，他因犯罪行为与国家形成了一种刑事法律关系。在这一刑事法律关系中，国家具有惩治犯罪的权利，犯罪嫌疑人、被告人具有接受法律惩戒的义务，同时其也享有不受非法追究和制裁的权利。然而，作为个体的被告人由于受到人身自由的限制、法律认知能力薄弱等因素，决定着其与公诉机关相比处于天然的弱势，难以对国家公诉权力进行制约，无法防止其非法侵害。在现代法治社会，法治的一个重要功能，就是按照公平、公正的原则，通过运用公共权力对社会资源的重新分配，给予弱势群体以特别的物质保障；或者运用公共权力，通过条件，排除妨碍等方式，给予弱势群体以特别的精神、道义保障；或者双管齐下，两者兼而有之。唯有提供必要的法律援助，被告人才能有效地行使诉权。因此指定辩护权已不再是过去的民间慈善行为，而已演变为国家赋予部分被告人应有的权利。

二、宪政基础——无罪推定

意大利刑法之父贝卡利亚在《论犯罪与刑罚》中经典表述，在法官判决之前，一个人是不能被称为罪犯的。只要还不能断定他已经侵犯给予他公共保护的契约，社会就不能取消对他的公共保护。贝卡利亚强调一个人在未被法官定罪以前，其仍然享有社会对他的公共保护，而并非处于完全没有权利的境地。无罪推定的思想已为世界各国刑事诉讼法所普遍接受并确定为基本原则，现已载入国际人权公约。例如《世界人权宣言》第 11 条第 1 款规定，凡受刑事控告者，在未经依法公开审判证实有罪前，应视为无罪，审判时关须予以答辩上所须一切保障。无罪推定原则被视为现代刑事诉讼的理论基石，它假定了被告人在法官判决之前是无罪的大前提，从而确立了被告人的诉讼地位，被告人与公诉机构一样均应是诉讼的主体，而不是诉讼的客体，为控辩平等创造了条件。正如学者所言，无罪推定原则确立了被告人的诉讼主体地位，从而为刑事辩护奠定了理论基础，赋予了被告人的自行防御权——辩护权，这种权利的行使旨在对抗控诉方的指控、抵消其控诉效果，是被指控人进行自我保护的一种手段。不言而喻，指定辩护制度作为辩护制度的延伸，确立无罪推定原则是赋予被告人享有辩护权的基础，自然也是产生指定辩护制度的前提。

三、法学理论——控辩平衡

在刑事诉讼结构设计中，控诉、辩护、审判作为三根支柱共同构造了当事人主义的诉讼模式，直观地看，诉讼结构呈“等腰三角形”，或者说是“正三角形”。三者间关系制约、地位平等是这座诉讼大厦牢固稳定的基础，揭示了控辩双方的法律地位及相互关系，被告人在诉讼中处于主体地位，与公诉机关应是平等的双方当事人。刑事诉讼无异于一场攻防竞技，只有控辩双方拥有均等的攻击和防御手段，才能平等参与诉讼并最终赢得胜诉的机会和能力，这就要求刑事诉讼法赋予公诉机关和被告人对等的诉讼权利和义务，以使双方能够真正平等、有效的参与诉讼。法官作为诉讼的裁判者是适用法律的主体，因此而成为法律的化身，控辩平等实际上在很大程度上是控辩双方在法官面前的平等，是要求法官在诉讼中保持客观中立、不偏不倚地对待控辩双方，以体现诉讼的正义和司法的公信力。国外刑事诉讼理论提出“手段同等原则”，即对于被告人在原则上应当如同对刑事追究机关一样予以同等对待。由于被告人存在天然的对抗弱势，诉讼中若要达到实质的控辩平衡，必须由辩护律师帮助被告诉讼以增强对抗。指定辩护正是在这种诉讼对立平衡的理念上诞生，切实保护弱势被告人的诉讼权利。

现代司法理念，程序的公正要素中应包括：诉讼公开、法官中立、当事人地位的平等及过程的参与等。指定辩护制度的确立，律师参与对实现诉讼程序公正起到积极作用。因此，随着社会的发展，指定辩护的范围会越来越大，指定辩护的发展是司法公正的体现。

第八章　刑事证据

【导读案例】某日深夜，余某被杀死在家中。侦查人员在案发现场收集到一封寄信人姓名是童某的信。经调查，童某是余某的同事，而且余某的另一同事刘某反映余某与童某曾经谈过恋爱，并且案发的前一日，余某告诉刘某昨天晚上她和童某大吵一架。刘某认为童某就是杀人凶手。侦查人员于是对童某进行了拘留。在拘留期间，侦查人员对童某实施了恐吓利诱。童某供认是其杀害了余某。

问：童某的口供和刘某的证言能否作为证据采信？

资料来源：http：//jpkc. ne. sysu. edu. cn/xsss/class/5 - 1 - 2. htm。

【重点、难点】证据的关联性；证据的种类；直接证据与原始证据、间接证据与传来证据的关系；逮捕的证明标准和审判阶段的证明标准。

第一节　证据概述

一、刑事证据的概念

1. 证据的概念

证据是证明的凭证，用已知的事实来证明未知的事实。其中，已知的事实即“证据”；未知的事实即“证明对象”。

2. 刑事诉讼证据的概念

刑事诉讼证据是指侦查人员、检察人员、审判人员依法收集的，或者由当事人、辩护人或诉讼代理人等依法提出的，以法定形式表现出来的，用以证明犯罪嫌疑人、被告人有罪或无罪、犯罪情节轻重以及其他有关案件真实情况经过查证属实的一切事实。

3. 证据的法律规定

《刑事诉讼法》第48条规定，对刑事诉讼证据应作如下理解：

(1) 从证据所反映的内容来看，刑事证据是客观存在的事实。

(2) 从证明关系来看，证据是证明案件事实的凭据，是用来认定案件事实的手段。

(3) 从表现形式来看，证据必须符合法律规定的八种表现形式。

4. 与证据相关的几个基本概念

(1) 证据材料是未经查证属实的各种证据形式。证据必须经过查证属实，才能作为定案的根据。

(2) 证据方法是指在诉讼过程中可以作为调查对象的有形物。例如，物证、书证，各种人证等。

(3) 证据能力又称证据力，是指证据在法律上可作为定案根据的资格和条件。例如证人证言的资格条件，各种证据来源的程序和运用的主体是否合法等。

(4) 证明力是指证据对案件事实的证明价值和功能，即证据的可靠性、可信性和可采性。

(5) 证据原因是指法官对当事人主张的事实是否属实形成的心证的原因。

二、刑事证据的特征

1. 证据的客观性

证据的客观性是指证据必须是伴随着案件的发生和发展过程在外界遗留下来的、客观存在的事实，而不是人们凭主观臆断、猜测、想象和捏造的事实。证据的客观性一般表现在以下三个方面：

（1）证据的内容具有客观性。证据是对客观事物的反映，它反映的对象是人们按照一般的认知标准或根据科学的规律和经验，能够正常感知的事物。

（2）证据的表现形式具备客观性。必须是人们能够以某种方式感知，并通过证据进一步认识的事物。

（3）证据事实与案件待证事实之间的联系是客观存在的。作为证据的事实与案件待证事实之间的联系是符合客观规律的，这样才能准确揭示案件的真实情况。

2. 证据的关联性

证据的关联性是指证据与待证的案件事实或其他争议事实具有一定联系，而且这种关联或联系可以作为证明案件事实存在与否的依据，并因此对证明案情具有实际意义。

认识与理解证据的关联性时，应注意以下四点：

（1）证据事实与案件事实之间的关联性是客观存在的，是不以人的主观意志为转移的。

（2）证据的关联性是完全可以认识的。

（3）证据与案件事实相关联的形式是多种多样的，包括直接联系与间接联系，必然联系与偶然联系，肯定性联系与否定性联系以及重合联系等。

（4）确定证据的关联性是一个非常重要又极为复杂的问题。比如相同的情节，作证人的理解不同，其关联性就有所不同。

3. 证据的合法性

证据的合法性，也叫证据的许可性，是指对证据必须依法加以收集和运用。证据只有具有合法性才有证据能力。证据的合法性标准一般包括以下四个方面：

（1）证据的主体合法，收集证据的主体合法和提供证据的主体都合法。

（2）证据的形式必须符合有关法律的规定。

（3）证据的收集、审查和运用必须依照法定的程序。

（4）证据必须经过查证属实才能予以采信。

三、证据的意义

1. 证据是整个刑事诉讼活动的基础与核心

现代诉讼中，裁判必须建立在诉讼证据的基础之上，这一观念早已成为一项重要的诉讼原则，称“证据裁判原则”或者“证据裁判主义”。诉讼过程是收集证据、运用证据和审查判断证据的过程。公安、司法机关进行立案、侦查、起诉和审理以及定罪量刑和正确认定案件事实都是以证据为依据的。

2. 证据是司法公正的基础

证据对于司法公正的作用主要表现为：一方面，对案件的实体处理首先取决于能否运用证据准确地认定案件事实。证据具有提示案件真实情况的作用，而发现案件真实情况乃是对案件作出符合客观实际的正确裁判的基础，没有证据，就难以实现实体公正；另一方面，有关证据立法可以起到限制国家专门机关的权力、保障诉讼参与人的诉讼权利、实现程序公正的作用。证据法律制度是我国诉讼法制的重要组成部分。因此，无论是对于实体事实的发现和确认，还是对于正当程序的维护，证据都具有非常重要的意义。

3. 证据是揭露犯罪、证实犯罪和迫使犯罪嫌疑人、被告人认罪伏法、接受改造的唯一手段

一般而言，犯罪分子犯罪以后，存在侥幸心理，百般抵赖，拒不认罪，公安司法机关只有抓住适当的时机，把确凿的证据摆在他们面前，正确的运用证据，才能迫使犯罪分子改变其顽固的态度，破除其侥幸的心理，交代自己的罪行，认罪伏法，接受改造。

4. 证据是维护当事人合法权益的手段

证据作为维护当事人合法权益的手段主要表现在：一方面当事人的权利受到侵害或者发生争议，可以向国家专门机关请求法律救济，包括请求国家专门机关采取措施制止侵害，明确权属，迫使责任人赔偿损失，甚至追究责任人的刑事责任。当事人主张自己的权利和国家专门机关行使职权以维护当事人的权利，都必须依靠证据；另一方面对当事人的合法权利的损害也可能来自国家专门机关，证据可以起到约束国家机关权力的行使，防止权力的滥用。依法行政，一般都要在收集符合法定标准的证据的基础上进行；司法活动中，国家专门机关采取行动、作出决定和裁决更是必须依据证据。这就对国家专门机关行使权力进行了限制。

5. 证据是无罪的人不受刑事追究的保障

作为普通公民，每个人都有发生犯罪的可能，但国家应该追求“最高的善”。这就要求国家在任何时候都要避免自己犯错误，特别是不能犯以合法的方式侵害人的自由、财产和生命的错误；对非法取得的证据予以排除，明确不得再作为证据使用的程序。保证无罪的人不受追究正是刑事诉讼的底线。

6. 证据是进行法制教育的工具

证据是进行法制宣传教育的重要工具。证据对法制的教育宣传作用体现在以下三个方面：第一，通过反映犯罪行为过程的证据，可以使人们认识到，无论犯罪分子多么狡猾，行为多么隐蔽，终究逃不脱恢恢法网，以此激发公民同违法犯罪行为作斗争的积极性；第二，以充分、确实的证据揭露犯罪，证实犯罪，昭示违法犯罪行为，可以对社会上潜在的违法犯罪分子起到教育、威慑作用，使他们不敢轻举妄动，以身试法；第三，通过犯罪分子使用的犯罪工具、犯罪地点和犯罪对象等证据，可以使群众直观地了解犯罪分子作案的手段、方法，从而有利于群众采取措施，有效地预防犯罪。

第二节　刑事诉讼证据的种类

我国《刑事诉讼法》第 48 条第 1 款规定，可以证明案件事实的材料都是证据。证据包括：物证；书证；证人证言；被害人陈述；犯罪嫌疑人的供述和辩解；鉴定意见；勘验、检查、辨认、侦查实验笔录；视听资料、电子数据。我国刑事诉讼法将证据规定为八类。

一、物证

1. 物证的概念、特征和意义

（1）物证的概念。

物证是指以外部特征、内在属性、存在形式等证明案件真实情况的物体和痕迹。物证的外部特征是指其客观存在的形状、大小、数量、颜色、新旧破损程度等；物证的内在属性或物质属性是指物证的物理性质、化学性质、质量、重量、材料、成分、结构、性能等；物证的存在形式是指物证存在的地方、环境以及状态等。

物证有广义和狭义之分，广义的物证包括书证、视听资料等一切以实物形式表现出来的证据。

（2）物证的特征。

①物证具有较强的客观性、真实性、更易把握。物证是一种客观存在的，并不反映人的主观意志，比较容易审查核实。争议的案件事实都是已经发生了的，是现实的客观存在。如果能够判定物证是真实的，不是虚假的，通过物证与案件事实的联系，就能够用其来证明案件事实，因而物证具有较强的证明力。

②物证具有独立的证明性。在大多数情况下，物证能独立证明案件事实是否存在，而不需要其他证据加以印证，即可成为认定事实的依据。例如，在因产品质量而引发的诉讼中，物证就可以直接作为定案的依据。从这个意义上讲，物证还具有一定的可靠性，所以有人也称物证是“哑巴证人”。

③物证具有不可代替的特定性。物证作为一种客观存在的具体物体和痕迹，具有自己的特有的特征，且被特定化于特定的物体之上。因此，它是不能用其他物品或者同类物品来代替的，否则就不能保持原物的特征。

④物证具有对科学技术的依赖性。物证的使用往往要借助一定的科学技术手段来证明与案件事实之间的关系。如：手印的提取，血迹和强奸案中精斑的检验。

⑤物证一般是间接证据。通常一个物证只能反映案件事实的某一个方面，某一个环节，证明的范围比较狭窄，不像人证可以证明案件的主要事实或过程。

（3）物证的意义。

①物证是查明案件事实的有效手段。依据物证，可以确定案件的部分事实。虽然一个物证不能确定案件的主要事实，但把一定数量的物证结合起来就可以确定案件的主要事实。

②物证是检验、鉴别言词证据真实性、可靠性的客观依据。由于物证是客观实在的东西，运用鉴定或其他方法，易于核实物证的真伪。物证不像言词证据，易受人的主观意志的影响。因而在司法实践中，办案人员通过物证与言词证据等其他证据相互印证的方法，便可以鉴别言词证据的真伪。但值得注意的是，在物证本身的真伪尚未查证属实的情况下，不能由于言词证据以及其他证据同物证发生了矛盾，就认为前者一定是不真实的。

③对勘验、检查笔录具有的基础作用。勘验检查笔录的内容都是对可能与案件事实有

关的场所、物品、人身、尸体勘查情况的记录。如果作为勘验检查对象的物证不真实、与案件不存在关联性，则该记录也就失去了证据价值。因此，物证是确定勘验、检查笔录是否具有证明作用的基础。

④对鉴定意见具有保障意义。鉴定的实质是“以其他证据为依托”，“将其他证据形式所具有的证明力展示出来或者予以明确”。鉴定意见通过对鉴定对象进行鉴定，间接与案件事实产生关联，这种关联存在与否取决于鉴定对象与案件事实是否存在客观的关联。作为桥梁的鉴定对象很大一部分即是从案件现场提取的实体物和痕迹——物证。因此，鉴定意见可靠与否首先取决于鉴定所依据的物证是否可靠。

2. 物证的种类

（1）犯罪使用的工具，如杀人使用的刀、毒药，盗窃使用的钳子等。

（2）犯罪行为侵犯的客体物，如杀害的尸体、抢劫的赃物、窃取的机密文件等。

（3）犯罪遗留下来的痕迹，如犯罪分子在现场留下指纹、脚印、血迹等。

（4）犯罪现场留下的物品，如犯罪分子在现场留下烟头、纸屑、衣物、票证等。

（5）犯罪行为产生或制造的物品。如非法制造的枪支弹药、非法出版的印刷品、伪造的假币等。

（6）其他可以用来发现犯罪行为和查获犯罪分子的存在物，如人体的特征、物体的气味等。

3. 物证的收集和保管

（1）物证的收集。

物证的收集，是指执法人员或者律师发现、提取、固定、保管和保全物证的专门活动。物证收集的方法一般有以下四种：

①勘验、检查。勘验是司法人员在诉讼的过程中，对与案件有关的场所、物品等进行查看和检验，以发现、收集、核实证据的活动。检查是执法人员检查人身或者在特定场所进行的专门调查活动。《刑事诉讼法》第 126 条至第 132 条规定了侦查人员勘验、检查的程序与方法。

②搜查。搜查是人民检察院和公安机关的侦查人员强制犯罪嫌疑人或其他有关人员交出可以证明犯罪嫌疑人有罪或者无罪的物证、书证、视听资料的一种行为。《刑事诉讼法》第 134 条至第 138 条规定了侦查人员搜查的程序与方法。

③扣押、查封。扣押、查封通常是结合勘验、检查、搜查等同时进行，它是执法机关依法暂时扣留、封存与案件有关的物品的一种专门调查活动。《刑事诉讼法》第 139 条至第 143 条规定了执法机关查封、扣押的程序与方法。

④提供和调取。根据《刑事诉讼法》第 52 条的规定，公安司法机关有权向有关单位和个人收集、调取证据。有关单位和个人也应当如实提供证据，凡是隐匿证据的，必须受法律追究。对物证的提供应当符合下列要求：第一，提供原物。提供原物确有困难的，可以提供与原物核对无误的复制件或者证明该物证的照片、录像等其他证据；第二，原物为数量较多的种类物的，提供其中的一部分。

（2）物证的保管。

物证的种类不同，保管的具体方法也不同：①对于一般物证，如凶器、血衣、有精液的衣裤等，应当使用密封条、密封袋、密封签来统一编号，密封保管；②对于缴获的赃款、赃物及孳息，应当如实登记，妥善保管，以供核查，严禁私分、变卖、调换和挪用，待案件处理完毕后退还失主、上缴国库或者销毁；③对扣押的物品应当设立专门保管场所，严格出入库手续；④对于体积大、笨重不易搬动的物证，应当拍成照片，并注明实物存放的地点；⑤对易损坏、消失、变质的物证，应当复制模型、照片、绘图、记录，并且迅速处理，如尸体尽快火化、伤痕及时治疗、贵重药材交有关部门销售等；⑥对于易燃、易爆物品，将照片、鉴定意见等保存下来，把实物交有关部门处理；⑦对于缴获的枪支、弹药、毒品等，将照片及鉴定意见等保管好，然后把原物交有关部门保存；⑧黄色书刊、淫秽照片、画片等，应当由专人保管，不准扩散，在法庭审判中，不得当庭出示，结案后应当在专人的监督之下销毁，并在原案卷中载明。

4. 物证的审查、判断

物证的审查判断是指执法人员按照法定程序和方法甄别物证，确认其证据资格和证明力，并且应用物证认定案件事实的专门活动。

（1）对物证的真实性进行、审查判断。物证真实性的审查判断，应主要从其获取、保管以及使用中各种主客观因素角度进行。对于具有特殊物理、化学性质的物证，尤其应注意收集、保管、使用期间有无足以引起该物证发生物理、化学变化的自然条件存在。如湿热条件加速某些物质的腐败，高温状态引起一些物质的自燃、挥发。对于有无伪造、调换因素的审查，则首先需要依据司法经验对物证有无伪造、调换的可能性进行预断，然后借助辨认、对比、鉴定等手段予以确定。

（2）对物证的关联性审查、判断。在进行关联性审查判断时要重点审查物证的提取、保管程序有无破坏的典型特征并引起关联性受损情形的存在。审查判断其关联性时除了判定是否确有关联存在，还需要对采用的科学技术是否对关联性可能造成的影响予以重视。物证以其本身的存在状况来证明案件事实，这些关联性容易随时间推移发生改变，关联性存在与否主要应依据该物证发现时候的状况，因此其关联性的审查判断有赖于对获取该物证的过程进行完整客观记录的审查。

（3）审查物证与其他证据之间的关系。物证必须与其他的证据互相印证，才能有力地认定案件事实，如果发现物证与其他证据之间有矛盾，不能主观的去解释，也不能人为的消除疑点，应当通过进一步调查取证去解决矛盾。

（4）审查书证是否符合法定形式和要求。特别强调，办案机关在收集证据中尽量收集原物，在原物不可能得到或提取、保存、搬动原物特别困难的情况下，应当复制模型、照片、绘图、记录，但必须注明其出处，收集时间、收集人的签字及出处单位或人的签字盖章。

（5）审查物证的收集是否符合法定程序。物证主要是通过检查和扣留等方式方法收集的，办案人员在收集书证、物证时，必须严格依照法律规定进行，并按法定程序在办案中加以固定，严禁采用非法的手段和程序收集证据。

（6）审查判断物证，通常采用技术鉴定和交付辨认等方法。《刑事诉讼法》第 144 条规定，为了查明案情，需要解决案件中某些专门性问题的时候，应当指派、聘请有专门知识的人进行鉴定。《刑事诉讼法》第 190 条规定，公诉人、辩护人应当向法庭出示物证，让当事人辨认，对未到庭的证人的证言笔录、鉴定人的鉴定意见、勘验笔录和其他作为证据的文书，应当当庭宣读。审判人员应当听取公诉人、当事人和辩护人、诉讼代理人的意见。

二、书证

1. 书证的概念和特征

（1）书证的概念。

书证是指以文字、符号、图形或图画等所记载的内容和表达思想来证明案件事实的书面材料或其他物品。理解书证概念应注意以下三点：第一，必须是以文字、符号、图形或图画等记载或者表达了人的一定思想的物品；第二，思想内容为一般人所能够认识和理解；第三，所表达的思想内容必须与待证案件事实存在关联，能够证明案件事实。

（2）书证的特征。

①证明的直接性，书证可以作为查明待证事实的直接证据。

②证明的明确性，书证所证明的事实内容一般比较明确。

③证明的稳定性，书证具有较强的稳定性。

④证明方法的多样性，书证表现形式及制作方法的多样性。

⑤书证记载的内容一定是人的意思表示，所见所闻、内心活动。

2. 书证的分类

（1）根据内容的表现形式不同分类。

①文字书证，如：信函、传单、票据等。

②符号书证，如：标记、音符、记号、路标等。

③图形书证，如：漫画、地图等。

（2）根据是否由国家机关或公共职能机构依其职权而制作，可以分为：

①公文书证，是指国家机关或公共职能机构在其职权范围内制作的证书、通告、决议、命令等文书。如民政机关制作的结婚证书、身份证、房产证等。

②私文证书，是指公民、企业、社会团体等非公共职能主体在社会生活和交往中制作的各种文书，以及国家机关或公共职能机构制作的与其职能无关的文书。

（3）根据形式、格式、制作程序等要件是否必须符合法律的专门规定，可以分为：

①一般书证，法律没有就其形式、格式、制作程序等要件作出专门规定的书证。

②特别书证，就是法律就其形式、格式、制作程序等要件作出专门规定的书证。

（4）根据内容的性质和功能不同，可以分为：

①处分性书证，就是其内容具有处分法律关系的性质并可导致一定的法律后果，或者说制作书证的目的是要设定、变更或消灭一定的法律关系。如遗嘱、判决书、合同书。

②记录性书证，又称报道性书证，就其只是记录、描述或报道某种具有法律意义的事实。如医院的病例，公司的账簿和会议或谈判记录。

（5）以书证形成的方法为标准，可将书证划分为：

①原本，是指文书的制作人最初所制成的文书。

②正本，是指原本全文抄录或印刷并与原本具有同等法律效力的文件。

③副本，是照原本全文抄录或印刷但效力不同于原本的文件。制作副本的目的是为了

告知有关单位知晓原本内容。

④节录本是指制作者以摘抄的方式，节录原本或正文文书内容的一部分而形成的文书。

⑤影印本是指运用影印技术，将原本、正本摄影或复印而形成的文书。

⑥译本是指运用其他国家或民族的文字将原本或正本翻译而形成的文书。

3. 书证的种类

（1）反映行为人主体身份的书证。如出生证、工作证、身份证、护照、户口本、营业执照、任职免职的文书等。

（2）反映人们各种民事经济关系的书证。如行为人来往的账册、票据、小金库的各种白条、收据、经济合同、书面遗嘱等。

（3）诬告陷害案件的诬告信、大字报等。

（4）产品质量的认证书、检验文书，乃至各种文字广告等。

（5）村规、民约、各种章程、管理制度等。

（6）各种红头文件、公证文书、裁判文书等。

4. 书证的提供和收集和审查判断

（1）公诉案件中书证的收集主要由公安司法机关通过搜查、勘验、扣押等方法收集，此外，由有关机关、团体、企事业单位和公民也可以提供。

（2）自诉案件书证的收集由原告负责提供，必要时公安机关和司法机关也可以收集。

5. 书证的审查判断

（1）通过鉴定、比对、印证等方法审查书证的制作过程。制作者是为了什么目的，在什么情况下制作的，对书证的笔迹、印章要仔细核对或者鉴定，查明书证是否伪造或变造。

（2）应当查明书证的制作人是否具有制作该种书证的资格。

（3）审查书证的内容是否符合事实，是否为有关人员的真实意思表示，是否真实可靠，有无错误，是否违法，书证与案情有无必然联系，能够证明案件中哪些问题。

（4）审查书证的收集过程和保管方法。

（5）审查书证本身是公文书证还是非公文书证，是报道性书证还是处分性书证，是否经过公证等。

6. 书证的使用规则

（1）优先规则：①公文书的证明力大于其他书证；②档案、经过公证、登记的文书，证明力一般大于其他文书；③当事人供认的争议书证，当然采纳，可以不说明任何理由；④处分文书的效力一般大于报道文书；⑤特定文书的效力一般大于其他文书。

（2）最佳证据规则：在书证中，相对于复制件而言，原本是最好的，原则上要使用原本作定案的依据。例外：①对方认可的复制件；②经过一定认证的复制件，如找管档案的人员复印档案，则复印后要求该单位盖章认证，经办人签字。

7. 物证和书证之间的异同

（1）相同点。

① 物证、书证都是以物质形式表现出来的证据，同属于实物证据；②在某种情况下，

物证和书证可以为同一个载体。

（2）物证和书证的区别。

①证明案件事实的方式不同。物证以其外部特征、内在属性、存在场所等证明案件主要事实；书证以其思想内容证明与案件主要事实之间的关系。

②与案件事实的联系程度不同。物证在表现形式上会受客观存在的特殊状态所决定，有些必须借助于专门的技术手段进行鉴定，才能揭示其与案件事实的联系，一般而言物证只能是间接证据。书证所表达、记载的内容和形式一般都能为常人所理解，其反映的内容一般都较为明确、清楚，书证在某些情况下可以直接证明案件主要事实，是直接证据。

③是否反映人的主观思想不同。物证一般不反映人的主观思想，书证用所记载的内容和表达思想来证明案件事实，反映人的主观思想。

三、证人证言

1. 证人证言的概念和特点

（1）证人证言的概念。

证人证言是指知道案件真实情况的人就其所了解的案件情况向有关机关和人员所做的陈述。

（2）证人证言的特点。

①证人证言，是由知晓案件情况有关内容的自然人所作的陈述。这是证人证言的本质特征。证人证言的内容是由证人通过对案件情况的感知、记忆、陈述而形成的。

②证人证言应当是对案件有关情况的客观陈述，证人只能对自己亲身感知的案件情况进行陈述，而不能对这些情况进行分析评价，也不能对案件事实发表看法和意见。这是法律原则上的普遍要求。

③证人证言是证人主观对客观的认识和反映，容易受主观性因素影响，具有不稳定性和多变性。

④证人证言具有不可替代性。

⑤证人证言必须是证人向公安司法机关和有关人员所作的陈述。

2. 证人的资格条件

（1）证人必须是了解案件情况的人。这是证人最基本的特征。

（2）证人必须是在诉讼开始前了解案件情况的人。参与案件办理的侦查、审查起诉、审判人员以及辩护人、诉讼代理人和鉴定人等在诉讼过程中也了解了案件情况，但其对案件情况的了解是在诉讼开始后，即在诉讼过程中形成的，因而不属于证人。

（3）证人还必须是当事人以外的人。被告人、被害人等虽然通常也了解案件情况，但由于其与案件裁判结果存在切身利害关系，因而只能作为当事人，而不能作为证人。

（4）证人必须是能够辨别是非，能够正确表达的人。依据法律规定，在我国刑事诉讼中，凡是知道案件情况的人，都有作证的义务。但生理上、精神上有缺陷或者年幼，不能辨别是非、不能正确表达的人不得作为证人。

（5）证人只能是自然人。国家机关、企业、事业单位或者人民团体，不能成为证人，因为他们不能像自然人一样感知案件事实，无法享有证人的诉讼权利或者承担证人的诉讼义务。

（6）证人优先。凡是在刑事诉讼活动开始以前知道案件情况的人都应当优先作证，而不应当作为本案的侦查、检察、审判人员、辩护人、鉴定人、翻译人员参加诉讼。

3. 证人证言的证明力的确定

（1）按照证人证言形成的过程判断证明力的大小强弱。

（2）审查判断证人证言的关联性。

（3）审查判断证人与案件当事人或案件本身是否有利害关系。

（4）审查认定证人的品格、操行对证言是否产生影响。

（5）审查判断证人的作证能力。

（6）综合对比，实物验证。

4. 收集证人证言的基本程序

（1）对证人询问应由指定的不少于两名的办案人员进行。

（2）询问证人前应做好充分的准备工作，拟定询问提纲，询问的重点要明确，了解证人与本案以及本案当事人的关系。

（3）询问证人最好到证人所在单位或本人住所进行。

（4）询问证人应个别进行。

（5）询问证人应当告知证人如实提供证据。

（6）询问证人时应查明证人的身份及基本情况，以及证人与本案的关系。

（7）询问证人要制作笔录，并交给证人核对或向其宣读，允许补充改正。在证人承认无误后，由其在笔录上签名或摁指印。

（8）询问未成年证人时，要有其父母或监护人在场，要选择其习惯的场所。

四、被害人陈述

1. 被害人陈述的概念和特点

（1）被害人陈述的概念。

被害人陈述是指受犯罪行为直接侵害的人向公安机关、人民检察院和人民法院就其遭受犯罪行为侵害的事实和有关犯罪嫌疑人、被告人的情况所作的陈述。

（2）被害人陈述的特点。

①被害人应当是遭受犯罪行为直接侵害的人。

②必须是其合法权益遭受到侵害的人，包括其人身权利、财产权利、民主权利和其他合法权利。

③既可以是自然人，也可以是法人。

④由于被害人的身份是犯罪行为造成的，因而被害人应当具有特定性和不可替代性。

⑤被害人陈述作为证据其证明力的特点表现为双面性：一方面，被害人陈述一般来说比较客观真实，对犯罪行为、作案的时间、地点、方法、过程和结果，揭露的比较深刻；另一方面，由于各种主客观因素的影响，又可能是虚假的，不真实的。比如其报复心理、情绪偏激、利益驱使、紧张等。

2. 对被害人陈述的审查判断

(1) 被害人陈述的来源以及形成过程。

(2) 审查被害人陈述的内容是否合情合理。

(3) 被害人与犯罪嫌疑人、被告人的关系。

(4) 审查被害人的作证能力与品格。

(5) 综合全案证据，审查被害人陈述与其他证据有无矛盾。

3. 审查判断影响被害人陈述注意事项

(1) 由于深受犯罪行为的侵害，而产生了报复心理，情绪偏激，夸大事实情节，导致陈述的虚假性。

(2) 在一些案件中，由于被害人精神高度紧张，观察不细，记忆模糊，而导致陈述不清，甚至是主观臆断的虚伪陈述。

(3) 个别被害人出于个人私利或其他不可告人的目的，无事生非，陷害他人，制造虚假陈述、诬告陷害他人。

(4) 有的被害人出于个人的种种考虑，如前途、名誉、家庭关系、子女利益等而羞于出口，不敢理直气壮地揭露犯罪，期望大事化小，小事化了。

(5) 由于被害人出于亲情或者因请客送礼，或者受外力干扰和威胁恐吓，而作出了虚假陈述等。

4. 被害人陈述的收集程序

(1) 合法的收集主体。审判人员、检察人员、侦查人员以及人民检察院或者人民法院许可的辩护律师有权对被害人进行询问。询问的时候不得少于两名办案人员。

(2) 出示证明文件。如果公安、司法机关将询问被害人地点确定在被害人所在单位或者住处进行，则进行询问的公安、司法人员必须向被害人及其所在的单位出示证明文件，以便该单位安排被害人接受询问。

(3) 确定询问地点。根据《刑事诉讼法》第125条和第122条的规定，询问被害人的地点主要有三个：一是被害人的所在单位；二是被害人的住处；三是公安机关、人民检察院和人民法院的办公地点。应当说，公安、司法人员在上述三个地点中的任何一个地点询问都是可以的。

(4) 告知被害人其权利与义务。根据《刑事诉讼法》第106条第2项规定，被害人是刑事诉讼中的当事人。因此，被害人有权利依据《刑事诉讼法》第28条规定，要求审判人员、检查人员、侦察人员以及书记员、翻译人员回避，上述人员也有义务自行回避以确保被害人的回避权，消除被害人的不信任心理。同时被害人积极提出陈述，也可以保证公安、司法人员客观公正地查处案件。但是，《刑事诉讼法》第30条第2款也规定，对侦查人员回避作出决定之前，侦查人员不能停止对案件的侦察。

(5) 个别询问。当一案有数个被害人时，应分别地进行询问，以免他们互相“统一口径”，人为地形成“异口同声”。

(6) 对于询问未成年的被害人，通知其法定代理人到场。

(7) 制作询问笔录。

五、犯罪嫌疑人、被告人的供述和辩解

1. 犯罪嫌疑人、被告人供述与辩解的概述

（1）犯罪嫌疑人、被告人供述与辩解的概念。

犯罪嫌疑人、被告人供述与辩解，是指犯罪嫌疑人、被告人就有关案件的事实情况向公安、司法机关所作的陈述，即通常所说的口供。

（2）犯罪嫌疑人、被告人供述与辩解的内容。

①供述。犯罪嫌疑人、被告人承认对自己控告的犯罪事实，并向公安、司法机关讲清其实施犯罪的全部事实和情节，表现为自首、坦白和承认。

②辩解。犯罪嫌疑人、被告人否认自己有犯罪行为或虽然承认自己犯了罪，但为了达到依法不应追究刑事责任以及从轻、减轻或者免除处罚等目的而申辩和解释，一般表现为否认、申辩、反驳、提供反证。

③攀供。犯罪嫌疑人、被告人可能在承认自己犯罪以后，检举揭发共犯或者举报他人犯罪行为；也可能是否认自己犯罪而举报他人犯罪。

（3）犯罪嫌疑人、被告人供述和辩解的特点。

①可以直接证明案件事实。犯罪嫌疑人、被告人的供述和辩解可能是真实的，有可能全面、直接地反映案件事实情况。

②具有反复性。在刑事诉讼过程中，常见犯罪嫌疑人、被告人前供后翻，口供的内容不稳定。犯罪嫌疑人、被告人与刑事诉讼结果息息相关。因此，犯罪嫌疑人、被告人往往基于某种考虑，或受某种外界因素的影响，而导致口供内容具有不稳定、易变的特点。

③具有复杂性。犯罪嫌疑人、被告人的口供有真有假、真假混杂，十分复杂。

首先，从承认有罪的供述方面来看，犯罪嫌疑人、被告人除投案自首真诚悔罪的以外，大都为减轻罪责或逃避惩罚而采取狡辩抵赖、避重就轻的手法掩盖罪行。对犯罪嫌疑人、被告人的有罪供述不能轻信，刑事诉讼法强调对一切案件的判处都要重证据，重调查研究，不轻信口供。

其次，从否认有罪或罪重的辩解方面来看，有两种情况：一种是犯罪嫌疑人、被告人确实是无罪或罪轻，而进行的辩解。另一种是犯罪嫌疑人、被告人确实犯了罪或犯了重罪而作无罪或罪轻的辩解。对犯罪嫌疑人、被告人的辩解不可轻信，应当认真审查判断，重要的是要收集必要的证据，用证据揭穿犯罪嫌疑人、被告人的狡辩，迫使其认罪伏法。

最后，从检举他人犯罪的方面来看，有的犯罪嫌疑人、被告人为了推卸责任，佯装检举揭发犯罪而嫁祸于人。对于犯罪嫌疑人、被告人检举他人犯罪的动机不同，有真有假，公安司法人员必须慎重对待，不可轻信，也不可不信，正确的方法应当是认真查证，以免冤枉无辜或放纵犯罪。

（4）犯罪嫌疑人、被告人供述和辩解的意义。

①犯罪嫌疑人、被告人对自己所犯罪行的如实供述，有利于公安司法机关缩小侦查范围，收集必要的证据，提高办案效率，迅速查明案件事实。

②犯罪嫌疑人、被告人的辩解，可以使公安司法人员克服主观臆断，做到兼听则明，

及时发现和纠正办案中的偏差，防止无罪的人受到错误的刑事追究或者有罪的人受到不当的处罚。

③犯罪嫌疑人、被告人的检举揭发，有利于公安司法人员发现新的情况和证据线索，查破案件，使隐藏很深的犯罪分子受到应有的惩罚。

④犯罪嫌疑人、被告人的供述和辩解，有利于审查、核实本案中的其他证据，更好地对其他证据作出正确判断，有利于发现和排除矛盾点，使本案中的证据相互认证，对案件作出正确处理决定具有重要意义。

⑤犯罪嫌疑人、被告人的供述和辩解，有利于公安司法机关衡量犯罪嫌疑人、被告人是否认罪、悔罪以及立功的表现情况，从而有利于区分不同的情况，对案件做出正确的处理。

2. 犯罪嫌疑人、被告人供述和辩解的审查判断

(1) 严格遵守“重证据、重调查研究，不轻信口供”的原则。《刑事诉讼法》第53条规定，对一切案件的判处都要重证据，重调查研究，不轻信口供。只有被告人供述而没有其他证据的，不能认定被告人有罪和处以刑罚。没有被告人供述，证据确实、充分的，可以认定被告人有罪和处以刑罚。

(2) 从口供材料的来源上，审查其讯问的程序是否合法。审查口供在何种情况提供，供认的目的动机为何，有无攻守同盟、串供、刑讯逼供、诱供等情况，有无翻供。

(3) 要进行情理推理推断，审查犯罪嫌疑人、被告人其供述与辩解是否合情合理。结合时间、地点、手段、过程、动机、目的和后果，以及当事人的身份与被害人的关系来分析犯罪嫌疑人、被告人作出的供述与辩解有没有发生和存在的可能性。

(4) 共同被告人口供的审查。审查判断几个共同犯罪嫌疑人、被告人的口供时，既要考虑到其利害关系，又要考虑到他们在共同行动中的地位与作用。

(5) 审查犯罪嫌疑人、被告人的品质。犯罪嫌疑人、被告人一贯的表现。

(6) 审查犯罪嫌疑人、被告人的口供与其他证据之间有无矛盾。

(7) 翻供的审查。一方面正确认识犯罪嫌疑人、被告人翻供的对抗性和抗辩性，另一方面分析翻供的原因。

六、鉴定意见

1. 鉴定意见的概念和特征

(1) 鉴定意见的概念。

鉴定意见是指鉴定人根据公安、司法机关的指派或聘请，运用自己的专门知识和技能对案件中需要解决的专门性问题进行鉴定后所作出的结论性的判断。

(2) 鉴定意见的特征。

①鉴定意见的专业性。鉴定意见的内容只限于解决案件中的专门问题，只能由专家依靠专门性的科学技术和方法对鉴定对象进行鉴别与判定，而不是一般人依靠经验、常识所进行的评价与判断。

②鉴定意见的科学性。鉴定意见是一种事实意见。这种事实意见的证据价值源于科学

的分析和判断。因而，鉴定意见不但要有鉴定手段和鉴定方法的科学性，还要有鉴定意见表述的科学性。此外，鉴定手段和鉴定方法本身也在不断地发展、创新和完善，因而鉴定意见的科学性决定了法官对鉴定意见进行审查的必要性。

③鉴定意见的程序性。鉴定意见应当依照法定程序进行和依照法定程序确认。鉴定意见在鉴定人资格确认上，鉴定对象的提取、保管、送鉴定以及进行鉴定、得出鉴定意见的每一个环节都应当符合法律程序的要求。鉴定意见还要经过法庭审理查证属实的确认程序。

④鉴定意见为书面形式。鉴定意见必须依照法定制作格式来体现鉴定内容，因为鉴定意见往往涉及复杂的专门性术语，很难以口头方式表达清楚或是被人们所认识理解。

⑤鉴定意见结果的确定性。鉴定意见应当是确定性意见，不应模棱两可。如果一个鉴定人难以作出肯定或否定的结论，可由多名鉴定人集体讨论作出结论。如果在讨论中形成不了统一的意见，不同意见的支持者可以分别作出鉴定意见。

⑥鉴定意见必须是由公安、司法机关的指派或聘请的人员作出。

2. 鉴定意见与证人证言之间的区别

鉴定意见与证人证言同属于人证，但二者各有其特点，其区别如下：

（1）鉴定意见是鉴定人就专门性问题进行分析、鉴别所作出的判断，证人证言是证人就自己所知道的案件情况向公安、司法机关所作的陈述。

（2）鉴定意见的鉴定人是公安、司法机关有选择的指派或聘请的，具有可替代性，因而鉴定意见具有可替代性，而证人证言具有不可替代性。

（3）鉴定意见是在案件发生后形成的，而证人证言是在案件发生过程中形成的。

3. 鉴定意见的种类

（1）法医鉴定。主要用于确定死亡原因、伤害情况等。

（2）司法精神病鉴定。目的在于确定犯罪嫌疑人、被告人、被害人、证人的精神状态是否正常，以便确定被鉴定人有无行为能力和责任能力。

（3）痕迹鉴定。包括对指纹、脚印、工具、枪弹、轮胎等痕迹进行鉴定，确认同一性。

（4）化学鉴定。目的在于确定毒物的化学性质和剂量，对人体的危害程度、伤害性质。

（5）会计鉴定。确定账目、表册是否真实，是否符合有关规定。

（6）文件书法鉴定。确定书写、签名是否伪造或同一。

（7）其他鉴定。解决案件中的其他专门性问题所进行的鉴定。比如建筑、交通运输、产品质量、物价、责任事故等方面的鉴定。

4. 鉴定意见的审查判断

（1）鉴定人的条件是否具备。鉴定人的鉴定活动应当以鉴定人符合条件具有资格为前提。如果鉴定人不符合条件，则鉴定意见必然无效。

（2）鉴定意见所依据的送检材料是否充分、真实。送检材料是鉴定的前提和对象，也是鉴定意见形成的基础，如果送检的材料不真实，那么，只能得出错误的鉴定意见。

（3）鉴定的设备是否先进，鉴定的方法是否科学。有些鉴定意见必须出自较先进的技术设备，有些鉴定意见在一般的设备上也能完成。除过先进的技术设备以外，鉴定的方法是否科学也同样重要，如违反操作规定或减少必要的环节，都可能导致错误的鉴定意见。

(4) 鉴定意见的依据是否科学。鉴定意见是以一定的科学成果为依据，鉴定意见的准确率受制于鉴定所依据的科技成果的科学性，同时审查鉴定意见的论据与结果之间有无矛盾。

(5) 综合全案证据进行审查、判断。对于鉴定意见，应当由法庭根据对鉴定意见的质证情况，并综合全案的其他证据进行认定。

5. 鉴定意见的作用

(1) 鉴定意见是揭示物品、痕迹证明价值的主要手段。

(2) 鉴定意见是解决专门问题的主要方法。

(3) 鉴定意见是审查和鉴别其他证据的重要方法。

七、勘验、检查、辨认、侦查实验等笔录

1. 勘验、检查、辨认、侦查实验等笔录的概念和特征

(1) 勘验、检查、辨认、侦查实验笔录的概念。

勘验、检查、辨认、侦查实验笔录，是指办案人员对与案件有关的场所、物品、人身进行勘验、检查、辨认或进行侦查实验时，所作的文字记载，并由勘验人员、检查人员、辨认人员、实验人员和现场见证人签名的一种书面文件。

勘验笔录是指公安司法人员在对与犯罪有关的场所、物品、痕迹、尸体等勘验检查中所做的记载，包括文字记录、绘图、照相、录像、模型等材料。勘验笔录可以分为现场勘验笔录、物证检验笔录、尸体检验笔录。

检查笔录是指公安司法人员为了确定被害人、犯罪嫌疑人和被告人的某些特征、伤害情况或者生理状态，而对他们的人身进行检验和观察后所作的记载。

辨认笔录是指犯罪嫌疑人、被害人、证人按照法定程序对可能与案件相关的人、物品、尸体或场所进行辨认时由公安、司法人员所作的记录。

侦查实验是指侦查人员在刑事诉讼过程中按照科学的方法和原则，在模拟案件原有条件的基础上所设计、实施的旨在查明与案件有关的事实的存在与发生的可能性或其状态及过程以及后果如何的一种专门性活动。

勘验、检查、辨认、侦查实验笔录由勘验人员、检查人员、辨认人员、实验人员和现场见证人签名的一种书面文件。

(2) 勘验、检查、辨认、侦查实验笔录的特征。

①具有客观性。勘验、检查、辨认、侦查实验笔录是现场物证、书证的固定保全，比较客观。

②具有综合性。勘验、检查、辨认、侦查实验笔录是现场全貌的反映，比较全面，综合性较强。

③证明具有间接性。勘验、检查、辨认、侦查实验笔录只是对物证的某些情况加以固

定，它本身不是物证，只是反映物证的一种方法。

④具有规范性。勘验、检查、辨认、侦查实验笔录需要由公安司法机关依照法定程序制作。

2. 勘验、检查、辨认、侦查实验笔录与相关证据的区别

（1）与物证的区别。

勘验、检查笔录虽然客观记载物证资料，但它只是反映物证和保全物证的一种方法，它是案件发生后由公安、司法人员制作的，它并不是物证本身。物证是在案件发生过程中使用的物品或形成的痕迹。

（2）与书证的比较。

勘验、检查笔录虽然和书证一样，都是以其内容来证明案件事实的书面材料。但是，两者形成的时间和提供的主体是完全不一样的。勘验、检查笔录是办案人员在案发后制作的。书证是在案件发生前或发生过程中形成的，一般由证人、被害人、犯罪嫌疑人、被告人提供。故与勘验、检查笔录之间存在本质差别。

（3）与鉴定意见的比较。

勘验、检查笔录是办案人员依据职权，凭借自己感官的感觉（视觉、听觉、嗅觉、味觉和触觉），直接感知被验证对象而形成的一定的认识，是就观察所见而作出的如实记录。鉴定意见是鉴定人运用自己的专门知识和技能，凭借科学仪器和设备，分析研究案内有关专门性问题的结果。它的产生所依靠的是鉴定人；所依据的是科学技术方法；所表述的是其判断意见。

3. 勘验、检查、辨认、侦查实验等笔录的种类和制作程序

（1）勘验、检查、辨认、侦查实验笔录的种类。

①现场勘验笔录。一般包括现场笔录、现场照相和现场绘图。

②物证检验笔录。记载勘验时所见物品的性质、形状、位置和其他特征，对其拍照时应附照片。

③尸体检验笔录。它是验尸人员就检验尸体所见和提取何物而作的如实记录。

④人身检查笔录。人身检查笔录一般应包括检查的时间、地点，检查人员的姓名、职务，被检查人员的姓名、职业、住址，检查的内容和检查所见。在刑事被告人拒绝检查时，侦查人员或审判人员认为有必要的，予以强制检查，但应在笔录中写明。

⑤侦查实验笔录。侦查实验笔录一般包括，实验时间、地点、环境、条件、工具，实验的目的、批准实验的机关，指挥和参加实验人的姓名、职务、实验过程和结果等。

（2）勘验、检查、辨认、侦查实验等笔录的制作程序。

①由侦查、审判人员主持制作。

②邀请见证人见证。为了确保客观、公正地进行勘验、检查、辨认、侦查实验笔录的制作，应当邀请与案件无关的公民作见证人。

③应由勘验人等签字或盖章。《刑事诉讼法》第131条规定，勘验、检查的情况应当写成笔录，由参加勘验、检查的人和见证人签名或盖章。

4. 勘验、检查、辨认、侦查实验等笔录的审查判断

（1）审查认定勘验、检查、辨认、侦查实验等笔录的制作是否符合法定程序。主体是否符合法律规定，审查当时有无见证人在场，勘验人员和见证人是否在笔录上签名或盖章，现场笔录是否经过当事人核实，确认并签名或盖章。

（2）审查现场的保护情况。笔录所记载的现场情况、物品、痕迹等有无自然环境或人为环境的破坏，在人身特征或者生理状态上有无故意制造假象或者伪装假象的痕迹或情形。

（3）审查勘验、检查、辨认、侦查实验等笔录记载的内容是否具有客观性、完整性和准确性。

（4）审查勘验以及现场笔录的制作人的业务水平与工作态度如何。

八、视听资料

1. 视听资料的概念和特征

（1）视听资料的概念。

视听资料是指以录音、录像、电子计算机及其他电磁方式等现代技术手段记录存储的音像信息，从而证明案件事实的证据资料。

（2）视听资料的特征。

①形式多样，容量大、直观性强，客观实在，内容丰富；

②易于保存，占用空间少，传送和运输方便；

③可以反复重现，易于使用，审查核实时便于操作；

④同其他证据相比，由于客观性强，其准确性和可靠性比较大；

⑤存在被篡改、伪造变造的可能性；

⑥对技术要求高，伴随科技的进程而不断更新、变化。

2. 视听资料的种类

（1）录音资料。运用声学、电学、机械学等方面的科技，把演说、唱歌、爆炸、对话、自然声响和机械摩擦等声音如实记录，通过播放再现原来的声迹，以证明案件的真实情况。

（2）录像资料。通过运用光电效应和电磁转换的原理，将事物运动、发展、变化的客观真实情况录制下来，再经过播放，重新显示原始的形象，以证明案件的真实情况。具有准确、完整、连贯再现原状的特点。

（3）电子计算机存储资料。运用电子计算机的存储功能，将与犯罪有关的资料，编制成一定程序，输入存储器。

（4）运用专门技术设备得到的信息资料。操纵专门设备检测被检对象，通过机器显示出检测结果而得到的信息和数据，作为证明案件事实真相的科学依据。

3. 视听资料的审查、判断

（1）审查制作该资料的设备是否完善、正常，技术水平是否先进。

（2）审查该资料形成的时间、地点及其周围的环境。

（3）分析研究视听资料的内容。

（4）审查制作过程是否合法。

九、电子数据

1. 电子数据的概念和特征

（1）电子数据的概念。

电子数据是指以电子形式存在的，可以用于证明案件事实的一切材料及其衍生物。如电子邮件、网上聊天记录、电子签名、访问记录等电子形式的证据。

（2）电子数据的特点。

①非物质性和依赖性。电子数据的本身是电子数据，它的产生与重现必须依赖特定的电子介质，并不能直接为人所知。它不像传统书证、物证等证据不需要借助其他工具、设备，就可以直接被人们感知。虽然识别时可能会用到专业设备，但电子数据对运行环境的依赖程度很大，输入、存储、输出的全过程都必须借助一定的硬件设备和软件平台。

②高科技性。电子数据以电子设备为存储介质，许多电子设备都具有智能性，在自动设计后可以自动运行程序，并且自动生成电子数据，整个过程无须人工操作。

③脆弱性。电子数据不像书证不仅真实记录了签署人的笔迹和各种特征，而且还可以长久存储，由于依托于电子介质，容易因人为或环境因素而遭受毁损、修改、灭失。

④电子数据可承载数字信号和模拟信号。这是电子数据最基础、最本质的特征。波形或脉冲只有反映到电子数据这一载体上才有可能被识别，其他任何载体都不能承载能够被识别的数字信号和模拟信号。

⑤电子数据的信息与载体的可分离性。电子数据的载体包括芯片、软盘、硬盘、光盘、磁带、移动存储设备等，电子数据的信息以数字或模拟信号的形式存储在上述介质上。而传统书证、物证、证人证言等证据蕴涵的信息都与其载体密不可分，即使可以转移，从质和量上也会有所改变。电子数据所载的信息并不必然与特定的载体相连，不同的磁盘、光盘、磁带完全可以复制同一内容的电子信息。

⑥电子数据的可挽救性。电子数据的产生、保存和删除的操作就是对介质进行电、磁、光学处理，产生痕迹的过程。在某些情况下，计算机可以按照例行程序或特定软件来追踪和挽救一些信息。通过技术手段检测痕迹，恢复被删除、修改的文件。

⑦电子数据的表现形式具有多样性（并不是载体多种多样）。多媒体技术的出现，使电子数据可以以文本、图形、图像、动画、音频、视频等多种形式表现出来。这样，电子数据在形式上就几乎涵盖了我国现有的所有传统证据类型，并且随着科技的进步，电子数据的表现形式还在继续增多。

2. 电子数据的审查判断

（1）审查判断电子数据的真实性。

真实性和可靠性成为审查判断电子数据的重中之重。

（2）审查、判断电子数据的合法性。

合法性包括主体、程序、形式、内容等，其中程序合法是重点。

（3）审查判断收集调取电子数据的全面性。

3. 电子数据的意义

（1）电子数据容量大，内容丰富，为办案人员的侦破案件和定罪量刑等司法活动提供了必要的信息。

（2）电子数据的高度智能型态在一定程度上实现了取证自动化，弥补了传统侦查取证活动的不足，增强了办案人员的侦查能力。

（3）电子数据的表现形式具有较强的直观性，使用起来方便、快捷，有利于提高诉讼效力。

十、行政执法证据

1. 行政执法证据的概念与特征

（1）行政执法证据的概念。

行政执法证据是指行政机关在执法过程中收集、形成的证据。

（2）行政执法证据的特点。

①证据收集的主体是行政机关。这与刑事诉讼证据收集的主体公安机关、司法机关、当事人及其法定代理人明显不同。

②证据收集的程序是行政执法程序。刑事诉讼证据收集的程序是刑事诉讼程序，而行政执法程序是指我国《行政许可法》、《行政强制法》、《行政处罚法》、《治安管理处罚法》以及其他行政法所规定的行政执法程序。

③证据的种类多种多样。行政执法证据一般包括书证、物证、视听资料、证人证言、当事人陈述、鉴定结论、勘验笔录、现场笔录、电子数据以及公文书等。

④证据的真实性各有不同。行政执法证据由于其收集主体、程序、种类的多种多样，其在诉讼过程中没有预设的真实性，对其真实性仍然应进行审查判断。

⑤证据的合法性也有不同。行政执法证据在诉讼过程中因没有预设的合法性，因此对其合法性应进行审查判断。

2. 行政执法证据的审查判断

（1）审查证据的合法性。

审查行政执法证据的合法性主要是审查收集证据的主体、程序、证据的表现形式、构成要素是否合法以及进入诉讼过程是否合法。

（2）审查证据的真实性。

审查行政执法证据的真实性与审查其他诉讼证据的真实性基本相同，比如证据的来源、收集、形成、保管、移送是否有差错，是原物还是复印件，证据是否具有内在的一致性。

（3）审查特殊的证据。

在审查行政执法证据合法性和真实性过程中，还需注意以下特殊情形：

①关于实物证据，审查实物证据的复制件，一般要求与原件核对无误。

②关于言词证据。对于行政执法过程中的言词证据原则上重新收集。

③关于公文书。一般情况下，公文书的证明力大于其他书证，如果没有反证，原则上

可以认定公文书认定事实成立。但如果作为证明对象的事实与行政执法机关公文书记载的据以作出行政决定的事实重合，该公文书不能作为直接认定案件事实的证据使用，有关案件事实应当通过其他证据认定。

第三节　刑事诉讼证据的分类

一、证据分类的概念以及意义

1. 证据分类的概念

刑事证据的分类，是指学理上将刑事证据按照不同的标准从不同的角度所作的类别划分。

2. 证据分类的意义

（1）便于从理论上研究分析各类诉讼证据的特点、作用、规律和表现形式。

（2）便于从实践上提供理论指导，提高司法人员收集、固定、审查和运用证据的能力。

二、原始证据与传来证据

1. 划分标准以及概念

（1）划分标准，即证据的来源。

（2）概念。原始证据，又称原生证据，是指直接来源于案件事实或原始出处的证据；传来证据，指不是直接来源于案件事实或原始出处，而是在原始证据的基础上经过复制、复印、传转、转述等方式生成的证据。

（3）适用原则，应注意尽量不要使用传来证据。

2. 原始证据与传来证据的区分

（1）在有些情况下，证据虽然具有复制品的形式，但却属于原生证据。如：在诽谤案件中，作案人将手写或打印的诽谤信复印多份广为散发，那些复印的诽谤信虽为复制品，但属于原生证据。

（2）区分原生证据与派生证据还要看证据内容所要证明的案件事实。证明的对象或目的不同，证据的原生或派生属性也会有所不同。

3. 传来证据的适用

（1）没有正确来源或者来源不明的传说、文字材料，不能作为定案的根据。

（2）只有在原始证据不能取得或者取得确有困难时，才能用传来证据代替。

（3）应当收集和运用距原始证据时间最近的传来证据。

（4）如果案内只有传来证据而没有原始证据，不能认定犯罪嫌疑人、被告人有罪。

4. 传来证据的作用

（1）可以发现原始证据的线索。

（2）可以审查核实原始证据是否真实。

（3）可以加强原始证据的证明作用。

（4）在无法得到原始证据的情况下用以证明案件的事实和情节。

5. 传闻证据与传来证据的区别

（1）外延区别：传闻证据仅指传闻陈述，不含物证、书证、视听资料等；而传来证据则包含所有的“第二手资料”。

（2）内涵区别：传闻证据以审判为标准，凡在审判前和审判外取得的言词证据，只要未能在审判中以言词方式提出，均为传闻证据；而传来证据则以陈述人是否对案件事实亲身直接感知为标准。

（3）作用区别：传闻证据原则上不能作为定案根据；传来证据与原始证据都能作为定案根据，只是证明力之间有所差别。

三、言词证据与实物证据

1. 划分标准

根据证据的表现形式、存在状况、提供方式来划分。

2. 概念

（1）言词证据，是指以人的陈述为存在和表现形式的证据。

（2）实物证据，是指以实物形态为存在和表现形式的证据。

3. 特征

（1）言词证据。

①从动态上揭示案件发生的原因、过程和具体情节，达到生动和形象的效果，表述的案件事实更易为人们了解。

②言词证据经过人脑加工，由于每个人感受、记忆和表达能力的不同，呈现出易变性。

③言词证据因主体与案件的关系不同，可能影响其客观性和真实性。

（2）实物证据。

①实物证据是客观存在的，具有可见性。

②实物证据对案件事实反映是孤立的、静止的，反映的信息量少，很难直接揭示案件的整体发展过程。

③实物证据的证明力在很多情况下需要由具有专门技能和知识的人来揭示。

④实物证据因时间和客观情况的变化容易灭失或发生变异。

四、直接证据和间接证据

1. 划分标准

根据与案件主要事实之间的关联方式划分为直接证据和间接证据。

2. 概念

（1）直接证据，能够单独直接证明案件主要事实的证据。

（2）间接证据，不能单独直接证明案件主要事实的证据，而需要与其他证据结合才能证明案件主要事实的证据。

3. 直接证据具备的条件

（1）单独一个证据。

（2）能够证明案件的主要事实。

（3）证明方式是直接的、无需推理的过程。

4. 表现形式

（1）直接证据。

①犯罪嫌疑人、被告人所做的有罪供述；②被害人所做的能证明犯罪为何人所为的陈述；能证明某犯罪分子实施犯罪的证人证言；③能证明案件主要事实的书证；④能证明案件主要事实的音像证据。

（2）间接证据。

犯罪现场的指纹、脚印、各种作案工具以及留下的各种痕迹，一般情况下物证都是间接证据。

5. 特点

（1）直接证据：能够单独、直接证明案件主要事实的证据。

（2）间接证据：与案件主要事实的联系是间接的，只能证明案件主要事实的某个片段，运用间接证据证明案件主要事实，必须经过推理。

6. 完全运用间接证据必须遵守的原则

（1）必须审查每个间接证据是否具有客观性、相关性和合法性。

（2）必须审查各个间接证据之间是否形成一个完整的证据锁链。

（3）间接证据与案件事实之间，间接证据之间必须相互衔接，互相协调一致，互相印证没有矛盾。

（4）所有间接证据结合起来，必须足以排除其他可能性，得出的结论必须是唯一的。

五、有罪证据与无罪证据

1. 划分标准

根据证据对案件事实所起的证明作用不同。

2. 概念

有罪证据，是指能够证明犯罪事实存在，犯罪行为为犯罪嫌疑人、被告人所为的证据是有罪证据。

无罪证据，是指反驳控诉，即能够证明犯罪事实不存在，或者能够证明犯罪嫌疑人、被告人未实施犯罪行为的证据都是无罪的证据。

3. 无罪证据和有罪证据收集、使用时应注意的原则

（1）在证据的收集上，要坚持客观、全面的原则，既要收集同本案有关联的有罪证据，又要收集无罪证据。

（2）在证明标准和要求上，要注意有罪证据和无罪证据所固有的特征，只有达到确实、充分的证明要求和标准时才能否定对方。

（3）当有罪证据和无罪证据势均力敌时，只能按照“疑罪从无”的原则，宣告无罪。

第四节　刑事诉讼证明

一、刑事诉讼证明的概念与特征

1. 刑事诉讼证明的概念

刑事诉讼证明是指诉讼主体按照法定的程序和标准，运用已知的证据和事实认定案件事实的活动。

2. 特征

（1）证明主体的特定性。

证明主体至少需要满足以下三个条件：

①证明主体必须有自己的诉讼主张。只有提出了明确的诉讼主张，证明才能有针对性地进行，审判者才能明确审判的事项范围。

②证明主体必须实际承担提供证据证明自己所主张的事实成立的行为责任。在刑事诉讼中发现、收集和保全证据的各种诉讼行为。

③证明主体未能充分履行证明责任以说服事实裁判者相信其诉讼主张时，需要承担败诉或对其不利的诉讼后果。

（2）证明的对象是诉讼客体或案件事实。

案件事实是指法律规定司法机关为了正确作出裁判或者决定而必须查明的事实，是适用法律不可缺少的基础。

（3）诉讼证明必须按照法律规定的范围、程序和标准进行。

证明的主体、对象和标准由法律规定；证明主体所享有的权利和所应履行的义务由法律规定；证明责任如何分配，每个诉讼阶段取证的程序和需要到达的标准都由法律规定。

二、证明对象

1. 证明对象的概念

证明对象又称待证事实、要证事实，指刑事诉讼中需要证据加以证明的与刑事案件有关的各种问题，既包括需要证明的刑事案件的主要事实，也包括需要证明的与刑事案件有关的其他事实。

2. 证明对象的具体内容

（1）实体法事实。

①犯罪构成的要件事实，即五个“W”。

who—何人，犯罪的主体要件；

when—何时，犯罪的时间属于客观方面的要件；

where—何地，犯罪的地点属于客观方面的要件；

why—何因，犯罪的动机与目的，主观方面的要件；

what—何事，犯罪行为的表现方式，犯罪的客体。

除此之外还应包括：何种手段，何种危害后果。

②各种量刑事实。

是否具有法定或酌定的从重、从轻、减轻和免除刑事处罚的事实；

行为人的个人情况以及罪后表现。

（2）程序法事实。

①有关回避事实。

②对于某些犯罪嫌疑人、被告人是否应当采取强制措施。

③关于耽误诉讼期限是否有不能抗拒的原因和其他正当理由。

④有关审判组织组成的事实。

⑤证据合法性事实。

⑥司法机关侵犯犯罪嫌疑人、被告人等当事人诉讼权利的事实。

⑦是否有管辖权的事实。

⑧其他违反法定程序和公正审判的事实。

（3）排除违法性、可罚性和行为人刑事责任的事实。

①排除违法性的事实。某些行为在外观上类似犯罪行为，但由于客观条件和支配这些行为的目的、动机等主观意志具有正当性，刑法上明确规定这类行为不属于犯罪。

②排除可罚性的事实。某些行为已经发生，但并不产生相应的处罚责任。比如犯罪已过追诉时效，告诉才受理的犯罪，被害人没有告诉。

③排除或减轻刑事责任的事实。被告人未达法定的刑事责任年龄，或者行为人实施犯罪时，处于精神不正常的状态，对于他们所造成的危害结果，《刑法》规定不追究刑事责任或减轻刑事责任。

（4）与定罪量刑有关的其他事实。

①有关附带民事诉讼、涉案财物处理的事实；

②被告人在共同犯罪中的地位、作用。

三、证明责任与举证责任

1. 证明责任

（1）证明责任的概念。

证明责任，是指公安、司法机关依法承担的收集证据、审查证据、运用证据证明认定案件事实的义务，以及有关的国家司法机关或诉讼参与人依法承担的提供证据证明自己诉讼主张的义务。

（2）证明责任的分配。

①公诉案件证明责任的分配。

立案、侦查阶段，侦查机关负有证明责任。公安机关需要逮捕犯罪嫌疑人时，应当向人民检察院提供证据证明有犯罪事实发生。

审查起诉阶段，检察机关负有证明责任；人民检察院决定提起公诉时，有证据证明案件事实清楚、证据确实充分。

②自诉案件证明责任的分配。

在自诉案件中，证明被告人有罪的责任由自诉人承担。对于缺乏证据的案件，如果自诉人提不出补充证据，人民法院应当劝说自诉人撤回自诉或者裁定驳回起诉。

③不管是公诉案件还是自诉案件，被告人既不承担证明自己有罪的证明责任，也不承担自己无罪的证明责任，但在侦查阶段应当如实回答侦查人员的提问。

④证明责任倒置例外。

犯罪嫌疑人、被告人应当承担证明责任的情况：对于巨额财产来源不明罪，犯罪嫌疑人负有说明明显超过合法收入来源部分财产的来源责任，否则以巨额财产来源不明罪论处；自诉案件中，被告人提起反诉的，应当就反诉的事实和主张承担证明责任；非法持有属于国家绝密、机密文件、资料或其他物品，拒不说明来源与用途的，将以所持有的文件、资料、物品非法论处。

⑤人民法院不承担证明责任，但负有调查、核实证据中的疑问的责任。

⑥公安司法机关对有关程序事实负有证明责任。如公安机关没收取保候审保证金的，应当证明被取保候审人有违反《刑事诉讼法》第 69 条规定的行为。

⑦对某些程序事实，提出主张的诉讼当事人负有证明责任。如当事人根据《刑事诉讼法》第 29 条规定申请侦查人员、检察人员、审判人员回避的，必须说明理由并提供相应的证据。

2. 举证责任

（1）举证责任的概念。

举证责任是指刑事诉讼中的有关国家司法机关和诉讼参与人所负有的向法院提供证据以说明其诉讼主张成立的责任。举证责任是存在于审判阶段的法律责任。

（2）证明责任与举证责任的异同。

相同点：两者都是查明案件事实过程中的责任，都需要运用证据来完成；如果承担责任的主体在实践中没有完成证明或举证责任，都要承担一定的法律后果。

不同之处：

①证明责任只能由公安、司法机关承担，举证责任由检察机关承担，也可以由当事人承担。

②在侦查、起诉、审判阶段都有证明责任，举证责任只存在于审判阶段。

③在刑事诉讼中，证明责任由不同诉讼阶段对案件有处置权的公安、司法机关承担，而举证责任一般由控方来承担。

（3）举证责任承担的主体。

①公诉机关。在公诉案件中检察院是控诉职能的主要承担者，负有举证责任。

②自诉人。自诉人是自诉案件的原告，对其提起的自诉案件，负有举证责任。

③附带民事诉讼原告人。附带民事诉讼的原告在审判过程中，有权提出赔偿请求，对于其诉讼请求，负有举证责任。

四、证明标准

1. 证明标准的概念

证明标准又称为证明要求，是指公安、司法人员运用证据证明案件事实应达到的程度，即证据达到何种程度，方可进行诉讼活动或作出某种结论。

2. 各个诉讼阶段的证明标准

（1）立案的证明标准。“认为有犯罪事实，需要追究刑事责任”。这一证明标准是刑事诉讼中最低的证明标准。

（2）逮捕的证明标准。对有证据证明有犯罪事实，可能判处徒刑以上刑罚的犯罪嫌疑人、被告人，采取取保候审尚不足以防止发生社会危险性的，应当予以逮捕。逮捕的证明标准较立案的证明标准有所提高。

（3）移送审查起诉的证明标准。犯罪事实清楚，证据确实、充分，并且写出起诉意见书，连同案卷材料、证据一并移送同级人民检察院审查决定。”此时的“犯罪事实清楚，证据确实、充分”的判断主体是侦查机关，不具有实体判决的意义。

（4）提起公诉的证明标准。从我国《刑事诉讼法》的规定来看，提起公诉的证明标准与审查起诉的证明标准是相同的，都是“犯罪事实已经查清，证据确实、充分”。此时的“犯罪事实清楚，证据确实、充分”是检察机关单方面的认定。

（5）有罪判决的证明标准。案件事实清楚，证据确实、充分，依据法律认定被告人有罪的，应当作出有罪判决。《刑事诉讼法》第 53 条以及相关的法律规定“证据确实、充分”就是要达到：

①定罪量刑的事实都有证据证明。

②每一个定案的证据均已经法定程序查证属实。

③证据与证据之间、证据与案件事实之间不存在矛盾或者矛盾得以合理排除。

④共同犯罪案件中，被告人的地位、作用均已查清。

⑤根据证据认定案件事实的过程符合逻辑和经验规则，由证据得出的结论为唯一结论。以上五点必须同时具备，才能认为是达到了“犯罪事实清楚，证据确实、充分”的标准。

（6）死刑判决的证明标准。

①被指控的犯罪事实的发生。

②被告人实施了犯罪行为与被告人实施犯罪行为的时间、地点、手段、后果以及其他情节。

③影响被告人定罪的身份情况。

④被告人有刑事责任能力。

⑤被告人的罪过。

⑥是否共同犯罪及被告人在共同犯罪中的地位、作用。

⑦对被告人从重处罚的事实。

第五节　刑事证据规则

一、证据规则的概念和作用

1. 证据规则的概念

证据规则又称证据法则，是指为了规范刑事诉讼中证明活动而设定的，在诉讼证明过程中必须遵循的关于证据取舍和运用的法律规则，其目的是解决证据是否“合格”以及证明力的问题。

2. 证据规则的作用

（1）在诉讼活动中规范诉讼各方的取证和举证行为。

（2）在根据证据认定的事实时限制对证据的取舍。

二、非法证据排除规则

1. 非法证据排除规则的概述

（1）非法证据的概念。

非法证据就是违反法律规定的程序和方法所收集和提取的证据，又叫做瑕疵证据，这类证据要么收集的程序、手段非法，要么形式、主体非法。

（2）非法证据排除规则的含义。

非法证据排除规则是指对非法取得的供述与非法搜查和扣押取得的证据予以排除的规则统称。

（3）非法证据的范围。

①执法机关违反法定程序制作或调查收集的证据材料。

②执法机关在超越职权或滥用职权时制作或调查收集的证据材料。

③律师或当事人采取非法手段制作或调查收集的证据材料。

④执法机关以非法的证据材料为线索调查收集的其他证据。

2. 非法证据排除规则的法律规定

（1）确立了严禁非法取证的原则。《刑事诉讼法》第 50 条规定，严禁刑讯逼供和以威胁、引诱、欺骗以及其他非法方法收集证据，不得强迫任何人证实自己有罪。

（2）确立了排除非法收集证据的范围。《刑事诉讼法》第 54 条规定，采用刑讯逼供等非法方法收集的犯罪嫌疑人、被告人供述和采用暴力、威胁等非法方法收集的证人证言、被害人陈述，应当予以排除。收集物证、书证不符合法定程序，可能严重影响司法公正的，应当予以补正或者作出合理解释；不能补正或者作出合理解释的，对该证据应当予以排除。

（3）较详细规定排除非法证据的程序。《刑事诉讼法》第 54 条第 2 款规定，在侦查、审查起诉、审判时发现有应当排除的证据的，应当依法予以排除，不得作为起诉意见、起诉决定和判决的依据。第 56 条第 2 款规定，当事人及其辩护人、诉讼代理人有权申请人民法院对以非法方法收集的证据依法予以排除。

（4）规定非法证据排除的具体方法。《刑事诉讼法》第 55 条规定，人民检察院接到报案、控告、举报或者发现侦查人员以非法方法收集证据的，应当进行调查核实。对于确有以非法方法收集证据情形的，应当提出纠正意见；构成犯罪的，依法追究刑事责任。第 56 条第 1 款规定，法庭审理过程中，审判人员认为可能存在本法第五十四条规定的以非法方法收集证据情形的，应当对证据收集的合法性进行法庭调查。第 57 条第 2 款规定，现有证据材料不能证明证据收集的合法性的，人民检察院可以提请人民法院通知有关侦查人员或者其他人员出庭说明情况；人民法院可以通知有关侦查人员或者其他人员出庭说明情况。有关侦查人员或者其他人员也可以要求出庭说明情况。经人民法院通知，有关人员应当出庭。第 59 条规定法庭查明证人有意作伪证或者隐匿罪证的时候，应当依法处理。

（5）规定了非法证据的效力。在侦查、审查起诉、审判时发现有应当排除的证据的，应当依法予以排除，不得作为起诉意见、起诉决定和判决的依据。

3. 司法实践对非法证据的处理

（1）绝对排除法，非法方法收集的犯罪嫌疑人、被告人供述和采用暴力、威胁等非法方法收集的证人证言、被害人陈述，应当予以排除。

（2）裁量排除法，即法官自由裁量。收集物证、书证不符合法定程序，可能严重影响司法公正的，应当予以补正或者作出合理解释；不能补正或者作出合理解释的，对该证据应当予以排除。

三、口供自愿性规则

1. 口供自愿性规则的含义

口供自愿性规则也称自白任意性规则，自白任意性规则要求，凡是通过违法或不恰当的方式取得的并非出于陈述人自由意志的自白应当绝对排除。

2. 刑事诉讼法对口供自愿性规则的规定

《刑事诉讼法》第 50 条规定，不得强迫任何人证实自己有罪。

3. 刑事诉讼法有关口供自愿性规则的保障

《刑事诉讼法》第 121 条规定，侦查人员在讯问犯罪嫌疑人的时候，可以对讯问过程进行录音或者录像；对于可能判处无期徒刑、死刑的案件或者其他重大犯罪案件，应当对讯问过程进行录音或者录像。

4. 行使不被强迫自证其罪的权利最常见的方式是运用沉默权和供述自愿规则

四、口供补强规则

1. 补强证据的概述

（1）补强证据的概念。

补强证据又称佐证，是指某一证据能够证明案件事实，不能单独作为认定案件事实依据，必须有其他证据补强其证明力的情况下，才能作为定案根据的证据。补强证据虽不能单独作为认定案件事实的依据，但可用来证明主要证据的可靠性，增强或保证主要证据的证明力。

（2）补强证据要具备的条件。

①要是法定的证据，要具备法定的证据资格。作为补强证据的证据同样需要具有证据的"三性"，即客观性、关联性和合法性。

②证据要可信。不可信的证据不可能成为补强证据，也不可能要求补强。

③证据要充分。要能与其他证据相结合后认定案件的真实情况。

2. 补强证据规则的概念和依据

（1）补强证据规则的概念。

补强证据规则是指某一证据由于其存在证据资格或证据形式上的某些瑕疵或弱点，不能单独作为认定案件事实的依据，必须依靠其他证据的佐证，借以证明其真实性或补强其证据价值，才能作为定案依据的证据规则。补强证据规则就是一项限定证据证明力的规则，要求对特定证据进行补强，否则不能进行直接定案。

（2）补强证据规则的依据。

关于口供补强的法律依据。《刑事诉讼法》第53条规定，对一切案件的判处都要重证据，重调查研究，不轻信口供。只有被告人供述，没有其他证据的，不能认定被告人有罪和处以刑罚。

3. 口供补强规则的适用

（1）口供补强规则的适用条件。

①某一证据已具证据能力，这是前提。

②某一证据的品质有弱点，这是基础。

③该弱点足以严重影响证据的证明力，这是关键。

④要克服该证据的弱点，必须补充一定数量的其他证据补强其证明力。

（2）需要补强的口供种类。

①形式上只有被告人供述的情形，一般以为属于任意补强的范围。

②对于实质上只有被告人供述的情形，因涉及刑讯逼供及诱供等非法言词证据排除的问题，所以复杂得多。

（3）需要补强的内容。

①存在被指控的犯罪的。

②被指控的罪行是由于某人的犯罪行为造成的。

③被告人就是实施罪行的那个人。

(4) 口供补强证据应达到的标准。

①除口供本身之外的补强证据应能够达到排除合理怀疑的证明程度；

②口供与其他补强证据共同达到排除合理怀疑的程度；

③口供补强证据既然是证据，就必须符合证据的三性原则，即真实性、合法性、关联性。

(5) 口供补强规则不同案件情形的适用。

①补强证据规则对单一犯罪的嫌疑人、被告人的自白的适用。

②补强证据规则对共同犯罪中被告人自白的适用。

五、最佳证据规则

1. 最佳证据规则的概念

最佳证据规则是指某一特定的有关案件的事实，只能采用能够寻找到的最为令人信服的和最有说服力的最佳证据方式予以证明。最佳证据规则主要局限于物证和书证领域。

2. 最佳证据规则的法律规定

《最高人民法院关于适用〈中华人民共和国刑事诉讼法〉的解释》第70条规定，据以定案的物证应当是原物。第71条规定，据以定案的书证应当是原件。

六、传闻证据规则

1. 传闻证据的概述

(1) 传闻证据的概念。

传闻证据是指陈述在法庭以外，就自己所感知的案件事实所作的陈述或者由他人制作的讯问笔录，或者由他人在法庭上所作的转述，用于证明案件事实的真实性的一种口头或者书面的意思表示，或者有意地带有某种意思表示的非语言行为。

(2) 传闻证据的特征。

首先，传闻证据的主体是证人。其次，传闻证据的形式可以是口头的或书面的陈述。第三，传闻证据是在法庭上提出法庭外的人作出的意思表示。最后，提出传闻证据的目的是为了证明其主张事实的陈述。

(3) 传闻证据的构成。

传闻证据的形成过程涉及两个主体——原陈述人和证人，涉及两个环节——原陈述人在庭外对事实的感知和陈述，以及法庭上的证人对前者陈述的转述。

(4) 传闻证据的分类。

①当庭作证时证人以外的人所做的明示或默示主张。

②向法庭提出的书证之中所包含的主张。

2. 传闻证据规则

(1) 传闻证据规则的概念。

传闻证据规则是指非证人直接陈述以及无法质证的证言不得作为证据使用的证据规

则，它是英美证据法中最重要的证据规则之一。

（2）传闻证据规则的理由。

①由于证据材料受到了不适当的主观倾向的污染，存在着复述不准确或伪造的可能。

②传闻证据是未经宣誓提出的，又不受交叉询问，其真实性无法证实。

③传闻证据并非在裁判官前陈述的，违背了直接言词原则。

（3）传闻证据的例外。

①先前证词。

②死者生前所作的陈述。

③对己不利的陈述。

④公共文件。

⑤视听资料。

⑥心理状态的例外。

（4）我国《刑事诉讼法》关于传闻证据规则的规定。

《刑事诉讼法》第 59 条规定，证人证言必须在法庭上经过公诉人、被害人和被告人、辩护人双方质证并且查实以后，才能作为定案的根据。第 187 条第 1 款规定，公诉人、当事人或者辩护人、诉讼代理人对证人证言有异议，且该证人证言对案件定罪量刑有重大影响，人民法院认为证人有必要出庭作证的，证人应当出庭作证。

七、意见证据规则

1. 意见证据的概念

意见证据是指证人陈述其从观察到的事实中所得出的推论。意见证据包括普通证人意见和专家证人意见（或称鉴定人意见）。

2. 意见证据规则

（1）意见证据规则的概念。

意见证据规则是指证人作证只能陈述自己体验的过去的事实，而不能将自己的判断意见和推测作为证言的内容的一种证据规则。

（2）意见证据规则的理论依据。

①认定事实、作出判断系法官职责所在，证人发表意见侵犯了执法机关的职权。

②证人发表意见有可能对案件事实的认定产生误导，消除意见证据符合证人证言的根本属性，即对案件事实的客观陈述。

③普通证人缺乏发表意见所需要的专门性知识或者基本的技能训练与经验。

④普通证人的意见证据对案件事实的认定没有价值，证人的职责只是把事实提供给法院，而不是发表对该事实的意见。

（3）意见证据规则的例外。

①不可能以其他方式表达的例外；

②专家证言。

（4）我国的有关法律对意见证据规则的规定。

最高人民法院、最高人民检察院、公安部、国家安全部、司法部联合发布的《关于办理死刑案件审查判断证据若干问题的规定》第 12 条第 3 款、第 23 条、第 24 对作为普通证人的意见证据和专家证人的鉴定意见的审查，作了较为详细的规定。

八、推定及司法认知规则

1. 推定的概念和分类

推定是一种非证据证明的方法，是司法机关依据法律或已证明的事实来推论待证事实的存在与否的一种假设。推定可以分为法律推定和事实推定。

2. 司法认知的概念以及范围

（1）司法认知的概念。

司法认知，也称审判上的认知，是指法院以宣告的形式直接认定某一个事实的真实性，以消除当事人无谓的争议，确保审判顺利进行的一种诉讼证明方式。

（2）司法认知的范围。

司法认知包括绝对推定和可反驳推定。

九、证据出示规则

1. 证据出示规则的概念

证据出示规则是指控辩双方在庭审前按照一定的程序和方式相互展示其掌握的诉讼证据材料的一项规则。

2. 我国《刑事诉讼法》关于证据出示规则的规定

《刑事诉讼法》第 38 条规定，辩护律师自人民检察院对案件审查起诉之日起，可以查阅、摘抄、复制本案的案卷材料。其他辩护人经人民法院、人民检察院许可，也可以查阅、摘抄、复制上述材料。《最高人民法院关于适用〈中华人民共和国刑事诉讼法〉的解释》第 47 条规定，辩护律师可以查阅、摘抄、复制案卷材料。其他辩护人经人民法院许可，也可以查阅、摘抄、复制案卷材料。

【导例评析】

首先，童某的口供不能作为证据采信。因为童某的口供是在刑讯逼供的情况下作出的，刑讯逼供是我国法律明文禁止的非法收集证据的方法之一，所以童某的口供不符合证据基本特征中的合法性。

其次，刘某的证言可以作为证据。尽管刘某通过自己的主观判断认为童某是杀人凶手，所陈述的证言具有主观性，但就刘某的证言最少能够证明童某有杀人动机而言，刘某的证言仍符合证据的三个基本特征，包括证据的客观性特征。事实上，任何证据在具有客观性的同时，也一定具有主观性。因为证据是客观和主观的统一。任何证据要发挥其证明作用，都必须经过人的主观认识来加以推理，所以童某的口供不能作为证据采信，而刘某的证言可以作为证据采信。

【实务训练】

2009年7月13日凌晨，在杭州肖山公路上，发生了一起交通肇事案，事故现场有被害人的尸体和被害人骑的摩托车，尸体旁边有被害人的血迹。尸体不远处有汽车急刹车留下的摩擦痕迹。被害人手腕上的手表已被摔坏，时针指在3点50分。侦查人员对现场进行了勘验，拍摄了一张现场全景照片。法医鉴定意见为被害人是被汽车撞击而死。有妇女张某对侦查人员说，她丈夫告诉她，事故发生时，他行走在离事故现场50米处，目击一辆解放牌大卡车撞倒被害人后逃离而去。事故现场不远处有里程碑记明事故发生地距肖山15公里。肖山市交通管理局查明，3点50分左右曾有二辆解放牌大卡车经过事故现场处。其中有一辆是肖山某厂的车辆。经侦查人员查看，该车上有一处漆皮新脱落的痕迹。厂调度证明司机刘某13日早晨3点55分回厂。侦查人员询问刘某和与司机同车的赵某，两人均否认他们当天早上发生过交通肇事。

问：上述案例中哪些内容可以作为证据？分别属于何种法定证据？上述案例的证据哪些属于直接证据？哪些属于间接证据？哪些属于原始证据？哪些属于传来证据？哪些属于言词证据？哪些属于实物证据？哪些属于有罪证据？哪些属于无罪证据？

资料来源：电大证据法练习册，39页。

【评析】

根据《刑事诉讼法》第48条规定，可以用于证明案件事实的材料，都是证据。证据包括：(一) 物证；(二) 书证；(三) 证人证言；(四) 被害人陈述；(五) 犯罪嫌疑人、被告人供述和辩解；(六) 鉴定意见；(七) 勘验、检查、辨认、侦查实验等笔录；(八) 视听资料、电子数据。

本案可以作为证据以及法定的证据种类的有物证，其中包括被害人的尸体；被害人的摩托车；尸体旁被害人的血迹；汽车急刹车的留下的摩擦痕迹；被害人的手表；解放牌大卡车；解放牌大卡车漆皮新脱落的痕迹。还有书证，其中包括时针指在3点50分的手表；事故现场不远处有里程碑。

和勘验、检查、侦查实验笔录如侦查人员拍摄的现场全景照片。

以及法医鉴定意见。和证人证言如妇女张某的证言，厂调度的证言，与司机同车的赵某的辩解。

最后还有犯罪嫌疑人被告人的供述与辩解如司机刘某的辩解。

本案中的直接证据有：妇女张某的证言；与司机同车的赵某的辩解；司机刘某辩解。

间接证据：被害人的尸体；被害人的摩托车；尸体旁被害人的血迹；汽车急刹车的留下的摩擦痕迹；被害人的手表；解放牌大卡车；解放牌大卡车漆皮新脱落的痕迹；时针指

在3点50分的手表；事故现场不远处的里程碑；侦查人员拍摄的现场全景照片；法医鉴定意见；厂调度的证言。

原始证据是指直接来源于案件事实或原始出处的证据；传来证据是指不是直接来源于案件事实或原始出处，而是在原始证据的基础上经过复制、复印、传转、转述等方式生成的证据。

本案中原始证据有：被害人的尸体；被害人的摩托车；尸体旁被害人的血迹；汽车急刹车的留下的摩擦痕迹；被害人的手表；解放牌大卡车；解放牌大卡车漆皮新脱落的痕迹；时针指在3点50分的手表；事故现场不远处有里程碑；侦查人员拍摄的现场全景照片；法医鉴定意见；与司机同车的赵某的辩解；司机刘某的辩解；厂调度的证言。

传来证据：妇女张某的证言。

言词证据，是指以人的陈述为存在和表现形式的证据；实物证据，是指以实物形态为存在和表现形式的证据。如：物证、书证、音像证据、勘验、检查、辨认侦查实验笔录等。

本案中的言词证据包括妇女张某的证言，法医鉴定意见，与司机同车的赵某的辩解，司机刘某辩解，厂调度的证言。

实物证据：被害人的尸体；被害人的摩托车；尸体旁被害人的血迹；汽车急刹车留下的摩擦痕迹；被害人的手表；解放牌大卡车；解放牌大卡车漆皮新脱落的痕迹；时针指在3点50分的手表；事故现场不远处的里程碑；侦查人员拍摄的现场全景照片。

有罪证据，是指能够证明犯罪事实存在，犯罪行为为犯罪嫌疑人、被告人所为的证据是有罪证据；无罪证据，是指反驳控诉，即能够证明犯罪事实不存在，或者能够证明犯罪嫌疑人、被告人未实施犯罪行为的证据都是无罪的证据。

本案中的有罪证据：被害人的尸体；被害人的摩托车；尸体旁被害人的血迹；汽车急刹车的留下的摩擦痕迹；被害人的手表；妇女张某的证言；解放牌大卡车；解放牌大卡车漆皮新脱落的痕迹；时针指在3点50分的手表；事故现场不远处有里程碑；侦查人员拍摄的现场全景照片；法医鉴定意见；厂调度的证言。

无罪证据：与司机同车的赵某的辩解；司机刘某的辩解。

【司考真题】

1. 甲的故意杀人案件中，公安机关在侦查过程中除了其他证据外，还收集到了下列材料，如果要认定甲犯有故意杀人罪，这些材料中哪些不具备证据的相关性特征？（　　）(2003/二/53/多选)

A. 甲写给被害人的恐吓信

B. 甲在10年以前曾采用过与本案相同的手段实施过杀人行为（未遂，被判过刑）

C. 甲吃、喝、嫖、赌，道德品质败坏

D. 甲的情妇证明，在本案的作案时间中，甲曾与她一起在某电影院看电影，电影的名字是《泰坦尼克号》

2. 张某、李某共同抢劫被抓获。张某下列哪一陈述属于证人证言？（　　）（2009/一/24/单选）

A. 我确实参加了抢劫银行

B. 李某逼我去抢的

C. 李某策划了整个抢劫，抢的钱他拿走了一大半

D. 李某在这次抢劫前还杀了赵某

3. 关于我国刑事诉讼中证明责任的分担，下列说法正确的是（　　）。（2005/二/97/不定项）

A. 犯罪嫌疑人应当如实回答侦查人员的提问，承担证明自己无罪的责任

B. 自诉人对其控诉承担提供证据予以证明的责任

C. 律师进行无罪辩护时必须承担提供证据证明其主张成立的责任

D. 在巨额财产来源不明案中，检察机关应当证明国家工作人员的财产明显超过合法收入且差额巨大这一事实的存在

4. 甲致乙重伤，收集到下列证据，其中既属于直接证据，又属于原始证据的是哪一项？（　　）（2008/二/35/单选）

A. 有被害人血迹的匕首

B. 证人看到甲身上有血迹，从现场走出的证言

C. 匕首上留下的指印与甲的指纹同一的鉴定结论

D. 乙对甲伤害自己过程的陈述

【拓展与反思】

美国非法证据排除规则概述

一、美国非法证据排除规则的确立

美国非法证据排除规则的确立可以追溯到19世纪末和20世纪初，距今约百年时间。美国确立非法证据排除规则主要的根据是美国宪法前十条修正案，即《权利法案》。但《权利法案》在1791年通过之后的一百年间，人们并没有把法案中规定的人权以及违反这些权利收集证据的现象与证据的可采性联系起来，更没有确立非法证据排除规则。直到《权利法案》通过百年之后，美国联邦最高法院才根据《权利法案》的有关条款以判例形式确立了非法证据排除规则。

二、非法证据排除规则的特征

(1) 通过宪法予以保证。宪法作为国家的根本大法，效力层次最高，把非法证据排除规则规定在宪法中，提高非法证据排除规则在国家法律体系中的地位，增强了其在司法实践中的权威性，能够有助于非法证据排除规则在司法实践中彻底的贯彻实施。

(2) 扩大非法证据的范围。非法证据的扩大虽然会导致一些罪犯因证据排除而无法被追究，但却最大限度的减少了冤假错案的发生，更加充分保障了当事人的合法的人身权

利，规范了侦查人员在侦查过程中的取证方法。

(3) 在证据排除时遵循原则性与灵活性的统一。对例外情形的规定既在一定程度规范了侦查人员的取证行为，也为一些特殊情况、紧急情况留有回旋的余地，使非法证据排除规则在司法实践的过程中贯彻实施更具灵活性。

(4) 建立"毒树之果"理论。该理论使侦查人员在侦查的起始阶段就开始注重程序的合法化。

三、非法证据排除规则的内容

1. 非法取得的言词证据的排除

美国联邦宪法修正案第五条规定，任何人不得在任何刑事案中被自证其罪：不经正当法律程序，被剥夺生命、自由或财产。非法取得的言词就是指违反这条规定而取得的被告人陈述。

不得自证其罪是英美法系对抗诉讼中当事人的重要权利，被诉人的犯罪承认、供述都有可能是在侦查人员违背本人意思的强制下取得的，如强迫、引诱、威胁等非法手段都会致非法言词证据的产生。

非自愿自白排除规则是非法言词证据排除规则的核心，其宗旨在于保证自白的自愿性。根据这条原则，美国联邦最高法院通过了保障自白自愿的规则，最典型的是米兰达规则，开创了对犯罪嫌疑人在第一次讯问时必须明确给出米兰达警告的先例。这一判例具有重大意义，一方面，把不得强迫自证其罪纳入非法证据排除规则的范围；另一方面，进一步明确了什么情况构成"非自愿"，即要在完全了解自己的个人权利的情况下所做出的陈述才是"自愿的"。

2. 对"毒树之果"证据的排除

"毒树之果"，是指由任何非法行为或非法证据间接取得的证据。"毒树之果"规则在美国的确立，标志着美国非法证据制度规则达到了顶峰。按照这一规则，无论是直接或是间接获得的证据，都不能在审判中采纳，因为他们都是"有毒的树结出来的果实"，只要树有毒，则果也一定有毒，就都不能食用。这是一种严格形式的非法证据排除规则。

3. 非法证据排除规则的例外

美国联邦最高法院采纳非法证据排除规则的同时，也注意到该理论对刑事诉讼控制犯罪、维护社会治安造成一些负面的影响，以下情形可作为非法证据排除规则的例外：独立来源的例外，联邦最高法院认为，虽有违法搜查、逮捕或扣押的行为在先，但如果警察机关能够证明其后所得的证据与上述行为无关，而是经过其他独立的来源收集的，则该证据可以作为定罪的证据；善意例外，即非法证据排除规则不要求禁止使用警察善意地信赖表面有效而随后被认定为有缺陷的搜查证发现的证据；必然发现的例外，该例外主要针对的是武器或尸体等证据，它是指虽然警察通过非法的手段取得证据，但如果能够证明通过旧途径的合法行为，该证据也必然能够发现，则该证据可以不排除而为法庭采纳。

第九章　强制措施

【导读案例】 张某因犯强奸罪在假释期间，又实施抢劫，在逃跑时被群众扭送到当地派出所。派出所民警王某和侯某在调查取证后，认为张某能主动承认自己实施了抢劫行为，于是决定对张某予以取保候审，并由张某的朋友李某（无固定收入）为保证人。

问： 派出所民警王某和侯某能否对张某决定取保候审？对张某采取取保候审是否恰当？如取保候审，李某是否可以作为保证人？

资料来源：汪红军：法律适用典型案例，155页。

【重点、难点】 强制措施的特点；强制措施与刑罚和行政处罚的区别；被取保候审人和监视居住人应当遵守的法律规定；拘留和逮捕的适用条件、拘留和逮捕的程序。

第一节　强制措施概述

一、强制措施的概念、特点和意义

1. 强制措施的概念

刑事诉讼中的强制措施，又称为人身强制措施，是指公安机关、人民检察院和人民法院等司法机关为了保证刑事诉讼活动的顺利进行，依法对犯罪嫌疑人、被告人所采用的强制性暂时限制或者剥夺人身自由的各种方法。

我国《刑事诉讼法》规定的强制措施有五种，按照强制力度从轻到重的顺序依次排列为：拘传、取保候审、监视居住、拘留、逮捕。

2. 刑事诉讼强制措施的特点

（1）适用主体的特定性。有权适用强制措施的主体是公安机关（包括其他侦查机关，如国家安全机关、监狱的狱内侦查机关、军队内部的保卫机关、走私犯罪侦查机关等）、人民检察院和人民法院，具有强制性。

（2）适用对象的特定性。强制措施适用的对象是犯罪嫌疑人、被告人。

（3）处分内容为人身自由。限制或者剥夺的是人身自由，而不包括对物的处分。

（4）适用的法定性。《刑事诉讼法》对强制措施种类、条件、适用对象和程序都作了明确规定。

（5）适用时间上的暂时性。强制措施是一种暂时性措施，一经采用并非一成不变，随着期限届满或根据办案进展情况可予以变更或者撤销，不得任意延长，以免侵犯公民的人身权利。

（6）适用目的的预防性。强制措施的性质是预防性措施，而不是惩戒性措施。

（7）适用内容的强制性。强制措施是对犯罪嫌疑人或被告人人身自由的强制剥夺或限制。对公安司法机关依照法定程序采取强制措施的，犯罪嫌疑人、被告人以及其他任何人不得抗拒。

3. 强制措施具有的重要意义

（1）可以有效防止犯罪嫌疑人、被告人逃避侦查、起诉和审判活动。

（2）可以有效防止犯罪嫌疑人或被告人相互串供、毁灭证据或伪造证据等妨害查明案件事实的行为发生，从而保证公安等司法机关能够准确、及时、顺利地收集证据，排除障碍，保证刑事诉讼活动的顺利进行。

（3）可以有效防止犯罪嫌疑人或被告人继续进行犯罪，危害社会。

（4）可以有效防止犯罪嫌疑人、被告人发生人身危险行为，避免其自杀、自残或发生其他意外事件，使其无法逃避法律的追究。

（5）可以警戒和教育潜在的犯罪分子，防止其以身试法，对于预防犯罪、减少犯罪以及鼓励人民群众同犯罪作斗争具有重要意义。

二、强制措施与相关概念的区别

1. 强制措施与刑罚的区别

（1）法律性质不同。强制措施是刑事诉讼过程中为了保障诉讼活动顺利进行的暂时性限制人身自由的方法，属于程序保全性的预防性措施；刑罚是对刑事责任已确定的犯罪分子采取的处罚方法，有惩罚和教育改造罪犯的作用，具有惩罚性。

（2）适用的目的不同。适用强制措施的目的在于保障侦查、起诉和审判的顺利进行，具有程序上的保障和防范作用；刑罚是对已经确定为罪犯的犯罪分子的处罚，是为了惩罚和改造犯罪分子防止再犯罪以及警戒社会上可能犯罪的人。

（3）适用的对象不同。强制措施适用于被公安司法机关追诉但没有被人民法院确定为有罪的犯罪嫌疑人、被告人；刑罚只能适用于经人民法院审判确定为有罪的人。

（4）有权适用的机关不同。在刑事诉讼中，有权采取强制措的机关有公安机关、人民检察院和人民法院；有权对犯罪分子适用刑罚的机关只能是人民法院。

（5）法律依据不同。适用强制措施依据的主要是《刑事诉讼法》；适用刑罚则以《刑法》为依据。

（6）适用的时间不同。强制措施适用于自刑事诉讼开始到判决发生法律效力交付执行前的全过程；刑罚是在人民法院作出确定判决之后适用。

（7）种类不同。刑事诉讼强制措施的种类有：拘传、取保候审、监视居住、拘留、逮捕；刑罚的种类有主刑：管制、拘役、有期徒刑、无期徒刑和死刑五种，附加刑：罚金、剥夺政治权利和没收财产三种。

2. 强制措施与行政处罚的区别

（1）法律性质不同。强制措施是诉讼过程中的程序性保障措施；行政处罚是实体上的行政制裁，是行政机关对违反行政管理秩序的公民、法人或其他组织给予的行政制裁。

（2）适用对象不同。强制措施适用于被追诉的犯罪嫌疑人、被告人或者现行犯；行政处罚适用于违反行政法律的公民、法人和其他组织。

（3）有权适用的机关不同。有权采取强制措施的主体是公安司法机关；行政处罚只能由国家行政机关行使。

（4）法律依据不同。刑事诉讼强制措施依据的是《刑事诉讼法》；行政处罚主要依据的是《行政处罚法》。

（5）稳定性不同。刑事诉讼强制措施根据实际情况可以变更或撤销；行政处罚非经法定程序通常不能变更。

（6）适用种类不同。刑事诉讼强制措施有五种；行政处罚的种类包括：警告，罚款，没收违法所得、没收非法财物，责令停产停业，暂扣或者吊销许可证、暂扣或者吊销执照，行政拘留以及法律、行政法规规定的其他行政处罚。

3. 强制措施与扭送

（1）相关条文规定。

《刑事诉讼法》第 82 条规定，对于具有下列情形的人，任何公民都可以立即扭送公安机关、人民检察院或者人民法院处理：①正在实行犯罪或者在犯罪后即时被发觉的；②通缉在案的；③越狱逃跑的；④正在被追捕的。

（2）公民扭送与强制措施的区别。

①性质不同。刑事诉讼强制措施是公安司法机关的诉讼行为；公民扭送不具有诉讼性质，而是我国法律赋予公民同犯罪分子作斗争的一种权利。

②主体不同。刑事诉讼强制措施只能由公、检、法机关行使；扭送行为，任何公民都可以实行。

③立法目的不同。刑事诉讼强制措施的目的在于保障刑事诉讼的顺利进行；扭送是立法上的目的在于鼓励和调动公民同犯罪作斗争的积极性，促进社会治安状况的根本好转。

三、适用强制措施的原则

1. 合法性原则

作为刑事诉讼强制措施，剥夺个人自由至少应当有两类法律根据：第一类是采用剥夺自由的实体要件，第二类是程序要件。各种强制措施的采用，必须严格按照法律规定的批准权限、适用对象、条件、程序和期限适用。

2. 必要性原则

各种强制措施，只有在为保证刑事诉讼的顺利进行而有必要时才能采取，不得随意适用强制措施，更不能将强制措施作为一种处罚予以适用。

3. 相当性原则

相当性原则又称比例性原则，即适用何种强制措施，要与行为人的人身危险性程度和犯罪的轻重程度相适应。

4. 变更性原则

任何强制措施，随着诉讼的进展和案情的变化要及时进行变更或解除。

5. 人道主义原则

对于被采取强制措施限制自由的人不得虐待，而应当给予人道主义待遇。同时还应考虑犯罪嫌疑人、被告人的个人情况。如其身体健康状况，是否是正在怀孕、哺乳自己婴儿的妇女等，以确定是否对其采用强制措施和采用何种强制措施。

第二节　拘　传

一、拘传的概念和条件

1. 拘传的概念

拘传是指公安机关、人民检察院和人民法院对未被羁押的犯罪嫌疑人、被告人采取的强令其到指定的地点接受讯问的一种强制措施。与其他几种强制措施相比，拘传是强制性最轻的一种强制措施。

2. 拘传的条件

《刑事诉讼法》第 64 条和《公安机关办理刑事案件程序规定》第 74 条第 1 款规定，公安机关拘传犯罪嫌疑人有两种情况：一是根据案件情况的需要。因案件正在侦查，需要犯罪嫌疑人及时到案接受讯问，收集证据；或者为了防止犯罪嫌疑人毁灭证据、与他人互相串通、订立攻守同盟，阻挠或妨碍侦查活动而作出的拘传行为。二是经公安机关合法传唤，没有正当理由拒不到案的可以采取拘传措施。

二、拘传的程序

（1）决定拘传应当由县级以上公安机关负责人、人民检察院检察长或人民法院院长批准，并填写《拘传证》或者《拘传票》（法院称为《拘传票》）。《拘传证》填写的内容包括：被拘传人的姓名、性别、年龄、籍贯、住址、工作单位、拘传的理由等。

（2）拘传的执行。

①拘传应当由侦查人员或者司法警察执行。执行拘传的人员不得少于两人。

②拘传时，应当向被拘传人出示《拘传证》或《拘传票》，对抗拒拘传的人，可以使用械具，强制其到案。

③犯罪嫌疑人、被告人到案后，应当责令其在《拘传证》或《拘传票》上填写到案时间。

④讯问结束后，应当责令其在《拘传证》或《拘传票》上注明讯问结束的时间。拒绝填写的，由讯问人员在《拘传证》或《拘传票》上注明。

（3）拘传的次数与时间。《刑事诉讼法》第 117 条第 2 款规定，对犯罪嫌疑人、被告人的拘传次数，法律没有规定，由公、检、法机关根据具体情况掌握。但不得以连续拘传的方式变相拘禁被拘传人。拘传持续的期间不得超过十二小时，案情特别重大、复杂，需要采取拘留、逮捕措施的，经办案部门负责人批准，拘传持续的时间不得超过二十四小时。从被拘传者到案时开始计算。拘传期限届满，未作出采取其他强制措施决定的，应当立即结束传唤。如果需要，可再次拘传。

（4）关于拘传的地点。

《公安机关办理刑事案件程序规定》第 74 条第 1 款规定：拘传的地点，应在犯罪嫌疑人、被告人所在的市、县内的指定地点。《公安机关办理刑事案件程序规定》第 338 条规定，异地执行传唤、拘传，执行人员应当持传唤证、拘传证、办案协作函件和工作证件，与协作地县级以上公安机关联系，协作地公安机关应当协助将犯罪嫌疑人传唤、拘传到本市、县内的指定地点或者到犯罪嫌疑人的住处进行讯问。

（5）拘传的效力。公、检、法机关将犯罪嫌疑人、被告人拘传到案后，应当立即讯问。讯问结束后，应根据案件的情况作出不同的处理：认为依法应当限制或剥夺其人身自由的，可以采用其他相应的强制措施；认为不宜适用其他强制措施的，应立即释放，不得变相扣押。

注意：公检法三机关都有决定权和执行权的强制措施只有拘传一种，其他的都只能由公安机关执行；另外，公安机关还对拘留、取保候审和监视居住同时享有决定和执行权。

第三节　取保候审

一、取保候审的概念和条件

1. 取保候审的概念

取保候审是公安机关、人民检察院和人民法院对未被逮捕的犯罪嫌疑人、被告人，为防止其逃避侦查、起诉和审判，责令其提出保证人或者交纳保证金，保证随传随到的一种强制措施。取保候审的适用对象是犯罪嫌疑人、被告人。取保候审由公安机关执行。

2. 取保候审的条件

《刑事诉讼法》第 65 条以及相关的司法解释，人民法院、人民检察院和公安机关对有下列情形之一的犯罪嫌疑人、被告人，可以取保候审。

（1）可能判处管制、拘役或者独立适用附加刑的。

（2）可能判处有期徒刑以上刑罚，采取取保候审不致发生社会危险性的。

（3）患有严重疾病、生活不能自理，怀孕或者正在哺乳自己婴儿的妇女，采取取保候审不致发生社会危险性的。

（4）羁押期限届满，案件尚未办结，需要采取取保候审的。

（5）对已被依法拘留的犯罪嫌疑人，经过讯问、审查，认为需要逮捕但证据不足的。

（6）已被逮捕羁押的犯罪嫌疑人、被告人，在法定的侦查羁押、审查起诉、一审、二审期限内不能结案，采取取保候审方法没有社会危害性的。

（7）对持有有效护照或者其他有效出境证件，可能出境逃避侦查，但不需要逮捕的犯罪嫌疑人。

（8）公安机关提请批准逮捕后，检察机关不批准逮捕，需要复议、复核的，以及移送起诉后，检察机关决定不起诉，需要复议、复核的案件的犯罪嫌疑人，可以取保候审。

对累犯和犯罪集团的主犯，以自伤、自残办法逃避侦查的犯罪嫌疑人，严重暴力犯罪以及其他严重犯罪的犯罪嫌疑人不得取保候审，但犯罪嫌疑人具有《刑事诉讼法》第 65 条第 1 款第 3 项、第 4 项规定情形的除外。

二、取保候审的形式

《刑事诉讼法》第 66 条规定，对犯罪嫌疑人、被告人取保候审，应当责令犯罪嫌疑人、被告人提出保证人或者交纳保证金。对同一犯罪嫌疑人、被告人决定取保候审的，不能同时使用保证人保证和保证金保证。

1. 保证人保证

（1）保证人保证的概念。

保证人保证又称人保，是指公安机关、人民检察院、人民法院责令犯罪嫌疑人、被告人提出保证人并出具保证书，保证被保证人在取保候审期间不逃避和妨碍侦查、起诉和审判，并随传随到的保证方式。人保的保证责任由保证人承担。

（2）保证人保证的适用情形。

《最高人民法院关于适用〈中华人民共和国刑事诉讼法〉的解释》第117条规定，采取保证人保证的情形有三种：第一，无力交纳保证金的；第二，未成年人或者已满七十五周岁的；第三，其他不宜收取保证金的情形。

（3）保证人的条件以及相应的义务。

《刑事诉讼法》第67条的规定，保证人必须符合下列条件：①与本案无牵连。②有能力履行保证义务。③享有政治权利、人身自由未受到限制。④有固定的住处和收入。

根据《刑事诉讼法》第68条的规定，保证人应当履行以下义务：①监督被保证人履行法律规定的被取保候审期间的义务。②发现被保证人可能发生或者已经发生违反法律规定的行为时，应当及时向执行机关报告。被保证人有违反法律规定的行为，保证人未履行保证义务的，对保证人处以一千元以上二万元以下罚款，构成犯罪的，依法追究刑事责任。

2. 保证金保证

（1）保证金保证的概念。

保证金保证又称财产保，是指公安机关、人民检察院和人民法院责令犯罪嫌疑人、被告人交纳保证金并出具保证书，保证在取保候审期间，不逃避和妨碍侦查、起诉和审判，并随传随到的保证方式。

（2）保证金的数额和方式。

《刑事诉讼法》第70条第1款的规定，取保候审的决定机关应当综合考虑能否满足诉讼活动正常进行的需要，被取保候审人的社会危险性，案件的性质、情节，可能判处刑罚的轻重，被取保候审人的经济状况等情况，确定保证金的数额。

《公安机关办理刑事案件程序规定》第83条和第84条规定，犯罪嫌疑人的保证金起点数额为人民币一千元。县级以上公安机关应当在其指定的银行设立取保候审保证金专门账户，委托银行代为收取和保管保证金。提供保证金的人，应当一次性将保证金存入取保候审保证金专门账户。保证金应当以人民币交纳。《刑事诉讼法》第70条第2款规定，提供保证金的人应当将保证金存入执行机关指定银行的专门账户。最高人民检察院《人民检察院刑事诉讼规则》第90条规定，采取保证金担保方式的，人民检察院可以根据犯罪嫌疑人的社会危险性，案件的性质、情节、危害后果，可能判处刑罚的轻重，犯罪嫌疑人的经济状况等，责令犯罪嫌疑人交纳一千元以上的保证金，对于未成年犯罪嫌疑人可以责令交纳五百元以上的保证金。

三、被取保候审人应当遵守的规定和违反规定的责任

1.《刑事诉讼法》第69条规定了被取保候审的犯罪嫌疑人、被告人应当遵守的义务

(1) 未经执行机关批准不得离开所居住的市、县；

(2) 住址、工作单位和联系方式发生变动的，在二十四小时以内向执行机关报告；

(3) 在传讯的时候及时到案；

(4) 不得以任何形式干扰证人作证；

(5) 不得毁灭、伪造证据或者串供。

2. 人民法院、人民检察院和公安机关可以根据案件情况，责令被取保候审的犯罪嫌疑人、被告人遵守以下一项或者多项规定

(1) 不得进入特定的场所；

(2) 不得与特定的人员会见或者通信；

(3) 不得从事特定的活动；

(4) 将护照等出入境证件、驾驶证件交执行机关保存。

3. 执行机关在执行取保候审时，应当告知被取保候审人必须遵守上述规定，并告知其违反规定或者在取保候审期间重新犯罪应当承担的后果

被取保候审的犯罪嫌疑人、被告人在取保候审期间违反上述规定的，已经交纳保证金的，没收部分或者全部保证金。应当没收保证金的，由县级以上执行机关作出没收部分或者全部保证金的决定，并通知决定机关。对违反取保候审规定、需要予以逮捕的，可以对犯罪嫌疑人、被告人先行拘留。被取保候审的犯罪嫌疑人、被告人违反取保候审规定，情节严重的可以予以逮捕。

犯罪嫌疑人、被告人在取保候审期间未违反法律规定的被取保候审期间的义务的，在取保候审结束的时候，可凭解除取保候审的通知或者有关法律文书到银行领取退还的保证金。

被取保候审人没有违反法律规定的被取保候审期间的义务，但在取保候审期间涉嫌重新故意犯罪被立案侦查的，负责执行的公安机关应当暂扣其交纳的保证金，待人民法院判决生效后，根据有关判决作出处理。对故意重新犯罪的，应当没收保证金。对过失重新犯罪或者不构成犯罪的，应当退还保证金。

四、取保候审的程序

1. 取保候审的决定和执行

根据《刑事诉讼法》第66条和有关司法解释的规定，对犯罪嫌疑人、被告人取保候审的，由公安机关、国家安全机关、人民检察院和人民法院根据案件的具体情况依法作出决定。公安机关、人民检察院、人民法院决定取保候审的，由公安机关执行。国家安全机关决定取保候审的，以及人民检察院、人民法院在办理国家安全机关移送的犯罪案件时决

定取保候审的，由国家安全机关执行。

被羁押的犯罪嫌疑人、被告人及其法定代理人、近亲属有权申请取保候审。犯罪嫌疑人被逮捕的，其聘请的律师可以为其申请取保候审。

《刑事诉讼法》第 77 条规定，人民法院、人民检察院和公安机关对犯罪嫌疑人、被告人取保候审最长不得超过 12 个月。

取保候审即将到期的，执行机关应当在期限届满 15 日前书面通知决定机关，由决定机关作出解除取保候审或者变更强制措施的决定，并于期限届满前书面通知执行机关。执行机关接到决定机关的《解除取保候审决定书》或者变更强制措施的通知后，应当立即执行，并将执行情况及时通知决定机关。

对犯罪嫌疑人、被告人决定取保候审的，不得中止对案件的侦查、起诉和审理。严禁以取保候审变相放纵犯罪。

取保候审由公安机关或者国家安全机关执行。公安机关决定取保候审的，应当及时通知犯罪嫌疑人居住地派出所执行。

2. 取保候审的特别程序

根据《中华人民共和国全国人民代表大会和地方各级人民代表大会代表法》第 32 条第 1 款、第 2 款和第 4 款的规定，县级以上的各级人民代表大会代表，非经本级人民代表大会主席团许可，在本级人民代表大会闭会期间，非经本级人民代表大会常务委员会许可，不受逮捕或者刑事审判。如果因为是现行犯被拘留，执行拘留的机关应当立即向该级人民代表大会主席团或者人民代表大会常务委员会报告。乡、民族乡、镇的人民代表大会代表，如果被逮捕、受刑事审判、或者被采取法律规定的其他限制人身自由的措施，执行机关应当立即报告乡、民族乡、镇的人民代表大会。

3. 取保候审的解除、撤销及变更

《刑事诉讼法》第 94 条规定，人民法院、人民检察院和公安机关如果发现对犯罪嫌疑人、被告人采取强制措施不当的，应当及时撤销或者变更。公安机关释放被逮捕的人或者变更逮捕措施的，应当通知原批准的人民检察院。根据《刑事诉讼法》第 77 条第 2 款规定，在取保候审、监视居住期间，不得中断对案件的侦查、起诉和审理。对于发现不应当追究刑事责任或者取保候审、监视居住期限届满的，应当及时解除取保候审、监视居住。解除取保候审、监视居住，应当及时通知被取保候审、监视居住人和有关单位。上述规定意味着，人民法院、人民检察院和公安机关都有对已经采取的强制措施的决定进行变更、撤销或解除的权力。这是为适应案件的不同进展情况而作出的变通规定。取保候审撤销、变更或解除的情形主要有以下几种：

（1）不应当被追究刑事责任的。属于这种情形的是已经查明无罪或符合《刑事诉讼法》第 15 条规定的六种法定情形。

（2）取保候审期限届满的。为保障被取保候审人的合法权益和防止案件久拖不决，《刑事诉讼法》规定了取保候审的最长期限为 12 个月。如果期限届满，应当解除取保候审。为了监督公安机关、人民检察院、人民法院等司法机关严格按照法定期限执行，《刑事诉讼法》第 97 条还规定犯罪嫌疑人、被告人及其法定代理人、近亲属或者犯罪嫌疑人、被告人委托的律师及其他辩护人对取保候审期限届满的，有权要求解除强制措施。

（3）发现采取取保候审决定不当的。这里的“不当”包括不应当采取强制措施和采取强制措施不当两种情形。对前者应当撤销取保候审，对后者则应当变更为其他更为严厉的强制措施。

（4）已被逮捕的被告人患有严重疾病、生活不能自理，采取取保候审不致发生社会危险性的。

（5）已被逮捕的被告人，案件不能在法律规定的期限内审结的。

（6）已被逮捕的被告人正在怀孕或者哺乳自己婴儿的妇女，采取取保候审不致发生社会危险性的。

（7）已被逮捕的被告人，第一审人民法院判处管制或者宣告缓刑以及单独适用附加刑，判决尚未发生法律效力的。

（8）已被逮捕的被告人，第二审人民法院审理期间，被告人被羁押的时间已到第一审人民法院对其判处的刑期期限的。

（9）已被逮捕的被告人，因进行司法鉴定而尚未审结的案件，法律规定的期限届满的。

（10）犯罪嫌疑人、被告人死亡的。犯罪嫌疑人、被告人是取保候审的被保证人或者说是保证对象，既然保证对象都不存在了，取保候审也就失去了存在的前提和意义，当然也应当予以撤销。

（11）保证人死亡、重伤或者出现其他丧失保证能力情形的。保证人是取保候审的义务主体，保证人资格的存在以其具有保证能力为前提条件，如果没有或者丧失了保证能力，保证义务的履行就成为事实上的不可能，取保候审也就随之应当予以变更。

（12）公安机关提请逮捕以后，检察机关不批准逮捕，案件需要复议、复核的，或者移送起诉后，检察机关决定不起诉，需要复议、复核的。

公安机关、人民检察院和人民法院决定解除、撤销取保候审的，应当制作解除、撤销取保候审决定书，写明理由及决定事项。决定书应送达被取保候审人，并通知执行机关，退还保证金。有保证人的，还应通知保证人，以解除其保证义务。公安机关、人民检察院、人民法院决定变更取保候审的，应制作变更取保候审决定书，写明变更理由及变更后的强制措施，原取保候审自然失效。

第四节　监视居住

一、监视居住的概念和对象

1. 监视居住的概念

监视居住是指人民法院、人民检察院、公安机关等专门机关依法在规定的期限内将犯罪嫌疑人、被告人限制在其住处或者指定的居所，并对其行为加以监视、限制其人身自由的一种强制措施。

根据《刑事诉讼法》第73条的规定，监视居住应当在犯罪嫌疑人、被告人的住处执行；无固定住处的，可以在指定的居所执行。对于涉嫌危害国家安全犯罪、恐怖活动犯罪、特别重大贿赂犯罪，在住处执行可能有碍侦查的，经上一级人民检察院或者公安机关批准，也可以在指定的居所执行。但是，不得在羁押场所、专门的办案场所执行。

固定住处，是指被监视居住人在办案机关所在的市、县内生活的合法住处；指定的居所，是指公安机关根据案件情况，在办案机关所在的市、县内为被监视居住人指定的生活居所。

指定的居所应当符合下列条件：具备正常的生活、休息条件；便于监视、管理；保证安全。

指定居所监视居住的，除无法通知的以外，应当在执行监视居住后二十四小时以内，通知被监视居住人的家属。

2. 监视居住的对象

根据《刑事诉讼法》第72条的规定和其他相关法律规定，人民法院、人民检察院和公安机关对符合逮捕条件，有下列情形之一的犯罪嫌疑人、被告人，可以监视居住：

（1）患有严重疾病、生活不能自理的。

（2）怀孕或者正在哺乳自己婴儿的妇女。

（3）系生活不能自理的人的唯一扶养人。

（4）因为案件的特殊情况或者办理案件的需要，采取监视居住措施更为适宜的。

（5）羁押期限届满，案件尚未办结，需要采取监视居住措施的。

（6）对符合取保候审条件，但犯罪嫌疑人、被告人不能提出保证人，也不交纳保证金的，可以监视居住。

（7）对人民检察院决定不批准逮捕的犯罪嫌疑人，需要继续侦查，并且符合监视居住条件的，可以监视居住。

（8）对于被取保候审人违反《刑事诉讼法》第69条规定的，可以监视居住。

监视居住由公安机关、人民法院或人民检察院决定，公安机关执行。

二、被监视居住人应当遵守的规定和违反规定的责任

根据《刑事诉讼法》第75条的规定，被监视居住的犯罪嫌疑人、被告人应当遵守以下规定：

（1）未经执行机关批准不得离开执行监视居住的处所。

（2）未经执行机关批准不得会见他人或者通信。

（3）在传讯的时候及时到案。

（4）不得以任何形式干扰证人作证。

（5）不得毁灭、伪造证据或者串供。

（6）将护照等出入境证件、身份证件、驾驶证件交执行机关保存。

被监视居住的犯罪嫌疑人、被告人违反前款规定，情节严重的，可以予以逮捕；需要予以逮捕的，可以对犯罪嫌疑人、被告人先行拘留。

三、监视居住的程序

1. 监视居住的决定和交付执行

《刑事诉讼法》第64条、第72条以及相关司法解释的规定，公安机关、人民检察院和人民法院都有权决定对犯罪嫌疑人、被告人采取监视居住措施。

具体操作程序为：承办案件的司法工作人员提出意见，报部门负责人审核，经领导批准后，制作监视居住决定书，监视居住决定书应写明犯罪嫌疑人、被告人的姓名、住址等身份状况，以及被监视居住人应遵守的事项和违反规定的法律后果，执行机关的名称等内容，并向被监视居住人宣布。人民检察院、人民法院决定监视居住的，还应当将监视居住决定书和监视居住通知书送达执行机关。

2. 监视居住的执行与期限

（1）监视居住的执行机关。

《刑事诉讼法》第72条第3款规定，监视居住由公安机关执行。如果发现有违反应遵守的规定的，应及时报告监视居住决定机关，以便考虑是否变更强制措施。

（2）监视居住的地点。

监视居住应当在犯罪嫌疑人、被告人的住处执行。无固定住处的，可以在指定的居所执行。对于涉嫌危害国家安全犯罪、恐怖活动犯罪、特别重大贿赂犯罪，在住处执行可能有碍侦查的，经上一级人民检察院或者公安机关批准，也可以在指定的居所执行。但是，不得在羁押场所、专门的办案场所执行。指定居所监视居住的，不得要求被监视居住人支付费用。

指定居所监视居住的，除无法通知的以外，应当在执行监视居住后二十四小时以内，通知被监视居住人的家属。根据《公安机关办理刑事案件程序规定》第109条第2、3、4款规定，有下列情形之一的，属于本条规定的“无法通知”：

①不讲真实姓名、住址、身份不明的。

②没有家属的。

③提供的家属联系方式无法取得联系的。

④因自然灾害等不可抗力导致无法通知的。

无法通知的情形消失以后，应当立即通知被监视居住人的家属。

无法通知家属的，应当在监视居住通知书中注明原因。

人民检察院对指定居所监视居住的决定和执行是否合法实行监督。

指定居所监视居住的期限应当折抵刑期。被判处管制的，监视居住一日折抵刑期一日；被判处拘役、有期徒刑的，监视居住二日折抵刑期一日。

（3）监视居住的方法。

执行机关对被监视居住的犯罪嫌疑人、被告人，可以采取电子监控、不定期检查等监视方法对其遵守监视居住规定的情况进行监督；在侦查期间，可以对被监视居住的犯罪嫌疑人的通信进行监控。

监视居住与取保候审相比较，虽然其适用的范围基本相同，但监视居住比取保候审更严厉。尽管监视居住是限制人身自由强制措施中较严厉的一种，但不能因此而将被监视居住人加以拘禁或者变相拘禁。公、检、法机关对同一个犯罪嫌疑人、被告人，不得重复采用取保候审、监视居住的措施。

(4) 监视居住的期限。

根据《刑事诉讼法》第77条的规定，人民法院、人民检察院和公安机关对犯罪嫌疑人、被告人监视居住最长不得超过六个月。

3. 监视居住的特别程序

对各级人民代表实施监视居住时与取保候审的要求相同。

4. 监视居住的解除、撤销及变更

对监视居住的解除、撤销和变更，其原因与取保候审相同，监视居住通常变更为逮捕。对监视居住解除、撤销或变更时，也要制作相应的文书，及时通知被监视居住人、有关单位和个人。

第五节　拘　留

一、拘留的概念和特征

1. 拘留的概念

刑事诉讼中的拘留是指公安机关、人民检察院等侦查机关对直接受理的案件，在侦查过程中，遇到法定的紧急情形时，对于现行犯或者重大嫌疑分子所采取的临时剥夺其人身自由的强制方法。

2. 拘留的特征

(1) 拘留是剥夺公民人身自由的一种强制措施。

(2) 有权采用拘留的机关具有特定性。有权决定采用拘留的机关一般是公安机关。人民检察院在自侦案件中，对于犯罪后企图自杀、逃跑或者在逃的以及有毁灭、伪造证据或者串供可能的犯罪嫌疑人也有权决定拘留。

(3) 拘留必须具备法定的条件。

(4) 拘留是一种临时性的强制措施。

(5) 刑事拘留的对象具有特定性。只能适用于法律严格规定的情形。

二、拘留的条件

(1) 拘留的对象是现行犯或者是重大嫌疑分子。现行犯是指正在实施犯罪的人，重大嫌疑分子是指有证据证明具有重大犯罪嫌疑的人。

(2) 具有法定的紧急情形之一。对于何谓紧急情形，《刑事诉讼法》第 80 条和第 163 条对于公安机关和人民检察院的拘留分别作出了的规定。

《刑事诉讼法》第 80 条采用列举的方式，规定对于有下列情形之一的现行犯或者重大嫌疑分子，公安机关可以先行拘留。

①正在预备犯罪、实行犯罪或者在犯罪后即时被发觉的。

②被害人或者在场亲眼看见的人指认他犯罪的。

③在身边或者住处发现有犯罪证据的。

④犯罪后企图自杀、逃跑或者在逃的。

⑤有毁灭、伪造证据或者串供可能的。

⑥不讲真实姓名、住址，身份不明的。

⑦有流窜作案、多次作案、结伙作案重大嫌疑的。

流窜作案，是指跨市、县管辖范围连续作案，或者在居住地作案后逃跑到外省的市、县继续作案。多次作案，是指三次以上作案。结伙作案，是指二人以上共同作案。

三、拘留的程序

(1) 拘留的决定和执行机关。

《刑事诉讼法》第 80 条规定，公安机关对于现行犯或者重大嫌疑分子，如果有下列情形之一的，可以先行拘留。《刑事诉讼法》第 163 条的规定，人民检察院直接受理的案件中符合本法第 79 条、第 80 条第 4 项、第 5 项规定情形，需要逮捕、拘留犯罪嫌疑人的，由人民检察院作出决定，由公安机关执行。

有权决定拘留的机关是公安机关和人民检察院以及其他行使公安机关职权的机关，比如办理危害国家安全案件的国家安全机关，但只有公安机关和其他行使公安机关职权的机关才有权执行拘留。

(2) 拘留犯罪嫌疑人，应当由承办单位填写《呈请拘留报告书》，经县级以上公安机关负责人批准，制作《拘留证》。

(3) 执行拘留时，必须出示《拘留证》，并责令被拘留人在《拘留证》上签名、捺指印，拒绝签名、捺指印的，侦查人员应当注明。

被拘留人如果抗拒拘留，执行人员有权使用强制方法，包括使用械具。《刑事诉讼法》第 83 条第 2 款规定，除无法通知或者涉嫌危害国家安全犯罪、恐怖活动犯罪通知可能有碍侦查的情形以外，应当在拘留后二十四小时以内，通知被拘留人的家属。有碍侦查的情形消失以后，应当立即通知被拘留人的家属。

根据《公安机关办理刑事案件程序规定》第 109 条第 2 款和最高人民检察院《人民检察院刑事诉讼规则》第 133 条第 3 款的规定，无法通知包括以下情形：不讲真实姓名、住址、身份不明的；被拘留人无家属的；与其家属无法取得联系的；受自然灾害等不可抗力阻碍的。

在紧急情况下，对于符合《刑事诉讼法》第 80 条所列情形之一的，应当将犯罪嫌疑人带至公安机关后立即审查，办理法律手续。

(4) 人民检察院决定拘留的案件，应当由办案人员提出意见，部门负责人审核，检察长决定。决定拘留的案件，人民检察院应当将拘留的决定书送交公安机关，由公安机关负责执行。公安机关应当立即执行，人民检察院可以协助公安机关执行。

(5) 公安机关和人民检察院对于各自立案侦查的案件中被拘留的人，应当在拘留后的 24 小时以内进行讯问。

(6) 讯问后的处理：发现不应当拘留的，应当立即释放，并发给释放证明；认为需要逮捕的且有证据证明有犯罪事实，应当向检察机关提请批准逮捕或决定逮捕；认为需要逮捕但证据不足的，可以采取取保候审或监视居住。

所谓“不应当拘留”包括：第一，犯罪行为没有发生，或者被拘留人的行为不构成犯罪的；第二，虽然有犯罪行为，但依法不应追究刑事责任的；第三，虽有犯罪行为，但不是被拘留人所为的；第四，犯罪行为虽是被拘留人所为，但并不具备《刑事诉讼法》第 80 条规定的情形之一。

(7) 依照《刑事诉讼法》第 81 条的规定，公安机关在异地执行拘留的时候，应当通知被拘留人所在地的公安机关，被拘留人所在地的公安机关应当予以配合。

(8) 拘留后，应当立即将被拘留人送看守所羁押，至迟不得超过二十四小时。

(9) 如果发现公安机关或检察机关对犯罪嫌疑人采取强制措施的法定期限届满的，犯罪嫌疑人、被告人及其法定代理人、近亲属或者犯罪嫌疑人、被告人委托的律师及其他辩护人有权要求解除强制措施。

(10) 拘留的变更。人民法院、人民检察院和公安机关如果发现对犯罪嫌疑人、被告人采取强制措施不当的，应当及时撤销或者变更。公安机关释放被逮捕的人或者变更逮捕措施的，应当通知原批准的人民检察院。

(11) 拘留的特殊规定。根据《全国人民代表大会组织法》第 44 条、《中华人民共和国地方各级人民代表大会和地方各级人民政府组织法》第 35 条、《中共中央政法委员会关于对政协委员采取刑事拘留、逮捕强制措施应向所在政协党组通报情况的通知》以及有关司法解释的规定，公安机关、人民检察院在决定拘留下列有特殊身份的人员时，需要报请有关部门批准或者备案：

①如果被拘留的是全国人民代表大会代表，执行拘留的公安机关必须立即向全国人民代表大会主席团或者全国人民代表大会常务委员会报告。

②县级以上的地方各级人民代表大会代表如果是现行犯被拘留，执行拘留的公安机关应当立即向该级人民代表大会主席团或者常务委员会报告。

③对乡级人大代表采取拘留强制措施的，应当在执行后立即报告其所属的人民代表

大会。

④对政协委员采取强制措施的，应当将有关情况通报给该委员所属的政协组织。

⑤决定对不享有外交特权和豁免权的外国人、无国籍人采用刑事拘留时，要报有关部门审批。西藏、云南及其他边远地区来不及报告的，可以边执行边报告，同时要征求省、自治区、直辖市外事办公室和外国人主管部门的意见。

⑥对外国留学生采用刑事拘留时，在征求地方外事办公室和高教厅、局的意见后，报公安部或国家安全部审批。

四、对被拘留犯罪嫌疑人的审查和处理

（1）对需要逮捕的，在拘留期限内依法办理提请批准逮捕手续。

（2）应当追究刑事责任，但不需要逮捕的，依法直接向人民检察院移送审查起诉，或者依法办理取保候审或监视居住手续后，向人民检察院移送审查起诉。

（3）拘留期限届满，案件尚未办结，需要继续侦查的，依法办理取保候审或者监视居住手续。

（4）具有《公安机关办理刑事案件程序规定》第183条规定情形之一的，释放被拘留人，发给释放证明书；需要行政处理的，依法予以处理或者移送有关部门。

①没有犯罪事实的。

②情节显著轻微、危害不大，不认为是犯罪的。

③犯罪已过追诉时效期限的。

④经特赦令免除刑罚的。

⑤犯罪嫌疑人死亡的。

⑥其他依法不追究刑事责任的。

以上六种情况均需办案机关对刑事拘留予以解除。

但在解除刑事拘留时必须注意以下几点：

其一，应当给被拘留人《释放证明书》，并在该文书中写明释放原因。

其二，对具有《刑事诉讼法》第十五条规定情形之一的，除释放被拘留人外，还应撤销案件，而不能以放代撤。

其三，对检察机关不批准逮捕的被拘留人应立即释放，发给释放证明书。公安机关认为需要补充侦查、要求复议复核的应变更强制措施。

五、拘留的期限

公安机关对被拘留的人认为需要逮捕的，应当在拘留后的3日以内，提请人民检察院审查批准。在特殊情况下，经县级以上公安机关负责人批准，提请审查批准的时间可以延长1日至4日。对于流窜作案、多次作案、结伙作案的重大嫌疑分子，经县级以上公安机关负责人批准，提请审查批准的时间可以延长至30日。

人民检察院应当自接到公安机关提请批准逮捕书后的7日以内，作出批准逮捕或者不批准逮捕的决定。

人民检察院对直接受理的案件中被拘留的人，认为需要逮捕的，应当在10日内作出决定。在特殊情况下，决定逮捕的时间可以延长1日至4日。对于不需要逮捕的，应当立即释放。

综上所述，一般情况下，刑事诉讼拘留的期限最长为14日。流窜作案、多次作案、结伙作案的重大嫌疑分子，拘留期限最长为37日。

犯罪嫌疑人及其法定代理人、近亲属或者犯罪嫌疑人委托的律师及其他辩护人认为拘留期限届满的，有权向公安机关、人民检察院提出申诉，要求解除拘留。经审查情况属实的，应对犯罪嫌疑人、被告人解除拘留。经审查拘留期限未届满的，应当书面答复申请人。

六、刑事拘留与行政拘留、司法拘留区别

1. 刑事拘留与行政拘留的区别

（1）性质不同。刑事拘留是刑事诉讼中的保障性措施，是一种诉讼行为，其目的是保证刑事诉讼的顺利进行，本身不具有惩罚性。行政拘留是治安管理的一种处罚方式，实质上是一种行政制裁，其目的是惩罚和教育有一般违法行为的人。

（2）法律根据不同。刑事拘留是依据《刑事诉讼法》的规定而采用的。行政拘留则是根据《行政处罚法》、《治安管理处罚法》等行政法律、法规而采用的。

（3）适用对象不同。刑事拘留适用于刑事案件中涉嫌犯罪的现行犯或者重大嫌疑分子。行政拘留适用于有一般违法行为的人。两者有着罪与非罪的界限。

（4）羁押期限不同。对于一般现行犯、重大嫌疑分子刑事拘留的最长期限是14日，对流窜作案、多次作案、结伙作案的重大嫌疑分子的最长拘留期限为37日。而行政拘留的最长期限是15日。

2. 刑事拘留与司法拘留的区别

司法拘留，是在刑事、民事和行政诉讼过程中，法院对于有严重妨碍诉讼行为的诉讼参与人以及其他人员采用的一种强制性手段。刑事拘留与司法拘留的主要区别是：

（1）法律性质不同。刑事拘留是一种预防性措施，它是针对可能出现的妨碍刑事诉讼的行为而采用的。司法拘留则是一种排除审判障碍的措施，是针对已经出现的妨碍诉讼活动的严重行为而采取的。

（2）法律根据不同。刑事拘留是根据《刑事诉讼法》的规定采用的。司法拘留则是分别根据《刑事诉讼法》、《民事诉讼法》和《行政诉讼法》的规定采用的。

（3）适用对象不同。刑事拘留是《刑事诉讼法》规定的刑事诉讼强制措施，适用对象仅限于刑事案件中的现行犯或者重大嫌疑分子。司法拘留的适用对象是所有在诉讼过程中实施了妨害诉讼行为的人，既包括诉讼当事人和其他诉讼参与人，也包括案外人。

（4）采用的机关不同。刑事拘留依法由公安机关、人民检察院决定，并由公安机关执

行。司法拘留依法由人民法院决定并由人民法院司法警察执行。

(5) 与判决的关系不同。刑事拘留的期限可以折抵刑期。司法拘留仅仅是对有妨害诉讼行为人的惩戒，与判决结果无任何关系。

(6) 期限不同。刑事拘留期限已于前述；司法拘留的期限则最长为15日。

第六节 逮 捕

一、逮捕的概念和条件

1. 逮捕的概念

逮捕，是指公安机关、人民检察院和人民法院，为了防止犯罪嫌疑人或者被告人实施妨碍刑事诉讼的行为，逃避侦查、起诉、审判或者发生社会危险性，而依法暂时剥夺其人身自由，将其羁押起来的一种强制措施。

逮捕是强制措施中最严厉的一种。逮捕犯罪嫌疑人、被告人，必须经过人民检察院或者人民法院批准或决定，由公安机关执行。

2. 逮捕的条件

(1) 证据条件。

①有证据证明发生了犯罪事实；

②有证据证明该犯罪事实是犯罪嫌疑人实施的；

③证明犯罪嫌疑人实施犯罪行为的证据已有查证属实的。

(2) 罪责条件。

逮捕的罪责条件，是可能判处有期徒刑以上刑罚。

(3) 社会危险性条件。

逮捕的社会危险性条件，一般要考虑以下几点因素：案件性质。一般来说，案件性质越严重，作案人的主观恶性越大，其社会危险性也越大。犯罪嫌疑人、被告人的自身情况。案件的其他情况。其中包括：同案人是否被抓获；案件中重要的证据是否收集在案；犯罪嫌疑人、被告人是否知道举报人、证人姓名和住址等。

《刑事诉讼法》第79条基于对犯罪嫌疑人、被告人社会危险性的判定，分别规定了应当予以逮捕五种情形：可能实施新的犯罪的；有危害国家安全、公共安全或者社会秩序的现实危险的；可能毁灭、伪造证据，干扰证人作证或者串供的；可能对被害人、举报人、控告人实施打击报复的；企图自杀或者逃跑的。

此外，本条还规定，被取保候审、监视居住的犯罪嫌疑人、被告人违反取保候审、监视居住规定，情节严重的，可以予以逮捕。

二、逮捕的权限

逮捕犯罪嫌疑人、被告人的批准权或者决定权属于人民检察院和人民法院，执行权属于公安机关。具体分工如下：

（1）对于公安机关移送要求审查批准逮捕的案件，人民检察院有批准权。

（2）人民检察院在自行侦查的案件中，认为犯罪嫌疑人符合法律规定的逮捕条件，应予逮捕的，或者案件移送审查起诉以后，符合逮捕条件或有逮捕必要的，人民检察院依法有自行决定权。

（3）人民法院直接受理的自诉案件中，对被告人需要逮捕的，人民法院有决定权。对于人民检察院提起公诉的案件，人民法院在审判阶段发现需要逮捕被告人的，有权决定逮捕。

逮捕的执行权属于公安机关，人民检察院和人民法院不得执行逮捕。

三、逮捕的程序

1. 逮捕的批准、决定程序

（1）人民检察院对公安机关提请逮捕犯罪嫌疑人的批准程序。

①公安机关要求逮捕犯罪嫌疑人的时候，应当写出提请批准逮捕书，连同案卷材料、证据，一并移送至同级人民检察院审查批准。必要的时候，人民检察院可以派人参加公安机关对于重大案件的讨论。

②人民检察院审查批准逮捕，可以讯问犯罪嫌疑人。有下列情形之一的，应当讯问犯罪嫌疑人：对是否符合逮捕条件有疑问的；犯罪嫌疑人要求向检察人员当面陈述的；侦查活动可能有重大违法行为的。

人民检察院审查批准逮捕，可以询问证人等诉讼参与人，听取辩护律师的意见。辩护律师提出要求的，应当听取辩护律师的意见。

③人民检察院审查批准逮捕犯罪嫌疑人由检察长决定。重大案件应当提交检察委员会讨论决定。

④人民检察院应当自接到公安机关提请批准逮捕书后的七日以内，作出批准逮捕或者不批准逮捕的决定。对于批准逮捕的决定，公安机关应当立即执行，并且将执行情况及时通知人民检察院。对于不批准逮捕的，人民检察院应当说明理由，需要补充侦查的，应当同时通知公安机关。人民检察院不批准逮捕的，公安机关应当在接到通知后立即释放，并且将执行情况及时通知人民检察院。对于需要继续侦查，并且符合取保候审、监视居住条件的，依法取保候审或者监视居住。

公安机关对人民检察院不批准逮捕的决定，认为有错误的时候，可以要求复议，但是必须将被拘留的人立即释放。如果意见不被接受，可以向上一级人民检察院提请复核。上级人民检察院应当立即复核，作出是否变更的决定，通知下级人民检察院和公安机关执行。

(2) 人民检察院决定逮捕的程序。

①人民检察院自己立案侦查的案件。人民检察院对直接受理的案件中被拘留的人，认为需要逮捕的，应当在十四日以内作出决定。在特殊情况下，决定逮捕的时间可以延长一日至三日。对不需要逮捕的，应当立即释放。对需要继续侦查，并且符合取保候审、监视居住条件的，依法取保候审或者监视居住。根据《人民检察院刑事诉讼规则（试行）》第327条、第340条的规定，省级以下（不含省级）人民检察院直接受理立案侦查的案件，需要逮捕犯罪嫌疑人的，应当报请上一级人民检察院审查决定。报请工作由公诉部门负责。

根据《人民检察院刑事诉讼规则》第328条的规定，下级人民检察院报请审查逮捕的案件，由侦查部门制作报请逮捕书，报检察长或者检察委员会审批后，连同案卷材料、讯问犯罪嫌疑人录音、录像一并报上一级人民检察院审查，报请逮捕时应当说明犯罪嫌疑人的社会危险性并附相关证据材料。侦查部门报请审查逮捕时，应当同时将报请情况告知犯罪嫌疑人及其辩护律师。根据《人民检察院刑事诉讼规则》第333、334条的规定，上一级人民检察院决定逮捕的，应当将逮捕决定书连同案卷材料一并交下级人民检察院，由下级人民检察院通知同级公安机关执行。必要时，下级人民检察院可以协助执行。上一级人民检察院决定不予逮捕的，应当将不予逮捕决定书连同案卷材料一并交下级人民检察院，同时书面说明不予逮捕的理由。犯罪嫌疑人已被拘留的，下级人民检察院应当通知公安机关立即释放，并报上一级人民检察院；案件需要继续侦查，犯罪嫌疑人符合取保候审、监视居住条件的，由下级人民检察院依法决定取保候审或者监视居住。上一级人民检察院作出不予逮捕决定，认为需要补充侦查的，应当制作补充侦查提纲，送达下级人民检察院侦查部门。

根据《人民检察院刑事诉讼规则》第342条的规定，最高人民检察院、省级人民检察院办理直接受理立案侦查的案件，需要逮捕犯罪嫌疑人的，由侦查部门填写逮捕犯罪嫌疑人意见书，连同案卷材料、讯问犯罪嫌疑人录音、录像一并移送本院侦查监督部门审查。犯罪嫌疑人已被拘留的，侦查部门应当在拘留后七日以内将案件移送本院侦查监督部门审查。

②人民检察院对于公安机关应当提请批准逮捕而未提请批准逮捕的案件。

根据《人民检察院刑事诉讼规则》第321条的规定，人民检察院办理审查逮捕案件，发现应当逮捕而公安机关未提请批准逮捕的犯罪嫌疑人的，应当建议公安机关提请批准逮捕。如果公安机关仍不提请批准逮捕或者不提请批准逮捕的理由不能成立的，人民检察院也可以直接作出逮捕决定，送达公安机关执行。

(3) 人民法院决定逮捕的程序。

根据《最高人民法院关于适用〈中华人民共和国刑事诉讼法〉的解释》第113条的规定，人民法院审判案件，根据情况，对被告人可以决定拘传、取保候审、监视居住或者逮捕。对被告人采取、撤销或者变更强制措施的，由院长决定。

根据《最高人民法院关于适用〈中华人民共和国刑事诉讼法〉的解释》第131条规定，人民法院作出逮捕决定后，应当将逮捕决定书等相关材料送交同级公安机关执行，并将逮捕决定书抄送人民检察院。逮捕被告人后，人民法院应当将逮捕的原因和羁押的处所，在二十四小时内通知其家属；确实无法通知的，应当记录在案。逮捕“无法通知”的情形与拘留“无法通知”的情形相同。

2. 逮捕的执行程序

《刑事诉讼法》第78条规定，逮捕犯罪嫌疑人、被告人，必须经过人民检察院批准或者人民法院决定，由公安机关执行。《公安机关办理刑事案件规定》第138条、第142条规定，公安机关对于人们检察院批准或者决定，人民法院决定逮捕的犯罪嫌疑人、被告人，必须立即执行逮捕，并将执行的情况通知人民检察院或者决定逮捕的人民法院。公安机关执行逮捕，应当遵守下列程序：

(1)《公安机关办理刑事案件规定》第139条规定，执行逮捕时，必须出示逮捕证，并责令被逮捕人在逮捕证上签名、捺指印，拒绝签名、捺指印的，侦查人员应当注明。逮捕后，应当立即将被逮捕人送看守所羁押。执行逮捕的侦查人员不得少于二人。

(2)《刑事诉讼法》第92条规定，人民法院、人民检察院对于各自决定逮捕的人，公安机关对于经人民检察院批准逮捕的人，都必须在逮捕后的二十四小时以内进行讯问。在发现不应当逮捕的时候，必须立即释放，发给释放证明。

(3)《刑事诉讼法》第91条第2款规定，除无法通知的以外，应当在逮捕后二十四小时以内，通知被逮捕人的家属。

(4)《刑事诉讼法》第81条、《公安机关办理刑事案件规定》第339条规定，公安机关到异地执行逮捕的，执行人员应当持逮捕证、办案协作函件和工作证件，与协作地县级以上公安机关联系，协作地公安机关应当派员协助执行。

(5)《公安机关办理刑事案件规定》第154条规定，对犯罪嫌疑人执行逮捕、押解过程中，应当依法使用约束性警械。遇有暴力性对抗或者暴力犯罪行为，可以依法使用制服性警械或者武器。

3. 逮捕的特别程序

(1) 对人大代表的逮捕。

《全国人民代表大会和地方各级人民代表大会代表法》第32条规定，县级以上的各级人民代表大会代表，非经本级人民代表大会主席团许可，在本级人民代表大会闭会期间，非经本级人民代表大会常务委员会许可，不受逮捕或者刑事审判。如果因为是现行犯被拘留，执行拘留的机关应当立即向该级人民代表大会主席团或者人民代表大会常务委员会报告。

对县级以上的各级人民代表大会代表，如果采取法律规定的其他限制人身自由的措施，应当经该级人民代表大会主席团或者人民代表大会常务委员会许可。

乡、民族乡、镇的人民代表大会代表，如果被逮捕、受刑事审判、或者被采取法律规定的其他限制人身自由的措施，执行机关应当立即报告乡、民族乡、镇的人民代表大会。

因此，无论是公安机关提请人民检察院批准逮捕的，还是人民检察院、人民法院决定逮捕的，遇有县级以上的各级人民代表大会代表犯罪需要逮捕的，应当经该代表所属的人民代表大会主席团许可。在该级人民代表大会闭会期间，应当经该级人民代表大会常务委员会许可，方可决定逮捕。

(2) 对外国人、无国籍人的逮捕。

《人民检察院刑事诉讼规则》第 312 条规定，外国人、无国籍人涉嫌危害国家安全犯罪的案件或者涉及国与国之间政治、外交关系的案件以及在适用法律上确有疑难的案件，认为需要逮捕犯罪嫌疑人的，按照《刑事诉讼法》第十九条、第二十条的规定，分别由基层人民检察院或者分、州、市人民检察院审查并提出意见，层报最高人民检察院审查。最高人民检察院经审查认为需要逮捕的，经征求外交部的意见后，作出批准逮捕的批复，经审查认为不需要逮捕的，作出不批准逮捕的批复。基层人民检察院或者分、州、市人民检察院根据最高人民检察院的批复，依法作出批准或者不批准逮捕的决定。层报过程中，上级人民检察院经审查认为不需要逮捕的，应当作出不批准逮捕的批复，报送的人民检察院根据批复依法作出不批准逮捕的决定。

基层人民检察院或者分、州、市人民检察院经审查认为不需要逮捕的，可以直接依法作出不批准逮捕的决定。

外国人、无国籍人涉嫌本条第一款规定以外的其他犯罪案件，决定批准逮捕的人民检察院应当在作出批准逮捕决定后四十八小时以内报上一级人民检察院备案，同时向同级人民政府外事部门通报。上一级人民检察院对备案材料经审查发现错误的，应当依法及时纠正。

(3) 人民检察院办理下列审查逮捕案件，应当报上一级人民检察院备案或审查决定。

①人民检察院办理审查逮捕的危害国家安全的案件，应当报上一级人民检察院备案。

②省级以下（不含省级）人民检察院直接受理立案侦查的案件，需要逮捕犯罪嫌疑人的，应当报请上一级人民检察院审查决定。

四、逮捕的变更、撤销或解除

1. 可以变更逮捕的情形

《刑事诉讼法》第 96 条规定，犯罪嫌疑人、被告人被羁押的案件，不能在本法规定的侦查羁押、审查起诉、一审、二审期限内办结的，对犯罪嫌疑人、被告人应当予以释放；需要继续查证、审理的，对犯罪嫌疑人、被告人可以取保候审或者监视居住。

《刑事诉讼法》第 97 条规定，人民法院、人民检察院或者公安机关对被采取强制措施法定期限届满的犯罪嫌疑人、被告人，应当予以释放、解除取保候审、监视居住或者依法变更强制措施。犯罪嫌疑人、被告人及其法定代理人、近亲属或者辩护人对于人民法院、人民检察院或者公安机关采取强制措施法定期限届满的，有权要求解除强制措施。

《刑事诉讼法》第 95 条规定，犯罪嫌疑人、被告人及其法定代理人、近亲属或者辩护人有权申请变更强制措施。人民法院、人民检察院和公安机关收到申请后，应当在三日以内作出决定；不同意变更强制措施的，应当告知申请人，并说明不同意的理由。

《最高人民法院关于适用〈中华人民共和国刑事诉讼法〉的解释》第 133 条规定，被逮捕的被告人具有下列情形之一的，人民法院可以变更强制措施：

(1) 患有严重疾病、生活不能自理的。

(2) 怀孕或者正在哺乳自己婴儿的。

(3) 系生活不能自理的人的唯一扶养人。

2. 应当变更、撤销或解除逮捕的情形

(1)《最高人民法院关于适用〈中华人民共和国刑事诉讼法〉的解释》第 134 条规定，第一审人民法院判决被告人无罪、不负刑事责任或者免除刑事处罚，被告人在押的，应当在宣判后立即释放。被逮捕的被告人具有下列情形之一的，人民法院应当变更强制措施或者予以释放：第一审法院判处管制、宣告缓刑、单独适用附加刑，判决尚未发生法律效力的；被告人被羁押的时间已到第一审人民法院对其判处的刑期期限的；案件不能在法律规定的期限内审结的。

(2)《刑事诉讼法》第 94 条规定，人民法院、人民检察院和公安机关如果发现对犯罪嫌疑人、被告人采取强制措施不当的，应当及时撤销或者变更。公安机关释放被逮捕的人或者变更逮捕措施的，应当通知原批准的人民检察院。

(3)《刑事诉讼法》第 249 条规定，第一审人民法院判决被告人无罪、免除刑事处罚的，如果被告人在押，在宣判后应当立即释放。

(4)《最高人民法院关于适用〈中华人民共和国刑事诉讼法〉的解释》第 273 条规定，裁定准许撤诉或者当事人自行和解的自诉案件，被告人被采取强制措施的，人民法院应当立即解除。

3. 应当变更为逮捕的情形

(1) 根据《最高人民法院关于适用〈中华人民共和国刑事诉讼法〉的解释》第 129 条的规定，被取保候审的被告人具有下列情形之一的，人民法院应当决定逮捕：①故意实施新的犯罪的；②企图自杀、逃跑的；③毁灭、伪造证据，干扰证人作证或者串供的；④对被害人、举报人、控告人实施打击报复的；⑤经传唤，无正当理由不到案，影响审判活动正常进行的；⑥擅自改变联系方式或者居住地，导致无法传唤，影响审判活动正常进行的；⑦未经批准，擅自离开所居住的市、县，影响审判活动正常进行，或者两次未经批准，擅自离开所居住的市、县的；⑧违反规定进入特定场所、与特定人员会见或者通信、从事特定活动，影响审判活动正常进行，或者两次违反有关规定的；⑨依法应当决定逮捕的其他情形。

(2) 根据《最高人民法院关于适用〈中华人民共和国刑事诉讼法〉的解释》第 130 条的规定，被监视居住的被告人具有下列情形之一的，人民法院应当决定逮捕：①具有前条第一项至第五项规定情形之一的；②未经批准，擅自离开执行监视居住的处所，影响审判活动正常进行，或者两次未经批准，擅自离开执行监视居住的处所的；③未经批准，擅自会见他人或者通信，影响审判活动正常进行，或者两次未经批准，擅自会见他人或者通信的；④对因患有严重疾病、生活不能自理，或者因怀孕、正在哺乳自己婴儿而未予逮捕的被告人，疾病痊愈或者哺乳期已满的；⑤依法应当决定逮捕的其他情形。

4. 可以变更为逮捕的情形

(1) 被取保候审的犯罪嫌疑人、被告人违反《刑事诉讼法》第 69 条前两款规定，已交纳保证金的，没收部分或者全部保证金，并且区别情形，责令犯罪嫌疑人、被告人具结悔过，重新交纳保证金、提出保证人，或者监视居住、予以逮捕。

对违反取保候审规定，需要予以逮捕的，可以对犯罪嫌疑人、被告人先行拘留。

(2) 被监视居住的犯罪嫌疑人、被告人违反《刑事诉讼法》第 75 条第 1 款规定，情节严重的，可以予以逮捕；需要予以逮捕的，可以对犯罪嫌疑人、被告人先行拘留。

(3)《公安机关办理刑事案件程序规定》第 131 条规定，被取保候审人违反取保候审规定，具有下列情形之一的，可以提请批准逮捕。

①涉嫌故意实施新的犯罪行为的。

②有危害国家安全、公共安全或者社会秩序的现实危险的。

③实施毁灭、伪造证据或者干扰证人作证、串供行为，足以影响侦查工作正常进行的。

④对被害人、举报人、控告人实施打击报复的。

⑤企图自杀、逃跑，逃避侦查的。

⑥未经批准，擅自离开所居住的市、县，情节严重的，或者两次以上未经批准，擅自离开所居住的市、县的。

⑦经传讯无正当理由不到案，情节严重的，或者经两次以上传讯不到案的。

⑧违反规定进入特定场所、从事特定活动或者与特定人员会见、通信两次以上的。

(4)《公安机关办理刑事案件程序规定》第 132 条规定，被监视居住人违反监视居住规定，具有下列情形之一的，可以提请批准逮捕。

①涉嫌故意实施新的犯罪行为的。

②实施毁灭、伪造证据或者干扰证人作证、串供行为，足以影响侦查工作正常进行的。

③对被害人、举报人、控告人实施打击报复的。

④企图自杀、逃跑，逃避侦查的。

⑤未经批准，擅自离开执行监视居住的处所，情节严重的，或者两次以上未经批准，擅自离开执行监视居住的处所的。

⑥未经批准，擅自会见他人或者通信，情节严重的，或者两次以上未经批准，擅自会见他人或者通信的。

⑦经传讯无正当理由不到案，情节严重的，或者经两次以上传讯不到案的。

【导例评析】

首先，本案中派出所民警王某和侯某不能对犯罪嫌疑人张某决定取保候审。根据《公安机关办理刑事案件程序规定》第 79 条规定，需要对犯罪嫌疑人取保候审的，应当制作呈请取保候审报告书，说明取保候审的理由、采取的保证方式以及应当遵守的规定，经县级以上公安机关负责人批准，制作取保候审决定书。因此。本案派出所民警没有权利决定对犯罪嫌疑人张某采取取保候审。

其次，本案中派出所对张某采取取保候审不恰当。根据《公安机关办理刑事案件程序规定》第 78 条规定，对累犯，犯罪集团的主犯，以自伤、自残办法逃避侦查的犯罪嫌疑人，严重暴力犯罪以及其他严重犯罪的犯罪嫌疑人不得取保候审，但犯罪嫌疑人具有本规定第 77 条第 1 款第 3 项、第 4 项规定情形的除外。《公安机关办理刑事案件程序规定》第 77 条第 1 款第 3 项、第 4 项规定，患有严重疾病、生活不能自理，怀孕或者正在哺乳自己婴儿的妇女，采取取保候审不致发生社会危险性的；羁押期限届满，案件尚未办结，需要继续侦查的可以取保候审。本案中派出所民警王某和侯某对犯罪嫌疑人张某采取取保候审的强制措施不恰当。张某因犯强奸罪被提前释放后，在假释期间实施抢劫，构成累犯，张某不符合《公安机关办理刑事案件程序规定》第七十八条规定的取保候审的例外条件，所以对张某采取取保候审的强制措施是错误的。

最后，本案李某不能担任保证人。《刑事诉讼法》第 67 条规定，保证人必须符合下列条件：(1) 与本案无牵连；(2) 有能力履行保证义务；(3) 享有政治权利，人身自由未受到限制；(4) 有固定的住处和收入。本案中，李某无固定收入，不符合第 (2) (4) 项规定，所以李某不符合保证人的条 8 件。本案李某没有固定收入，所以不能担任保证人。

【实务训练】

犯罪嫌疑人黄某，男，65 岁，无正当职业，因涉嫌盗窃被公安机关依法拘留。拘留后公安机关发现其患有严重乙肝，经医院检查属实，且其传染性极强，需要隔离。公安机关遂做出取保候审的决定，要求黄某提供保证人。黄某向公安机关提出由其弟黄某某做保证人。公安机关调查发现，黄某之弟黄某某虽有一定资产，但常年在外地做生意，且住处较多，行踪也极不稳定，因此没有同意黄某之弟黄某某做保证人。

问：本案中可否对黄某采取取保候审措施？公安机关不同意黄某之弟黄某某做保证人的做法是否正确？若黄某无法提供别的保证人，公安机关还可以采取什么处理方式？

资料来源：当代法官，2013，(6)。

【评析】

公安机关可以对黄某采取取保候审强制措施。《刑事诉讼法》第 65 条规定，人民法院、人民检察院和公安机关对有下列情形之一的犯罪嫌疑人、被告人，可以取保候审：(1) 可能判处管制、拘役或者独立适用附加刑的；(2) 可能判处有期徒刑以上刑罚，采取取保候审不致发生社会危险性的；(3) 患有严重疾病、生活不能自理，怀孕或者正在哺乳自己婴儿的妇女，采取取保候审不致发生社会危险性的；(4) 羁押期限届满，案件尚未办结，需要采取取保候审的。

本案中，黄某患有严重的乙肝疾病，符合《刑事诉讼法》第 65 条第 3 项的规定，因此可以对其采取取保候审的强制措施。

公安机关不同意黄某之弟黄某某做保证人是正确的。根据《刑事诉讼法》第 67 条规定，保证人必须符合下列条件：(1) 与本案无牵连；(2) 有能力履行保证义务；(3) 享有政治权利，人身自由未受到限制；(4) 有固定的住处和收入。本案中，黄某之弟黄某某无固定的住处，不符合第 (2)、第 (4) 项规定，公安机关不同意其做保证人的做法是正确的。

黄某若无法提供别的保证人，可通过交纳保证金而被取保候审。《刑事诉讼法》第 66 条规定，人民法院、人民检察院和公安机关决定对犯罪嫌疑人、被告人取保候审，应当责令犯罪嫌疑人、被告人提出保证人或者交纳保证金。据此，我国的取保候审分人保和财保两种，若黄某无法提供保证人，可选择财保，交纳保证金。但如黄某既无法提供保证人，又无法提供保证金。根据《刑事诉讼法》第 72 条第 2 款规定，对符合取保候审条件，但犯罪嫌疑人、被告人不能提出保证人，也不交纳保证金的，可以监视居住。

【司考真题】

1. 甲将潜艇的部署情况非法提供给一外国著名军事杂志。在审判过程中，法院决定对其取保候审。关于对甲取保候审的执行机关，下列哪一选项是正确的？（　　）（2008/-/33/单选）

A. 法院　　B. 公安机关

C. 军队保卫部门　　D. 国家安全机关

2. 对下列哪些重大犯罪嫌疑分子，公安机关可以执行先行拘留？（　　）（2008/_/76/多选）

A. 为投毒而买毒药的甲　　B. 在其住处发现被盗金项链的乙

C. 被举报挪用公款企图逃跑的丙　　D. 不讲真实姓名、住址，身份不明的丁

【拓展与反思】

取保候审保证金数额不规范的原因

根据《刑事诉讼法》第66条的规定，取保候审既可以采用提供保证人的方式，也可以采用交纳保证金的方式进行。从司法实践的情况来看，采用后一种保证方式的案件数量在逐步增加，保证金担保将渐趋成为一种主要的保证方式。但取保候审保证金收取有些不规范，保证金数额在不同地区、不同司法机关、不同案件、不同犯罪嫌疑人或被告人之间严重不平衡，少的一两千元，多的三五万元，甚至达到数十万元之巨。因此，科学合理地确定保证金的数额，不仅关系到取保候审这一刑事强制措施的功效发挥，而且在一定程度上还会影响到司法机关的严格执法，所以规范取保候审金数额势在必行。

一、现行法律法规对取保候审金数额的规定

《刑事诉讼法》第70条规定，取保候审的决定机关应当综合考虑保证诉讼活动正常进行的需要，被取保候审人的社会危险性，案件的性质、情节，可能判处刑罚的轻重，被取保候审人的经济状况等情况，确定保证金的数额。这一规定只给出了收取取保候审金数额的考虑因素，但并没有规定具体收取的数额，这就赋予了公安司法机关在司法实践的操作中很大的自由裁量权。公安部《公安机关办理刑事案件程序规定》第83条规定，犯罪嫌疑人的保证金起点数额为人民币一千元。具体数额应当综合考虑保证诉讼活动正常进行的需要、犯罪嫌疑人的社会危险性、案件的性质、情节、可能判处刑罚的轻重以及犯罪嫌疑人的经济状况等情况确定。公安部的这一规定除给出了收取取保候审金数额的考虑因素外，还规定了取保候审金的最低数额，但却没有规定最高数额。最高人民检察院《人民检察院刑事诉讼规则》（以下简称《规则》）第90条，采取保证金担保方式的，人民检察院可以根据犯罪嫌疑人的社会危险性，案件的性质、情节、危害后果，可能判处刑罚的轻重，犯罪嫌疑人的经济状况等，责令犯罪嫌疑人交纳一千元以上的保证金，对于未成年犯罪嫌疑人可以责令交纳五百元以上的保证金。最高人民检察院《规则》，既给出了取保候审金数额的考虑因素，同时还分别给出了成年犯罪嫌疑人与未成年犯罪嫌疑人保证金的起

点，但仍然没有规定保证金的最高额。最高人民法院《关于适用〈中华人民共和国刑事诉讼〉的解释》第119条规定，对决定取保候审的被告人使用保证金保证的，应当依照《刑事诉讼法》第七十条第一款的规定确定保证金的具体数额，并责令被告人或者为其提供保证金的单位、个人将保证金一次性存入公安机关指定银行的专门账户。令人遗憾的是，尽管上述关于保证金数额应如何确定的规定繁多，仍然没能有效规范司法实践中保证金收取颇为混乱的状况。其突出表现就是保证金数额的确定存在相当程度的随意性，司法机关在此问题上自由裁量的空间过大，由此造成了所确定的保证金数额在不同地区、不同司法机关、不同案件、不同犯罪嫌疑人和被告人之间仍然严重地不平衡，这对于司法工作所要求的公平性、规范性、统一性相差非常悬殊。

二、取保候审金数额不规范的原因

造成取保候审金数额不规范分析的原因主要是现行法律规定的相关内容存在“瑕疵”，具体表现为：

(1) 在确定保证金的数额时，要求综合考虑的因素过多，不仅包括案件的性质、情节、社会危害性、涉嫌犯罪数额等“案内因素”，而且包括了当地的经济发展水平、犯罪嫌疑人和被告人的经济状况等“案外因素”。事实上，要考虑的因素越多，就越容易产生随心所欲的情况。

(2) 保证金的上下限不甚明确。诸项规定中最高人检察院《人民检察院刑事诉讼规则》和公安部《公安机关办理刑事案件程序规定》虽规定了保证金的最低限额为1 000元，但《刑事诉讼法》和《最高人民法院关于适用〈中华人民共和国刑事诉讼法〉的解释》中都没有规定保证金的最低限额，而且所有规定都没有涉及保证金的最高限额。

(3) 刑事案件的具体案情尽管千差万别，但在程度上毕竟可以划分成轻重不同的一些类别，与此相适应，在刑事诉讼过程中，对犯罪嫌疑人和被告人采取取保候审措施时，确定的保证金数额亦应具有一定的幅度界限，但上述诸项《刑事诉讼法》、《公安机关办理刑事案件程序规定》、《人民检察院刑事诉讼规则》、《最高人民法院关于适用〈中华人民共和国刑事诉讼法〉的解释》均付之阙如。

总而言之，有关取保候审保证金数额的规定不具有可操作性，亟待对其加以具体化。

第十章　期间与送达

【导读案例】李某，2005年1月因涉嫌强奸而被公安机关依法逮捕。公安机关在向李某送达逮捕通知书时，李某的父母拒绝在上面签字。公安机关只好将逮捕书又拿回了公安机关。检察院提起公诉后，人民法院经过审理，判处李某有期徒刑5年。李某在同年4月21日收到判决书，但一直到5月4日才提出上诉。人民法院认为李某的上诉已过了上诉期限而不予受理。

问：本案中，公安机关和人民法院的哪些做法违反了法律规定，为什么？

资料来源：程荣斌：刑事诉讼法练习题集，142页。

【重点、难点】期间和送达的概念；法定期间、期间的计算和期间的回复；送达种类和程序。

第一节　期　间

一、期间的概念和意义

1. 期间的概念

（1）期间的概念。

刑事诉讼期间是指公安机关、人民检察院、人民法院进行刑事诉讼，以及诉讼当事人及其他诉讼参与人参加刑事诉讼必须遵守的时间期限。期间包括法定期间和指定期间两类。

法定期间是指法律明确规定的诉讼期间。法定期间通常因某种法定事实的出现而开始，以法律规定的时间而结束，因此法定期间原则上为不变期间，法院不得依当事人的申请或者依职权予以变更，但法律明文规定的允许变动的除外。

指定期间是指人民法院根据案件的执行情况，依职权指定完成某项诉讼行为的期间。指定期间在通常情况下不应任意变更，但如遇有特殊情况，法院可依职权变更原确定的指定期间。

（2）期日的概念。

期日是指公安、司法人员和诉讼参与人共同进行刑事诉讼活动的特定时间。

（3）期间与期日的区别。

期间和期日在刑事诉讼中都是规范时间的概念，但是两者有很大区别：

①概念不同。期间是指刑事诉讼专门机关和诉讼参与人分别进行诉讼活动的时间界限；期日是指专门机关和诉讼参与人共同进行刑事诉讼活动所应遵守的特定时间。

②衡量的单位不同。期间是时间段，指一定期限内的时间；期日是一个特定的单位时间，如某日、某时。

③主体遵守的要求不同。期间是公安、司法机关或者当事人及其他诉讼参与人各自单独进行某项刑事诉讼活动的时间；期日是公安、司法机关和诉讼参与人共同进行某项诉讼活动的时间。

④变更上的不同。期间一般由法律明确规定，不得任意变更；期日由公安、司法机关指定，遇有重大事由可以变更。

⑤起始的时间不同。期间规定的时间有始期和终期；而期日只规定开始的时间，不规定终止的时间。

2. 期间的意义

（1）有利于增强公安司法机关工作人员的法制观念和工作责任心，促使其提高工作效率，加快办案速度，及时、准确、合法地办理案件。

（2）有利于诉讼参与人及时参加相关的诉讼活动，行使诉讼权利、履行诉讼义务。

(3) 有利于防止和纠正实践中可能存在的以拘代侦、以捕代罚、超期羁押、诉讼久拖不决等违法现象，保障犯罪嫌疑人、被告人的合法权益。

(4) 有利于维护诉讼活动的严肃性，保障法律的统一、正确实施。诉讼期间的规定不是单纯的技术规范或时间制度，而是诉讼活动的严肃性和强制性的具体体现。

二、法定期间

1. 强制措施期间

(1) 传唤、拘传的法定期间。《刑事诉讼法》第 117 条第 2 款和第 3 款的规定，传唤、拘传持续的时间最长不得超过 12 小时；案情特别重大、复杂，需要采取拘留、逮捕措施的，拘传的时间不得超过 24 小时。拘传犯罪嫌疑人、被告人，应当保证犯罪嫌疑人的饮食和必要的休息时间。

(2) 取保候审的法定期间。《刑事诉讼法》第 77 条规定，取保候审最长不得超过 12 个月，监视居住最长不得超过 6 个月。根据有关司法解释，上述期间理解为各机关分别适用。

(3) 拘留的法定期间。《刑事诉讼法》第 83 条、第 84 条和第 89 条规定，拘留现行犯、重大嫌疑分子或者逮捕犯罪嫌疑人、被告人后，除有碍侦查或者无法通知的以外，办案主管机关应当在 24 小时以内将拘留或者逮捕的原因和羁押处所通知被拘留人或者被逮捕人的家属或者所在单位；同时，办案人员在 24 小时内还必须对被拘留人或者被逮捕人进行讯问。公安机关对被拘留人认为需要逮捕的，应当在拘留后 3 日以内提请人民检察院批准，特殊情况下可以将提请审查批准的时间延长 1 日至 4 日；对于流窜作案，多次作案、结伙作案的重大嫌疑分子，提请审查批准的时间可以延长至 30 日。

人民检察院应当在接到公安机关提请批准逮捕书的 7 日以内，作出批准或者不批准逮捕的决定。人民检察院直接受理的案件中对于被拘留的人认为需要逮捕的，应当在 14 日以内作出决定，在特殊情况下，决定逮捕的时间可以延长 1 日至 3 日。

2. 侦查羁押期间和侦查阶段其他有关期间

(1) 根据《刑事诉讼法》第 154 条、第 156 条和第 157 条的规定，对犯罪嫌疑人逮捕后的侦查羁押期限不得超过 2 个月。案情复杂、期限届满不能终结的案件，可以经上一级人民检察院批准延长 1 个月。对于交通十分不便的边远地区的重大复杂案件，重大的犯罪集团案件，流窜作案的重大复杂案件以及犯罪涉及面广，取证困难的重大复杂案件（以下简称“四类案件”），在上述的 3 个月侦查羁押期限内不能办结的，经省、自治区、直辖市人民检察院批准或者决定，可以延长 2 个月。对犯罪嫌疑人可能判处十年有期徒刑以上刑罚，在上述的 5 个月内仍不能侦查终结的，经省、自治区、直辖市人民检察院批准或者决定，可以再延长 2 个月。因为特殊原因，在较长时间内不宜交付审判的特别重大复杂的案件，由最高人民检察院报请全国人民代表大会常务委员会批准延期审理。

法律规定的侦查羁押期限，既适用于公安机关负责立案侦查的案件，也适用于人民检察院直接立案侦查的案件。

(2)《刑事诉讼法》第 149 条规定，公安机关、人民检察院对于批准决定技术侦查措施的，批准决定自签发之日起三个月以内有效。对于不需要继续采取技术侦查措施的，应当及时解除；对于复杂、疑难案件，期限届满仍有必要继续采取技术侦查措施的，经过批准，有效期可以延长，每次不得超过三个月。

（3）《最高人民法院、最高人民检察院、公安部、国家安全部、司法部、全国人大常委会法制工作委员会关于刑事诉讼法实施中若干问题的规定》中侦查阶段有关的期间还有：

①公安机关在侦查期间，发现犯罪嫌疑人另有重要罪行，重新计算侦查羁押期限的，由公安机关决定，不再经人民检察院批准。但需报人民检察院备案，人民检察院可以进行监督。

②公安机关对案件报请延长羁押期限时，应当在羁押期限届满 7 日前提出，并书面呈报延长羁押期限案件的主要案情和延长羁押期限的具体理由，人民检察院应当在羁押期限届满前作出决定。

③最高人民检察院直接立案侦查的案件，符合上述条件，需要延长犯罪嫌疑人侦查羁押期限的，由最高人民检察院决定。

3. 解除扣押、冻结期间

《刑事诉讼法》第 143 条规定，对查封、扣押的财物、文件、邮件、电报或者冻结的存款、汇款、债券、股票、基金份额等财产，经查明确实与案件无关的，应当在三日以内解除查封、扣押、冻结，予以退还。

4. 审查起诉期间

《刑事诉讼法》第 169 条规定，人民检察院对于公安机关移送起诉的案件，应当在 1 个月以内作出决定，重大、复杂的案件，可以延长半个月。对于补充侦查的案件，应当在 1 个月以内补充侦查完毕。补充侦查以两次为限。

5. 对不起诉决定的申诉期间

根据《刑事诉讼法》第 176 条和第 177 条的规定，被害人对于人民检察院作出的不起诉决定不服时，可以在收到决定书后 7 日以内向上一级人民检察院提出申诉；被不起诉人对于人民检察院因“犯罪情节轻微，依照刑法规定不需要判处刑罚或者免除刑罚”而作出的不起诉决定如果不服，可以在接到决定书后 7 日以内向人民检察院申诉。

6. 与聘请律师或委托辩护人、诉讼代理人有关的期间

（1）律师介入侦查阶段的期间。《刑事诉讼法》第 33 条和第 37 条第 2 款规定，犯罪嫌疑人自被侦查机关第一次讯问或者采取强制措施之日起，有权聘请律师为辩护人为自己提供法律帮助。辩护律师持律师执业证书、律师事务所证明和委托书或者法律援助公函要求会见在押的犯罪嫌疑人、被告人的，看守所应当及时安排会见，至迟不得超过四十八小时。《公安机关办理刑事案件程序规定》第 49 条第 3 款和第 5 款规定，对辩护律师提出的会见申请，应当在收到申请后四十八小时以内，报经县级以上公安机关负责人批准，作出许可或者不许可的决定。除有碍侦查或者可能泄露国家秘密的情形外，应当作出许可的决定。有下列情形之一的，属于本条规定的“有碍侦查”：①可能毁灭、伪造证据，干扰证人作证或者串供的；②可能引起犯罪嫌疑人自残、自杀或者逃跑的；③可能引起同案犯逃避、妨碍侦查的；④犯罪嫌疑人的家属与犯罪有牵连的。

(2) 辩护期间。根据《刑事诉讼法》第 33 条规定和第 182 条规定，犯罪嫌疑人自被侦查机关第一次讯问或者采取强制措施之日起，有权委托辩护人；在侦查期间，只能委托律师作为辩护人。自诉案件的被告人有权随时委托辩护人。侦查机关在第一次讯问犯罪嫌疑人或者对犯罪嫌疑人采取强制措施的时候，应当告知犯罪嫌疑人有权委托辩护人。人民检察院自收到移送审查起诉的案件材料之日起 3 日以内，应当告知犯罪嫌疑人有权委托辩护人。人民法院自受理案件之日起 3 日以内，应当告知被告人有权委托辩护人。犯罪嫌疑人、被告人在押期间要求委托辩护人的，人民法院、人民检察院和公安机关应当及时转达其要求。人民法院至迟在开庭 10 日以前将人民检察院的起诉书副本送达被告人及其辩护人。

(3) 代理期间。根据《刑事诉讼法》第 44 条规定，公诉案件的被害人及其法定代理人或近亲属、附带民事诉讼当事人及其法定代理人有权委托诉讼代理人。自诉案件的自诉人及其法定代理人、附带民事诉讼的当事人及其法定代理人有权随时委托诉讼代理人。

人民检察院自收到移送审查起诉的案件材料之日起 3 日以内，应当告知被害人及其法定代理人或近亲属、附带民事诉讼当事人及其法定代理人有权委托诉讼代理人。人民法院自受理案件之日起 3 日以内，应当告知被害人及其法定代理人、附带民事诉讼当事人及其法定代理人有权委托诉讼代理人。

7. 一审程序期间

(1) 人民法院的审查期间。根据《最高人民法院关于适用〈中华人民共和国刑事诉讼法〉的解释》第 181 条规定，在对提起公诉的案件进行审查后，如果认为人民检察院移送的案件缺少开庭必需的材料时，可以通知人民检察院补充，人民检察院应当自收到通知之日起 3 日内补送。对公诉案件是否受理，应当在七日内审查完毕。

(2) 庭前告知期间。根据《刑事诉讼法》第 182 条第 1 款和第 3 款的规定，人民法院应当在开庭 10 日以前将人民检察院的起诉书副本送达被告人；应当在开庭 3 日以前将开庭的时间、地点通知人民检察院；将传票、通知书至迟在开庭 3 日以前送达当事人、辩护人、诉讼代理人、证人、鉴定人和翻译人员。公开审判的案件，在开庭 3 日以前先期公布案由、被告人的姓名、开庭的时间和地点。

(3) 补充侦查期间。检察人员在庭审中发现提请公诉的案件需要补充侦查并提出建议的，应当在 1 个月以内补充侦查完毕。

(4) 司法拘留期间。《刑事诉讼法》第 194 条规定，在法庭审判过程中，如果诉讼参与人或者旁听人员违反法庭秩序，审判长应当警告制止。对不听制止的，可以强行带出法庭；情节严重的，处以一千元以下的罚款或者十五日以下的拘留。

(5) 公诉案件的普通程序的审理期间。根据《刑事诉讼法》第 202 条的规定，人民法院审理公诉案件，应当在受理后 2 个月以内宣判，至迟不得超过 3 个月。对于“四类案件”，经省、自治区、直辖市高级人民法院批准或者决定，可以延长 3 个月。

《最高人民法院、最高人民检察院、公安部、国家安全部、司法部、全国人大常委会法制工作委员会关于实施刑事诉讼法若干问题的规定》第 25 条第 2 款规定，人民法院对提起公诉的案件进行审查的期限计入人民法院的审理期限。

(6) 自诉案件的审理期间。《刑事诉讼法》第 206 条第 2 款规定，人民法院对自诉案件，被告人被羁押的，适用《刑事诉讼法》第202条第1款、第2款关于公诉案件普通程序的规定；未被羁押的，应当在受理后六个月以内宣判。

（7）简易程序的审理期间。《刑事诉讼法》第214条规定，适用简易程序审理案件，人民法院应当在受理后20以内审结；对可能判处的有期徒刑超过三年的，可以延长至一个半月

（8）判决书的送达期间。《刑事诉讼法》第196条第2款规定，人民法院当庭宣告判决的，应当在5日以内将判决书送达当事人和提请公诉的人民检察院；定期宣告判决的，应当在宣告判决后立即将判决书送达当事人和提请公诉的人民检察院。判决被告人无罪、免除刑事处罚的，如果被告人在押，在宣判后应当立即释放。

（9）重新计算审理期限的。《刑事诉讼法》第202条第2、第3款规定，人民法院改变管辖的案件，从改变后的人民法院收到案件之日起计算审理期限。人民检察院补充侦查的案件，补充侦查完毕移送人民法院后，人民法院重新计算审理期限。

8. 上诉、抗诉期间

根据《刑事诉讼法》第218条和第219条的规定，被害人及其法定代理人不服地方各级人民法院一审判决，有权自收到判决书后5日以内请求人民检察院提出抗诉：人民检察院应当在收到被害人机器法定代理人的请求后5日以内作出是否抗诉的决定并且答复请求人。不服判决的上诉和抗诉的期限为10日，不服裁定的上诉和抗诉的期限为5日。从接到判决书、裁定书的第二日起算。

9. 二审程序期间

《刑事诉讼法》第220条规定，通过原审人民法院提出上诉的，原审人民法院应当在3日以内将上诉状连同案卷、证据一并移送上一级人民法院，同时将上诉状副本送交同级人民检察院和对方当事人。直接向第二审人民法院提出上诉的，第二审人民法院应当在3日以内将上诉状副本交原审人民法院送交同级人民检察院和对方当事人。

第二审人民法院必须在开庭10日以前通知人民检察院查阅案卷。第二审人民法院受理上诉、抗诉案件后，应当在2个月以内审结。对于“四类案件”，经省、自治区、直辖市高级人民法院批准或者决定，可以再延长2个月。

10. 审判监督程序期间

《刑事诉讼法》第247条规定，人民法院按照审判监督程序重新审判的案件，应当在作出提审、再审决定之日起3个月以内审结，需要延长期限的，不得超过6个月。接受抗诉的人民法院指令下级人民法院再审的，应当自接受抗诉之日起1个月以内作出决定。

11. 死刑执行期间

《刑事诉讼法》第251条规定，下级人民法院接到最高人民法院执行死刑的命令后，应当在7日以内交付执行。

12. 变更执行的期间

（1）暂予监外执行的监督期间。《刑事诉讼法》第256条规定，人民检察院认为暂予监外执行不当的，应当自接到通知之日起一个月以内将书面意见送交决定或批准监外执行的机关，决定或批准监外执行的机关接到人民检察院的书面意见后，应当立即对该决定进行重新核查。

人民检察院任务人民法院减刑、假释的裁定不当，应当在收到裁定书副本后 20 日以内，向人民法院提出书面纠正意见，人民法院应当在收到纠正意见后一个月以内重新组成合议庭进行审理，作出最终裁定。

(2) 减刑、假释的执行监督期间。《刑事诉讼法》第 263 条规定，人民检察院认为人民法院减刑、假释的裁定不当，应当在收到裁定书副本后 20 日以内，向人民法院提出书面纠正意见。人民法院应当在收到纠正意见后一个月以内重新组成合议庭进行审理，作出最终裁定。

13. 未成年刑事犯罪附条件不起诉的法定期间

《刑事诉讼法》第 272 条第 2 款规定，对被附条件不起诉的未成年犯罪嫌疑人附条件不起诉的考验期为六个月以上一年以下，从人民检察院作出附条件不起诉的决定之日起计算。

14. 犯罪嫌疑人、被告人逃逸或死亡的财产没收的法定期间

《刑事诉讼法》第 281 条第 2 款规定，人民法院受理没收违法所得的申请后，应当发出公告。公告期间为六个月。犯罪嫌疑人、被告人的近亲属和其他利害关系人有权申请参加诉讼，也可以委托诉讼代理人参加诉讼。

15. 依法不负刑事责任强制医疗的法定期间

《刑事诉讼法》第 287 条规定，人民法院经审理，对于被申请人或者被告人符合强制医疗条件的，应当在一个月以内作出强制医疗的决定。

16. 申请恢复期间的期间

当事人由于不能抗拒的原因或者其他正当理由而在法定期限没有完成应当进行的诉讼行为的，在障碍消除后 5 日以内，可以申请继续进行应当在期满以前完成的诉讼活动。

三、期间计算

1. 计算单位和方法

(1) 我国刑事诉讼期间的计量单位有时、日、月三种。

(2) 以时计算的，开始之时不计算在时间以内。以日计算的，应当从第二日起计算。由于开始的时和日都不算，说明这两种计量单位不能互相换算，例如拘留后应当在 24 小时以内进行讯问，不可以用 1 日代替。

以月为单位的，如何计算，法律没有明确规定。一般的原则是：

①开始月和开始月的开始日都计算在期间内。

②由于以月计算的期间均为公安司法机关遵守的期限，从有利于诉讼参与人参与刑事诉讼活动和保护他们的合法权益的角度考虑，通常按照公历月。开始月的某日到期满日，相当于开始日的前一日为期满之日。

③当期满月的开始日的前一日实际不存在时，应当将期满日向前移，而不宜向后顺延。例如人民检察院元月 31 日将案卷退回公安机关补充侦查，公安专家机关补充侦查的期满之日理应理解为“2 月 30 日”，但是由于二月份没有 30 日，所以此时的期满之日应当认为是 2 月的最后一日。

④不分大、小月。在以月计算的期间里，如果遇有以半月为期的，应当均以 15 天计数。

(3) 为了确保诉讼活动的及时展开和顺利进行，期间的最后一日为节假日，以节假日后的第一个工作日为期间届满的日期。但对于犯罪嫌疑人、被告人或者罪犯在押期间，应当至期间届满之日为止，不得因节假日而延长在押期限至节假日后的第一日。

(4) 对于法定期间的计算，不包括路途上的时间。

(5) 通过邮寄的上诉状或者其他诉讼文件，应当以当地交邮盖戳的时间为标准确定法定期间的执行。

2. 特殊期间的计算

(1) 在侦查期间，发现犯罪嫌疑人另有重要罪行，应重新计算侦查羁押期限。

(2) 犯罪嫌疑人不讲真实姓名、地址、身份不明的，侦查羁押期限自查清其身份之日起计算，但是不得停止对其犯罪行为的侦查取证。

(3) 公安机关或者人民检察院补充侦查完毕后移送人民检察院或者人民法院后，人民检察院或者人民法院重新计算审查起诉或者审理期限。

(4) 当人民检察院和人民法院改变管辖的公诉案件时，从改变后的办案机关收到案件之日起计算办案期限。

(5) 从简易程序转入普通程序的第一审刑事案件的期限，从决定转为普通程序次日起重新计算。

(6) 第二审人民法院发回原审人民法院重新审判的案件，原审人民法院从收到发回案件之日起，重新计算审理期限。

(7) 犯罪嫌疑人、被告人在押的案件，对他们作精神病鉴定的期间，不计人办案期限。除此以外的其他鉴定时间都应当计入办案期限。对于因鉴定时间较长，办案期限届满仍不能终结的案件，自期限届满之日起，应当对犯罪嫌疑人、被告人变更强制措施，改为取保候审或者监视居住。

(8) 不计入审理期间的情况：①中止审理时间不计入办案期限；②延期审理的期间不计入审理期间的情形包括四种。第一，刑事案件因另行委托、指定辩护人的，人民法院决定延期审理的，自案件决定延期审理之日起至第 10 日为准备辩护时间。第二，公诉案件补充侦查，提出延期审理合议庭同意延期审理的期间。第三，刑事案件二审期间，人民检察院查阅案卷超过 7 日后的时间。第四，因当事人、诉讼代理人、辩护人申请通知新的证人到庭、调取新的证据、申请重新鉴定或勘验，人民法院决定延期审理 1 个月之内的期间。③路途上的时间，不计入法定期限。

四、期间恢复

1. 期间恢复的概念

刑事诉讼期间的恢复，是指当事人诉讼期间的恢复，即当事人由于不能抗拒的原因或者其他正当理由而在法定期限没有完成应当进行的诉讼行为的，在障碍消除后 5 日以内，可以申请继续进行应当在期满以前完成的诉讼活动的一种补救措施。

2. 期间恢复的条件

(1) 申请的主体。只有当事人才有权提出恢复诉讼期间的申请，而且必须以在法定期间内没有能进行特定诉讼行为为前提，其他诉讼参与人无权提出这种申请。

(2) 申请的理由。法定期间的耽误是由于不可抗拒的原因所导致或者具备了其他正当的理由。

(3) 申请的时间。当事人的申请应当在障碍或原因消除后的5日以内提出。

(4) 申请的裁决。恢复期间的申请，必须向审判本案的人民法院提出，人民法院在接到当事人的申请后，经过审查，认为当事人所述情况确实属于不能抗拒的原因或者其他正当理由的，应当裁定准许其继续进行未完成的诉讼活动。如果人民法院认为当事人的申请理由不成立，则应当裁定驳回，当事人耽误的期间就不能再恢复。

第二节 送 达

一、送达概述

1. 送达的概念

刑事诉讼文书送达，指公安、司法机关按照法定程序和方式将诉讼文件送交收件人的诉讼活动。

2. 送达的特点

(1) 送达主体，只能是公安、司法机关。

(2) 送达的对象是当事人和其他诉讼参与人以及有关机关。

(3) 送达的内容是诉讼文书，包括传票、通知书、不起诉决定书、起诉书、判决书和裁定书等。此外，诉讼参与人制作的自诉状副本、附带民事诉讼状和答辩状副本、上诉状副本等诉讼文书也可以通过人民法院送达。

(4) 送达的方式和程序是法定的。实施送达行为必须依照法律规定办理，否则无法产生法律效力。

二、送达的回证

送达回证又称送达证、送达证书，是指公安、人民检察院和人民法院按照法定格式制作的、用以证明送达行为以及其结果的诉讼文书。送达回证的内容包括送达机关和送达文书的名称，被送达人姓名（名称）、职业、职务、住所地或经常居住地，送达方式，送达人和被送达人签名、盖章，签收日期等。

送达回证是送达人完成送达任务的凭证，也是被送达人接受或拒绝所送达的诉讼文书的证明。同时，也是检查公安、司法机关是否按照法定程序和方式送达诉讼文书，认定当事人及其他诉讼参与人的诉讼行为是否有效的依据。

三、送达的方式和程序

1. 直接送达

直接送达，又称交付送达，指公安、司法机关指派专人将诉讼文书直接送交收件人的行为。收件人本人亲自签收和本人不在时，成年家属或者单位负责人代为签收，都属于直接送达。直接送达的程序是，送达人员将诉讼文件交给收件人本人，收件人本人在送达回证上记明收到日期，并且签名或者盖章。如果收件人本人不在，由他的成年家属或者所在单位的负责人代收，代收人也应当在送达回证上记明收到日期，并且签名或者盖章。收件人本人或者代收人在送达回证上签收的日期为送达日期。

公安司法机关送达诉讼文书，一般应以直接送达为原则。

2. 留置送达

留置送达，指收件人或者代收人拒绝签收向其送达的诉讼文书时，公安、司法机关的送达人依法将诉讼文书留在收件人住处的送达方式。留置送达必须具备的条件是，收件人或者代收人拒绝接收诉讼文件或者拒绝签名、盖章时才能采用。留置送达的程序是在收件人本人或者代收人拒绝接收或者拒绝签名、盖章的情况下，送达人员邀请他的邻居或者其他见证人到场，说明情况，把诉讼文书留在他的住处，并在送达回证上记明拒绝的事由、送达日期，由送达人签名，即认为已经送达。

留置送达与直接送达具有同等的法律效力，但是，并非所有的诉讼文件均可以适用，例如调解书就不宜使用。

3. 委托送达

委托送达，指公安、司法机关直接送达诉讼文书有困难的，委托收件人所在地的公安、司法机关代为交给收件人的送达方式。运用委托送达的程序是，委托机关应当出具委托函，受委托的机关应当指派专人及时办理，并将送达回证尽快转回委托机关。如果无法送达，应当及时将不能送达的原因迅速告知委托机关，并将需要送达的文书和回证退回，以便不耽误诉讼的进行。

4. 邮寄送达

邮寄送达，指公安、司法机关在直接送达有困难的情况下，通过邮局将诉讼文书用挂号邮寄给收件人的送达方式。邮寄送达的程序是公安、司法机关将诉讼文书、送达回证挂号邮寄给收件人，收件人签收挂号邮寄的诉讼文件后即认为已经送达。挂号回执上注明的日期为送达的日期。

5. 转交送达

转交送达，指公安、司法机关将诉讼文书交收件人所在机关、单位代收后再转给收件人的送达方式。通常适用于军人、正在服刑或者被劳动教养的人。转交送达的程序是，诉讼文件的收件人是军人的，应当通过所在部队团以上单位的政治部门转交。收件人正在服刑的，应当通过所在监所或者其他执行机关转交。收件人正在劳动教养的，应当通过劳动教养单位代为转交。

6. 公告送达。

公告送达，指法院以张贴公告、登报等办法将诉讼文书公之于众，经过一定时间，法律上即视为送达的送达方式。公告送达，自发出公告之日起，经过60日，即为公告期满，视为送达。

【导例评析】

本案中，公安机关、人民法院违反法律规定的做法有：(1) 公安机关在送达逮捕通知书而李某父母不同意接收时，公安机关应该采取留置送达的方式而不是将其拿回公安机关。(2) 李某4月21日拿到判决书，他应于次日起10日内提起上诉。按正常时间5月1日应为最后一日，但5月1日—5月3日是法定节假日。根据《刑事诉讼法》第103条第4款的规定，期间的最后一日为节假日的，以节假日后的第一日为期间届满日期。因此本案中，李某的上诉没有超过法定期间，人民法院应予受理。

【实务训练】

犯罪嫌疑人王某在2006年3月16日21时45分被传唤到派出所，审查后，被批准拘留，拘留证签字时间是2006年3月17日22时35分。3月30日16时45分，办案人员在看守所对王某进行第一次讯问，笔录中出现了这样的内容。“问：我们是××分局的民警，你因涉嫌××罪已经被批准刑事拘留，现在向你宣读。答：我知道了。问：在拘留证上签字捺手印。”

问：办案人员有什么违法之处？

资料来源：陈卫东：刑事诉讼法案例分析，156页。

【评析】

办案人员传唤犯罪嫌疑人的时间超过法定期间。根据《刑事诉讼法》第117条第2款的规定，传唤、拘传持续的时间不得超过十二小时；案情特别重大、复杂，需要采取拘留、逮捕措施的，传唤、拘传持续的时间不得超过二十四小时。本案中办案人员从2006年3月16日21时45分传唤犯罪嫌疑人，犯罪嫌疑人拘留签字的时间3月17日22时35分，换句话说，犯罪嫌疑人被传唤的时间是超过12小时。本案不属于案情特别重大、复杂的案件。因此，本案传唤的时限应为12小时。

办案人员从拘留到开始讯问犯罪嫌疑人的时间超时。根据《刑事诉讼法》第84条的规定，公安机关对被拘留的人，应当在拘留后的二十四小时以内进行讯问。本案中犯罪嫌疑人拘留签字的时间是2006年3月17日22时35分，而办案人员在2006年3月30日16时45分才对犯罪嫌疑人进行第一次讯问。因此，办案人员对犯罪嫌疑人拘留后讯问的时间超过法定时间。

本案中办案人员对犯罪嫌疑人实行拘留的时间也超过法定羁押期限。根据《刑事诉讼法》第89条第1款和第2款规定，公安机关对被拘留的人，认为需要逮捕的，应当在拘留后的三日以内，提请人民检察院审查批准。在特殊情况下，提请审查批准的时间可以延长一日至四日。对于流窜作案、多次作案、结伙作案的重大嫌疑分子，提请审查批准的时间可以延长至三十日。本案的情况既不属于特殊情况，也不属于“四类”案。因此，包括提请检察院批准的时间在内，对于犯罪嫌疑人只能拘留 10 日，而本案对犯罪嫌疑人拘留了 13 日还没有提请批准逮捕。

【司考真题】

1. 根据《刑事诉讼法》及有关司法解释的规定。下列哪一项办案期限是不能重新计算的？（　　）（2008/二/22/单选）

A. 补充侦查完毕后的审查起诉期限

B. 发现犯罪嫌疑人另有重要罪行后的侦查羁押期限

C. 处理当事人回避申请后的法庭审理期限

D. 检察院补充侦查完毕移送法院继续审理的审理期限

2. 何某不服一审人民法院以故意伤害罪判处 12 年有期徒刑的判决，但又因故耽误上诉期限。障碍消除后，何某申请继续进行应当在期满前完成的上诉活动，必须满足什么条件？（　　）（2004/二 90/多选）

A. 何某耽误的期间是不能抗拒的原因或有其他正当理由

B. 在障碍消除后 5 日内何某提出上诉

C. 继续应当在期满以前提出上诉的申请，需要由辩护人为其提出

D. 经人民法院查证属实，裁定准许

【拓展与反思】

超期羁押

超期羁押是指刑事诉讼中的国家专门机关依法对犯罪嫌疑人、被告人采取限制人身自由的强制措施时，羁押时间超出了刑事诉讼法规定的期限。我国《刑事诉讼法》关于羁押期限与办案期限的规定具有重合与分离双重属性，一方面羁押不是一种独立的强制措施，而是刑事拘留和逮捕的附带性后果，因此羁押的期限从属于拘留、逮捕、审查起诉和审判等办案期限。另一方面如果羁押期限已经届满，案件没有办结，可以在变更羁押措施的情况下继续办案。

界定超期羁押要把握以下三点：首先，超期羁押的前提是合法羁押，如果不是按照法定程序由有权羁押的机关实施，那么其从一开始就是非法拘禁，而不存在超期不超期的问题；其次，超期羁押是一种组织行为，而不是个人行为；第三，超期羁押包括显性超期羁押和隐性超期羁押两种，前者既包括有关机关超过刑事诉讼法规定的最长期限，对犯罪嫌疑人或被告人进行羁押的，还包括有关机关本应延长羁押期限，但未依法办理延长期限手续致使羁押超过基本羁押期限的；后者既包括不符合法定延长侦查期限的犯罪嫌疑人，而提请了批准延长侦查期限，还包括司法机关相互“借用”办案期限以及滥用退回补充侦查、撤回起诉、改变管辖、建议延期审理等手段，变相延长侦查、起诉和审判期限。显性超期明显违反法律规定，很容易被发现和纠正，目前已较少发生。

第三编　刑事诉讼审前程序

第十一章　立　案

【导读案例】某中学生甲某上课时玩手机，老师丙某没收其手机，甲某破口大骂丙某，丙某给了甲某两巴掌，甲某大哭跑出教室回到家，丙某遂将情况告诉甲某家长。甲某回家后，服下农药，死亡。甲父亲隧到县公安局控告丙某故意杀害女儿。县公安局经过调查，认为甲某服药身亡系自杀，甲某的死与丙某无必然直接的因果关系，丙某的行为并不构成犯罪，故县公安局决定不予以立案，并将不立案的原因通知了甲某的父亲。

资料来源：刘金友：刑事诉讼法，237页。

问：该县公安局对本案的处理是否正确？为什么？

【重点、难点】刑事立案的材料来源；刑事立案的条件；人民检察院立案监督的程序。

第一节　立案概述

一、立案的概念与特征

1. 立案的概念

刑事诉讼中的立案，是指公安机关、人民检察院、人民法院依照各自法定管辖范围，对报案、控告、举报、自首以及自诉人起诉等方面的材料，进行审查，以判明是否确有犯罪事实发生和应否追究刑事责任，并依法决定是否作为刑事案件进行侦查或审判的一种诉讼活动。

刑事立案作为刑事诉讼开始的标志，是每一个刑事案件都必须经过的法定阶段，是法律赋予公安机关、人民检察院和人民法院的一种职权，其他任何单位或个人都无权立案。这一诉讼阶段具有相对独立性和特定的诉讼任务，这一阶段简而言之就是决定是否开始刑事诉讼程序。

2. 立案的特征

（1）立案是刑事诉讼程序中的一个独立阶段，是刑事诉讼活动的启动程序。

立案、侦查、起诉、审判和执行，是刑事诉讼法所确立的五个普通诉讼程序。公安司法机关进行刑事诉讼，必须严格按照法定程序进行，不能随意超越、颠倒任何一个诉讼阶段。只有前一诉讼阶段的任务完成之后，才能进行下一阶段的诉讼活动，只有这样才能真正贯彻程序法制原则。立案程序是整个刑事诉讼活动的开始。

（2）立案是刑事诉讼的必经程序。

按照程序法定原则，公安司法机关进行刑事诉讼，必须严格依照法定程序进行，只有这样才能保证公安司法机关准确、及时、有效地处理刑事案件，保证刑事诉讼任务和目的的实现。但是，由于刑事案件的具体情况不同，不是每一个刑事案件都必须经过五个诉讼阶段。例如，自诉案件不需要经过侦查阶段，由被害人直接向人民法院起诉。还有些案件，在人民检察院作出不起诉决定后，就不需要经过审判和执行程序，案件即告终结。但是任何刑事案件进入刑事诉讼程序都必须经过立案阶段。只有经过立案，其他诉讼阶段才能依次进行，公安司法机关进行侦查、起诉和审判活动才有法律依据，才能产生法律效力。因此，立案程序是刑事诉讼的必经程序。

（3）立案是法定机关的专门活动。

刑事案件的立案，是法律赋予公安机关、人民检察院和人民法院的一种职权，其他任何单位或个人都无权立案。而且公安机关、人民检察院和人民法院必须按照法律规定的管辖范围行使立案权。

二、立案的意义

1. 立案有利于迅速揭露犯罪、证实犯罪和惩罚犯罪

对于已经发生的犯罪行为，公安司法机关应正确、及时地作出立案决定，并不失时机地开展侦查或调查活动，就可以及时揭露、证实和惩罚犯罪，有效地同犯罪分子做斗争。因此，正确地运用和执行立案程序，能够保证一切依法需要追究刑事责任的犯罪行为，及时地受到应有的刑事追究。

2. 立案可以有效地保护公民的合法权益不受非法侵犯

正确、及时地立案，是对犯罪行为的受害单位或公民控告犯罪的正义要求的支持，是对他们合法权益的有力保护。同时，正确执行立案程序，严格把握立案的法定条件，可以保证无辜的公民不受刑事追究，切实保障公民的合法权益。

3. 立案为正确评价社会治安形势、预防和打击犯罪提供科学的决策依据

立案是司法统计的重要内容。正确地执行立案程序，就能够及时、准确地掌握各个时期和各个地区刑事案件的案发情况，分析研究某地某时犯罪的动向、特点和规律，总结工作经验，采取相应的措施，预防和减少犯罪的发生，更有效地同犯罪行为做斗争。

4. 立案能够为侦查、审判活动的顺利进行提供重要依据

只有经过立案，其他诉讼阶段才能依次进行，公安司法机关进行侦查、起诉和审判活动才有法律依据，才能产生法律效力。

第二节　立案材料来源

一、立案的材料来源

立案的材料来源，是指公安、司法机关获取有关犯罪事实及犯罪嫌疑人情况的材料的渠道或途径。根据法律规定和司法实践，立案的材料来源主要有：

1. 公安机关或者人民检察院自行发现的犯罪事实或者犯罪嫌疑人

公安机关是国家的治安保卫机关，在日常的执勤和执行任务过程中有可能发现犯罪，在侦查、预审工作中也有可能发现犯罪事实、犯罪线索。人民检察院作为公诉机关，其本身也承担侦查职能，在审查批捕、审查起诉等活动中也有可能发现有犯罪事实发生。需要追究刑事责任的，也应当按照管辖范围迅速立案侦查。国家安全机关、军队内部的保卫部门、监狱等执行职务过程中，发现犯罪事实或者犯罪线索，对于符合立案条件的，也应当立案。

2. 单位和个人的报案或者举报

单位和个人的报案或者举报，是公安司法机关决定是否立案的最主要、最普遍的材料来源。其中报案是指单位和个人以及被害人发现有犯罪事实发生，但尚不知犯罪嫌疑人为何人时，向公安机关、人民检察院、人民法院告发的行为。举报则是指单位和个人对其发现的犯罪事实或者犯罪嫌疑人向公安机关、人民检察院和人民法院进行告发、揭露的行为。向公安司法机关报案或者举报，既是任何单位和个人依法享有的权利，也是其依法应当履行的义务。

3. 被害人的报案或者控告

被害人是犯罪行为的直接受害者，一方面具有揭露犯罪、惩罚犯罪的强烈愿望和积极主动性，另一方面，在许多案件中，又因为被害人与犯罪嫌疑人有过接触，能够提供较为详细、具体的有关犯罪事实和犯罪嫌疑人的情况，所以其控告对于追究犯罪具有重要的价值。因此，被害人的报案或者控告也是重要的立案材料来源。控告是指被害人（包括自诉人和被害单位）就其人身权利、财产权利遭受不法侵害的事实及犯罪嫌疑人的有关情况，向公安司法机关揭露和告发，要求依法追究其刑事责任的诉讼行为。报案、控告和举报是公民的民主权利，受国家法律保护。任何单位或个人都不得以任何借口对报案人、控告人、举报人进行阻止、压制或者打击报复。对报案人、控告人、举报人进行报复、陷害构成犯罪的，依法追究刑事责任。

4. 犯罪人的自首

自首，是指犯罪人犯罪以后自动投案，如实供述自己罪行，并接受公安司法机关的审查和裁判的行为。犯罪人的自首也是立案的材料来源之一。由于自首能得到依法从轻、减轻或者免除处罚，因此，有不少犯罪人实施犯罪后即投案自首。刑事诉讼法将自首作为立案材料的重要来源之一，含有鼓励犯罪分子主动投案自首，争取宽大处理的旨意。

二、立案的条件

《刑事诉讼法》第 110 条规定，人民法院、人民检察院或者公安机关对于报案、控告、举报和自首的材料，应当按照管辖范围，迅速进行审查，认为有犯罪事实需要追究刑事责任的时候，应当立案；认为没有犯罪事实，或者犯罪事实显著轻微，不需要追究刑事责任的时候，不予立案，并且将不立案的原因通知控告人。根据这一规定，立案必须同时具备两个条件：一是有犯罪事实，称为事实条件；二是需要追究刑事责任，称为法律条件。

1. 犯罪嫌疑人有犯罪事实

有犯罪事实，是指客观上存在着某种危害社会的犯罪行为。这是立案的首要条件。如果没有犯罪事实存在，也就谈不到立案的问题了。有犯罪事实，包含两个方面的内容。

（1）要立案追究的，必须是依照刑法的规定构成犯罪的行为。立案应当而且只能对犯罪行为进行。如果不是犯罪的行为，就不能立案。没有犯罪事实，或者根据《刑事诉讼法》第 15 条第 1 项的规定，有危害社会的违法行为，但是情节显著轻微，危害不大，不认为是犯罪的，就不应立案。

（2）要有一定的事实材料证明犯罪事实确已发生。所谓确已发生就是指犯罪事实确已存在，包括犯罪行为已经实施、正在实施和预备犯罪。犯罪事实确已发生，必须有一定的事实材料予以证明，而不能是道听途说、凭空捏造或者捕风捉影。

2. 犯罪嫌疑人需要追究刑事责任

需要追究刑事责任，是指依法应当追究犯罪行为人的刑事责任。这是立案必须具备的另一个条件。只有存在依法需要追究行为人刑事责任的犯罪事实，才具有立案的价值。只有当有犯罪事实发生，并且依法需要追究行为人刑事责任时，才有必要而且应当立案。

（1）法律规定不追究刑事责任的，就是缺乏立案的法律条件，公安、司法机关就不应当立案。

所谓法律规定不追究刑事责任，主要是指《刑事诉讼法》第15条规定的六种情形：①情节显著轻微、危害不大，不认为是犯罪的；②犯罪已过追诉时效期限的；③经特赦令免除刑罚的；④依照刑法告诉才处理的犯罪，没有告诉或者撤回告诉的；⑤犯罪嫌疑人、被告人死亡的；⑥其他法律规定免予追究刑事责任的。具有以上六种情形之一的，公安、司法机关就不应当追究刑事责任，不予立案，对于已经立案的，也应当撤销案件，或者不起诉，或者终止审理，或者宣告无罪。除此之外，对于某一犯罪行为，如果已经依法审判且判决已经生效，除非再审，不得因同一罪行再次立案追究其刑事责任。

（2）由于自诉案件不经过侦查，自诉人向人民法院提起诉讼后，如果符合立案条件，人民法院就应当予以受理，并直接进入审判程序。

因此，自诉案件的立案条件除了应当具备公诉案件中的两个立案条件以外，根据《最高人民法院关于适用〈中华人民共和国刑事诉讼法〉的解释》第259条的规定，还应当具备下列条件：（1）属于刑事自诉案件的范围；（2）属于该人民法院管辖；（3）刑事案件的被害人告诉的；（4）有明确的被告人、具体的诉讼请求和能证明被告人犯罪事实的证据。

第三节　立案程序

立案程序是立案活动中各种诉讼活动进行步骤和形式。根据《刑事诉讼法》的规定，它主要包括对立案材料的接受、审查和处理三个方面。

一、对立案材料的接受

对立案材料的接受，是指公安机关、人民检察院和人民法院对报案、控告、举报和自首材料的受理。

它是立案程序的开始。接受立案材料，应当注意以下几点：

（1）公安机关、人民检察院和人民法院对于报案、控告、举报和自首，都应当接受下来，然后依法处理，而不得以任何借口拒绝或推诿。《刑事诉讼法》第108条第3款规定，公安机关、人民检察院或者人民法院对于报案、控告、举报，都应当接受。对于不属于自己管辖的，应当移送主管机关处理，并且通知报案人、控告人、举报人；对于不属于自己管辖而又必须采取紧急措施的，应当先采取紧急措施，然后移送主管机关。这里“紧急措施”是指保护现场、先行拘留嫌疑人、扣押证据等措施。

（2）报案、控告和举报可以用书面或口头形式提出。《刑事诉讼法》第109条第1款规定，报案、控告、举报可以用书面或口头提出。接受口头报案、控告、举报的工作人员，应当写成笔录，经宣读无误后，由报案人、控告人、举报人签名或者盖章。

（3）公安司法机关应当为报案人、控告人、举报人保密，并保障他们及其近亲属的安全。为了鼓励人民群众积极同犯罪行为做斗争，保障单位和个人行使控告、举报的权利，《刑事诉讼法》第109条第3款规定，公安机关、人民检察院或者人民法院应当保障报案人、控告人、举报人及其近亲属的安全。即当他们的安全受到威胁时，公安司法机关应当主动采取保护措施或者被要求而采取相应的保护措施。为了防止事后对报案人、控告人、举报人及其近亲属的打击报复，该款还规定，报案人、控告人、举报人如果不愿公开自己的姓名和报案、控告、举报的行为，应当为他们保密。

二、对立案材料的审查和处理

1. 对立案材料的审查

对立案材料的审查，是指公安机关、人民检察院、人民法院对自己发现的或者接受的立案材料进行核对、调查的活动。《刑事诉讼法》第110条规定，人民法院、人民检察院或者公安机关对于报案、控告、举报和自首的材料，应当按照管辖范围，迅速进行审查。通过审查，应当查明：材料所反映的事件是否属于犯罪行为。如果属于犯罪行为，有无确实可靠的证据材料证明。依法是否需要追究行为人的刑事责任；有无法定不追究刑事责任的情形。

在司法实践中，公安、检察或者审判机关对立案材料进行审查时，可以要求报案、控告、举报的单位和个人提供补充材料，或者要求他们作补充说明，也可以进行必要的调查。公安司法机关对立案材料的审查，只要求所取得的证据足以证明有犯罪事实发生，并且是在依法需要追究刑事责任而应当立案时取得的；或者依法不需要追究刑事责任而不应当立案时，立案前的审查工作就完成了。对于应当立案的，并不要求查清全部犯罪事实和查获犯罪嫌疑人。

对于自诉案件，由于法律要求自诉人在提起自诉时，应当同时提出证明犯罪事实发生的各种证据，因此，人民法院在审查过程中，如果认为自诉人提出的证据不充分，可以要求自诉人提出补充，证实有关犯罪事实的材料，但在立案前法院不得进行调查。

2. 对立案材料的处理

对立案材料的处理，是指公安机关、人民检察院、人民法院通过对立案材料审查后，分别针对不同情况作出立案或者不立案的决定。这是立案程序的最后结果。

《刑事诉讼法》第110条规定，人民法院、人民检察院、公安机关对立案材料审查后，认为有犯罪事实需要追究刑事责任的时候，应当立案；认为没有犯罪事实，或者犯罪事实显著轻微，不需要追究刑事责任的时候，不予立案。根据这一规定，对立案材料的处理，包括立案决定和不立案决定两种形式。

（1）决定立案及应办的法律手续。

公安机关对立案材料进行审查后，认为需要立案的，由承办人填写《立案报告表》，公安机关主管负责人批准后，交由侦查部门开始侦查。人民检察院对立案材料审查后，认为需要立案的，先由承办人填写《立案请示报告》，经检察长批准或检察委员会决定后，制作《立案决定书》。还应及时将《立案请示报告》和《立案决定书》报上一级人民检察院备案。上级人民检察院认为不应当立案的，制作《纠正案件错误通知书》，通知下级人民检察院撤销案件。下级人民检察院如有不同意见，可以申请复议。人民法院受理的自诉案件，一般先由控告申诉庭工作人员填写《立案审批表》，经主管负责人审查批准后，移交刑事审判庭审理。

（2）决定不立案及应办的法律手续。

接受立案材料的公安司法机关，经审查，如果认为不符合立案条件，决定不予立案的，应当制作《不立案决定书》，写明案件的材料来源、决定不立案的理由和法律依据，决定不立案的机关等。根据《刑事诉讼法》以及相关规定，公安司法机关决定不立案的，应当将不立案的原因通知控告人。控告人如果不服，可以申请复议。对控告人的复议申请，应当及时审核并作出答复。对于那些虽然不具备立案条件，但有严重错误或一般的违法乱纪行为需要其他部门处理的，应当将报案、控告或者举报材料移送有关部门处理。

三、立案监督

1. 立案监督的概念

立案监督，是指有监督权的机关和公民依法对立案活动进行监视、督促或者审核的诉讼活动。立案监督有广义和狭义之分。狭义立案监督，是指检察机关对公安机关的立案活动进行的监督，它是人民检察院对刑事诉讼进行监督的一种。广义立案监督还包括其他单位和个人对立案活动进行的监督。

根据《刑事诉讼法》第 111 条规定，立案监督包括控告人的监督和检察机关的监督两种形式。

2. 立案监督的程序

立案监督的程序，是指法律规定的控告人和人民检察院对立案活动实施监督的方法和步骤。由于控告人和检察机关的地位和性质不同，所以，二者对立案监督的程序也不相同。

（1）控告人的监督。

控告人对立案活动的监督是通过申请复议来进行的。控告人对公安机关的不立案决定不服的，可以在收到《不予立案通知书》后 7 日内向原决定的公安机关申请复议。原决定的公安机关应当在收到复议申请后 10 日内作出决定，并书面通知控告人。控告人对公安机关不立案的决定不服时，可以在收到不立案通知书后 10 日以内申请复议。对不立案的复议，由人民检察院控告申诉部门办理，并在收到复议申请的 30 日以内作出复议决定。

（2）人民检察院的监督。

人民检察院对公安机关不立案的监督。《刑事诉讼法》第 111 条规定，人民检察院认为公安机关对应当立案侦查的案件而不立案侦查的，或者被害人认为公安机关对应当立案侦查的案件而不立案侦查，向人民检察院提出的，人民检察院应当要求公安机关说明不立案的理由。人民检察院认为公安机关不立案理由不能成立的，应当通知公安机关立案，公安机关接到通知后应当立案。具体而言，人民检察院对公安机关不立案的监督应注意以下几点：

第一，人民检察院对公安机关不立案的监督的材料来源有两方面：

一方面是通过人民检察院的各种业务活动发现公安机关有应当立案而不立案的情况；

另一方面是通过被害人的申诉获得，被害人认为公安机关应当立案而不立案的，有权向人民检察院提出，人民检察院控告申诉部门应当受理，并根据事实和法律进行审查。审查中，可以要求被害人提供有关的材料，进行必要的调查，认为需要公安机关说明不立案的理由的，应当将案件移送审查逮捕部门处理。

第二，审查逮捕部门经过调查、核实有关证据材料，认为需要公安机关说明不立案的理由的，经检察长批准，可以要求公安机关在7日内书面说明不立案的理由。公安机关应当在7日内制作《不立案理由说明书》，经县级以上公安机关负责人批准后，通知人民检察院。

第三，公安机关说明不立案的理由后，审查逮捕部门认为公安机关不立案理由成立的，应当通知控告申诉部门，由控告申诉部门在10日内将不立案的理由和根据告知被害人。

第四，审查逮捕部门认为公安机关不立案的理由不能成立的，应当通知公安机关立案。人民检察院通知公安机关立案应当由检察长决定；重大、疑难、复杂的案件，由检察长提交检察委员会讨论决定。人民检察院通知公安机关立案，应当制作通知立案决定书，送达公安机关，同时抄报上一级人民检察院备案。人民检察院送达通知立案决定书时，应该将有关证明应当立案的材料同时移送公安机关，并且告知公安机关在15日以内立案，并将立案决定书送达人民检察院。

第五，公安机关在收到通知立案决定后，应当在15日内立案，并将立案决定书送达人民检察院。人民检察院通知公安机关立案的，应当依法对通知立案的执行情况进行监督。对于由公安机关管辖的国家机关工作人员利用职权实施的重大犯罪案件，人民检察院通知公安机关立案，公安机关不予立案的，经省级以上人民检察院决定，人民检察院可以直接立案侦查。

第六，对于公安机关不应当立案而立案侦查的，人民检察院应当向公安机关提出纠正违法意见。

人民检察院对人民检察院不立案的监督。对于人民检察院直接受理的案件应否实行监督，如何实行监督，《刑事诉讼法》没有明确规定。但最高人检察院《人民检察院刑事诉讼规则》第563条规定，人民检察院侦查监督部门或者公诉部门发现本院侦查部门对应当立案侦查的案件不报请立案侦查或者对不应当立案侦查的案件进行立案侦查的，应当建议侦查部门报请立案侦查或者撤销案件；建议不被采纳的，应当报请检察长决定。

3. 立案监督的意义

刑事诉讼法就人民检察院对公安机关的立案活动的监督作了专门规定，从而使人民检察院对公安机关的立案监督有了明确的法律依据，加强和完善了人民检察院对侦查工作的监督职能，有利于打击和惩罚犯罪，防止罪犯逍遥法外，逃避法律制裁，维护国家和人民的利益，保证国家法律的统

四、正确实施

目前，在刑事司法实践中存在着较为严重的“有案不立”、“不破不立”、“以罚代立”、“立而不究”等现象。这些问题的存在，不仅有碍法律的正确实施，损害法律的权威和尊严，而且造成了对犯罪打击不力的现象。加强立案监督，防止和克服上述不良现象的存在就成了一个紧迫的问题。

【导例评析】

本案县公安局的做法是正确的。《刑事诉讼法》第 110 条规定，人民法院、人民检察院或者公安机关对于报案、控告、举报和自首的材料，应当按照管辖范围，迅速进行审查，认为有犯罪事实需要追究刑事责任的时候，应当立案；认为没有犯罪事实，或者犯罪事实显著轻微，不需要追究刑事责任的时候，不予立案，并且将不立案的原因通知控告人。控告人如果不服，可以申请复议。《刑事诉讼法》第 15 条规定，有下列情形之一的，不追究刑事责任，已经追究的，应当撤销案件，或者不起诉，或者终止审理，或者宣告无罪：情节显著轻微、危害不大，不认为是犯罪的。犯罪已过追诉时效限制的等等。本案中，甲某的死亡与其班主任丙某的打骂行为并无直接的、必然的因果关系，甲某死亡是由于自己一时想不开而自杀，丙某主观上并无杀人的故意，客观上也没有实施具体的故意杀人行为，其打骂甲某的行为只是一般的违法行为，而不是犯罪。本案中县公安局认为丙某的行为不构成犯罪不予以立案是正确的。

【实务训练】

杨某，男，38 岁，系某县副县长。2010 年 7 月 5 日晚杨某利用收取公路建设集资款的机会以暴力手段将前去办公室请求缓交的女青年王某强奸。后王某立即到县人民检察院告发，县检察院按管辖规定转往县公安局并通知其及时查处。县公安局派人前去调查，杨某矢口否认，公安局因而没有立案。县检察院经调查发现王某被杨某强奸属实，遂通知县公安局立案侦查，但县公安局立案后又作了撤案处理。

问：在本案中，县检察院将案件转往县公安局查处的做法对吗？如果人民检察院认为公安机关不立案和立案后又撤案的行为是错的，其应该怎么做，公安机关又应如何处理？在上述情况下，县检察院是否有权直接受理案件，如果有权受理，则经过什么程序？

资料来源：中央司法警官学院，刑事诉讼法练习题，50 页。

【评析】

县人民检察院将该案转往公安局并通知其查处的做法是正确的。根据《刑事诉讼法》第 18 条规定，刑事案件的侦查由公安机关进行，法律另有规定的除外。本案属于强奸案，应由公安机关立案侦查。

县人民检察院应当要求公安局说明不立案的理由。根据《刑事诉讼法》第111条规定，人民检察院认为公安机关对应当立案侦查的案件而不立案侦查的，或者被害人认为公安机关对应当立案侦查的案件而不立案侦查，向人民检察院提出的，人民检察院应当要求公安机关说明不立案的理由。人民检察院认为公安机关不立案理由不能成立的，应当通知公安机关立案，公安机关接到通知后应当立案。公安机关在收到人民检察院《要求说明不立案理由通知书》后7日内应将说明情况书面答复人民检察院。人民检察院认为公安机关不立案理由不能成立，发出《通知立案书》公安机关在收到《通知立案书》后，应当在15日内决定立案并将立案决定书送达人民检察院。

经省人民检察院批准决定，县人民检察院有权直接受理该案件。根据《刑事诉讼法》第18条第2款规定，对于国家机关工作人员利用职权实施的其他重大的犯罪案件，需要由人民检察院直接受理的时候，经省级以上人民检察院决定，可以由人民检察院立案侦查。本案中，县检察院已经将案情调查清楚，而公安机关调查后未立案，县检察院再次通知县公安局立案，县公安局立案后又撤案，此案属于国家机关工作人员利用职权实施的其他重大的犯罪案件，可以由人民检察院直接受理。

【司考真题】

1. 国家机关工作人员李某多次利用职务之便向境外间谍机构提供涉及国家机密的情报，同时赵某发现后遂写信揭发李某，关于赵某行为的性质，下列哪一项是正确的？（　　）（2009/二/26/单选）

A. 控告　　B. 检举

C. 举报　　D. 报案

2. 辛某到县公安机关报案称其被陈某强奸，公安机关传讯了陈某，陈某称其与辛某是恋爱关系，公安机关遂作出不立案决定，并向辛某送达了不立案通知书。辛某对不立案决定不服而采取的哪一项措施是不符合法律规定的？（　　）（2007/二/35/单选）

A. 向做出该决定的公安机关申请复议　　B. 要求县检察院撤销该不立案决定

C. 要求该县检察院进行立案监督　　D. 向该县法院提起自诉

【拓展与反思】

立案程序的模式

一、随机启动模式

随机启动型模式的主要特点是强调刑事诉讼程序在启动上的随机性和主动性。在随机启动模式下，刑事追诉程序的启动以获悉犯罪消息为前提，一旦追诉机关通过各种途径获悉有犯罪消息，就立即启动程序加以调查，因此刑事追诉程序直接从侦查程序开始启动的，并不需要经过特别的案件处理程序如立案程序等。在随机启动模式下，程序的及时性和效率价值得到重视，刑事诉讼程序的启动表现出高度的机动性和应急性，不必要的程序环节得到简化。比如在英国，刑事诉讼始于告发，在警察对犯罪进行侦查以前，任何人（包括警察）都可以告发。告发可以通过任何形式提出，但是申请发出逮捕证的告发必须用书面形式提出，并且要进行宣誓以证明告发是有根据的。根据英国1964年修订的《法官规则》第1条的规定，当警察正试图发现犯罪是否已经发生或作案人是谁，警察认为可获得有用的信息，即可展开侦查，他有权讯问任何人，而不论该人是否为嫌疑人。此外，在美国和德、法、日，意等大陆法国家，都采用针对犯罪信息而发动侦查程序的随机型侦查启动模式。

二、程序启动模式

程序启动模式强调程序性，刑事诉讼程序的开始必须经过法定的启动程序。这一程序作为一个独立的专门的程序为法律所确定，通常必须经过一道专门的开启程序之后，才能正式启动侦查程序，展开侦查。在采用程序启动模式的国家，侦查程序往往不被视为刑事诉讼程序的首要环节，而是提起程序或立案程序的后续程序。采用程序启动模式的典型国家是以前苏联及全面继受前苏联制度模式的社会主义国家。前苏联的刑事诉讼法在侦查程序之前专设“提起刑事案件（提起追究刑事责任)”程序，其内容包括提起刑事案件的材料来源和根据，对相关材料的审查，提起刑事案件的程序、提起诉讼后对案件的处理，对是否提起刑事诉讼的合法性进行监督等内容。根据前苏联《刑事诉讼法》的规定，提起刑事案件或提起刑事诉讼程序是刑事诉讼的首要环节，只有在完成这一行为后，侦查机关才有权进行侦查行为，并对公民采取强制措施。而在提起刑事案件程序之前，侦查机关不得展开《刑事诉讼法》规定的侦查活动。

比较这两种启动形式，目的各有侧重，随机启动型追求追究犯罪的及时性，为了对犯罪行为作出及时、迅捷的反应，刑事侦查机制必须保持常备的警戒性，并能在事发时作出机动性反应，并且建立司法审查模式对侦查行为进行监督制约。而程序启动型在追究犯罪的同时侧重强调对侦查行为的控制，因为侦查行为的开始意味着对公民自由将要进行一定限制，因此有必要法律明确规定诉讼程序以遏制这种权力的滥用。因此这两种在制度设计上不同的启动形式的区别集中于怎样才能有效地制约侦查权力的滥用。对侦查权力的制约不能以牺牲效率为代价，程序型启动模式以立案程序制约侦查行为的开始，一定程度上保障了公民权利不受侦查行为的任意侵害，但是它不能适应当今社会对犯罪快速作出反应的要求。在随机型启动模式中，司法审查制度的建立很好地起到了制约侦查权力的作用，可以说它在保证效率和制约侦查权利滥用之间达到了一个平衡。

第十二章　侦　查

【导读案例】 某县人民检察院接到举报，该县高速公路管理处孙某有贪污行为。该县人民检察院立即对犯罪嫌疑人孙某进行了讯问并扣押了孙某家的彩电、小车等，查询、冻结了孙某的存款。

问： 人民检察院能否扣押、查询、冻结犯罪嫌疑人的财物与存款？

资料来源：史殿国：刑事诉讼法，246页。

【重点、难点】 侦查阶段的律师辩护；侦查行为；侦查羁押期限；补充侦查；侦查监督的途径。

第一节　侦查概述

一、侦查的概念与特征

1. 侦查的概念

侦查是指公安机关、人民检察院以及其他的国家法定机关在办理刑事案件过程中，为收集、调取犯罪嫌疑人有罪或者无罪、罪轻或者罪重的证据材料和查获犯罪人，依照法律进行的专门调查工作和有关的强制性措施。

2. 侦查的法律特征

（1）侦查主体具有特定性。《刑事诉讼法》第 3 条规定，对刑事案件的侦查、拘留、执行逮捕、预审，由公安机关负责。检察、批准逮捕、检察机关直接受理的案件的侦查、提起公诉，由人民检察院负责。这就明确规定了中国刑事诉讼中的侦查主体是公安机关和人民检察院。

此外，根据《刑事诉讼法》第 4 条、第 18 条和第 290 条的规定，国家安全机关依照法律规定，办理危害国家安全的刑事案件时，可以行使与公安机关相同的侦查权；对于军队内部发生的刑事案件，罪犯在监狱内犯罪的案件，分别由军队保卫部门和监狱进行侦查，其他任何机关、团体和个人都无权行使侦查权。

（2）侦查对象的特定性。侦查的对象只能是刑事犯罪。侦查是现代国家专门针对最严重的社会违规行为—犯罪而设计和构建的，只能用以调查和确认犯罪事实是否存在及行为人刑事责任的大小，而不能用来调查和处理民事案件、行政案件等，否则构成对国家权力的滥用和对公民合法权利的侵犯。

（3）侦查目的和功能的特殊性。收集证据是侦查活动的一项基本功能，因为刑事诉讼的一项重要目的是为了实现国家刑罚权，而要实现国家刑罚权就必须查明犯罪行为人是谁，被指控的行为是否构成犯罪，构成何种罪，是否需要承担刑事责任，刑事责任的大小等等，这些都必须收集确实充分的证据。另外查获犯罪嫌疑人是侦查的另一功能和目的，刑事诉讼在实体方面的最终目的是为了对犯罪行为人进行处罚，如果侦查机关在刑事诉讼中不能有效的查获犯罪嫌疑人，那么即使最终查明犯罪嫌疑人、被告人的行为构成犯罪，也无法对其进行处罚。

（4）侦查活动必须具有合法性。刑事诉讼法对侦查的主体、侦查的内容和方式以及侦查的程序都作了严格的规定，通过这样来保障侦查活动实现两方面的功能。

（5）侦查内容的法定性。侦查活动的内容是专门调查工作和有关的强制性措施。其中专门调查工作是指《刑事诉讼法》所规定的讯问犯罪嫌疑人、询问证人和被害人、勘验、检查、搜查、侦查实验、查封、扣押物证和书证、鉴定、技术侦查、辨认和通缉以及冻结存款、汇款等活动。这种专门的调查工作与人民法院在庭审过程中，在调查核实证据时，依照《刑事诉讼法》的有关规定所进行的勘验、检查、查封、扣押、鉴定和查询、冻结等活动具有截然不同的法律性质。后者属于审判中的调查活动，而不属于侦查活动的范畴。所谓“有关的强制性措施”包括两类：一是《刑事诉讼法》规定的五种强制措施，包括拘传、取保候审、监视居住、拘留和逮捕；二是在专门调查工作中必要时采用的强制性方法，如强制检查，强行搜查，强制查封，强制扣押等。

(6) 侦查权具有强制性。根据侦查行为是否由相对人自愿配合为前提，可将侦查行为分为强制侦查与任意侦查。强制侦查指为收集或保全犯罪证据、查获犯罪嫌疑人而通过强制方法对相对人进行的侦查，如拘留、逮捕。任意侦查指不采用强制手段，不对相对人的生活权益强制性地造成损害，而由相对人自愿配合的侦查，如侦查机关经过被搜查人同意后对其人身或住所进行的搜查。

二、侦查工作的原则

1. 迅速、及时原则

侦查工作必须迅速、及时，这是侦查工作的特点决定的。侦查机关接到报案后，要立即组织力量，采取侦查措施，开展侦查活动，尽快拘捕、审讯犯罪嫌疑人，收集案件的各种证据，以防止犯罪分子隐匿、毁灭、伪造证据，或逃跑、自杀或继续犯罪。

2. 遵守法制原则

侦查活动是侦查机关以及工作人员行使国家公权力的活动，在该活动中侦查机关有权使用的各种专门侦查手段和采取的强制性措施，稍有不慎，便会侵犯公民的人身权利、民主权利和其他合法权利。因此，侦查人员必须增强法制观念，严格依照《刑事诉讼法》规定的条件、程序和方法收集证据，严禁刑讯逼供，或以引诱、威胁、欺骗等非法方法套取口供，防止侵犯犯罪嫌疑人、被告人的合法权利以及防止误伤好人而放纵真正的罪犯。

3. 客观、全面原则

侦查活动是起诉与审判活动的基础，在侦查阶段所收集的每一项证据在起诉、审判阶段都可能发挥至关重要的作用。而且侦查的任务就是依照法律规定，准确查明客观存在的案件事实，全面收集能够证明案件真实情况的一切证据。因此，侦查人员在侦查过程中既要收集能够证明犯罪嫌疑人有罪、罪重的证据，又要收集能够证明犯罪嫌疑人无罪、罪轻的证据。且侦查人员既要认真听取控诉方的意见，又要认真听取辩护方的意见，从而保证侦查案件的质量。

4. 深入、细致原则

在侦查过程中，为了准确查明案件的真实情况，应当一切从实际情况出发，坚持深入细致地调查研究，不放过蛛丝马迹，不忽略任何细枝末节，切忌主观臆断和先入为主。在收集证据时，调查、了解一切与案件有关的情况，从而查清犯罪构成基本要件和犯罪的各种具体情节，排除案件所有证据材料中的一切疑点和矛盾。

5. 保守秘密原则

侦查人员必须严格遵守侦查纪律、保守侦查秘密，不得将案情、侦查线索、方向和意图、侦查措施、证据材料或者当事人、其他诉讼参与人以及举报人、控告人等有关情况向无关人员泄露，否则会干扰、破坏侦查工作的顺利进行，影响案件的及时侦破。

三、侦查的任务和意义

1. 侦查的任务

侦查的任务是收集证据，查明犯罪事实和犯罪嫌疑人，为预防、遏制犯罪和提起公诉提供可靠的证据。具体而言，就是依照法定程序对已经立案的刑事案件进行调查，收集调取犯罪嫌疑人有罪或者无罪、罪轻或者罪重的各种证据材料。查明犯罪事实，查获犯罪嫌疑人，并根据案件的具体情况采取必要的强制措施，防止犯罪嫌疑人逃避侦查，或继续犯罪、毁灭、伪造证据、串供等，以便将犯罪嫌疑人顺利交付起诉和审判，保证诉讼活动的顺利进行。同时通过侦查活动，保障无罪的人不受刑事追究，保障犯罪嫌疑人和其他诉讼参与人的权利不受侵犯；总结犯罪分子作案的特点和规律，加强法制宣传教育，教育公民自觉遵守法律，积极同犯罪行为作斗争，以减少和预防犯罪。

2. 侦查的意义

（1）侦查是实现刑事诉讼控制犯罪的目的基础。刑事诉讼活动的重要目的之一，就是准确、及时地惩罚犯罪。而在现实生活中犯罪活动非常隐蔽，犯罪分子为了逃避法律制裁，往往采取各种手段隐匿证据、伪造证据，甚至毁灭证据、制造假象陷害他人。因而如果不积极采取有效的侦查措施，就很难实现刑事诉讼控制犯罪的重要目的。

（2）侦查为起诉和审判活动奠定了基础和前提条件。刑事案件立案以后，揭露犯罪、证实犯罪、查获犯罪嫌疑人的大量实质性工作是通过侦查程序完成的。刑事诉讼法要求侦查终结的案件必须事实清楚，证据确实、充分，这同时也为人民检察院准确、及时批捕犯人和提起公诉创造了条件，更是人民法院正确进行审判的前提条件。

（3）侦查是与犯罪行为作斗争的重要手段。查明案情和查获犯罪行为人是案件侦破的根本性标准。如果侦查机关不依法采取强有力的侦查手段，就难以收集到确实、充分的证据，也无法准确、及时查清案件事实，查获犯罪嫌疑人。

（4）侦查是预防犯罪的有力措施。侦查活动一方面具有教育群众提高守法的自觉性和强化群众法制观念的作用，还有提高群众同犯罪作斗争的积极性；另一方面，通过侦查活动，可以总结和掌握犯罪的特点和规律，加强安全防范措施，加强社会治安综合治理。

四、侦查阶段的律师辩护

1. 犯罪嫌疑人在第一次被讯问或采取强制措施之日起，就有权委托辩护人

《刑事诉讼法》第 33 条第 1 款规定，犯罪嫌疑人自被侦查机关第一次讯问或者采取强制措施之日起，有权委托辩护人；在侦查期间，只能委托律师作为辩护人。该条第 2 款还规定，侦查机关在第一次讯问犯罪嫌疑人或者对犯罪嫌疑人采取强制措施的时候，应当告知犯罪嫌疑人有权委托辩护人。因此，从另一方面来说，律师在侦查阶段就可以介入刑事诉讼行使辩护权。

2. 在押的犯罪嫌疑人聘请律师的，可以自行聘请，也可以由其亲属代为聘请

根据《刑事诉讼法》第 33 条第 2、第 3、第 4 款的规定，犯罪嫌疑人、被告人在押期间要求委托辩护人的，人民法院、人民检察院和公安机关应当及时转达其要求。犯罪嫌疑人、被告人在押的，也可以由其监护人、近亲属代为委托辩护人。辩护人接受犯罪嫌疑人、被告人委托后，应当及时告知办理案件的机关。

3. 对于危害国家安全犯罪、恐怖活动犯罪、特别重大贿赂犯罪案件，辩护律师在侦查阶段会见犯罪嫌疑人，应当经侦查机关许可

《刑事诉讼法》第37条第3款规定，危害国家安全犯罪、恐怖活动犯罪、特别重大贿赂犯罪案件，在侦查期间辩护律师会见在押的犯罪嫌疑人，应当经侦查机关许可。上述案件，侦查机关应当事先通知看守所。

4. 律师会见犯罪嫌疑人不被监听

《刑事诉讼法》第37条第4款规定，辩护律师会见犯罪嫌疑人、被告人时不被监听。

5. 律师在侦查阶段享有广泛的诉讼权利

(1)《刑事诉讼法》第36条规定，辩护律师在侦查期间可以为犯罪嫌疑人提供法律帮助；代理申诉、控告；申请变更强制措施；向侦查机关了解犯罪嫌疑人涉嫌的罪名和案件有关情况，提出意见。

(2)《刑事诉讼法》第37条第1款规定，辩护律师可以同在押的犯罪嫌疑人、被告人会见和通信。

(3)《刑事诉讼法》第37条第4款规定，辩护律师会见在押的犯罪嫌疑人、被告人，可以了解案件有关情况，提供法律咨询等。

第二节 侦查行为

侦查行为，是指侦查机关在办理案件过程中，依照法律进行的各种专门调查活动。《刑事诉讼法》规定的侦查行为有讯问犯罪嫌疑人、询问证人、被害人等。

一、讯问犯罪嫌疑人

1. 讯问犯罪嫌疑人的概念与意义

(1) 讯问犯罪嫌疑人的概念。

讯问犯罪嫌疑人，是指侦查人员依照法定程序以言词方式向犯罪嫌疑人查问案件事实和其他与案件有关事实的一种侦查行为。

(2) 讯问犯罪嫌疑人的意义。

①犯罪嫌疑人通常情况下就是犯罪行为实施者，他们对犯罪的目的、动机等最为清楚，如果犯罪嫌疑人能如实陈述，对查清案件事实具有非常重要的意义；②有利于侦查人员扩大收集证据的线索，查明犯罪事实，核实证据，查清犯罪情节，发现新的犯罪和其他应当追究刑事责任的犯罪分子；③通过听取犯罪嫌疑人的申辩，保证无罪的人和其他依法

不应追究的人不受刑事追究；④通过对犯罪嫌疑人进行讯问，来判断其人身危险性，从而判断对其实施何种强制措施以及判断量刑的轻重。

2. 讯问犯罪嫌疑人的程序和方法

（1）讯问的程序与方法。

①讯问要由法定主体进行。根据《刑事诉讼法》第 116 条、第 170 条、第 186 条第 3 款和第 240 条的规定，在侦查阶段，由侦查人员讯问犯罪嫌疑人，在审查起诉阶段由检察人员讯问犯罪嫌疑人，在庭审阶段在主持法庭审判的同时也可以讯问被告人。

②选择讯问地点。根据《刑事诉讼法》第 116 条第 2 款、第 117 条的规定，犯罪嫌疑人被羁押的，侦查人员对其进行讯问，应当在看守所内进行。对不需要逮捕、拘留的犯罪嫌疑人，可以传唤到犯罪嫌疑人所在市、县内的指定地点或者到他的住处进行讯问。

③讯问人员不得少于两个。根据《刑事诉讼法》第 116 条第 1 款的规定，在讯问犯罪嫌疑人时候，侦查人员不得少于二人。为了防止侦查人员采用刑讯逼供、威胁、引诱、欺骗等非法方法讯问犯罪嫌疑人和犯罪分子行凶，提高讯问效率，保证讯问质量，讯问的时候，侦查人员不得少于 2 人。

④讯问应当个别进行。为了防止同案犯罪嫌疑人、被告人之间的互相影响、形成串供，除非对质，讯问犯罪嫌疑人、被告人应当个别进行。

⑤出示证明文件。根据《刑事诉讼法》第 117 条规定第 1 款的规定，讯问犯罪嫌疑人时侦查人员应当出示人民检察院或者公安机关的证明文件。对在现场发现的犯罪嫌疑人，应出示工作证件。

⑥先于告知申请回避权和聘请律师权。回避权和聘请律师权既关系到被讯问人权益的保护，也涉及诉讼行为的有效性和合法性。因此《刑事诉讼法》第 28 条规定，当事人及其法定代理人对于具有法定应当回避情形之一的公安、司法人员有权要求其回避。第 33 条第 2 款规定，侦查机关在第一次讯问犯罪嫌疑人或者对犯罪嫌疑人采取强制措施的时候，应当告知犯罪嫌疑人有权委托辩护人。人民检察院自收到移送审查起诉的案件材料之日起三日以内，应当告知犯罪嫌疑人有权委托辩护人。人民法院自受理案件之日起三日以内，应当告知被告人有权委托辩护人。犯罪嫌疑人、被告人在押期间要求委托辩护人的，人民法院、人民检察院和公安机关应当及时转达其要求。

⑦讯问分三步进行。根据《刑事诉讼法》第 118 条规定，第一步先讯问犯罪嫌疑人、被告人的姓名、年龄、职业、家庭住址和个人简历等基本情况以及讯问是否有犯罪行为。第二步犯罪嫌疑人陈述有罪的情节或者无罪的辩解。第三步向犯罪嫌疑人提出问题。

⑧拘捕后 24 小时内进行讯问。根据《刑事诉讼法》第 84 条、第 92 条和第 164 条规定公安机关对被拘留的人，应当在拘留后的二十四小时以内进行讯问。人民法院、人民检察院对于各自决定逮捕的人，公安机关对于经人民检察院批准逮捕的人，都必须在逮捕后的二十四小时以内进行讯问，人民检察院对直接受理的案件中被拘留的人，应当在拘留后的二十四小时以内进行讯问。

⑨讯问聋、哑的犯罪嫌疑人、被告人应当有通晓聋、哑手势的人进行参加，并且将其记明笔录。

⑩讯问未成年犯罪嫌疑人、被告人的，应当通知其法定代理人到场。根据《刑事诉讼

法》第270条的规定，对于未成年人刑事案件，在讯问和审判的时候，应当通知未成年犯罪嫌疑人、被告人的法定代理人到场。无法通知、法定代理人不能到场或者法定代理人是共犯的，也可以通知未成年犯罪嫌疑人、被告人的其他成年亲属，所在学校、单位、居住地基层组织或者未成年人保护组织的代表到场，并将有关情况记录在案。

⑪传唤和讯问要遵守的时间限制。根据《刑事诉讼法》第117条第2款的规定，传唤、拘传持续的时间不得超过十二小时；案情特别重大、复杂，需要采取拘留、逮捕措施的，传唤、拘传持续的时间不得超过二十四小时。

⑫根据《刑事诉讼法》第121条的规定，侦查人员在讯问犯罪嫌疑人的时候，可以对讯问过程进行录音或者录像；对于可能判处无期徒刑、死刑的案件或者其他重大犯罪案件，应当对讯问过程进行录音或者录像。录音或者录像应当全程进行，保持完整性。

⑬侦查人员讯问犯罪嫌疑人，必须严格遵守法律规定，切实保障犯罪嫌疑人的诉讼权利，严禁刑讯逼供，也不准诱供、骗供、指名问供。对于实行刑讯逼供的人，犯罪嫌疑人有权提出控告，构成犯罪的，应当依法追究其刑事责任。

⑭制作讯问笔录。根据《刑事诉讼法》第120条的规定，讯问笔录应当交犯罪嫌疑人核对，对于没有阅读能力的，应当向他宣读。如果记载有遗漏或者差错，犯罪嫌疑人可以提出补充或者改正。犯罪嫌疑人承认笔录没有错误后，应当签名或者盖章。犯罪嫌疑人请求自行书写供述的，应当准许。必要的时候，侦查人员也可以要犯罪嫌疑人亲笔书写供词。

（2）在讯问中的录音、录像制度以及意义。

《刑事诉讼法》第121条规定，侦查人员在讯问犯罪嫌疑人的时候，可以对讯问过程进行录音或者录像；对于可能判处无期徒刑、死刑的案件或者其他重大犯罪案件，应当对讯问过程进行录音或者录像。录音或者录像应当全程进行，保持完整性。在讯问过程进行录音录像有利于：①充分保证犯罪嫌疑人的合法权益，从根本上杜绝了指供、诱供、刑讯逼供现象的发生；②有效地防止犯罪嫌疑人翻供，有利于提高办案质量；③有利于规范执法行为，提高侦查人员的办案水平。

二、询问证人、被害人

1. 询问证人

（1）概念和意义。

询问证人，是指侦查人员依照法定程序以言词方式向证人调查和了解案件情况的一种侦查行为。

证人是最了解案件情况的第三人，几乎所有的案件都存在着证人。被害人则是犯罪行为的受害者，许多被害人都对案件事实有切身的了解。因此，询问证人能够证明案件事实情况的证言，通过证言发现案件线索，查找犯罪嫌疑人，查明案情，对于发现和收集证据，侦破案件，证实犯罪具有重要意义。

（2）询问证人的程序。

①询问证人只能由侦查人员进行。在询问前，侦查人员应当熟悉案件的有关情况和材

料，了解证人的身份及同案件中和犯罪嫌疑人的关系，明确询问的目的和重点，确定需要查清的问题，掌握证人的身份及证人与案件、与犯罪嫌疑人的关系。侦查人员应了解证人的心理状况，做到心中有数，以便有针对性地做好思想动员工作，使他们如实提供证据和证言。

②根据《刑事诉讼法》第122条的规定，侦查人员询问证人，可以在现场进行，应当出示工作证件，也可以到证人的所在单位、住处或者证人提出的地点进行，但是必须出示公安机关或者人民检察院的证明文件。在必要的时候，侦查人员也可以通知证人到公安机关或者人民检察院提供证言。侦查人员询问证人地点的选择，应当从有利于获取证言、保证证人作证的积极性方面考虑。

③询问证人应当分别进行。这是法律关于侦查人员询问证人方式的规定和要求。为了避免证人之间互相影响，保证证言的真实性，同一案件若有几个证人时，应当分别进行、个别询问。

④侦查人员在询问时，应当告知证人如实地提供证据、证言和有意作伪证或者隐匿罪证要负的法律责任。同时，侦查人员也应当告知证人依法享有的各种诉讼权利，保障证人及其近亲属的安全。对证人及其近亲属进行威胁、侮辱、殴打或者打击报复，构成犯罪的，应当依法追究刑事责任，尚不够刑事处罚的，依法给予治安管理处罚。

⑤询问未成年的证人，侦查人员可以通知其法定代理人到场。询问的地点也可以选择未成年人所熟悉和习惯的场所。

询问聋、哑证人，应当有通晓聋、哑手势的人做翻译，并将这种情况记入笔录。询问不通晓当地语言文字的人，应当为其聘请翻译。

⑥询问证人，一般应先让证人就他所知道的情况作连续的详细叙述，并问明所叙述的事实的来源，然后根据其叙述结合案件中应当判明的事实和有关情节，提出问题，让其回答。询问证人必须保证其有客观、充分地提供证言的条件。

⑦侦查人员应不失原意地制作询问笔录，笔录应交证人核对或者向他宣读。如果记载有遗漏或者差错，证人可以提出补充或者改正。笔录核实没有错误，应当签名或者盖章，侦查人员也应当在笔录上签名。如果证人请求自行书写证言的，应当允许。

2. 询问被害人

(1) 询问被害人的概念。

询问被害人是指侦查人员依照法律规定，以言词方式向直接遭受犯罪行为侵害的人就其受害以及犯罪嫌疑人的有关情况进行调查、了解的一种侦查活动。

(2) 询问被害人的程序。

根据《刑事诉讼法》第125条的规定，询问被害人，适用询问证人的程序。但需要注意的是，被害人是刑事诉讼的当事人，与其他证人的诉讼地位不同，因此询问时，既要看到他是犯罪行为直接侵害的对象，对犯罪事实和犯罪分子的情况有更多的了解，又要考虑到他与案件有利害关系。询问被害人应当注意：首先，被害人直接遭受犯罪行为侵害，与犯罪分子有过直接接触，所以询问被害人可以更多掌握犯罪事实和犯罪嫌疑人的有关情况。其次，对被害人的陈述，既要认真听取，又要注意分析是否合乎情理，有无夸大情节。第三，对于被害人的个人隐私，应当为其保守秘密。最后，对被害人的人身安全，应采取切实措施予以保障。

三、勘验、检查

1. 勘验、检查的概述

(1) 勘验、检查的概念。

勘验、检查，是侦查人员对于与犯罪有关的场所、物品、尸体、人身等亲临查看、了解和检验以及发现和固定犯罪活动所留下的各种痕迹和物品的一种侦查活动。

(2) 勘验和检查的异同。

相同点：①主体相同。勘验、检查的主体都是侦查人员或者最少是在侦查人员的主持下进行的。②性质相同。都是侦查中常用的侦查方法，是发现和取得第一手证据的重要途径。③任务相同。目的和任务都是发现和固定犯罪活动所留下的各种痕迹和物品以搜查犯罪证据。

区别：对象不同，勘验的对象是现场、物品和尸体，而检查的对象是活人的身体。

(3) 勘验、检查的意义。

勘验、检查是获取侦查线索和罪证的重要手段，是侦查破案的重要环节。通过勘验、检查，可以获得具有证据意义的各种物品特征、痕迹、伤害情况或生理状态等信息，有利于侦查人员判断案件性质，分析犯罪情况与特点，确定侦查方向与范围，对于查明犯罪事实和犯罪人以及对进一步发现新的犯罪事实和犯罪人等，都具有很重要的意义。

2. 勘验、检查的种类和程序

根据《刑事诉讼法》的规定，勘验、检查可以分为现场勘验、物证检验、尸体检验、人身检查和侦查实验五种。必要时，还可以进行复验、复查。

(1) 现场勘验。现场勘验，是侦查人员对刑事案件的犯罪现场或发现犯罪痕迹的特定地点、场所进行勘查和检验的一种侦查活动。犯罪现场是指犯罪人实施犯罪的地点和其他遗留的与犯罪有关的痕迹和物证的场所。任何单位和个人都有义务保护犯罪现场，并且立即通知公安机关派员勘验。现场勘验的程序如下：

①现场勘验由县级以上公安机关、人民检察院等机关的侦查部门负责。一般案件的现场勘验，由侦查部门负责人指定的人员现场指挥；重大、特别重大案件的现场勘验由侦查部门负责人现场指挥。

②侦查人员接案后，应当迅速赶到案发现场，并保护好现场；勘验现场，必须持有公安机关或者人民检察院的证明文件——《刑事犯罪现场勘查证》，还应邀请两名与案件无关、为人公正的见证人在场。

③为了保护勘验的客观性，在勘验现场时，侦查人员还应当及时向被害人、目击者、报案人以及现场周围的群众和其他群众调查、访问，以便了解案发前和案发当时的状况并进行实地勘验，发现和收集同案件有关的各种证据、情况，并及时采取紧急措施和各种手段固定、保全和收集证据。

④勘验现场的情况应当写成笔录，由侦查人员、其他参加勘验的人员和见证人签名或者盖章。对于重大案件、特别重大案件的现场，应当录像。对于计算机犯罪案件的现场勘

验、检查，应当立即停止应用，保护计算机以及相关设备，并复制电子数据。

⑤勘验现场在必要时可以指派或聘请具有专门知识的人在侦查人员的主持下进行。

（2）物证检验。物证检验是指侦查人员对在侦查活动中对收集到的物品或者痕迹进行检查、验证、鉴别和判断，以确定该物证与案件事实之间的关系的一种侦查活动。物证检验的程序分为以下四步：

①物证检验需要经专门技术人员进行检验和鉴定的，应指派或聘请鉴定人进行。

②物证检验，必须认真、细致地分析研究物品的特征和痕迹的变化情况。

③通过分析研究，确定该物品、痕迹与案件事实有无联系或者有何种联系。

④物证检验，应制作检验笔录，详细记载物证的特征，参加检验的人员和见证人均应签名或者盖章。

（3）尸体检验。尸体检验是指由侦查机关指派或聘请的法医或医师对非正常死亡的尸体进行尸表检验或者尸体解剖以确定或判断死亡的时间和原因，致死的工具和手段、方法的一种侦查活动。尸体检验的目的在于为查明案情和犯罪人提供根据。

尸体检验分为尸表检验和尸体解剖。尸表检验是对尸体在现场的位置、姿势，尸体上的伤痕和尸体衣着、附着物以及尸体的变化等进行的检验。尸体解剖是对尸体内部器官进行的勘验。尸体检验的程序主要有：

①对于死因不明的尸体，为了确定死因，经县级以上公安机关负责人批准，可以解剖尸体或者开棺检验，并通知死者家属到场；并让其在《解剖尸体通知书》上签名或盖章，死者家属无正当理由拒不到场或拒绝签名或盖章的，不影响解剖或者开馆验尸，但应当在《解剖尸体通知书》上注明；对于身份不明的尸体，无法通知死者家属的，应当在笔录中注明。

②检验尸体必须及时进行，以防尸体上的痕迹因尸体变化和腐烂而消失。

③检验尸体，应当在侦查人员主持下，由法医或者医师进行。

④在尸体检验过程中应严格遵守国家法律和有关规定，注意尊重群众的风俗习惯，不允许任意破坏尸体外貌的完整性。

⑤对于已查明死因、没有继续保存必要的尸体，应当通知家属领回处理，对无法通知或者家属拒绝领回的，经县级以上公安机关负责人批准，可以及时处理。

⑥尸体检验的情况，应当详细写成笔录，笔录应当记明检验中所见的全部情况以及做出的结论，并由参加检验的侦查人员、法医或医师、死者家属签名或者盖章，并注明年月日。

（4）人身检查。人身检查是指为了确定被害人、犯罪嫌疑人的某些特征、伤害情况或者生理状态，依法对其身体进行检验、查看，并在必要时提取指纹信息，采取血液、尿液等生物样本的侦查活动。人身检查是对活人身体进行的一种特殊检验。其程序如下：

①对被害人、犯罪嫌疑人进行人身检查，必须由侦查人员进行。必要时也可以在侦查人员的主持下，聘请法医或医师严格依法进行，不得有侮辱被害人、犯罪嫌疑人的人格或其他合法权益的行为。

②人身检查必须严格遵守党和国家的政策、法律，不能任意扩大检查范围。

③对犯罪嫌疑人进行人身检查，如果有必要，可以强制进行；但对于被害人的人身检

查，应征求本人的同意，不得强制进行；检查妇女的身体，应当由女工作人员或者医师进行，依应受检查妇女的要求，要准许其他妇女或者亲属在场。

④人身检查应制作笔录，详细记载检查情况和结果，并由侦查人员和进行检查的法医或医师和见证人签名或者盖章。

（5）侦查实验。侦查实验是指侦查人员为了确定和判明与案件有关的某一特定事件或行为在某种情况下能否发生或者是怎样发生的以及发生何种结果，而按当时的情况和条件人为的采用模拟和重演的方法重新呈现的一种侦查活动。侦查实验是一种特别的侦查措施，进行侦查实验，必须确保条件相同。侦查实验的程序主要有：

①为了查明案情，在必要的时候，经公安局长批准，可以进行侦查实验。

②通常在下列情况下，可以进行侦查实验：为了确定在一定条件下能否听到或看到某种声音或某种现象；为了确定在一定时间内，能否完成某一行为；为了确定在什么条件下能够发生某种现象；为了确定在某种条件下某种行为和某种痕迹是否吻合一致；为了确定在某种条件下使用某种工具是否可能留下或不留下某种痕迹；为确定某种事件是怎样发生的；为确定某种痕迹，在什么条件下会发生变化。

③实验条件应尽可能地接近案件发生时的状况。如天气状况，时间状况，环境状况等都应尽量与原条件相接近。

④要坚持对同一情况反复实验，以便得出确切结论。

⑤进行侦查实验时，禁止一切足以造成危险、侮辱人格或者有伤风化的行为。

⑥应当由侦查人员进行侦查实验。实验开始时，要邀请两名见证人到场。如实验目的是为了查明当事人或证人的陈述是否真实时，应允许他们亲自参加。

⑦要做好实验笔录，记载实验的经过和结果。参加实验的人应在笔录上签字或盖章。实验所拍的照片、绘图等应当附入侦查实验的笔录。

（6）复验、复查。复验、复查是人民检察院在审查案件时，认为公安机关的勘验、检查可能有误，要求公安机关重新进行勘验、检查活动。复验、复查是对侦查工作的一种监督，有利于加强侦查人员的责任心。复验复查的程序主要有：

①复验、复查可以退回公安机关进行，人民检察院在具备条件的情况下，也可以自行复验、复查。

②公安机关进行复验、复查时，应通知人民检察院派员参加。

③复验、复查可以多次进行，但每次都要制作笔录，并由参加复验、复查的人员签名或者盖章。

④复验、复查时，应当研究原有勘验、检查的内容，看其根据是否充分，方法是否恰当，结论是否正确，程序是否合法；有无错误和缺陷，并制作笔录。

四、搜查

1. 搜查的概念与意义

（1）搜查的概念。

搜查，是指侦查人员为了收集犯罪证据，查获犯罪嫌疑人，对犯罪嫌疑人以及可能隐藏罪犯或者罪证的人的身体、物品、住处和其他有关的地方进行搜索、检查的一种侦查行为。

（2）搜查与检查之间的区别。

①目的不同。搜查的目的是为了收集证据，查获犯罪嫌疑人，而检查的目的是为了确定被害人、犯罪嫌疑人的某些特征、伤害情况，是为了了解案件情况，核实证据。②适用的对象不完全相同。搜查可以对一切可能隐藏犯罪罪犯和犯罪证据的人、物品或有关处所进行，而检查依法只能对被害人、犯罪嫌疑人进行，对其他人不能进行检查。③方法不同。搜查对一切拒绝合法搜查的人都可以依法进行，而检查除对犯罪嫌疑人之外，都不能强制进行。

搜查是一种强制性的侦查措施，是侦查机关同犯罪做斗争的重要手段。它对于及时收集犯罪证据，查获犯罪嫌疑人，打击和制止犯罪，保证侦查和审判的顺利进行，有着十分重要的意义。

2. 搜查的程序

（1）搜查只能由公安机关或者人民检察院的侦查人员进行，其他任何机关、单位和个人都无权对公民人身和住宅进行搜查。

（2）搜查的对象，可以是犯罪嫌疑人，也可以是其他可能隐藏罪犯或者犯罪证据的人；可以对人身进行，也可以对被搜查人的住处、物品和其他有关场所进行。

（3）搜查必须严格依照法律规定的程序进行。因为我国宪法明确规定，禁止非法搜查公民的身体和住宅。

（4）侦查人员应该持有搜查证进行搜查，搜查时，必须向被搜查人出示搜查证，否则，被搜查人有权拒绝搜查。公安机关的搜查证，要由县级以上的公安机关负责人签发。人民检察院的搜查证，要由检察长签发。

（5）侦查人员在执行逮捕、拘留的时候，遇有紧急情况，不另用搜查证也可以进行搜查。根据《公安机关办理刑事案件程序规定》第219条规定，执行拘留、逮捕的时候，遇有下列“紧急情况”之一的，不用搜查证也可以进行搜查：①可能身带行凶、自杀器具的；②可能隐藏爆炸、剧毒等危险物品的；③可能隐匿、毁弃、转移犯罪证据的；④可能隐匿其他犯罪嫌疑人的；⑤其他突然发生的紧急情况。在这些紧急情况下，因为来不及办理搜查的审批手续，所以允许以拘留证、逮捕证进行搜查。搜查的时候，应当有被搜查人或者他的家属、邻居或者其他见证人在场。

（6）搜查妇女的身体，应当由女工作人员进行。

（7）任何单位和个人，都有义务按照公安机关和人民检察院的要求，交出可以证明犯罪嫌疑人有罪或者无罪的物证、书证、视听资料。

（8）搜查时，应注意保护公私财物，不得无故损坏被搜查人的财物。为了收集和提取证据或者查获犯罪嫌疑人而不得不毁损财物时，应尽力将损失控制在最低程度。搜查时，不应提取与案件无关的物品，对搜查中发现的与案件无关的个人私生活情况，不得泄露。

（9）搜查应采用正确的方法进行。搜查人身，应站在被搜查人的身后，一般是自上而下进行，并要注意比较隐蔽或者容易被忽视的部位。搜查箱、柜等体积大的物品，要注意从其中装有的衣裤等物品寻找与案件有关的证据材料。搜查住宅、公共场所时无论对室内或者室外进行搜查，均应分段、分片依次进行。

(10) 搜查时为了防止被搜查人逃跑或转移、销毁被搜查的物品，必要时，可以在被搜查的住所周围设置武装警械或者临时封锁，以保证搜查顺利进行。

(11) 搜查的情况应当写成笔录，由侦查人员和被搜查人或者他的家属、邻居或者其他见证人签名或者盖章。如果被搜查人或者他的家属在逃或者拒绝签名、盖章，应当在笔录上注明。

五、查封、扣押物证、书证

1. 查封、扣押物证、书证的概述

(1) 查封、扣押物证、书证的概念。

查封、扣押物证、书证，是指侦查机关依法强行提取、留置和封存对与案件有关的物品、文件、款项等的一种侦查行为。

(2) 查封、扣押物证、书证的意义。

扣押物证、书证的目的，不仅有利于防止能证明犯罪嫌疑人有罪或无罪、罪重或罪轻的的物品和文件丢失、被毁坏或被隐藏，从而保证准确、及时地查清案件事实，保障无罪的公民不受刑事追究，而且有利于防止财产被隐匿、转移或毁损，从而减少国家、集体或公民的经济损失。

2. 查封、扣押物证、书证的程序

(1) 查封、扣押物证、书证只能由侦查人员依法实施，其他人员不得实施查封、扣押。

(2) 查封、扣押物证、书证的人员不得少于2人。

(3) 查封、扣押物证、书证必须持本机关的介绍信和本人的工作证，并向被查封、扣押物证、书证的人出示或者宣读。由侦查机关自行决定是否实施查封、扣押。

(4) 在实施勘验、搜查过程中，如果发现与案件有关的物品、文件需要查封、扣押时，凭《勘验证》、《搜查证》即可查封、扣押。单独实行查封、扣押时，须经过县级以上公安机关、国家安全机关、人民检察院的负责人批准。

(5) 查封、扣押的范围是可以证明犯罪嫌疑人有罪或者无罪的各种财物和文件。与案件无关的物品、文件，不得扣押。

(6) 对于扣押的物品和文件，应当会同在场见证人和被扣押物品持有人查点清楚，当场开列清单一式两份，由侦查人员、见证人和持有人签名或者盖章，一份交给持有人，另一份附卷备查。

(7) 对于扣押的物品、文件，应当认真登记，妥善保管或者封存，不得使用或者损毁。

(8) 对于不能随案移送的物证，应当拍成照片；容易损坏、变质的物证、书证应当用笔录、绘图、拍照、录像、制作模型等方法加以保全。对于可以作为证据使用的录音、录像带、电子数据存储介质，应当记明案由、对象、内容，录制、复制的时间、地点、规格、类别、应用长度、文件格式以及长度等，并妥善保管。

(9) 对于查获下列不宜随案移送的财物、文件，原物不随案移送保存，但应当拍成照片存入卷内，原物由公安机关妥为保管或者按照国家规定分别移送主管部门处理或者销毁物品如下：①淫秽物品；②武器弹药、管制刀具，易燃、易爆、剧毒、放射等危险品；③鸦片、海洛因、吗啡、冰毒、大麻等毒品和制毒原料或者配剂、管制药品；④危害国家安全的传单、标语、信件和其他物品；⑤秘密文件图表资料；⑥珍贵文物、珍贵动物及其制品、珍稀植物及其制品；⑦其他大宗的不便搬动的物品。

(10) 对于容易腐烂变质及其他不易保管的物品，可以根据具体情况，经县级以上公安机关负责人批准，在拍照或者录像后委托有关部门变卖、拍卖，变卖、拍卖的价款暂予以保存，待诉讼终结后一并处理。

(11) 对犯罪嫌疑人违法所得的财物及其孳息，应当依法追缴，并妥善保管，以供核查。

(12) 对被害人的合法财产及其孳息，应当在登记、拍照或者录像、估价后及时返还，并在案卷中注明返还的理由，将原物照片、清单和被害人的领取手续存卷备查。

(13) 案件变更管辖时，与案件有关的财物及其孳息应当随案移交。移交财物时，由接收人、移交人当面查点清楚，并在交接单据上共同签名或者盖章。

(14) 对于查封扣押的财物和文件经查明确实与案件无关的，应当在 3 日以内解除查封、扣押、冻结，退还原主，发还时应核对查封、扣押清单，清退注销，并由收件人签名、盖章。

3. 查封、扣押犯罪嫌疑人的邮件、电报的程序

(1) 侦查人员认为需要扣押犯罪嫌疑人的邮件、电报时，经县级以上公安机关、人民检察院等部门批准，可通知邮电部门或者网络服务单位将有关邮件、电报检交扣押。

(2) 扣押邮件、电报直接涉及限制公民的通信自由，必须严格控制；侦查机关必须与邮电机关共同实施，并取得邮电机关的密切配合。

(3) 可依法扣押的犯罪嫌疑人的邮件、电报范围：①由犯罪嫌疑人发出的；②他人直接寄给犯罪嫌疑人的；③寄给他人转交犯罪嫌疑人的；④寄给犯罪嫌疑人转交他人的。

(4) 对扣押的邮件、电报应当迅速审查，经查明确实与案件无关的，应当在 3 日以内将扣押的邮件、电报退还原主、原邮电机关，或通知网络服务单位。

4. 查询、冻结犯罪嫌疑人的存款、汇款、债券、股票，基金份额等财产的程序

(1) 人民检察院、公安机关根据侦查犯罪的需要，可以依照规定查询、冻结犯罪嫌疑人的存款、汇款、债券、股票、基金份额等财产。有关单位和个人应当配合。

(2) 向银行、其他金融机构、邮电机关查询、冻结犯罪嫌疑人的存款、汇款、债券、股票以及基金份额等财产时，应当经县级以上公安机关、人民检察院负责人批准，填写查询、冻结存款、汇款、债券、股票以及基金份额等财产通知书，协助查询、冻结存款、汇款、债券、股票以及基金份额等财产通知书，并通知银行或其他金融机构、邮电机关执行。

(3) 犯罪嫌疑人的存款、汇款、债券、股票、基金份额等财产已被冻结的，不得重复冻结。但是可以要求有关银行或其他金融机构、邮电机关在解冻犯罪嫌疑人的存款、汇款、债券、股票和基金份额等财产之前，通知人民检察院或公安机关。

(4) 对于在侦查过程中犯罪嫌疑人死亡，对犯罪嫌疑人的存款、汇款、债券、股票和基金份额等财产应当依法予以没收或者返还被害人的，可以申请人民法院裁定通知冻结犯罪嫌疑人的存款、汇款、债券、股票、基金份额等财产的银行和其他金融机构或者邮电部门上缴国库或返还被害人。

（5）对于冻结在银行、其他金融机构或者邮电部门的赃款，应当向人民法院随案移送该银行、其他金融机构或者邮电部门出具的证明文件，待人民法院作出生效判决后，由人民法院通知该银行、其他金融机构或者邮电部门上缴国库。

（6）上级侦查部门发现下级侦查部门冻结、解除冻结存款、汇款、债券、股票和基金份额等财产有错误时，可以依法作出决定，责令下级侦查机关限期改正的，下级侦查机关应当立即改正。

（7）对查封、扣押的财物、文件、邮件、电报或者冻结的存款、汇款、债券、股票、基金份额等财产，经查明确实与案件无关的，应当在三日以内解除查封、扣押、冻结，予以退还。

（8）冻结存款的期限为6个月。特殊原因需要延长的，侦查机关应当在冻结期届满前办理继续冻结手续，每次续冻结期不超过6个月。

（9）犯罪嫌疑人的存款、汇款已被冻结的，不得重复冻结。

六、鉴定

1. 鉴定的概述

（1）鉴定的概念。

鉴定是指公安机关、人民检察院为了查明案情，指派或者聘请具有专门知识的人对案件中的某些专门性问题进行鉴别和判断，并出具鉴定意见的一种侦查活动。

（2）鉴定的种类。

根据法律规定和司法实践，常见的鉴定有以下几种：

①刑事科学技术鉴定，主要是对指纹、唇纹、足印、字迹、弹痕、车轮痕等进行鉴别和判断，用以确定是否同一。

②法医鉴定，即对案件有关的尸体、人身、毛发、分泌物、胃内物等进行鉴别和判断，用以确定死亡的时间、原因、伤害情况、凶器种类、血型、精斑类型、胃内物成分等。

③司法精神病鉴定，即对案件有关的人的精神状态、责任能力进行鉴别和判断，用以确定犯罪嫌疑人、被害人的精神是否正常，犯罪嫌疑人作案时处于何种精神状态和有无辨别是非的能力，被害人精神损害的程度等。

④毒性鉴定，即对可疑药品、疑为有毒的物质及毒品进行鉴别和判断，用以确定送检物中是否含有毒物、毒物的性质及含量等。

⑤会计鉴定，即对账目、表册、单据、发票、支票等进行鉴别和判断，用以确定上述书面材料是否反映了经济活动，是否符合会计制度，有无涂改或伪造等情况。

⑥一般技术鉴定，即对涉及工业、运输、建筑等科学技术进行鉴别和判断，用以确定事故发生的原因、后果和性质等。

(3) 鉴定的意义。

鉴定是收集证据证明案情和正确认定案件性质的重要手段。它能以鉴定人员的专业知识来弥补侦查人员知识水平的不足，以其科学性、客观公正性帮助司法机关判明证据的真伪，因而，鉴定对揭示物证、书证的证明作用具有非常重要的意义。

2. 鉴定的范围与鉴定人的条件

(1) 鉴定的范围。

原则上，一切需要借助专门知识予以确定的问题都可以成为鉴定对象。根据《刑事技术鉴定规则》的规定，侦查中的鉴定范围，必须是与查明案情有关的物品、文件、痕迹、人身、尸体等等。

(2) 鉴定人的条件。

①只能是自然人。鉴定是运用专门知识或技能对案件中的专门性问题进行分析和判断，只有自然人有这种能力，法人或其他单位不具备这种能力。

②必须具备专门知识或者技能。专门知识是指具有中级以上技术职务的人；专门技能是指具有中级以上的技师职称的人。

③必须履行法定程序。即经过公安机关、国家安全机关、人民检察院等指派或者聘请。

④必须与本案没有利害关系。否则就难以保证作出客观公正的鉴定意见。

3. 鉴定的程序

(1) 鉴定人的指派或聘请或选定鉴定人。侦查程序中的鉴定，由县级以上公安、检察等机关的刑事技术部门的人员或其他专职人员负责进行。

①鉴定人的指派，即由公安机关或者人民检察院，指派其内部的刑事技术鉴定部门具有鉴定资格的专业人员进行鉴定，凡是需要由本机关的鉴定人进行鉴定的，应当正式指定；鉴定人的聘请，即由公安机关或者人民检察院聘请其他部门的专业人员进行鉴定，凡是需要聘请外单位鉴定人进行鉴定的应当经县级以上公安、检察等机关负责人批准制作《聘请书》。

②鉴定人在鉴定前应当通过一系列工作决定是否接受聘请。若决定接受，应由送检人填写《呈请鉴定报告书》，经县级以上公安机关、国家安全机关或人民检察院等机关批准，填写《鉴定聘请书》，交给应聘鉴定人。

③接受聘请的鉴定人应当首先查验委托公函，听取送检人员介绍案件情况和鉴定要求，查验检验材料是否符合法定条件，是否需要增加材料等以及送检人填写《委托鉴定登记表》。对于鉴定材料不足、鉴定内容不明确而又不能加以补充的，鉴定人有权拒绝鉴定。

(2) 侦查机关应当为鉴定人进行鉴定提供必要条件，及时向鉴定人送交有关检材和对比样本等原始材料，介绍与鉴定有关的情况，并且明确提出要求鉴定人解决的问题，但是不得暗示或者强迫鉴定人作出某种鉴定意见。

(3) 鉴定人进行鉴定时，应当遵守自己的职业道德，坚持实事求是的原则。鉴定人故意作虚假鉴定的，应当承担法律责任。

(4) 鉴定的实施。鉴定一般需要以下步骤：预备检验、分别检验、对比检验、综合评断、制作鉴定书。

（5）鉴定人进行鉴定后，应当写出鉴定意见，并且签名。鉴定意见是指鉴定人对刑事案件中的专门性问题，运用其专门知识，经过分析、鉴别、判断而做出的意见。鉴定意见一般由以下五部分组成：①绪言，其中包括送检单位、时间、要求、鉴定材料及案情简述；②检验过程、方法和所见事实；③分析与论述；④简要鉴定意见；⑤鉴定人签名、盖章。鉴定意见应当对侦查人员提出的问题作出明确、肯定的回答，并说明其科学或者技术上的根据。实践中，鉴定意见一般用鉴定书的形式制作。

（6）侦查人员对鉴定人作出的鉴定意见，应当进行审查，如果有疑问，可以要求鉴定人作补充鉴定。侦查人员或办案部门认为鉴定意见不确切或者有错误时，经县级以上侦查机关负责人批准，可以补充鉴定，必要时，也可以另行指派或者聘请鉴定人重新鉴定。

（7）用作证据的鉴定意见应当告知犯罪嫌疑人、被害人。如犯罪嫌疑人、被害人对鉴定意见有异议并提出申请，经县级以上侦查机关负责人批准后，可以补充鉴定或重新鉴定。重新鉴定的应当另行指派或聘请鉴定人。

4. 鉴定的期限

对于犯罪嫌疑人做精神病鉴定的时间不计入办案期限，其他鉴定时间应当计入办案期限。对于因鉴定时间较长，办案期限届满仍不能终结的案件，自期限届满之日起，应当对被羁押的犯罪嫌疑人变更强制措施，改为取保候审或者监视居住。

5. 鉴定人的责任

鉴定人故意作虚假鉴定，构成犯罪的应当依法追究其刑事责任。尚不够刑罚处罚的，依法予以行政处分。

七、辨认

1. 辨认的概述

（1）辨认的概念。

辨认，是指侦查人员为了查明案情，在必要时让被害人、证人和犯罪嫌疑人对与犯罪有关的物品、文件、尸体、场所进行辨别确认，或者让被害人、证人对犯罪嫌疑人进行辨别确认，或者让犯罪嫌疑人对其他犯罪嫌疑人进行辨别确认的一种侦查行为。

（2）辨认的意义。

辨认是查证犯罪嫌疑人、核实案件证据的一种有效的侦查方法，辨认不仅能为确定侦查方向和确定犯罪嫌疑人提供可靠的线索或证据，而且对于查明案件真实情况、核实证据、查获犯罪嫌疑人具有重要意义。

2. 辨认的程序

辨认作为一种侦查行为，尽管刑事诉讼法没有明确规定，但公安部《公安机关办理刑事案件程序规定》第 249 条至第 253 条和最高人民检察院《人民检察院刑事诉讼规则》第 257 条至第 262 条都作出了专门规定。根据公安部规定和最高人民检察院规则的有关规定，辨认应当遵循下列程序：

（1）公安机关、人民检察院在各自管辖案件的侦查过程中，需要辨认犯罪嫌疑人的，应当分别经办案部门负责人或者检察长批准。

（2）辨认应当在侦查人员的主持下进行，主持辨认的侦查人员不得少于2人。

（3）在辨认前，应当向辨认人详细询问被辨认对象的具体特征，尤其是要避免辨认人见到被辨认对象，并应当告知辨认人做了虚假辨认后应当承担的法律责任。

（4）多个辨认人对同一辨认对象进行辨认时，应当由每位辨认人单独进行辨认。必要时，可以有证人在场。

（5）辨认时，应当将辨认对象混杂在其他人员或物品中，不得给辨认人以任何暗示。公安机关侦查的案件，在辨认犯罪嫌疑人时，被辨认的人数不得少于7人；辨认照片时，被辨认的照片不得少于10张。人民检察院自侦的案件，辨认犯罪嫌疑人时，被辨认的人数不得少于5人；辨认照片时，被辨认的照片不得少于5张；辨认物品时，同类物品不得少于5件。但对于尸体的辨认不受这一数量的限制。

（6）公安机关侦查的案件，辨认人不愿公开进行的，可以在不暴露辨认人的情况下进行，侦查人员应当为其保密。

（7）辨认人作出辨认后应当要求其说明据以作出辨认的理由。在必要时，侦查人员可以通知见证人在场。

（8）对于辨认的情况，应当制作笔录，由主持和参加辨认的侦查人员、辨认人、见证人签名或盖章。

（9）人民检察院主持进行辨认，可以商请公安机关参加或协助。

八、技术侦查

1. 技术侦查的概述

（1）技术侦查的概念。

技术侦查有广义和狭义之分，广义的技术侦查是指利用现代科学知识、方法和技术的各种侦查手段的总称。狭义的技术侦查是指侦查机关运用技术装备调查罪犯和案件证据的一种秘密侦查措施，包括电子窃听、电话监控、电子监控、秘密录像录音、秘密拍照、秘密获取某些物证、邮件检查、手机定位、用机器设备排查、传递个人情况数据以及用机器设备对比数据等秘密的专门技术手段。

（2）技术侦查的意义。

将科学技术手段运用于刑事案件的侦查，是科学技术不断发展与进步在刑事诉讼中的反映，也是实现刑事程序控制犯罪与保障人权价值目标的客观需要，我国在新修订的《刑事诉讼法》第二编第二章第八节专门对技术侦查及其程序控制作出了规范。这对于迅速查清犯罪事实、发挥刑事诉讼惩罚犯罪的功能具有极为重要的意义。

2. 技术侦查的适用范围

技术侦查只能在特定类型的案件中实施，根据《刑事诉讼法》第148条规定，对于公安机关立案侦查，技术侦查只能对于危害国家安全犯罪、恐怖活动犯罪、黑社会性质的组织犯罪、重大毒品犯罪或者其他严重危害社会的犯罪案件实施，并且需要经过严格的批准手续；对于人民检察院立案侦查，技术侦查措施只能适用于重大的贪污、贿赂犯罪案件以及利用职权实施的严重侵犯公民人身权利的重大犯罪案件，并且根据侦查犯罪的需要，经过严格的批准手续；追捕被通缉或者批准、决定逮捕的在逃的犯罪嫌疑人、被告人时，经过批准，可以采取追捕所必需的技术侦查措施。

3. 技术侦查的程序

（1）技术侦查只能由公安机关和检察机关在特定类型的案件中，根据侦查犯罪的需要，经过严格的批准采用。

（2）批准决定应当根据侦查犯罪的需要，确定采取技术侦查措施的种类和适用对象。批准决定自签发之日起三个月以内有效。对于不需要继续采取技术侦查措施的，应当及时解除；对于复杂、疑难案件，期限届满仍有必要继续采取技术侦查措施的，经过批准，有效期可以延长，每次不得超过三个月。

（3）采取技术侦查措施，必须严格按照批准的措施种类、适用对象和期限执行。

（4）侦查人员对采取技术侦查措施过程中知悉的国家秘密、商业秘密和个人隐私，应当保密；对采取技术侦查措施获取的与案件无关的材料，必须及时销毁。

（5）采取技术侦查措施获取的材料，只能用于对犯罪的侦查、起诉和审判，不得用于其他用途。

（6）公安机关依法采取技术侦查措施，有关单位和个人应当配合，并对有关情况予以保密。

（7）为了查明案情，在必要的时候，经公安机关负责人决定，可以由有关人员隐匿其身份实施侦查。但是，不得诱使他人犯罪，不得采用可能危害公共安全或者发生重大人身危险的方法。

（8）对涉及给付毒品等违禁品或者财物的犯罪活动，公安机关根据侦查犯罪的需要，可以依照规定实施控制下交付。

4. 技术侦查手段收集证据的运用

采取侦查措施收集的材料在刑事诉讼中可以作为证据使用。如果使用该证据可能危及有关人员的人身安全，或者可能产生其他严重后果的，应当采取不暴露有关人员身份、技术方法等保护措施，必要的时候，可以由审判人员在庭外对证据进行核实。

九、通缉

1. 通缉的概述

（1）通缉的概念。

通缉，是指公安机关以发布通缉令的方式缉拿依法应当逮捕而在逃的犯罪嫌疑人归案的一种侦查行为。

（2）通缉的意义。

通缉是公安机关通力合作、协同作战，有效地同犯罪作斗争的形式，通缉能够有效动员广大群众的力量捕获在逃的犯罪嫌疑人，打击和制止犯罪，保障侦查和审判工作的顺利进行，具有重要意义。

2. 通缉的对象和条件

（1）通缉的对象具体包括：①已决定逮捕而逃跑以及在采取取保候审、监视居住期间逃跑的犯罪嫌疑人；②已决定拘留而逃跑的重大嫌疑分子；③从羁押场所逃跑的犯罪嫌疑人；④在讯问或者押解期间逃跑的犯罪嫌疑人。

（2）通缉适用的条件：①实质要件：有证据证明犯罪嫌疑人应该逮捕；②形式要件：有证据证明犯罪嫌疑人确已逃跑。

3. 通缉的程序

（1）只有公安机关有权发布通缉令。其他任何机关、单位和个人都无权自行发布通缉令。人民检察院、人民法院需要采取通缉措施时，可以商请公安机关帮助发布通缉令。公安机关发布通缉令时，由公安机关的主要负责人决定。

（2）通缉令的地域范围。县级以上的公安机关可以在其管辖的范围内直接发布通缉令；毗邻的和有固定协作关系任务的省、自治区、直辖市或行署市、县公安机关，按照协作规定可以相互抄发通缉令，并报上级公安机关备案；需要在全国范围或跨协作区通缉重要逃犯的，由省、自治区、直辖市公安厅（局）报请公安部，由公安部发布通缉令。

（3）发布通缉令。通缉令中应当写明被通缉人的姓名、别名、曾用名、绰号、性别、年龄、民族、籍贯、出生地、户籍所在地、居住地、职业、身份证号码、衣着和体貌特征，并应附上被通缉人的近期照片。除了必须保密的事项外，应当写明发案时间、地点、案情性质等简要情况。通缉令必须加盖发布机关的印章。通缉令可以通过广播、电视、报刊、计算机网络等媒体发布。

（4）补发通缉令。通缉令发出后，如果发现新的重要情况可以补发通报。通报应当注明原通缉令的编号和日期。

（5）通缉的对象只能是依法应当逮捕而在逃的犯罪嫌疑人，当然包括已被捕而在羁押期间逃跑的犯罪嫌疑人。

（6）及时缉拿。各级公安机关在接到通缉令后，必须及时布置，组织力量，做好调查缉拿工作。

（7）撤销通缉令。被通缉的人已经归案、死亡或者通缉的原因已经消失而无通缉必要的，发布通缉令的公安机关应当在原发布范围内立即通知撤销通缉令。

第三节　侦查终结

一、侦查终结的概念和意义

1. 侦查终结的概念

侦查终结，是侦查机关对于自己立案侦查的案件，经过一系列的侦查活动，根据已经查明的事实、证据和相关法律规定，足以证明犯罪嫌疑人是否有罪和应否对其追究刑事责任而决定结束侦查，并对案件依法作出起诉、不起诉或者撤销案件处理的一种诉讼活动。

2. 侦查终结的意义

侦查终结是侦查活动的结束程序。在侦查结束时，侦查机关要对整个案件作出事实和法律上的认定，并依法决定案件应当移送起诉还是不起诉，或者决定撤销案件。因此，正确及时地侦查终结，能够保证检察机关准确地提起公诉，使依法应当受到刑事追究的犯罪嫌疑人受到应有的刑事处罚，同时保障无罪的公民及时解脱，对于保护公民、法人及其他组织的合法权益具有非常重要的意义。

二、侦查终结的条件

根据《刑事诉讼法》第 160 条和《公安机关办理刑事案件程序规定》第 274 条规定侦查终结必须具备以下五项条件：

1. 犯罪事实已经查清

犯罪事实已经查清，这是侦查终结的首要条件。犯罪事实包括犯罪嫌疑人有罪或无罪、罪重或罪轻，以及是否应受刑事处罚的全部事实和情节，并且没有遗漏的犯罪罪行，没有遗漏应当追究刑事责任的其他人。

2. 案件的证据确实、充分

证据的确实、充分是侦查终结的一个重要条件，证据确实、充分，是指证明犯罪事实、情节的每一个证据材料来源可靠，经查证属实、核对无误，并且证据与证据之间能够相互印证，形成一个完整的证明体系，足以排除其他可能性，确认犯罪嫌疑人有罪或无罪、罪重或罪轻。

3. 犯罪性质和罪名认定正确

4. 依法应当追究行为人的刑事责任

5. 法律手续完备

侦查终结时，各种法律手续必须齐全、完备。它要求侦查机关采取的专门调查工作和有关强制性措施的各种法律文书，以及审批、签字、盖章等手续都是齐全、完整并符合法律规定的。如果发现有遗漏或不符合法律规定之处，应当采取有效的措施予以补充或改正。

以上五个条件必须同时具备，缺一不可。此外，《刑事诉讼法》第 161 条规定，在侦查过程中，发现不应对犯罪嫌疑人追究刑事责任的，应当撤销案件；犯罪嫌疑人已被逮捕的，应当立即释放，发给释放证明，并且通知原批准逮捕的人民检察院。其中“不应对犯罪嫌疑人追究刑事责任的”，是指查明案件不存在犯罪事实或者犯罪嫌疑人的行为符合《刑事诉讼法》第 15 条的规定。侦查机关经过侦查，发现不应对犯罪嫌疑人追究刑事责任时，应当及时终结侦查，并立即释放在押的犯罪嫌疑人，通知原批准逮捕的人民检察院。

三、侦查终结的程序

根据《刑事诉讼法》第 159 条、第 160 条和《公安机关办理刑事案件程序规定》第 275 条的规定，公安机关侦查终结应按照以下程序进行：

1. 听取律师的意见

在案件侦查终结前，辩护律师提出要求的，侦查机关应当听取辩护律师的意见，并记录在案。辩护律师提出书面意见的，应当附卷。

2. 制作结案报告

侦查终结是刑事侦查工作的最后一个环节。公安机关在办理刑事案件中，经过一系列的侦查活动后，侦查终结是公安机关在侦查的基础上，对案件进行全面检查和总结的一种诉讼活动。凡案件经过侦查而具备侦查终结条件的，办案人员应当制作结案报告，其内容包括：

（1）犯罪嫌疑人的基本情况。

（2）是否采取了强制措施及其理由。

（3）案件的事实和证据。

（4）法律依据和处理意见。

3. 侦查终结案件的审批。

侦查终结案件的处理，由县级以上公安机关负责人批准；对于重大、复杂疑难案件应当经过集体讨论决定。

4. 整理和移送案卷

侦查终结后，应当将全部案卷材料加以整理，按要求装订立卷。向人民检察院移送案件时，只移送诉讼卷，侦查卷由公安机关存档备查。技术侦查获取的材料，需要作为证据公开使用时，应当按照规定进行相应的处理。

5. 移送起诉

对于犯罪事实清楚，证据确实、充分，犯罪性质和罪名认定正确，法律手续完备，依法应当追究刑事责任的案件，应当制作《起诉意见书》，经县级以上公安机关负责人批准后，连同案卷材料、证据，一并移送同级人民检察院审查决定。

四、侦查终结的处理

（1）公安机关、安全机关侦查的案件，侦查终结后，对于犯罪事实情节清楚的，证据确实、充分的，依法应当追究犯罪嫌疑人刑事责任的，即应制作《起诉意见书》，然后连同案卷材料、证据一并移送同级人民检察院审查决定；同时将案卷移送情况告知犯罪嫌疑人及其辩护律师。

共同犯罪案件的《起诉意见书》，应当写明每个犯罪嫌疑人在共同犯罪中的的地位、作用，具体罪责和认罪态度，并分别提出处理意见。

被害人提出附带民事诉讼的，应当记录在案，移送审查起诉时，应当在《起诉意见书》末页注明。

（2）对于犯罪情节轻微，依法不需要判处刑罚或者免除刑罚的案件，公安机关在移送审查起诉时，可以注明具备不起诉的条件，由人民检察院审查决定起诉或者不起诉。

（3）对于不应当对犯罪嫌疑人追究刑事责任的，应当撤销案件，并制作《撤销案件决定书》；犯罪嫌疑人已经被逮捕的，应当立即释放，发给释放证明，并且通知原批准的人民检察院。

（4）在侦查过程中发现犯罪嫌疑人不够刑事处罚但需要行政处理的，经县级以上公安机关批准，对犯罪嫌疑人依法予以行政处理者移交其他有关部门处理。

五、侦查程序的期限

1. 侦查羁押期限的概念和意义

侦查羁押期限是指犯罪嫌疑人在侦查中被逮捕以后到侦查终结的期限。我国《刑事诉讼法》对侦查羁押期限明确加以规定，目的是为了切实保障犯罪嫌疑人的人身自由和合法权益，防止案件久拖不决，提高侦查工作效率，保证侦查工作顺利进行。

2. 侦查羁押期限的种类

根据《刑事诉讼法》和《最高人民法院、最高人民检察院、公安部、国家安全部、司法部、全国人大常委会法制工作委员会关于实施刑事诉讼法若干问题的规定》，侦查中的羁押期限可以分为一般羁押期限、特殊羁押期限两种。

（1）一般羁押期限。

《刑事诉讼法》第 154 条规定，对犯罪嫌疑人逮捕后的侦查羁押期限不得超过 2 个月。这是对一般刑事案件侦查羁押期限的规定。如果犯罪嫌疑人在逮捕以前已被拘留的，拘留的期限．不包括在侦查羁押期限内。一般情况下，侦查机关应当在法律规定的侦查羁押期间内侦查终结案件。

（2）特殊羁押期限。

特殊羁押期限，是《刑事诉讼法》根据案件的特殊需要，规定在符合法定条件时履行相应的审批手续，便可延长侦查羁押期限。

①根据《刑事诉讼法》第 154 条的规定，案情复杂、期限届满不能终结的案件，可以经上一级人民检察院批准延长 1 个月。

②根据《刑事诉讼法》第 155 条的规定，因为特殊原因，在较长时间内不宜交付审判的特别重大复杂的案件，由最高人民检察院报请全国人民代表大会常委会批准延期审理。

③根据《刑事诉讼法》第 156 条的规定，下列案件在《刑事诉讼法》第 154 条规定的期限仍不能侦查终结的，经省、自治区、直辖市人民检察院批准或者决定，可以延长 2 个月：交通十分不便的边远地区的重大复杂案件；重大的犯罪集团案件；流窜作案的重大复杂案件；犯罪涉及面广，取证困难的重大犯罪案件。

④根据《刑事诉讼法》第 157 条的规定，对犯罪嫌疑人可能判处 10 年有期徒刑以上刑罚，依照本法第 156 条规定延长期限届满，仍不能侦查终结的，经省、自治区、直辖市人民检察院批准或者决定，可以再延长 2 个月。

根据《最高人民法院、最高人民检察院、公安部、国家安全部、司法部、全国人大常委会法制工作委员会关于实施刑事诉讼法若干问题的规定》第 21 条的规定，公安机关对案件提请延长羁押期限时，应当在羁押期间届满 7 日前提出，并书面呈报延长羁押期限案件的主要案情和延长羁押期限的具体理由。人民检察院应当在羁押期限届满前作出决定。最高人民检察院直接立案侦查的案件，符合《刑事诉讼法》第 154、第 156 条和第 157 条规定的条件，需要延长犯罪嫌疑人侦查羁押期限的，由最高人民检察院依法决定。

3. 重新计算羁押期限

根据《刑事诉讼法》和《最高人民法院、最高人民检察院、公安部、国家安全部、司法部、全国人大常委会法制工作委员会关于实施刑事诉讼法若干问题的规定》第 22 条规定，遇有下列情况重新计算侦查羁押期限：在侦查期间，发现犯罪嫌疑人另有重要罪行的，自发现之日起依照《刑事诉讼法》第 154 条的规定重新计算侦查羁押期限。但是公安机关在侦查羁押期间，发现犯罪嫌疑人另有重要罪行，应重新计算侦查羁押期限的，由公安机关决定，不再经人民检察院批准。但须报人民检察院备案，并受人民检察院监督。

4. 不计算羁押期限

(1) 犯罪嫌疑人不讲真实姓名、住址，身份不明的，应当对其身份进行调查，查清其身份之前的侦查羁押期限不予以计算。但不得停止对犯罪行为的侦查取证。对于犯罪事实清楚，证据确实充分的，也可以按其自报的姓名移送人民检察院审查起诉。

(2) 对被羁押的犯罪嫌疑人作精神病鉴定的时间，不计入侦查羁押期限。其他鉴定时间则应当计入羁押期间。

5. 犯罪嫌疑人未被羁押的侦查期限

对于犯罪嫌疑人未被羁押的，侦查活动是否也应当有一定的期限限制，我国法律未作规定。司法实践中，如果犯罪嫌疑人未被采取强制措施，侦查是不受任何诉讼期限的限制的。但对于当事人而言，剥夺或限制其他权利对当事人的损害可能比剥夺或限制其人身自由更为严重，因而在犯罪嫌疑人未被羁押时，法律也应当对侦查的期限作出一定的限制。

第四节　人民检察院对直接受理案件的侦查

人民检察院对直接受理的案件的侦查，是指人民检察院对自己受理的案件，依法进行的专门调查工作和有关的强制性措施。根据《刑事诉讼法》第 162 条的规定，人民检察院对直接受理的案件的侦查，适用本法第二编第二章的规定，但考虑到人民检察院法律监督的性质和自侦案件本身所具有的特殊性，我国法律又对人民检察院在自侦案件中的侦查权限及侦查终结案件的处理作了一些特殊规定。

一、人民检察院在自侦案件中的侦查权限

(1) 人民检察院直接受理的案件中符合《刑事诉讼法》第七十九条、第八十条第四项、第五项规定情形，需要逮捕、拘留犯罪嫌疑人的，由人民检察院作出决定，由公安机关执行。

(2) 人民检察院对直接受理的案件中被拘留的人，应当在拘留后的二十四小时以内进行讯问。在发现不应当拘留的时候，必须立即释放，发给释放证明。

(3) 人民检察院对直接受理的案件中被拘留的人，认为需要逮捕的，应当在十四日以内作出决定。在特殊情况下，决定逮捕的时间可以延长一日至三日。对不需要逮捕的，应当立即释放；对需要继续侦查，并且符合取保候审、监视居住条件的，依法取保候审或者监视居住。

二、人民检察院侦查终结案件的处理与程序

（1）检察机关自侦部门经过侦查，认为犯罪事实清楚，证据确实充分，依法应当追究刑事责任的案件，侦查人员应当写出侦查终结报告，并且制作起诉意见书，直接作出提起公诉的决定，按照审判管辖的规定，向人民法院提起公诉。

（2）犯罪事实清楚、证据确实、充分，足以认定犯罪嫌疑人构成犯罪，但对于犯罪情节轻微，依照刑法规定不需要判处刑罚或免除刑罚的案件，侦查人员应写出侦查终结报告，并且制作不起诉意见书。

（3）有足够的证据证明不应当对犯罪嫌疑人追究刑事责任，应当由检察人员写出撤销案件意见书，经侦查部门负责人审核后，报请检察长或者检察委员会决定撤销案件。如果犯罪嫌疑人已经被捕的应当立即释放，发给释放证明。撤销案件的决定应分别送达犯罪嫌疑人所在单位和犯罪嫌疑人本人。

侦查终结报告和起诉意见书或者不起诉意见书由侦查部门负责人审核、检察长批准后，连同其他案卷材料一并移送本院审查起诉部门。

第五节　补充侦查

一、补充侦查的概念

补充侦查，是指公安机关或者人民检察院依照法定程序，在原有侦查工作的基础上进行补充收集证据的一种侦查活动。

补充侦查是我国刑事诉讼中的一种补救措施，它只适用于事实不清、证据不足或者遗漏罪行或遗漏同案犯罪嫌疑人的案件。补充侦查由人民检察院决定，公安机关或者人民检察院实施。正确、及时地进行补充侦查，对于公、检、法三机关查清犯罪，防止和纠正在诉讼过程中可能发生或已经发生的错误和疏漏，准确适用国家法律，具有十分重要的意义。

二、补充侦查的种类

根据《刑事诉讼法》第 88 条、第 171 条和第 198 条的规定，补充侦查在程序上有以下三种类型。

1. 审查批捕阶段的补充侦查

根据《刑事诉讼法》第 88 条规定，人民检察院对于公安机关提请批准逮捕的案件进行审查后，应当根据情况分别作出批准逮捕或者不批准逮捕的决定。对于批准逮捕的决

定，公安机关应当立即执行，并且将执行情况及时通知人民检察院。对于不批准逮捕的，人民检察院应当说明理由，需要补充侦查的，应当同时通知公安机关。审查批捕时的补充侦查由检察机在作出不批准逮捕决定的同时作出，不得单独作出补充侦查的决定。但公安机关在按检察机关要求的补充侦查期间中，可对犯罪嫌疑人取保候审或监视居住。审查批捕阶段的补充侦查，只能退回公安机关进行。

2. 审查起诉阶段的补充侦查

根据《刑事诉讼法》第171条的规定，人民检察院审查案件，对于需要补充侦查的，可以退回公安机关补充侦查，也可以自行侦查。对于补充侦查的案件，应当在一个月以内补充侦查完毕。补充侦查以二次为限。补充侦查完毕移送人民检察院后，人民检察院重新计算审查起诉期限。对于二次补充侦查的案件，人民检察院仍然认为证据不足，不符合起诉条件的，应当作出不起诉的决定。对于审查起诉阶段的补充侦查应注意以下三点：

（1）补充侦查以两次为限。规定补充侦查的次数，有利于防止案件久拖不决，对于保护犯罪嫌疑人的权利与自由具有非常重要的意义。

（2）补充侦查应该在一个月内完毕。这一规定要求补充侦查应及时进行，不得久侦不决。

（3）对于经过两次补充侦查的案件，人民检察院仍然认为证据不足，不符合起诉条件的应当作出不起诉决定。这一规定的含义是：（1）只有经过补充侦查，检察机关才能作出不起诉的决定，未经过补充侦查，不得直接作出不起诉决定；（2）经过一次补充侦查后，检察机关仍然认为事实不清，证据不足的，检察机关既可以作出不起诉决定，也可以要求侦查机关再次补充侦查，检察机关有自由裁量权；（3）在经过两次补充侦查后，如果检察机关仍然认为证据不足，不符合起诉条件，不得再补充侦查的，必须作出不起诉决定。

3. 法庭审理阶段的补充侦查

法庭审理阶段的补充侦查包括以下两种情况：

（1）检察机关要求退回补充侦查。根据《刑事诉讼法》第198条的规定，在法庭审判过程中，检察人员发现提起公诉的案件事实不清，证据不足的，可以建议退回补充侦查。根据《刑事诉讼法》第199条的规定，人民检察院要求补充侦查应当在1个月内补充侦查完毕。《最高人民法院关于适用〈中华人民共和国刑事诉讼法〉的解释》第223条规定，审判期间，公诉人发现案件需要补充侦查而提出延期审理建议的，合议庭应当同意。但该建议以两次为限。

（2）合议庭建议补充侦查。《最高人民法院关于适用〈中华人民共和国刑事诉讼法〉的解释》第226条规定，审判期间，合议庭发现被告人可能有自首、立功等法定量刑情节，而起诉和移送的证据材料没有这方面的证据材料，应当建议人民检察院补充侦查。根据最高人检察院《人民检察院刑事诉讼规则》第460条的规定，人民检察院应当审查有关理由，并作出是否退回补充侦查的决定。人民检察院不同意的，可以要求人民法院就起诉指控的犯罪事实依法作出裁判。

三、补充侦查的方式

根据我国《刑事诉讼法》的规定，补充侦查可采取两种方式，即退回补充侦查和自行补充侦查。

1. 退回补充侦查

退回补充侦查是指决定补充侦查的检察院将案件退回侦查机关进行补充侦查。退回补充侦查的适用前提：必须是公安机关立案侦查的案件才能退回补充侦查，检察院自侦案件不能退回补充侦查。在三种类型的补充侦查中，审查批捕时的补充侦查只能是退回公安机关补充侦查；审查起诉时的补充侦查可以将案件退回公安机关补充侦查，也可以自行补充侦查。

2. 自行补充侦查

自行补充侦查是指决定补充侦查的检察院自行对案件进行补充侦查。如前所述审查起诉时决定补充侦查的，人民检察院既可以退回补充侦查，也可以自行补充侦查。人民检察院在审查起诉时决定自行补充侦查的，应当在审查起诉期限内侦查完毕。根据最高人检察院《人民检察院刑事诉讼规则》第 380 条的规定，人民检察院认为犯罪事实不清、证据不足或者遗漏罪行、遗漏同案犯罪嫌疑人等情形需要补充侦查的，应当提出具体的书面意见，连同案卷材料一并退回公安机关补充侦查；人民检察院也可以自行侦查，必要时可以要求公安机关提供协助。退回补充侦查权在检察机关，对于检察机关退回补充侦查的决定，公安机关必须执行。法庭审理时的补充侦查只能由检察机关自行补充侦查。

四、退回补充侦查的处理

对于人民检察院退回补充侦查的案件，原侦查机关应当对案件的事实、证据和定性进行认真、全面地审查和分析，根据不同情况，报县级以上公安机关负责人批准，分别作以下处理：

（1）原认定犯罪事实清楚，证据不够确实充分的，在补充证据后应当制作《补充侦查报告书》移送审查检察院；对无法补充的证据，应当作出说明。

（2）原认定犯罪事实清楚，证据确实充分，检察院退回并认为补充侦查不当的，应当说明理由，移送检察院审查。

（3）在补充侦查过程中发现新的同案犯罪嫌疑人、新的罪行需要追究刑事责任的，应当重新制作《起诉意见书》移送检察院审查。

（4）在补充侦查过程中发现原认定的事实有重大变化，不应当追究刑事责任的，应当重新提出处理意见，将处理结果通知退回补充侦查的检察院。

第六节　侦查监督

一、侦查监督的概念与意义

1. 侦查监督的概念

侦查监督是指人民检察院依法对侦查机关的侦查活动是否合法进行的监督。根据《刑事诉讼法》的规定，此处的侦查机关应包括公安机关和行使着侦查权的国家安全机关、监狱、军队保卫部门以及人民检察院的侦查部门。

2. 侦查监督在刑事诉讼过程中具有非常重要的意义

（1）侦查监督有利于保证国家刑事法律的统一正确实施，保证办案质量。人民检察院对侦查活动是否合法进行实行的监督，可以使侦查机关在侦查活动中违反法律规定的行为得到及时发现和有效纠正，从诉讼程序上保障对犯罪分子的及时、准确、合法的追究，保证国家刑事法律的统一正确实施，保证案件的质量。

（2）侦查监督有利于维护公民（犯罪嫌疑人、被告人）的合法权益。人民检察院对侦查活动实行法律监督，可以及时发现、制止和纠正上述违法行为，从而切实维护公民的合法权益。

（3）侦查监督有利于提高侦查人员的执法水平，督促其严格依法办事，更好地维护社会主义法制的权威性。人民检察院通过侦查监督，及时纠正侦查人员滥用职权的违法行为，同时通过侦查监督，及时纠正侦查活动中的违法乱纪行为，提高对公安司法机关办理案件公正性、合法性的认识，从而更好地维护社会主义法制的权威性。

二、侦查监督的范围

根据《刑事诉讼法》第 8 条和最高人检察院《人民检察院刑事诉讼规则》第 565 条规定，人民检察院对公安机关的侦查活动是否合法实行监督，主要是发现和纠正以下违法行为：

（1）对犯罪嫌疑人刑讯逼供、诱供以及其他非法方法收集犯罪嫌疑人供述的。

（2）采用暴力、威胁等非法方法收集证人证言、被害人陈述，或者以暴力、威胁等方法阻止证人作证或者指使他人作伪证的。

（3）伪造、隐匿、销毁、调换或者私自涂改证据，或者帮助当事人毁灭、伪造证据的。

（4）徇私舞弊，放纵、包庇犯罪分子的。

（5）故意制造冤、假、错案的。

（6）在侦查活动中利用职务之便谋取非法利益的。

（7）在侦查过程中不应当撤案而撤案的。

（8）贪污、挪用、私分、调换以及违反规定使用查封、扣押、冻结的款物及其孳息的。

（9）违反《刑事诉讼法》关于决定、执行、变更、撤销强制措施规定的。

（10）非法拘禁他人或者以其他方法非法剥夺他人人身自由的。

（11）非法搜查他人身体、住宅，或者非法侵入他人住宅的。

（12）非法采取技术侦查措施的。

（13）对与案件无关的财物查封、扣押、冻结，或者应当解除查封、扣押、冻结不解除的。

（14）应当退还取保候审保证金不退还的。

（15）侦查人员应当回避而不回避的。

(16) 应当依法告知犯罪嫌疑人诉讼权利而不告知，影响犯罪嫌疑人行使诉讼权利的。

(17) 讯问犯罪嫌疑人依法应当录音或者录像而没有录音或者录像的。

(18) 对犯罪嫌疑人拘留、逮捕、指定居所监视居住后依法应当通知家属而未通知的。

(19) 阻碍当事人、辩护人、诉讼代理人依法行使诉讼权利的。

(20) 在侦查中有其他违反《刑事诉讼法》有关规定的行为的。

三、侦查监督的途径和措施

根据《刑事诉讼法》和最高人检察院《人民检察院刑事诉讼规则》的有关规定，人民检察院主要通过采取以下途径和措施，履行其法定的侦查监督职能。

1. 侦查监督的途径

(1) 人民检察院通过审查逮捕、审查起诉，发现公安机关的侦查活动存在违法情况的，应当提出意见，通知公安机关纠正。构成犯罪的，移送有关部门依法追究刑事责任。人民检察院发现侦查中违反法律规定的羁押和办案期限规定的，也应当依法提出纠正意见。

(2) 人民检察院根据案件需要，通过派员参加公安机关对于重大案件的讨论和其他侦查活动，若发现公安机关在侦查活动中的违法行为，应当及时通知公安机关予以纠正。

(3) 人民检察院通过接受诉讼参与人对侦查机关或侦查人员侵犯诉讼权利和人身权利的行为提出的控告，行使侦查监督权。

(4) 人民检察院通过审查公安机关执行人民检察院批准或不批准逮捕决定的情况，以及释放被逮捕的犯罪嫌疑人或者变更逮捕措施的情况，履行侦查监督职能。

2. 侦查监督的措施

(1) 人民检察院发现公安机关或者公安人员在侦查或者决定、执行、变更、撤销强制措施等活动中有违法行为的，应当及时提出纠正意见。对于情节较轻的违法行为，由检察人员以口头方式向侦查人员或者公安机关负责人提出纠正，并及时向本部门负责人汇报；必要的时候，由部门负责人提出。

对于情节较重的违法行为，应当报请检察长批准后，向公安机关发出纠正违法通知书。人民检察院发出纠正违法通知书的，应当根据公安机关的回复，监督落实情况；没有回复的，应当督促公安机关回复。人民检察院提出的纠正意见不被接受的，应当向上一级人民检察院报告，并抄报上一级公安机关。上级人民检察院认为下级人民检察院意见正确的，应当通知同级公安机关督促下级公安机关纠正；上级人民检察院认为下级人民检察院纠正违法的意见错误的，应当通知下级人民检察院撤销发出的纠正违法通知书，并通知同级公安机关。

(2) 人民检察院发现侦查人员的违法行为情节严重，构成犯罪的，应当立案侦查；对于不属于人民检察院管辖的，应当移送有管辖权的机关处理。

【导例评析】

根据《刑事诉讼法》第 139 条的规定，在侦查活动中发现的可用以证明犯罪嫌疑人有罪或者无罪的各种财物、文件，应当查封、扣押；与案件无关的财物、文件，不得查封、扣押。第142条第1款规定，人民检察院、公安机关根据侦查犯罪的需要，可以依照规定查询、冻结犯罪嫌疑人的存款、汇款、债券、股票、基金份额等财产。有关单位和个人应当配合。本案中人民检察院在侦查过程中，根据侦查犯罪的需要，扣押犯罪嫌疑人孙某的财物，查询、冻结孙某存款的做法是正确。

【实务训练】

岳民市公安机关在严打杀人抢劫案件的专项活动中，通过群众的举报及一系列的侦查调查，掌握了犯罪嫌疑人陈某的部分犯罪证据，在将其依法予以拘留后第三天，向人民检察院提请批准逮捕，检察院认为事实不清，遂退回公安机关补充侦查。经补充侦查后，案件得以侦查终结并移交检察院审查起诉，审查期间又被检察院以证据不足为由退回补充侦查。公安机关耗时两个月侦查完毕，检察院重新审查后作出提起公诉的决定。法庭审理期间，由于案件复杂且疑点很多，公诉人员向法院提出补充侦查建议，法院依法决定延期审理。

问：本案中三次补充侦查性质和补充侦查的机关都一样吗？为什么？

资料来源：http：//course. zjnu. cn/xsssfx/ReadNews. asp？NewsID=2153。

【评析】

不一样。本案中涉及三种不同类型的补充侦查分别是：第一次补充为批捕阶段的补充侦查。根据《刑事诉讼法》第88条的规定，人民检察院对于公安机关提请批准逮捕的案件进行审查后，应当根据情况分别作出批准逮捕或者不批准逮捕的决定。对于批准逮捕的决定，公安机关应当立即执行，并且将执行情况及时通知人民检察院。对于不批准逮捕的，人民检察院应当说明理由，需要补充侦查的，应当同时通知公安机关。因此本案中的第一次补充侦查是审查批捕阶段的补充侦查；第二次补充侦查为审查起诉阶段的补充侦查。根据《刑事诉讼法》171条第2款的规定，人民检察院审查案件，对于需要补充侦查的，可以退回公安机关补充侦查，也可以自行侦查。因此，本案中的第二次补充侦查为审查起诉阶段的补充侦查，但本案中公安机关的补充侦查应在一个月内完成，补充侦查以二次为限；第三次补充侦查为法庭审理阶段的补充侦查。根据《刑事诉讼法》第198条第3款、第199条的规定，在法庭审判过程中，遇有下列情形之一，影响审判进行的，可以延期审理。检察人员发现提起公诉的案件需要补充侦查，提出建议的，依照本法第一百九十八条第二项的规定延期审理的案件，人民检察院应当在一个月以内补充侦查完毕。本案中的第三次补充侦查为法庭审理阶段的补充侦查，检察机关在该阶段的补充侦查应在一个月内完成。

【司考真题】

1. 高某涉嫌抢劫犯罪，公安机关经二次补充侦查后将案件移送检察机关，检察机关审查发现高某可能还实施了另一起盗窃犯罪。检察机关关于此案的处理，下列哪一选项是正确的？(　　)(2013/二/25/单选)

A. 再次退回公安机关补充侦查，并要求在一个月内补充侦查完毕

B. 要求公安机关收集并提供新发现的盗窃犯罪的证据材料

C. 对新发现的盗窃犯罪自行侦查，并要求公安机关提供协助

D. 将新发现的盗窃犯罪移送公安机关另行立案侦查，对已经查清的抢劫犯罪提起公诉

2. 某市检察院对卢某涉嫌贿赂案进行立案侦查。掌握有关证据后，检察院决定依法对卢某进行传唤。卢某闻讯逃匿，去向不明。下列哪一说法是正确的？（　　）（2011/二/30/单选）

A. 符合通缉条件，由该市公安机关作出通缉的决定

B. 符合通缉条件，由该市检察院报请有决定权的上级检察院作出通缉决定

C. 符合通缉条件，由该市检察院报请上一级检察院发布通缉令

D. 不符合通缉条件，检察院发布协查通报

【拓展与反思】

国外技侦措施程序中对公民隐私权保护的救济

技术侦查措施是指侦查机关秘密运用技术装备调查罪犯和案件证据的活动，包括电子窃听、秘密录像、秘密拍照、用机器设备排查、传递个人情况数据以及用机器设备对比数据等。技术侦查是在被追诉者及一般公众均不知晓情况下进行的，因而能避免来自犯罪嫌疑人的反侦查措施，所获取的证据也通常比较真实可靠。

技术侦查手段的出现有着深刻的社会基础，20 世纪二、三十年代，由于社会矛盾的增多和科学技术的发展，一些国家的犯罪出现了组织化、技术化、隐蔽化的特点，这既给侦查工作造成了极大困难，又迫使侦查机关努力寻求侦查方式的变更和突破。在西方国家，侦查机关的侦查手段日益向技术化、高隐蔽性方面发展，其特点在于不经当事人知晓而运用技术装备秘密调查、秘密取证，因而是典型的秘密侦查措施，但技术侦查措施是以侵害公民隐私权为必要成本或曰代价的，为减少这种成本或曰代价，西方各国在对技术侦查措施进行程序设计的同时还规定了一系列补救措施以对公民隐私权进行救济。纵观各国补救的措施主要有以下三种。

首先，告知当事人。即在采用技术侦查措施进行侦查后，应当将采取措施的有关情况通知当事人，使其知情。如德国《刑事诉讼法典》第 101 条第 1 款规定，一旦对侦查目的、公共安全、他人人身或者生命以及派遣的侦查员的继续使用不会构成危险的时候，应当将采取的措施通知当事人。意大利《刑事诉讼法典》第 268 条也规定对窃听的执行情况应立即通知当事人的辩护人，辩护人可以得到有关材料的副本，并且要求转录磁带上的录音。美国 1968 年《综合犯罪控制和街道安全条例》也规定，在监听结束后的至少 90 天内，在诉讼申请上被指名的人必须被告之有关诉讼申请的情况，以及通讯是否受到窃听。另外，在法庭使用通过窃听获得的证据之前的 10 天，有关案件的各方都必须得到有关授权监听的信息。各国作此规定，一是因为当事人的知情权，即当事人有权知道其应该知道的信息资料，包括其权利被国家侵害的消息；二是因为若采用技侦措施所获之资料将用作证据在法庭上指控当事人，让当事人（包括其辩护人）知晓有关情况也有利于其充分行使

辩护职能。

其次，保密和封存。美国1968年《综合犯罪控制和街道安全条例》规定，即便窃听的通讯内容是有事实根据的也不能随便泄露，除非是根据法院专门的授权，但那也仅是在某种程度上泄露监听的内容。同时，对有关记录材料还应进行封存。该条例规定，如果可能的话对通讯的监听最好要记录，而不是简单地偷听。对于监听记录下的内容都应该封存，并且保留至少10年。法国《刑事诉讼法典》也规定，对电讯截留和登记行动作出记录的登记册应该封存。这些措施都旨在防止当事人的隐私泄露和扩散。

最后，销毁不再需要的材料。如德国《刑事诉讼法典》第100条第6款规定，追诉不再需要以技侦措施得来的材料时，应当在检察院监督下不迟延地将它销毁。意大利《刑事诉讼法典》第269条第2款规定，当诉讼不需要有关材料时，关系人可以为维护其隐私权要求曾经批准或者认可窃听工作的法官将其销毁。法国《刑事诉讼法典》第100条6规定，登记册根据共和国检察官或检察长的要求，在公诉时效期届满时销毁。

第十三章　起　诉

【导读案例】 犯罪嫌疑人侯某请李某（女，19岁）吃饭。饭后，侯某送了李某一件礼物，并将李某带回家，与李某发生了性关系。过后李某向公安机关告侯某将自己强奸。为此公安机关向侯某调查，侯某承认与李某发生性关系。侦查终结后，公安机关以强奸罪将此案移送人民检察院审查起诉，检察院经过审查，最终查明由于犯罪嫌疑人侯某与其他女性有来往，李某对此很不满意。当公安机关进行调查时，李某为了报复侯某，作了虚假陈述。于是检察院对犯罪嫌疑人侯某作出了不起诉决定。

问： 该区人民检察院的做法是否正确？

资料来源：易延友：刑事诉讼法，289页。

【重点、难点】 审查起诉的内容；起诉的条件；不起诉的种类、适用条件、程序和救济；提起自诉的条件。

第一节　起诉概述

一、起诉的概念和种类

1. 起诉的概念

刑事诉讼中的起诉简称刑事起诉，是指依法享有起诉权的国家机关或公民个人针对所发生的犯罪行为，依法向有管辖权的法院提起诉讼，要求法院对被指控的犯罪行为进行审判，以确定被指控人的刑事责任，并依法予以刑事处罚的诉讼活动。

2. 起诉的种类

按照行使追诉权主体的不同，刑事起诉可以分为公诉和自诉两种方式，公诉有广义和狭义之分。广义的公诉是指案件侦查终结之后至法院审判之前的一个独立的诉讼阶段，主要包括：对公安机关侦查终结的案件和自行侦查终结的案件进行审查；根据审查的情况依法对案件分别作出提起公诉、不起诉或者撤销案件以及补充侦查的决定；对决定提起公诉的案件依法向人民法院提起诉讼（狭义的提起公诉）。狭义的公诉是指依法享有刑事起诉权的国家专门机关代表国家向法院提起诉讼，要求法院通过审判确定被告人犯有被指控的罪行并给予相应的刑事制裁的诉讼活动。自诉是指刑事被害人及其法定代理人、近亲属以及其他享有起诉权的个人或团体，以自己的名义向法院起诉，要求保护自己的合法权益，追究被告人刑事责任的诉讼活动。

二、我国的起诉制度的主要特点

1. 公诉为主，自诉为辅

在我国，人民检察院承担着追诉犯罪的职能。根据法律规定，检察院对涉及国家和社会利益而且需要采用专门侦查手段的刑事犯罪，采取公诉程序追诉；对于那些不需要采用侦查手段的轻微刑事犯罪，法律规定由被害人采取自诉程序追诉。这种分工，有利于国家集中人力、物力和时间追诉那些较为严重的犯罪，也有利于发挥公民个人追诉犯罪的积极性，使那些轻微的犯罪案件得到更为及时和适当的解决。

2. 公诉与自诉互为救济

人民检察院通常只对涉及国家利益和社会公众利益且比较复杂而需要采用侦查手段的刑事案件依照公诉程序进行追诉。但是，当某些可以采用自诉程序追诉的比较轻微的刑事案件缺少原告人，而又需要追究被告人刑事责任时（如重婚案件的被害人由于某种原因不敢控告或者不能控告时），为有效地保护被害人的合法权益、维护国家法律的尊严，在人民群众、社会团体或有关单位提出控告后，人民检察院也可以依公诉程序进行追诉，这就弥补了自诉的不足。另外，根据《刑事诉讼法》第 204 条第 3 项的规定，被害人有证据证明对被告人侵犯自己人身、财产权利的行为应当依法追究刑事责任，而公安机关或者人民检察院不予追究被告人刑事责任的，被害人有权直接向人民法院提起诉讼。这一规定意在解决某些情况下公民告状无门的问题，弥补了公诉的不足，加强了对被害人权益的保护。

3. 公诉权由检察机关独立启动、专门行使、不受司法监督

根据我国法律，人民检察院是唯一有权行使公诉权的专门国家机关。也就是说，只有人民检察院才有权代表国家追诉犯罪，对各种刑事犯罪分子依法提起公诉，交付人民法院进行审判。其他任何机关、团体和个人都无权行使公诉权。

4. 公诉机关兼行法律监督职责

我国的检察机关是国家的法律监督机关，《刑事诉讼法》第8条规定，检察机关对刑事诉讼实行法律监督，这就决定了检察院在行使公诉权过程中，同时也行使着法律监督职权。检察机关对于公安机关侦查终结并移送起诉的刑事案件的审查，就是对公安机关侦查工作的一种监督，所作出的是否起诉的决定，既是认定被告人是否有罪，是否提交人民法院审判的决定，也是对公安机关侦查认定的事实和所作结论是否正确及合法的肯定或否定评价。检察机关提起公诉和支持公诉，不仅是控告犯罪、证实犯罪，还要对人民法院的审判活动是否合法实行监督，人民检察院发现人民法院审理案件违反法律规定的诉讼程序时，有权向人民法院提出纠正意见。因此，检察机关进行公诉、追诉犯罪的过程，也是实施法律监督的过程。

三、起诉的意义

1. 起诉是审判程序启动的前提和依据

现代刑事诉讼实行“不告不理”的原则，即没有起诉就没有审判。自诉人的自诉及检察机关对犯罪的追诉，为审判和惩罚犯罪创造条件、奠定基础，而且提起公诉阶段在诉讼中具有承上启下的作用。

2. 通过审查起诉和提起公诉活动实现对侦查工作的依法监督，保障准确惩罚犯罪，使无辜的人和依法不受追诉的人尽早从刑事诉讼程序中解脱出来

人民检察院通过审查起诉对侦查机关侦查终结后移送起诉的案件从认定事实到适用法律进行全面审查。监督侦查工作依法进行，同时将构成犯罪、需要追究刑事责任的人起诉到人民法院，以完成惩罚犯罪、保护无辜的任务。

3. 起诉体现了诉讼职能的分离

现代民主的司法制度要求严格区分控诉、辩护、审判三项职能，以促使审判主体中立。起诉正是通过将控诉犯罪与审判犯罪进行职能上的分工来调整控诉与审判的关系的，从而在制度上和程序上保障正确处理案件。在审判中以下两个方面必须保证：第一，对于没有被起诉的事实，审判机关不能审判；第二，审判结论所确认的事实和人员必须与起诉指控的事实和人员相一致。

公诉权与审判权的分离是国家权力合理分化以及刑事诉讼科学与民主化的体现，是保持科学的诉讼结构。防止国家权力过分集中导致司法专横，从而实现刑事司法民主与公正的根本条件。

4. 起诉确定了的刑事被告人的诉讼地位，使犯罪嫌疑人成为刑事被告人

起诉不仅启动了审判程序，在将被告人交付法庭审判接受可能的法律制裁的同时，也保障其应享有的合法权益。

5. 划定审判范围

在刑事诉讼中，法院对案件的审判范围要受到起诉范围的限制。法院不得对未经起诉的人或事进行审判，换句话说审判的范围与起诉的范围应当保持同一性。没有起诉就没有审判。

第二节　审查起诉

一、审查起诉的概念和意义

1. 审查起诉的概念

审查起诉是指人民检察院对侦查机关或侦查部门侦查终结后移送起诉的案件所认定的犯罪事实、证据、犯罪性质和罪名进行审查，并依法对犯罪嫌疑人作出提起公诉、不起诉或者撤销案件的决定的诉讼活动。

审查起诉的主要内容主要包括：

(1) 对移送审查起诉的案件进行受理。

(2) 对案件的实体问题进行审查，即对侦查机关或侦查部门认定的犯罪事实、犯罪性质和获取的证据以及法律适用等进行审查核实。

(3) 对案件的程序问题进行审查，确认侦查机关或侦查部门是否合法，并纠正违法情况。

(4) 通过审查依法作出起诉、不起诉或者撤销案件的决定。

(5) 复查被害人、被不起诉人的申诉。

(6) 对于公安机关认为不起诉的决定有错误而要求复议、提请复核的，及时进行复议、复核。

2. 审查起诉的意义

(1) 体现慎重起诉的思想，有利于保障公民个人权利和公诉活动的严肃性。

(2) 对侦查成果的检验。侦查终结以后，侦查机关或侦查部门认为案件达到起诉标准，移送人民检察院审查决定是否起诉。《刑事诉讼法》第 167 条规定，凡需要提起公诉的案件，一律由人民检察院审查决定。可见，在我国，无论是公安机关侦查终结移送审查起诉的案件，还是人民检察院自行侦查终结的案件，凡是需要对犯罪嫌疑人提起公诉的，只能由人民检察院代表国家行使审查起诉的权力，除此以外，其他任何机关、团体和个人都无权行使该项权力。

(3) 审查起诉是人民检察院实现侦查监督职能的重要方式。人民检察院通过审查起诉，可以对侦查活动的过程和结果进行监督，以发现和纠正侦查活动中的违法情况，从而督促侦查机关严格依照法律规定程序办案。

（4）履行控诉职能的准备。要成功地进行一场诉讼，往往需要进行充分的诉讼准备。

（5）对司法资源的节约。人民检察院通过审查起诉，查清案件事实，对符合起诉条件的依法提起公诉，对不符合起诉条件的依法作出不起诉决定。因而保证了起诉的公正性和准确性，避免将不需要追究刑事责任的人以及指控犯罪证据不足的人交付审判，造成人力、物力和财力的浪费，节约诉讼资源。

二、对移送起诉案件的受理

人民检察院对公安机关或人民检察院审查起诉部门对本院侦查部门移送审查起诉的案件进行初步的程序性审查，对于符合预定条件的案件予以接受，即为受理。受理的步骤主要有三步。

1. 指定承办人员

人民检察院受理移送审查起诉案件，应当指定检察员或者经检察长批准代行检察员职务的助理检察员办理，也可以由检察长办理。

2. 初步审查

人民检察院审查起诉部门首先要对案件进行初步审查，审查的主要内容包括：起诉意见书以及案卷材料是否齐备；案卷装订、移送是否符合有关要求和规定；诉讼文书、技术性鉴定材料是否装订成卷；移送的实物与物品清单是否相符；作为证据使用的实物是否随案移送等等。

3. 处理

通过初步审查，根据案件的不同情况作出以下处理：

（1）具备受理条件的，填写受理审查起诉案件登记表，正式受理。

（2）起诉意见书、案卷材料不齐备的，作为证据使用的实物未移送的或者移送的实物与物品清单不相符的人民检察院应当要求公安机关在3日内补送；案卷装订、移送不符合要求的，人民检察院应当要求公安机关重新装订、分类后再移送审查起诉。

（3）犯罪嫌疑人在逃影响审查起诉的，人民检察院应当要求公安机关在采取必要的措施保证犯罪嫌疑人到案后再移送审查起诉；共同犯罪的部分犯罪嫌疑人在逃，应当要求公安机关采取必要措施保证在逃的犯罪嫌疑人到案后，另案审查起诉。对在案犯罪嫌疑人的审查起诉则不受影响、照常进行。

（4）在管辖权审查中应当注意各级人民检察院在提起公诉时，应当与人民法院审判管辖相适应。

认为属于上级人民法院管辖的第一审案件的，应当报送上级人民检察院，同时通知移送审查起诉的公安机关；认为属于同级其他人民法院管辖的第一审案件的，应当移送有管辖权的人民检察院或者报送共同的上级人民检察院指定管辖，同时通知移送审查起诉的公安机关。

上级人民检察院受理同级公安机关移送审查起诉的案件，认为属于下级人民法院管辖的，可移交下级人民检察院审查，由下级人民检察院向同级人民法院提起公诉，同时通知移送审查起诉的公安机关。

一人犯数罪、共同犯罪和其他需要并案审理的案件，只要其中一人或者一罪属于上级人民检察院管辖的，全案由上级人民检察院审查起诉。

需要依照《刑事诉讼法》的规定指定审判管辖的人民检察院。应当在侦查机关移送审查起诉前协商同级人民法院办理指定管辖有关事宜。

三、对移送起诉案件的审查

根据《刑事诉讼法》第168条和最高人检察院《人民检察院刑事诉讼规则》第363条的规定，人民检察院对于移送起诉的案件，必须查明以下内容：

1. 犯罪嫌疑人身份状况是否清楚

犯罪嫌疑人的身份状况包括姓名、性别、国籍、出生年月、职业和单位等。在审查基本情况时，对于处于临界年龄（如14周岁、16周岁或者18周岁）的犯罪嫌疑人的实际年龄，应当特别加以注意，必要时人民检察院还应对未成年人的年龄进行重新审核。

2. 犯罪事实、情节是否清楚

犯罪嫌疑人实施犯罪的时间、地点、手段、犯罪事实、危害后果是否明确。

3. 认定犯罪性质、罪名以及相应情节的意见是否正确

有无法定的从重、从轻、减轻或者免除处罚的情节；对于共同犯罪案件的犯罪嫌疑人在犯罪活动中的责任的认定是否恰当。

侦查机关或侦查部门移送起诉意见书中对犯罪嫌疑人的犯罪性质和罪名作出了认定，但人民检察院不受公安机关对犯罪嫌疑人的犯罪性质与罪名认定的限制，有权按照法律规定，自行对犯罪嫌疑人的犯罪性质和罪名重新作出认定。

4. 证据材料是否随案移送

证明犯罪事实的证据材料包括采取技术侦查措施的决定书以及证据材料是否随案移送，不宜移送的证据的清单、复制件、照片或者证明文件是否随案移送；证明相关财产系违法所得的证据材料是否随案移送。

5. 证据是否确实、充分，是否为依法收集，有无应当排除非法证据的情形

犯罪事实和情节是否清楚，是由证据加以证明的。只有掌握了确实、充分的证据，才能准确认定犯罪事实。因此，在审查犯罪事实、情节时，必须对侦查中所获得的全案证据进行分析、鉴别，看其是否客观、全面、真实；是否与案件事实有关，是否充分；证据的证明效力如何；收集证据的程序是否合法。在审查时，既要注意证明有罪和罪重的证据，也要注意证明无罪和罪轻的证据，并注意各种证据之间有无矛盾，特别是犯罪嫌疑人的供述与其他证据之间有无矛盾。

6. 有无遗漏罪行和其他应当追究刑事责任的人

检察机关在审查起诉时，要注意纠正侦查工作中存在的问题，其中包括因工作粗疏等原因造成遗漏罪行和其他应当追究刑事责任的人。

7. 是否属于不应当追究刑事责任的情况

在审查起诉时，除了划清罪与非罪的界限之外，还要从事实、情节、法律规定等方面审查犯罪嫌疑人是否属于不应追究刑事责任的情况。《刑事诉讼法》第15条规定了不予追究刑事责任的六种情形，凡是具有规定的六种情形之一的，都不应追究刑事责任。

8. 有无附带民事诉讼

对于国家财产、集体财产遭受损失的，由人民检察院提起附带民事诉讼。被害人由于被告人的犯罪行为遭受直接物质损失的，在刑事诉讼过程中，有权提起民事诉讼。被害人死亡或者丧失行为能力的被害人的法定代理人、近亲属有权提起附带民事诉讼。因此，人民检察院在对案件进行审查时，还必须审查犯罪嫌疑人的犯罪行为是否给国家、集体和公民个人造成财产上的损失以及损失的大小。如果是国家、集体财产受到损失，人民检察院在提起公诉的时候，可以主动提起附带民事诉讼；如果是公民的财产受到损失，被害人没有提起附带民事诉讼的，人民检察院应当主动告知被害人有提起附带民事诉讼的权利，以保护被害人的合法权益。

9. 采取的强制措施是否适当

对于已经逮捕的犯罪嫌疑人，有无继续羁押的必要。人民检察院在审查起诉时，应当依据刑事诉讼法的规定，对已经采取的强制措施进行审查，如有不当，应当依法撤销、变更或解除。

10. 侦查活动是否合法

《刑事诉讼法》第8条规定，人民检察院依法对刑事诉讼实行法律监督。对侦查机关的侦查活动是否合法进行监督，是人民检察院实施法律监督的重要途径。监督主要通过提起公诉阶段对侦查机关移送审查起诉的案件进行审查来实现。在审查起诉时，一旦发现侦查活动有违法情况，应及时提出纠正违法的意见，侦查机关应当将纠正的情况告知人民检察院。对于在侦查活动有刑讯逼供、贪污、挪用公款、赃物以及徇私枉法等行为，情节严重并且构成犯罪的，应当依法追究刑事责任。

11. 与犯罪有关的财物及其孳息是否被扣押、冻结并妥善保管，以供核查

对被害人合法财产的返还和对违禁品或者不宜长期保存的物品的处理是否妥当，移送的证明文件是否完善。

12. 侦查的各种法律手续和诉讼文书是否完备

侦查活动应当依法进行，侦查活动的内容和过程以及参与人员应当以各种法律手续、诉讼文书和笔录加以记载。侦查是如何进行的，是否存在违法问题，需要通过侦查活动中形成的各种法律手续和诉讼文书加以确认。审查起诉中应当审查侦查中实行的各种法律手续是否完善，形成的各种诉讼文书是否完备。

四、审查起诉的步骤和方法

在人民检察院审查起诉阶段，实行专人审查、集体讨论、检察长决定的制度。根据我国刑事诉讼法的有关规定和司法实践经验，审查起诉的基本步骤和方法是：

1. 认真审阅、核查案卷材料

审阅案卷材料，是检察院机关接触案件、掌握案情的开始，是查清事实、核实证据的基础。为此，人民检察院应将起诉意见书认定的犯罪事实与证据相对照，审查犯罪事实的每个环节是否都有相应证据予以证明；将犯罪嫌疑人的每次口供相对照，以及审查口供与其他证据之间是否一致；将犯罪事实与侦查机关认定的犯罪行为与有关法律规定相对照，审查犯罪嫌疑人的行为是否应当负刑事责任以及侦查机关的处理意见是否正确。

2. 讯问犯罪嫌疑人

《刑事诉讼法》第170条规定，人民检察院审查案件，应当讯问犯罪嫌疑人。由此表明，讯问犯罪嫌疑人是审查起诉的必经程序和法定方法。在这一阶段，通过讯问，侧重听取犯罪嫌疑人的供述和辩解，进一步核实口供的可靠性，分析口供与其他证据之间有无矛盾，查清犯罪事实和情节，以便正确认定犯罪性质和罪名。同时，了解和掌握犯罪嫌疑人的思想动态和认罪态度，为出庭公诉做好准备。通过讯问，还可以发现是否有遗漏的罪行、遗漏的罪犯，以及侦查人员在侦查活动中有无违法情形。讯问犯罪嫌疑人，应当依照《刑事诉讼法》第116条以及相关法律的规定，而且应当告知犯罪嫌疑人在审查起诉中所享有的诉讼权利。

3. 听取被害人的意见

检察机关作为国家公诉机关，既代表社会，又代表被害人，其有义务保证充分揭示案件的真相。因此，检察机关在审查起诉时应当听取被害人的意见，以保证其合法权益能得到充分的保护。应当指出的是，听取被害人的意见，不意味着被害人的意见对检察机关具有法律约束力，是否采纳被害的人的意见，由检察机关在实事求是的基础上决定。在询问被害人时应当告知被害人有权因犯罪行为遭受的物质损害而提起附带民事诉讼。听取被害人的意见时，相关机关应当制作笔录，直接听取被害人的意见有困难的，可以通知被害人提出书面意见，被害人提出书面意见的，应当附卷。询问被害人时，应当告知其在审查起诉阶段所享有的诉讼权利。

4. 听取犯罪嫌疑人、被害人委托的人的意见

办案人员应当认真听取辩护人、诉讼代理人的意见并在处理案件中加以参考，其中辩护人、诉讼代理人提出的合法、合理要求，人民检察院应当依法予以满足。辩护人、诉讼代理人可以向人民检察院口头提出意见，也可以提出书面意见。听取辩护人、诉讼代理人的意见，应制作笔录附卷。人民检察院在直接听取辩护人、诉讼代理人的意见有困难的可以通知辩护人、诉讼代理人提出书面意见，在指定期限内未提出意见的应当记录在案。

5. 鉴定、补充鉴定和重新鉴定

人民检察院认为需要对案件中某些专门性问题进行鉴定而侦查机关没有鉴定的，应当要求侦查机关进行鉴定。必要时也可以由人民检察院进行鉴定或送交有鉴定资格的人进行鉴定。人民检察院自行鉴定时，可以商请侦查机关派员参加，必要时可以聘请有资格的人进行鉴定。人民检察院在审查起诉时发现犯罪嫌疑人可能患有精神病的，人民检察院应当依照有关规定对犯罪嫌疑人进行鉴定。犯罪嫌疑人的辩护人或者近亲属以犯罪嫌疑人可能患有精神病而申请对其进行鉴定的，人民检察院也可以依照有关规定对犯罪嫌疑人进行鉴定，但申请费用由申请方承担。人民检察院对鉴定意见有疑问的，可以询问鉴定人并制作笔录附卷，也可以指派检察技术人员或聘请有鉴定资格的人对案件中的某些专门性问题进行补充鉴定或者重新鉴定。人民检察院对物证、书证、视听资料、电子数据以及勘验、检查、辨认、侦查实验等笔录存在疑问的，可以对物证、书证、视听资料、电子数据等进行技术鉴定。

6. 对涉及专门性问题的审查

公诉部门对审查起诉案件中涉及的专门技术问题的证据材料需要进行审查的，可以送交检察技术人员或者其他有专门知识的人审查，审查后应当出具审查意见。

7. 复验、复查

人民检察院审查案件的时候，对公安机关的勘验、检察，认为需要复验、复查的，应当要求公安机关复验、复查。人民检察院可以派员参加，也可以自行复验、复查，商请公安机关派员参加，必要时也可以聘请专门技术人员参加复验、复查。

8. 调查、核实证据

人民检察院对物证、书证、视听资料、电子数据以及勘验、检查、辨认、侦查实验等笔录存在疑问的，有权要求侦查人员提供获取、制作的有关情况。必要时可以询问提供物证、书证、视听资料、电子数据以及勘验、检查、辨认、侦查实验等笔录的人员和见证人并制作笔录。

9. 审查录音录像

对于随案移送的讯问犯罪嫌疑人录音、录像或者人民检察院调取的录音、录像，人民检察院应当审查相关的录音、录像；对于重大、疑难、复杂的案件，必要时可以审查全部录音、录像。

10. 补充侦查

人民检察院通过审查发现案件事实不清、证据不足或有遗漏罪行、遗漏同案犯罪嫌疑人等情形，不能作出提起公诉或者不起诉决定的，应当采取侦查措施，进行有关的专门调查活动。这些工作是在原来侦查活动的基础上进行的，属于补充侦查。

11. 要求公安机关提供法庭审判所必要的证据材料

人民检察院审查案件，可以要求公安机关提供法庭审判所必需的证据材料。这一活动是针对刑事审判活动对抗性加强而做出的。在刑事审判中，公诉人负有举证证明被告人有罪的责任，需要当庭向法庭出示物证、书证等各种证据材料。随着刑事审判转向强化控辩双方的积极作用，诉讼的对抗性增强，为了保障监察机关的公诉力量，这就需要采取相应的措施。

“审判所必要的证据材料”一般是指具有明确指向的某一或若干证据材料。

12. 取证行为合法性进行审查

人民检察院公诉部门在审查中发现侦查人员以非法方法收集犯罪嫌疑人供述、被害人陈述、证人证言等证据材料的，应当依法排除非法证据并提出纠正意见，同时可以要求侦查机关另行指派侦查人员重新调查取证，必要时人民检察院也可以自行调查取证。

13. 办案人员对案件进行审查后，应当制作案件审查报告，提出起诉或者不起诉以及是否需要提起附带民事诉讼的意见，经公诉部门负责人审核，报请检察长或检察委员会决定

办案人员认为应当向人民法院提出量刑建议的，可以在审查报告或者量刑建议书上提出量刑的意见，一并报请决定。检察长在承办的审查起诉案件，除规定应当由检察委员会讨论决定以外，可以直接作出起诉或者不起诉的决定。

五、审查后的处理

审查起诉的主要任务是通过审查最终决定是否提起公诉。人民检察院对案件进行审查后，应当根据事实、证据和法律的有关规定作出提起公诉或者不起诉以及是否需要提起附带民事诉讼意见的决定。

1. 人民检察院的追加起诉

根据《人民检察院刑事诉讼规则（试行）》第384条和第391条的规定，人民检察院在审查公安机关移送起诉的案件中，发现遗漏罪行或者依法应当移送审查起诉同案犯罪嫌疑人的，在符合法定起诉条件或者经过补充侦查达到起诉条件后，应当要求公安机关补充移送审查起诉；对于犯罪事实清楚，证据确实、充分的，应当起诉的，人民检察院可以直接追加起诉，不必商请公安机关补充提请追加起诉，也就是说人民检察院有独立作出追加起诉的决定权。

2. 对被害人财物可以在庭审前及时返还

根据《人民检察院刑事诉讼规则》第387条的规定，追缴的财物中，属于被害人的合法财产，不需要在法庭出示的，应当及时返还被害人，并由被害人在发还款物清单上签名或者盖章，注明返还的理由，并将清单、照片附卷。

3. 违禁品和不宜长期保存物品的处理

根据《人民检察院刑事诉讼规则》第388条的规定，追缴的财物中，属于违禁品或者不宜长期保存的物品，应当依照国家有关规定处理，并将清单、照片、处理结果附卷。

六、审查起诉的期限

1. 案件审查期限的一般规定

根据《刑事诉讼法》第169条第1款的规定，人民检察院对于公安机关移送起诉的案件，应当在1个月以内作出决定，重大、复杂的案件，可以延长半个月。

2. 重新计算审查期限

根据《刑事诉讼法》第169条第2款的规定，人民检察院审查起诉的案件，改变管辖的，从改变后的人民检察院收到案件之日起计算审查起诉期限。

3. 审查起诉期间的补充侦查期限规定

根据《刑事诉讼法》第171条第3款的规定，对于补充侦查的案件，应当在一个月以内补充侦查完毕。补充侦查以二次为限。补充侦查完毕移送人民检察院后，人民检察院重新计算审查起诉期限。

4. 中止审查，暂停计算审查期限

在审查起诉过程中，犯罪嫌疑人潜逃或者患有精神病及其他严重疾病不能接受讯问，在丧失诉讼行为能力时人民检察院可以中止审查，暂停计算审查期限，待中止的原因消除后再继续进行审查活动。

第三节　提起公诉

一、提起公诉的概念和条件

1. 提起公诉的概念

提起公诉是人民检察院代表国家将公安机关侦查终结移送起诉的案件以及自行侦查终结的案件，经过全面审查，认为犯罪事实已经查清、证据确实、充分，依法应当追究刑事责任的，起诉到人民法院，要求人民法院通过审判追究被告人的刑事责任的一种诉讼活动。

《刑事诉讼法》第172条规定，人民检察院认为犯罪嫌疑人的犯罪事实已经查清，证据确实、充分，依法应当追究刑事责任的，应当作出起诉决定，按照审判管辖的规定，向人民法院提起公诉，并将案卷材料、证据移送人民法院。

2. 提起公诉的条件

（1）提起公诉的实体条件包括三个方面：

①犯罪嫌疑人的犯罪事实已经查清。犯罪事实已经查清是指人民检察院对下列事实已经查证属实：确定犯罪嫌疑人实施的行为是犯罪，而不是合法行为或者一般违法行为的事实；确定被告人应当负刑事责任，而不是不负刑事责任或者可以免除刑事责任的事实，例如犯罪嫌疑人的年龄、精神状况等；确定犯罪嫌疑人实施的是某一种或某几种性质的犯罪的事实；确定对犯罪嫌疑人应当或者可以从轻、减轻或者从重处罚的量刑情节的事实。

②证据确实、充分。证据确实充分可以从以下三个方面理解：①证据确实，是对证据质的要求，是指用以证明犯罪事实的每一个证据必须是客观真实存在的事实，同时又是与犯罪事实有内在的联系，能够证明案件的事实真相；②证据充分，是对证据量的要求，只要一定数量的证据足够证明犯罪事实，就达到了证据充分性的要求；③证据确实与充分是相互联系、不可分割的两个方面，证据确实必须以证据充分为条件，如果证据不充分，证据确实也无法达到；反之，如果证据不确实，而证据再充分，也不能证明案件真实。因此，证据确实、充分是提起公诉的一个必要条件。

③依法应当追究刑事责任。依照法律规定，犯罪嫌疑人实施了某种犯罪，并非一定要负刑事责任。根据《刑法》、《刑事诉讼法》的有关规定，有些犯罪行为有法定为不予追究刑事责任的情形。因此，决定对犯罪嫌疑人提起公诉的，还必须排除法定不予追究刑事责任的情形。

（2）提起公诉的程序条件。

根据法律规定和诉讼的实际需要，提起公诉必须具备两项程序条件。

①人民检察院对提起公诉的案件具有管辖权；提起诉讼应当符合审判管辖的规定，每个地域、每个级别的法院都有一定的管辖范围，每个案件也有与之相应的承审法院。人民检察院作出起诉决定后，应当按照法律和有关管辖的规定向有管辖权的法院提起公诉。对于人民检察院立案侦查的案件，在审查起诉时发现不属于人民检察院管辖，案件事实清

楚、证据确实充分，符合起诉条件的，可以直接起诉；事实不清、证据不足的应当及时移送有管辖权的机关受理。

②被告人在案。

（3）提起公诉的政策条件。

提起公诉的政策条件是实现公诉个别化的要求。当犯罪情节轻微、依法可以起诉也可以不起诉的情况下，检察机关应当贯彻国家的刑事政策，综合考虑犯罪的性质、情节、后果、被害人态度及社会影响等因素。如果认为提起公诉更符合公共利益，即应提起公诉；反之，应当不起诉。

二、起诉书的制作和移送

1. 起诉书的概念

起诉书，是人民检察院依照法定的诉讼程序代表国家对被告人向人民法院提起诉讼的文书，是人民检察院代表国家行使公诉权的书面标志。这种文书是检察机关以国家公诉人的名义制作的，因而通常又称之为公诉书。

2. 起诉书的内容

（1）首部、标题。首部主要是指制作该文书的人民检察院名称、文书编号。标题则主要写明“×××人民检察院起诉书”字样。其右下方注明案号“（年度）×检×字第×号”。

（2）被告人的基本情况。包括姓名、性别、出生年月日、出生地、身份证号码、民族、文化程度、职业、工作单位及职务、住址，是否受过刑事处罚，采取强制措施的情况及在押被告人的关押处所等；如果是共同犯罪的案件，应当逐个写明被告人的上述情况。如果是单位犯罪，应写明犯罪单位的名称，所在地址，法定代表人或代表的姓名、职务，如果还有应负刑事责任的直接负责的主管人员或其他直接责任人员应当按上述被告人基本情况内容叙写。另外如果被告人真实姓名、住址均无法查清的应当按其绰号或者自报姓名、自报年龄制作起诉书，并在起诉书中注明。被告人自报的姓名可能造成损害他人名誉、败坏道德风俗等不良影响的可以对被告人进行编号并按编号制作起诉书，并附具被告人照片，记明足以确定被告人面貌、体格、指纹以及其他能够反映被告人特征的事项。

（3）案由和案件来源。案由通常由被告人姓名和人民检察院认定的罪名构成，如“×××故意伤害罪”。案件来源，是指该案是由哪一机关或部门移送人民检察院审查起诉部门起诉的，即该案是由公安机关侦查终结移送起诉的，还是由人民检察院侦查部门自行侦查终结的。公安机关侦查终结的起诉书中应写明公安机关的名称，案件移送的时间等。人民检察院自行侦查终结的，应写明“经本院侦查终结”。

（4）案件事实。案件事实是对案件起因、发生过程和结果的简要概述，主要由犯罪的时间、地点、经过、手段、动机、目的、危害后果等与定罪量刑有关的事实要素构成。起诉书不需要对案件事实进行细致的描述，只要求对指控犯罪事实的必备要素的叙述做到清楚、准确。被告人被指控有多项犯罪事实的应当逐一列举，对于犯罪手段相同的同一犯罪可以概括叙写，做到条理清楚，层次分明。起诉书的犯罪事实和证据部分与起诉意见书相比有自己的特点：①在审核事实上，起诉书严于起诉意见书。起诉书产生于起诉意见书之后，是人民检察院代表国家作出的正式文书。起诉书所认定的事实是人民检察院严格审查、核实之后作出的结论。因此，起诉书不仅是人民法院审判被告人的依据，而且也是被告人及其辩护人在法庭审理中进行辩护的依据。②在记叙事实上，起诉书简于起诉意见书。起诉意见书在记叙犯罪事实时，一般涉及面较宽，只要无碍于记叙主罪，就无可非议。因为它是提请审查是否起诉的意见，事实摆得详尽些，便于审查决定；而起诉书则要求突出主要犯罪事实，要求明晰而简略地列出犯罪事实。③在排列事实上，起诉书要有严密的逻辑性和很强的说明力。一般有四种排列方法：第一是按犯罪时间先后顺序交代犯罪事实。这样叙述较清楚，也能说明其犯罪的连续性。第二是按突出主罪的方法排列。这适用于一人犯数罪的起诉，先叙述主罪，突出重点，再叙述次罪，主次分明。第三是按综合归纳方法排列。这适用于被告人作案次数较多，而罪名、情节又大致相同的案件。第四是在记叙犯罪事实时，一般可采用罪、证分述，使罪、证分明，一目了然。但在一定条件下，也可以罪、证合并记叙。

（5）起诉的根据和理由。即结论是人民检察院对被告人犯罪事实的分析、认定，直接反映对被告人所犯罪行追究法律责任的具体意见，因而十分重要。其具体内容主要包括被告人触犯的刑法条款、犯罪的性质、对社会危害性大小。及当有从重、从轻或减轻的情节时，还应根据被告人认罪态度及其他原因，说明从宽或从严处罚的理由。共同犯罪中各被告人应负的罪责。在公诉案件中，如果被告人的罪行给被害人造成了物质损失，有附带民事诉讼情况的也应写明。

（6）尾部。这部分结束时，还应写明起诉书送达的人民法院名称，本案承办人的法律职务和姓名，制作起诉书的年、月、日。即此致，×××人民法院。并由检察长（员）署名，注明具文的时间，加盖公章。

（7）附项。这部分应写明：被告人的住址或羁押处所，证据目录、主要证据复印件或者照片；证人名单及其住址或单位地址；鉴定人的住址或单位地址；随案移送案卷的册数、页数；随卷移送的赃物、证物。起诉书应当一式8份，每增加一名被告人增加起诉书5份。

三、案卷材料和证据的移送

人民检察院提起公诉的案件，应当向人民法院移送起诉书、证据目录、证人名单和主要证据复印件或者照片。人民检察院应当按照审判管辖的规定向同级人民法院起诉。

（1）被害人姓名、住址、联系方式、被告人被采取强制措施的种类、是否在案以及羁押住所等问题，人民检察院应当在起诉书中列明，不再单独移送材料；对于涉及被害人隐私或者为保护证人、鉴定人、被害人人身安全，而不宜公开证人、鉴定人、被害人的姓名、住址、工作单位和联系方式等个人信息，可以在起诉书中使用化名代替证人、鉴定人、被害人信息，但应当另行书面说明使用化名情况，并标明密级。

（2）人民检察院对于犯罪嫌疑人、被告人或者证人等翻供、翻证的材料以及对犯罪嫌疑人、被告人有利的其他证据材料，应当移送人民法院。

（3）人民法院向人民检察院提出书面意见要求补充移送材料，人民检察院认为有必要的，应当自接受到通知之日起3日以内补送。

（4）对提起公诉以后，在人民法院宣告判决以前补充收集的证据材料，人民检察院应当移送人民法院。

(5) 在审查起诉期间，人民检察院可以根据辩护人的申请，向公安机关调取在侦查期间收集的证明犯罪嫌疑人、被告人无罪或者罪轻的证据材料。

四、量刑建议与量刑建议书

(1) 人民检察院对提起公诉案件，可以向人民法院提出量刑建议。除有减刑处罚或者免除处罚的情节外，量刑建议应当在法定量刑幅度内提出。建议判处有期徒刑、管制、拘役的，可以具有一定幅度，也可以提出具体确定的建议。

(2) 对提起公诉的案件提出量刑建议的可以制作量刑建议书，与起诉书一并移送至人民法院。量刑建议书的主要内容包括被告人所犯罪行的法定刑、量刑情节、人民检察院建议人民法院对被告人处以刑罚的种类、刑罚的幅度、可以适用的刑罚方式以及提出量刑建议的依据和理由等。

五、公诉案件适用简易程序的提起

1. 人民检察院建议适用简易程序

根据《刑事诉讼法》第 208 条的规定，人民检察院在提起公诉的时候，可以建议人民法院适用简易程序。人民检察院对于符合适用简易程序条件的案件，在提起公诉时，经检察长决定，可向人民法院建议适用简易程序审理，并随案移送全案卷宗和证据材料。人民法院经过审查，认为符合适用简易程序审理条件的，可以适用简易程序审理；认为依法不应当适用简易程序，应当书面通知人民检察院，并将全案卷宗和证据材料退回人民检察院，人民检察院应当按照普通程序提起公诉。

2. 人民检察院同意适用简易程序

人民检察院提起公诉时没有建议适用简易程序，人民法院经审查认为符合适用简易程序的条件，并拟适用简易程序审理的，则应当书面通知征求人民检察院的意见，人民检察院经审核并经检察长决定同意适用简易程序的，应当书面表示同意；人民检察院不同意人民法院适用简易程序建议的，案件只能依普通程序审理。

第四节　不起诉

一、不起诉的概念和效力

1. 不起诉的概念

不起诉，是指人民检察院对公安机关侦查终结移送审查起诉的案件和自己侦查终结的案件进行审查后，认为犯罪嫌疑人的行为不构成犯罪。或者依法不应被追究刑事责任，或者犯罪情节轻微，依照刑法规定不需要判处刑罚或者免除刑罚。或者证据不足，不符合起诉的条件。或者提起公诉在刑事政策上没有必要性，从而依法作出不将案件交付人民法院审判的一种处理决定。

2. 不起诉的效力

不起诉决定具有终止刑事诉讼的效力，其性质是人民检察院确认犯罪嫌疑人的行为不构成犯罪或者依法不追究其刑事责任的诉讼处分。它产生的具体诉讼效果：

（1）公诉进程的终结。不起诉决定作出以后，针对被不起诉人进行的公诉进程即告终结。不起诉决定不产生与判决一样的既判力，不能消灭公诉权。不起诉决定作出后，若发现新的事实或新的证据，或者符合允许改变不起诉决定的其他情形的仍可再行起诉。不起诉决定作出后，被害人仍可提起民事诉讼，符合法定情形的还可以提起自诉。

（2）对被不起诉人采取的强制措施的解除。根据《刑事诉讼法》第 174 条的规定，不起诉决定一经公布即发生法律效力，对被不起诉人已经采取强制措施的，应当立即解除。

（3）对物采取强制措施的解除。根据《刑事诉讼法》第 173 条第 3 款的规定，人民检察院决定不起诉的案件，应当同时对侦查中查封、扣押、冻结的财物解除查封、扣押、冻结。

（4）人民检察院对被不起诉人的需要给予行政处罚的，应向有关主管机关提出检察意见。根据《刑事诉讼法》第 173 条第 3 款的规定，对被不起诉人需要给予行政处罚、行政处分或者需要没收其违法所得的，人民检察院应当提出检察意见，移送有关主管机关处理。有关主管机关应当将处理结果及时通知人民检察院。

不起诉不具有确认犯罪嫌疑人构成犯罪的实体法效力，从法律上说，被不起诉的犯罪嫌疑人在法律上是无罪的。

二、不起诉的种类及适用条件

《刑事诉讼法》第 173 条第 1、第 2 款规定，犯罪嫌疑人有本法第十五条规定的情形之一的，人民检察院应当作出不起诉决定。对于犯罪情节轻微，依照刑法规定不需要判处刑罚或者免除刑罚的，人民检察院可以作出不起诉决定。第 171 条第 4 款规定，对于二次补充侦查的案件，人民检察院仍然认为证据不足，不符合起诉条件的，可以做出不起诉的决定。

1. 绝对不起诉或法定不起诉

根据《刑事诉讼法》第 173 条第 1 款的规定，犯罪嫌疑人没有犯罪事实，或者有《刑事诉讼法》第十五条规定的情形之一的，人民检察院应当作出不起诉决定。对于这类案件人民检察院没有自由裁量权，只能依法作出不起诉。

除没有犯罪事实以外，根据《刑事诉讼法》第 15 条的规定，绝对不起诉适用于以下六种情形。第一，情节显著轻微、危害不大，不认为是犯罪的；第二，犯罪已过追诉时效期限的；第三，经特赦令免除刑罚的；第四，依照刑法告诉才处理的犯罪，没有告诉或者撤回告诉的；第五，犯罪嫌疑人、被告人死亡的；第六，其他法律规定免予追究刑事责任的。

2. 轻罪不起诉或酌定不起诉

《刑事诉讼法》第173第2款规定，对于犯罪情节轻微，依照刑法规定不需要判处刑罚或者免除刑罚的，人民检察院可以作出不起诉决定。针对《刑事诉讼法》规定的情形，人民检察院可以斟酌具体案情和犯罪嫌疑人的悔罪表现来确定，或者提起公诉，追究犯罪嫌疑人的刑事责任，或者不提起公诉终结诉讼。按此款被不起诉的人应被视为无罪。

（1）酌定不起诉的条件有两个：一犯罪情节轻微；二是依照刑法规定不需要判处刑罚或者免除刑罚。这两个条件应当同时具备。犯罪嫌疑人的行为不构成犯罪以及虽构成犯罪但不应当追究其刑事责任的，都不能依此款规定作不起诉处理。酌定不起诉是人民检察院行使起诉裁量权的表现，表明我国刑事诉讼实行起诉便宜原则。

（2）酌定不起诉的情形。①犯罪嫌疑人在我国领域外犯罪，依照我国刑法应当负刑事责任，但在外国已经受过刑事处罚的（《刑法》第10条）；②犯罪嫌疑人又聋又哑，或者是盲人的（《刑法》第19条）；③犯罪嫌疑人因正当防卫或紧急避险过当而犯罪的（《刑法》第20条、第21条）④为犯罪准备工具，制造条件的（《刑法》第22条）；⑤在犯罪过程中自动中止犯罪或者自动有效防止犯罪结果发生，没有造成损害的（《刑法》第24条）；⑥在共同犯罪中，起次要或辅助作用的（《刑法》第27条）；⑦被胁迫参加犯罪的（《刑法》第28条）；⑧犯罪嫌疑人自首或有重大立功表现或者自首后又有重大立功表现的（《刑法》第67条、第68条）。但是需要注意的是，人民检察院可以作出也可以不作出起诉决定，在确认犯罪嫌疑人有上述情形之一后，还必须在犯罪情节轻微的前提条件下才能考虑适用不起诉。即人民检察院要根据犯罪嫌疑人的年龄、犯罪目的和动机、犯罪手段、危害后果、悔罪表现以及一贯表现等进行综合考虑，只有在确实认为不起诉比起诉更为有利时，才能做出不起诉决定。

3. 证据不足不起诉或存疑不起诉

《刑事诉讼法》第171条第4款规定，对于二次补充侦查的案件，人民检察院仍然认为证据不足，不符合起诉条件的，可以作出不起诉的决定。

（1）证据不足不起诉的条件：第一，在程序上，人民检察院在审查起诉中发现案件证据不足，不能径行作出不起诉的处理决定，而必须将案件退回补充侦查；第二，在实体上，只有在人民检察院认为证据不足，未达到起诉的条件时，才能作出不起诉的处理决定。

（2）根据最高人检察院《人民检察院刑事诉讼规则》第403条第2款和第404条的规定，具有下列情形之一，不能确定犯罪嫌疑人的行为构成犯罪和需要追究其刑事责任的，属于证据不足，不符合起诉条件：①人民检察院对于经过一次退回补充侦查的案件，认为证据不足，不符合起诉条件，且没有退回补充侦查必要的，可以作出不起诉决定。②据以定罪的证据存在疑问，无法查证属实的。③作为犯罪构成要件的事实缺乏必要的证据予以证明的。④据以定罪的证据之间的矛盾不能合理排除的。⑤根据证据得出的结论具有其他可能性的，不能排除合理怀疑的。⑥根据证据认定案件事实不符合逻辑和经验法则，得出的结论明显不符合常理的。

人民检察院根据《刑事诉讼法》第171条第4款规定决定不起诉的，在发现新的证据，符合起诉条件时，可以提起公诉。

4. 附条件不起诉

附条件不起诉是人民检察院依法在作出不起诉决定的同时附加一定条件，当附加的条件得到满足后案件不提起公诉。

《刑事诉讼法》第 271 条第 1 款规定，附条件不起诉的条件：第一，仅适用于未成年人；第二，仅适用于涉嫌刑法分则第四章、第五章、第六章规定的犯罪；第三，可能判处一年有期徒刑以下刑罚；第四，符合起诉条件，但有悔罪表现的。但人民检察院在作出附条件不起诉的决定以前，应当听取公安机关、被害人的意见。

三、不起诉的程序

1. 制作不起诉决定书

检察院决定不起诉的案件，应当制作《不起诉决定书》。不起诉书决定书是人民检察院代表国家确认犯罪嫌疑人不构成犯罪、依法不追究刑事责任的司法文书，具有终止诉讼的法律效力。不起诉决定书的主要内容包括：

（1）首部。制作文书的人民检察院的名称、文书名称和文书编号。

（2）正文。①被不起诉人的基本情况，包括姓名、年龄、出生年月日、出生地、民族、文化程度、职业、住址、身份证号码、是否受过刑事处罚，拘留、逮捕的年月日和关押处所等；如果是单位犯罪应当写明犯罪单位的名称和组织机构代码，所在地址、联系方式，法定代表人和诉讼代表人的姓名、职务和联系方式。②辩护人的基本情况，包括辩护人的姓名、单位。③案由和案件来源，“案由”应当写移送审查起诉时或侦查终结时认定的行为性质，而不是审查起诉部门认定的行为性质；“案件来源”包括公安、安全机关、本院侦查终结、其他人民检察院移送等情况，写明移送审查起诉的时间和退回补充侦查的情况以及本院受理日期。④案件事实，包括否定或者指控被不起诉人构成犯罪的事实以及作为不起诉决定根据的事实，应当根据四种不起诉的性质、内容和特点，针对案件具体情况各有侧重点地进行叙写。⑤不起诉的法律根据和理由，写明作出不起诉决定适用的法律条款。⑥查封、扣押、冻结的涉案财物款项的处理情况。⑦有关告知事项。主要包括：有被害人的案件，不起诉决定书应当写明被害人享有申诉权以及起诉权；酌定不起诉还应当写明被不起诉人享有申诉权等。

（3）尾部。包括署名和签发日期等。

特别需要注意的是，检察院对直接立案侦查的案件决定不起诉后，审查起诉部门应当将不起诉决定书副本以及案件审查报告报送上一级检察院备案。

2. 不起诉决定书的宣读和送达

检察院应当公开宣布不起诉决定书。不起诉决定书一经宣布，立即产生法律效力，并应分别送达下列机关和人员：

（1）被不起诉人及其辩护人以及被不起诉人的所在单位。如果被不起诉人在押的，应当立即释放；被采取其他强制措施的应当通知执行机关解除。告知被不起诉人如果对不起诉决定不服，可以向人民检察院申诉。

（2）如果是公安机关移送起诉的案件，应当将不起诉决定书送达公安机关。

（3）对于有被害人的案件，应当将不起诉决定书送达被害人或者其近亲属及其诉讼代理人，并告知被害人或其近亲属及其诉讼代理人，如果对不起诉决定不服，可以向人民检察院申诉或向人民法院起诉。

四、被不起诉人和涉案财物的处理

1. 对不起诉人的处理

被不起诉人除了立即释放外，还可以对其训诫，责令其具结悔过，对被害人赔礼道歉，赔偿损失，建议主管行政机关对其进行行政处罚，行政处分，或者由法院没收其非法所得。

2. 对涉案财物的处理

人民检察院决定不起诉的案件，对犯罪嫌疑人违法所得及其他涉案财物应当区分不同情形，作出相应的处理：

（1）因犯罪嫌疑人死亡而不起诉的，依照《刑法》规定应当追缴其违法所得及其他涉案财物，按照《刑事诉讼法》关于犯罪嫌疑人、被告人逃逸、死亡案件违法所得的没收程序处理。

（2）因其他原因不起诉的，对于查封、扣押、冻结的犯罪嫌疑人违法所得及其他涉案财物需要没收的应当提出检察意见，移送有关主管机关处理。

（3）对于冻结的犯罪嫌疑人存款、汇款，债券、股票、基金份额等财产需要返还被害人的，可以通知金融机构返还被害人；对于查封、扣押、冻结的犯罪嫌疑人违法所得及其他涉案财物需要返还被害人的直接决定返还被害人。人民检察院申请人民法院裁定处理犯罪嫌疑人涉案财产的应当向人民法院移送有关案件材料。

五、对不起诉决定的救济程序

1. 被不起诉人的申诉

对于人民检察院作出存疑不起诉决定的，被不起诉人如果不服，可以自收到决定书后7日以内，向作出决定的原人民检察院申诉。

人民检察院复查不服不起诉决定的申诉，应当在立案三个月以内作出复查决定，案情复杂的，不得超过六个月。人民检察院刑事申诉检察部门复查后应当提出复查意见，认为应当维持不起诉决定的，报请检察长作出复查决定；认为应当变更不起诉决定的，报请检察长或者检察委员会决定；认为应当撤销不起诉决定提起公诉的，报请检察长或者检察委员会决定。

复查决定书应当送达被不起诉人、被害人，撤销不起诉决定或者变更不起诉的事实或者法律根据的，应当同时将复查决定书抄送并移送审查起诉的公安机关和本院有关部门。

2. 被害人的申诉或者起诉

被害人如果对不起诉决定不服，可以自收到不起诉决定书后七日以内向上一级人民检察院申诉，也可以不经申诉，直接向人民法院起诉，由公诉转为自诉。由作出不起诉决定的人民检察院刑事申诉检察部门审查后决定是否立案复查。

3. 公安机关的救济

根据《刑事诉讼法》第 175 条和《人民检察院刑事诉讼规则》第 415 条和第 416 条第 2 款规定，公安机关认为不起诉的决定有错误的时候，可以要求复议，人民检察院应当在收到要求复议意见书后的三十日以内作出复议决定，通知公安机关。如果意见不被接受，可以向上一级人民检察院提请复核。上一级人民检察院应当在收到提请复核意见书后的三十日以内作出决定，制作复核决定书送交提请复核的公安机关和下级人民检察院。经复核改变下级人民检察院不起诉决定的，应当撤销或者变更下级人民检察院作出的不起诉决定，交由下级人民检察院执行。

4. 人民检察院的自我制约

人民检察院对直接立案侦查的案件决定不起诉的应当报请上一级人民检察院批准。

第五节　提起自诉的程序

一、自诉案件的概念和特点

1. 自诉案件的概念

在刑事诉讼中的自诉，是与公诉相对称的，指享有起诉权的个人依法直接向有管辖权的人民法院提起诉讼的活动。在我国，自诉案件是指被害人及其法定代理人或近亲属为追究被告人的刑事责任，自行依法向人民法院起诉，由人民法院直接受理的刑事案件。

2. 自诉案件的特点

（1）从犯罪客体来看，主要是侵犯公民个人权益方面的犯罪，比如侵犯公民的人身权利、财产权利、名誉权、婚姻自主权等。

（2）从起诉对象看，自诉案件多数是性质不太严重，给社会造成的危害相对于公诉案件较小的案件。国家将追诉犯罪的权利交给被害人等行使，不但不会危害国家利益、集体利益和社会利益，而且可以节省人力、物力、财力，可以使国家侦查机关和提起公诉的机关集中力量打击较为严重的刑事犯罪，将有限的司法资源进行更为合理的分配。

（3）从诉讼程序看，被害人及其法定代理人等有能力依靠自己的力量承担诉讼。自诉案件一般有明确的被告，案情比较清楚，情节相对简单，无须专门的取证手段和侦查措施，被害人及其法定代理人有能力自行提起诉讼和支持诉讼。如果案情复杂需要专门的侦查手段，被害人及其法定代理人没有能力查清案情或者收集证据、提供证据的，不宜作为刑事诉讼案件。

二、提起自诉的条件

根据《刑事诉讼法》第 204 条和《最高人民法院关于适用〈中华人民共和国刑事诉讼法〉的解释》第 259 条和 260 条的规定，提起自诉的条件主要有：

1. 提起自诉的主体是本案的被害人或者其法定代理人、近亲属

提起自诉案件的主体原则上被害人，如果被害人死亡、丧失行为能力或者因受强制、威胁等原因无法告诉，或者是限制行为能力人以及由于年老、患病、盲、聋、哑等原因不能亲自告诉的，其法定代理人、近亲属代为向人民法院起诉的，人民法院应当依法受理。不过被害人不能告诉，由其法定代理人、近亲属代为告诉的，代为告诉人应当提供与被害人的关系和被害人不能亲自告诉的原因的证明。

2. 案件属于自诉案件范围

根据《刑事诉讼法》第 204 条的规定，自诉案件包括三类：一是告诉才处理的案件；二是被害人有证据证明的轻微刑事案件；三是被害人有证据证明对被告人侵犯自己人身、财产权利的行为应当依法追究刑事责任，而公安机关或者人民检察院不予追究被告人刑事责任的案件。

3. 案件属于受诉人民法院管辖

自诉人提起自诉，必须向有管辖权的人民法院提出。对于不属于本院管辖的案件，即使具备自诉的其他条件，该人民法院也有权不予受理。因此，自诉人提起自诉时，应当遵守《刑事诉讼法》关于管辖的有关规定。

4. 有明确的被告人、具体的诉讼请求和能证明被告人犯罪事实的证据

自诉案件的被告人必须是被指控犯罪、依法应当追究刑事责任的人。自诉人不能将与案件无关的其他人员作为被告人。如果被告人已经死亡或者下落不明，无法到案的，自诉将无法成立。提起自诉时，必须列明具体的诉讼请求，并附有相应的证据。诉讼请求应当体现自诉人提起诉讼的目的，因此，应尽可能明确具体、有理有据。由于自诉人要承担自诉案件的举证责任，所以起诉时，自诉人应提供有关的证据，以证明自己的诉讼请求和主张。

5. 对于公诉转自诉案件，还应当符合《刑事诉讼法》第 110 条、第 176 条规定的立案条件

三、提起自诉的程序

（1）提起自诉应当向人民法院提交刑事自诉状。

（2）同时提起附带民事诉讼的还应当提交刑事附带民事自诉状。

（3）自诉人书写自诉状确有困难的可以口头告诉，由人民法院工作人员作出告诉笔录，向自诉人宣读。自诉人确认无误后，应当签名或盖章。

（4）对于自诉案件，除因证据不足而撤诉以外，自诉人撤诉后，就同一事实又告诉的，人民法院应当说服自诉人撤回起诉或者裁定驳回起诉。

（5）自诉人经说服撤回起诉或者被驳回起诉后，又提出了新的足以证明被告人有罪的证据，再次提出自诉的，人民法院应当受理。

【导例评析】

该区人民检察院做出不起诉决定是完全正确的。根据《刑事诉讼法》第173条规定，犯罪嫌疑人没有犯罪事实，或者有本法第15条规定的情形之一的，人民检察院应当作出不起诉决定。对于犯罪情节轻微，依照刑法规定不需要判处刑罚或者免除刑罚的，人民检察院可以作出不起诉决定。“应当作出不起诉决定”是指人民检察院在遇到《刑事诉讼法》第15条的规定的情形时，只能做出不起诉决定，没有自由裁量权。“可以作出不起诉决定”是指人民检察院在遇到犯罪情节轻微，依照刑法规定不需要判处刑罚或者免除刑罚的情形时，根据具体的犯罪情节，选择起诉，也可以选择不起诉，有自由裁量权。这样避免了把一起没有必要提起公诉的案件移交人民法院审判。

本案中，人民检察院经过仔细审查和调查，查明犯罪嫌疑人侯某的行为不构成犯罪，属于《刑事诉讼法》第15条规定的第一种情形，人民检察院应当作出不起诉决定。因此，该区人民检察院做出不起诉决定是完全正确的。

【实务训练】

2013年9月，某市一居民王某在家中被杀。市公安机关经立案侦查后认为李某有重大嫌疑。侦查终结后，公安机关于2013年11月5日将案件移送至该市检察院审查起诉。市检察院接到公安机关移送起诉的案件后，对犯罪嫌疑人进行了讯向，认为证据不足，遂于11月21日退回公安机关补充侦查。12月29日，公安机关补充侦查完毕，再次移交给市人民检察院。市人民检察院经审查，认为证据仍然不足以证明李某实施了犯罪行为，于2014年2月10日作出证据不足不起诉的决定，并公开宣布。同时于2月12日将不起诉决定送达原侦查起诉的公安机关、犯罪嫌疑人李某、被害人王某的妻子。市公安机关认为不起诉决定不当，继续羁押李某。并向上一级检察院提请复议，上一级检察院维持了不起诉决定；被害人李某的妻子对不起诉决定不服，遂向该市人民法院提起诉讼，法院以未先行向检察机关申诉为由拒绝受理。

问：本案刑事诉讼程序有何不当之处？并说明理由。

资料来源：陈卫东：刑事诉讼法案例分析，170页。

【评析】

市人民检察院接到市公安机关移送起诉的案件后只问犯罪嫌疑人的做法是错误的。根据《刑事诉讼法》第170条的规定，人民检察院审查案件，应当讯问犯罪嫌疑人，听取辩护人、被害人及其诉讼代理人的意见，并记录在案。辩护人、被害人及其诉讼代理人提出书面意见的，应当附卷。本案中市人民检察院接到市公安局移送起诉的案件，不应仅讯问嫌疑人，还应听取被害人和犯罪嫌疑人、被害人委托的人的意见。

市公安机关的补充侦查超过法定期限。本案中市公安机关自11月21日接到案件，至12月29日才补充侦查完毕，根据《刑事诉讼法》第171条第2、第3款规定，人民检察院审查案件，对于需要补充侦查的，可以退回公安机关补充侦查，也可以自行侦查。对于补充侦查的案件，应当在一个月以内补充侦查完毕。

市人民检察院审查起诉超过法定期限。本案中市人民检察院于2013年12月29日接到公安局补充侦查完毕再次移送的案件，2014年2月10日才作出不起诉决定，根据《刑事诉讼法》第169条规定，人民检察院对于公安机关移送起诉的案件，应当在一个月以内作出决定，重大、复杂的案件，可以延长半个月。

市公安机关认为不起诉决定不当，不应继续羁押犯罪嫌疑人。本案中市检察院作出不起诉决定的，根据《刑事诉讼法》第174条规定，不起诉的决定，应当公开宣布，并且将不起诉决定书送达被不起诉人和他的所在单位。如果被不起诉人在押，应当立即释放。本案中市公安机关对在押的被不起诉人应当立即释放，而不是继续羁押。

市公安局认为不起诉决定不当，不应向上级检察院提请复议。本案中市公安机关认为不起诉决定不当，根据《刑事诉讼法》第175条规定，可以要求做出不起诉决定的原人民检察院复议，如果意见不被接受，可以向上一级人民检察院提请复核。

市人民法院不应以未先行向检察机关申诉为由拒绝受理被害人陈某的起诉。被害人不服不起诉决定的，根据《刑事诉讼法》第176条规定，可以不经申诉，直接向法院起诉。

【司考真题】

1. 某看守所干警甲，因涉嫌虐待罪被监管人员乙立案侦查。在审查起诉期间，A地基层检察院认为甲的情节显著轻微，不构成犯罪，遂作不起诉处理。关于该决定，下列哪项是正确的？（　　）（2008/二/24/单选）

A. 公安机关有权申请复议复核

B. 甲有权向原决定检察院申诉

C. 乙有权向上级检察院申诉

D. 申诉后，上级检察院维持不起诉决定的，乙可以向该地的中级法院提起自诉

2. 人民检察院对公安机关移送审查起诉的案件。下列哪些可以做出酌定不起诉决定？（　　）（2005/二/71/多选）

A. 犯罪嫌疑人甲某，为准备工具，制造条件，犯罪情节轻微

B. 犯罪嫌疑人乙某犯罪构成要件事实缺乏足够的证据

C. 犯罪嫌疑人丙某又聋又哑

D. 犯罪嫌疑人丁某已经死亡

【拓展与反思】

附条件不起诉提出的背景与意义

附条件不起诉又叫暂缓起诉，是指以暂时不起诉为条件，人民检察院对犯罪嫌疑人规定在一定期限内履行一定法定要求，犯罪嫌疑人如果不履行要求，则要追究其刑事责任。该制度在大陆法系的德国、日本诉讼法典中有明确的条文规定，对有些犯罪行为处罚起到十分重要的影响。在我国，随着对外开放的发展和轻刑化刑事司法理念的深入，国外比较

先进的司法理念和执法标准不断地被司法界引入，附条件不起诉写入《刑事诉讼法》的呼声越来越高，就目前来说，我国的刑事司法制度已逐渐从惩罚主义向保护主义发生转化，越来越多地体现了人性关怀和宽大的法律政策。在当前构建和谐社会的历史背景下，如何全面贯彻宽严相济的刑事司法政策，有效地遏制、预防和减少犯罪，有效化解社会矛盾，促进社会和谐是司法界面临的一个新课题。

早在上世纪九十年代中期，各地的检察机关为了实施对未成年人犯罪的挽救、教育，进行了许多有益的尝试，如建立了青少年帮教基地，结合社区的功能，对一些罪刑较轻的未成年人进行考察，在一定期间内未成年人不再犯罪，则决定予以不起诉。如果不能好好悔改或重新犯罪的，则予以移送起诉，既维护了未成年人的利益，又体现了司法机关宽柔政策，这些做法很多媒体进行了报道，取得了良好的社会效果，实际上这就是对附条件不起诉进行的有益尝试，也逐渐被司法界接受和肯定。

附条件不起诉制度的确立有着十分重要的意义。第一，有利于发挥诉讼经济效益价值。刑事诉讼本身是高成本的司法活动，几乎每个案件都花去等量的司法资源，而我国的司法资源是十分有限、甚至是匮乏的，附条件不起诉制度的适用可以降低司法成本，提高惩戒效率，改善司法资源的配置。第二，附条件不起诉制度有利于预防和减少犯罪。在我国现有司法体制下，刑罚处罚记入个人的历史档案，严重影响出狱后的就业和安置，尤其是未成年人犯罪，被处以刑罚意味着失去学业，一个限制民事行为能力的人由于自己轻微的犯罪行为被定罪科刑，并且这种污点影响其终身的发展，确实体现司法的不公，而附条件不起诉可给予他们一定机会反省过去，认识到自己行为对社会的危害性，有效地阻止和预防继续犯罪。第三，有利于社会稳定和社会治安的综合治理。由于我国现行的劳动改造制度本身存在的问题，一个本身主观恶性不是太大的被告人经监狱中其他犯罪分子的交叉感染，往往会变成“五毒俱全”的人，刑满释放后重新犯罪比率呈上升趋势，不利于整个社会的稳定。附条件不起诉制度可以给这些犯罪情节较轻、悔罪态度较好的犯罪嫌疑人一定的考验期限，让其在相关部门和整个社会的监督下进行自我改造，学习一定的法律知识，提高法制观念，有利于社会稳定。

第四编　审判程序

第十四章　刑事审判概述

【导读案例】 被告人赵立、沈国在某岔路口，趁被害人徐某不备，抢去其包里的30万元。案发后，赵立和沈国被捉拿归案。区人民检察院以抢夺罪起诉了赵、沈二人。区人民法院决定开庭此案，开庭前3天，被告人沈国因病无法到庭。区人民法院在沈国缺席的情况下审理此案。

问： 人民法院的做法对吗？为什么？

资料来源：陈光中：刑事诉讼法教学案例，193页。

【重点、难点】 刑事审判的特征；刑事审判的原则；刑事审判的组织。

第一节 刑事审判的概念和任务

一、刑事审判的概念

刑事审判是指人民法院在控、辩双方及其他诉讼参与人参加下，依照法定的权限和程序，对被提交审判的刑事案件进行审理和裁判的诉讼活动。刑事审判可以分解为“审理”和“裁判”两个阶段和行为。所谓“审理”，是指人民法院在公诉人、当事人及其他诉讼参与人的参加下，调查核实各种证据、查清案件事实并审查如何正确适用法律的活动。在阶段上可以包括开庭、法庭调查和法庭辩论等程序环节；所谓“裁判”，是指人民法院依据查清案件事实和国家的法律，对案件的实体问题（即定罪量刑）或某些程序问题作出权威性处理决定的活动，在阶段上包括评议、作出判决和宣告判决等程序环节。审理和裁判是不可分割的组成部分：审理是裁判的基础和前提，裁判是审理的目的和结果。

在我国，刑事审判既可以指一个独立的诉讼阶段，又可以指一个特定的诉讼行为。作为一个独立的诉讼阶段，刑事审判是立案、侦查、起诉、审判、执行等整个形势诉讼流程的中心环节。《刑事诉讼法》第 12 条规定，未经人民法院依法判决，对任何人都不得确定有罪。这意味着审判是决定被告人是否有罪的关键诉讼阶段，是一个特定的诉讼行为。

二、刑事审判的特征

1. 审判程序启动的被动性

法院奉行不告不理、无控诉便无审判的原则，审判权的行使以公诉机关提起公诉或自诉人提起自诉为前提。审判程序的启动的被动性主要表现在四个方面：

（1）在没有起诉的情况下，不能主动地启动一个审判程序，启动对案件进行审理和裁判。

（2）在已经开始的审判程序中，法庭不能主动审判控方未起诉的罪名和罪犯事实。

（3）如果被告人没有提起反诉，法庭不能主动审理反诉案件。

（4）没有当事人的上诉或公诉机关的抗诉时，上一级法院不得启动第二审程序。

2. 裁判者的中立性

裁判者中立是刑事审判实体公正与程序公正的基本保证和重要体现，其要旨是作为争议解决者的裁判者必须具有独立、超然、公正、无偏的态度。裁判者的中立性不仅指作为裁判机关的法院应当中立，而且更主要的是指具体实施审判活动的法官应当中立。通常认为，裁判者中立包含三项具体要求：

（1）与案件有牵连的人不能成为该案的法官。

（2）法官不得与案件的结果或争议各方有利益或其他方面的关系。

（3）法官不应存有支持或反对某一方诉讼参与者的偏见。

3. 审判过程的公开性与民主性

审判的公开与民主主要体现在以下四个方面：

（1）除法律另有规定以外，审判一律公开进行，即使依法不公开审理的案件，其判决的宣告也应当公开。

（2）法官对案件作出判决须以充分听取控、辨双方的意见为前提。

（3）控、辨双方直接参与审判程序，特别是围绕事实、证据和法律适用进行直接的言辞辩论成为必不可少的法定程序。

（4）刑事被告人除了行使辩护权以外，还可以由其委托或由法院为其指定律师进行辩护。这些都充分体现了刑事审判过程的民主性特征。

4. 对案件处理的终局性和权威性

对于一个完整的刑事诉讼过程而言，审判前阶段所进行的任何诉讼活动都只是为将案件提交法院处理做准备，而法院一旦就案件作出判决，便具有终局性和权威性。终局性是指，法院一旦对案件进行审理，就必须对案件裁判。判决一旦生效，诉讼的任何一方就不能要求法院再次审判该案，其他任何机关也不得对该案重新处理。与终局性相联系，权威性体现在刑事判决一旦发生法律效力，对诉讼双方和其他任何组织或个人都具有拘束力，有关各方都有执行裁判或不妨害裁判执行的义务。

三、刑事审判的程序

我国《刑事诉讼法》规定了以下五种基本的审判程序：

1. 第一审程序

第一审程序的法庭审理程序主要包括开庭、法庭调查、法庭辩论、被告人最后程序以及评议与宣判五部分。具体包括公诉案件的第一审程序、自诉案件的第一审程序以及简易程序。

2. 第二审程序

第二审程序指人民法院对上诉、抗诉案件进行审判的程序。

3. 特殊案件的复核程序

复核程序有三种，其一为死刑复核程序，其二为在法定刑以下判处刑罚的案件的复核程序，其三为假释的复核程序。

4. 审判监督程序

这是对已经发生法律效力的判决、裁定，在发现确有错误时，进行重新审判的程序。

5. 特别程序

特别程序包括刑事附带民事诉讼，未成年人刑事案件诉讼程序，当事人和解的公诉案件诉讼程序，犯罪嫌疑人、被告人逃匿、死亡案件违法所得的没收程序，依法不负刑事责任的精神病人的强制医疗程序五种程序。

四、刑事审判的任务

1. 刑事审判的根本任务

我国《刑事诉讼法》第2条规定，刑事审判的根本任务是保证准确、及时地查明犯罪事实，正确应用法律，惩罚犯罪分子，保障无罪的人不受刑事追究，教育公民自觉遵守法律，积极同犯罪行为作斗争，维护社会主义法制，尊重和保障人权，保护公民的人身权利、财产权利、民主权利和其他权利，保障社会主义建设事业的顺利进行。

2. 刑事审判的特有任务

（1）对案件事实进行审查，判断。这是刑事审判的首要任务。即对控方主张的案件事实是否清楚、能否成立，以及证明这些事实的证据是否确实、充分进行审查判断。案件事实主要是实体事实即控方所主张的被告人的犯罪事实，但也包括程序事实。

（2）适用法律，并对案件作出权威的处理。即在认定指控的犯罪事实是否成立，证据是否确实、充分之后，刑事审判还必须依据《刑法》和《刑事诉讼法》的具体规定，对被告人的行为是否构成犯罪、构成什么罪、是否需要判处刑罚、判处何种刑罚、刑罚如何执行、判决生效的时间和条件等作出决定并予以公开宣告，即对案件作出权威的处理。

刑事审判的这两项特有任务并不是互相分离的，在审查、判断事实和证据的过程中，已经蕴含着对法律的适用问题，而对法律的适用本身也是一个对事实性质的判断过程。另外，还需要说明的是，实现刑事审判的特有任务与实现刑事审判的根本任务是相一致的，不能把二者割裂开来。只有认真完成了刑事审判的特有任务，才能最终实现刑事审判的根本任务。

五、刑事审判的意义

1. 审判具有维护追诉正当性的意义

在现代社会，侦查机关、检察机关承担追诉犯罪和维护社会秩序的职责，这种追诉必须具有正当性，即依法律规定的正当程序进行。然而，追诉行为本身极具攻击性，易偏离法律程序而侵犯公民权利，从而破坏法律秩序。法院通过审判，排除非法证据，能够起到纠正与遏止侦查机关和检察机关的违法行为、维护追诉行为合法性与正当性的作用。

2. 审判具有保护被告人不受错误追究的意义

检察机关、自诉人对被告人的指控，只是提出罪与刑的请求。法院通过审理，对检察机关以及自诉人的指控进行全面审查，包括证据的充分性、法律适用的准确性，就可以实现定罪量刑的准确性，最大限度地避免冤枉无辜。

3. 审判具有保障辩护权实现的意义

被告人享有辩护权，审判为辩护权的行使提供了平台。只有通过审判，才能保障被告人的辩护权，使其获得公正的对待，也才能体现刑事司法制度的公信力。

第二节　刑事审判原则

一、审判公开原则

1. 审判公开原则的概念

审判公开原则是指法院审判刑事案件的活动，除法庭评议秘密进行和法律另有特别规定的以外，一律公开进行，允许公民旁听审判，允许记者采访、报道的刑事审判原则。

2. 法律依据

《刑事诉讼法》第 11 条规定，人民法院审判案件，除本法另有规定以外，一律公开进行。从公开的内容来看，审判公开包括案件审理过程公开和审判结果公开，即审理公开和宣判公开。审理过程公开就是要公开开庭，当庭调查事实和证据，当庭进行辩论；审判结果公开就是要公开宣告判决，并通过裁判文书公开裁判的过程、结果、理由和依据。此外，审判公开还包括根据审判工作的需要，公开与保护当事人权利有关的刑事审判工作各重要环节的有效信息。

从公开的对象来看，审判公开包括向当事人公开和向社会公开。当事人公开要求法庭开庭审理而不得进行书面审理。对案件事实与证据的调查应当在当事人的参加下进行；向社会公开就是允许公民在场旁听审判过程，允许记者向社会公开报道审判活动和审判结果。

3. 审判公开的范围

根据我国《刑事诉讼法》第 183 条和第 274 条的规定和有关的司法解释，不能进行审判公开的范围包括：

（1）涉及国家秘密的案件不公开审理。

（2）涉及个人隐私的案件不公开审理。

（3）未成年人犯罪案件不公开审理。

（4）涉及商业秘密的案件不公开审理。

（5）所有案件无论是否公开审理，一律公开宣判。

（6）死刑复核程序实行书面审理，审理程序不公开。

（7）第二审案件中，对于当事人提起上诉的案件，经过阅卷，询问被告人，听取其他当事人、辩护人、诉讼代理人的意见后，合议庭认定的事实与一审认定的事实没有变化，证据充分的，也可以不开庭审理，即不公开审理。

（8）在任何刑事案件的审判程序中，合议庭和审判委员会评议、讨论、决定案件的过程秘密进行，不得公开。

另外，公开审理的案件，如果在审理中发现了应当不公开审理的情形，应立即转为不公开审理。任何人不公开审理的案件，都应当当庭宣布不公开审理的理由。

二、直接、言词原则

1. 直接言词原则的概念

直接言词原则，是指审理案件的法官必须在法庭上亲自听取当事人、证人及其他诉讼参与人的口头陈述，对于案件事实和证据必须由控、辩双方当庭口头提出并以口头辩论和质证的方式进行调查。直接言词原则包含直接与言词两项原则。所谓直接原则，强调的是审理案件的法官必须与有关的诉讼主体和诉讼参与人直接接触，与有关案件事实的材料和证据在法庭上直接接触。所谓言词原则，又称言词审理原则，强调的是法庭审理的方式，如无法律特别规定的情形，一律以口头陈述的方式进行。其中包括控、辨双方要以口头进行陈述、举证和辩论，证人、鉴定人要口头作证或陈述，法官要以口头的形式进行询问、调查。除非法律有特别规定，凡是未经口头调查之证据，不得作为定案的依据采纳。直接言词原则对于实现刑事审判的公正性、提高审判的效率有着重要的意义。

2. 法律依据

我国刑事诉讼法中并没有明确规定直接言词原则，但从相关立法精神来看，该原则的精神和内容已经得到部分肯定和体现。例如，《刑事诉讼法》第 59 条明确规定，证人证言必须在法庭上经过公诉人、被害人和被告人、辩护人双方质证并且查实以后，才能作为定案的根据。

3. 直接言词原则的适用

（1）及时通知有关人员出庭。将开庭的时间、地点在开庭 3 日以前通知人民检察院，并且以传票的形式传唤被告人出庭、通知辩护人、当事人的法定代理人、证人、鉴定人和勘验、检查、辨认、侦查实验笔录制作人、翻译人员出庭的通知书送达。

（2）开庭审理过程中，合议庭的审判人员必须自始至终在庭，参加庭审的全过程。

（3）所有证据包括法庭以当事人申请或依职权收集的证据，都必须当庭出示、当庭对质。为保证直接言词原则，除被告人的配偶、父母、子女以外，经法院通知，证人无正当理由不出庭作证的，人民法院可以强制其到庭作证。

（4）保证控辩双方有充分的陈述、辩论机会和时间。

（5）依法可以不开庭审理的第二审案件，合议庭也要直接讯问被告人、直接听取其他当事人、辩护人、诉讼代理人的意见。

三、辩论原则

1. 辩论原则概念

辩论原则是指法庭应当保障控、辩双方有平等、公开、充分的辩论机会，裁判的作出应以充分的辩论为必经程序。辩论原则充分体现了控辩双方对刑事审判程序的参与性，彰显了被告方的诉讼主体地位，是一项重要的刑事审判原则。

2. 法律依据

我国《刑事诉讼法》第 193 条第 2 款明确规定，经审判长许可，公诉人、当事人和辩护人、诉讼代理人可以对证据和案件情况发表意见并且可以互相辩论。

3. 辩论原则的内容

（1）辩论的主体是控、辩双方和其他当事人。刑事审判中处于对抗地位的是控诉方和辩护方、附带民事诉讼的原告方和被告方，他们都享有进行辩论的权利。

（2）辩论的内容是事实问题和法律适用问题。从辩论涉及内容的法律性质来看，辩论的内容包括实体问题和程序问题。围绕案件实体事实和程序事实的辩论主要针对证据能力和证据的证明力以及证据的充分性展开，因为关于事实的辩论实际上就是证据辩论。除了事实和证据问题以外，实体法和程序法的适用问题也是辩论的内容。

（3）辩论的时间和形式。辩论主要在法庭审理的辩论阶段集中进行，但在法庭调查过程中也可以进行辩论。控、辨双方对某个事实情节特别是某项证据的证据能力或证明能力可以在质证时进行辩论。辩论原则所要求的辩论形式是口头形式，因为口头辩论是直接、言词原则的必然要求，而且口头辩论更有明确的针对性，能使庭审法官直接听取控、辩双方的辩论意见后形成正确的心证。法庭辩论阶段的口头辩论以控方首先发言开始，然后辩方进行反驳性发言，继而双方相互辩论。

4. 辩论原则在我国的适用

（1）除过在法庭调查结束后控辩双方进行辩论以外，在法庭调查过程中控辩双方可以随时围绕某一个与定罪、量刑有关的事实、情节或者证据的合法性、相关性和客观性问题进行辩论。

（2）在我国，控方享有辩论权的主体是公诉人、自诉人及其代理人。公诉案件的被害人居于支持公诉的地位，也是控方，同样也享有辩论权。

（3）平等地给予辩方各自充分辩论的机会。

四、陪审原则

1. 陪审原则的概念

陪审原则是指由普通公民担任非职业法官，参与法庭对案件的审判的原则。

2. 法律依据

《刑事诉讼法》第 13 条规定，人民法院审判案件，依照本法实行人民陪审员陪审的制度。《刑事诉讼法》第 178 条第 1 款规定，基层人民法院、中级人民法院审判第一审案件，应当由审判员三人或者由审判员和人民陪审员共三人组成合议庭进行，但是基层人民法院适用简易程序的案件可以由审判员一人独任审判。

3. 陪审原则的发展

我国 1979 年《刑事诉讼法》和《人民法院组织法》规定，人民法院审判第一审刑事案件，除轻微刑事案件或法律另有规定的以外，都由审判员和人民陪审员组成合议庭进行。1996 年修订的《刑事诉讼法》将陪审的内容修改为，基层人民法院、中级人民法院审判第一审案件，应当由审判员三人至七人或者由审判员和人民陪审员共三人至七人组成合议庭进行。2004 年 8 月，全国人大常委会颁布了《关于完善人民陪审员制度的决定》，对人民陪审员的任职条件、任免程序、参与审判的案件范围等作了具体、明确的规定，使人民陪审员制度有了新的发展。

五、集中审理原则

1. 集中审理原则的概念

集中审理原则是指法庭对刑事案件的审理原则上应当持续进行，除了必要的休息时间以外，不得中断审理。该原则的主要含义是指庭审活动的不间断性。

2. 法律依据

我国《刑事诉讼法》虽然没有明确规定集中审理的原则，且对审理的不间断性亦没有作出明确的要求，但我国《刑事诉讼法》明确规定了审理期限。如《刑事诉讼法》第 202 条规定，人民法院审理公诉案件，应当在受理后二个月以内宣判，至迟不得超过三个月。对于可能判处死刑的案件或者附带民事诉讼的案件，以及有本法第一百五十六条规定情形之一的，经上一级人民法院批准，可以延长三个月；因特殊情况还需要延长的，报请最高人民法院批准。

3. 集中审理原则的意义

集中审理原则可以有效地保障刑事审判以较快的节奏持续进行，进而防止程序拖延和迟滞，有利于实现诉讼的高效率，并确保正义的及时实现。实践中一般能做到庭审过程的连续性，要求只要整个案件不超过审理期限，就认为符合法定程序。

第三节　刑事审判组织和审级制度

一、刑事审判组织

1. 审判组织的概念

所谓刑事审判组织，是指人民法院审理和判决的具体法庭组织形式。《刑事诉讼法》第 3 条规定，审判由人民法院负责，即审判权的法定主体是人民法院。而人民法院要具体行使审判权，必须依托于一定的审判组织。

2. 刑事审判组织的具体形式

（1）独任制。

独任庭是指由审判员一人独任审判案件的审判组织。独任制仅适用于基层人民法院采用简易程序审理（包括普通程序简易审理）的刑事案件。

（2）合议制。

根据《人民法院组织法》规定，人民法院审判案件实行合议制。除法律规定可以独任审判的案件外，其他案件均应由合议庭审判。

合议庭的人员组成，根据法院级别和审判程序的不同而有所区别。根据《刑事诉讼法》第178条的规定，合议庭的组成分为以下四种情况：①基层人民法院、中级人民法院审判第一审案件，应当由审判员3人或者由审判员和人民陪审员共3人组成合议庭进行；②高级人民法院、最高人民法院审判第一审案件，应当由审判员3～7人或者由审判员和人民陪审员共3～7人组成合议庭进行；③人民法院审判上诉和抗诉案件，由审判员3～5人组成合议庭进行；④最高人民法院复核死刑案件、高级人民法院复核死刑缓期执行的案件，应当有审判员3人组成合议庭进行。

（3）审判委员会。

审判委员会是人民法院内部对审判实行集体领导的组织形式。审判委员会，实行民主集中制。审判委员会的任务是总结审判经验，讨论重大的或者疑难的案件和其他有关审判工作的问题。根据我国《刑事诉讼法》第180条的规定，对于疑难、复杂、重大的案件，合议庭认为难以作出决定的，由合议庭提请院长提交审判委员会讨论决定。据此，审判委员会不能主动干预合议庭对个案做出的决定，但审判委员会一旦作出决定，则合议庭必须执行。审判委员会评议案件采用会议的方式，各级人民法院审判委员会会议由院长主持，本级人民检察院检察长可以列席（可发表意见但不得参与表决）。审判委员会讨论案件的情况和决定应当记入笔录，并且由参加讨论的审判委员会委员签名。

3. 人民陪审制

人民陪审制是合议庭组成的方式之一，合议庭既可以全部由职业法官组成，也可以由职业法官和人民陪审员混合组成。

人民陪审制的本质是一种民众参与司法、监督司法的途径和方式。《刑事诉讼法》第13条规定，人民法院审判案件，依照本法实行人民陪审员陪审的制度。这就规定了人民陪审原则。同时，《刑事诉讼法》第178条第3款规定，人民陪审员在人民法院执行职务，同审判员有同等的权利。由此可见，我国的人民陪审制是一种参审式陪审制，即普通公民（陪审员）与职业法官结为一体，共同组成合议庭（或称“混合庭”），以合作的方式进行审判，在认定事实和适用法律方面，两者享有相同的权限，共同负责对案件事实的判断、决定。对证据的认定和取舍以及对法律进行解释和适用。陪审制是体现司法民主、防止司法腐败的重要制度设计。

二、审级制度

1. 审级制度的概念

所谓审级制度，就是宪法和法律规定的审判机关的级别以及案件可以经过几级法院的审判才告终结的制度。即审判权运行的效力层级制度。简而言之，就是有关刑事审判如何终结的制度。

实行审级制度的根本目的是确保审理和裁判的准确性、公正性，增强审判的权威性。

2. 两审终审制

《刑事诉讼法》第10条规定，人民法院审判案件，实行两审终审制。据此，我国现行的审级制度实行“四级两审终审制”。所谓“四级”，是指根据我国《人民法院组织法》的规定，人民法院分为最高人民法院、高级人民法院、中级人民法院和基层人民法院四级。所谓“两审终审”，是指一起刑事案件经过两级人民法院的审判即告终结，对于已经审理终结的案件，不得再起诉或上诉。

理解我国的两审终审制需要注意两个问题：

（1）两审终审制意味着一个案件可以或者最多经过两级法院的审判才告终结，而并不意味着任何一个案件都应当经过两级法院的审判才能终结审判程序。最高人民法院作为第一审法院的案件实行一审终审，不发生第二审程序。地方第一审法院作出判决或裁定后，当事人不上诉、检察机关不抗诉的，上诉期、抗诉期届满，判决或裁定发生法律效力，也就不在发生第二审程序的问题。

（2）第一审人民法院判处被告人死刑的案件，即使第二审法院裁定维持一审死刑判决的，其判决和裁定仍未发生法律效力；必须经过死刑复核程序，其裁定和原判决才正式发生终审的法律效力。

第四节　中国刑事审判模式

一、刑事审判模式的概念

刑事审判模式是指控诉、辩护、审判三方在刑事审判程序中的诉讼地位和相互关系，以及与之相应的审判程序组合方式。

二、中国刑事审判模式

我国的刑事审判模式，可以说是以国家职权主义为主，以当事人主义为辅的又一独具特色的刑事审判模式。

1. 以职权主义诉讼模式为主

（1）以职权主义诉讼模式为主的原因。

根据我国刑事诉讼控、辩、审各职能主体的诉讼地位和相互关系以及在此基础上的诉讼运作程序的特点进行分析，可以看出我国刑事审判在强调国家专门机关的职权作用上与大陆法系职权主义相似。我国立法确立的职权主义审判模式，是由我国特定的历史原因和现实因素所决定的。原因主要有：

①作为人民民主专政工具的刑事审判在漫长的民主革命中具有明显的军事司法性质。在新中国成立后的一定时期内，为有效地镇压各种敌对势力，必须充分发挥国家司法机关的职权作用，以此主动追究犯罪，有效地惩治犯罪分子。在此过程中形成的刑事审判方式，也就决定它必然是能够有效地保障审判机关充分发挥职权作用的一种模式。

②我国刑事诉讼的理论基本之一是人民民主专政的理论，为此，行使国家审判权的审判机关便是人民民主专政的工具。在刑事诉讼中，审判机关负有特殊的使命，为使刑事诉讼服务于人民民主专政政权的巩固和经济基础的建立和发展，保护公民的合法权益，准确地惩罚犯罪，不冤枉无辜，其审判活动就必须积极、主动。因此，行使追诉权的检察机关不是实质意义上的当事人，对依法应予追诉的，都必须追诉，不得任意行使处分权。行使审判权的人民法院也不能扮演消极仲裁人的角色，而应在诉讼活动中通过行使审判权查明事实真相，不论被告人是否承认被指控的罪行，均须根据查明的事实，依照法律作出公正的判决。

（2）职权主义诉讼模式在我国刑事诉讼法中的体现。

①在审判阶段，庭审活动的进行由审判长主持指挥，辩护人、被害人、附带民事诉讼的原告人及其辩护人、诉讼代理人等对被告人的发问，公诉人、当事人、辩护人、诉讼代理人对证人、鉴定人的发问，都须经审判长许可。

②辩护人、诉讼代理人申请通知新的证人到庭，调取新的物证，申请重新鉴定或勘验，须经法庭决定是否同意。

③法庭可以依据职权主动调查证据，必要时可以勘验、检查、扣押和鉴定。在整个庭审活动中，出席法庭的公诉人，必须作为国家法律监督的代表，对法庭审判活动是否合法进行监督，提请审判长制止庭审中的违法行为。

2. 兼有当事人主义诉讼模式

（1）兼有当事人主义诉讼模式的原因。

在刑事审判中，国家利益与个人权益，案件实体与诉讼程序，惩罚犯罪与保障无罪的人不受刑事追究之间的对立与冲突不可避免。如果过分偏重实体即对犯罪的惩罚，并为此赋予专门机关过大的权力，而过多地限制犯罪嫌疑人、被告人的自我保护权，司法权的滥用就难以防止和杜绝，程序公正也就难以有效保障。刑事诉讼的法定秩序就不可能得到坚决的维护，冤、假、错案就会增多，甚至还会由此引发和酿成社会动荡。因此，我国现行《刑事诉讼法》极为重视对国家司法权滥用的抑制和对犯罪嫌疑人、被告人权利的保护。特别是对犯罪嫌疑人、被告人权利的保障方面，在刑事审判程序上吸收了原来属于英美当事人主义诉讼模式的某些规则，大大强化了被告一方的抗衡手段，从而使我国的刑事审判克服了传统方式的诸多弊端，向当事人主义方向迈出了划时代的步伐。

（2）兼有当事人主义诉讼模式的体现。

①确立了辩护与控诉在形式上的平等对抗原则。辩护与控诉是刑事审判这一统一体中的两个对立方面。由于对立的双方即指控与被控之间存在“讼争”，为了保证“讼争”客观、公正地解决，必须依赖于控诉与辩护双方的诉讼地位的平等。如果控、辩双方在形式上，一方明显处于优势而另一方处于劣势的地位，案件的处理就很难保证其客观、公正。由于行使控诉权的一方是以国家强制力为后盾并掌握各种必需手段的国家机关，而辩护方

则处于被指控的被动地位，且被告人往往被羁押，其力量的相差悬殊显而易见。为了使其取得与控方在形式上的平等对抗的地位，应当依法确立并保护被告人的主体地位。我国《刑事诉讼法》已经明确规定被告人有为自己进行无罪或罪轻、减轻等辩解的权利，而且为其权利的行使提供保障机制，主要体现于：确立无罪推定原则；不被刑讯逼供；不被非法采取强制措施；享有自行辩护权并在侦查阶段享有聘请律师权；与证人的对质权；上诉权；有请求赔偿的权利等；这就标志着辩护方与控诉方在形式上的平等对抗地位形成。

这种形式上的平等，是维护和保证诉讼公正所必需的，是辩护方防御因控诉方行使其权利可能造成损害自己合法权益的重要手段，因而成了我国刑事审判制度中最为显著的变革。

②确立了控诉、审判的分离原则。即未经起诉机关或个人起诉的人与事，审判机关不得审判，审判机关审判的范围受起诉的制约。从诉讼构造论来说，只有控诉、审判的分离，才有可能真正保障辩护与控诉的平等对抗；正如马克思所说，在刑事诉讼中，法官、原告和辩护人都集中在一个人身上。这种集中是和心理学的全部规律相矛盾的。正因为如此，我国《宪法》、《刑事诉讼法》、《人民检察院组织法》、《人民法院组织法》都作了体现此项原则的规定，即公诉案件的起诉权由人民检察院行使，自诉案件由被害人及其近亲属提起，法院专司审判。法院应当遵循起诉对象和审判事实同一的原则，不得在起诉请求外定罪量刑。在此情形下，控、审分离的保障机制，就可因追诉权和审判权的分别行使而在出现错误认定或侵犯人权时，有予以纠正、补救的依据和可能。

③确立了法官相对中立的原则。所谓法官的中立，是指在刑事审判中，相对于控诉一方或辩护一方的活动各自具有明显的倾向性而言，法官作为居间裁判者，应当保持中立，冷静地观察，客观地分析，最后作出不偏不倚的裁判。在控、辩、审关系中，法官不仅最终决定控、辩双方起诉与辩护的命运，而且对案件审判程序起主导和控制作用。为此，必须确立法官职能的中立，才能得以保障裁判的客观与公正。确立法官中立原则，必须使裁判者具有权威性，不具有权威性就起不到裁判者的作用。在我国刑事审判中为贯彻这一原则，法律已规定在形式上控、辩双方地位的平等。由于立法已经赋予辩护方具有较为充分的权利保障和与控诉相抗衡的手段，加之在庭审前不审查实体材料，就可避免法官对被告人有预先形成的一定倾向性意见的可能性。为了保证法官相对中立原则得以实现，刑事诉讼法规定法官有权对案件证据材料当庭直接进行全面调查核实，并以此形成自己的认识，即贯彻直接言词原则，如果法官预先已受一方主张的影响，或在审判中只接受一方提出的材料和意见，或者仅限于书面审理，就很难保持其中立性。

④确立了公诉机关具有完全举证责任的原则。例如，刑事诉讼法规定由公诉人出示、宣读证据；公诉人举证之后，由被害人、被告人及其辩护人等发表意见或者进行发问，辩护律师所提出的证据与公诉人所提出的证据具有同等的效力，对被告一方提出的证据，公诉人、被害人也有质证权；对控诉、辩护双方提出的证据，除已调查完毕或者以拖延审判为目的者外，审判人员不应限制，只是在必要时，审判人员才可以对调查证据予以引导或依职权调查证据等。法律规定由公诉人出示、宣读证据、并由控、辩双方推动法庭审理的进行，不仅为证明责任理论所要求，也是公诉机关的法定职能地位所决定的，这也是贯彻控辩对抗、控审分离和树立公正审判形象所必需的。

⑤实行直接言词原则。刑事诉讼法规定证人应当出庭接受控、辩双方询问、质证，改变了法庭审理只是宣读控诉方移送的案卷材料的做法；对于出庭的证人，采取由控诉、辩护双方主询问和交叉询问的调查方式，有利于充分发现证言的矛盾，有利于审判人员全方位、多视角地考察证据，形成正确的认识。对侦查、起诉阶段制作的证人笔录等，只有在证人不能出庭作证的法定例外情形下以及证人在法庭上作了与以前陈述相矛盾的陈述的情形下，才在法庭上宣读，以确保审判阶段对侦查、起诉阶段认定的事实和适用的法律进行检验。为保证证人出庭作证，法律也作了相关的一些必要规定。

【导例评析】

人民法院在被告人沈国生病不能到庭受审的情况下，进行缺席审判的做法是错误的。其理由如下：缺席审判违反我国刑事诉讼法规定的审判程序。我国刑事诉讼法第三编具体规定了我国人民法院审判刑事案件的诉讼程序。根据这些规定，人民法院审理刑事公诉案件，从对案件的调查开始，到最后宣判为止的整个审判过程，都要接触被告人。其中讯问被告人是法庭调查活动的中心环节，听取被告人辩护和最后陈述是法庭审判的必经程序。被告人缺席审判显然违背了刑事审判基本原则的直接言词原则和辩论原则，同时在被告人不在场的情况下人民法院进行缺席审判，法律规定的大部分诉讼活动将无法进行，这显然还违反了法定的审判程序。

【实务训练】

2012 年 4 月 3 日，东坪市和平区人民法院公开审理刘力盗窃案。经过法庭调查和互相辩论，最后以确实充分的证据，证明了刘力于 2012 年 1 月 3 日盗窃和平区薛原家现金 15 000元和价值 4 000 元的手机一部的相关犯罪事实。刘力在最后陈述时亦供认不讳，并表示要退还赃款赃物，要求从宽处理。审理结束后，合议庭定于 4 月 10 日宣判。

4 月 7 日，东坪市郊区农民郑岩又向和平区人民法院提供了刘力曾于 2011 年 12 月盗窃自家母牛一头的事实。经审判长和人民陪审员调查了解，获得了充分证据，证明刘力盗牛的事实清楚，且构成犯罪，为此，合议庭将原来拟判处三年徒刑改为判处六年。4 月 10 日宣告判决，判决书以无可辩驳的证据，证明刘力不仅盗窃现金 15 000 元，价值 4 000 元手机一部，而且还盗窃价值约 12 000 元的母牛一头。

问：本案和平区人民法院的处理是否合法？为什么？

资料来源：当代法官，2012（5）。

【评析】

该区人民法院对本案的处理不合法。其理由如下：

首先，违背了不告不理的诉讼模式。本案中针对被告人盗牛事件，应该先由人民检察院或受害人的起诉，然后人民法院才能进行审判。本案中关于被告人盗窃母牛的事实，没有经过检察机关提起公诉也没有受害人提起自诉，人民法院是不能进行审判的。如果允许法院凭着审判职权控诉犯罪并进行审判，势必造成控审不分。本案违背了控、辩、审职能相互分离的审判模式，是不合法的。

其次，本案违背了公开审判、直接言词和辩论的刑事审判原则。本案就起诉的盗窃现金和手机的事实已经进行了开庭审判，只是等待定期宣判。在宣判以前将判决内容改变，也是不合法的。因为被告人的盗窃母牛的犯罪事实没有经过开庭审理，这种不经开庭审理就给被告人定罪量刑的做法，违背了刑事审判的审判公开、直接言词和辩论原则，同时还剥夺了被告人的辩护权，严重违反刑事诉讼程序。

【司考真题】

1. 下列哪一选项体现直接言词原则的要求？（　　）（2009/二/25/单选）

A. 法官亲自收集证据

B. 法官亲自在法庭上听取当事人、证人及其他诉讼参与人的口头陈述

C. 法庭审理尽可能不中断地进行

D. 法庭审理应当公开进行证据调查与辩论

2. 张某系某基层法院陪审员，可以参与审判下列哪些案件？（　　）（2009/二/74/多选）

A. 所在区基层法院适用简易程序审理的案件

B. 所在市中级法院审理的一审案件

C. 所在市中级法院审理的二审案件

D. 所在省高级法院审理的一审案件

3. 下列哪些选项体现了集中审理原则的要求？（　　）（2010/二/73/多选）

A. 案件一旦开始审理即不得更换法官

B. 法庭审理应不中断地进行

C. 更换法官或者庭审中断时间较长的，应当重新进行审理

D. 法庭审理应当公开进行

【拓展与反思】

英美法系的陪审团制度

陪审团制度，是指特定人数的有选举权的公民参与决定是否起诉嫌犯、并对案件作出判决的制度。最早的陪审团是证人陪审团，但随着社会的发展，证人陪审团已经不能适应英美法系的审判模式。于是出现了现在模式的陪审团。现在的陪审团有两种，即大陪审团和小陪审团。大陪审团也叫起诉陪审团，负责犯罪调查、证据审查，以决定是否向法院起诉。大陪审团可以在任期内审理若干起案子，小陪审团主要是开庭审理时认定案件事实以及相应的证据审查。小陪审团是一案一组。

在美国，刑事案件的审理和部分民事案件（主要是民事侵权案件）都有可能使用陪审团。而在英国及英联邦国家，民事案件基本不再使用陪审团。在有陪审团的诉讼中，法官不认定事实，法官的基本作用是控制诉讼程序，根据陪审团认定的事实适用法律。陪审团是由抽签随机选出的符合资格的公民来组成的，陪审团的人选并没有文化程度上的要求，往往是一些没有法律专业知识的人来做陪审团成员，陪审员的挑选是公开进行的，挑选

时，法官和双方的律师都应在法庭现场。法官在开始筛选候选人时，要向候选人简单介绍案情。陪审的候选人通过抽签确定在法庭中的座位编号。候选人按照编号坐定后，就要按照法官助手的指示，在法官助手的帮助下填写调查表。具体案件不同，调查表所要调查的问题也有所不同。

在正式开庭审理之前，法官将注意事项详细地以书面形式告知陪审员。告知哪些事可以做，哪些事不能做。例如：不得与任何人讨论参加陪审的案件（包括其他陪审员）、未经批准不得擅自离开法庭、未经同意不得使用电话、其他人与陪审员非法接触的要及时报告法官、不能阅读关于本案的报纸等等。一般情况下，陪审员也不能单独与法官会面交谈。如果要与法官会谈，也必须有双方当事人的律师在场。法官要求陪审员注意的事项有时多达几十项。陪审团有一个协调和组织者，此人也可称为陪审团的"团长"。陪审团的团长由全体陪审员选举产生。

美国的法庭审理实行交叉询问制，只能由双方当事人的律师询问。陪审团是通过双方律师对证人的询问来了解案件事实的，法官则控制着双方律师的交叉询问。法官与律师讨论案件中的程序事项时，陪审员是不能参与的，因为陪审团不能裁决程序事项。当双方的证人都出庭作证后，法官就可以要求陪审团对案件进行讨论并作出裁决。陪审员根据原告的请求初步形成一项裁决意见，然后交由陪审员们投票表决。一般的民事和刑事案件要求裁决的投票结果达到 9 票以上。指控谋杀成立的案件则要求一致通过，全票同意。投票时，要求 12 名陪审员都要投票。在开庭前，法官将告知当事人及双方律师和陪审团将在下次开庭时宣布裁决结果。开庭时，如果形成裁决意见，团长将宣布裁决及投票结果。在陪审团团长宣读裁决结果后，法官还将一一询问各位陪审员的意见，是同意，还是反对。如果这时有陪审员反对，当反对票超过 4 票时，裁决就将无效，陪审团就要重新审议。

第十五章　刑事审判第一审程序

【导读案例】 被告人周某因盗窃被吕某发现，吕某趁此当众对周某进行侮辱，周某于是便拿起一根铁棍朝吕某打去，造成重伤。当地人民检察院将此案向人民法院提起公诉后，人民法院，决定开庭审理此案，在审理之前作了下列准备工作：(1) 确定合议庭由1名审判人员和3名人民陪审员组成；(2) 在开庭前9天给被告人送达起诉收副本；(3) 在开庭前2日通知人民检察院开庭的时间、地点；(4) 在开庭前2日给当事人、证人、鉴定人送达传票和通知书。

问： 本案人民法院开庭前的准备工作是否有妥当？人民法院还需作哪些准备工作？

资料来源：乌鲁木齐审判，2014 (2)，39页。

【重点、难点】 公诉案件第一审程序的法庭审判程序；自述案件第一审程序的特点；简易程序的适用范围。

第一节　刑事审判第一审程序概述

一、刑事审判第一审程序的概念和特点

1. 刑事审判第一审程序的概念

刑事审判第一审程序，是指人民法院对人民检察院提起公诉或自诉人提起自诉的案件，依法进行审判所应遵循的程序规则的总称。在第一审程序内按程序的繁简分为普通程序和简易程序，简易程序是在普通程序上的简化。

2. 刑事审判第一审程序的特点

（1）第一审程序是刑事审判的必经程序。第一审程序是审判程序的典型代表，其程序规则较其他审判程序规则最为全面、完备。

（2）第一审程序是刑事审判的基础。其他审判程序如第二审程序、死刑复核程序、审判监督程序等，均在不同程度上以第一审的裁决为基础或出发点。

（3）第一审程序作出的裁判在法定期限内未被提起上诉、抗诉的就是生效裁判。

（4）人民法院在审理过程中可以进行调解。

二、刑事审判第一审程序的种类

刑事审判第一审程序包括普通程序和简易程序两种。普通程序主要适用于公诉案件和自诉案件，简易程序主要适用于法律特别规定的案件。

1. 一审普通程序

（1）公诉案件第一审程序。公诉案件第一审程序，是指人民法院对人民检察院提起公诉的案件进行审判所遵循的程序。它是刑事第一审程序的主体。

（2）自诉案件是第一审程序。自诉案件第一审程序，是指人民法院对自诉人起诉的案件进行审判的程序。自诉案件第一审程序与公诉案件第一审程序既有共性，又有自己的个性。

2. 简易程序

简易程序指基层人民法院对符合法律规定条件的某些公诉案件和自诉案件进行审理时所适用的相对简易的审判程序，是上述两种完整的一审程序的简化形式。

三、刑事审判第一审程序任务

刑事审判第一审程序的任务是人民法院通过开庭审理，在公诉人、当事人及其他诉讼参与人的参加下，客观、全面地审查证据，查明案件事实，并根据法律规定，对被告人是

否犯罪、应否处刑以及处以何种刑罚，作出正确判决，从而使犯罪分子受到应得的法律制裁，无罪的人不受刑事惩罚，并使到庭旁听的人受到法制教育。

第二节　公诉案件的第一审程序

一、公诉案件的审查与处理

1. 审查的概念

公诉案件的审查是指人民法院对人民检察院提交的案件进行审查，以确定是否达到开庭审判条件的专门的司法活动。

2. 法律依据

《刑事诉讼法》第172条规定，人民检察院认为犯罪嫌疑人的犯罪事实已经查清，证据确实、充分，依法应当追究刑事责任的，应当作出起诉决定，按照审判管辖的规定，向人民法院提起公诉，并将案卷材料、证据移送人民法院。《刑事诉讼法》第181条规定，人民法院对提起公诉的案件进行审查后对于起诉书中有明确的指控犯罪事实的，应当决定开庭审判。

3. 审查的内容与方法

《刑事诉讼法》第181条和《最高人民法院关于适用〈中华人民共和国刑事诉讼法〉的解释》第180条规定，对提起公诉的案件，人民法院应当在收到起诉书（一式八份，每增加一名被告人，增加起诉书五份）和案卷、证据后，指定审判人员审查以下内容。

（1）是否属于本院管辖。

（2）起诉书是否写明被告人的身份，是否受过或者正在接受刑事处罚，被采取强制措施的种类、羁押地点，犯罪的时间、地点、手段、后果以及其他可能影响定罪量刑的情节。

（3）是否移送证明指控犯罪事实的证据材料，包括采取技术侦查措施的批准决定和所收集的证据材料。

（4）是否查封、扣押、冻结被告人的违法所得或者其他涉案财物，并附证明相关财物依法应当追缴的证据材料。

（5）是否列明被害人的姓名、住址、联系方式；是否附有证人、鉴定人名单；是否申请法庭通知证人、鉴定人、有专门知识的人出庭，并列明有关人员的姓名、性别、年龄、职业、住址、联系方式；是否附有需要保护的证人、鉴定人、被害人名单。

（6）当事人已委托辩护人、诉讼代理人，或者已接受法律援助的，是否列明辩护人、诉讼代理人的姓名、住址、联系方式。

（7）是否提起附带民事诉讼；提起附带民事诉讼的，是否列明附带民事诉讼当事人的姓名、住址、联系方式，是否附有相关证据材料。

（8）侦查、审查起诉程序的各种法律手续和诉讼文书是否齐全。

（9）有无《刑事诉讼法》第十五条第二项至第六项规定的不追究刑事责任的情形。

4. 审查后的处理

根据《最高人民法院关于适用〈中华人民共和国刑事诉讼法〉的解释》第 181 条规定，人民法院对提起公诉的案件审查后，应当按照下列情形分别处理。

（1）属于告诉才处理的案件，应当退回人民检察院，并告知被害人有权提起自诉。

（2）不属于本院管辖或者被告人不在案的，应当退回人民检察院。

（3）不符合前条第二项至第八项规定之一，需要补充材料的，应当通知人民检察院在三日内补送。

（4）依照《刑事诉讼法》第一百九十五条第三项规定宣告被告人无罪后，人民检察院根据新的事实、证据重新起诉的，应当依法受理。

（5）依照本解释第二百四十二条规定裁定准许撤诉的案件，没有新的事实、证据，重新起诉的，应当退回人民检察院。

（6）符合《刑事诉讼法》第十五条第二项至第六项规定情形的，应当裁定终止审理或退回人民检察院。

（7）被告人真实身份不明，但符合《刑事诉讼法》第一百五十八条第二款规定的，应当依法受理。

对公诉案件是否受理，应当在七日内审查完毕。

二、开庭审判前的准备

根据我国《刑事诉讼法》第 182 条的规定，开庭审判前的准备主要包括七个部分：

1. 组成合议庭

根据《刑事诉讼法》和《人民法院组织法》的规定确定合议庭的组成人员。第一审案件，合议庭可以全部由审判员也可以由审判员和人民陪审员组成。

2. 送达起诉书副本

将人民检察院的起诉书副本至迟在开庭 10 日以前送达被告人及其辩护人。对于被告人未委托辩护人的，告知被告人可以委托辩护人，或者在必要的时候指定承担法律援助义务的律师为其提供辩护。根据最高人民法院、最高人民检察院、公安部、国家安全部、司法部《关于规范量刑程序若干问题的意见（试行）》的通知，人民检察院以量刑建议书方式提出量刑建议的，人民法院在送达起诉书副本时，将量刑建议书一并送达被告人。

3. 召开庭前会议

1. 根据《最高人民法院关于适用〈中华人民共和国刑事诉讼法〉的解释》第 183 条的规定，案件具有下列情形之一的，审判人员可以召开庭前会议。

①当事人及其辩护人、诉讼代理人申请排除非法证据的。

②证据材料较多、案情重大复杂的。

③社会影响重大的。

④需要召开庭前会议的其他情形。

召开庭前会议，根据案件情况，可以通知被告人参加。

(2) 根据《刑事诉讼法》第182条第2款和《最高人民法院关于适用〈中华人民共和国刑事诉讼法〉的解释》第184条的规定，召开庭前会议，审判人员可以就下列问题向控辩双方了解情况，听取意见。

①是否对案件管辖有异议。

②是否申请有关人员回避。

③是否申请调取在侦查、审查起诉期间公安机关、人民检察院收集但未随案移送的证明被告人无罪或者罪轻的证据材料。

④是否提供新的证据。

⑤是否对出庭证人、鉴定人、有专门知识的人的名单有异议。

⑥是否申请排除非法证据。

⑦是否申请不公开审理。

⑧与审判相关的其他问题。

审判人员可以询问控辩双方对证据材料有无异议，对有异议的证据，应当在庭审时重点调查；无异议的，庭审时举证、质证可以简化。

被害人或者其法定代理人、近亲属提起附带民事诉讼的，可以调解。

庭前会议情况应当制作笔录。

4. 通知举证

人民法院应当通知当事人、法定代理人、辩护人、诉讼代理人在开庭5日前提供证人、鉴定人名单，以及拟定当庭出示的证据。当事人、法定代理人、辩护人、诉讼代理人申请证人、鉴定人、有专门知识的人出庭作证的，应当列明有关人员的姓名、性别、年龄、职业、住址、联系方式。不出庭作证的证人、鉴定人名单。人民法院依法通知证人、鉴定人出庭作证的，应当同时将证人、鉴定人的出庭通知送交控辩双方，控辩双方应当予以配合。

5. 通知开庭和传唤当事人

根据《刑事诉讼法》第182条第3款规定，人民法院确定开庭日期后，应当将开庭的时间、地点通知人民检察院，传唤当事人，通知辩护人、诉讼代理人、证人、鉴定人和翻译人员，传票和通知书至迟在开庭三日以前送达。

6. 先期公告

公开审判的案件，在开庭三日以前先期公布案由、被告人姓名、开庭时间和地点。根据《刑事诉讼法》第183条、第274条以及《最高人民法院关于适用〈中华人民共和国刑事诉讼法〉的解释》第186条规定案件涉及国家秘密或者个人隐私的，不公开审理；涉及商业秘密，当事人提出申请的，法庭可以决定不公开审理。审判的时候被告人不满十八周岁的案件，不公开审理。不公开审理的案件，应当当庭宣布不公开审理的理由。

不公开审理的案件，任何人不得旁听，但法律另有规定的除外。

7. 拟出法庭审理提纲

根据《最高人民法院关于适用〈中华人民共和国刑事诉讼法〉的解释》第185条规定，开庭审理前，合议庭可以拟出法庭审理提纲，提纲一般包括下列内容：

（1）合议庭成员在庭审中的分工。

（2）起诉书指控的犯罪事实的重点和认定案件性质的要点。

（3）讯问被告人时需了解的案情要点。

（4）出庭的证人、鉴定人、有专门知识的人、侦查人员的名单。

（5）控辩双方申请当庭出示的证据的目录。

（6）庭审中可能出现的问题及应对措施。

需注意的是，根据相关司法解释，开庭审判前的准备还包括以下特别要求的内容：一是起诉书副本也应向被害人送达。二是通知被告人、辩护人于开庭5日前提供申请出庭作证的身份、住址、通讯处明确的证人、鉴定人名单，不出庭作证的证人、鉴定人名单，以及拟当庭宣读、出示的证据。三是人民法院通知诉讼机关提供的证人时，如果该证人当场表示拒绝出庭作证，或者按照所提供的证人通信地址未能通知到该证人的，应当及时告知申请通知该证人的公诉机关或者辩护人。

三、法庭审判程序

法庭审判程序又称庭审程序，是指人民法院采用开庭的方式，在公诉人、当事人和其他诉讼参与人的参加下，辩论等等环节，依法确定被告人是否有罪，应否科以刑罚以及处以各种刑罚的诉讼活动。它是第一审程序的中心环节和典型代表。根据我国《刑事诉讼法》的规定，公诉案件一般法庭审判程序的步骤和控、辨、审三方的互动关系如下：

1. 开庭

根据《最高人民法院关于适用〈中华人民共和国刑事诉讼法〉的解释》第189条的规定，开庭审理前，书记员应当依次进行下列工作：受审判长委托，查明公诉人、当事人、证人及其他诉讼参与人是否到庭；宣读法庭规则；请公诉人及相关诉讼参与人入庭；请审判长、审判员（人民陪审员）入庭；审判人员就座后，向审判长报告开庭前的准备工作已经就绪。

根据我国《刑事诉讼法》第185条和《最高人民法院关于适用〈中华人民共和国刑事诉讼法〉的解释》第190条至第194条的规定，开庭的时候，应完成以下工作：

（1）审判长宣布开庭，被告人到庭后，应当查明被告人的下列情况：①姓名、出生日期、民族、出生地、文化程度、职业、住址，或者单位的名称、住所地、诉讼代表人的姓名、职务；②是否曾受到法律处分及处分的种类、时间；③是否被采取强制措施及强制措施的种类、时间；④收到起诉书副本的日期；有附带民事诉讼的，附带民事诉讼被告人收到民事诉状的日期。

（2）审判长宣布案件的来源、起诉的案由、附带民事诉讼原告人和被告人的姓名（名称）及是否公开审理。对于不公开审理的案件，应当当庭宣布不公开审理的理由。

（3）审判长宣布合议庭组成人员、书记员、公诉人、辩护人、诉讼代理人、鉴定人和翻译人员名单。

（4）审判长应当用通俗的语言告知当事人、法定代理人在法庭审理过程中依法享有下列诉讼权利：①可以申请合议庭组成人员、书记员、公诉人、鉴定人和翻译人员回避；②可以提出证据，申请通知新的证人到庭、调取新的证据、重新鉴定或者勘察、检查；③被告人可以自行辩护，也可以由辩护人为其辩护；④被告人可以在法庭辩论终结后作最后的陈述。对于共同犯罪案件，应当将各被告人同时传唤到庭，向其宣布上诉事项，以避免重复，节省开庭时间。

审判分别询问当事人、法定代理人、辩护人、诉讼代理人是否申请回避，申请何人回避和申请回避的理由。当事人、法定代理人、辩护人、诉讼代理人申请审判人员、出庭支持公诉的检察人员回避，合议庭认为符合法定情形的，依照《刑事诉讼法》和《最高人民法院关于适用〈中华人民共和国刑事诉讼法〉的解释》有关规定处理；认为不符合法定情形的，应当当庭驳回继续法庭审理。如果回避申请人申请复议，合议庭应当宣布休庭，待作出复议决定后，决定是否继续法庭审理。同意或者驳回回避申请的决定及复议决定，由审判长宣布，并说明理由。必要时，也可以由院长到庭宣布。

2. 法庭调查

根据我国《刑事诉讼法》和《最高人民法院关于适用〈中华人民共和国刑事诉讼法〉的解释》的相关规定，法庭调查的一般步骤和程序如下：

（1）公诉人宣读起诉书。审判长宣布法庭调查开始后，首先由公诉人宣读起诉书；有附带民事诉讼的，再由附带民事诉讼的原告人或者其诉讼代理人宣读附带民事诉状。

（2）被告人、被害人陈述。在审判长主持下，被告人、被害人可以就起诉书指控的犯罪事实分别陈述。这种陈述均应限于各自所掌握的证据以及根据这些证据可以得出的结论，而不是辩论性质的。

（3）讯问被告人、向当事人发问。在审判长主持下，公诉人可以就起诉书指控的犯罪事实讯问被告人。经审判长准许，被害人及其法定代理人、诉讼代理人可以就公诉人讯问的犯罪事实补充发问；附带民事诉讼原告人及其法定代理人、诉讼代理人可以就附带民事部分的事实向被告人发问；被告人的法定代理人、辩护人，附带民事诉讼被告人及其法定代理人、诉讼代理人可以在控诉一方就某一问题讯问完毕后向被告人发问。讯问同案审理的被告人，应当分别进行。必要时，可以传唤同案被告人等到庭对质。经审判长准许，控辩双方可以向被害人、附带民事诉讼原告人发问。审判人员可以讯问被告人。必要时，可以向被害人、附带民事诉讼当事人发问。

（4）询问证人、鉴定人。公诉人、当事人和辩护人、诉讼代理人经审判长许可，可以对证人、鉴定人发问。审判长认为发问的内容与案件无关的时候，应当制止。审判人员可以询问证人、鉴定人。

①证人证言必须在法庭上经过公诉人、被害人和被告人、辩护人双方质证并且查实以后，才能作为定案的根据。（《刑事诉讼法》第59条）

②公诉人、当事人或者辩护人、诉讼代理人对证人证言有异议，且该证人证言对案件定罪量刑有重大影响，人民法院认为证人有必要出庭作证的，证人应当出庭作证。人民警察就其执行职务时目击的犯罪情况作为证人出庭作证，适用前款规定。公诉人、当事人或者辩护人、诉讼代理人对鉴定意见有异议，人民法院认为鉴定人有必要出庭的，鉴定人应当出庭作证。经人民法院通知，鉴定人拒不出庭作证的，鉴定意见不得作为定案的根据。(《刑事诉讼法》第187条)

③经人民法院通知，证人没有正当理由不出庭作证的，人民法院可以强制其到庭，但是被告人的配偶、父母、子女除外。

证人没有正当理由拒绝出庭或者出庭后拒绝作证的，予以训诫，情节严重的，经院长批准，处以十日以下的拘留。被处罚人对拘留决定不服的，可以向上一级人民法院申请复议。复议期间不停止执行。(《刑事诉讼法》第188条)。根据《最高人民法院关于适用〈中华人民共和国刑事诉讼法〉的解释》第206条规定，证人具有下列情形之一，无法出庭作证的，人民法院可以准许其不出庭：在庭审期间身患严重疾病或者行动极为不便的；居所远离开庭地点且交通极为不便的；身处国外短期无法回国的；有其他客观原因，确实无法出庭的。具有前款规定情形的，可以通过视频等方式作证。

根据《最高人民法院关于适用〈中华人民共和国刑事诉讼法〉的解释》第207条规定，证人出庭作证所支出的交通、住宿、就餐等费用，人民法院应当给予补助。第209条规定，证人、鉴定人、被害人因出庭作证，本人或者其近亲属的人身安全面临危险的，人民法院应当采取不公开其真实姓名、住址和工作单位等个人信息，或者不暴露其外貌、真实声音等保护措施。

④证人作证，审判人员应当告知他要如实地提供证言和有意作伪证或者隐匿罪证要负的法律责任。(《刑事诉讼法》第189条)

(5) 出示与核实物证、书证及其他证据文书。《刑事诉讼法》第190条规定，公诉人、辩护人应当向法庭出示物证，让当事人辨认，对未到庭的证人的证言笔录、鉴定人的鉴定意见、勘验笔录和其他作为证据的文书，应当当庭宣读。审判人员应当听取公诉人、当事人和辩护人、诉讼代理人的意见。

(6) 出示、申请调取新证据。法庭审理过程中，当事人和辩护人、诉讼代理人有权申请通知新的证人到庭，调取新的物证，申请重新鉴定或者勘验。公诉人、当事人和辩护人、诉讼代理人可以申请法庭通知有专门知识的人出庭，就鉴定人作出的鉴定意见提出意见。法庭对于上述申请，应当作出是否同意的决定。有专门知识的人出庭，适用鉴定人的有关规定。审判人员根据具体情况，认为可能影响案件事实认定的，应当同意该申请，并宣布延期审理。

(7) 法庭调查核实存疑证据。法庭对证据有疑问的，可以告知公诉人、当事人及其法定代理人、辩护人、诉讼代理人补充证据或者作出说明；必要时，可以宣布休庭，对证据进行调查核实。人民法院调查核实证据，可以进行勘验、检查、查封、扣押、鉴定和查询、冻结。必要时，可以通知检察人员、辩护人到场。对公诉人、当事人及其法定代理人、辩护人、诉讼代理人补充的和法庭庭外调查核实取得的证据，应当经过当庭质证才能作为定案的根据。但经庭外征求意见，控辩双方没有异议的除外。

（8）量刑、证据事实的调查。法庭审理过程中，对与定罪、量刑有关的事实、证据都应当进行调查。人民法院除应当审查被告人是否具有法定量刑情节外，还应当根据案件情况审查以下影响量刑的情节：①案件起因；②被害人有无过错及过错程度，是否对矛盾激化负有责任及责任大小；③被告人的近亲属是否协助抓获被告人；④被告人平时表现，有无悔罪态度；⑤退赃、退赔及赔偿情况；⑥被告人是否取得被害人或者其近亲属谅解；⑦影响量刑的其他情节。

审判期间，合议庭发现被告人可能有自首、坦白、立功等法定量刑情节的，而人民检察院移送的案卷中没有相关证据材料的，应当通知人民检察院移送。

对被告人认罪的案件，在确认被告人了解起诉书指控的犯罪事实和罪名，自愿认罪且知悉认罪的法律后果后，法庭调查可以主要围绕量刑和其他有争议的问题进行。

对被告人不认罪或者辩护人作无罪辩护的案件，法庭调查应当在查明定罪事实的基础上，查明有关量刑事实。

3. 法庭辩论

《刑事诉讼法》第 193 条第 2 款规定，经审判长许可，公诉人、当事人和辩护人、诉讼代理人可以对证据和案件情况发表意见并且可以互相辩论。这表明，在法庭辩论中，控辩双方可以就案件事实、证据、法律适用等问题发表意见，展开全面的辩论。

（1）法庭辩论的时间。合议庭认为案件事实已经调查清楚的，应当由审判长宣布法庭调查结束，开始就定罪、量刑的事实、证据和适用法律等问题进行法庭辩论。

（2）法庭辩论的顺序。法庭辩论应当在审判长的主持下，按照下列顺序进行：公诉人发言；被害人及其诉讼代理人发言；被告人自行辩护发言；辩护人辩护发言；控诉双方进行辩论。在司法实践中，公诉人第一次发言通常称为发表公诉词，辩护人第一次发言称为发表辩护词。其后，第一轮辩论即告结束，接着开始第二轮、第三轮辩论，直至合议庭认为双方均已充分表明各自观点为止。附带民事诉讼部分的辩论应当在刑事诉讼部分的辩论结束后进行。先由附带民事诉讼原告人及其诉讼代理人发言，然后由被告人及其诉讼代理人答辩。

（3）量刑建议。人民检察院可以提出量刑建议并说明理由，量刑建议一般应当具有一定的幅度。当事人及其辩护人、诉讼代理人可以对量刑提出意见并说明理由。

（4）法官引导控辩双方的辩论。法庭辩论过程中，审判长应当充分听取控辩双方的意见，对控辩双方与案件无关、重复或者指责对方的发言应当提醒、制止。对被告人认罪的案件，法庭辩论时，可以引导控辩双方主要围绕量刑和其他有争议的问题进行。对被告人不认罪或者辩护人作无罪辩护的案件，法庭辩论时，可以引导控辩双方先辩论定罪问题，后辩论量刑问题。附带民事部分的辩论应当在刑事部分的辩论结束后进行，先由附带民事诉讼原告人及其诉讼代理人发言，后由附带民事诉讼被告人及其诉讼代理人答辩。

（5）辩论终结。合议庭、独任庭法官认为经过反复辩论，案情已经查明，罪责已经分清或者控辩双方的意见已经充分发表，审判长应当及时宣布辩论终结。

4. 被告人最后陈述

根据我国《刑事诉讼法》第 193 条规定，审判长在宣布辩论终结后，被告人有最后陈述的权利。被告人最后陈述是被告人的一项权利，应当成为一个独立的庭审阶段。根据相关司法解释规定，被告人最后陈述时还应强调：其一，审判长宣布法庭辩论终结后，合议庭应当保证被告人充分行使最后陈述的权利；其二，被告人在最后陈述中提出了新的事实、证据，合议庭认为可能影响正确裁判的，应当恢复法庭调查；如果被告人提出可信的辩解理由，合议庭认为确有必要的，可以恢复法庭辩论。

5. 评议与宣判

（1）案件评议。根据《刑事诉讼法》第 195 条的规定，被告人最后陈述后，审判长宣布休庭，合议庭进行评议。评议内容主要有：被告人是否有罪，构成何种罪，应否追究刑事责任；应否处刑，处以何种刑罚；有无从重、从轻、减轻或者免除刑罚的情节；附带民事诉讼如何解决；赃款、赃物如何处理等等。根据《刑事诉讼法》的规定，评议遵守的规则有：一是评议秘密进行；二是评议由审判长主持；三是表决实行少数服从多数原则；四是书记员只作记录，不参与讨论和表决。

（2）案件裁决。根据《刑事诉讼法》195 条和《最高人民法院关于适用〈中华人民共和国刑事诉讼法〉的解释》第 241 条的规定，评议后，合议庭应分别就案件情形作出如下裁决：①起诉指控的事实清楚，证据确实、充分，依据法律认定指控被告人的罪名成立的，应当作出有罪判决；②起诉指控的事实清楚，证据确实、充分，指控的罪名与审理认定的罪名不一致的，应当按照审理认定的罪名作出有罪判决；③案件事实清楚，证据确实、充分，依据法律认定被告人无罪的，应当判决宣告被告人无罪；④证据不足，不能认定被告人有罪的，应当以证据不足、指控的犯罪不能成立，判决宣告被告人无罪；⑤案件部分事实清楚，证据确实、充分的，应当作出有罪或者无罪的判决；对事实不清、证据不足部分，不予认定；⑥被告人因不满十六周岁，不予刑事处罚的，应当判决宣告被告人不负刑事责任；⑦被告人是精神病人，在不能辨认或者不能控制自己行为时造成危害结果，不予刑事处罚的，应当判决宣告被告人不负刑事责任；⑧犯罪已过追诉时效期限且不是必须追诉，或者经特赦令免除刑罚的，应当裁定终止审理；⑨被告人死亡的，应当裁定终止审理；根据已查明的案件事实和认定的证据，能够确认无罪的，应当判决宣告被告人无罪。具有前款第二项规定情形的，人民法院应当在判决前听取控辩双方的意见，保障被告人、辩护人充分行使辩护权。必要时，可以重新开庭，组织控辩双方围绕被告人的行为构成何罪进行辩论。

（3）宣判与送达。《刑事诉讼法》第 196、第 197 条规定，宣告裁决，一律公开进行。当庭宣告判决的，应当在 5 日以内将判决书送达当事人和提起公诉的人民检察院；定期宣告判决的，应当在宣告后立即将判决书送达当事人和提起公诉的人民检察院。判决书应当同时送达辩护人、诉讼代理人。判决书应当由审判人员和书记员署名，并且写明上诉的期限和上诉的法院。

6. 法庭审判笔录

《刑事诉讼法》第 201 条规定，法庭审判的全部活动，应当由书记员写成笔录，经审判长审阅后，由审判长和书记员签名。法庭笔录中的证人证言部分，应当当庭宣读或者交给证人阅读。证人在承认没有错误后，应当签名或者盖章。法庭笔录应当交给当事人阅读或者向他宣读。当事人认为记载有遗漏或者有差错的，可以请求补充或者改正。当事人承认没有错误后，应当签名或者盖章。

四、延期审理和中止审理

1. 延期审理

（1）延期审理的概念。

延期审理是指人民法院在已通知当事人、其他诉讼参与人和公告开庭审理日期后，或者是在开庭时，由于出现法定原因，而另定日期对案件进行审理的制度。延期审理只能发生在开庭审理阶段，延期审理前已进行的诉讼行为，对延期后的审理仍然有效。但延期的时间不计算在审理期限内。

（2）延期审理的情形。

根据《刑事诉讼法》第198条和最高人民检察院《人民检察院刑事诉讼规则》第455、471条规定，在法庭审判过程中，遇有下列情形之一，影响审判进行的，可以延期审理：①需要通知新的证人到庭，调取新的物证，重新鉴定或者勘验的；②检察人员发现提起公诉的案件需要补充侦查，提出建议的；③由于申请回避而不能进行审判的；④公诉人出示、宣读开庭前移送人民法院的证据以外的证据，或者补充、变更起诉，需要给予被告人、辩护人必要时间进行辩护准备的；⑤被告人、辩护人向法庭出示公诉人不掌握的与定罪量刑有关的证据，需要调查核实的；⑥公诉人对证据收集的合法性进行证明，需要调查核实的；⑦转为普通程序审理的案件，公诉人需要为出席法庭进行准备的，可以建议人民法院延期审理。

补充侦查延期审理的案件，人民检察院应当在一个月以内补充侦查完毕。

2. 中止审理

（1）中止审理的概念。

中止审理是指人民法院在受理案件后，作出判决之前，出现了某些使审判在一定期限内无法继续进行的情况时，决定暂时停止案件审理，待有关情形消失后，再行恢复审判的活动。

（2）中止审理的情形。

根据《刑事诉讼法》第200条规定，在审判过程中，有下列情形之一，致使案件在较长时间内无法继续审理的，可以中止审理：①被告人患有严重疾病，无法出庭的；②被告人脱逃的；③自诉人患有严重疾病，无法出庭，未委托诉讼代理人出庭的；④由于不能抗拒的原因。中止审理的原因消失后，应当恢复审理。中止审理的期间不计入审理期限。

五、法庭秩序

1. 法庭秩序的概念

法庭秩序是指，法院开庭审理案件时，所有的诉讼参与人和旁听人员都必须遵守的秩序和纪律。

2. 应当遵守的法庭秩序

根据《最高人民法院关于适用〈中华人民共和国刑事诉讼法〉的解释》第249条的规定，法庭审理过程中，诉讼参与人、旁听人员应当遵守以下纪律：

（1）服从法庭指挥，遵守法庭礼仪。

（2）不得鼓掌、喧哗、哄闹、随意走动。

（3）不得对庭审活动进行录音、录像、摄影，或者通过发送邮件、博客、微博客等方式传播庭审情况，但经人民法院许可的新闻记者除外。

（4）旁听人员不得发言、提问。

（5）不得实施其他扰乱法庭秩序的行为。

3. 违反法庭秩序及相应的法律后果

根据《刑事诉讼法》第194条的规定，在法庭审判过程中，如果诉讼参与人或者旁听人员违反法庭秩序的后果有以下四种：

（1）审判长应当警告制止。

（2）对不听警告制止的，可以强行带出法庭。

（3）情节严重的，处以一千元以下的罚款或者十五日以下的拘留。罚款、拘留必须经院长批准。被处罚人对罚款、拘留的决定不服的，可以向上一级人民法院申请复议。复议期间不停止执行。

（4）对聚众哄闹、冲击法庭或者侮辱、诽谤、威胁、殴打司法工作人员或者诉讼参与人，严重扰乱法庭秩序，构成犯罪的，依法追究刑事责任。

六、审理期限

根据《刑事诉讼法》第202条的规定，人民法院审理公诉案件，应当在受理后二个月以内宣判，至迟不得超过三个月。对于可能判处死刑的案件或者附带民事诉讼的案件，以及有本法第一百五十六条规定情形之一的，经上一级人民法院批准，可以延长三个月；因特殊情况还需要延长的，报请最高人民法院批准。

人民法院改变管辖的案件，从改变后的人民法院收到案件之日起计算审理期限。

人民检察院补充侦查的案件，补充侦查完毕移送人民法院后，人民法院重新计算审理期限。

第三节 自诉案件的第一审程序

一、自诉案件的概念和范围

1. 自诉案件的概念

自诉案件是相对于公诉案件而言的，指被害人或其法定代理人、近亲属为追究被告人的刑事责任，直接向人民法院提起诉讼，由人民法院受理的刑事案件。

2. 自诉案件的范围

根据《刑事诉讼法》第204条的规定，自诉案件主要包括三类案件。

（1）告诉才处理的案件。这类案件包括侮辱、诽谤案，暴力干涉婚姻自由案，虐待案，侵占案等。

（2）被害人有证据证明的轻微刑事案件。被害人有证据证明的轻微刑事案件是指犯罪较轻处罚，如拘役、管制、单处罚金、3年以下有期徒刑的案件。这类案件包括轻伤害案件，非法侵入住宅案，侵犯通讯自由案，重婚案，遗弃案，生产、销售伪劣商品案等等，对被告人可能判处3年有期徒刑以下刑法的案件。

（3）被害人有证据证明对被告人侵犯自己人身、财产权利的行为应当依法追究刑事责任，而公安机关或者人民检察院不予追究被告人刑事责任的案件。

二、自诉的提起

1. 提起自诉的主体

根据《刑事诉讼法》第204条和《最高人民法院关于适用〈中华人民共和国刑事诉讼法〉的解释》第260条的规定提起自诉的主体包括以下两种：

（1）刑事被害人。

（2）被害人的法定代理人、近亲属。

如果被害人死亡、丧失行为能力或者因受强制、威吓等无法告诉，或者是限制行为能力人以及因年老、患病、盲、聋、哑等不能亲自告诉，其法定代理人、近亲属告诉或者代为告诉的，人民法院应当依法受理。

被害人的法定代理人、近亲属告诉或代为告诉，应当提供与被害人关系的证明和被害人不能亲自告诉的原因的证明。

2. 提起自诉的条件

（1）自诉必须由被害人及其法定代理人或近亲属提起。

（2）自诉要有明确的被告人。

（3）案件属于人民法院直接受理了的范围。

（4）自诉必须在追诉时效期限内提起。

（5）属于受诉人民法院管辖。

（6）有具体的诉讼请求和能证明被告人犯罪事实的证据。

（7）对于公诉转自诉案件还应符合公安机关或人民检察院不予以追究被告人刑事责任的条件。

3. 提起自诉的程序

（1）根据《最高人民法院关于适用〈中华人民共和国刑事诉讼法〉的解释》第 261 条的规定，提起自诉应当提交刑事自诉状；同时提起附带民事诉讼的，应当提交刑事附带民事自诉状。

自诉状应当包括以下内容：自诉人（代为告诉人）和被告人的姓名、性别、年龄、民族、出生地、文化程度、职业、工作单位、住址、联系方式；被告人实施犯罪的时间、地点、手段、情节和危害后果等；具体的诉讼请求；致送的人民法院和具状时间；证据的名称、来源；证人的姓名、住址、联系方式等。对两名以上被告人提出告诉的，应当按照被告人的人数提供自诉状副本。

（2）对于符合起诉条件的，人民法院应决定立案，并书面通知自诉人或代为告诉人。

三、自诉案件的受理、审查程序

根据《刑事诉讼法》第 205 条和《最高人民法院关于适用〈中华人民共和国刑事诉讼法〉的解释》第 263 至第 267 条的规定，人民法院对于自诉案件进行审查后，按照下列情形分别处理：

1. 犯罪事实清楚，有足够证据的案件，应当开庭审判

对自诉案件，人民法院应当在十五日内审查完毕。经审查，符合受理条件的，应当决定立案，并书面通知自诉人或者代为告诉人。

2. 缺乏罪证的自诉案件，如果自诉人提不出补充证据，应当说服自诉人撤回自诉，或者裁定驳回

发现具有下列情形之一的，应当说服自诉人撤回起诉；自诉人不撤回起诉的，裁定不予受理：

（1）不属于本解释第一条规定的案件的。

（2）缺乏罪证的。

（3）犯罪已过追诉时效期限的。

（4）被告人死亡的。

（5）被告人下落不明的。

（6）除因证据不足而撤诉的以外，自诉人撤诉后，就同一事实又告诉的。

（7）经人民法院调解结案后，自诉人反悔，就同一事实再行告诉的。

自诉人撤回起诉或者被驳回起诉后，又提出了新的足以证明被告人有罪的证据，再次提起自诉的，人民法院应当受理。

3. 与自诉案件受理有关其他事项

根据《最高人民法院关于适用〈中华人民共和国刑事诉讼法〉的解释》第 266 条的规

定，自诉人明知有其他共同侵害人，但只对部分侵害人提出自诉的，人民法院应当受理，并告知自诉人对其他侵害人放弃告诉权利的法律后果。判决宣告后，自诉人又对其他共同侵害人就同一事实提出自诉的，人民法院不在受理。共同被害人中只有部分人告诉的，人民法院应当通知其他被害人参加诉讼。被通知人接到通知后表示不参加诉讼，人民法院不予受理。但当事人另行提起民事诉讼的，不受该解释限制。

四、自诉案件审理程序的特点

根据《刑事诉讼法》第 205、第 206、第 207 条的规定，自诉案件的第一审程序具有以下特点：

（1）对于告诉才处理，被害人有证据证明的轻微刑事案件，可以进行调解。

（2）自诉案件在审理过程中，宣告判决前，自诉人可以同被告人自行和解或撤回自诉。经两次合法传唤，自诉人无正当理由拒不到庭的，或者未经法庭许可中途退庭的，应当按撤诉处理。自诉人是两人以上的，其中部分人撤诉，不影响案件的继续审理。

（3）自诉案件的被告人在诉讼过程中可以对自诉人提起反诉。此种反诉指刑事反诉，即自诉案件的被告人作为被害人控告自诉人犯有与本案有牵连的犯罪行为并要求追究其刑事责任的诉讼请求。反诉须具备三个条件：一是反诉的被告人必须是本案的自诉人；二是反诉的案件必须与本案有牵连；三是反诉的内容必须是属于人民法院直接受理的案件。反诉适用自诉的规定，人民法院原则上应将反诉与自诉合并审理。自诉人撤诉不影响对反诉的继续审理。

（4）可以独任审判。基层人民法院管辖的自诉案件，符合《刑事诉讼法》第 208 条的规定时，可以适用简易程序审判。

五、自诉案件审理期限

根据《刑事诉讼法》第 206 条第 2 款的规定，人民法院审理自诉案件的期限，被告人被羁押的，适用《刑事诉讼法》第 202 条第 1、2 款的规定；未被羁押的，应当在受理后 6 个月以内宣判。

第四节　简易程序

一、刑事简易程序的概念

刑事简易程序是指第一审程序中的基层人民法院在审理某些简单、轻微的刑事案件时所依法适用的，较普通程序相对简化的程序。

二、刑事简易程序特点

1. 刑事简易程序只能在一审程序中适用

在司法实践中第一审普通程序的适用率较之第二审程序、死刑复核程序和审判监督程序要高得多，因此，对第一审普通程序进行更多的简化对于提高办案效率具有更重要的意义。

2. 只有基层人民法院才适用简易程序

根据《刑事诉讼法》第 208 条规定的案件适用范围和《刑事诉讼法》第一编第二章关于管辖的规定，适用简易程序的简单、轻微案件属于基层人民法院的受案范围。

3. 部分案件可以实行独任制

根据《刑事诉讼法》第 210 条的规定，适用简易程序审理案件，对可能判处 3 年有期徒刑以下刑罚的，可以组成合议庭进行审判，也可以由审判员一人独任审判；对可能判处的有期徒刑超过 3 年的，应当组成合议庭进行审判。

4. 审判程序相对灵活

《刑事诉讼法》第 212、第 213 条规定，适用简易程序审理案件，经审判人员许可，被告人及其辩护人可以同公诉人、自诉人及其诉讼代理人相互辩论。适用简易程序审理案件，不受本章第一节关于送达期限、讯问被告人、询问证人、鉴定人、出示证据、法庭辩论程序规定的限制。但在判决宣告前应当听取被告人的最后陈述意见。

5. 案件审结快速

刑事简易程序的最大的特点就是审理速度快，审理期限大幅度缩短。根据《刑事诉讼法》第 214 条的规定，适用简易程序审理案件，人民法院应当在受理后 20 日以内审结；对可能判处的有期徒刑超过 3 年的，可以延长至一个半月。

三、简易程序的适用范围

1. 可以适用简易程序的案件

根据《刑事诉讼法》第 208 条的规定，基层人民法院管辖的案件，符合下列条件的，可以适用简易程序审判：

（1）案件事实清楚、证据充分的。

（2）被告人承认自己所犯罪行，对指控的犯罪事实没有异议的。

（3）被告人对适用简易程序没有异议的。

人民检察院在提起公诉的时候，可以建议人民法院适用简易程序。

2. 不适用简易程序的案件

根据《刑事诉讼法》第 209 条的规定和《最高人民法院关于适用〈中华人民共和国刑事诉讼法〉的解释》第 290 条的规定具有下列情形不适用简易程序：

（1）被告人是盲、聋、哑人。

（2）被告人是尚未完全丧失辨认或者控制自己行为能力的精神病人。

（3）有重大社会影响的。

（4）共同犯罪案件中部分被告人不认罪或者对适用简易程序有异议的。

（5）辩护人作无罪辩护的。

（6）被告人认罪但经审查认为可能不构成犯罪的。

（7）不宜适用简易程序审理的其他情形。

四、简易程序转化为普通程序

根据《刑事诉讼法》第 215 条的规定，人民法院在审理过程中，发现不宜适用简易程序的，应当按第一审普通程序重新审理。重新审理的理由一般包括以下三个方面：一是存在事实不清，证据不足的情况，需要作详细调查，或者案件事实、证据存在较大争议的；二是依法可能判处 3 年以上有期徒刑，不能在 20 日内审结的；三是存在《刑事诉讼法》规定的延期审理、中止审理情形的，如人民检察院发现被告人有新的犯罪事实，需要追加起诉的。根据最高人民法院、最高人民检察院、司法部《关于适用简易程序审理公诉案件的若干意见》第 11 条的规定，转为普通程序重新审理的公诉案件，人民法院应当在 3 日内将全案卷宗和证据材料退回人民检察院。人民检察院应当在收到上述材料后 5 日内按照普遍程序审理公诉案件的法定要求，向人民法院移送有关材料。

第五节 判决、裁定和决定

一、判决

1. 判决的概念

判决是人民法院对案件的实体问题所作的处理和决定。刑事判决解决的是认定犯罪事实、确定罪名以及量刑这样的实体问题，因而它是人民法院代表国家行使审判权的主要体现。

2. 判决的种类

刑事判决分为有罪判决和无罪判决两种。有罪判决表现为有罪处刑和有罪免刑，前者指既要认定事实、确定罪名，也要确定刑罚；后者指只认定事实、确定罪名而不判处刑罚。无罪判决是指人民法院依据《刑事诉讼法》第 195 条第 2、3 项规定作出的两种判决。无罪和免除刑罚判决一经宣判，就应该释放在押被告人。

3. 判决的特点

（1）强制性。判决的强制性是指判决一经发生法律效力，就要按照它的内容强制执行，并以监狱、警察等国家机器作为后盾。我国刑法明确规定抗拒执行生效判决是犯罪行为，要根据情节之轻重追究行为人刑事责任。

(2) 稳定性。判决的稳定性是指生效的判决不能随意变更和撤销。如果发现判决在认定事实、适用法律上确有错误，当事人、法定代理人或近亲属，可以向人民法院或人民检察院提出申诉，由人民法院通过审判监督程序予以变更或撤销。非经法定程序，任何机关、团体和公民均无权变更和撤销生效判决。

(3) 排他性。判决的排他性是指人民法院对同一案件的同一事实，只能作出一个生效判决，当事人和人民检察院对判决所确定的事实，不能以同一理由和根据再行起诉，任何人民法院也不得对已经生效的判决再次受理，再次审判。也就是说，一个案件不能有两个结论，两个生效的判决。

4. 判决书

××省××市人民法院第一审刑事判决书

(2010) ××刑初字第××号

公诉机关××省××市人民检察院。

被告人张某，男，1984 年 10 月 29 日出生于××省××市，汉族，初中文化，无业，现住××市××镇某小区 3 号楼 4 单元 302 室。因本案于 2010 年 2 月 26 日被××市公安局取保候审。

辩护人金某，××律师事务所律师。

××市人民检察院以××刑诉 (2010) 68 号起诉书指控被告人张某犯故意伤害罪，于 2010 年 4 月 16 日向本院提起公诉。本院于同日立案。在诉讼过程中，附带民事诉讼原告人向本院提起民事告诉。本案经本院院长批准延长审限两个月。本院依法组成合议庭，公开开庭审理了本案。××市人民检察院指派检察员李某、陈某出庭支持公诉，被告人张某及其辩护人金某到庭参加诉讼。现已审理终结。

XX 市人民检察院指控：2010 年 2 月 16 日 14 时 30 分许，李某因其母亲王某某与被告人张某发生纠纷之事找其理论发生争执，后相互发生厮打，在厮打过程中被告人张某用西瓜刀将王某某左腕部砍伤。经法医鉴定，伤者王某某左腕部损伤为人体轻伤。公诉机关认为，被告人张某的行为触犯了《中华人民共和国刑法》第二百三十四条之规定，应当以故意伤害罪追究其刑事责任。故提起公诉，请依法判处。

被告人张某对公诉机关指控的上述犯罪事实没有异议。其辩护人辩护意见：本案起因上李某有过错，被告人张某平时表现好，已对被害人赔偿，对被告人张某从轻处罚。

经审理查明：2010 年 2 月 16 日 14 时 30 分许，李某因其母亲王某某与被告人张某发生纠纷之事找张某理论并发生争执，后相互发生厮打，在厮打过程中被告人张某用西瓜刀将王某某左腕部砍伤。经法医鉴定，伤者王某某左腕部损伤为人体轻伤。(本案的民事赔偿部分，双方已达成调解协议，已实际履行。)

上述事实，有公诉机关提交的并经当庭质证、认证的下列证据可以证明：

1. 被告人张某供述其用西瓜刀将王某某左腕部砍伤的事实。

2. 被害人王某某陈述自己被张某用西瓜刀砍伤的事实。

3. 证人赵某、钱某、孙某均证实张某用西瓜刀将王某某砍伤的事实。

4. ××市人民医院法医司法鉴定所鉴定书，证实伤者王某某左腕部损伤为人体轻伤。

5. 案件来源、抓捕经过等证据材料，证实本案相关情况。

本院认为：被告人张某持械故意伤害他人身体，致人轻伤，其行为已构成故意伤害罪。××市人民检察院指控罪名成立。被告人张某到案后认罪、悔罪，积极主动赔偿被害人的经济损失，应对其酌情予以从轻处罚。故依据《中华人民共和国刑法》第二百三十四条一款之规定，判决如下：

被告人张某犯故意伤害罪，判处管制二年。（管制的刑期，从判决执行之日起计算；判决执行以前先行羁押的，羁押一日折抵刑期二日。）

如不服本判决，可于接到判决书之次日起十日内，通过本院或者直接向××省××市中级人民法院提出上诉，书面上诉的，应当提交上诉状正本一份，副本二份。

审判长 × ×

审判员 ×××

审判员 ×××

二〇一〇年六月四日

（院印）

本件与原件核对无异。

书记员 × ×

二、裁定

1. 裁定的概念

裁定是人民法院在审理案件过程和判决执行过程，对诉讼程序问题和部分实体问题所作的决定。

2. 裁定与判决的区别

（1）适用对象不同。裁定既可以解决程序问题也可以解决实体问题。例如，对于执行期间依法减刑、假释实体问题的裁定。对驳回自诉、维持原判程序问题的裁定；判决解决的是案件的实体问题。

（2）适用范围不同。裁定发生于诉讼的各个阶段，一个案件可能有多个裁定；判决则在案件审理终结时作出，包括第一审、第二审和依审判监督程序再审终结时适用。

（3）适用方式。裁定可以采用书面和口头两种形式；判决必须用书面形式。

（4）期限不同。裁定上诉、抗诉期限为5日；判决上诉、抗诉期限为10日。

3. 裁定书只有人民法院才可以作出（附：人民法院刑事裁定书样式）

刑事裁定书（二审维持原判决用）

__________人民法院

刑事裁定书

（）______刑终字第______号

原公诉机关：__________人民检察院

上诉人（原审被告人）____________（写明姓名、性别、出生年月日、民族、籍贯、职业或工作单位和职务、住址和因本案所受强制措施情况等，现在何处）

辩护人＿＿＿＿＿＿＿＿＿（写明姓名、性别、工作单位和职务）

＿＿＿＿＿人民法院审理被告人＿＿＿＿＿＿（写明姓名和案由）一案，于＿＿＿＿年＿＿＿＿月＿＿＿＿日作出（＿＿＿＿）＿＿＿刑初字第＿＿＿＿号刑事判决。被告人＿＿＿＿不服，提出上诉。本院依法组成合议庭，公开（或不公开）开庭审理了本案。＿＿＿＿＿人民检察院检察长（或员）＿＿＿＿＿出庭支持公诉，上诉人（原审被告人）＿＿＿＿及其辩护人＿＿＿＿、证人＿＿＿＿等到庭参加诉讼。本案现已审理终结（未开庭的改为："本院依法组成合议庭审理了本案，现已审理终结"）。

＿＿＿＿＿＿＿＿＿＿（首先概述原判决的基本内容，其次写明上诉、辩护的主要意见，再次写明检察院在二审提出的新意见）。

经审理查明，＿＿＿＿＿＿＿＿＿＿（肯定原判决认定的事实、情节是正确的，证据确凿、充分。如果上诉、辩护等对事实、情节提出异议，应予重点分析否定）。

本院认为，＿＿＿＿＿＿＿＿＿＿（根据二审确认的事实、情节和有关法律规定，分析、批驳上诉、辩护等对原判决定罪量刑方面的主要意见和理由，论证原审判决结果的正确性）。依照＿＿＿＿＿＿＿＿＿＿（写明裁定所依据的法律条款项）的规定，裁定如下：

驳回上诉，维持原判。

本裁定为终审裁定。

审判长：＿＿＿＿＿＿＿＿

审判员：＿＿＿＿＿＿＿＿

审判员：＿＿＿＿＿＿＿＿

＿＿＿＿年＿＿＿＿月＿＿＿＿日

（院印）

本件与原本核对无异

书记员：＿＿＿＿＿＿＿＿

三、决定

1. 决定的概念

决定是人民法院在诉讼过程中依法所作的有关诉讼程序问题的一种处理方式。

2. 决定的适用范围

（1）解决申请回避问题。

（2）适用各种强制措施或变更强制措施。

（3）延长侦查中羁押犯罪人的期限。

（4）在庭审过程中，解决当事人和辩护人、诉讼代理人的申请，通知新的证人到庭，调取新的物证，申请重新鉴定或者勘验等。

（5）关于延期审理。

3. 决定和裁定的区别

（1）适用范围不同。决定用于处理某些特定事项；裁定用于处理程序性的问题。

(2) 生效时间不同。绝大多数决定一经作出立即生效，不允许上诉和抗诉。某些决定，为保护当事人合法权益，纠正可能出现的错误，法律允许当事人申请复议一次。一审裁定在作出以后，在上诉、抗诉期限内当事人可以上诉、抗诉

(3) 裁定一般适用书面形式，少数情况下适用口头形式；而决定一般情况下使用口头形式，少数情况下使用书面形式。

(4) 作用不同。决定的主要作用在于排除诉讼中的障碍；裁定的主要作用在于指挥诉讼活动，推进诉讼的进程。

4. 决定书（附：人民检察院刑事不起诉决定书样式）

××区人民检察院

不起诉决定书

×检刑不诉（××××）×号

被不起诉人刘富贵，男，48岁，×年×月×日生，××省×县人，汉族，小学文化程度，×工厂工人，住×市×区×街×号，身份证号码……2000年×月×日，因涉嫌盗窃，被××区公安局逮捕。

辩护人孙某，某律师事务所律师。

被不起诉人刘××涉嫌盗窃一案，于某年某月某日，由某某公安局侦查终结向本院移送起诉。

经本院依法审查查明：

2000年7月5日下午，刘富贵在某施工现场工作时，发现在工地右侧一个不被人注意的角落里有一些建筑材料，遂起歹意。当晚12时许，乘着看守工地的人看电视之际，刘富贵带着儿子刘胜将工地10根方木偷到事先停放在围墙边的平板车上。正当准备逃走之际，被巡逻的警察发现。所盗方木价值人民币560元。案发后赃物已缴回并返还被害人。

本院认为，被不起诉人刘××的盗窃建筑材料的行为，情节显著轻微，危害不大，不认为是犯罪。依据《中华人民共和国刑事诉讼法》第十五条第一项和第一百四十二条第一款的规定，决定对刘富贵不起诉。

被不起诉人王××如果不服不起诉决定，可以自收到本决定书后七日内向人民检察院申诉。(只有酌定不起诉的案件写这一自然段)

被害人如果不服不起诉决定，可以自收到本决定书后七日以内向上一级人民检察院申诉，请求提起公诉。被害人也可以不经申诉，直接向人民法院起诉。

×××人民检察院

检察长：×××

×年×月×日

（院印）

【导例评析】

本案中人民法院所做的工作（1）、（2）、（3）、（4）项均有错误。

根据《刑事诉讼法》第178条第1款的规定，基层人民法院、中级人民法院审判第一审案件，应当由审判员三人或者由审判员和人民陪审员三人组成合议庭进行。合议庭的成

员人数应当是单数。本案中合议庭由 1 名审判人员和 3 名人民陪审员组成，合议庭人员是双数。因此，人民法院所做的（1）是错误的。

根据《刑事诉讼法》第 182 条第 1 款的规定，人民法院决定开庭审判后，应当确定合议庭的组成人员，将人民检察院的起诉书副本至迟在开庭十日以前送达被告人及其辩护人。本案中人民法院在开庭前 9 日将起诉书副本送达被告人。因此，人民法院所做的（2）是错误的。

根据《刑事诉讼法》第 182 条第 3 款的规定，人民法院确定开庭日期后，应当将开庭的时间、地点通知人民检察院，传唤当事人，通知辩护人、诉讼代理人、证人、鉴定人和翻译人员，传票和通知书至迟在开庭三日以前送达。本案中人民法院在开庭前 2 日才通知人民检察院，而且在开庭前 2 日给当事人、证人、鉴定人送达传票和通知书。因此，本案中人民法院所做（3）和（4）也是违反法律规定的。

此外，本案中人民法院还需作做的工作有，公开审判的案件，在开庭 3 日以前先期公布案由、被告人姓名、开庭时间和地点。对于被告人未委托辩护人的，告知被告人可以委托辩护人，或者在必要的时候指定承担法律援助义务的律师为其提供辩护。

【实务训练】

某市公安局于 2011 年 4 月 4 日对吴某（男，22 岁）、詹某（男，17 岁）故意杀人一案立案侦查。经侦查查明，刘某、张某实施犯罪事实清楚，依法应当追究刑事责任。吴某、詹某杀人案于 2011 年 5 月 30 日侦查终结，移送市人民检察院审查起诉。市人民检察院经审查后，认为该案部分事实、证据尚需补充侦查，遂退回市公安局补充侦查。补充侦查完毕，再次移送市人民检察院。市人民检察院认为事实清楚、证据充分，遂向市人民法院提起公诉。

法院在审理过程中，被告人吴某当庭拒绝法院通知法律援助机构为其指派的辩护人为其辩护，要求自行委托辩护人；詹某拒绝其自行委托的辩护人为其辩护，要求法律援助机构为其指派一辩护人。合议庭经研究，同意二被告的请求，并宣布延期审理。重新开庭后，詹某在最后陈述中提出，其参与杀人是因为害怕吴某报复，所以以前一直不敢说，并提出了可以证明其被胁迫参与杀人的证人的姓名，希望法院从轻判处。

法庭经审理后认为，被告人詹某、吴某构成故意杀人罪，后果严重。根据刑法有关规定，判处吴某死刑，缓期 2 年执行；判处詹某有期徒刑 10 年。一审判决后，吴某不服，以量刑过重为由向上一级人民法院提出上诉，詹某未上诉，市人民检察院亦未抗诉。问：人民检察院在审查起诉期间退回补充侦查的案件，公安机关应在多长时间内补充侦查完毕？人民检察院在审查起诉期间认为案件需要补充侦查时，是否可以不退回补充侦查，而由人民检察院自行侦查？重新开庭后，如果吴某再次拒绝自行委托的辩护人为其辩护，合议庭如何处理？重新开庭后，如果詹某又提出拒绝法律援助机构为其指定的辩护人为其辩护，合议庭应如何处理？对于詹某在最后陈述中提出其害怕报复的事实，合议庭应如何处理？吴某直接向二审法院上诉，二审法院应如何处理？假如吴某在上诉期内撤回上诉，一审判决从何时生效？假如本案受害人对一审判决不服，应在多长时间请求人民检察院提出抗诉？人民检察院应如何处理？

资料来源：中央警官学院，刑事诉讼法练习题，78页。

【评析】

人民检察院在审查起诉期间退回补充侦查的案件，公安机关应在一个月内补充侦查完毕。根据《刑事诉讼法》第171条第3款的规定，对于退回公安机关补充侦查的案件，应当在一个月以内补充侦查完毕。补充侦查以二次为限。

人民检察院在审查起诉期间认为案件需要补充侦查时，可以由人民检察院自行侦查。根据《刑事诉讼法》第171条第2款的规定，人民检察院审查案件，对于需要补充侦查的，可以退回公安机关补充侦查，也可以自行侦查。

合议庭应不予准许。根据《刑事诉讼法》第34条第3款的规定，犯罪嫌疑人、被告人可能被判处无期徒刑、死刑，没有委托辩护人的，人民法院、人民检察院和公安机关应当通知法律援助机构指派律师为其提供辩护。本案中吴某因故意杀人可能被判处死刑。因此，当被告人吴某再次当庭拒绝法律援助机构为其指定的律师为其辩护，要自行辩护时，法庭不予以准许。

合议庭不予准许。根据《刑事诉讼法》第267条的规定，未成年犯罪嫌疑人、被告人没有委托辩护人的，人民法院、人民检察院、公安机关应当通知法律援助机构指派律师为其提供辩护。本案中詹某属于未成年人，重新开庭后，如果詹某又提出拒绝法律援助机构为其指定的辩护人为其辩护，合议庭不予以准许。

合议庭应当恢复法庭调查。根据《最高人民法院关于适用〈中华人民共和国刑事诉讼法〉的解释》第234条的规定，法庭辩论过程中，合议庭发现与定罪、量刑有关的新的事实，有必要调查的，审判长可以宣布暂停辩论，恢复法庭调查，在对新的事实调查后，继续法庭辩论。本案中被告人詹某在最后陈述中提出，其参与杀人是因为害怕吴某报复，所以以前一直不敢说，并提出了可以证明其被胁迫参与杀人的证人的姓名，这属于与量刑有关的新的事实，有必要调查。所以，合议庭应恢复法庭调查。

二审法院应在3日内将上诉状交原审法院送交同级人民检察院。根据《刑事诉讼法》第220条第2款的规定，被告人、自诉人、附带民事诉讼的原告人和被告人直接向第二审人民法院提出上诉的，第二审人民法院应当在三日以内将上诉状交原审人民法院送交同级人民检察院和对方当事人。

在上诉期满之日起生效。

人民检察院应自收到判决书后5日内请求人民检察院提出抗诉。人民检察院自收到请求后5日内，应当作出是否抗诉的决定并答复请求人。根据《刑事诉讼法》第218条规定，被害人及其法定代理人不服地方各级人民法院第一审的判决的，自收到判决书后五日以内，有权请求人民检察院提出抗诉。人民检察院自收到被害人及其法定代理人的请求后五日以内，应当作出是否抗诉的决定并且答复请求人。

【司考真题】

1. 按照我国《刑事诉讼法》的规定，关于法庭审理活动先后顺序的排列，下列哪一

选项的组合是正确的？（　　）（2008/二/38/单选）

①宣读勘验笔录；②公诉人发表公诉词；③讯问被告人；④询问证人、鉴定人；⑤出示物证；⑥被告人最后陈述

A. ②③⑤④①⑥　　B. ③④⑤①②⑥

C. ②④⑤①⑥③　　D. ③④①⑤②⑥①

2. 下列哪一选项属于刑事诉讼中适用中止审理的情形？（　　）（2012/二/31 单选）

A. 由于申请回避而不能进行审判的

B. 需要重新鉴定的

C. 被告人患有严重疾病，长时间无法出庭的

D. 检察人员发现提起公诉的案件需要补充侦查，提出建议的

【拓展与反思】

证人出庭制度的重大变革

审判程序作为2012年《刑事诉讼法》修改的重点得到了全方位的完善，其中变革较大的一点就是证人出庭制度的变革。

本次修改《刑事诉讼法》时将完善证人出庭制度作为重点之一，主要体现在以下几个方面：

第一，明确规定了证人（包括鉴定人）应当出庭作证的范围。修改后的《刑事诉讼法》第187条分三款对此问题进行了规定。其中，第1款规定，公诉人、当事人或者辩护人、诉讼代理人对证人证言有异议，且该证人证言对案件定罪量刑有重大影响，人民法院认为证人有必要出庭作证的，证人应当出庭作证。第2款规定，人民警察就其执行职务时目击的犯罪情况作为证人出庭作证，适用前款规定。第3款规定，公诉人、当事人或者辩护人、诉讼代理人对鉴定意见有异议，人民法院认为鉴定人有必要出庭的，鉴定人应当出庭作证。经人民法院通知，鉴定人拒不出庭作证的，鉴定意见不得作为定案的根据。这样规定，既可以保证刑事审判最低限度的公正，又突出了审判的重心，节省了司法资源，在司法实践中具有可操作性。

第二，确立了强制作证制度。根据修改后的《刑事诉讼法》第188条的规定，证人没有正当理由不出庭作证的，人民法院可以强制其到庭，对于情节严重的可处以10日以下的拘留。强制作证制度的建立体现了证人作证的国家义务观，有利于减轻证人对于作证会得罪他人的心理负担。

第三，设立了有限的证人出庭作证豁免制度。根据修改后的《刑事诉讼法》第188条的规定，作为强制作证制度的例外，不得强制被告人的配偶、父母、子女出庭作证。因亲属关系而免除作证的义务不仅是许多国家的做法，也是我国古代法律文化中的一块瑰宝。设立这一制度的根本目的，在于维护家庭成员之间必要的伦理和亲情价值。

第四，对特定案件增设了证人保护制度。根据修改后的《刑事诉讼法》第62条的规定，对于危害国家安全犯罪、恐怖活动犯罪、黑社会性质的组织犯罪、毒品犯罪等案件，证人、被害人因在诉讼中作证，本人或者其近亲属的人身安全面临危险的，人民法院、人民检察院和公安机关应当采取一项或者多项保护措施。同时还赋予了证人、被害人请求保

护的申请权，规定，证人、被害人认为因在诉讼中作证，本人或者其近亲属的人身安全面临危险的，可以向人民法院、人民检察院和公安机关请求予以保护。证人保护制度作为证人出庭作证的保障性机制，殊为必要，只有如此，才能从根本上解除证人作证的后顾之忧。但考虑到我国目前的现实国力，在所有案件中全面实行证人保护很难做到，在上述容易出现报复证人的案件中实行证人保护，不失为一种理性选择。笔者相信，随着国家经济的发展，国家财力的增强，证人保护的范围还将逐步扩大。

第五，完善了证人作证的补偿制度。修改后的《刑事诉讼法》第 63 条第 1 款规定，证人因履行作证义务而支出的交通、住宿、就餐等费用，应当给予补助。证人作证的补助列入司法机关业务经费，由同级政府财政予以保障。第 2 款规定，有工作单位的证人作证，所在单位不得克扣或者变相克扣其工资、奖金及其他福利待遇。证人作证补偿制度在司法实践中已经实行，问题的关键不在于要不要给予补偿，而在于由谁来补偿。《刑事诉讼法》中上述规定的核心在于，将证人作证补偿列入国家财政保障体系，这就为作证补偿制度的有效运行，提供了更加坚实的基础。

第六，规定了专家辅助人制度。根据修改后的《刑事诉讼法》第 192 条第 2 款的规定，公诉人、当事人和辩护人、诉讼代理人可以申请法庭通知有专门知识的人出庭，就鉴定人作出的鉴定意见提出意见。法庭对于上述申请，应当作出是否同意的决定。严格说来，专家辅助人并不是证人，而是就鉴定意见提出意见的人。但专家辅助人出庭制度的设立可以弥补控辩双方对案件中某些专门性问题认识能力之不足，更好地发挥法庭审判中对鉴定意见的质证效果，对于法庭在鉴定意见的采信上也必将发挥重要作用。其制度性功能和价值可与证人出庭作证制度相提并论。

总之，上述各项规定，充分体现了证人作证的国家义务观，解除了证人作证的压力和后顾之忧，保障了证人作证的经济利益。这些规定的出台，对于解决司法实践中证人出庭率过低的现象必将发挥作用，有利于提高法庭审理中质证的质量和效果，有利于保证案件事实的准确查明，有利于保障对抗式庭审方式的有效运转。

第十六章　刑事审判第二审程序

【导读案例】张某违章驾驶冲撞公交站台，该市中级人民法院以危险方法危害公共安全罪判处张某死刑，缓期二年执行，剥夺政治权利终身。张某不服一审判决提出上诉。在二审中，张某称“一审判决定性不准、量刑过重”，请求改判，减轻处罚。而公诉人认为一审定性准确；但量刑上存在偏轻，因为一审判决作出后，公诉机关未提起抗诉，根据我国刑法规定，上诉不能加刑。因此，建议二审法院驳回上诉，维持原判。

问：本案二审中公诉人的意见是否正确，二审法院能否采纳公诉人的意见？

资料来源：乌鲁木齐审判，2013（3），34页。

【重点、难点】第二审程序的概念、特征；提起二审程序的原因、主体、期限、理由；第二审程序审判的原则。

第一节　第二审程序的概述

一、第二审程序的概念和特征

所谓刑事审判第二审程序，是指第一审人民法院的上一级人民法院根据上诉人的上诉或人民检察院的抗诉，依法对第一审人民法院的判决或裁定尚未发生法律效力的案件进行重新审判的程序。第二审程序以第一审程序为基础，又是独立的审判程序，其任务是审查并纠正第一审程序中的实体错误或程序错误。第二审程序虽然仍是普通程序，但并不是第一审程序的自动延伸、自然发展，更不是刑事案件审判的必经程序。因此，在理解第二审程序时，应注意以下几点：

（1）第二审程序不是审理刑事案件的必经程序。

（2）不能将第二审程序简单等同于对同一案件进行第二次审理的程序。

（3）除基层人民法院以外，其他各级人民法院都可以成为上级人民法院。

（4）在两审终审制下，与第一审程序相比，第二审程序有如下主要特征：

①第二审程序只能由不服第一审法院裁判的当事人或公诉机关提起，其他任何机关或个人都不能发动第二审程序。

②第二审程序的审判法院只能是作出第一审判决的法院的上一级法院，其他任何法院都不能进行第二审程序。

③第二审程序的审判对象是已经经过第一审程序裁判，但裁判又尚未发生法律效力的案件，未经一审裁判或一审判决已经生效的案件不能成为第二审程序的审判对象。

④第二审程序是终审程序，所作出的裁判是终审的裁判。判决一经作出，立即发生法律效力。

二、刑事审判第二审程序的意义

1. 通过第二审程序，纠正一审法院的错误裁判，准确地惩罚犯罪分子，保护被告人合法权益

地方各级人民法院审判第一审案件，应当做到事实清楚，证据确实、充分，定罪量刑适当，程序合法。但是犯罪现象是十分复杂的，要彻底查清案件事实，是一项艰难的任务。有时由于某种客观原因，或者审判人员认识上的片面性，或者工作上的失误，都可能发生错误。通过第二审程序可以及时纠正第一审法院的错误裁判，保证生效判决的正确性，既有利于准确地处罚犯罪分子，保护被害人的人身权利和其他权益，又能使罚不当罪的情况得到纠正，无罪的人免受刑罚处罚，有效地保护被告人的合法权益。

2. 通过第二审程序，维护一审法院的正确裁判

第二审人民法院通过对案件进行审查、审理，利用维持原判驳回上诉或抗诉等手段，

可以使一审的正确裁判得到进一步的证实和确认，并可以对有关诉讼参与人进行法制宣传教育，促使罪犯认罪伏法，接受改造。

3. 有利于上级人民法院监督和指导下级人民法院的审判工作，保证办案质量

第二审程序是上级人民法院对下级人民法院审判工作实行监督的有效方法。上级人民法院通过撤销、变更下级人民法院所作的错误裁判，指出下级人民法院审判工作存在的问题和缺点；通过维护下级人民法院的正确判决，肯定下级人民法院审判工作中的正确方面。这样，就有利于下级人民法院总结经验教训，发扬成绩，改进审判工作，提高办案质量，保证人民法院审判权的正确行使。

第二节　第二审程序的提起

一、第二审程序发生的原因

引起第二审程序发生的原因和动力有两个方面：一是有关的当事人及其法定代理人或公诉机关对第一审判决或裁定不服；二是有上诉权的诉讼参与人依法提起上诉，或者公诉机关依法提出抗诉。其中，第一个原因是引发第二审程序的根本原因，第二个原因是引发第二审程序的直接原因。总之。一个案件的审理是否经过第二审程序，取决于当事人是否提出了有效的上诉和公诉机关是否提出了有效的抗诉。

上诉是指享有上诉权的诉讼参与人不服第一审法院作出的判决或裁定，在法定期限内，依照法定程序，提请上一级法院依法重新审判的诉讼行为。上诉必须有享有上诉权的诉讼参与人依法在法定期限内向有关机关提出，才是一种有效地上诉，才能引起第二审程序的发生。

抗诉是指作为公诉机关和作为人民检察院不服同级人民法院作出的判决或裁定时，依法提请上一级人民法院重新审判案件的诉讼行为。

二、提起第二审程序的主体

上诉、抗诉成为引起第二审程序的原因，因此，有权提起第二审程序的主体是上诉人和抗诉机关。而能够引发第二审程序的只有有权提起上诉的人提起上诉，或者有权提出抗诉的机关提出抗诉才能实现。而这其中提起第二审程序的主体的合法性是引起第二审程序的前提条件。

1. 上诉人

上诉人是指不服第一审法院尚未生效的判决、裁定，而向上一级法院提出上诉的当事人和其他诉讼参与人。

依据我国《刑事诉讼法》第 216 条的规定，上诉人包括三类，一是当事人，二是当事人的法定代理人，三是经被告人同意的辩护人和近亲属。

（1）当事人。享有上诉权的诉讼当事人包括被告人、自诉人与附带民事诉讼的原、被告。

（2）当事人的法定代理人。如果当事人是未成年人或者其他不具有完全民事行为能力的人，则他们的法定代理人便是刑事诉讼和附带民事诉讼中的诉讼参与人。

（3）经被告人同意的辩护人和近亲属。被告人的辩护人和近亲属经被告人同意提出上诉的，还有两点需要注意：其一是如果被告人是未成年人，其法定代理人有独立的上诉权，因而不必在适用经被告人同意由其辩护人和近亲属代为上诉的规定，否则，将与法定代理人的上诉权发生冲突。其二是被告人的辩护人和近亲属经被告人同意提出上诉时，只能就有关刑事部分的判决、裁定提出上诉，不能对附带民事诉讼部分的裁决、代为上诉。因为法律规定被告人的辩护人和近亲属经被告人同意可以提出上诉，是指刑事被告人而非附带民事诉讼的被告人。

2. 抗诉机关

根据《刑事诉讼法》第 217 条的规定，地方各级人民检察院认为本级人民法院第一审的判决、裁定确有错误的时候，应当向上一级人民法院提出抗诉。人民检察院是国家法律监督机关，在刑事诉讼中，对于人民法院的审判活动是否合法，应当实行法律监督。抗诉权是人民检察院行使法律监督权的重要组成部分，只要第一审判决、裁定确有错误，不论对被告人是否有利，人民检察院都应当提起抗诉。

需注意的是被害人及其法定代理人无上诉权，但依法享有请求抗诉的权利。根据《刑事诉讼法》第 218 条的规定，被害人及其法定代理人不服地方各级人民法院第一审判决的，自收到判决书后 5 日以内，有权请求人民检察院提出抗诉。对此，人民检察院应当立即对请求人的资格、请求的时间和理由进行审查，并自收到请求后 5 日内作出是否抗诉的决定，答复请求人。

三、提起第二审程序的期限，即上诉、抗诉的期限

依据我国《刑事诉讼法》第 219 条的规定，不服判决的上诉和抗诉的期限为 10 日，不服裁定的上诉或抗诉的期限为 5 日，从接到判决书、裁定书的第二日起算。法定的上诉、抗诉期届满，一审判决、裁定便立即发生法律效力，任何机关或个人都无法再提起第二审程序。

四、提起第二审程序的理由

1. 提起第二审程序的理由，也就是上诉的理由或抗诉的理由

享有上诉权的主体只要对第一审法院的判决或裁定表示不服，在上诉期内提出了要求上一级人民法院重新审判的上诉，人民法院就得接受上诉，开始第二审程序。法院不得以没有提出上诉理由或上诉理由不正确、不充分等，拒绝接受上诉或组织第二审程序的发生。

与上诉不同，人民检察院不服第一审人民法院尚未生效的判决、裁定而提出抗诉时，必须提出理由。根据《刑事诉讼法》第 217 条的规定，人民检察院提出抗诉，必须以“本级人民法院第一审的判决、裁定确有错误”为理由。

在具体的案件中，上诉或抗诉的理由总是具体的，但是，总的来说，上诉或抗诉的理由不外乎认定事实错误、适用法律错误和诉讼程序错误三个方面：

（1）认定事实错误。

（2）适用法律错误。适用法律错误主要表现在混淆罪与非罪的界限或者此罪与彼罪的界限；误将一罪定为数罪；应当数罪并罚却只认定一罪；构成自首却没有认定自首；被告人具体应当减轻或者免除刑罚的法定情节，量刑时却只给予从轻处罚；或者存在其他重罪轻判、轻罪重判的情形。适用法律错误既包括适用某一具体法律条款错误，也包括适用法律原则错误。

（3）审判程序错误。审判程序错误，是指第一审人民法院在审判过程中违反了法律规定的程序。根据《刑事诉讼法》第 227 条的规定，一审严重违反法定程序的，属于应当撤销原判、发回重审的情形，这些情形自然也成为上诉或抗诉的理由。违反法定的审判程序，表现为违反公开审判的规定，应当公开而没有公开；违反回避制度，存在应当回避的情形而没有回避；剥夺或者限制了当事人法定的诉讼权利，如未成年人没有辩护人辩护，法院不允许辩护人复制诉讼资料，辩护方在规定期限内向法庭提供了拟出庭作证的证人名单、住址等情况，但法庭无理由不予准许；审判组织的组成不合法；其他违反法律规定的程序，可能影响公正审判的情形。

五、上诉、抗诉的程序

1. 上诉的程序

上诉程序或抗诉程序包括提出上诉、抗诉的形式，对上诉、抗诉的受理以及上诉、抗诉的撤回等问题。

上诉原则上应当以书面形式提出，上诉人应当向受理上诉的人民法院提交上诉状正本及副本。上诉状内容应当包括：第一审判决、裁定书的文号和上诉人收到的时间，第一审法院的名称，上诉的请求和理由，提出上诉的时间，上诉人签名或者盖章。如果是被告人的辩护人、近亲属经被告人同意提出上诉的，还应当写明提出上诉的人与被告人的关系，并应当以被告人为上诉人。

上诉人可以书面，也可以口头形式提出。根据我国《刑事诉讼法》的规定，被告人、自诉人和附带民事诉讼的原告人、被告人书写上诉状确有困难的，可以口头向第一审人民法院陈述上诉的请求和理由。第一审人民法院应当根据其所陈述的请求和理由制作笔录，由上诉人阅读或向其宣读后上诉人应当签名或盖章。

上诉人提出上诉，可以通过第一审人民法院提出，也可以直接向第二审人民法院提出。上诉人通过第一审法院提出的，第一审法院应当审查上诉是否符合法律规定。符合法律规定的，一审法院应当在上诉期满后 3 日内将上诉状连同案卷、证据移送上一级人民法院。并将上诉状副本移交同级人民检察院和对方当事人。上诉人直接向第二审人民法院提出上诉的，第二审人民法院应当在收到上诉状后三日内将上诉状交第一审人民法院。第一审人民法院应当审查上诉是否符合法律规定。符合法律规定的，一审法院应当在接到上诉状后3日内将上诉状连同案卷、证据移送上一级人民法院，并将上诉状副本送交同级人民检察院和对方当事人。

在上诉期内，上诉人有权提出上诉，也有权放弃上诉。根据《最高人民法院关于适用〈中华人民共和国刑事诉讼法〉的解释》第304条和305条的规定，上诉人在上诉期限内要求撤回上诉的，人民法院应当准许。上诉人在上诉期满后要求撤回上诉的，第二审人民法院应当审查。经审查，认为原判决认定事实和适用法律正确、量刑适当，应当准许撤回上诉。但如果认为原判决认定事实不清，证据不足或者将无罪判为有罪的，应当不准许撤回上诉，并按照上诉程序进行审理。

2. 抗诉程序

根据《刑事诉讼法》第221条的规定，地方各级人民检察院对同级人民法院第一审判决、裁定的抗诉，应当通过原审人民法院提出抗诉书，并且将抗诉书抄送上一级人民检察院。原审人民法院应当将抗诉书连同案卷、证据移送上一级人民法院，并且将抗诉书副本送交当事人。上级人民检察院如果认为抗诉不当，可以向同级人民法院撤回抗诉，并且通知下级人民检察院。

原审人民法院应当在抗诉期满后3日以内将抗诉书连同案卷、证据移送上一级人民法院，并将抗诉书副本移交当事人。因第二审程序中由第二审人民法院的同级人民检察院出庭参加诉讼，故而检察机关对第一审人民法院的判决、裁定提出抗诉，应同时将抗诉书抄送上一级人民检察院。上级人民检察院认为第一审人民法院的判决、裁定没有错误，或者抗诉的理由不充分的，可以向同级人民法院撤回抗诉，并通知下级人民检察院。

根据《最高人民法院关于适用〈中华人民共和国刑事诉讼法〉的解释》第307条的规定，人民检察院在抗诉期限内撤回抗诉的，第一审人民法院不再向上一级人民法院移送案件；在抗诉期满后第二审人民法院宣告裁判前撤回抗诉的，第二审人民法院可以裁定准许，并通知第一审人民法院和当事人。

第三节　第二审程序的审判

一、第二审程序的审判原则

依据我国《刑事诉讼法》的规定，第二审人民法院审判上诉、抗诉案件时，应当遵循三项原则：一是全面审查原则；二是开庭审理原则；三是上诉不加刑原则。

1. 全面审查原则

全面审查原则是指第二审人民法院审理提出上诉或抗诉的案件时，应当对案件事实和适用法律问题从实体到程序，进行全面的审查，不受上诉或抗诉范围的限制。全面审查原则的法律依据是《刑事诉讼法》第222条的规定，第二审人民法院应当就第一审判决认定的事实和适用法律进行全面审查，不受上诉或者抗诉范围的限制。共同犯罪的案件只有部分被告人上诉的，应当对全案进行审查，一并处理。

全面审查原则包括五个方面的内容：

（1）既要审查事实问题，又要审查法律适用问题。

（2）既要审查上诉人或抗诉机关声明不服的部分，也要审查其没有表示异议的部分。

（3）既要审查实体方面的内容，又要审查程序方面的内容。

（4）在共同犯罪案件中，第二审法院既要对提出上诉或被抗诉的被告人的相关案情和法律适用问题进行审查，也要对未提出上诉或未被抗诉的被告人的有关案情和法律适用问题的审查。

（5）既要从有利于被告人的角度进行审查，也要从不利于被告人的角度进行审查。

根据《最高人民法院关于适用〈中华人民共和国刑事诉讼法〉的解释》第315条的规定，对上诉、抗诉案件，应当着重审查下列内容：①第一审判决认定的事实是否清楚，证据是否确实、充分；②第一审判决适用法律是否正确，量刑是否适当；③在侦查、起诉、第一审程序中，有无违反法律规定的诉讼程序的情形；④上诉、抗诉是否提出了新的事实和证据；⑤被告人供述、辩解的情况；⑥辩护人的辩护意见以及采纳的情况；⑦附带民事部分的判决、裁定是否合法、适当；⑧第一审人民法院合议庭、审判委员会讨论的意见。

2. 上诉不加刑原则

上诉不加刑原则，是指仅有被告人一方提出上诉时，第二审人民法院在第二审程序中不得以任何理由或任何形式加重被告人的刑罚。“不得加重被告人的刑罚”包括以下四个方面：其一，不得提高刑种等级；其二，不得增加刑种数量；其三，不得增加同一刑种的刑期或罚金的数额；其四，不得撤销缓刑，改判实际执行刑，也不得延长缓期。

上诉不加刑是我国《刑事诉讼法》规定的第二审人民法院审判上诉案件必须遵循的一项重要原则。上诉不加刑的原则在我国《刑事诉讼法》上主要包括三个方面的内容：

（1）上诉不加刑原则是第二审程序中适用的原则。只要是在第二审程序中由第二审人民法院作出判决，就不得加重被告人的刑罚。

（2）上诉不加刑原则适用于仅有被告人一方提出上诉的案件。被告人一方提出上诉，包括被告人本人提出上诉，被告人的法定代理人提出上诉，或者是经被告人同意后由被告人的一审辩护人提出的上诉或者被告人近亲属提出的上诉。仅有被告人一方提出上诉而无自诉人的上诉或公诉提出抗诉的，才适用上诉不加刑原则。

（3）审理仅由被告人一方提出上诉的案件，第二审人民法院不得以任何理由或任何形式加重被告人的刑罚。根据《最高人民法院关于适用〈中华人民共和国刑事诉讼法〉的解释》第325、第326、第327条的规定，不仅再次强调第二审人民法院审理被告人或其法定代理人、辩护人、近亲属提出上诉的案件，不得加重被告人的刑罚，而且以列举的方式明确了不得以任何理由或任何形式加重被告人刑罚的情形：①同案审理的案件，只有部分被告人上诉的，既不得加重上诉人的刑罚，也不得加重其他同案被告人的刑罚。②原判事实清楚，证据确实、充分，只是认定的罪名不当的，可以改变罪名，但不得加重刑罚。③原判对被告人实行数罪并罚的，不得加重决定执行的刑罚，也不得加重数罪中某罪的刑罚。④原判对被告人宣告缓刑的，不得撤销缓刑或者延长缓刑考验期。⑤原判没有宣告禁止令的，不得增加宣告；原判宣告禁止令的，不得增加内容、延长期限。⑥原判对被告人判处死刑缓期执行没有限制减刑的，不得限制减刑。⑦原判事实清楚，证据确实、充分，但判处的刑罚畸轻、应当适用附加刑而没有适用的，不得直接加重刑罚、适用附加刑，也不得以事实不清、证据不足为由发回第一审人民法院重新审判。必须依法改判的，应当在第二审判决、裁定生效后，依照审判监督程序重新审判。人民检察院抗诉或者自诉人上诉的案件，不受前款规定的限制。⑧人民检察院只对部分被告人的判决提出抗诉，或者自诉人只对部分被告人的判决提出上诉的，第二审人民法院不得对其他同案被告人加重刑罚。⑨被告人或者其法定代理人、辩护人、近亲属提出上诉的案件，第二审人民法院发回重新审判后，除有新的犯罪事实，人民检察院补充起诉的以外，原审人民法院不得加重被告人的刑罚。

需要注意的是，由抗诉机关提出抗诉的案件虽然不受上诉不加刑原则的限制，即可以加重被告人的刑罚，但是，第二审人民法院审理抗诉案件后，改判被告人死刑立即执行的，应当报请最高人民法院核准。另外，共同犯罪中，人民检察院只对部分被告人的判决提出抗诉的，第二审人民法院对其他第一审被告人不得加重刑罚。

3. 开庭审理原则

开庭审理原则，是指第二审人民法院审判上诉、抗诉案件应当以开庭审理为原则，按照第一审程序的方式进行开庭审理，以不开庭审理为例外。

《刑事诉讼法》第223条规定了第二审人民法院应当组成合议庭，开庭审理的案件范围：(1) 被告人、自诉人及其法定代理人对第一审认定的事实、证据提出异议，可能影响定罪量刑的上诉案件；(2) 被告人被判处死刑的上诉案件；(3) 人民检察院抗诉的案件；(4) 其他应当开庭审理的案件。

二、第二审程序的审判方式

依据《刑事诉讼法》第223条的规定，第二审人民法院审理案件的方式有两种：一是开庭审理，即对于抗诉案件和大多数上诉案件采取开庭审理方式。二是不开庭审理，应当讯问被告人，听取其他当事人、辩护人、诉讼代理人的意见。

1. 开庭审理

开庭审理，是指第二审人民法院在合议庭的主持下，由检察人员和诉讼参与人参加，通过法庭调查和辩论、评议、宣判的方式审理案件。

根据《刑事诉讼法》第223条第1款的规定，适用开庭审理的案件范围有所扩大，主要有四类：第一类是需要开庭审理的上诉案件；第二类被告人被判处死刑的上诉案件；第三类是人民检察院依法提起抗诉的案件；第四类是其他应当开庭审理的案件。

第二审法院开庭审理上诉或抗诉的案件与第一审程序的内容和形式的区别主要表现为：

(1) 在法庭调查阶段，审判长或者审判员宣读第一审判决书、裁定书后，由上诉人陈述上诉理由或者由检查人员宣读抗诉书。如果一审判决或裁定既被提出了上诉，又被提出了抗诉，则先由检察人员宣读抗诉书，再由上诉人陈述上诉理由。法庭调查中对证据的调查质证，除非双方对第一审开庭审理中质证过的证据没有异议，法庭应将已经在卷的证据和新提供的证据交法警出示；需要宣读的证据材料，交由提供证据的一方当庭宣读。

(2) 法庭辩论阶段，上诉案件由上诉人、辩护人首先发言，再由出庭检查人员发言；如果是抗诉案件，或者是既有抗诉又有上诉的案件，则先由支持抗诉的检察人员发言，再由上诉人、辩护人发言。

共同犯罪案件的第二审开庭审理中，没有上诉的被告人或者其判决没有被提出抗诉的被告人也应当出庭庭审，参加法庭调查，并有权进行法庭辩论。

2. 不开庭审理

所谓不开庭审理，就是以第一审的案卷材料为基础，通过一些必要的讯问、调查，完成对上诉案件的审判。根据《最高人民法院关于适用〈中华人民共和国刑事诉讼法〉的解释》第 324 条、第 318 条和《刑事诉讼法》第 223 条规定不开庭审理的适用必须注意以下三点：第一，第二审案件依法不开庭审理的，应当讯问被告人，听取其他当事人、辩护人、诉讼代理人的意见。合议庭全体成员应当阅卷，必要时应当提交书面阅卷意见。第二，对上诉、抗诉案件，第二审人民法院经审查，认为原判事实不清、证据不足，或者具有《刑事诉讼法》第 227 条规定的违反法定诉讼程序情形，需要发回重新审判的，可以不开庭审理。第三，不开庭审理的二审案件必须是依法应当开庭审理的案件范围以外的案件。不开庭审理相对于开庭审理而言，只能是例外，不开庭审理方式在程序公正性和实体公正性方面都有较大的局限性，因而应当严格限制适用。

三、对上诉、抗诉案件的处理

根据《刑事诉讼法》第 225 至第 227 条的规定，第二审法院对不服第一审判决的上诉、抗诉案件进行审理后，应按下列情形分别作出处理：

1. 驳回上诉或者抗诉，维持原判

原判决认定事实正确，证据确实、证据充分，适用法律正确，量刑适当的，应当裁定驳回上诉或抗诉，维持原判。

2. 直接改判

根据《刑事诉讼法》225 条的规定，第二审人民法院可以直接改判的案件有两种：原判决认定事实没有错误，但适用法律有错误或者量刑不当的，第二审法院应当改刑，并在判决中阐明改判的根据和理由；原判决事实不清或证据不足的，可在第二审法院查清事实后改判，也可以裁定撤销原判，发回原审人民法院重新审判。

3. 撤销原判、发回重审

第二审人民法院经过审理，将案件发回重审有两种情形：一是可以发回重审。原判决认定事实不清或证据不足的，可以在查清事实后直接改判，也可以将案件发回原审人民法院重审。二是应当将案件发回重审。《刑事诉讼法》第 227 条规定了第二审人民法院应当撤销原判，将案件发回重审的五种具体情形。这些情形都属于严重的程序违法行为，无论实体的判决是否正确、合法，都应当使原审自始无效，发回原审人民法院重新审判。这五种情形分别是：违反《刑事诉讼法》有关公开审判的规定的；违反回避制度的；剥夺或者限制了当事人的法定诉讼权利，可能影响公正审判的；审判组织的组成不合法的；其他违反法律规定的诉讼程序，可能影响公正审判的。

第二审人民法院作出判决或者裁定，除死刑案件外，均是终审判决和裁定，一经宣告即形成法律效力，上诉人及其法定代理人等不得再行上诉，人民检察院不得再按第二程序提起抗诉。第二审人民法院可以自行宣告裁判，也可以委托原审人民法院代为宣告。

四、对自诉案件的处理

第二审人民法院对自诉案件，应当按照《最高人民法院关于适用〈中华人民共和国刑事诉讼法〉的解释》第 263 至第 265 条的规定予以处理：

首先，对第二审自诉案件，必要时人民法院可以进行调解，当事人也可以自行和解。调解结案的，应当制作调解书，第一审判决裁定视为自动撤销；当事人自行和解的，由人民法院裁定准许撤回自诉，并撤销第一审判决或裁定。

其次，第二审人民法院对于调解结案或者当事人自行和解的自诉案件，被告人采取强制措施的，应当立即予以解除。

最后，在第二审程序，自诉案件的当事人提出反诉的，第二审人民法院应当告知其另行起诉。

五、第二审案件的审判期限

对于第二审刑事案件的审判期限当前我国《刑事诉讼法》第 232 条规定予以了明确的规定，第二审人民法院受理上诉、抗诉案件，应当在两个月内审结。对于可能判处死刑的案件或者附带民事诉讼的案件，以及有本法第 156 条情形规定之一的，经省、自治区、直辖市高级人民法院批准或者决定，可以延长两个月；因特殊情况还需要延长的，报请最高人民法院批准。最高人民法院受理上诉、抗诉案件的审理期限，由最高人民法院决定。

第四节 对查封、扣押、冻结财物及其孳息的保管与处理

一、相关概念

查封、扣押的在案财物，是指公安机关、人民检察院在勘验、搜查过程中，人民法院在调查核实证据过程中所查封、扣押的可以证明犯罪嫌疑人、被告人有罪或者无罪的各种财物。

冻结的在案财物，是指公安机关、人民检察院在侦查过程中，人民法院在调查证据过程中所冻结的与案件有关的犯罪嫌疑人、被告人的存款、汇款。

二、对查封、扣押、冻结财物及其孳息的保管和处理

由于第二审裁判是终审裁判，除死刑案件以外，立即发生法律效力，随即转入执行程序，故需对刑事诉讼中已查封、扣押、冻结在案财物及其孳息作出处理。

一方面，应对于公安、司法机关查封、扣押、冻结的被告人财物予以妥善处理；另一方面，还应处理好上述财物的孳息，即由原物产生出的收益，包括天然孳息与法定孳息。以此能更好地维护被害人的财产权益，同时，也可防止可能滋生的司法腐败。

依照《刑事诉讼法》第 234 条和有关司法解释的规定，应分别情况作如下处理：

(1) 妥善保管。公安机关、人民检察院和人民法院对于查封、扣押、冻结犯罪嫌疑人、被告人的财物以及其孳息，应当妥善保管，以供核查，并做好清单，随案移送。任何单位和个人不得挪用或者自行处理。

(2) 及时返还。为切实保护被害人的合法权益，对于被害人的合法财产，被害人明确的，查封、扣押、冻结机关应当及时返还。但须经拍照、鉴定、作价，并在案卷中注明返还的理由，将原物照片、清单和被害人的领取手续入卷备查。

(3) 随案移送。对作为证据使用的实物应当随案移送，对不宜移送的应当将其清单、照片或其他证明文件随案移送。根据《最高人民法院关于适用〈中华人民共和国刑事诉讼法〉的解释》第 363 条的规定，不宜移送的实物是指：大宗的、不便搬运的物品；易霉烂、不宜保管的物品；枪支弹药、剧毒物品、易燃易爆物品以及其他违禁品、危险物品。人民法院受理案件时对于上述不宜移送的实物，应当审核是否附有或者出示了相关证据材料；需要鉴定、估价的，应当附有或者出示鉴定意见，并将其清单、照片或其他证明文件随案移送。

(4) 依法判决没收、上缴。只有人民法院有权最终判定在案财物及孳息的性质并以判决的形式予以不同的处理。根据《刑事诉讼法》第 234 条第 4 款规定，人民法院做出的判决，应当对查封、扣押、冻结的财物及其孳息，除依法返还被害人的以外，应当一律没收，上缴国库。

(5) 落实判决。人民法院做出的判决生效后，有关机关根据判决对查封、扣押、冻结的财物及其孳息进行处理。对被查封、扣押、冻结的财物及其孳息，除依法返还被害人的以外，应当一律上缴国库。

(6) 责任规制。司法工作人员贪污、挪用或者私自处理被查封、扣押、冻结的财物及其孳息的，应依法追究刑事责任；不构成犯罪的，应给予必要的行政处分。

【导例评析】

本案涉及的核心问题实际是对“上诉不加刑”原则的理解和运用。上诉不加刑是刑事诉讼中的一项重要原则，它是指二审人民法院审理被告人或者其法定代理人、辩护人、近亲属提出上诉的案件，不得加重被告人的刑罚，包括四个方面的内容：一是不得提高刑种

等级；二是不得增加刑种数量；三是不得增加同一刑种的刑期或罚金的数额；四是不得撤销缓刑，改判实际执行刑，也不得延长缓期。“上诉不加刑”对于保障被告人的上诉权极为重要，它使被告人在行使上诉权时，不会顾忌二审会加重对自己的刑罚而放弃上诉，从而有利于保障被告人的上诉权，解除其上诉的思想顾虑，切实保障和发挥上诉制度的作用。

《刑事诉讼法》规定的上诉不加刑原则，只适用于被告人一方上诉的案件。对于人民检察院提出抗诉或者自诉人提出上诉的，不受被告人一方上诉不加刑的规定的限制。根据《刑事诉讼法》的规定，人民检察院提出抗诉或者自诉人提出上诉的，不受上诉不加刑限制。即人民检察院提出抗诉或者自诉人提出上诉的案件，不管被告人一方是否上诉，第二审人民法院根据案件的具体情况，既可以依法加重被告人的刑罚，也可以依法减轻或者免除被告人的刑罚。

本案中被告人张某某对一审判决不服，提出上诉；而公诉机关虽然认为一审法院量刑偏轻，但其并没有提起抗诉，庭审时却又提出：张某某一案一审定性准确，在量刑上存在偏轻的情况，因为一审判决作出后，公诉机关未提起抗诉，根据我国《刑事诉讼法》规定，本案适用上诉不能加刑。因此，建议二审法院驳回上诉，维持原判。这是试图规避上诉不加刑原则，明显违反法律规定的。二审法不应采纳的。

【实务训练】

2005年3月，某县人民法院经过公开审理，以盗窃罪分别判处共同犯罪的被告人张某（17岁）、宋某（19岁）、赵某（35岁）有期徒刑1年6个月并处罚金1 000元、有期徒刑3年并处罚金2 000元、有期徒刑6年并处罚金5 000元。判决宣告后，张某和赵某都以量刑过重为由向中级人民法院上诉。被害人王某在法定期限内以“对被告人判刑太轻”为由也提出上诉。

二审人民法院组成合议庭，发现一审人民法院对张某进行公开审理有违法律规定，便在案件发生地对共同犯罪案件中张某和赵某的盗窃事实进行了不公开审理，发现对张某的案件认定事实清楚、证据确实充分，但量刑确实过轻，遂裁定将该案发回原审人民法院重审。

原审人民法院的原审合议庭对该案再次进行审理，审理中发现本应在押的被告人宋某在逃，遂对其犯罪事实不予认定，将其案卷材料退回人民检察院，只对张某和赵某的犯罪事实进行审理，对张某判处有期徒刑2年并处罚金，对赵某判处有期徒刑6年并处罚金8 000元。判决生效后，人民法院将张某、赵某连同有关法律文书一同送交监狱执行，人民法院应监狱的要求，将二人的羁押场所通知其家属。

问：张某、赵某和王某的上诉是否合法，请说明理由。二审人民法院对上诉的处理在程序上有哪些不当之处，为什么？原审人民法院对案件的处理在程序上有哪些不符合法律规定的地方，请说明理由。原审人民法院的判决是否违背上诉不加刑原则，为什么？

资料来源：乌鲁木齐审判，2013（4），26页

【评析】

张某、赵某有权提起上诉。我国《刑事诉讼法》并未赋予公诉案件中的被害人独立上诉权，而规定了请求抗诉的权利。王某作为被害人，无权提起上诉，只能提请检察院抗诉。根据《刑事诉讼法》第216条的相关规定，被告人、自诉人和他们的法定代理人，不服地方各级人民法院第一审的判决、裁定，有权用书状或者口头向上一级人民法院上诉。《刑事诉讼法》第218条规定，被害人及其法定代理人不服地方各级人民法院第一审的判决的，自收到判决书后5日以内，有权请求人民检察院提出抗诉，人民检察院自收到被害人及其法定代理人的请求后5日以内，应当做出是否抗诉的决定并且答复请求人。另外，被害人及其法定代理人的请求抗诉权只及于一审判决，对一审裁定则不能请求抗诉。

二审人民法院对上诉的处理程序的不当之处有：(1) 二审法院发现一审法院违反有关公开审判的规定的，不应对其直接开庭审理，而应发回原审人民法院审判。根据《刑事诉讼法》第227条规定，第二审人民法院发现第一审人民法院的审理有下列违反法律规定的诉讼程序的情形之一的，应当裁定撤销原判，发回原审人民法院重新审判：违反本法有关公开审判的规定的；违反回避制度的；剥夺或者限制了当事人的法定诉讼权利，可能影响公正审判的；审判组织的组成不合法的；其他违反法律规定的诉讼程序，可能影响公正审判的。

(2) 对于共同犯罪案件，二审人民法院应当全案审理，而不能只就提起上诉的被告人的犯罪事实进行审理。《最高人民法院关于适用〈中华人民共和国刑事诉讼法〉的解释》第311条规定，共同犯罪案件，只有部分被告人提出上诉的，或者人民检察院只就第一审人民法院对部分被告人的判决提出抗诉的，第二审人民法院应当对全案进行审查，一并处理。

(3) 二审人民法院发现原判决认定事实没有错误，但量刑不当的，应当直接改判。《刑事诉讼法》第225条规定，第二审人民法院对不服第一审判决的上诉、抗诉案件，经过审理后，应当按照下列情形分别处理：原判决认定事实和适用法律正确、量刑适当的，应当裁定驳回上诉或者抗诉，维持原判；原判决认定事实没有错误，但适用法律有错误，或者量刑不当的，应当改判；原判决事实不清楚或者证据不足的，可以在查清事实后改判；也可以裁定撤销原判，发回原审人民法院重新审判。

其中，原审人民法院对程序处理的不当之处有：首先，原审人民法院不应组织原合议庭对于发回重审的案件审理，应另行组成合议庭。根据《刑事诉讼法》第228条规定，原审人民法院对发回重新审判的案件，应当另行组成合议庭，依照第一审程序进行审判。

其次，审理中发现被告人宋某在逃，不应只是将其案卷材料退回检察院，应裁定中止审理。《刑事诉讼法》第200条规定，在审判过程中，自诉人或被告人患精神病或者其他严重疾病，以及案件起诉到人民法院后被告人脱逃，致使案件在较长时间内无法继续审理的，人民法院应当裁定中止审理。由于其他不能抗拒的原因，使案件无法继续审理的，可以裁定中止审理。应注意，同样是被告人在逃的情况下，若被告人在逃发生在法院对案件进行审查的阶段，法院应将案件退回检察院；若发生在法院的审理阶段，法院应做出中止审理的裁定。

最后，将张某送交监狱执行是不符合法律规定的，张某为未成年人，应当交与未成年犯管教所执行刑罚。《刑事诉讼法》第253条第3款规定，对未成年犯应当在未成年犯管教所执行刑罚。

原审人民法院的判决不违背上诉不加刑原则。《刑事诉讼法》第226条规定，第二审人民法院审理被告人或者他的法定代理人、辩护人、近亲属提出上诉的案件，不得加重被告人的刑罚。人民检察院提出抗诉或者有新的犯罪事实的，不受前款规定的限制。可见，上诉不加刑原则仅适用于第二审法院的上诉案件，不适用发回重审的案件。

【司考真题】

1. 甲、乙涉嫌共同抢夺。经审理，一审法院判处甲有期徒刑3年、乙有期徒刑2年。检察院以对甲量刑过轻为由提起抗诉。甲、乙均没有上诉。关于本案二审程序，下列哪一选项是正确的？（　　）（2007/二/37/单选）

A. 二审法院仅就甲的量刑问题进行审查

B. 二审法院可以不开庭审理

C. 乙应当参加法庭调查

D. 如果改判，二审法院可以加重乙的刑罚

2. 张某、王某合伙实施盗窃，张某被判处有期徒刑10年，王某被判处有期徒刑3年。张某、王某未上诉，人民检察院认为对王某的量刑过轻，仅就王某的量刑问题提出抗诉。在二审程序中，张某享有哪些权利？（　　）（2004/二/66/多选）

A. 参加法庭调查

B. 参加法庭辩论

C. 委托辩护人辩护

D. 二审法院不得加重其刑罚

【拓展与反思】

上诉不加刑原则的价值

自我国《刑事诉讼法》确立该原则以来，有许多学者对上诉不加刑原则存在的价值表示异议，其一般论据是：(1) 违背了实事求是和有错必纠的原则，导致重罪轻判，影响了刑事诉讼惩罚犯罪的职能发挥。因为受该原则限制，二审法院审理在只有被告人一方上诉时，对重罪轻判的案件和该适用附加刑而没有适用的案件都不得直接改判加重刑罚或适用附加刑。(2) 被告人在该原则的庇护下，会滥用上诉权，对一审正确的判决也会提出上诉，而且《刑事诉讼法》对于提出上诉的理由没有任何限制，因此上诉人在法定期限内提出上诉，不论理由是否充分均应准许，一定能引起二审程序，这样就不可避免的会造成司法资源的浪费，增加二审法院的审判负担。(3) 上诉不加刑原则有可能使同一罪行最后的处罚不同，公平作为被牺牲的代价。比如两个情节很相似的故意杀人罪的案件，一审法院都是重罪轻判，判处有期徒刑三年，一个案件被告人提出上诉，同时检察机关提出重罪轻判的抗诉，这样二审法院的判决就可以加重刑罚直至无期徒刑，而另一个案件只有被告人提出上诉，检察机关没有提出抗诉，所以二审法院受上诉不加刑原则的限制，只能维持原判。这样，本来可能判处同样刑罚的案件，经过二审程序，被告人所受的刑罚却相差甚远。法律适用不统一，同罪不同罚，对被告人也很不公平。因为，法庭的职责是维护公

正，而只有在一个判决与另一个判决之间维持某种程度的平衡，它才能在一个犯罪者和另一个犯罪者之间做到公正，量刑的公正与否、适当与否不仅体现在每个个案本身，而且也渗透在不同个案的相互比较之中。(4) 上诉不加刑原则与二审法院的全面审查原则相冲突，根据我国现行《刑事诉讼法》第 222 条，二审法院对不服一审判决的上诉、抗诉案件，应当全面审查，不受上诉、抗诉范围的限制。在全面审查的基础上，只能对认定事实清楚，适用法律正确并且程序合法的一审判决，二审法院才能维持原判，对其他的一审判决，必须改判或发回重审。而上诉不加刑原则使二审法院的改判权在一定程度上被限制，从而使全面审查原则失去意义。(5) 司法实践中这一原则已为众多变相加刑的做法所取代，如通过再审程序加刑，通过发回重审，改变管辖权加刑，既然该原则已流于形式，为保持法律的权威，不如废除。

上诉不加刑原则并不完美，但自产生以来一直有着旺盛的生命力，因为它体现对被告人合法权益的法律关怀。刑事诉讼既要惩罚犯罪，又要保障人权，尤其是被告人的人权。在刑事诉讼中，存在着权力与权利的严重冲突，一方是拥有雄厚的追究犯罪的能力和资源并以国家强制力作为后盾的控诉机关，一方是力量弱小的被追诉者，所以在刑事诉讼中，要赋予被告人这一弱势群体一系列特殊的保障措施以尽量缩小两者之间的天壤之别，平衡抑制公共权力。而被告人权利的保障，恰恰也就意味着我们每一个人都将会受到有效的保障。

第十七章　死刑复核程序

【导读案例】 某省中级法院以贪污罪判处被告人吴某死刑，剥夺政治权利终身。被告人吴某以认罪态度好，要求从轻处罚为由，向省高级人民法院提出上诉。省高级人民法院经以一审法院定罪和适用法律正确，量刑适当，审判程序合法，驳回了上诉，维持原判。并依照《刑事诉讼法》规定的死刑复核程序，将案件报请最高人民法院核准。经最高人民法院核准裁定，被告人吴某被判处死刑，剥夺政治权利终身。

问： 上述案例中省高级人民法院在裁定驳回上诉，维持原判以后，判决是否发生法律效力？请结合本案分析死刑复核程序。

资料来源：沂蒙司法前沿，2013（2），45页。

【重点、难点】 死刑复核程序的概念、特点；死刑缓期两年执行的核准权；复核死刑缓期两年执行案件最核心的内容。

第一节　死刑复核程序概述

一、死刑复核程序的概念

死刑复核程序是指最高人民法院及高级人民法院对已经做出死刑判决或裁定且普通程序已经完成的案件进行复审核准的一种特殊程序。它包括对判处死刑立即执行案件的复核程序和对判处死刑缓期两年执行的复核程序。它具有纠正误判，统一死刑适用标准，实现慎杀等功能。

二、死刑复核程序的特点：

根据《刑事诉讼法》的规定，死刑复核程序与其他审核程序相比，具有以下特点：

(1) 审理对象特定。该程序只适用于被告人被判处死刑的案件，包括判处死刑立即执行的案件和判处死刑缓期 2 年执行的案件。

(2) 特定案件的终局性，即死刑复核程序是死刑案件的终审程序。一般刑事案件经过第一审、第二审程序以后，判决就发生法律效力。而死刑案件除经过第一审、第二审程序以外，还必须经过死刑复核程序，只有经过复核并核准的死刑判决才发生法律效力。因此，死刑复核程序是两审终审制的例外。

(3) 核准权具有专属性。依据《刑事诉讼法》的规定，有权进行死刑复核的机关只有最高人民法院和高级人民法院。

(4) 程序启动上具有自动性。死刑复核程序的启动既不需要人民检察院提起诉讼或者抗诉，也不需要当事人提起自诉或上诉，只要二审法院审理完毕或者一审后经过法定的上诉期或抗诉期被告人没有提出上诉、检察院没有提起抗诉，人民法院就应当自动将案件报送最高人民法院核准。

第二节　死刑立即执行案件的复核程序

一、判处死刑立即执行案件报请复核的要求

死刑立即执行案件报请复核的要求包含两个面：一是层报要求；二是报核材料要求。这里主要介绍层报要求的具体内容。

根据《刑事诉讼法》、《最高人民法院、最高人民检察院、公安部、国家安全部、司法部、全国人大常委会法制工作委员会关于实施刑事诉讼法若干问题的规定》以及《最高人民法院关于适用〈中华人民共和国刑事诉讼法〉的解释》的规定，最高人民法院核准的死刑立即执行案件的报请复核应当遵循以下要求：

(1) 中级人民法院判处死刑的第一审案件，被告人不上诉、人民检察院不抗诉的，上诉、抗诉期满后3日以内报请高级人民法院复核。高级人民法院同意判处死刑的，依法作出裁定后，再报请最高人民法院核准。高级人民法院不同意判处死刑的，应当提审或者发回重新审判。高级人民法院提审后所作的改判是终审裁判，其中改判为死刑缓期2年执行的判决，不需经过复核程序。

根据《最高人民法院关于对被判处死刑的被告人未提出上诉、共同犯罪的部分被告人或者附带民事诉讼原告人提出上诉的案件应适用何种程序审理的批复》的规定，中级人民法院一审判处死刑的案件，被判处死刑的被告人未提出上诉，共同犯罪的其他被告人提出上诉的，高级人民法院应当适用第二审程序对全案进行审查，并对涉及死刑之罪的事实和适用法律依法开庭审理，一并处理；中级人民法院一审判处死刑的案件，被判处死刑的被告人未提出上诉，仅附带民事诉讼原告人提出上诉的，高级人民法院应当适用第二审程序对附带民事诉讼依法审理，并由同一审判组织对未提出上诉的被告人的死刑判决进行复核，作出是否同意判处死刑的裁判。

(2) 中级人民法院判处死刑的第一审案件，被告人上诉或者人民检察院抗诉，高级人民法院终审裁定维持死刑判决的，报请最高人民法院核准；高级人民法院经二审不同意判处死刑的，应依不同情形直接改判或者发回重审，高级人民法院所作的改判为死刑缓期2年执行的判决，即为终审判决，不需再经复核程序。

(3) 高级人民法院判处死刑的第一审案件，被告人不上诉、人民检察院不抗诉的，在上诉、抗诉期满后3日以内报请最高人民法院核准。

(4) 因人民检察院提出抗诉而由人民法院按照第二审程序改判死刑的案件，应当报请最高人民法院核准。

(5) 判处死刑缓期2年执行的罪犯，在死刑缓期执行期间，如果故意犯罪，查证属实，应当执行死刑的，由高级人民法院报请最高人民法院核准。

(6) 按照审判监督程序改判被告人死刑的，应当报送最高人民法院核准。

二、死刑立即执行复核程序

根据《刑事诉讼法》、《最高人民法院关于适用〈中华人民共和国刑事诉讼法〉的解释》、《最高人民法院关于复核死刑案件若干问题的规定》以及其他相关法律法规和司法解释的通知、意见等，死刑立即执行案件的复核程序主要包括如下内容：

1. 复核组织

按照《刑事诉讼法》第238条的规定，最高人民法院复核死刑案件，应当由审判员三人组合议庭进行。

2. 复核具体程序

(1) 阅卷。《关于进一步严格依法办案确保办理死刑案件质量的意见》第41条规定，复核死刑案件，合议庭成员应当阅卷，并提出书面意见存查。阅卷，即查阅诉讼案卷和证据，是最基本的复核方式。根据《最高人民法院关于适用〈中华人民共和国刑事诉讼法〉的解释》第348条规定，复核死刑、死刑缓期执行案件，应当全面审查以下内容：①被告人的年龄，被告人有无刑事责任能力、是否系怀孕的妇女；②原判认定的事实是否清楚，证据是否确实、充分；③犯罪情节、后果及危害程度；④原判适用法律是否正确，是否必须判处死刑，是否必须立即执行；⑤有无法定、酌定从重、从轻或者减轻处罚情节；⑥诉讼程序是否合法；⑦应当审查的其他情况。

(2) 询问被告人。根据《最高人民法院关于适用〈中华人民共和国刑事诉讼法〉的解释》第344条第2款的规定，高级人民法院复核死刑案件，必须讯问被告人。《关于进一步严格依法办案确保办理死刑案件质量的意见》第42条规定，高级人民法院复核死刑案件，应当讯问被告人。最高人民法院复核死刑案件，原则上应当讯问被告人。而《刑事诉讼法》第240条第1款则明确规定，最高人民法院复核死刑案件，应当讯问被告人。讯问被告人是死刑复核程序的一项重要环节。

(3) 听取辩护人的意见。《关于进一步严格依法办案确保办理死刑案件质量的意见》第40条的规定，死刑案件复核期间，被告人委托的辩护人提出听取意见要求的，应当听取辩护人的意见，并制作笔录附卷。辩护人提出书面意见的，应当附卷。《刑事诉讼法》第240条第1款规定，最高人民法院复核死刑案件，应当讯问被告人，辩护律师提出要求的，应当听取辩护律师的意见。

(4) 听取最高人民检察院的意见。《刑事诉讼法》第240条第2款规定，在复核死刑案件过程中，最高人民检察院可以向最高人民法院提出意见。最高人民法院应将死刑复核结果通报最高人民检察院。

(5) 调查核实证据。根据《关于进一步严格依法办案确保办理死刑案件质量的意见》第41条规定，对证据有疑问的，应当对证据进行调查核实，必要时到案发现场调查。

(6) 制作复核审理报告。最高人民法院、高级人民法院对报请复核的死刑案件进行全面审查后，合议庭应当进行评议并写出复核审理报告。复核审理报告应当包括下列内容：①案件的由来和审理经过；②被告人和被害人简况；③案件的侦破情况；④原判决要点和控辩双方意见；⑤对事实和证据复核后的分析和认定；⑥合议庭评议和审判委员会讨论决定意见；⑦其他需要说明的问题。

三、判处死刑立即执行案件复核后的处理

根据《刑事诉讼法》第239条的规定，最高人民法院复核死刑案件，应当作出核准或者不核准死刑的裁定。对于不核准死刑的，最高人民法院可以发回重新审判或者予以改

判。根据最高人民法院《关于复核死刑案件若干问题的规定》第 1 条的规定，最高人民法院复核死刑案件，应当作出核准的裁定、判决，或者作出不予核准的裁定。

1. 应当作出核准或者不核准死刑的裁定

(1) 应当作出核准的裁定。

依据《最高人民法院关于适用〈中华人民共和国刑事诉讼法〉的解释》第 350 第 1 项和第 2 项规定，①原判认定事实和适用法律正确、量刑适当、诉讼程序合法的裁定予以核准；②原判判处被告人死刑并无不当，但具体认定的事实或引用的法律条款等存在瑕疵的，可以在纠正后作出核准的判决、裁定。

(2) 应当作出不核准死刑的裁定。

依据《最高人民法院关于适用〈中华人民共和国刑事诉讼法〉的解释》第 350 第 3 至第 6 项的规定，具有以下情形之一的，应当裁定不予核准，并撤销原判，发回重新审判或者予以改判：①原判事实不清、证据不足的，应当裁定不予核准，并撤销原判，发回重新审判；②复核期间出现新的影响定罪量刑的事实、证据的，应当裁定不予核准，并撤销原判，发回重新审判；③原判认定事实正确，但依法不应当判处死刑的，应当裁定不予核准，并撤销原判，发回重新审判；④原审违反法定诉讼程序，可能影响公正审判的，应当裁定不予核准，并撤销原判，发回重新审判。

除此之外，《最高人民法院关于适用〈中华人民共和国刑事诉讼法〉的解释》第 351、第 352 条规定，对一人有两罪以上被判处死刑、数罪并罚案件裁判认定事实不清、证据不足的，对全案不予核准，并撤销原判，发回重新审判；认为其中部分犯罪的死刑裁判认定事实准确，但依法不应当判处死刑的，可以改判。并对其他应当判处死刑的犯罪作出核准死刑的判决。第 352 条规定，两名以上被告人被判处死刑，其中部分被告人的死刑裁判认定事实不清、证据不足的，对全案裁定不予核准，并撤销原判，发回重新审判；认为其中部分被告人的死刑裁判认定事实正确，但依法不应当判处死刑的可以改判并对其他应当判处死刑的被告人作出核准死刑的判决。

2. 发回重审后的处理

(1) 裁定不予核准死刑的，根据案件具体情形可以发回第二审人民法院或者第一审人民法院重新审判。其中高级人民法院依照复核程序审理后报请最高人民法院核准死刑的案件，最高人民法院裁定不予核准死刑，发回高级人民法院重新审判的，高级人民法院可以提审或者可以发回第一审人民法院重新审判。

(2) 发回第二审人民法院重新审判的案件，第二审人民法院可以直接改判；必须通过开庭审理查清事实、核实证据的，或者必须通过开庭审理纠正原审程序违法的，应当开庭审理。

(3) 发回第一审人民法院重新审判的案件，第一审人民法院应当开庭审理。

(4) 依照《最高人民法院关于复核死刑案件若干问题的规定》第 3 条、第 5 条、第 6 条、第 7 条规定的发回重新审判的案件，即最高人民法院发回重新审判的案件，除因原判认定事实正确，但依法不应当判处死刑被发回重新审判的案件外，原审人民法院另行组成合议庭进行审理。

第三节　死刑缓期二年执行案件的复核程序

一、死刑缓期两年执行的核准权

死刑缓期两年执行不是一个独立的刑种，而是死刑的一种执行方式。根据我国《刑事诉讼法》第237条规定，中级人民法院判处死刑缓期二年执行的案件，由高级人民法院核准。由此可知，死刑缓期两年执行案件的核准权由高级人民法院统一行使。

二、死刑缓期两年执行案件的报请复核

依据《刑事诉讼法》第237条和《最高人民法院关于适用〈中华人民共和国刑事诉讼法〉的解释》第349条的规定，对判处死刑缓期两年执行案件应当报请高级人民法院复核、核准，并应当按照下列情形分别办理：

(1) 中级人民法院判处死刑缓期两年执行的案件，被告人不上诉，人民检察院不抗诉的，应当报请高级人民法院核准。高级人民法院同意判处死刑缓期两年执行的，应当裁定予以核准；如果认为事实不清、证据不足，应当裁定发回原审法院重新审判，重新审判所作的判决、裁定，被告人可以提出上诉，人民检察院可以提出抗诉；如果认为原判量刑过重的，高级人民法院应当依法改判。

(2) 中级人民法院判处死刑缓期两年执行的案件，被告人提出上诉或者人民检察院提出抗诉的，高级人民法院经过第二审程序，同意判处死刑缓期两年执行的，作出维持原判并核准死刑缓期两年执行的裁定；如果认为原判量刑过重，应当依法改判；如果认为事实不清、证据不足，应当裁定发回重新审判。

(3) 高级人民法院核准死刑缓期两年执行的案件，不得加重被告人的刑罚，也不得以提高审级等方式加重被告人的刑罚。

(4) 高级人民法院判处死刑缓期两年执行的一审案件，被告人不上诉、人民检察院不抗诉的，即作出核准死刑缓期两年执行的规定。

此外，报请复核所需的材料与报请复核死刑立即执行的案件相同，在此不再赘述。

三、死刑缓期两年执行案件的复核程序

死刑缓期两年执行案件的复核程序与死刑立即执行案件的复核程序在复核组织、复核方式、复核内容等方面相同。复核组织同样是由3名审判员组成合议庭进行复核；复核方式也同样是调查讯问式，即阅卷、调查和讯问被告人；复核内容是应当对原审裁判的事实认定、法律适用和诉讼程序进行全面审查。应当引起注意的是，根据《最高人民法院关于

适用〈中华人民共和国刑事诉讼法〉的解释》第345条第2款的规定，高级人民法院复核死刑缓期执行案件，应当讯问被告人。

根据《最高人民法院关于适用〈中华人民共和国刑事诉讼法〉的解释》第346条的规定，报请复核的死刑、死刑缓期执行案件，应当一案一报。报送的材料包括报请复核的报告，第一、第二审裁判文书，死刑案件综合报告各五份以及全部案卷、证据。死刑案件综合报告，第一、第二审裁判文书和审理报告应当附送电子文本。同案审理的案件应当报送全案案卷、证据。曾经发回重新审判的案件，原第一、第二审案卷应当一并报送。

《最高人民法院关于适用〈中华人民共和国刑事诉讼法〉的解释》第347条规定的报请复核的报告，应当写明案由、简要案情、审理过程和判决结果。死刑案件综合报告应当包括以下内容：其一，被告人、被害人的基本情况。被告人有前科或者曾受过行政处罚的，应当写明。其二，案件的由来和审理经过。案件曾经发回重新审判的，应当写明发回重新审判的原因、时间、案号等。其三，案件侦破情况。通过技术侦查措施抓获被告人、侦破案件，以及与自首、立功认定有关的情况，应当写明。其四，第一审审理情况。包括控辩双方意见，第一审认定的犯罪事实，合议庭和审判委员会意见。其五，第二审审理或者高级人民法院复核情况。包括上诉理由、检察机关意见，第二审审理或者高级人民法院复核认定的事实，证据采信情况及理由，控辩双方意见及采纳情况。其六，需要说明的问题。包括共同犯罪案件中另案处理的同案犯的定罪量刑情况，案件有无重大社会影响，以及当事人的反应等情况。其七，处理意见。写明合议庭合审判委员会的意见。

【导例评析】

在本案中，某省高级人民法院二审之后判决并不发生法律效力。根据《刑事诉讼法》第235条规定，死刑由最高人民法院核准。《刑事诉讼法》第236条第2款规定，高级人民法院判处死刑的第一审案件被告人不上诉的，和判处死刑的第二审案件，都应当报请最高人民法院核准。根据《刑事诉讼法》第237条规定，中级人民法院判处死刑缓期二年执行的案件，由高级人民法院核准。根据法律规定，死刑立即执行案件由最高人民法院核准，死刑缓期2年执行案件由最高人民法院核准。除最高人民法院判决的死刑案件外，凡是判处死刑立即执行的案件，以及中级人民法院判处死刑缓期2年执行而被告人不上诉的案件，都必须经过复核程序审查核准以后，才能发生法律效力，交付执行。最高人民法院已于2007年1月1日起将死刑复核权全部收回最高人民法院行使。

在本案中，某省高级人民法院二审之后判决并不发生法律效力。在本案复核期间，最高人民法院尚未将死刑复核权全部收回，授权高级人民法院和解放军军事法院核准杀人、强奸、抢劫、爆炸、以及其他严重危害公共安全和社会治安判处死刑的案件，授权云南省、广东省、广西壮族自治区、四川省、甘肃省、贵州省高级人民法院核准部分毒品犯罪死刑案件。因为这是一个被判处死刑立即执行的贪污案件，必须报请最高人民法院进行核准，依照《刑事诉讼法》规定的死刑复核程序，某省高级人民法院应将案件报请最高人民法院核准，最高人民法院经审核作出了核准该省高级人民法院维持一审以贪污罪判处被告人吴某死刑，剥夺政治权利终身的刑事裁定。至此，判处吴某某死刑的判决才能生效。

【实务训练】

李某因故意杀人罪和贩毒罪分别被判处死刑，最高法院对案件进行复核时，认为张某贩毒罪的死刑判决认定事实和适用法律正确、量刑适当、程序合法，但故意杀人罪的死刑判决事实不清、证据不足，遂对全案裁定不予核准，撤销原判，发回重审。

问：关于死刑复核程序，上面的案例中哪些是正确的？

资料来源：韩玉胜：刑法各论案例分析，321页。

【评析】

根据《刑事诉讼法》第239条规定了最高人民法院复核死刑案件后的处理方式，即最高人民法院复核死刑案件，应当作出核准或者不核准死刑的裁定。对于不核准死刑的，最高人民法院可以发回重新审判或者予以改判。依据《刑事诉讼法》的规定，原判认定事实和适用法律正确、量刑适当、诉讼程序合法的裁定予以核准。原判判处被告人死刑并无不当，但具体认定的事实或引用的法律条款等不完全准确、规范的，可以在纠正后作出核准死刑的判决或者裁定。

除此之外，我国《刑事诉讼法》的还规定，对于数罪并罚案件，一人有两罪以上，被判处死刑裁判认定事实不清、证据不足的，对全案不予核准，并撤销原判，发回重新审判；认为其中部分犯罪的死刑裁判认定事实准确，但依法不应当判处死刑的，可以改判并对其他应当判处死刑的犯罪作出核准死刑的判决。另外，一案中两名以上被告人被判处死刑，其中部分被告人的死刑裁判认定事实不清、证据不足的，对全案裁定不予核准，并撤销原判，发回重新审判；认为其中部分被告人的死刑裁判认定事实正确，但依法不应当判处死刑的可以改判并对其他应当判处死刑的被告人作出核准死刑的判决。

本案中最高人民法院对案件进行复核时，以“张某贩毒罪的死刑判决认定事实和适用法律正确、量刑适当、程序合法，但故意杀人罪的死刑判决事实不清、证据不足，对全案裁定不予核准，撤销原判，发回重审”的做法符合法律规定。

【司考真题】

1. 被告人某甲犯故意杀人罪、贪污罪，被A市中级人民法院一审分别判处死刑，决定执行死刑。在上诉期限内，某甲没有上诉，检察院也没有提出抗诉。对此案应当如何报请复核？（　　）（2000/二/33/单选）

A. 报省高级人民法院核准即可

B. 直接报最高人民法院核准

C. 由高级人民法院复核同意后再报请最高人民法院核准

D. 故意杀人罪报省高级人民法院核准，贪污罪报最高人民法院核准

2. 关于死刑复核程序，下列哪一选项是正确的？（　　）（2012/二/33/单选）

A. 最高法院复核死刑案件，可以不讯问被告人

B. 最高法院复核死刑案件，应当听取辩护律师的意见

C. 在复核死刑案件过程中，最高检察院应当向最高法院提出意见

D. 最高法院应当将死刑复核结果通报最高检察院

【拓展与反思】

死刑复核制度简介

死刑复核制度是我国所特有的司法程序，是中华法系留给我们的珍贵历史遗产之一。中国历史上向来十分重视由中央核准死刑案件。在古代（北魏，隋，唐等朝代）曾有死刑复核制度，即判处死刑的案件，在执行前须奏请皇帝批准。明清两代除十恶不赦的死刑立决案件以外，对其他不立即执行死刑的案件每年秋季要派高级官员会审，这种制度在明代称为朝审。在清代，复审京师死刑案件称朝审，复核外省死刑案件称秋审。会审后的死刑案件最后仍要报皇帝核准（参见杨春洗等：《刑事法学大辞书》，474 页，南京，南京大学出版社，1990）。以上可以看出，我国古代死刑复核制度是相当完备的，另一方面，我国的古代死刑复核制度中也存在着许多重大弊病，当然，这是人治的封建专制社会所无法避免的。

我国近现代死刑复核制度起始于第二次国内革命战争时期，中央苏区 1932 年 6 月 2 日颁行的《裁判部暂行组织及裁判条例》第二十六条规定，凡是判决死刑的案件，虽然被告人不提起上诉，审理该案的裁判部也应把该案的全部材料送给上级裁判部去批准。抗日战争时期，死刑复核制度得到了进一步发展，解放战争时期更加完善。死刑复核制度在人民民主专政的诉讼程序中，走过了一条从无到有、由不甚健全到较为健全的历程。中华人民共和国成立后，极为重视死刑复核制度，在当时尚无刑事诉讼法和人民法院组织法的情况下，积极采取多种措施，明确地规定了死刑复核制度。“文化大革命”期间，死刑复核制度同其他法律制度一样在劫难逃，被破坏殆尽。1979 年，第五届全国人民代表大会通过了我国第一部刑事诉讼法，该法恢复了“文革”前的死刑复核程序，把死刑复核程序单列一章，分为四个条文加以规定，不仅科学地把判处死刑的权限统一归属于中级人民法院，而且慎重地把死刑、死缓核准权分别赋予最高人民法院和高级人民法院行使，同时还规定了核准的基本程序。至此，我国死刑复核制度已基本完备地建立起来。

第十八章　审判监督程序

【导读案例】吴某因犯故意杀人罪被二审法院判处无期徒刑。交付执行后，二审法院发现本案判决确有错误，即按审判监督程序进行再审。再审结果判处吴某死刑缓期二年执行。

问：本案的再审程序该如何提起？被告人吴某对再审结果不服能否上诉？

资料来源：汪红军：法律适用典型案例，254页。

【重点、难点】审判监督程序的概念、特点、意义；有权提起审判监督程序的主体；提起审判监督程序的条件、提起审判监督程序的方式。

第一节　审判监督程序的概述

一、审判监督程序的概念

审判监督程序，又称再审程序，是指人民法院，人民检察院对已经发生法律效力的判决和裁定，发现在认定事实或者适用法律上确有错误的，予以提出后并由人民法院对该案重新审判所应遵循的步骤、方式和方法。

二、审判监督程序的特点

(1) 审判监督程序的审理对象是已经发生法律效力的判决和裁定，包括正在执行和已经执行完毕的判决和裁定。

(2) 审判监督程序是由各级人民法院院长提交本院审判委员会决定，或最高人民法院、上级人民法院决定，或者最高人民检察院、上级人民检察院提出抗诉而提起的。

(3) 审判监督程序必须经有权的人民法院或者人民检察院审查，认为已经生效的判决、裁定在认定事实或者适用法律上确有错误时，才能提起。

(4) 审判监督程序的提起不是无期限的。《最高人民法院关于规范人民法院再审立案的若干意见》，其中第 12 条规定，人民法院对民事、行政案件的再审申请人或申诉人超过两年提出再审申请或申诉的，不予受理。

(5) 按照审判监督程序审判案件的法院，既可以是原审人民法院，也可以是提审的任何上级人民法院。

(6) 按照审判监督程序审判案件将根据原来是第一审案件或第二审案件，而分别依照第一审程序和第二审程序进行。

(7) 具有特定情形的，再审不得加重原审被告人（原审上诉人）的刑罚。根据《最高人民法院关于刑事再审案件开庭审理程序的具体规定》第 8 条规定，除人民检察院抗诉的以外，再审一般不得加重原审被告人（原审上诉人）的刑罚。根据本规定第六条第（二）、（三）、（四）、（五）项、第七条的规定，不具备开庭条件可以不开庭审理的，或者可以不出庭参加诉讼的，不得加重未出庭原审被告人（原审上诉人）、同案原审被告人（同案原审上诉人）的刑罚。

三、审判监督程序的意义

(1) 可以保障不枉不纵、有错必纠方针的贯彻执行。通过审判监督程序纠正已经发生法律效力的错误裁判，可以使有罪的人罪当其行，罚当其责，也可以使无罪的人得到解脱，罪轻的人免受重刑，这就从根本上保障了法律的准确实施。

(2) 可以切实保护公民的合法权益，促进安定团结。通过审判监督程序，对案件进行正确处理，可以减少当事人的申诉、上访，消除不安定因素。

(3) 可以加强人民群众对审判工作的监督。通过审判监督程序，人民群众将正确的裁判和错误的裁判进行对比，就能更加准确地把握法律、学习法律，加强对人民法院审判工作进行监督的自觉性。

(4) 可以加强上级人民法院对下级人民法院、人民检察院对人民法院审判工作的监督。在审判监督程序中，最高人民法院对地方各级人民法院，上级人民法院对下级人民法院，最高人民检察院对地方各级人民法院，上级人民检察院对下级人民法院的审判工作建立了正常的监督渠道，有利于保证审判工作的正确合法进行。

第二节　审判监督程序的提起

一、提起审判监督程序的材料来源

提起审判监督程序的材料来源，是指发现人民法院生效的判决、裁定确有错误并提出有关证据及其资料等的渠道、途径和来源。提起审判监督程序的材料来源主要有：当事人及其法定代理人、近亲属的申诉；人民法院、人民检察院在办案过程中和检查工作时发现的错误裁判；各级人民代表大会代表提出的纠正错案的议案；机关、团体、企事业单位、新闻媒介、人民群众等，对生效判决、裁定提出的质疑、意见和情况反映等。上述材料来源并不必然引起审判监督程序，只有经人民法院、人民检察院审查认为原生效裁判确实存在错误，才能够依法提起审判监督程序。

在上述提起审判监督程序的材料来源中，当事人及其法定代理人、近亲属的申诉是最主要的形式。

1. 申诉的概念

申诉是当事人及其法定代理人、近亲属认为人民法院已经发生法律效力的判决、裁定有错误，要求人民法院或者人民检察院进行审查处理的一种请求。根据《刑事诉讼法》第241条的规定，申诉的主体即有权对人民法院已经发生法律效力的裁判提出申诉的人。具体包括：第一，案件当事人。包括原审案件的被告人、被害人、自诉案件的自诉人、附带民事诉讼的原告人和被告人。第二，当事人的法定代理人。包括被代理人的父母、养父母、监护人和负有保护责任的机关、团体的代表。法定代理人只有在提出申诉时法定代理关系依然存在，才拥有申诉权。第三，当事人的近亲属。包括当事人的配偶、父母、子女、同胞兄弟姊妹。

2. 审判监督程序中的申诉不同于上诉

两者的主要区别有：

（1）对象不同。申诉的对象是已经发生法律效力的判决、裁定，而上诉的对象是尚未发生法律效力的一审判决、裁定。

（2）主体范围不同。申诉的主体是当事人及其法定代理人、近亲属；上诉的主体是被告人、自诉人、附带民事诉讼当事人及其法定代理人、经被告人同意的被告人的辩护人及近亲属。

（3）受理的机关不同。受理申诉的机关既包括原审人民法院及其上级人民法院，也包括与上述各级人民法院对应的人民检察院；而受理上诉的机关只能是原审人民法院及其上一级人民法院。

（4）期限不同。对于申诉，刑事诉讼法没有规定期限，但《最高人民法院关于规范人民法院再审立案的若干意见》第 12 条规定了申诉的期限，一般为刑罚执行完毕 2 年内；而对于上诉，法律规定了期限，即对判决、裁定提起上诉的期限分别是 10 日和 5 日。

（5）后果不同。申诉只是提起审判监督程序的一种材料来源，不能停止生效判决、裁定的执行；而上诉必然引起第二审程序，导致一审判决、裁定不能生效。

3. 申诉的提出、受理及审查处理

（1）申诉的提出。申诉人向人民法院申诉，应当提交以下材料：①申诉状，应当载明当事人的基本情况、申诉的事实与理由。②原一、二审判决书、裁定书等法律文书，经过人民法院复查或再审的，应当附有驳回通知书、再审判决书或裁定书。③已有新的证据证明原裁判认定的事实确有错误为由申诉的，应当同时附有证据目录、证人名单和主要证据复印件或者照片；需要人民法院调查取证的，应当附有证据线索。申诉不符合前述规定的，人民法院不予审查。

（2）申诉的受理。人民法院对刑事案件的申诉人在刑罚执行完毕后 2 年内提出的申诉，应当受理；超过 2 年提出申诉，具有下列情形之一的，应当受理：①可能对原判被告人宣告无罪的。②原审被告人在《最高人民法院关于规范人民法院再审立案的若干意见》规定的期限内向人民法院提出申诉，人民法院未受理的。③属于疑难、复杂、重大案件的。

（3）此外，以下情形下亦不予受理：①人民法院对不符合法定主体资格的再审申请或申诉，不予受理。②上级人民法院对经终审法院的上一级人民法院依照审判监督程序审理后维持原判，或者经两级人民法院依照审判监督程序复查均驳回的申诉案件，一般不予受理。当申诉人提出新的理由，且符合《刑事诉讼法》第 242 条及《最高人民法院关于规范人民法院再审立案的若干意见》规定的条件的，以及刑事案件的原审被告人可能被宣告无罪的除外。③最高人民法院再审裁判或者复查驳回的案件，申诉人仍不服而提出申诉的，不予受理。

（4）申诉的审查处理。

申诉的审查处理包括人民法院对申诉的审查处理和人民检察院对申诉的审查处理。

①人民法院对申诉的审查处理。根据《最高人民法院关于规范人民法院再审立案的若干意见》第 6 条的规定，申请再审或申诉一般由终审人民法院审查处理。上一级人民法院对未经终审人民法院审查处理的申请再审或申诉，一般交终审人民法院审查；对经终审人民法院审查处理后仍坚持申请再审或申诉的，应当受理。对未经终审人民法院及其上一级

人民法院审查处理，直接向上级人民法院申请再审或申诉的，上级人民法院应当交下一级人民法院处理。

对最高人民法院核准死刑的案件或者授权高级人民法院核准死刑案件的申诉，可以由原核准的人民法院直接处理，也可以交由原审人民法院审查。原审人民法院应当写出审查报告，提出处理意见，逐级上报原核准的人民法院审定。

《刑事诉讼法》第 247 条规定，人民法院按照审判监督程序重新审判的案件，应当在作出提审、再审决定之日起三个月以内审结，需要延长期限的，不得超过六个月。

②人民检察院对申诉的审查处理。根据《刑事诉讼法》第 241 条的规定，当事人及其法定代理人、近亲属，对已经发生法律效力的判决、裁定，可以向人民法院或者人民检察院提出申诉，但是不能停止判决、裁定的执行。最高人民检察院《人民检察院刑事诉讼规则》第 595 条规定，当事人及其法定代理人、近亲属认为人民法院已经发生法律效力的刑事判决、裁定确有错误，向人民检察院申诉的，由作出生效判决、裁定的人民法院的同级人民检察院刑事申诉检察部门依法办理。当事人及其法定代理人、近亲属直接向上级人民检察院申诉的，上级人民检察院可以交由作出生效判决、裁定的人民法院的同级人民检察院受理；案情重大、疑难、复杂的，上级人民检察院可以直接受理。当事人及其法定代理人、近亲属对人民法院已经发生法律效力的判决、裁定提出申诉，经人民检察院复查决定不予抗诉后继续提出申诉的，上一级人民检察院应当受理。不服人民法院死刑终审判决、裁定尚未执行的申诉，由监所检察部门办理。认为有错误而向人民检察院申诉的，人民检察院控告申诉部门、监所检察部门应当分别受理，依法审察，并将审查结果告知申诉人。

二、提起审判监督程序的主体

1. 各级人民法院院长和审判委员会

《刑事诉讼法》第 243 条第 1 款规定，各级人民法院院长对本院已经发生法律效力的判决和裁定，如果发现在认定事实上或者在适用法律上确有错误，必须提交审判委员会处理。

2. 最高人民法院和上级人民法院

《刑事诉讼法》第 243 条第 2 款规定，最高人民法院对各级人民法院已经发生法律效力的判决和裁定，上级人民法院对下级人民法院已经发生法律效力的判决和裁定，如果发现确有错误，有权提审或者指令下级人民法院再审。

3. 最高人民检察院和上级人民检察院

《刑事诉讼法》第 243 条第 3 款规定，最高人民检察院对各级人民法院已经发生法律效力的判决和裁定，上级人民检察院对下级人民法院已经发生法律效力的判决和裁定，如果发生确有错误，有权按照审判监督程序向同级人民法院提出抗诉。

三、提起审判监督程序的情形

根据《刑事诉讼法》第 242 条和《最高人民法院关于适用〈中华人民共和国刑事诉讼

法〉的解释》第375条规定，提起审判监督程序的情形有：

（1）原判决裁定在认定事实上确有错误。这主要是指原判决、裁定认定的主要事实或重大情节不清楚或者事实不清。主要有以下集中情况：①有新的证据证明原判决、裁定认定的事实确有错误。②据以定罪量刑的证据不充实、不充分。③据以定罪量刑的证据依法应当排除。④证明案件事实的主要证据之间存在主要矛盾。⑤有新的证据证明原判决据以定罪量刑的证据是伪造的。

（2）原判决、裁定在适用法律上确有错误。这主要是指没有正确的适用刑事实体法和执行刑事政策，导致定罪不准、量刑显失公正。主要表现是：①有罪判无罪，无罪判有罪，混淆罪与非罪的界限。②重罪轻判，轻罪重判，量刑不当。③认定罪名不正确，一罪判数罪，数罪判一罪，影响定罪量刑或者造成严重的社会影响。④免于刑事处罚或者适用缓刑错误。⑤对具有法定从重、从轻、减轻处罚情节的，没有依法从重、从轻、减轻处罚，使量刑显示公正的。

（3）严重违反法律规定的诉讼程序，影响了对案件的正确裁判。法律规定的诉讼程序是正确裁判案件的保证，如果违反则无法保证裁判的正确作出。严重违反法律规定的诉讼程序，以至影响了案件的正确裁判，亦是提起审判监督程序的理由。严重违反法律规定的诉讼程序的情形包括：违反刑事诉讼法关于公开审定的规定；违反回避制度；审判组织的组成不合法等等。

（4）审判人员在审理该案件时，有贪污受贿、徇私舞弊、枉法裁判的行为。

四、提起审判监督程序的方式

根据《刑事诉讼法》第243条的规定，提起审判监督程序的方式有决定再审、指令再审、决定提审和提出抗诉。

1. 决定再审

决定再审是指各级人民法院院长对本院已经发生法律效力的判决和裁定，如果发生在认定事实或者适用法律上确有错误的，经提交审判委员会讨论决定再审，从而提起审判监督程序的一种方式。它是各级人民法院对本院发生法律效力的判决和裁定提起审判监督程序所采取的方式。

2. 指令再审

指令再审指最高人民法院对地方各级人民法院已经发生法律效力的判决、裁定，上级人民法院对下级人民法院已经发生法律效力的判决、裁定，如果发现确有错误，可以指令下级人民法院再审，从而提起审判监督程序的一种方式。它是最高人民法院对地方各级人民法院、上级人民法院对下级人民法院实行审判监督程序的一种方式。根据《刑事诉讼法》第244条的规定，上级人民法院指令下级人民法院指令再审的，应当指令原审人民法院以外的下级人民法院审理；由原审人民法院审理认为适宜的，也可以指令原审人民法院审理。

3. 决定提审

决定提审是指最高人民法院对地方各级人民法院已经发生法律效力的判决、裁定，上级人民法院对下级人民法院已经发生法律效力的判决和裁定，如果发现确有错误，需要重新审理，而直接组成合议庭，调取原审案卷和材料，并进行审判，从而提起审判监督程序的一种方式。它是最高人民法院对地方各级人民法院、上级人民法院对下级人民法院已经发生法律效力的判决、裁定，向该院提起审判监督程序的方式。

4. 提出抗诉

提出抗诉是指最高人民检察院对各级人民法院发生法律效力的判决和裁定，上级人民检察院对下级人民法院已经发生法律效力的判决和裁定，如果发现确有错误，向同级人民法院提出抗诉，从而提起审判监督程序的一种方式。它是人民检察院提起审判监督程序的方式。

第三节 依照审判监督程序对案件的重新审判

一、重新审判的程序

《刑事诉讼法》第 245 条第 1 款规定，人民法院按照审判监督程序重新审判的案件，由原审人民法院审理的，应当另行组成合议庭进行。如果原来是第一审案件，应当依照第一审程序进行审判，作出的判决、裁定，可以上诉、抗诉；如果原来是第二审案件，或者是上级人民法院提审的案件，应当依照第二审程序进行审判，所作的判决、裁定是终身的判决、裁定。

二、重新审判的审判组织

根据《刑事诉讼法》第 244 条的规定，上级人民法院指令下级人民法院再审的，应当指令原审人民法院以外的下级人民法院审理；由原审人民法院审理更为适宜的，也可以指令原审人民法院审理。本条确立了以指令原审法院以外的其他法院审理为原则，以指令原审法院审理为补充的指令再审原则。《刑事诉讼法》第 245 条第 1 款规定，人民法院按照审判监督程序重新审判的案件，由原审人民法院审理的，应当另行组成合议庭进行。参与过本案第一审、第二审、死刑复核程序审判的合议庭组成人员，不得参与本案再审程序的审判。

三、重新审判的诉讼程序

依审判监督程序进行的重新审理，应遵守全面审查的原则，即应当对原判决、裁定认定的事实、证据和适用法律进行全面审查。

其内容和方法也与第一审、第二审程序大体相同：如果原来是第一审案件，应当依照第一审程序进行审判，所作的判决、裁定可以进行上诉、抗诉；如果原来是第二审案件，或者是上级人民法院提审的案件，应当依照第二审程序进行审判，所作的判决、裁定是终身的判决、裁定。

应当指出的是，为保障原审被告人的合法权益，保障刑事诉讼程序的顺利进行，《刑事诉讼法》和《最高人民法院关于刑事再审案件开庭审理程序的具体规定》都规定了中止执行制度以及提押和采取强制措施的情形。依照《刑事诉讼法》第 246 条和《最高人民法院关于刑事再审案件开庭审理程序的具体规定》第 11 条的规定：

(1) 人民法院决定再审或者受理抗诉书后，原审被告人（原审上诉人）正在服刑的，人民法院依据决定书或者抗诉书及提押票等文书办理提押。

(2) 原审被告人（原审上诉人）在押，再审可以改判宣告无罪的，人民法院裁定中止执行原裁决后，可以取保候审。

(3) 原审被告人（原审上诉人）不在押，确有必要采取强制措施并符合法律规定采取强制措施条件的，人民法院裁定中止执行原裁决后，依法采取强制措施。

四、重新审判的方式

依照审判监督程序对案件重新审理的方式有两种，开庭审理和不开庭审理，不开庭审理的案件采取调查询问的审理方式。

1. 开庭审理的规定

《最高人民法院关于刑事再审案件开庭审理程序的具体规定》第 5 条规定，人民法院审理下列再审案件应当依法开庭审理：①依照第一审程序审理的；②依照第二审程序需要对事实或者证据进行审理的；③人民检察院按照审判监督程序提出抗诉的；④可能对原审被告人（原审上诉人）加重刑罚的；⑤有其他应当开庭审理的情形的。

根据《刑事诉讼法》第 245 条第 2 款的规定，人民法院开庭审理的再审案件，同级人民检察院应当派员出席法庭。

2. 不开庭审理的规定

《最高人民法院关于刑事再审案件开庭审理程序的具体规定》第 6 条规定，下列再审案件可以不开庭审理：①原判决、裁定认定事实清楚，证据确实、充分，但适用法律错误，量刑畸重的；②1979 年《刑事诉讼法》施行以前裁判的；③原审被告人（原审上诉人）、原审自诉人已经死亡，或者丧失刑事责任能力的；④原审被告人（原审上诉人）在交通十分不便的边远地区监狱服刑，提押到庭确有困难，但人民检察院提出抗诉的，人民法院应征得人民检察院的同意；⑤人民法院按照审判监督程序决定再审，按本规定第 8 条第 4 项规定，将开庭的时间、地点在开庭 7 日以前通知人民检察院，经两次通知，人民检察院不派员出庭的。

同时，《最高人民法院关于刑事再审案件开庭审理程序的具体规定》第 7 条规定，人民检察院审理共同犯罪再审案件，如果人民法院再审决定书或者人民检察院再审抗诉书只对部分同案原审被告人（同案原审上诉人）提起再审，其他未涉及的同案原审被告人（同案原审上诉人）不出庭不影响案件审理的，可以不出庭参与诉讼；部分同案原审被告人

（同案原审上诉人）具有《最高人民法院关于刑事再审案件开庭审理程序的具体规定》第6条第3、第4项规定情形不能出庭的，不影响案件的开庭审理。

五、重新审判的期限

《刑事诉讼法》第247条第1款规定，人民法院按照审判监督程序重新审判的案件，应当在作出提审、再审决定之日起3个月以内审结，需要延长期限的，不得超过6个月。第2款规定，接受抗诉的人民法院按照审判监督程序审判抗诉的案件，审理期限适用前款规定；对需要指令下级人民法院再审的，应当自接受抗诉之日起1个月以内做出决定，下级人民法院审理案件的期限适用前款规定。同时，《最高人民法院关于刑事再审案件开庭审理程序的具体规定》第25条规定，人民法院审理再审案件，应当在作出再审决定之日起三个月内审结。需要延长期限的，经本院院长批准，可以延长三个月。自接到阅卷通知后的第二日起，人民检察院查阅案卷超过7日后的期限，不计入再审审理期限。

六、重新审判后的处理

根据《最高人民法院关于适用〈中华人民共和国刑事诉讼法〉的解释》第389条的规定，在审案件经过重新审理后，应当按照下列情形分别处理：

（1）原判决、裁定认定事实和适用法律正确、量刑适当的，应当裁定驳回申诉或者抗诉，维持原判决、裁定。

（2）原判决、裁定定罪准确、量刑适当，但在认定事实、适用法律等方面有瑕疵的，应当裁定纠正并维持原判决、裁定。

（3）原判决、裁定认定事实没有错误，但适用法律错误，或者量刑不当的，应当撤销原判决、裁定，依法改判。

（4）依照第二审程序审理的案件，原判决、裁定事实不清或者证据不足的，可以在查清事实后改判，也可以裁定撤销原判，发回原审人民法院重新审判。

原判决、裁定事实不清或者证据不足，经审理事实已经查清的，应当根据查清的事实依法裁判；事实仍无法查清，证据不足，不能认定被告人有罪的，应当撤销原判决、裁定，判决宣告被告人无罪。

【导例评析】

本案的再审程序应由二审法院院长提交审判委员会讨论，由审判委员会决定是否重新审判。《刑事诉讼法》第243条第1款规定，各级人民法院院长对本院已经发生法律效力的判决和裁定，如果发现在认定事实上或者在适用法律上确有错误，必须提交审判委员会处理。因此，本案中，院长发现原判决确有错误，不能直接决定是否再审，而应提交审判委员会讨论决定。审判委员会讨论决定再审的案件，应当另行组成合议庭进行再审。

被告人吴某对再审结果不服不能上诉。《刑事诉讼法》第245条第1款规定，人民法院按照审判监督程序重新审判的案件，由原审人民法院审理的，应当另行组成合议庭进行。如果原来是第一审案件，应当依照第一审程序进行审判，所作的判决、裁定，可以上诉、抗诉；如果原来是第二审案件，或者是上级人民法院提审的案件，应当依照第二审程序进行审判，所作的判决、裁定，是终审的判决、裁定。本案原是二审终审的案件，因此，再审时应依照第二审程序进行审判，吴某对再审判决不能提起上诉。

【实务训练】

徐某于2009年3月7日因抢劫罪被判处有期徒刑12年，判决生效后徐某被送往当地监狱服刑，徐某的父亲自儿子判刑入狱以来一直认为法院判决有错误，2010年6月徐某父亲拟提出申诉。

问：徐某父亲提出申诉，法院能否受理？如果法院受理，徐某的父亲提出怎样的申诉理由向法院提出申诉？

资料来源：陈光中：刑事诉讼法教学案例，345页。

【评析】

根据《刑事诉讼法》第241条的规定，当事人及其法定代理人、近亲属对已经发生法律效力的判决、裁定，可以向人民法院或者人民检察院提出。因此本案中徐父可作为申诉的主体向法院提出申诉。其次，在申诉的期限上，根据《最高人民法院关于规范人民法院再审立案的若干意见》第10条的规定，人民法院对刑事案件的申诉人在刑罚执行完毕后2年内提出的申诉，应当受理；超过2年提出申诉，具有下列情形之一的，应当受理：一是可能对原审被告人宣告无罪的；二是原审被告人在本条规定的期限内向人民法院提出申诉，人民法院未受理的；三是属于疑难、复杂、重大案件的。关于受理申诉的法院，《最高人民法院关于适用〈中华人民共和国刑事诉讼法〉的解释》确立了由原生效裁判法院受理的原则，但同时又规定了可以由上级人民法院受理的情形。本案中徐某于2009年3月7日被判刑，2010年6月其父为其申诉，在时间上符合申诉的期限规定，故法院应当予以受理。

依据《刑事诉讼法》第242条则规定了四种申诉的理由，即有新的证据证明原判决、裁定认定的事实确有错误的；据以定罪量刑的证据不确实、不充分或者证明案件事实的主要证据之间存在矛盾的；原判决、裁定适用法律确有错误的；审判人员在审理该案件的时候，有贪污受贿、徇私舞弊、枉法裁判行为的。徐父只要有以上的理由之一就可提出申诉。

【司考真题】

1. 关于审判监督程序，下列哪一选项是正确的？（　　）（2012/2/34/单选）

A. 对于原判决事实不清楚或者证据不足的，应当指令下级法院再审

B. 上级法院指令下级法院再审的，应当指令原审法院以外的下级法院审理；由原审法院审理更为适宜的，也可以指令原审法院审理

C. 不论是否属于由检察院提起抗诉的再审案件，逮捕由检察院决定

D. 法院按照审判监督程序审判的案件，应当决定中止原判决、裁定的执行

2. 下列再审案件，哪些可以不开庭审理？（　　）（2008/2/75/多选）

A. 李某抢劫案，原判事实清楚、证据确实充分，但适用法律错误，量刑畸重

B. 葛某受贿案，葛某已死亡

C. 张某、卞某为同案原审被告人，张某在交通十分不便的边远地区监狱服刑，提审到庭确有困难，但未经抗诉的检察院同意

D. 陈某强奸案，原生效裁判于 1979 年之前作出

【拓展与反思】

大陆法系提起刑事审判监督程序的理由

一、德国

刑事再审程序原因被明确区分为不利于被告人的再审和有利于被告人的再审两种情况。《德国刑事诉讼法》第 359 条规定，有下述情形之一时，准许对受有罪判决人有利的程序开始已经发生法律效力的判决结束的程序：

（1）审判时作为真实证书对受有罪判决人不利的出示的证书，是伪造或者变造的。

（2）证人、鉴定人犯有故意或者过失违反宣誓义务，或者故意作出违背誓言的虚假陈述之罪，对受有罪判决人不利地作了证词、鉴定。

（3）参与了判决的法官、陪审员，在与案件有关的问题上犯有不是由受有罪判决人所引起的、可处罚的违反其职务义务的罪行。

（4）作为刑事判决依据的民事法庭判决，已被另一发生了法律效力的判决所撤销。

（5）得到新的事实、证据，仅根据这些事实、证据，或者将它们与先前收集的证据相结合，使得有理由宣告被告人无罪，或者对他适用较轻的刑罚从而判处轻一些的处罚或者科处完全不同的矫正及保安处分。《德国刑事诉讼法》第 362 条规定，有下述情形之一时，准许对受有罪判决人不利的重新开始已经发生法律效力的判决结束的程序：①审判时作为真实证书对受有罪判决人有利的证书，是伪造或者变造的；②证人、鉴定人犯有故意或者过失违反宣誓义务，或者故意作出违背誓言的虚假陈述之罪，作出对受有罪判决人有利的证词、鉴定；③参加了判决的法官、陪审员，在与案件有关的问题上犯有应处罚的违反其职责义务的罪行；④被宣告无罪的人在法庭上、法庭外作了值得相信的犯罪行为自白。对比二者，我们可以发现，有利于和不利于被告人的再审的三条共同理由都是在原审程序中发生的有关证据的错误和职务犯罪的情况。而再审申请人所获得的新证据，只能成为提起有利于被告人的再审的理由，这就使得不利于被告人的再审比有利于被告人的再审在提起方面更受限制。

二、法国

《法国刑事诉讼法》第 622 条规定，有下列情况之一，任何人可以为任何被判定犯有重罪或轻罪的人对已确定的刑事判决进行申诉：（1）在判处杀人罪以后，有足够的证据证明所认定的被杀害的人仍然存活；（2）在判决一项重罪或轻罪以后，对同一案件事实又作出另一新的裁定或判定，对另一被告人定罪判刑，而这两个判决不能统一并存，其矛盾证

明其中有一名被判罪人是无辜的；(3) 在定罪以后，证人之一被追诉并判定对被告人犯有伪证罪，因此，在新的审理中被判罪的证人，不得再行作证；(4) 在定罪以后，以提供或揭发出原判决法院在审理时所不知悉的新的事实或证据，足以对被判罪人是否有罪产生怀疑。

三、日本

《日本刑事诉讼法》第435条规定，对宣判有罪的判决，有下列情形之一时，可以为受宣告人的利益提出再审请求：

(1) 原判决作为证据的文书或者证物，根据确定判决已经证明系伪造或者变造时。

(2) 原判决作为证据的证言、鉴定、口译或者笔译，根据确定判决已经证明系属虚假时。

(3) 诬告受有罪宣告的人的犯罪，根据确定判决已经得到证明时。但以其受到有罪宣告系受诬告所致时为限。

(4) 作为原判决的证据的裁判，根据确定裁判已经变更时。

(5) 因侵犯专利权、实用新型权、发明权或者商标权的犯罪而宣告有罪的案件，在该项权利已经审决确定无效或者已经作出宣告无效的判决时。

(6) 已经发现确实的新证据，足以认为对受有罪宣告的人应当宣告无罪或免诉，对受刑罚宣告的人应当宣告免除刑罚，或者应当认定轻于原判决确定之罪的罪时。

(7) 参与原判决的法官，参与制作原判决的证据文书的法官，或者制作成为原判决的证据的书面材料或作出供述的检察官、检察事务官或司法警察职员，因该被告案件犯职务之罪，根据确定判决已经证明时。但在作出原判决前已经对法官、检察官、检察事务官或者司法警察职员提起公诉的场合，以作出原判决的法院未曾知悉该事实时为限。其中第436条又规定，对控诉或者上告不受理的确定判决。在下列场合中，可以为受宣告人的利益提出再审请求：①具有前条第1项或者第2项规定的事由时；②参与制作原判决或者成为原判决的证据的证据文书的法官，具有前条第7项规定的事由时。第454条规定，检察总长在判决确定后发现案件的审判违反法令时，可以向最高法院提起非常上告。可见，日本对再审程序的提起规定十分具体。

在大陆法系国家，如德国、法国、日本在《刑事诉讼法》中都对刑事再审的理由作了明确具体的规定，只有在符合这些规定条件时，再审程序的提起才有效。这就使再审程序的提起决定不仅具有权威性，而且具有可靠的操作性。

总之，大陆法系国家的刑事审判监督程序理由的规定相当科学、完善。在改革、完善我国刑事诉讼程序时，适当的借鉴大陆法系国家刑事审判监督程序理由的规定，对完善我国刑事审判监督程序具有重要的意义。

第五编 刑事执行程序

第十九章　刑事执行

【导读案例】 被告人李某，因抢劫罪被判处无期徒刑。李某被交付执行后，以其妻已怀孕9个月，父母年老多病，家中无人耕种田地等为由，申请暂予监外执行。

问： 对李某的申请能否同意？结合案件，谈谈执行程序的特点？

资料来源：汪红军：法律适用典型案例，257页。

【重点、难点】 刑事执行的概念、性质、原则；各种判决、裁定的执行；执行监督的概念。

第一节　刑事执行概述

一、刑事执行的概念和性质

在刑事诉讼中，执行是指人民法院、人民检察院、公安机关及刑罚执行机关等将已经发生法律效力的判决、裁定付诸实施的活动。

刑事执行是落实国家刑罚的最后过程。从性质上看，刑事执行属于司法行政事务，刑罚执行机关等对罪犯进行的监管、教育、组织劳动等活动不具有诉讼活动的性质。司法行政是附随于司法事务的行政活动，具有辅佐司法权的功能。不过，在执行过程中也会有诉讼活动，如对生效裁决的异议（如申诉）、减刑、假释等都属于刑事诉讼的活动。刑事执行程序规定在《刑事诉讼法》中，一般认为，它是广义的刑事诉讼的最后阶段。

执行具有强制性。生效的判决和裁定是人民法院对实施犯罪行为的人依据法律作出的处理决定，并以国家强制力来保证实行。即使是其他公民，也不能阻碍生效裁判的执行。已经发生法律效力的判决和裁定，具有普遍的约束力，相关机关、团体和个人都应当依照判决或者裁定的要求加以执行。就某些判决事项来说，被判刑人是被强制执行的，如死刑、自由刑等；也有些判决事项，是被判刑人应当自愿履行判决所确定的内容，如果拒不执行，最终将被强制执行。

二、刑事执行的依据和机关

1. 执行的依据

人民法院的发生法律效力的刑事判决和裁定，是执行机关对罪犯实施惩罚和改造的法律依据。根据我国《刑事诉讼法》第 248 条规定的有关判决和裁定的法律效力是指以下几种：

（1）已过法定期限没有上诉、抗诉的判决和裁定，即地方各级人民法院作出的上诉期满而没有被上诉或抗诉的第一审判决和裁定。

（2）终审的判决和裁定，即中级人民法院、高级人民法院作出的第二审案件的判决和裁定，最高人民法院作出的第一审案件和第二审案件的判决、裁定。

（3）最高人民法院核准的死刑的判决和高级人民法院核准的死刑缓期二年执行的判决。

2. 执行的机关

生效判决和裁定因内容不同，其执行机关也不相同。

（1）人民法院。

根据《刑事诉讼法》第 249 条、第 251 条、第 260 条和第 261 条的规定，无罪、免除刑事处罚、死刑、罚金和没收财产的判决，均由人民法院执行。

(2) 监狱。

根据《刑事诉讼法》第 253 条第 2 款的规定，对被判处死刑缓期 2 年执行、无期徒刑、有期徒刑的罪犯，由公安机关交送监狱执行刑罚。

(3) 公安机关。

根据《刑事诉讼法》第 253 条第 2 款和第 259 条的规定，对于被判处有期徒刑的罪犯，在被交付执行刑罚前，剩余刑期在 3 个月以下的，由看守所代为执行。对于被判处拘役的罪犯，由公安机关执行。对被判处剥夺政治权利的罪犯，由公安机关执行，执行期满，应当由执行机关书面通知本人及其所在单位、居住地基层组织。

(4) 社区矫正机构。

根据《刑事诉讼法》第 258 条的规定，对被判处管制、宣告缓刑、假释或者暂予监外执行的罪犯，依法实行社区矫正，由社区矫正机构负责执行。

三、刑事执行的原则

1. 法治原则

执行活动具有法律性，必须严格依照法律规定进行。交付执行时不但法律所要求移送的司法文书要完备，而且必须办理相应的法律手续。在变更刑罚时，应当依据法定条件和遵照有关管辖及程序的规定进行，不能任意变更或停止执行，否则将承担行政责任甚至法律责任。

2. 及时原则

人民法院的判决和裁定一经发生法律效力，就应当迅速执行，不能延宕。及时地执行生效的裁判，对于被判刑的犯罪人而言，可以及时地受到惩罚，使国家的刑罚权尽早得到落实；对于被判无罪或者免除刑事处罚的人的合法权益不能及时修复。因此，法院生效裁判的执行必须及时，不允许有不必要的延宕。

3. 尊重人格尊严和人权的原则

判决一旦作出，许多被告人被判决有罪，他们的法律身份由“被告人”转为“罪犯”。尽管如此，刑事诉讼尊重人格尊严和保障人权的精神仍然要延续到执行阶段。

第二节　各种判决、裁定的执行

一、死刑立即执行判决的执行

死刑是依法剥夺犯罪分子生命的刑罚，是刑罚中最严厉的刑种。为了防止无法挽回的错杀，我国《刑事诉讼法》第 250 至第 252 条以及《人民法院组织法》第 13 条、《最高人民法院关于适用〈中华人民共和国刑事诉讼法〉的解释》在死刑执行程序上作了严格而详细的规定，主要内容包括：

1. 执行死刑命令的签发

最高人民法院判处和核准死刑立即执行的，由最高人民法院院长签发执行死刑命令。执行死刑命令按照统一格式填写，由院长签名，并加盖人民法院印章。

2. 行刑机关及期限

最高人民法院的执行死刑命令，由最高人民法院交原一审人民法院执行。原审人民法院接到执行死刑的命令后，应在 7 日以内交付执行。

3. 死刑执行的监督

根据《刑事诉讼法》第 252 条第 1 款的规定，人民法院在交付执行死刑前，应通知同级人民检察院派员临场监督。根据最高人民检察院《人民检察院刑事诉讼规则》第 636 条、第 637、第 638 条规定，人民检察院接到通知后，应到做好如下工作：查明同级人民法院是否收到最高人民法院核准死刑的判决或者裁定和执行死刑的命令；检查执行死刑的场所，方法和执行死刑的活动是否合法；执行死刑前发现有《刑事诉讼法》第 251 条规定的“应当停止执行”或“暂停执行”的情形后，应当建议人民法院停止执行；执行死刑过程中，根据需要可以进行拍照、摄像；执行死刑后，检查罪犯是否确已死亡，并填写死刑临场监督笔录，签名后入卷归档。

根据《刑事诉讼法》第 251 条规定，下级人民法院在接到最高人民法院执行死刑命令后，发现有下列情形之一的，应当停止执行，并立即报告最高人民法院，由最高人民法院作出裁定：

第一，在执行前发现判决可能有错误的；

第二，在执行前罪犯揭发重大犯罪事实或者有其他重大立功表现，可能需要改判的；

第三，罪犯正在怀孕的。

根据《最高人民法院关于适用〈中华人民共和国刑事诉讼法〉的解释》第 418 条的规定，第一审人民法院在接到执行死刑命令后、执行前，发现有下列情形之一的，应当暂停执行，并立即将请求停止执行死刑的报告和相关材料层报最高人民法院：

第一，罪犯可能有其他犯罪的；

第二，共同犯罪的其他犯罪嫌疑人到案，可能影响罪犯量刑的；

第三，共同犯罪的其他罪犯被暂停或者停止执行死刑，可能影响罪犯量刑的；

第四，罪犯揭发重大犯罪事实或者有其他重大立功表现，可能需要改判的；

第五，罪犯怀孕的；

第六，判决、裁定可能有影响定罪量刑的其他错误的。

最高人民法院经审查，认为可能影响罪犯定罪量刑的，应当裁定停止执行死刑；认为不影响的，应当决定继续执行死刑。

4. 验明正身和讯问罪犯

根据《刑事诉讼法》第 252 条第 4 款的规定，指挥执行的审判人员，执行前，首先，对罪犯验明正身，核实罪犯姓名、别名、性别、年龄、职业、拘留、逮捕时间等，确保将要执行的人确系应当执行的罪犯，严防错杀；其次，询问罪犯有无遗言、信札，并制作笔录，然后，交付执行人员执行死刑。

5. 死刑罪犯同近亲属会见

我国《最高人民法院关于适用〈中华人民共和国刑事诉讼法〉的解释》第423条规定，第一审人民法院在执行死刑前，应当告知罪犯有权会见其近亲属。罪犯申请会见并提供具体联系方式的，人民法院应当通知其近亲属。罪犯近亲属申请会见的，人民法院应当准许，并及时安排会见。

6. 执行死刑的方法

我国《刑事诉讼法》第252条第2款规定，执行死刑的方法为枪决或注射等方法。采取枪决，注射以外的方法，应当事先报请最高人民法院批准。

死刑采取枪决方法执行，人民法院有条件执行的，交由司法警察执行；没有条件执行的，交由武装警察执行。采用注射方法执行死刑的，由谁执行，法律未予规定，但一般认为，应由法医或医师进行。

7. 执行死刑的场所

死刑可以在刑场或者指定的羁押场所内执行。

8. 执行死刑应当公布，不应示众

《最高人民法院关于适用〈中华人民共和国刑事诉讼法〉的解释》第426条第2款规定，执行死刑应当公布。通常的方法是张贴布告，张贴布告应当选择适当的场所，以避免发生负面效应和不良影响。对于被执行死刑的罪犯，禁止施以游街示众以及一切侮辱其人格、有伤风化的行为。

9. 执行死刑后的处理

根据《最高人民法院关于适用〈中华人民共和国刑事诉讼法〉的解释》第427条的规定，执行死刑后，应当由法医验明罪犯确实死亡，在场书记员制作笔录。负责执行的人民法院应当在执行死刑后十五日内将执行情况，包括罪犯被执行死刑前后的照片，上报最高人民法院。

根据《最高人民法院关于适用〈中华人民共和国刑事诉讼法〉的解释》第428条的规定，执行死刑后，交付执行的人民法院应当通知罪犯家属，对罪犯生前遗物、遗款等应当查点清楚，并列出清单，交其家属领取，并将收条交由执行的人民法院附卷。此外，交付执行的人民法院还应当办理以下事项：

（1）对于死刑罪犯的遗书、遗言笔录，应当及时进行审查，涉及财产继承、债务清偿、家事嘱托等内容的，将遗书、遗言笔录交给其家属，同时复制存卷备查；涉及案件线索等问题的，应当抄送有关机关。

（2）通知罪犯家属在期限内领取罪犯尸体，有火化条件的，通知领取骨灰。逾期不领取的，由人民法院通知有关单位处理。对于死刑罪犯骨灰或尸体的处理情况，应当记录在案。

（3）对外国籍罪犯执行死刑后，通知外国驻华使、领馆的程序和实现，依照有关规定办理。

二、死缓、无期徒刑、有期徒刑、拘役判决的执行

1. 执行场所

《刑事诉讼法》第253条第2款、第3款分别规定，对于被判处死刑缓期2年执行、

无期徒刑、由公安机关依法将该罪犯交付监狱执行刑罚；对于被判处有期徒刑的罪犯，在被交付执行刑罚前，剩余刑期 3 个月以下的，由看守所代为执行；对被判处拘役的罪犯，由公安机关执行；对未成年犯应当在未成年犯管教所执行刑罚。执行机关应当将罪犯及时收押，并且通知罪犯家属。

2. 执行必备的法律文书

我国《刑事诉讼法》第 253 条第 1 款规定，罪犯被交付执行刑罚的时候，应当由交付执行的人民法院在判决生效后十日以内将有关的法律文书送达公安机关、监狱或者其他执行机关。我国《监狱法》第 16 条规定，罪犯被交付执行刑罚时，交付执行的人民法院应当将人民检察院的起诉书副本、人民法院的判决书、执行通知书、结案登记表同时送达监狱。监狱没有收到上诉文件的，不得收监；上诉文件不齐全或者记载有误的，作出生效判决的人民法院应当及时补充齐全或者作出更正；对其中可能导致错误收监的，不予收监。

3. 交付执行的期限

根据《监狱法》第 15 条和《最高人民法院关于适用〈中华人民共和国刑事诉讼法〉的解释》第 429 条规定，对于被判处死刑缓期 2 年执行、无期徒刑、有期徒刑的罪犯，交付执行时在押的，第一审人民法院应当在判决、裁定生效后十日内，将判决书、裁定书、起诉书副本、自诉状复印件、执行通知书、结案登记表送达看守所，由公安机关将罪犯交付执行。罪犯需要收押执行刑罚，而判决、裁定生效前未被羁押的，人民法院应当根据生效的判决书、裁定书将罪犯送交看守所羁押，并依照前款的规定办理执行手续。交付执行的人民法院应当将执行通知书等有关的必备法律文书及时送达羁押该罪犯的公安机关，公安机关应当自收到执行通知书等有关法律文书之日起 1 个月内，将该罪犯送交监狱或其他执行机关执行刑罚；对于被判处拘役的罪犯，公安机关在收到交付执行的人民法院送达的执行通知书等有关法律文书后，应当立即交付执行。执行通知书的回执，经看守所盖章后附入人民法院的诉讼案卷内。

4. 其他相关规定

(1) 对于被判处拘役的服刑罪犯，每月可允许其回家 1～2 天，路费自理。

(2) 执行机关关押罪犯，应当对罪犯进行身体检查，发现不适合在监狱或其他执行场所执行的，可以暂不收监，予以监外执行，但对其暂予监外执行有社会危害性的，仍应收监。

(3) 执行机关对罪犯收押后，应当自收监之日起 5 日以内将罪犯罪名、刑期、执行地址等通知罪犯家属。对于罪犯在服刑中死亡、调动、脱逃满 2 个月未捕回或捕回后有变动的，执行机关应当书面报告交付执行的人民法院及对该监所实行监督的人民检察院。

(4) 有期徒刑、拘役的刑期，从判决之日起计算，判决前被拘留和逮捕的，羁押一日折抵刑期一日。

(5) 服刑期满，执行机关应立即释放罪犯并发给释放证明。

(6) 对被判处死刑缓期二年执行的罪犯的减刑，必须在 2 年期满后及时进行，执行机关不得任意拖延，也不得提前；罪犯在缓刑期间故意犯罪并经查证属实后核准死刑的，即可执行死刑，不受 2 年期限的限制。如果罪犯在 2 年期满被减为有期徒刑后故意犯罪的，不能执行死刑，只能依法对所犯新罪作出判决，把前罪没有执行的刑罚和后罪所判处的刑罚，依照数罪并罚原则，决定应执行的刑罚。

三、有期徒刑缓刑、拘役缓刑的执行

缓刑是指在具备一定的法定条件下，对于被判处一定刑罚的罪犯，在一定期间内暂缓执行刑罚，如果罪犯在暂缓执行期间未犯新罪，则原判刑罚不再执行的一种制度。缓刑不是刑种，而是刑罚具体运用的一种特殊执行方式。根据《刑法》第 72 条的规定，人民法院对于被判处拘役、3 年以下有期徒刑的罪犯，根据其犯罪情节和悔罪表现，认为适用缓刑确实不致再危害社会的，可以宣告缓刑。

根据《刑事诉讼法》规定，宣告缓刑的判决发生法律效力后，应当将法律文书和罪犯交当地社区矫正机构负责执行。

对于被判处有期徒刑、拘役、宣告缓刑的罪犯，在宣告缓刑时，应当同时宣告缓刑的考验期。罪犯在缓刑考验期内必须遵守法律、法令，接受监督考察。迁移户口应经人民法院或公安机关批准。没有附加剥夺政治权利的，缓刑期间不应限制其政治权利的行使。缓刑罪犯参加劳动，应同工同酬。如果被同时判处附加刑的，附加刑仍应执行。

被宣告缓刑的罪犯在缓刑考验期限内没有再犯新罪，考验期满，原判刑罚就不再执行，社区矫正机构应当公开向罪犯、有关群众和组织宣布终止考察，不必再另办法律手续；在缓期考验期限内再犯罪或者有漏洞没有判决，需要撤销缓刑的，应当由审判新罪的人民法院在审判新罪、漏罪时，对原判宣告的缓刑予以撤销，按照《刑法》规定的数罪并罚原则处理。如果原来是上级人民法院判决宣告缓刑的进行撤销裁判，审判新罪的下级人民法院也可以撤销原判决宣告的缓刑。

缓刑考验期从判决之日起计算。判决确定前先行羁押的日期不能折抵缓刑考验期。如果又犯新罪或发现未判处的漏罪，则撤销缓刑，判处实刑，已执行的缓刑考验期也不能折抵刑期，但是，判决执行前先行羁押的日期应予折抵刑期。

四、管制、剥夺政治权利的执行

1. 管制

管制是对犯罪行为轻微的罪犯不予关押，而由社区矫正机构加以管束和社会公众加以监督，是我国独创的改造罪犯的一种刑罚。

我国《刑事诉讼法》第 258 条规定，被判处管制的罪犯由社区矫正机构负责执行。

根据《刑法》的规定，被判处管制的罪犯，在管制期间，必须遵守法律、法令，服从群众监督，积极参加生产劳动或工作，定期向执行机关报告自己的活动情况，迁居或者外出必须报经执行机关批准。对被判处管制的罪犯，在劳动中实行同工同酬。

管制的刑期从判决执行之日起计算。判决执行前先行羁押的，羁押 1 日折抵刑期 2 日。管制期满，执行机关应及时解除对犯罪分子的管制，同时，向罪犯本人和有关的群众公开宣布，并且发给罪犯本人解除管制通知书；被附加剥夺政治权利的，应同时宣布恢复政治权利。

2. 剥夺政治权利

对罪犯剥夺政治权利，主要是指剥夺其选举权、被选举权，言论、出版、集会、结社、游行、示威自由，担任国家机关职务，担任国有企业、企事业单位和人民团体领导职务等权利。对被剥夺政治权利的罪犯，由公安机关执行。根据《刑法》的规定判处管制附加剥夺政治权利的，剥夺政治权利的期限与管制的期限相等，同时执行。剥夺政治权利的刑期，从有期徒刑、拘役执行完毕之日或者从假释之日起计算，其效力当然适用于主刑执行期间。执行期满，公安机关应当通知罪犯本人，并向所在单位或基层组织及住地等有关群众公开宣布，恢复其政治权利。对剥夺政治权利的，要严格按照《刑法》第 54 条规定的政治权利的范围执行，对于不属于政治权利范围的其他权利，不能予以剥夺。

五、罚金、没收财产判决的执行

1. 罚金

罚金，是人民法院依法判决犯罪公民或犯罪单位向国家缴纳一定数额金钱的刑罚方法，不得以其他刑罚代替罚金。根据《刑事诉讼法》第 260 条的规定，罚金判决由人民法院负责执行。

被判处罚金的罪犯或犯罪单位，在判决确定的期限内一次或者分期缴纳。期满无故不缴纳的，人民法院应当强制缴纳。经强制缴纳仍不能交纳的，人民法院在任何时候，包括在判处的主刑执行完毕后，发现被执行人有可以执行的财产的，应当随时追缴。如果由于遭遇不可抗拒的灾祸使缴纳罚金确有困难的罪犯可以向人民法院申请减少或者免除，人民法院经查证属实后，可以酌情裁定对原判决确定的罚金数额予以减少或者免除。

行政机关对被告人就同一事实已经处以罚款的，人民法院判处罚金时，应当予以折抵。对于罪犯缴纳的罚金，应当按照规定及时上缴国库，任何机关、单位和个人都不得挪用或者私分。

2. 没收财产

没收财产，是指把犯罪人个人所有财产的部分或者全部依法无偿地收归国有的一种刑罚。

没收财产可以附加适用，也可以独立适用；无论附加适用还是独立适用，都由第一审人民法院执行，必要的时候，人民法院可以会同公安机关执行。根据《刑事诉讼法》第 261 条和《最高人民法院关于财产刑执行问题的若干规定》，财产刑由第一审人民法院负责裁判执行的机构执行。被执行的财产在异地的，第一审人民法院可以委托财产所在地的同级人民法院代为执行。执行财产刑时，案外人对被执行财产提出权属异议的，人民法院应当审查并参照民事诉讼法的有关规定处理。被判处罚金或者没收财产，同时又承担刑事附带民事诉讼赔偿责任的被执行人，应当先履行对被害人的民事赔偿责任。判处财产刑之前被执行人所负的正当债务，应当偿还的，经债权人请求，应先行予以偿还。

没收财产的范围只限于犯罪分子本人所有的部分财产或全部财产，不得没收属于罪犯家属所有或应有的财产。对查封前犯罪分子所负的正当债务，如果需要用没收的财产偿还的，经债权人请求，由人民法院裁定在没收的财产中酌情偿还。如果在没收的财产中，有罪犯利用犯罪手段获得的他人财产，经原主申请，并经人民法院查证属实后，应将原物退还原主。

对于没收的财产，人民法院应当按照有关规定及时上缴国库或财政部门，任何机关、单位和个人都不得私用、调换及压价拍卖或变相私分。

六、无罪判决和免除刑罚判决的执行

我国《刑事诉讼法》第 249 条规定，第一审人民法院判决被告人无罪、免除刑事处罚的，如果被告人在押，在宣判后应当立即释放。按照该规定，人民法院作出无罪和免除刑罚的判决，该判决未发生法律效力时，就应当立即释放已被羁押的被告人，即使在判决宣告后当事人提出上诉或者人民检察院提出抗诉，人民法院也应当将判决书立即送达公安机关，由公安机关通知看守所填写释放证明并立即发给被告人，不能对其继续关押。

无罪和免除刑事处罚判决生效后，人民法院和其他司法机关应当协同有关单位做好善后工作。《刑事诉讼法》第 195 条第 2 项和第 3 项分别规定，依据法律认定被告人无罪的，应当作出无罪判决；证据不足，不能认定被告人有罪的，应当作出证据不足、指控的犯罪不能成立的无罪判决。对前一种情况的无罪判决，应当及时恢复无罪被告人的人身自由和名誉。对后一种情况的无罪判决，人民法院也应当立即释放关押的被告人。对于免除刑事处罚的被告人，也应恢复他的人身自由，撤销非关押性质的其他强制措施，同时，人民法院可根据案件不同情况予以训诫或责令具结悔过、赔礼道歉、赔偿损失，或建议有关主管机关给予被告人行政处罚或行政处分。

第三节　人民检察院对执行的监督

执行监督，是指人民检察院对人民法院已经发生法律效力的判决、裁定的执行是否合法实行法律监督的活动。开展执行监督，有利于维护生效判决和裁决的稳定性与严肃性，有利于纠正冤假错案，保护公民合法利益，从而保障刑事诉讼任务的实现。

一、对执行死刑的监督

《刑事诉讼法》第 252 条第 1 款规定，人民法院在交付执行死刑前，应当通知同级人民检察院派员临场监督。司法实践中，人民法院通常在交付执行死刑 3 日以前，通知同级人民检察院派员监督。临场监督执行死刑的检察人员应当依法监督执行死刑的场所、方法和执行死刑活动是否合法。最高人民检察院《人民检察院刑事诉讼规则》第 637 条规定，临场监督执行死刑的检察人员应当依法监督执行死刑的场所、方法和执行死刑的活动是否合法。在执行死刑前，发现有下列情形之一的，应当建议人民法院立即停止执行：

（1）被执行人并非应当执行死刑的罪犯的。

（2）罪犯犯罪时不满十八周岁，或者审判的时候已满七十五周岁，依法不应当适用死刑的。

（3）判决可能有错误的。

（4）在执行前罪犯有检举揭发他人重大犯罪行为等重大立功表现，可能需要改判的。

（5）罪犯正在怀孕的。在执行死刑中发现其他严重违法情况的，也应及时提出纠正意见。

在执行死刑过程中，根据需要，人民检察院临场监督人员可以进行拍照、摄像；执行死刑后，人民检察院临场监督人员应检查罪犯是否确已死亡，并填写死刑临场监督笔录，签字后人卷归档。

二、对暂予监外执行的监督

《刑事诉讼法》第255条规定，监狱、看守所提出暂予监外执行的书面意见的，应当将书面意见的副本抄送人民检察院。人民检察院可以向决定或者批准机关提出书面意见。《刑事诉讼法》第256条又规定，决定或者批准暂予监外执行的机关应当将暂予监外执行决定抄送人民检察院。人民检察院认为暂予监外执行不当的，应当自接到通知之日起一个月以内将书面意见送交决定或者批准暂予监外执行的机关，决定或者批准暂予监外执行的机关接到人民检察院的书面意见后，应当立即对该决定进行重新核查。

人民检察院接到批准将罪犯暂予监外执行的决定后，应当迅速审查。为了解情况，承办人可以向罪犯所在单位和有关人员进行调查，可以向有关机关调阅其相关资料等。经审查认为暂予监外执行不当，应当向批准或决定暂予监外执行的机关提出纠正意见的，由检察长决定。

人民检察院认为暂予监外执行不当的，应当自接到通知之日起1个月内将书面纠正意见送交批准或者决定暂予监外执行的机关。人民检察院向批准或者决定暂予监外执行的机关送交不同意暂予监外执行的书面意见后，应当监督其立即对批准或者决定暂予监外执行的结果进行重新核查，并监督其重新核查的结果是否符合法律规定，对核查不符合法律规定的，应当依法提出纠正意见。

三、对减刑、假释的监督

《刑事诉讼法》第263条规定，人民检察院认为人民法院减刑、假释的裁定不当，应当在收到裁定书副本后20日以内，向人民法院提出书面纠正意见。人民法院应当在收到纠正意见后1个月以内重新组成合议庭进行审理，作出最终裁定。

人民检察院在接到人民法院减刑、假释的裁定书副本后，应当立即进行审查。为了解情况，承办人员可以向罪犯服刑机关和有关人员进行调查，可以向法院和罪犯服刑机关调阅有关资料等。经审查，人民检察院认为人民法院减刑、假释的裁定不当的，应当在收到裁定书副本后20日以内，向作出减刑、假释裁定的人民法院提出书面纠正意见。

对人民法院减刑、假释裁定的纠正意见，由作出减刑、假释裁定的人民法院的同级人民检察院向该人民法院书面提出。人民检察院对人民法院减刑、假释的裁定提出纠正意见后，应当监督人民法院是否在收到纠正意见后1个月内重新组成新的合议庭进行审理，并监督其重新作出的最终裁定是否符合法律规定。对于最终裁定不符合法律规定的，应当向同级人民法院提出纠正意见。

四、对执行机关执行刑罚活动的监督

《刑事诉讼法》第265条规定，人民检察院对执行刑罚的活动是否合法实行监督。如果发现有违法的情况，应当通知执行机关纠正。这是《刑事诉讼法》关于人民检察院对执行机关执行刑罚的活动进行监督的原则性规定。其监督内容主要包括：人民法院判决被告人无罪、免除刑事处罚的，在押被告人是否被立即释放；人民法院将罪犯交付执行时，据以交付执行的刑事判决、裁定是否已经发生法律效力，交付执行的手续、程序是否合法，执行机关是否符合法律规定；监狱和其他刑罚执行机关收押罪犯的活动是否合法；对于被判处死刑缓期2年执行的罪犯，2年期满是否依法及时予以减刑；对于被判处管制、剥夺政治权利的罪犯和宣告缓刑、假释的罪犯，公安机关监督管理措施是否落实或者监督管理措施是否得当；罚金、没收财产判决的执行是否合法，罚没钱物是否依法处理；对于服刑中的罪犯又犯新罪或者发现了漏罪的，是否依法进行了追究；对于服刑罪犯的申诉是否及时转送并作出正确的处理；监狱、未成年犯管教所、看守所、拘役所的执行活动是否符合《刑事诉讼法》、《监狱法》、《看守所条例》等有关法律、法规，是否保障了罪犯依法享有的各项权利，是否有利于罪犯改造；对于刑期届满的罪犯是否按期释放等等。

五、监督方式

（1）听取执行机关关于执行情况的汇报。

（2）调阅典型档案或材料。

（3）召开座谈会、调查会。

（4）个别谈话及讯问罪犯。

（5）视察警戒。

（6）检查生产、生活条件等。

监督中，发现有违法、违纪情况的及时予以纠正。对情节较轻的违纪行为，以口头方式向违纪人提出纠正意见。对情节严重的违法行为，经检察长批准以书面方式向执行机关发出纠正违法通知书。对违法行为造成严重后果并构成犯罪的，提请有关机关追究责任人员的刑事责任。

人民检察院发出“纠正违法通知书”的，应当根据执行机关的回复监督落实情况；没有回复的，应当督促执行机关回复纠正违法的情况，应当及时向上一级人民检察院报告，并抄报执行机关的上级主管机关。上级人民检察院认为下级人民检察院意见正确的，应与同级执行机关共同督促下级执行机关纠正；上级人民检察院认为下级人民检察院纠正违法的意见有错误的，应当通知下级人民检察院撤销发出的“纠正违法通知书”，并通知同级执行机关。

【导例评析】

对于李某的申请，应当予以驳回。根据《刑事诉讼法》第 254 条的规定，适用监外执行必须符合以下条件：第一，适用监外执行的对象只能是被判处有期徒刑或拘役的罪犯；第二，上述罪犯必须具备下列情形之一：有严重疾病需要保外就医的（可能有社会危险性的或者自伤自残的罪犯除外）；怀孕或者正在哺乳自己婴儿的妇女；生活不能自理，适用监外执行不致危害社会的。

本案中，李某被判处无期徒刑，不属于可适用监外执行的对象；再者，李某也不具备暂予监外执行的法定情形。

执行的主要特点有以下几点：首先，执行的对象法定性。根据我国《刑事诉讼法》的规定，适用的对象是已经发生法律效力的判决和裁定。本案中是已经超过上诉期没有提出上诉、抗诉的一审判决。其次，执行的主体广泛性。我国刑事诉讼的执行机关除了法院、检察院、公安机关外，还包括监狱等其他执行机关。根据执行的职能不同，可分为交付执行机关、执行机关和执行的指挥和监督机关。交付执行的职能是人民法院。执行机关因判决和裁定的内容不同而不同，根据《刑事诉讼法》的规定，法院、公安机关、监狱等都是执行机关。在执行死刑判决时，法院是执行指挥机关。执行监督机关则是人民检察院。本案中交付执行的机关是人民法院，执行机关是监狱，执行监督机关是人民检察院。

【实务训练】

张某因参与盗窃罪于 2007 年 6 月 27 日被公安机关逮捕，经人民法院审理，考虑张某在本案中系从犯，认罪态度较好，且积极配合公安机关抓住本案主犯，具有立功表现，鉴于此 2008 年 7 月人民法院对其作出判处 1 年零三个月的有期徒刑。

问：张某羁押时间能否进行折抵？对张某的刑罚应由谁来执行？

资料来源：沂蒙司法前沿，2013（3），41 页。

【评析】

根据我国《刑事诉讼法》的规定，有期徒刑、拘役的刑期，从判决之日起计算，判决前被拘留和逮捕的，羁押一日折抵刑期一日。本案中人民法院对张某作出判处 1 年零三个月的有期徒刑，而公安机关于 2007 年 6 月 27 日就对张某进行了羁押，直至 2008 年 7 月，故这段时间应予以折抵。故张某还有两个月的刑期。

张某的刑罚应当由看守所执行。根据我国《刑事诉讼法》第 253 条第 2 款、第 3 款的规定，对于被判处死刑缓期 2 年执行、无期徒刑、剩余刑期在 3 个月以上的有期徒刑的成年罪犯，应当交付监狱执行；对于被判处有期徒刑的罪犯，在被交付执行刑罚前，剩余刑期3个月以下的，由看守所代为执行。结合上题，本案中张某剩余的两个月刑期应由看守所执行。

【司考真题】

1. 关于停止执行死刑的程序，下列哪一选项是正确的？（　　）（2009/二/36/单选）

A. 下级法院接到最高法院执行死刑的命令后，执行前发现具有法定停止执行情形的，应当暂停执行并直接将请求停止执行报告及相关材料报最高法院

B. 最高法院审查下级法院报送的停止执行死刑报告后，应当作出下级法院停止或继续执行死刑的裁定

C. 下级法院停止执行后，可以自行调查核实，也可以与有关部门一同对相关情况进行调查核实

D. 下级法院停止执行并会同有关部门调查或自行调查后，应当迅速将调查结果直接报最高法院

2. 关于缓刑的适用，下列哪一选项是错误的？（　　）（2011/二/10/单选）

A. 被宣告缓刑的犯罪分子，在考验期内再犯罪的，应当数罪并罚，且不得再次宣告缓刑

B. 对于被宣告缓刑的犯罪分子，可以同时禁止其从事特定活动，进入特定区域、场所，接触特定的人

C. 对于黑社会性质组织的首要分子，不得适用缓刑

D. 被宣告缓刑的犯罪分子，在考验期内由公安机关考察，所在单位或者基层组织应予以配合

【拓展与反思】

死刑执行方法

纵观世界许多国家的死刑执行方法，可以说是五花八门。

以美国为例，美国由于政治体制因素，各司法管辖区死刑的执行方式并不统一，目前主要以注射为主的5种执行方法并存，它们是绞刑、枪决、电椅刑、毒气刑以及注射刑。绞刑在1890年前，一直是美国最主要的死刑执行方法，现在仍在美国的特拉华州、新罕布什尔州、华盛顿州这三个州使用。绞刑是目前在美国适用最少的，也被认为是最不人道的死刑执行方法。枪决作为死刑的一种执行方法目前在美国只有犹他州和爱达荷州适用，同时这两个州都允许注射刑可作为枪决的一种替代方法。电椅刑目前在美国有10个州采用电椅刑作为死刑的执行方法。其中只有内布拉斯加把电椅刑作为死刑的唯一方法进行适用，其他9个州都把电椅作为死刑可选择的方式之一。毒气刑在美国目前有5个州采用其作为死刑的一种执行方式，但这5个州都把毒气刑作为注射刑的一种替代方法。这5个州分别是亚利桑那、加利福尼亚、马里兰、密苏里和弗吉尼亚。注射刑产生于美国19世纪70年代。在美国第一个用法律规定注射刑的是俄克拉荷马州。目前，全美有39个司法区把注射作为死刑的执行方法。2012年4月，美国康涅狄格州继新泽西、新墨西哥、纽约和

伊利诺伊州废除死刑。

在日本，该国不仅仍然保留死刑，而且死刑执行方式是原始的绞刑，且其死刑执行是秘密进行的。日本一般在处决死刑犯前一两日通知该犯；有时并不提前通知，只有当狱警前来提牢处决时，死刑犯才知道自己末日已到。印度现行刑法典始于1861年，根据刑法典规定，死刑执行方式与日本相同，统一采用绞刑的方式执行。在伊朗，执行死刑的方式有斩首、石刑、枪决和绞刑。并且现代伊朗法律明确规定，采用石砸刑时受刑人不能一次砸死。2012年苏丹根据1991年刑法第146条的规定，一名未满20周岁的苏丹女子因犯通奸罪被判用乱石掷死。

我国死刑的执行方式是1979年通过刑法第45条予以明确规定的，即死刑用枪决的方法执行。2012年我国对《刑事诉讼法》进行修订，并就死刑的执行方式通过《刑事诉讼法》第252条第2款以明确规定的，即死刑采用枪决或者注射等方法执行。从该规定的“等方式执行”可以看出，当时立法者是承认我国可以存在其他死刑执行方式的。《最高人民法院关于适用〈中华人民共和国刑事诉讼法〉的解释》第425条规定，死刑采用枪决或者注射等方法执行。采用注射方法执行死刑的，应当在指定的刑场或者羁押场所内执行。采用枪决、注射以外的其他方法执行死刑的，应当事先层报最高人民法院批准。从这法律条文进一步肯定了我国其他死刑执行方法存在的可能性。然而根据我国《刑事诉讼法》和最高人民法院的司法解释的规定，我国的死刑执行方法除了枪决和注射外，可以包括其他的执行方法。但是一般认为，其他的死刑执行方法只能是比枪决、注射更加人道、科学、文明的方法。因此到目前为止，司法实践中还没有出现使用第三种方法执行死刑的案例。

值得一提的是，自2007年联合国大会通过决议暂缓执行死刑以来，全球范围内形成了废除死刑的趋势。目前已经有150多个国家废除或不执行死刑。

第二十章　刑事执行的变更

【导读案例】被告人廖某因贩毒被某市中级人民法院判处死刑缓期两年执行，并于1994年12月1日由该市省高级人民法院核准。1996年12月3日，省高级人民法院就李某的减刑问题进行评议，尚未做出减刑裁定。12月4日，廖某将同监犯人李某打成重伤。

问：该市省高级人民法院是否能以廖某又犯新罪为由核准执行死刑？

资料来源：陈光中：刑事诉讼教学案例，486页。

【重点、难点】执行变更的概念；死刑执行应当变更执行的情形；监外执行的概念、适用对象、适用条件；减刑、假释的概念、条件、管辖及审理期限；对新罪、漏罪、申诉的处理。

第一节　死刑、死缓执行的变更

执行的变更是指人民法院、监狱及其他执行机关在交付执行或者执行过程中发现法定情形后，依法改变刑罚种类或执行方法的活动。

执行的变更是根据罪犯在服刑中新出现的法定情形所进行的减刑、假释等，与原判是否正确无关。

一、死刑执行的变更

（1）我国《刑事诉讼法》第 251 条规定，下级人民法院接到最高人民法院执行死刑的命令后，应当在 7 日以内交付执行。

但是，发现有下列情形之一的，应当停止执行，并且立即报告最高人民法院，由最高人民法院做出裁定：

①在执行前发现判决可能有错误的。这里所谓“错误”，指的是该死刑判决在认定事实和适用法律上可能有错误。

②在执行前罪犯揭发重大犯罪事实或者有其他重大立功表现，可能需要改判的。

③罪犯正在怀孕的。这里所谓的“罪犯正在怀孕”是指罪犯从被羁押到执行死刑前，如果正在怀孕或者已做人工流产。为了不罪及无辜（胎儿）和体现人道主义精神，只要查证属实，就应当改判。

④我国《刑事诉讼法》第 252 条第 4 款规定，指挥执行的审判人员，对罪犯应当验明正身，讯问有无遗言、信札，然后交付执行人员执行死刑。在执行前，如果发现可能有错误，应当暂停执行，报请最高人民法院裁定。

需要注意的是，“停止执行”和“暂停执行”虽然都是停止对死刑命令的执行，但两者也存在区别，主要包括：①停止的原因不同。前者停止的原因是三种法定情形，只要有证据证明具备其中之一，就应当停止执行；后者停止的原因则是，只要认为可能有错误，就应停止执行，究竟有无错误，可在停止执行后通过调查确认。②停止的时间范围不同。前者是在接到执行死刑命令后 7 日内发现的；后者则是在交付执行后、实施执行前在刑场或在羁押场所发现的。③决定停止执行的主体不同。有权决定“停止执行”的是原审人民法院；有权决定“暂停执行”的是临场指挥执行的审判人员。

（2）无论是停止执行还是暂停执行的决定，一经做出就应当立即报告核准死刑的最高人民法院，并由该院院长签发停止执行死刑命令，待原审或被指定的人民法院查证核实后，逐级上报。

经核实认为原判正确，而且不具有《刑事诉讼法》第 251 条第 2、第 3 项规定的情形，应当报请核准死刑的最高人民法院院长再次签发执行死刑命令，并注明撤销停止执行死刑的决定后，才能执行死刑。如果经过查证，发现有下列情形之一的，应当变更执行：

①原判确有错误，不论是在认定事实上有错误，还是适用法律上有错误都应当依照法定程序，指令原审人民法院再审或者由上级人民法院提审，依据事实和法律重新作出裁判。

②罪犯检举、揭发重大犯罪事实或者有重大立功表现，已被查证属实，需要对罪犯减轻处罚并改判的，依照审判监督程序撤销原判，发回一审人民法院或者由二审人民法院改判。

③如果罪犯正在怀孕或被视为怀孕（已经人工流产），应当报请核准死刑的人民法院撤销原判，依照审判监督程序发回原审人民法院或者由第二审人民法院重新审判，改判死刑（死缓）以外的其他刑罚。

二、死刑缓期二年执行的变更

我国《刑事诉讼法》第250条第2款规定，被判处死刑缓期二年执行的罪犯，在死刑缓期执行期间，如果没有故意犯罪，死刑缓期执行期满，应当予以减刑，由执行机关提出书面意见，报请高级人民法院裁定；如果故意犯罪，查证属实，应当执行死刑，由高级人民法院报请最高人民法院核准。在司法实践中，对被判处死缓的罪犯一般是：只要在2年缓期执行期间没有故意犯罪的，则减为无期徒刑；对于确有重大立功表现的，2年期满后减为25年有期徒刑。罪犯在死刑缓期执行期间没有故意犯罪，2年期满，由执行机关提出减刑书面建议，报经省、自治区、直辖市司法厅（局）监狱管理部门审核后，提交当地高级人民法院依法裁定。减刑裁定书应当发给罪犯及交付执行机关，并将副本送达原审人民法院和对执行机关实行监督的人民检察院。

死刑缓刑执行的考验期，自判决确定之日起计算，判决前羁押的日期，不能折抵考验期，因此，减刑必须待2年考验期满以后进行。人民法院收到执行机关的减刑建议书之日起1个月内审理裁定，案情复杂或有特殊情况的，可以延长一个月。

根据我国《刑事诉讼法》第250条第2款的规定，如果罪犯故意犯罪，经查证属实，则依法执行死刑，可在考验期内的任何时间进行。罪犯在死刑缓期执行期间故意犯罪的，由罪犯服刑的监狱进行侦查，侦查终结后移送人民检察院审查起诉并向服刑地的中级人民法院提起公诉，人民法院经审理作出判决后，可以上诉、抗诉；待裁判生效后，应当执行死刑的，由高级人民法院报请最高人民法院核准，最高人民法院核准死刑后，应当由最高人民法院院长签发死刑命令，交罪犯服刑地的中级人民法院依照法定程序和方式执行死刑。

需要注意的是，如果罪犯在缓期二年期满后尚未裁定减刑前又犯罪的，则不属于缓刑期间犯罪。人民检察院应当对新罪另行起诉，经人民法院审理，依照《刑法》的规定，数罪并罚决定执行的刑罚。新罪应判死刑的，才能执行死刑。

第二节　监外执行

监外执行是指被判处无期徒刑、有期徒刑、拘役的罪犯在出现法定特殊情形而不适宜在监内执行时，暂时交由公安机关在监外执行刑罚的措施。

一、监外执行适用对象

《刑事诉讼法》第254条第1款规定，对被判处有期徒刑或拘役的罪犯，有下列情形之一的，可以暂予监外执行：有严重疾病需要保外就医；怀孕或者正在哺乳自己婴儿的妇女；生活不能自理，适用监外执行不致危害社会的。《刑事诉讼法》第254条第2款规定，对判处无期徒刑的罪犯，有前款第2项规定情形的，可以暂予监外执行。

二、监外执行适用条件

（1）有严重疾病需要保外就医。这里的“严重疾病”是指罪犯病危或者患有恶性传染病、不治之症等。患有严重疾病需要保外就医的罪犯应当提出保证人担保其在监外执行兼治病期间不违反有关规定。对保外就医，我国《刑事诉讼法》第254条第3款作了限制性规定，即对于适用保外就医可能有社会危险性的罪犯或者自伤自残的罪犯，不得保外就医；另外，对于罪犯确有严重疾病必须保外就医的，由省级人民政府指定的医院诊断并开具证明文件，依照法律规定的程序审批。

（2）怀孕或者正在哺乳自己婴儿的妇女。哺乳期一般指自分娩之日起，到婴儿1周岁以前。

（3）生活不能自理，适用监外执行不致危害社会的。

三、监外执行决定和执行机关

1. 监外执行决定的机关

暂予监外执行决定在两种情况下作出：其一，在交付执行前，对于具有法定情形之一的罪犯，由人民法院在宣告判决的同时作出决定；其二，在交付执行后，对具有法定情形之一的服刑罪犯，经监狱或者看守所提出书面意见，由省级以上监狱管理机关或者设区的市一级公安机关依照法定程序作出决定。暂予监外执行的决定机关可以是人民法院，也可以是省级以上监狱管理机关或者设区的市一级公安机关。

2. 监外执行的执行机关

对于暂予监外执行的罪犯，由居住地的社区矫正机关负责执行，执行机关应当对其严格管理监督，基层组织或者罪犯的原所在单位协助进行监督。

四、监外执行的执行程序

决定对罪犯暂予监外执行的，由人民法院制作暂予监外执行决定书，载明罪犯基本情况、被判处的刑罚、决定暂予监外执行的原因（法定情况）等，并抄送人民检察院和通知公安机关；对于人民法院交付执行的罪犯，执行机关不予收监的，应当说明理由，由公安机关将执行通知书返还人民法院。人民法院经审查，认为符合《刑事诉讼法》第254条规定的，应当决定暂予监外执行；认为不符合的，决定将罪犯收监执行，对此执行机关应当接受；对于罪犯在服刑过程中发现需要暂予监外执行的，监狱或者看守所应当提出书面意见，报省级以上监狱管理机关或者设区的市一级以上公安机关审批，经过审批的，由批准机关将批准的决定通知公安机关、原审人民法院，并抄送人民检察院。在看守所、拘役所服刑的罪犯，出现暂予监外执行情形的，按上述规定办理。

负责执行的社区矫正机构对暂予监外执行的罪犯，应当严格管理，认真监督。暂予监外执行情形消失，如果刑期未满，或者发现不符合暂予监外执行条件，或者暂予监外执行的罪犯严重违反有关暂予监外执行监督管理规定的，应当及时将罪犯收监执行余刑；刑期已满，则不再收监，由原执行机关办理释放手续。罪犯在监外执行期间死亡的，执行机关应当及时通知监狱或看守所。

不符合暂予监外执行条件的罪犯通过贿赂等非法手段被暂予监外执行的，在监外执行的时间不计入执行期间。罪犯在暂予监外执行期间脱逃的，脱逃期间不计入执行期间。

第三节　减刑与假释

一、减刑

我国《刑事诉讼法》第262条第2款规定，被判处管制、拘役、有期徒刑或者无期徒刑的罪犯，在执行期间确有悔改或者立功表现，应当依法予以减刑、假释的时候，由执行机关提出建议书，报请人民法院审核裁定，并将建议书副本抄送人民检察院，人民检察院可以向人民法院提出书面意见。按照这一规定：

1. 减刑的条件

减刑的条件主要指是罪犯在服刑期间有悔改表现或者立功表现。

所谓悔改表现，通常是指同时具备下列四项条件：认罪伏法；认真遵守监规，接受教育改造；积极参加政治、文化、技术学习；积极参加劳动，完成生产任务。

（1）立功表现包括“立功”和“重大立功”两种。

“立功”是指罪犯在服刑期间确实以下情形之一，可以减刑：①检举、揭发监内外犯罪活动或提供重要的破案线索，经查证属实的；②阻止他人犯罪活动的；③在生产、科研中进行技术革新，成绩突出的；④在抢险救灾或排除重大事故中表现积极的；⑤有其他有利于国家和社会的突出事迹的。

（2）“重大立功”是指罪犯在服刑期间确实以下情形之一，应当减刑：①阻止他人重大犯罪活动的；②检举监内外重大犯罪活动，经查证属实的；③有发明创造或重大技术革新的；④在日常生产、生活中舍己救人的；⑤在抗御自然灾害或排除重大事故中突出表现的；⑥对国家和社会有其他重大贡献的。

2. 减刑案件的管辖

（1）对被判无期徒刑罪犯的减刑，由监狱或未成年犯管教所提出书面意见，经省、自治区、直辖市司法厅（局）监狱管理部门或未成年犯管教所提出的书面意见，报请当地高级人民法院审核裁定。

（2）对原判为有期徒刑罪犯的减刑，由监狱或未成年犯管教所提出书面意见，报请当地中级人民法院审核裁定。

（3）对原判1年以下有期徒刑或者余刑在1年以下交付看守所代为执行罪犯的减刑，由看守所提出书面意见，制作减刑建议书，经设区的市一级以上公安机关审核同意后，报请所在地中级人民法院审核裁定。

（4）对原判拘役、管制罪犯的减刑，分别由拘役所和执行监督的派出所提出书面意见，经公安机关审查同意后，报请当地中级人民法院进行裁定。

（5）对原判宣告缓刑罪犯的减刑，公安派出所会同协助考察单位或组织认为确有立功表现需要在减轻刑罚基础上，相应缩短缓刑考验期的，提出意见，经公安机关同意后，报请当地中级人民法院审核裁定。

二、假释

对被判处有期徒刑和无期徒刑的罪犯，在刑罚执行一定时期后，犯罪人确有悔改表现且不致再危害社会的，将其附条件的予以提前释放，即为假释。

1. 假释的对象

假释的对象只能是被判处有期徒刑和无期徒刑的罪犯，不包括被判处拘役的罪犯（拘役的期限较短，不需要适用假释）。另外，对于累犯以及因故意杀人、爆炸、抢劫、强奸、绑架放火、投放危险物质或有组织的暴力性犯罪被判处10年以上有期徒刑、无期徒刑的罪犯，不得适用假释。

2. 假释的条件

依据刑法修正案八规定，假释的条件包括：首先，被判处有期徒刑的罪犯，应当执行原判刑期的1/2以上，被判处无期徒刑的罪犯应当已执行13年以上。其次，确有悔改，没有再犯罪的危险。同时对犯罪分子决定假释时应当考虑其假释后对所居住社区的影响。

另外依据刑法修正案八规定，如有特殊情况，经最高人民法院核准，可以不受上述执行期限的限制。总之在提出假释建议和决定给予假释时，以上两个条件必须同时具备，缺一不可。

3. 假释案件的管辖

（1）对被判处无期徒刑罪犯的假释，由罪犯服刑地的高级人民法院根据省、自治区、直辖市监狱管理机关审核同意的监狱假释建议书裁定。

（2）对于被判处有期徒刑（包括死缓、无期徒刑减为有期徒刑）的罪犯的假释，由罪犯服刑地的中级人民法院根据当地执行机关提出的假释建议书裁定。

（3）对依法由看守所执行的符合假释条件的罪犯，由看守所制作减刑建议书，经设区的市一级以上公安机关审核同意后，报请所在地中级人民法院审核裁定。

4. 对假释裁定的执行

对被假释的罪犯，在假释考验期内，由社区矫正机构予以监督。

对于被宣告假释的罪犯，在考验期内，没有犯新罪和发现有遗漏罪行的，考验期满，即视为原判刑罚执行完毕，执行机关应当公开宣布，无须办理释放手续。

如果罪犯在假释考验期内犯新罪的，应当撤销假释，实行数罪并罚，对决定执行的刑罚，收监执行；如果在考验期内，发现被释放的犯罪分子，在判决宣告以前还有其他罪行没有判决的，应当撤销假释，实行数罪并罚，对决定执行的刑罚，收监执行。

罪犯在假释考验期内，有违反法律，行政法规或者国务院公安部门有关假释的监督管理规定行为，尚未构成犯罪的，应当以法定程序撤销假释，收监执行未执行完毕的刑罚。

三、对减刑、假释的审理及其期限

人民法院受理减刑、假释案件，应当审查下列材料：减刑、假释建议书；终审法院的判决书、裁定书、历次减刑裁定书的复制件；罪犯确有悔改或者立功、重大立功表现的具体事实的书面证明材料；罪犯评审鉴定表、奖惩审批表等。经审查，上述材料齐备的，应当受理；材料不齐备的，应当通知提请减刑、假释的执行机关予以补充。

人民法院审理减刑、假释案件，应当依法组成合议庭进行。经审理，具备减刑、假释条件的，依法作出裁定，并制作裁定书。裁定书应当及时送达执行机关、同级人民检察院和负责监督的公安机关及罪犯本人。当事人对减刑、假释不准上诉，一经宣告，立即生效。对于被宣告假释的罪犯，执行机关应当立即释放，并发给释放证明。

人民法院自收到减刑、假释建议书之日起1个月内依法作出裁定，案情复杂或者情况特殊的，可以延长1个月。但是，对于被判处拘役、宣告缓刑罪犯的减刑，人民法院自收到减刑建议书之日起，必须在1个月以内作出裁定。

第四节　对新罪、漏罪和申诉的处理

一、对新罪、漏罪的处理

新罪是指罪犯在服刑期间实施了触犯刑法并应当追究刑事责任的行为，漏罪是指罪犯在服刑过程中发现其在判决宣告以前实施的而尚未被判决的罪行。对服刑罪犯又犯新罪或者发现漏罪的，应当分别不同的情况，予以追究：

（1）对于在监狱、未成年管教所服刑的罪犯，发现犯新罪或漏罪的，由执行机关进行侦查，侦查终结后移送人民检察院审查起诉，由有管辖权的人民法院审判。

（2）对在看守所、拘役所服刑的罪犯和被宣告缓刑、假释、暂予监外执行的罪犯，以及被判处管制的罪犯，发现有漏罪或又犯新罪的，由负责执行的公安机关立案侦查，侦查终结后移送人民检察院，由有管辖权的人民法院审判。

（3）对服刑罪犯脱逃后又犯罪的，如果其新罪是监狱捕获罪犯后发现的，由监狱侦查终结后移送起诉；如果其新罪是公安机关捕获罪犯后发现的，由公安机关侦查终结后移送起诉。

人民法院对新罪、漏罪作出生效判决，判决书除送达罪犯外，还应将副本送达原审人民法院、人民检察院和执行机关。

二、对申诉的处理

申诉是指罪犯认为对自己的判决有错误，在服刑过程中提出撤销或变更原判刑罚的请求。

我国《刑事诉讼法》第 264 条规定，监狱和其他执行机关在刑罚执行中，如果认为判决有错误或者罪犯提出申诉，应当转请人民检察院或者原判人民法院处理。监狱和其他执行机关对于罪犯的申诉及其撤销、变更刑罚的请求，应当及时传递，不得扣押。在罪犯申诉期间，只要人民法院尚未作出撤销原判和改判的裁判之前，不能停止对原生效判决的执行。

人民检察院或原判人民法院接到执行机关转送的认为有错误的材料和意见，或者罪犯的申诉后，应当及时进行审查，对原判在认定事实或适用法律上确有错误，即符合提起审判监督程序条件的，应当提出抗诉或者提审、指令下级人民法院再审；对于原判正确、申请没有理由的，可以驳回申诉，并将处理结果通知申诉人和有关执行机关。

《监狱法》规定，人民检察院或者人民法院应自收到监狱及其他执行机关提请处理意见书之日起 6 个月内将处理结果通知监狱等机关。

【导例评析】

《刑事诉讼法》第 250 条第 2 款规定，被判处死刑缓期两年执行的罪犯，在死刑缓期执行期间，如果没有故意犯罪，死刑缓期执行期满，应当予以减刑；如果故意犯罪，查证属实，应当执行死刑的，由执行机关提出书面意见，经高级人民法院批准后，报请最高人民法院核准。据此规定，对于在死刑缓期执行期间没有故意犯罪的罪犯，应当予以减刑。

本案中，李某的死刑缓期执行考验期已满，应该及时减刑。李某在减刑前又犯罪是发生在两年的缓期执行期满以后，所以不能将其所犯新罪作为裁定或核准死刑的根据。

【实务训练】

2005 年 5 月，王某因强奸罪被判处有期徒刑 12 年，入狱后，王某对监狱生活极不适应，遂产生自杀念头。2007 年王某在监区厂房劳作期间，趁民警不备爬上四层高厂房屋顶纵身跃下，进医院抢救治疗，王某下肢瘫痪，从此生活不能自理。

问：对王某可否适用假释？对王某可否适用暂予监外执行？

资料来源：准噶尔法苑．2014（1），23 页。

【评析】

王某不适用假释。假释的对象只能是被判处有期徒刑和无期徒刑的罪犯，不包括被判处拘役的罪犯（拘役的期限较短，不需要适用假释）。另外，对累犯以及因杀人、爆炸、抢劫、强奸、绑架等暴力性犯罪被判处 10 年以上有期徒刑、无期徒刑的罪犯，不得假释。另外我国《刑事诉讼法》规定，被判处有期徒刑的罪犯，应当执行原判刑期的 1/2 以上。本案王某因强奸罪被判处有期徒刑 12 年，属不得假释范畴。本案中王某才入狱两年，不符合假释条件。

王某不适用暂予监外执行。《刑事诉讼法》第 254 条第 1 款规定，对被判处有期徒刑或者拘役的罪犯，有下列情形之一的，可以暂予监外执行：有严重疾病需要保外就医的；怀孕或者正在哺乳自己婴儿的妇女；生活不能自理，适用暂予监外执行不致危害社会的。该条第 3 款规定，对适用保外就医可能有社会危险性的罪犯，或者自伤自残的罪犯，不得保外就医。本案中王某系自伤自残，故不得保外就医。

【司考真题】

1. 关于假释，下列哪一选项是错误的？（　　）（2009/二/12/单选）

A. 甲系被假释的犯罪分子，即便其在假释考验期内再犯新罪，也不构成累犯

B. 乙系危害国家安全的犯罪分子，对乙不能假释

C. 丙因犯罪被判处有期徒刑二年，缓刑三年。缓刑考验期满后，发现丙在缓刑考验期内的第七个月犯有抢劫罪，应当判处有期徒刑八年，数罪并罚决定执行九年。丙服刑六年时，因有悔罪表现而被裁定假释

D. 丁犯抢劫罪被判有期徒刑九年，犯寻衅滋事罪被判有期徒刑五年，数罪并罚后，决定执行有期徒刑十三年，对丁可以假释

2. 关于假释，下列哪些选项是错误的？（　　）（2008/二/57/多选）

A. 被判处有期徒刑的犯罪分子，执行原判刑期的二分之一，如果符合假释条件的，可以假释；如果有特殊情况，经高级人民法院核准，可以不受上述执行刑期的限制

B. 被假释的犯罪分子，在假释考验期内，遵守了各种相关规定，没有再犯新罪，也没有发现以前还有其他罪没有判决的，假释考验期满，剩余刑罚就不再执行

C. 被假释的犯罪分子，在假释考验期限内犯新罪的，应当撤销假释，按照先并后减的方法实行数罪并罚

D. 对于因杀人、绑架等暴力性犯罪判处10年以上有期徒刑的犯罪分子，不得假释；即使他们被减刑后，剩余刑期低于10年有期徒刑，也不得假释

【拓展与反思】

目前我国刑罚执行变更程序存在的问题

刑罚执行变更是指在交付执行和实际执行刑罚的过程中，为了充分地发挥刑罚的作用，更好地实现刑罚的目的，基于已经发生的法定情形，由有关国家机关依照法律规定，对原判刑罚的执行方式或执行内容加以变动或更改的制度。我国刑罚执行变更制度主要有减刑、假释和暂予监外执行。

目前我国现行刑罚执行变更制度存在一些较为突出的问题，主要体现在：第一，媒体不断披露减刑、假释和暂予监外执行案件办理中存在以权谋私、权钱交易的腐败现象。如：广西罗城监狱监管人员与法官勾结，集体受贿、徇私舞弊减刑、假释和暂予监外执行，涉及46名监管人员和6名中级人民法院法官；原山西临汾监狱政委王勇民、监区医院院长申小红多次收受罪犯亲属贿赂，违法给多名罪犯办理保外就医；大连黑社会头目死缓犯邹显卫通过行贿骗取减刑、保外就医后开枪致一人死亡，一人重伤；湖南省监狱管理局原局长刘万清通过向有关部门打招呼，授意或默许经办人员在病历鉴定上造假，违法办理多人保外就医；广东省江门市原副市长林崇中因受贿被判10年有期徒刑，通过行贿骗取保外就医竟没坐一天牢，法庭宣判后直接从法院回家。

另据历年来最高人民检察院向全国人民代表大会所作的工作报告统计，1997年以前，全国检察机关对监管活动中的违法情况提出纠正意见的数量分别为，1993年39 342件次，1994年46 709件次，1995年高达135 419件次，1996年46 706件次。1997年以后有所降低，但除1997年降为2 922件次以外，1998年以后则保持在每年近1万件（人）次。其中，1998年9 672件次，1999年8 229件次，2000年9 318件次，2001年8 548件次，2002年8 668件次，2003年7 055件次，2004年20 472件次，2005年8 625件次。此后最高人民检察院工作报告中集中对纠正减刑、假释和暂予监外执行不当的数量进行了披露，其中2006年为2 846人，2007年为13 275人，2008年为4 990人，2009年为9 883人，2010年为10 813人，2011年为11 872人。据最新统计，目前全国纠正刑罚变更执行不当的数字已超1.6万人。

针对当前刑罚变更执行中的突出问题和薄弱环节，在2014年3月全国两会期间全国人大代表、部分检察院检察长等提交议案，建议加强检察机关对刑罚变更执行的法律监督，健全和完善刑罚变更执行同步监督制度，严肃查处刑罚变更执行中的各种违法犯罪问题。

第六编　刑事诉讼特别诉讼程序

第二十一章　附带民事诉讼

【导读案例】 顾平把同村刘旺打伤，经村里调解，顾平同意向其赔礼道歉并赔偿医药费600元整，但一直没有兑现，刘旺多次找到顾平均以争吵告终，其兄长刘俊知道此事后，对顾平拳打脚踢，致使顾平当场昏迷，后经医院抢救顾平成为了植物人。检察机关提起公诉后，顾平的哥哥提起附带民事诉讼。

问： 本案有权提起附带民事诉讼的主体是谁？

资料来源：乌鲁木齐审判，2014（2），16页。

【重点、难点】 附带民事诉讼的条件；附带民事诉讼当事人。

第一节　附带民事诉讼概述

一、附带民事诉讼的概念

附带民事诉讼是指人民法院在解决刑事被告人的刑事责任的同时，在当事人的参加下，附带解决由于被告人的犯罪行为造成的被害人物质损失的赔偿纠纷的诉讼活动。

《刑事诉讼法》第99条规定，由于被告人的犯罪行为而遭受物质损失的，在刑事诉讼过程中，有权提起附带民事诉讼。被害人死亡或者丧失行为能力的，被害人的法定代理人、近亲属有权提起附带民事诉讼。如果是国家财产、集体财产遭受损失的，人民检察院在提起公诉的时候，可以提起附带民事诉讼。人民法院在必要的时候，可以采取保全措施，查封、扣押或者冻结被告人的财产。

附带民事诉讼是刑事诉讼过程中附带进行的民事诉讼，既不是刑事诉讼本身，也不是独立的民事诉讼。附带民事诉讼不是解决被告人的刑事责任问题，而是解决被害人因被告人的犯罪行为遭受的物质损失的赔偿问题。与民事诉讼中的损害赔偿一样，属于民事纠纷，但它与一般的民事诉讼有着区别，有着自己的特殊性，具体表现在：一是这种赔偿是由犯罪行为所引起的；二是在刑事诉讼过程中提起的，通常与刑事案件一并审判。刑事被害人既可能是自然人，也可能是法人或者其他组织。无论是自然人还是组织，都有权在刑事诉讼过程中提起附带民事诉讼，要求被告人赔偿其犯罪行为造成的物质损失。

二、附带民事诉讼的条件

（1）附带民事诉讼是在刑事诉讼过程中提起的民事诉讼。

附带民事诉讼的实质是依附于刑事诉讼，与刑事诉讼一并进行的附带的民事诉讼。因此，附带民事诉讼必须以刑事诉讼的成立为前提，如果刑事诉讼不成立，附带民事诉讼就失去了存在的基础，被害人直接独立提起民事诉讼，而不能提起附带民事诉讼。

（2）请求赔偿的被害人的损失是物质损失，不包括精神损失。

被告人的犯罪行为对被害人造成的损害不仅有物质方面的，还可以有精神方面的，尤其是人身遭受严重侵害后，被害人精神上必然会遭受巨大的痛苦。在某种场合，犯罪行为发生后，被害人没有遭受物质损失，但犯罪行为可能给被害人造成了巨大的精神创伤。如被告人实施了侮辱、诽谤等犯罪行为的场合，但是，附带民事诉讼并不解决犯罪行为给被害人造成的精神损失的赔偿问题。从《刑事诉讼法》第99条规定可以看出，被害人或者公诉机关能够请求赔偿的损失是犯罪行为造成的“物质损失”、“国家财产”、“集体财产”的损失，并不包括精神损失。

（3）附带民事诉讼是以被告人的犯罪行为为侵权行为的特殊的损害赔偿诉讼，被害人的损失与被告人的犯罪行为之间存在直接的因果关系。

这里的刑事犯罪行为是被告人在刑事诉讼过程中被指控的犯罪行为，而不是人民法院以判决生效所确定构成的犯罪行为。只要行为人被公安司法机关进行追诉，因其犯罪行为遭受损失的人就可以提起附带民事诉讼，被告人的这一危害行为便同时具有刑法上和民法上双重的意义。被害人的损失与被告人的犯罪行为之间的因果关系具体包括两种情况：一是被告人的犯罪行为已经给被害人造成实际的损失，如被抢走、毁损的财物；二是被告人的行为给被害人的将来造成的必然损失，如被打伤后继续治疗的医疗费、因不能工作而减少的收入等。如果不是因犯罪行为而造成的损失，就不能提起附带民事诉讼。

(4)《中华人民共和国侵权责任法》第22条规定，侵害他人人身权益，造成他人严重精神损害赔偿的权利，但刑事诉讼法又没有赋予附带民事诉讼原告人请求精神损害赔偿的权利，立法机关应当重视这一法律冲突现象。

三、附带民事诉讼当事人

1. 附带民事诉讼原告人

附带民事诉讼原告人，是指以自己的名义向公安司法机关提起附带民事诉讼赔偿请求的人。根据《刑事诉讼法》的规定，以下主体有权提起附带民事诉讼。

(1) 因犯罪行为的发生而使自己遭受物质损失的公民。任何公民由于被告人的犯罪行为而遭受物质损失的，在刑事诉讼过程中，都有权提起附带民事诉讼，这是附带民事诉讼中最常见的原告人。如刑事被害人、被害人的法定代理人和近亲属、死亡的刑事被害人的近亲属、因犯罪行为发生而遭受损失的其他公民等。

(2) 因犯罪行为而遭受物质损失的单位。机关、团体、企业、事业单位亦可能成为某些犯罪行为的被害人，如单位的财产被盗窃、毁损等，也可能为抢救、治疗被害人和安排被害人生活而遭受了损失，所以，因犯罪行为的发生而使自己的财产受到损失的单位可以成为附带民事诉讼的原告人。

(3) 提起公诉的人民检察院。根据《刑事诉讼法》第99条的规定，如果犯罪行为使国家财产、集体财产遭受了损失，人民检察院在提起公诉的时候可以提起附带民事诉讼。需要注意的是，法律规定人民检察院可以提起附带民事诉讼，而非一定要提起附带民事诉讼，因而，检察机关提起公诉时首先告知单位被害人，让其行使赔偿请求权。只有在遭受物质损失的国有单位或集体单位怠于行使起诉权，国有资产或集体财产遭受严重损失时，检察机关才可以行使起诉权。

2. 附带民事诉讼被告人

附带民事诉讼被告人，是指对犯罪行为造成的物质损失负有赔偿义务的人。附带民事诉讼被告人（包括公民、法人和其他组织）在大多数情况下，限于刑事被告人本人。因单位能够成为犯罪主体，故而刑事被告人也包括单位在内。在有些场合，除了刑事被告人以外，其他主体也可能成为附带民事诉讼的共同被告人。

(1) 未成年刑事被告人的法定代理人或者监护人，如祖父母、外祖父母，兄、姐，关系密切的其他亲属、朋友愿意承担监护职责，经未成年人父母所在单位或者未成年人住所地的居民委员会、村民委员会同意后，也可以做监护人。

(2) 共同犯罪中其他未被追究刑事责任的共同致害人，可以列为附带民事诉讼被告人。

(3) 案件审结前已经死亡的犯罪行为人的遗产继承人，对被害人的物质赔偿应当视为已经死亡的刑事被告人生前所负的债务。

(4) 已被执行死刑的罪犯的遗产继承人，所继承的财产属于遗产的清偿范围。

(5) 对刑事被告人的犯罪行为依法应当承担民事赔偿责任的单位和个人。

成年刑事被告人应当成为附带民事诉讼被告人，承担民事赔偿责任。但因附带民事诉讼所要确定的赔偿责任是一种民事责任，不具有刑事处罚的性质，如果成年附带民事诉讼被告人的亲属自愿代为承担赔偿责任的，人民法院应当准许。

第二节　附带民事诉讼提起和审判

一、附带民事诉讼的提起

1. 提起附带民事诉讼的期间

依照《刑事诉讼法》的规定，提起附带民事诉讼的期间是“在刑事诉讼过程中”。这里的“在刑事诉讼过程中”，不是指从立案开始到审判终结的全过程，而是指从刑事立案以后，到第一审法院宣告判决之前。在这个过程中，无论是侦查阶段、审查起诉阶段还是审判阶段，有附带民事诉讼请求权的人都可以提起附带民事诉讼。在立案之前，由于刑事诉讼还没有开始，刑事案件是否成立还不能确定，因此没有提起附带民事诉讼的条件，在一审判决宣告之后提起，则失去了附带民事诉讼的意义，而且这时提起附带了民事诉讼，附带民事诉讼的审级与刑事诉讼的审级不能同步，达不到提高诉讼效率和诉讼效益的目的。

2. 提起附带民事诉讼的方式

提起附带民事诉讼，一般应提交附带民事起诉状。书写起诉状确有困难的，也可以口头起诉。但检察机关提起附带民事诉讼的，只能用书面形式，不能用口头形式。对口头提起附带民事诉讼的，办案人员应当记录在案。不论以任何形式起诉，都应说明被害人和被告人的姓名、年龄、住址、控告理由、因犯罪行为遭受的财产损失的情况和诉讼请求的内容。

二、附带民事诉讼的审判

1. 附带民事诉讼的审判组织

《刑事诉讼法》第 102 条规定，附带民事诉讼应当同刑事案件一并审判，只有为了防止刑事案件的过分迟延，才可以在刑事案件是审判后，由同一审判组织继续审理附带民事诉讼。刑事案件附带的民事诉讼部分与刑事部分是紧密相连的，人民法院在全面查清案件事实的基础上，确定被告人的行为是否构成犯罪、是否应当承担刑事责任以及刑事责任大小，并对被告人是否应当承担被害人的物质损失以及赔偿损失的范围作出认定。

2. 附带民事诉讼的受理和准备程序

对于被害人等提起的附带民事诉讼，人民法院应当进行审查，并在 7 日内作出是否立案的决定。符合附带民事诉讼条件的，应当受理，否则，裁定驳回起诉。

人民法院受理附带民事诉讼后，应当在 5 日内向附带民事诉讼的被告人送达附带民事诉讼起诉状副本或者将口头起诉的内容及时通知附带民事诉讼被告人，并制作笔录。被告人是未成年的，应当将附带民事起诉状副本送达他的法定代理人或者向其口头通知起诉内容。在送达起诉书副本时，人民法院还应当根据刑事案件审理的期限，确定被告人及其法定代理人提交民事答辩状的时间。

人民法院审理附带民事诉讼案件，除人民检察院提起的以外，可以调解。调解必须在自愿合法的基础上进行。经调解达成协议的，审判人员应当及时制作调解书。调解书经双方当事人签收后即发生法律效力。如果调解达成协议并当庭执行完毕的，可以不制作调解书，但应当记入笔录。笔录经双方当事人、审判人员、书记员签名或盖章即发生法律效力。

经调解未达成协议或在调解书签收以前当事人反悔的，对附带民事诉讼应当同刑事诉讼一并作出判决。

对附带民事诉讼的开庭审理，根据《刑事诉讼法》第 102 条的规定，分为两种情况：

（1）通常情况下，应当与刑事案件一并审理。所谓一并审理，是指将刑事诉讼与附带民事诉讼放在同一程序中进行。在审理过程中，对刑事部分进入法庭调查之后，对附带民事诉讼部分进行调查；在对刑事部分进行法庭辩论之后，对附带民事诉讼部分进行法庭辩论；对刑事部分与附带民事诉讼部分一并进行评议和宣判。之所以要一并进行，是因为案件的附带民事诉讼部分与刑事部分共同构成该案，两诉产生的根据出于同一根源。另外，提高办案效率、便利诉讼参与人，节省人力、财力和时间，也是重要因素。

（2）只有为了防止刑事案件的过分延迟，才可以在刑事案件审判后，由同一审判组织继续审理附带民事诉讼。由于刑事诉讼大多都涉及被告人的人身权利，不能久拖不决，所以《刑事诉讼法》规定了严格的办案期限。而附带民事诉讼有时候却难以与刑事诉讼同步进行，诸如对被害人遭受的物质损失以及被告人的赔偿能力在短期内都难以确定，还有附带民事诉讼的当事人因故不能到庭等等因素。在这种情况下，为防止刑事诉讼的过分延迟，可以在审判刑事部分后，再由同一审判组织继续审理附带民事诉讼部分。但如果同一审判组织的成员确实无法继续参加审判的，可以更换审判组织成员。人民法院在审理案件过程中，如果附带民事诉讼原告人经过人民法院传票传唤，无正当理由拒不到庭，或者未经法庭许可中途退庭的，应当按撤诉处理。如果人民法院经过审理认定公诉案件被告人的行为不构成犯罪的，对已提起的附带民事诉讼案件，依法判决后，查明被告人确实没有财产可供执行的，应当裁定中止或者终止执行。

第三节　对刑事被害人的国家救助

一、保全措施

保全措施，人民法院对于可能因被告人一方的行为或其他原因，使判决不能执行或者难以执行的案件，根据控诉方申请，依法采取的各种强制性保护措施的总称。

1. 人民法院可以采取保全措施

刑事附带民事诉讼的保全措施，是为了防止因为被告人或者亲属为逃避承担民事赔偿责任，在诉讼期间转移、隐匿财产，或者防止被告人的财产因其他原因而毁损灭失，导致将来作出的附带民事判决难以执行，被害人一方合法权益得不到保护的情况下，人民法院在必要的时候可以对被告人财产采取查封、扣押、冻结的保全措施。

《刑事诉讼法》第100条规定的查封、扣押、冻结虽然在具体表现形式上与第139条、第142条规定的侦查活动中的查封、扣押、冻结室侦查机关依法采取的侦查措施，目的是收集可以证明犯罪嫌疑人有罪或者无罪的证据，其范围限于与案件有关的财物，如作案工具、赃款赃物等。而附带民事诉讼中的查封、扣押、冻结是人民法院依法采取的诉讼保全措施，是为了保证将来的附带民事判决的执行，其范围可以是与案件没有直接关系的，可供将来执行的被告人的合法财产。

2. 附带民事诉讼原告人或者人民检察院可以申请人民法院采取保全措施

根据《刑事诉讼法》第100条的规定，有权申请人民法院采取保全措施的，包括附带民事诉讼的原告人和人民检察院。规定人民检察院可以申请保全措施，是与《刑事诉讼法》的第99条规定相衔接的，即如果是国家财产、集体财产遭受损失的，人民检察院在提起公诉的时候，可以提起附带民事诉讼。

为了保证被害人的物质损失能够得到有效的赔偿，确保附带民事诉讼的顺利进行，人民法院在必要的时候，可以对被告人的财产实行查封或者扣押，查封、扣押的数量，应以足够赔偿为限。

人民法院根据申请人提出的诉讼保全的请求，经审查符合保全条件的，或者法院认为有必要依职权决定诉讼保全的，都必须及时作出裁定，防止如不及时采取诉讼保全措施，被告人或者被告人的亲属可能将财产变卖、隐藏、转移、毁损等，而造成无法挽回的损失。

二、救助制度

刑事被害人救助制度，是指国家对遭受犯罪行为侵害而又没有得到充分赔偿的被害人及其家属，通过法律程序给予其一定物质救助的制度。因被害人所遭受的损害是由犯罪人的犯罪行为造成的，所以刑事被害人救助制度既不同于犯罪人对被害人进行的损害赔偿制度，也不同于国家赔偿制度，而是国家对犯罪被害人遭受的损害依法给予一定救助的一种法律制度。在这里，救助的主体是国家；救助的对象是被害人或其近亲属；救助的方式是支付金钱；救助的原因通常是被害人或其近亲属生活贫困且无法从犯罪分子处获得应有的赔偿。对刑事被害人进行救助，并不是国家代替犯罪人承担民事责任，也不是作为对犯罪行为承担民事赔偿义务的责任人承担民事责任，而是国家对特定范围的被害人给予的一种经济救助。

1. 要明确救助原则

一是补充性原则，即刑事案件被害方只有在无法获得犯罪人及时赔偿，且无法通过其他途径获取社会保险、单位救济的情况下，才能获得救助。国家救助是被害人获得救助的最后手段。二是有限性原则，即对被害人的救助只能解决其紧急的生活困难，不能作为其生存或生活的方式。三是及时便捷性原则，救助程序不能过于繁杂，作出决定的周期不能太长。

2. 应当设立被害人救助的专项基金

救助资金主要来源于财政拨款，分级负担，纳入地方财政预算。对贫困地区的救助资金上级财政可给予适当支持，鼓励社会团体和个人对刑事被害人救助事业提供捐助，省、市、县应分别建立刑事被害人救助资金体系，救助资金应分级筹集，分级管理，分级发放，专款专用，不得挪作他用，并接受审计部门审计。

3. 确定救助对象及范围

救助对象一是因受犯罪行为侵害而导致死亡或伤残，丧失全部或部分劳动能力，家庭生活陷入严重困难的被害人，包括致死、致残人员原抚养、赡养的人。二是发案后急需医疗救治且加害方不明或加害方不具备赔偿能力的生活困难被害人。三是因犯罪行为造成家庭财产损失殆尽，生活无着落的被害人。刑事被害人及其近亲属符合下列情形之一的，应当给予救助：刑事被害人因故意杀人、故意伤害、放火、爆炸、投毒、强奸、抢劫、绑架等严重暴力犯罪造成死亡或伤残，无法通过诉讼及时获得赔偿，家庭生活困难的；与刑事被害人共同生活或者依靠其收入作为主要生活来源的受养人，没有及时得到赔偿，家庭可支配收入低于当地最低生活保障的；刑事被害人丧失劳动能力，从其他途径无法获得经济来源，不能维持基本生活的；刑事被害人因致伤、致残，抢救需要花费巨额医疗费用，而加害人无力赔付，或赔偿的数额明显低于抢救、治疗等需要支出的费用，本人又无力支付，影响其基本的正常生活的。另外，因过失犯罪或不负刑事责任的人（精神病、不满刑事责任年龄的人）实施的不法侵害行为致人死亡、伤残，造成刑事被害人及其受养人生活困难，又无法通过诉讼获得赔偿的，酌情予以救助。

4. 救助标准

确定救助金的数额，应当综合考虑刑事被害人的实际损失、过错程度、丧失劳动能力程度、家庭经济状况、维持当地最低生活水平标准等因素，区别救助等级。救助的标准以当地上年度职工月平均工资为基准，根据情况确定救助时间。比较困难的，在三个月至十二个月之间救助；困难的，在十二个月至二十四个月之间救助；特别困难的，在二十四个月至三十六个月之间救助。刑事被害人对案件的发生有一定过错，或近亲属之间（包括同居）引起的加害行为，确定救助时应严格掌控，可以裁量降低救助等级，减少救助数额。

刑事被害人救助只适用于自然人，不包括法人和组织。刑事被害人及其近亲属有下列情形之一的，不予救助。（1）对刑事案件发生有重大过错的；（2）干扰阻挠办案，向司法机关虚假陈述案情或提供假证的；（3）曾接受过其他社会救助，或加害人已赔偿、从保险机构等部门获得补助的。

5. 救助程序

应建立专门的刑事被害人救助委员会，该委员会可由政法委牵头，法、检、公、司及财政部门有关人员参加，并设立办公室负责日常工作。政法委具有社会治安综合治理的职能，可以协调政法、综治各部门，当法检公司机关以及政府相关职能部门对救助有分歧或异议时，其能够召集相关各方进行协调处理。刑事被害人申请救助的，在案件侦查阶段由公安机关提出救助建议，在审查起诉阶段由检察机关提出救助建议，在审判、执行阶段由法院提出救助建议，并及时报送同级社会治安综合治理委员会办公室审核。符合救助条件的刑事被害人及其近亲属，在刑事案件六个月以内不能破获，或案件立案满六个月至案件最终审结后十二个月以内，可以向正在受理案件的办案机关或最终办理案件的机关书面提出救助申请。受理救助申请的机关，认为必要时可以举行听证会，审查救助申请人提供证据的真伪。相关部门对存疑证据应当进行调查核实，然后提出救助意见，给予救助。

刑事被害人救助制度的构建，可以实现“既保护犯罪人权益、又保护被害人权益”的和谐司法，促进民主法治、公平正义的发展。

【导例评析】

刑事案件被害人顾平虽然丧失行为能力，但其合法民事权益并未因此丧失，其兄作为近亲属，有权向法院提起附带民事诉讼。

在刑事附带民事案件中，刑事案件被害人在一般情况下是具有双重身份的，一是附带民事诉讼的原告人；二是公诉案件的刑事被害人。当刑事案件被害人在刑事案件或者刑事审判开始前因犯罪行为致死或者丧失行为能力，又确因刑事案件被告人的犯罪行为而遭受物质损失时，其民事诉讼权益是能够同刑事案件一并予以解决的。

《刑事诉讼法》第 99 条对此做了明确的规定，遇有以上情况不仅被害人的法定代理人，而且其近亲属都有权提起附带民事诉讼。需要指出的是，在刑事诉讼中，法定代理人仅指被代理人的父母、养父母、监护人和负有保护责任的机关、团体的代表；近亲属仅限于夫、妻、父、母、子、女、同胞兄弟姐妹。

因此，本案被害人顾平的哥哥有权提起附带民事诉讼。

【实务训练】

王某，男，36 岁。吴某，男，24 岁。因涉嫌抢夺罪于 2003 年 4 月被人民检察院提起公诉。某区人民法院指派审判员张某公开审理了此案。在法庭审理中的被告人最后陈述环节，被害人李某提起附带民事诉讼，要求王某、吴某赔偿自己的财物损失，人民法院予以受理。法庭审理终结前，王某因在狱中与他人殴斗致严重伤害，经抢救无效死亡。法院于4月28日对吴某先行作出刑事判决，判决吴某有期徒刑2年，并处罚金1 000元，于5月10日收缴其罚金。法院经调查发现，已死亡的被告人王某无其他近亲属，只有一姐王甲有经济能力，遂于2003年5月8日，判决王甲承担附带民事责任，赔偿附带民事责任原告人李某财物损失人民币1 200元。李某不服，以赔偿数额过少为由提起上诉。二审人民法院受理该案后，李某又于5月20日撤回上诉。法院审查后，认为原判决事实不清、证据不足，不准许撤回上诉，对该案进行了审理。李某在法庭审理过程中，提出王某在抢夺过程中对自己还造成身体上的伤害，要求赔偿人民币2 000元。人民法院对该项诉讼请求进行了调解，调解未成，二审法院遂作出判决，判处王甲赔偿李某人民币500元。

问：法院是否应当受理李某提起的附带民事诉讼，为什么？法院是否可以对吴某先行作出刑事判决，为什么？王甲是否可以代王某承担附带民事诉讼的民事赔偿责任？请说明理由。法院于5月10日收缴罚金的做法是否符合法律规定？为什么？对李某撤回上诉，二审人民法院不准许其撤回上诉的做法是否正确？为什么？二审人民法院对李某提出的诉讼请求的处理是否合法？为什么？

资料来源：程荣斌：刑事诉讼法练习题集，133页。

【评析】

根据《最高人民法院关于适用〈中华人民共和国刑事诉讼法〉的解释》147条、161条的规定，附带民事诉讼应当在刑事案件立案以后第一审判决宣告之前提起。有权提起附带民事诉讼的人在第一审判决宣告以前没有提起的，第二审期间提起的，第二审人民法院可以依法进行调解；调解不成的，不得再提起附带民事诉讼，告知当事人可以在刑事判决、裁定生效后另行提起民事诉讼。李某在被告人陈述阶段提出附带民事诉讼，是在一审判决宣告前，所以法院应当予以受理。

《刑事诉讼法》第102条规定，附带民事诉讼应当同刑事案件一并审判，只有为了防止刑事案件审判的过分迟延，才可以在刑事案件审判后，由同一审判组织继续审理附带民事诉讼。《最高人民法院关于适用〈中华人民共和国刑事诉讼法〉的解释》第159条作了更详细的规定，对于被害人遭受的物质损失或者被告人的赔偿能力一时难以确定，以及附带民事诉讼当事人因故不能到庭等案件，为了防止刑事案件审判的过分迟延，附带民事诉讼可以在刑事案件审判后，由同一审判组织继续审理。如果同一审判组织的成员确实无法继续参加审判的，可以更换审判组织成员。本案中，法院为调查被告人王某的赔偿能力，防止刑事案件审判拖延诉讼，可以先行作出刑事判决。

《最高人民法院关于适用〈中华人民共和国刑事诉讼法〉的解释》第143条规定，附带民事诉讼中依法负有赔偿责任的人包括：①刑事被告人（公民、法人和其他组织）及未被追究刑事责任的其他共同侵害人；②刑事被告人的监护人；③死刑罪犯的遗产继承人；④共同犯罪案件中，案件审结前死亡的被告人的遗产继承人；⑤对被害人的物质损失依法应当承担赔偿责任的其他单位和个人。根据《继承法》第10条的规定，在其没有第一顺序的继承人（配偶、父母、子女）时，由第二顺序的继承人（兄弟姐妹、祖父母、外祖父母）继承。王甲是王某的遗产继承人，依法应负赔偿责任。

法院于5月10日收缴罚金的做法是符合法律规定的。根据《最高人民法院关于适用〈中华人民共和国刑事诉讼法〉的解释》第314条的规定，刑事附带民事诉讼案件，只有附带民事诉讼的当事人和他们的法定代理人上诉的，第一审刑事部分的判决在上诉期满后即发生法律效力。应当送监执行的第一审刑事被告人是第二审附带民事诉讼被告人的，在第二审附带民事诉讼案件审结前，可以暂缓送监执行。法院在4月28日作出判决，于5月10日执行，刑事判决的上诉期为10天，该刑事判决已发生法律效力，可以执行。

二审人民法院不准许撤回上诉的做法符合法律规定。《最高人民法院关于适用〈中华人民共和国刑事诉讼法〉的解释》第299条规定，被告人、自诉人、附带民事诉讼的当事人及其法定代理人在上诉期满后要求撤回上诉的，应当由第二审人民法院进行审查。如果认为原判决认定事实和适用法律正确、量刑适当，应当裁定准许被告人撤回上诉；如果认为原判决事实不清、证据不足或者将无罪判为有罪、轻罪重判等，应当不准撤回上诉，并按照上诉程序进行审理。本案中，法院5月8日作出判决，5月20日撤回上诉，已过10天的上诉期。对已过上诉期后的撤回上诉，二审人民法院应当进行审查，如果认为原判决事实不清、证据不足，应当不准许撤回上诉，按照上诉程序审理。

二审人民法院对李某提出的诉讼请求的处理不符合法律规定。《最高人民法院关于适用〈中华人民共和国刑事诉讼法〉的解释》第332条规定，在第二审案件附带民事部分审理中，第一审民事原告人增加独立的诉讼请求或者第一审附带民事诉讼被告人提出反诉的，第二审人民法院可以根据自愿、合法的原则进行调解；调解不成的，告知当事人另行起诉。二审人民法院应该告知李某另行起诉。这是因为，在我国，二审法院作出的判决是终审判决，若对该项诉讼请求直接作出判决，该项诉讼请求实际上只经过一个审判程序，当事人不能对此上诉，实质上剥夺了当事人的上诉权。

【司考真题】

1. 王某被姜某打伤致残，在开庭审判前向法院提起附带民事诉讼，并提出财产保全的申请。法院对于该申请的处理，下列哪一选项是正确的？（　　）（2013/2/32/单选）

A. 不予受理

B. 可以采取查封、扣押或者冻结被告人财产的措施

C. 只有在王某提供担保后，法院才予以财产保全

D. 移送财产所在地的法院采取保全措施

2. 关于附带民事诉讼案件诉讼程序中的保全措施，下列哪一说法是正确的？（　　）（2012/2/30/单选）

A. 法院应当采取保全措施

B. 附带民事诉讼原告人和检察院都可以申请法院采取保全措施

C. 采取保全措施，不受《民事诉讼法》规定的限制

D. 财产保全的范围不限于犯罪嫌疑人、被告人的财产或与本案有关的财产

【拓展与反思】

建立刑事被害人救助制度的必要性

我国在刑事领域里对犯罪嫌疑人和被告人的权益保护方面取得了很大进步，但近年来，越来越多的人开始认识到，我国对刑事被害人的权益保护没有得到平衡发展，其中最重要的就是对陷入经济困境的被害人缺乏必要的救助制度。也就是说，我国刑法虽然规定了由于犯罪行为而使被害人遭受经济损失的，对犯罪分子除依法给予刑事处罚外，并且应根据情况判处犯罪分子赔偿被害人经济损失。但该规定存在的一个重要缺陷在于没有赋予那些因遭受犯罪侵害而陷入经济困境的被害人及其家属在得不到犯罪分子赔偿的情况下，有向国家提出救助的权利。现实中，刑事案件发生后，要么是由于案子长年未破，犯罪分子没有归案，使被害人无法提起赔偿；要么是案子虽然破了，犯罪分子也被判处赔偿被害人经济损失，但根本无力支付。这种情况下，刑事被害人如何实现自己的权利?

法律强调公平正义，公平正义也应该作为刑法的首要价值。刑事被害人是犯罪的受害者，由于受犯罪侵害，其身心已遭受很大痛苦，财产蒙受损失，为了维护自己的合法权益，他们努力争取，但往往因缺乏法律强有力保障，身心再次遭受伤害。我国是人民当家做主的国家，公民的权益理应受到充分保障。只有充分关注因犯罪行为导致生活困难的被害人，给予其一定的救助，才能真正实现正义的法治。所以，建立刑事被害人救助制度是十分必要的。

第二十二章　未成年人刑事案件诉讼程序

【导读案例】 文某，男，17岁，因女友提出要分手，情急之下，将女友非法拘禁达3天。后女友报案，文某被逮捕。文某在看守所时，父母为其聘请了律师，但遭文某拒绝。侦查终结，移送该案移送检察院审查起诉，检察人员因文某没有委托辩护人，遂经报批，检察院通知当地法律援助机构指派经常办理未成年人案件的李律师为其提供辩护。

问： 检察院能否为文其指派律师？

资料来源：孙谦：新刑事诉讼法条文解析与案例适用，370页。

【重点、难点】 未成年人刑事案件诉讼程序的特有原则；未成年人刑事案件诉讼程序的特点。

第一节　未成年人刑事案件诉讼程序的概述

一、未成年人刑事案件诉讼程序的概念

在我国，刑事法律意义上的未成年人是指已满14周岁而不满18周岁的人。未成年人刑事案件是指已满14周岁未满18周岁的人实施的危害社会、触犯刑法而受到刑事追诉的案件。“周岁”，是按照公历的年、月、日计算，从周岁生日的第二天起算。

未成年人刑事案件诉讼程序，是指专门适用于未成年人刑事案件的侦查、起诉、审判、执行等程序的一种特别刑事诉讼程序。

未成年人刑事案件诉讼程序应当与未成年人刑事案件诉讼程序区别开来，这是由未成年人的心理和生理特点所决定的。现行刑事诉讼法在总结经验的基础上构建了具有中国特色的刑事特别程序，其中最为详备的便是对未成年人刑事案件诉讼程序的规定，标志着我国未成年人刑事案件诉讼立法不断走向成熟。

二、未成年人刑事案件诉讼程序的意义

1. 有助于教育、挽救违法犯罪的未成年人

未成年人因为在生理上、心理上都处于正在发育成长的时期，自控能力较差，容易冲动，行为不计后果。与成年人相比，未成年人犯罪时的主观恶性都不大，动机相对简单，带有很大程度的盲目性和随意性，所以，未成年人具有较强的可塑性，矫正起来比较容易，更易于接受教育改造。在刑事诉讼中，采用适应未成年人特点的程序，有利于教育、挽救年龄尚小、人生道路漫长的未成年人。

2. 有助于解决未成年人刑事案件增多的社会问题

近年来，未成年人犯罪案件日益增多，已经成为突出的社会问题。解决这个问题涉及许许多多的因素，通过特殊的司法程序来处理未成年人犯罪是一个良好的方式。立法机关充分考虑到未成年人的生理、心理特点，设立了更适合未成年人特点的专门诉讼程序，有助于在整体上使未成年人违法犯罪日益增多的社会问题得到缓解。

3. 符合国际上未成年人立法的发展趋势

自1899年美国的伊利诺伊州出现第一个少年法庭和少年法院之后，目前，世界上许多国家和地区都制定了专门的少年法规，建立了少年法院。虽然各个国家的情况并不相同，具体的司法制度和诉讼程序也不尽相同，但有关未成年人犯罪的司法制度的基本精神都大体相似，都是专门针对未成年人的特点，立足于对未成年人的教育、挽救和保护，这也是人类法律制度随着人类文明的进步而相应发展的体现。

第二节　未成年人刑事案件诉讼程序的特有原则

一、教育为主、惩罚为辅的原则

教育为主、惩罚为辅的原则在整个未成年人刑事案件诉讼中起着重要的指导作用，是处理未成年人刑事案件的主导思想，未成年人刑事案件的其他诉讼原则基本上都围绕此原则展开。我国《刑事诉讼法》第 266 条第 1 款、《未成年人保护法》第 54 条、《预防未成年人犯罪法》第 44 条规定，对违法犯罪的未成年人追究刑事责任，实行教育、感化、挽救的方针，坚持教育为主、惩罚为辅的原则。这一原则要求，在未成年人刑事诉讼的各个阶段，公安、司法机关都必须坚持教育为主、惩罚为辅，对未成年人不失时机地教育、挽救。公安、司法人员应当照顾未成年人的身心特点，尊重其人格尊严，保障其合法权益。最高人民检察院《人民检察院刑事诉讼规则》第 486 条规定，人民检察院办理未成年人刑事案件，应当考虑未成年人的生理和心理特点，根据其平时表现、家庭情况、犯罪原因、悔罪态度等，实施针对性教育。

二、分案处理原则

分案处理原则是进行未成年人刑事诉讼所必须遵循的又一重要原则。分案处理，即在处理未成年人刑事案件时，应当在时间和地点上都与未成年人犯罪的案件分开进行。《刑事诉讼法》第 269 条第 2 款规定，对被拘留、逮捕和执行刑罚的未成年人与成年人应当分别关押、分别管理、分别教育。《人民检察院办理未成年人刑事案件的规定》第 23 条规定，人民检察院审查未成年人与成年人共同犯罪案件，一般应当将未成年人与成年人分案起诉。《未成年人保护法》第 57 条规定，公安机关、人民检察院、人民法院对羁押、服刑的未成年人，应当与成年人分别关押。分案处理的原因在于未成年人各方面都不成熟，如果与成年人共同关押、审理、服刑，可能不仅使未成年人得不到正确的教育和挽救，还可能受到成年人的不良影响，不利于未成年人的改造。

三、及时原则

及时原则是指在诉讼进行的每个阶段，公安、司法机关和公安、司法人员都应当及时对案件作出处理，不拖拉，不延误。诉讼及时本来是任何诉讼都应当遵循的原则，但鉴于未成年人刑事案件的特殊性，强调未成年人的诉讼程序的及时性显得尤为必要。未成年人犯罪案件大部分是属于初犯、偶犯或者冲动型犯罪。未成年人生理、心理都还不成熟，诉讼时间过长，特别是羁押时间过长将会给其带来长期的影响，因此，对于未成年人刑事案件更应当及时进行。

四、不公开审理原则

《刑事诉讼法》第274条规定，审判的时候被告人不满18周岁的案件，不公开审理。但是，经未成年人被告人及其法定代理人同意，未成年被告人所在学校和未成年人保护组织可以派代表到场。《未成年人保护法》和《预防未成年人犯罪法》也规定，对未成年人犯罪案件，新闻报道、影视节目、公开出版物不得披露该未成年人的姓名、住所、照片，以及可能推断出该未成年人的资料。未成年人案件不公开审理，有利于保护未成年被告人的名誉、自尊心和人格尊严。防止公开诉讼给他们造成的不必要的心灵创伤和过大精神压力，有助于他们接受教育和挽救，重新做人。

五、和缓原则

和缓原则要求对未成年人犯罪的案件，一定要注意结合未成年犯罪嫌疑人、被告人的身心特点，尽量不采用激烈、严厉的诉讼方式。例如，尽量不用或者少用强制措施，在传唤、讯问以及审判的时候，应当尽可能通知其法定代理人到场；必要的时候，可以邀请其老师参加等。在讯问时，应注意以教育式、启发式方法进行耐心细致的开导，语气尽量温和。在审判时，应当采用少年法庭的形式，注意给法庭创设温情、和缓的气氛。在实践中，有些地方法院采用"圆桌法庭"的形式审理未成年人刑事案件，收到了较好的效果。

第三节　未成年人刑事案件诉讼程序的特点

一、由专门机构或专职人员承办

《刑事诉讼法》第266条第2款规定，人民法院、人民检察院和公安机关办理未成年人刑事案件，应当保障未成年人行使其诉讼权利，保障未成年人得到法律帮助，并由熟悉未成年人身心特点的审判人员、检察人员、侦查人员承办。《预防未成年人犯罪法》规定，人民法院审判未成年人犯罪的刑事案件，应当由熟悉未成年人身心特点的审判员或者由审判员和人民陪审员依法共同组成少年法庭进行；《未成年人保护法》规定，公安机关、人民检察院、人民法院办理未成年人犯罪时的案件，应当照顾未成年人的身心特点，并可以根据需要设立专门机构或者指定专人办理；有关的司法解释和部门文件对此也有明确规定，如《公安机关办理未成年人违法犯罪案件的规定》第6条，公安机关应当设置专门机构或者专职人员承办未成年人违法犯罪案件。办理未成年人违法犯罪案件的人员应当具有心理学、犯罪学、教育学等专业基本知识和有关法律知识，并具有一定的办案经验。这些措施都考虑到未成年犯罪嫌疑人的身心特点，以利于更好的教育、感化、挽救这些未成年人。

二、必须查明犯罪嫌疑人、被告人的准确出生日期

对于未成年人刑事案件，不论是立案阶段，还是侦查、起诉及审核阶段，都必须重点查明犯罪嫌疑人、被告人确切的出生时间，因为年龄因素很可能决定着是否应当追究刑事责任。如《人民检察院办理未成年人刑事案件的规定》第 8 条明确要求，审查批准逮捕未成年犯罪嫌疑人，应当把是否已满 14、16、18 周岁的临界年龄，作为重要事实予以查清。对难以判断犯罪嫌疑人实际年龄，影响案件认定的，应当作出不批准逮捕的决定；需要补充侦查的，同时通知公安机关。侦查、审查起诉及审判活动的重要任务之一，也是必须首先关注未成年人犯罪嫌疑人、被告人的准确出生日期，并且具体到“日”，这是未成年人刑事案件的特殊性所要求和决定的。《最高人民法院关于审理未成年人刑事案件的若干规定》第 28 条规定，法庭调查时，审判人员应当核实未成年被告人在实施被指控的行为的年龄。根据《最高人民法院关于审理未成年人刑事案件具体应用法律若干问题的解释》第 4 条规定，对于没有充分证据证明被告人实施被指控的犯罪时已经达到法定刑事责任年龄且确定无法查明的，应当推定其没有达到相应法定刑事责任年龄。相关证据足以证明被告人实施被指控的犯罪时已经达到法定刑事责任年龄，但是无法准确查明被告人具体出生日期，应当认定其达到相应法定刑事责任年龄。

三、诉讼工作的全面性和细致性

办理未成年人刑事案件，除了须完成与成年人案件同样要进行的查明案情、收集证据和确认犯罪人等各项工作外，诉讼活动还应当更加全面和细致，必须更注意案件细节问题的调查取证和确认。2012 年《刑事诉讼法》，特别规定了未成年人刑事案件社会调查制度。《刑事诉讼法》第 268 条规定，公安机关、人民检察院、人民法院办理未成年人刑事案件，根据情况可以对未成年犯罪嫌疑人、被告人的成长经历、犯罪原因、监护教育等情况进行调查。社会调查制度的事实，有利于查找未成年人犯罪的各种原因，针对未成年人的具体情况采取针对性的帮教措施。此外，有关的法律解释也体现了未成年案件诉讼工作的全面性和细致性。《公安机关办理未成年人违法犯罪案件的规定》第 10 条规定，对违法犯罪未成年人的讯问应当采取不同于成年人的方式；讯问前，除掌握案件情况和证据材料外，还应当了解其生活、学习环境、成长经历、性格特点、心理状态及社会交往等情况，有针对性地制作讯问提纲。

四、未成年犯罪嫌疑人、被告人享有特别的诉讼权利

《刑事诉讼法》第 266 条第 2 款规定，人民法院、人民检察院和公安机关办理未成年人刑事案件，应当保障未成年人行使其诉讼权利，保障未成年人得到法律帮助。《刑事诉

讼法》第267条规定，未成年犯罪嫌疑人、被告人没有委托辩护人的，人民法院、人民检察院、公安机关应当通知法律援助机构指派律师为其提供辩护。《刑事诉讼法》第270条规定，对于未成年人刑事案件，在讯问和审判的时候，应当通知成年人犯罪嫌疑人、被告人的法定代理人到场。无法通知、法定代理人不能到场或者法定代理人是共犯的，也可以通知未成年犯罪嫌疑人、被告人的其他成年亲属，所在学校、单位、居住地基层组织或者未成年人保护组织的代表到场，并将有关情况记录在案。到场的法定代理人可以代为行使未成年犯罪嫌疑人、被告人的诉讼权利。到场的法定代理人或者其他人员笔录认为办案人员在讯问、审判中侵犯未成年人合法权益的，可以提出意见。讯问笔录、法庭笔录应当交给到场的法定代理人或者其他人员阅读或者向他宣读。讯问女性未成年犯罪嫌疑人，应当有女工作人员在场。审判未成年人刑事案件，未成年被告人最后陈述后，其法定代理人可以进行补充陈述。此外，其他的法律解释也有更为细致的规定。《公安机关办理未成年人违法犯罪案件的规定》第5条规定，办理未成年人违法犯罪案件，应当保护未成年人的名誉，不得公开披露涉案未成年人的姓名、住所和影像。

五、严格限制强制措施的适用

在刑事诉讼中，对未成年犯罪嫌疑人应当慎重适用强制措施，尽量不用或少用。对于可捕可不捕的，一般不要逮捕。《刑事诉讼法》第269条规定，对于未成年犯罪嫌疑人、被告人，应当严格限制适用逮捕措施。人民检察院审查批准逮捕和人民法院决定逮捕，应当讯问未成年犯罪嫌疑人、被告人，听取辩护律师的意见。对被拘留、逮捕和执行刑罚的未成年人与成年人应当分别关押、分别管理、分别教育。《公安机关办理未成年人违法犯罪案件的规定》第15条指出，办理未成年人违法犯罪案件，应当严格限制和尽量减少使用强制措施。

六、相对和缓的办案方式

在未成年人刑事案件中，除了要严格要求限制强制措施的适用外，还应当使用相对和缓的侦查方式。例如，原则上不得对未成年人使用戒具；对于确有行凶、逃跑、自杀、自残等现实危险而必须使用的，应当掌握必要的限度。《公安机关办理未成年人违法犯罪案件的规定》第22条规定，办理未成年人犯罪案件原则上不得使用戒具。对确有行凶、逃跑、自杀、自伤、自残、等现实危险，必须使用戒具的，应当避免和防止危害结果的发生为限度，现实危险消除后，应当立即停止使用。

七、在减刑、假释的掌握标准上比照成年罪犯适度放宽

根据《最高人民法院关于审理未成年人刑事案件具体应用法律若干问题的解释》第18条规定，对未成年罪犯的减刑、假释，在掌握标准上可以比照成年罪犯依法适度放宽。未成年罪犯能认罪伏法，遵守监规，积极参加学习、劳动的，即可视为确有悔改表现予以减刑，

其减刑的幅度可以适当放宽，间隔的时间可以相应缩短。符合刑法第 81 条第 1 款规定的，可以假释。未成年罪犯在服刑期间已经成年的，对其减刑、假释可以适用上述规定。

八、实行犯罪记录封存制度

2012 年《刑事诉讼法》规定了犯罪记录封存制度。《刑事诉讼法》第 275 条规定，犯罪的时候不满 18 周岁时，被判处 5 年有期徒刑以下刑罚的，应当对相关犯罪记录予以封存。犯罪记录被封存的，不得向任何单位和个人提供，但司法机关为办案需要或者有关单位根据国家规定进行查询的除外。依法进行查询的单位，应当对被封存的犯罪记录的情况予以保密。

九、实行区别对待的起诉政策以及附条件不起诉制度

为充分体现宽严相济、区别对待的刑事政策，最高人民检察院《人民检察院刑事诉讼规则》、将“可诉可不诉的不诉”这一原则进一步具体化。《最高人民检察院办理未成年人刑事案件的规定》第 26 条规定，对于犯罪情节轻微，并具有下列情形之一，依照刑法规定不需要判处刑法或者免除刑法的未成年犯罪嫌疑人，一般应当依法作出不起诉决定：(1) 被胁迫参与犯罪的；(2) 犯罪预备、中止、未遂的；(3) 在共同犯罪中起次要或者辅助作用的；(4) 是又聋又哑的人或者盲人的；(5) 因防卫过当或者紧急避险过当构成犯罪的；(6) 有自首或者立功表现的；(7) 其他依照刑法规定不需要判处刑罚或者免除刑罚的情形。这一规定细化了法律的相关规定，有利于及时、妥善处理未成年人案件，最大限度地教育、挽救未成年犯罪嫌疑人。

【导例评析】

《刑事诉讼法》规定，委托律师辩护从侦查之初即可开始，且对于未成年人，公检法机关必须保障其得到法律帮助。由于未成年人具有不完全责任能力，其涉嫌犯罪后，在正确表达个人意见、依法充分行使诉讼权利方面往往会受到一定的限制，由专业律师作为辩护人帮助他们维护合法权益的作用尤为重要。根据《刑事诉讼法》33 条规定，犯罪嫌疑人有权委托辩护人的时间提前到了侦查初始，人民检察院自收到移送审查起诉的案件材料之日起三日以内，应当告知犯罪嫌疑人有权委托辩护人；《刑事诉讼法》第 267 条规定，未成年犯罪嫌疑人、被告人没有委托辩护人的，人民法院、人民检察院、公安机关应当通知法律援助机构指派律师为其提供辩护。

对于本案来说，依据以上法律规定从其被侦查之初，文某的父母就可以代他委托辩护人，而不再仅限于对文某本人提供法律帮助，自侦查阶段之初，如果未成年犯罪嫌疑人没有委托辩护人的，公安机关就必须通知法律援助机构指派律师为其提供辩护；在审查起诉阶段，如果检察机关发现未成年犯罪嫌疑人没有辩护人的，以及法院审判时发现其没有辩护人的，都要通知法律援助机构指派律师为其辩护，从而保障其在各个诉讼阶段能够充分行使辩护权。

【实务训练】

郭某，男，17 岁，2012 年 1 月 15 日傍晚携带鲤鱼钳至某小区刘某的租住处，趁周围无人之机，撬锁入户，盗得人民币 2 500 元。后被抓获，经侦查、公诉后，2012 年 3 月 31 日法院作出判决，判处郭某有期徒刑 9 个月。上诉、抗诉期过后，判决生效。鉴于郭某系未成年人，其犯罪记录被封存。

问：法院对其犯罪记录封存是否正确？

资料来源：准噶尔法苑，2014（1），37 页。

【评析】

《刑事诉讼法》第 275 条规定，对于犯罪的时候不满 18 周岁的未成年人，被判处五年有期徒刑以下刑罚的，应当对相关犯罪记录予以封存。判处郭某有期徒刑 9 个月的刑罚纪录会被司法机关封存。凡是被封存的，就不能将这些信息提供给任何单位和个人。但是有两个例外：一是司法机关为办案需要查询的；二是有关单位根据国家规定进行查询的。依法进行查询的单位，应当对被封存的犯罪记录的情况予以保密。

【司考真题】

1. 被告人徐某为未成年人，法院书记员到其住处送达起诉书副本，徐某及其父母拒绝签收。关于该书记员处理这一问题的做法，下列哪些选项是正确的？（　　）（2013/二/70/多选）

A. 邀请见证人到场

B. 在起诉书副本上注明拒收的事由和日期，该书记员和见证人签名或盖章

C. 采取拍照、录像等方式记录送达过程

D. 将起诉书副本留在徐某住处

2.《刑事诉讼法》规定，审判的时候被告人不满 18 周岁的案件，不公开审理。但是，经未成年被告人及其法定代理人同意，未成年被告人所在学校和未成年人保护组织可以派代表到场。关于该规定的理解，下列哪些说法是错误的？（　　）（2012/二/73/多选）

A. 该规定意味着经未成年被告人及其法定代理人同意，可以公开审理

B. 未成年被告人所在学校和未成年人保护组织派代表到场是公开审理的特殊形式

C. 未成年被告人所在学校和未成年人保护组织经同意派代表到场是为了维护未成年被告人合法权益和对其进行教育

D. 未成年被告人所在学校和未成年人保护组织经同意派代表到场与审判的时候被告人不满 18 周岁的案件不公开审理并不矛盾

【拓展与反思】

联合国关于未成年人犯罪记录的国际准则

为了保护未成年人的合法权利，预防未成年人犯罪，联合国制定了一系列关于未成年

人司法和待遇的国际准则，包括《联合国少年司法最低限度标准准则》（以下简称《北京规则》），《联合国预防少年犯罪准则》（以下简称《利雅得准则》）和《联合国保护被剥夺自由少年规则》（以下简称《东京规则》）。此外，《公民权利和政治权利国际公约》（以下简称《公民权利公约》）中也有关于未成年人案件程序的规定。这些文件考虑到了未成年人的特点，以促进未成年犯罪人回归社会为出发点，明示或暗示了其对未成年人犯罪记录的处理态度与要求。

《北京规则》第八条规定，应在各个阶段尊重少年犯享有隐私的权利，以避免由于不适当的宣传或加以点名而对其造成伤害。原则上不应公布可能会导致使人认出某一少年犯的资料。《北京规则》第二十一条作了进一步规定，对少年罪犯的档案应严格保密，不得让第三方利用。应仅限于与处理手头上的案件直接有关的人员或其他经正式授权的人员才可以接触这些档案。少年罪犯的档案不得在其后的成人讼案中加以引用。这些规定实际上要求在未成年犯刑事诉讼的各阶段以及刑罚执行完毕以后，建立起未成年犯犯罪记录的保密和消灭制度，以保护未成年犯的隐私，使其不至于长期被看成是"罪犯"，受到不应有的歧视，从而为其早日回归社会提供一个有利的环境。

《东京规则》第十三条规定，被剥夺自由的少年不应因有关这一身份的任何理由而丧失其根据国内法或国际法有权享有并与剥夺自由情况相容的公民、经济、政治、社会或文化权利。《北京规则》第十九条规定，所有报告包括法律记录、医疗记录和纪律程序记录以及与待遇的形式、内容和细节有关的所有其他文件，均应放入保密的个人档案内，非特许人员不得查阅。释放时，少年的记录应封存，并在适当时候加以销毁。

《利雅得准则》第五条 d 项规定，维护所有青少年的福利、发展、权利和利益。其中 f 项规定，把青少年列为'离经叛道'、'违规闹事'或'行为不端'，往往会助成青少年发展出不良的一贯行为模式。尽管该文件未明确指出应当建立未成年人犯罪记录消灭制度，但其认为应当维护所有未成年人的权益和发展，包括未成年犯；如果对未成年犯贴上"不良"、"罪犯"这样的标签，将影响其今后的发展，会迫使其持续的作出不良行为。这实际上就暗示了要平等对待未成年犯，不能对其标签化，其犯罪记录应能够消灭。

《公民权利公约》第十四条第四款规定，对少年的案件，在程序上应考虑到他们的年龄和帮助他们重新做人的需要。这就要求未成年人犯罪记录制度应当要以未成年人的身心特点为根据，以帮助未成年犯教育改造、回归社会和重新做人为出发和归宿。

与成年人相比，未成年人的心理和生理有如下特征：一是生理变化明显。未成年人正值青春发育期，身体各组织、器官发育很快，第二性征也日渐明显，新陈代谢加剧，显得精力旺盛。二是心理上进入了由幼稚转向成熟的过渡时期，具有半儿童、半成人的特点。表现为有较强的模仿欲和好奇心，对外界反应敏感。三是独立意识提升，自尊心较强。但由于思想相对幼稚、不成熟，所以，辨别是非的能力较弱，情绪不稳定，容易冲动，也容易受外界不良环境的影响。未成年人生理上，心理上的这些特点，决定了他们易感情冲动，缺乏自控能力，所以犯罪动机一般都比较简单，犯罪行为带有很大的盲目性和随意性，而他们的个性心理上未成形，故教育改造的有利因素也比成年人多，容易挽救。

从世界范围来看，虽然各地对外成年人犯罪案件诉讼程序的规定体例不一，但是鉴于未成年人犯罪有着未成年与成年人犯罪不同的特点，许多国家和地区规定了单独的、专门适用于未成年人刑事案件诉讼程序。自从1899年美国伊利诺伊州通过了世界上第一个关于处理未成年人违法犯罪的专门立法—《少年法庭法》后，世界各地便相继效仿，为未成年人违法犯罪案件制定专门的制度。有的是在《刑事诉讼法》典中作出特别的规定，如美国纽约州刑事诉讼法也规定了“少年犯诉讼”，日本最高法院制定的《刑事诉讼规则》第四编即为“少年案件特别程序”。有关国际公约也对未成年人犯罪案件的程序作出了特别的规定，如第44届联合国大会于1989年11月通过的《儿童权利公约》中的有关规定。

第二十三章　当事人和解的公诉案件程序

【导读案例】 王某等13人（均为16岁至17岁的学生）因怀疑祝某（16岁，系学生）拿走了其中一人的手机，遂在宿舍对祝某拳打脚踢，导致祝某昏迷不醒，后经抢救无效死亡。该市中级人民法院审理后认为，王某等13人的行为均构成故意伤害罪。但因犯罪时未满18周岁，均予以减轻处罚。案发后，王某等13人认罪态度较好，可以酌情从轻处罚。同时学校赔偿被害人1 112 936元。各被告人的法定代理人积极主动向被害人家属道歉，在判决前赔偿共计92 000元。在法庭的主持下，双方达成了协议，被告人再赔偿被害人经济损失390 000元。被害人家属建议法庭对各被告人从宽处理。该市中院对各被告人均判处有期徒刑并宣告缓刑。

问： 该市中院的做法是否妥当？

资料来源：乌鲁木齐审判，2014（2），39页。

【重点、难点】 刑事和解的适用条件；刑事和解的案件范围。

第一节　当事人和解的公诉案件程序的概念与意义

一、刑事和解的概念

刑事和解的概念有广义和狭义之分：广义的刑事和解既包括刑事公诉案件的和解也包括刑事自诉案件以及附带民事诉讼案件的和解；狭义的刑事和解仅指刑事公诉案件的和解。1996 年《刑事诉讼法》及相关司法解释中均有刑事自诉案件以及附带民事诉讼案件和解的规定，但刑事公诉案件的和解则受到禁止。2012 年《刑事诉讼法》修改单独设立了“当事人和解的公诉案件诉讼程序”一章，规定了刑事公诉案件的和解程序。本节所指的刑事和解，如无特殊说明仅指狭义刑事和解，即公诉案件的刑事和解。

刑事和解又被称为“加害人与被害人的和解”，是指在犯罪行为发生后，通过中立调停人使加害人、受害人或者其他利害关系人直接接触和交谈、共同协商解决纠纷冲突。刑事和解主张对受害人权利的关注，它为刑事司法的理论研究和实践注入了一种全新的理念。通过主动与受害人进行沟通，加害人以向受害人真诚悔罪、提供赔偿、赔礼道歉等方式获得受害人的谅解，从而达成刑事和解协议。通过刑事和解，能较好地使受害人、加害人以及国家的利益得以均衡。

二、适用当事人和解公诉案件诉讼程序的意义

1. 有利于保护被害人的利益

传统的刑事案件处理方式，由检察机关行使公诉权，被害人在整个刑事诉讼中的参与性不高，即使在刑事附带民事诉讼中有一定的参与，但侧重点仅限于物质赔偿的多少，很多被害人精神层面的需求并未得到关注，尤其是在一些人身伤害性质的犯罪中。公诉案件和解程序的启动，充分关注了被害人的地位，不仅可以确保被害人的物质利益，而且通过被害人与加害人之间的沟通还能弥补被害人精神上的损害。

2. 有利于加害人重归社会，降低再犯率

传统的刑事案件的处理流程一般是案件的侦查、审查起诉、判决、判处刑罚，除判处管制、适用缓刑或者单处附加刑的情形外，加害人都要被关押，在羁押场所非常容易与其他关押人员交流犯罪手法，从而引发新的犯意，现实中也不乏释放后与同一羁押场所的关押人员共同实施犯罪的情况。适用当事人和解的诉讼程序，加害人可能因情节较轻不予起诉，可能被从轻处理并适用缓刑，从而有利于加害人重新回归社会，并通过在和解过程中与被害人的交流，深刻感觉到自己的犯罪行为对被害人造成的痛苦，并真诚的认罪、悔罪，降低其回归社会后的再犯率。

3. 实现个案效率，节省司法资源

司法实践中，罪行轻微的刑事案件在整个刑事案件中占有相当大的比例，但整个诉讼

流程并没有因为案件的轻微而与重型刑事案件有差别，近年来刑事案件的数量持续上升，轻微刑事案件的比例也在上升。适用公诉案件当事人和解程序后，一些情节较轻的案件可以做不起诉处理，减轻了法院的工作量，同时和解案件的当事人对案件事实没有争议，减少检察机关为查清事实取证所需要的时间和精力，缩短庭审的时间，节省司法资源，提高了诉讼效率。

第二节　当事人和解的公诉案件程序的主要内容

一、刑事和解的适用条件

1. 犯罪嫌疑人、被告人真诚悔罪

当前刑法的目的已经从报应性惩罚转变为教育改造为主。刑事和解虽然以犯罪嫌疑人、被告人最终获得宽缓处理为结果，但其并非简单的“以钱买刑”，其同样关注对犯罪嫌疑人、被告人的教育、改造从而帮助其顺利回归社会，因此，刑事和解必然要以犯罪嫌疑人、被告人的真诚悔罪为必要条件。所谓真诚悔罪，是指犯罪嫌疑人、被告人已经充分认识到自己的犯罪行为给被害人等相关人员和组织带来的损害，并且通过积极赔偿、赔礼道歉等方式所表现出来。

2. 获得被害人谅解

被害人谅解是达成刑事和解的决定性条件。刑事和解以当事人双方，特别是被害人的和解意愿为前提，而被害人谅解是被害人表达和解意愿的行为方式。如果只有犯罪嫌疑人、被告人表示悔罪，而被害人没有表达对其谅解，那么刑事和解也无从达成。

3. 被害人自愿和解

被害人自愿和解，是指被害人作出谅解并且达成和解协议是出于其自由意志作出的，而非受到外来压力的影响而作出的。自愿性是刑事和解的应有之义，是保证刑事和解正当性的必要条件。办案机关、犯罪嫌疑人、被告人等均不得以任何方式强迫被害人违背自己的意愿作出同意和解决定。为了保证被害人和解的自愿性，《刑事诉讼法》第 278 条规定了公安机关、人民检察院和人民法院应对和解自愿性进行审查。

4. 犯罪嫌疑人、被告人在 5 年以内未曾故意犯罪

根据《刑事诉讼法》的规定，达成和解协议之后，可以对犯罪嫌疑人、被害人作出从宽处罚，甚至在检察环节就可以作出不起诉的决定。对犯罪嫌疑人、被告人的宽缓处理不但要以其真诚悔罪为前提，同时还要考虑到其主观恶性以及由此所反映出的社会程度。犯罪嫌疑人、被告人如果在 5 年以内有过故意犯罪记录，说明其主观恶性较大，即对其之前故意犯罪的教育改造并不成功，因此，非但不应对其宽缓处理，而且还有可能成为从重处理的理由。在这样的情况下，无从适用刑事和解。

二、刑事和解适用的案件范围

1. 因民间纠纷引起，涉嫌刑法分则第四章、第五章规定的犯罪案件，可能判处3年有期徒刑以下刑法的

(1) 该类刑事案件起因于民间纠纷。所谓民间纠纷是指公民之间有关人身、财产权益和其他日常生活中发生的纠纷。

(2) 涉嫌案由必须是刑法分则第四章侵犯公民人身权利、民主权利的犯罪以及刑法分则第五章规定的侵犯财产的犯罪。

(3) “三年有期徒刑以下刑法”是指宣告刑而非法定刑，也就是说即便是法定刑在3年有期徒刑以上的，只要综合全案证据判断其有可能被处以3年有期徒刑以下的刑法也可以使用刑事和解的规定。

2. 除渎职犯罪以外的可能判处7年有期徒刑以下刑法的过失犯罪案件

(1) 刑事和解的适用需要考虑犯罪嫌疑人、被告人的主观恶性，一般认为，过失犯罪之于故意犯罪而言其主观恶性较小，虽然这类犯罪造成了相对严重的犯罪后果，但是考虑到其并非为犯罪嫌疑人、被告人故意而为，其较容易取得被害人的谅解。为了保障被害人的合法权益同时有利于对犯罪嫌疑人的教育改造，应当允许此类案件适用刑事和解。

(2) 将渎职犯罪排除在刑事和解的适用范围之外，主要是由其较为特殊的犯罪客体所决定的。渎职罪的犯罪客体主要是国家机关的正常管理活动，其侵害的直接对象是国家利益而非公民个人人身权利、民主权利以及财产权利，仅“获得被害人谅解”这一条件就无法满足，因此，刑事和解无从适用。

三、刑事和解的程序原则

1. 适用的程序阶段

根据《刑事诉讼法》第278条、279条的规定，公安机关、人民检察院和人民法院在办理刑事案件过程中都有权对双方当事人的和解进行审查并主持制作和解协议书和作出相应的处理决定。由此可见，刑事和解可以适用于公安机关立案开始直至人民法院作出最终判决的全部程序阶段。在不同的诉讼阶段，由不同的办案机关负责刑事和解的具体工作。

2. 自愿性、合法性审查

(1) 自愿性是保证刑事和解正当性的必要条件，因此，为了保证刑事和解的有效性，公安机关、检察机关和人民法院有必要在主持制作和解协议之前对双方当事人的和解是否出于自愿，尤其是被害人的和解是否受到来自外界的压力进行审查。

(2) 刑事和解虽然强调其自愿性，仍以不超过法律规定的适用案件范围、程序规则等界限为前提，因此，对其合法也必须进行审查。

(3) 当事人之间达成和解可能形成书面的协议，对于和解自愿性、合法性的审查不但要求书面材料进行审查，同时应当通过听取当事人和其他有关人员意见的方式进行。审查起诉阶段的审查可以讲公安机关的“从宽处理建议”作为依据，而审判阶段则可以将公安机关以及检察机关的"从宽处理建议作为依据"，必要的时候也可以听取公安机关、检察机关办案人员的意见。

3. 和解协议书的制作

当事人达成和解，公安机关、人民检察院和人民法院通过查阅相关书面材料、听取当事人和其他有关人员的意见等方式进行审查后，认为和解是自愿、合法的，应当主持制作和解协议书。和解协议书应当载明和解的时间、地点、参加和解的当事人、办案人员以及其他人员的信息、和解的具体事项等内容，和解协议书经当事人双方签名或者盖章后生效。

4. 刑事和解协议的效力

(1) 刑事和解协议具有中止诉讼的效力。根据《刑事诉讼法》第 279 条的规定，对于达成和解协议的案件，检察机关在审查起诉的过程中，对于犯罪情节轻微，不需要判处刑罚的，可以作出不起诉的决定，从而终止诉讼程序的进行。

(2) 刑事和解协议可以作出从宽处罚的依据。对于达成和解协议的案件，公安机关、检察机关可以以此为根据分别在其各自的程序阶段上作出"从宽处理"以及"从宽处罚"建议，而人民法院则可以在和解协议中作出从宽处罚的酌定量刑情节。

【导例评析】

本案全部被告人和被害人都是未成年人。法院在查清事实后，主持刑事和解，对被害人家属、被告人的和解意愿进行了正确的引导和保护，满足了各方的利益需要，收到良好的社会效果。由此得到的启示是，在符合一定条件的情况下，刑事和解可以在未成年人刑事案件中适当运用，以更好地处理未成年人刑事案件。

在王某等故意伤害案中，如果参照类似案件的判决，13 名被告人可能被判处十年以下不等的有期徒刑，被害人只能获得死亡赔偿金等有限数额的经济赔偿。这样的判决效果是难以让各方满意的：首先，被害人的父母内心并未得到充分安抚，他们将在痛苦、仇恨中度过今后的人生岁月；其次，13 名被告人的父母将在思念、焦虑中牵挂服刑的孩子；最重要的是，13 名被告人在刑满释放后，将无比艰难和困惑地重新开始自己的人生旅途。这样的结果大概会令所有人都扼腕叹息。正是考虑到被告人、被害人都是未成年人，判决牵涉到 14 个家庭的幸福乃至社会的安定，法院在诉讼中引入刑事和解，既满足了国家公诉的需要，又平衡了被告人与被害人、社会三者之间的利益诉求，实现了法律效果与社会效果的统一。刑事和解为未成年被告人提供了回归社会、实施社区矫正的机会，有利于实现预防再犯罪的目的。本案的判决之所以得到高级人民法院和检察院的认同，是因为该案刑事和解符合以下条件：

第一，主观条件。被告人承认有罪和当事人双方自愿参加和解是刑事和解必不可少的主观条件。被告人承认有罪，一方面是法院认定犯罪事实的有力证据；另一方面意味着被告人认识到自己的行为给被害人带来的危害，因此是被告人具结悔过、赔礼道歉和赔偿经济损失的事实基础。

第二，客观条件。查明证据达到证明犯罪成立的要求是刑事和解的重要条件。因为公诉程序蕴含了公共利益的追诉愿望，责任的确定与承担必须以明确的案件事实为前提。刑事审判的证据要求不能因为刑事和解的加入而降低。无论最终给予被告人何种形式和程度的刑罚，都要求案件事实清楚，证据确实、充分。

第三，适用范围。刑事和解首先可以适用于依法应判处三年以下有期徒刑和情节轻微的刑事案件。对于刑事和解是否可以适用于严重的暴力犯罪是有争议的。但其实在某些案件中，暴力犯罪的被害人更需要刑事和解。因为对暴力犯罪人简单的处以刑罚，并不能满足被害人希望发泄委屈、得到道歉和赔偿，甚至是表达宽恕等多种情感诉求的需要。对未成年被告人而言，没有刑事和解的判决，将带来长期监禁，而长期监禁对青少年成长造成的严重负面影响无需赘述。因此，在具备主客观条件，并严格避免负面影响的情况下，应该允许法官根据严重暴力犯罪案件的实际情况，裁量是否适用刑事和解。本案中，13 名被告人和被害人都是某一行业系统内的子弟，具备和解沟通的基础。被告人的父母和所在学校对和解表现出极大的诚意，在一定程度上减轻了被害人父母承受的痛苦，使被害人的父母自愿接受和解。因此，本案适用刑事和解没有造成被害人、被告人利益保护和公共利益保护的失衡。刑事和解和刑事判决结果得到了各方认同。

第四，适用和解的阶段。在审查起诉阶段，检察机关在查明案情的前提下，应被告人或被害人请求，主持刑事和解。在法院审理阶段，被告人或被害人提出刑事和解的，法院应主持双方和解。如果未达成和解协议，案件恢复到正常审理程序。

【实务训练】

邹某，男，21 岁；周某，男，20 岁。该二人系某大学同班同学。2011 年 7 月 16 日晚自习期间，邹某趁周某将笔记本电脑放在教室没收就出去之际，将周某的电脑偷出变卖，卖给了夜市流动的商贩，获赃款 2 400 元。邹某卖完电脑后没敢再回学校，在宾馆待了一夜后，次日上午径直去派出所自首。在派出所，邹某如实供述了自己的作案经过，表示悔过。后经邹某的表哥出面与周某协商，赔偿周某原品牌的新手提电脑一台。邹某向周某表达了诚恳的歉意，得到了周某的谅解，双方达成和解协议。之后，公安机关在向检察机关移送审查起诉邹某涉嫌犯盗窃罪时，提出了对邹某从宽处理的建议。检察机关经过认真审查、听取多方面意见后，对邹某作出了不起诉决定。

问：人民检察院的不起诉决定是否正确？

资料来源：孙谦：新刑事诉讼法条文解析与案例适用，396 页。

【评析】

人民检察院对邹某的不起诉决定是正确的。根据《刑事诉讼法》第 279 规定，公安机关可以向人民检察院提出从宽处理的建议。人民检察院可以向人民法院提出从宽处罚建议；对于犯罪情节轻微，不需要判处刑罚的，可以作出不起诉的决定。人民法院可以依法对被告人从宽处罚。

本案邹某盗窃周某手提电脑后变卖，邹某涉嫌犯罪的事实清楚。邹某的案件属于《刑事诉讼法》第 277 条规定的可以和解的案件范围。邹某作案后于次日到公安机关自首，其行为具有法定可以从轻或者减轻处罚的情节。邹某作案后向周某真诚悔罪，其亲属代为赔偿了周某损失，且邹某与周某系同学，平时关系不错，邹某得到了周某的谅解，双方在侦查阶段达成了和解协议。公安机关经过审查，认为该协议是双方的真实意思表示并且合法，在向检察机关移送审查起诉时提出了从宽处理的建议。检察机关经过提讯邹某、询问周某，审查案件的全部材料，综合考虑各方面因素后，认为邹某主观恶性不大，犯罪情节轻微，有法定的从轻、减轻情节和公安机关从宽处理建议，决定对邹某不起诉。

【司考真题】

1. 李某因琐事将邻居王某打成轻伤。案发后，李家积极赔偿，赔礼道歉，得到王家谅解。如检察院根据双方和解对李某作出不起诉决定，需要同时具备下列哪些条件？(　　)(2013/二/71/多选)

A. 双方和解具有自愿性、合法性

B. 李某实施伤害的犯罪情节轻微，不需要判处刑罚

C. 李某五年以内未曾故意犯罪

D. 公安机关向检察院提出从宽处理的建议

2. 对于适用当事人和解的公诉案件诉讼程序而达成和解协议的案件，下列哪一做法是错误的？(　　)(2012/二/37/单选)

A. 公安机关可以撤销案件

B. 检察院可以向法院提出从宽处罚的建议

C. 对于犯罪情节轻微，不需要判处刑罚的，检察院可以不起诉

D. 法院可以依法对被告人从宽处罚

【拓展与反思】

刑事和解的理论基础—恢复性司法

恢复性司法发端于20世纪六七十年代，英国、美国、加拿大等国适用较早。美、加的最初形式是被害人—加害人和解计划，其方式通过专门组织的工作，促使受害人和犯罪者形成对话关系，加害者承担责任，修复受损关系，恢复原有社区秩序。英国的恢复性司法发端于少年矫正制度，警察发现犯罪人实施犯罪后，并不直接送交法庭，而是先进行面谈，然后带少年犯去作案现场，与受害人面谈，认识到行为的危害性，真诚悔悟，使之得到受害人谅解，最后形成协商补偿方案，从而使犯罪人免于起诉。在英美法系，恢复性司法并不限于轻罪案件，一些重罪案也逐步尝试恢复性司法模式，英国2000年就有1 700名重罪案犯，如强奸、抢劫等仅仅通过“告诫”这种非常简单的恢复性司法程序结案。美国对未成年犯注重非监禁刑适用，有90%的未成年被告人未入监，其中绝大部分以恢复性司法方式结案。

恢复性司法在许多非西方文化背景的国家也得到适用，如新西兰、北美的一些土著民族等，他们适用“社区司法”、“家庭组会议”等刑事和解方式，强调家庭或社区在犯罪处罚中的作用，以之培养社会对正式司法的依赖。

刑事和解的最重要理论基础是恢复性司法。恢复性司法是对常规犯罪进行刑事司法处

理之外所存在的一系列与刑事司法程序构成互利、并相关的犯罪处理方式，更广义上说，是一种礼仪争端解决方式。与传统刑事司法强调对罪犯的惩罚，忽视对被害人、社区礼仪的保障不同，恢复性司法理论认为，首先，犯罪是社区中个人对个人的侵害。犯罪不仅违反了法律，更是对被害人、社区甚至犯罪人自己的伤害。其次，对犯罪的正确反映不是惩罚，而是恢复犯罪所造成的加害人、被害人和社区之间所受的损害。再者，为了有助于三者的关系的恢复，应加强被害人和社区对诉讼过程的参与。最后，犯罪人的责任形式是以实现恢复性结果为目标，目的是帮助犯罪人建立新的生活态度和行为模式，重新回归社区。

恢复性司法的意义首先在于通过使被害人、罪犯和社区复原而尊重每个人的尊严与平等，建立理解并促进社会和谐。其次，它为被害人提供了获得赔偿、增强安全感和寻求将事情了结的机会，使罪犯能够深刻认识其行为的原因和影响并切实承担责任，同时使社区能够理解犯罪的原因，促进社区福利并预防犯罪，再次，它是对付不断变化的犯罪的一种有效对策，而恢复性司法并不妨碍国家起诉被指控罪犯的权力。

第二十四章 犯罪嫌疑人、被告人逃匿、死亡案件违法所得的没收程序

【导读案例】温州市检察院经审查，就一起犯罪嫌疑人死亡的集资诈骗案向温州市中院提出没收违法所得申请。经检察机关审查查明，犯罪嫌疑人吕某十年期间，以高额回报为诱饵，向被害人游某等社会不特定人员集资1.87亿余元，集资款除用于还本付息、期货投资以外，还供其子吕某某购买轿车一辆。案发后，吕某所在县公安局对吕某诈骗案立案侦查，并扣押、冻结了其购置的两处房产、一处停车泊位、16.7万元银行存款以及赠送给其子吕某某的一辆凯迪拉克轿车。立案侦查次日，犯罪嫌疑人吕某自杀身亡。

问：本案能否没收吕某的所得？

资料来源：法制日报，2014 (2)。

【重点、难点】犯罪嫌疑人、被告人逃匿、死亡案件违法所得的没收程序的特点；犯罪嫌疑人、被告人逃匿、死亡案件违法所得的没收程序适用的案件范围。

第一节　概　述

一、犯罪嫌疑人、被告人逃匿、死亡案件违法所得的没收程序的概念

犯罪嫌疑人、被告人逃匿、死亡案件违法所得的没收程序是指当某些案件中犯罪嫌疑人、被告人逃匿或者死亡时，追缴其违法所得及其他涉案财产特有的方式、方法和步骤。

二、犯罪嫌疑人、被告人逃匿、死亡案件违法所得的没收程序的特点

1. 普通性

在特定类型案件中，在犯罪嫌疑人、被告人逃匿、死亡时，对其违法所得进行没收是国际公约的基本要求。例如，2000 年联合国《打击跨国有组织犯罪公约》将没收财产作为打击跨国有组织犯罪的重要措施，其中第 12 条规定了没收和扣押，第 13 条规定了没收事宜的国际合作，第 14 条规定了没收的犯罪所得或财产的处置；再如《联合国反腐败公约》第 54 条第 1 款第 3 项规定，为了实现没收事宜的国际合作，各缔约国均应当根据本国法律，考虑采取必要的措施，以便在因为犯罪人死亡、潜逃或者缺席而无法对其起诉的情形或者其他有关情形下，能够不经过刑事定罪而没收这类财产。另外，金融行动特别工作组（Financial Action Task Force on Money Laundering，FATF）作为国际社会中专门致力于控制洗钱的国际组织，其所提出的旨在控制洗钱的《四十条建议》也有类似规定。我国也已签署上述国际公约或加入相关国际组织，为遵守上诉规定，有必要在刑事诉讼法中以特别程序的方式规定犯罪嫌疑人、被告人逃匿、死亡案件违法所得的没收程序。

2. 特殊性

之所以在特别程序规定犯罪嫌疑人、被告人逃匿、死亡案件违法所得的没收程序，一方面原因是该程序本身注重追求诉讼效率，关注的是如何防止因犯罪嫌疑人、被告人逃匿、死亡而引起的诉讼拖延和国有资产流失问题；另一方面原因是该程序涉及的是犯罪嫌疑人、被告人的财产权利，易于进行救济。因此，在犯罪嫌疑人、被告人逃匿、死亡案件违法所得的没收程序中，我们不需要预先解决犯罪嫌疑人、被告人的定罪量刑问题，也不受无罪推定、禁止双重危险等原则的约束。

3. 公正性

虽然与审判程序相比，犯罪嫌疑人、被告人逃匿、死亡案件违法所得的没收程序有一定的特殊性，但该程序仍需遵循刑事诉讼的基本规律。我们仍需坚持刑事诉讼程序的基本构造，在有利害关系人参加诉讼时，公开开庭审理并赋予犯罪嫌疑人、被告人及其他厉害关系人相应的上诉权。

第二节　法律依据

一、刑法和《刑事诉讼法》的规定

我国《刑法》规定了没收制度，其中第 64 条规定，犯罪分子违法所得的一切财物，应当予以追缴或者责令退赔；对被害人的合法财产，应当及时返还；违禁品和供犯罪所用的本人财物，应当予以没收。没收的财物和罚金，一律上缴国库，不得挪用和自行处理。我国《刑事诉讼法》第 234 条第 4 款规定，人民法院作出的判决生效以后，有关机关应当根据判决对查封、扣押、冻结的财务及孳息进行处理。对查封、扣押、冻结的赃款赃物及其孳息，除依法返还被害人的以外，一律上缴国库。

二、六机关共同制定的司法解释

《最高人民法院、最高人民检察院、公安部、国家安全部、司法部、全国人大常委会法制工作委员会关于实施刑事诉讼法若干问题的规定》第 38 条第 1 款、第 2 款规定，犯罪嫌疑人、被告人死亡，现有证据证明存在违法所得及其他涉案财产应当予以没收的，公安机关、人民检察院可以进行调查。公安机关、人民检察院进行调查，可以依法进行查封、扣押、查询、冻结。人民法院在审理案件过程中，被告人死亡的，应当裁定终止审理；被告人脱逃的，应当裁定中止审理。人民检察院可以依法另行向人民法院提出没收违法所得的申请。

三、公安部制定的司法解释

公安部关于《公安机关办理刑事案件程序规定》第 328 条规定，犯罪嫌疑人死亡，现有证据证明其存在违法所得及其他涉案财产应当予以没收的，公安机关可以进行调查。公安机关进行调查，可以依法进行查封、扣押、查询、冻结。公安机关依照刑法规定应当追缴其违法所得及其他涉案财产的，经县级以上公安机关负责人批准，应当写出没收违法所得意见书，连同相关证据材料一并移送同级人民检察院。

四、最高人民检察院制定的司法解释

最高人民检察院《人民检察院刑事诉讼规则》第 523 条规定，对于贪污贿赂犯罪、恐怖活动犯罪等重大犯罪案件，犯罪嫌疑人、被告人逃匿，在通缉一年后不能到案，依照刑法规定应当追缴其违法所得及其他涉案财产的，人民检察院可以向人民法院提出没收违法

所得的申请。对于犯罪嫌疑人、被告人死亡，依照刑法规定应当追缴其违法所得及其他涉案财产的，人民检察院也可以向人民法院提出没收违法所得的申请。犯罪嫌疑人实施犯罪行为所取得的财物及其孳息以及犯罪嫌疑人非法持有的违禁品、供犯罪所用的本人财物，应当认定为前两款规定的违法所得及其他涉案财产。

五、最高人民法院制定的司法解释

根据《最高人民法院关于适用〈中华人民共和国刑事诉讼法〉的解释》的规定，对人民检察院、公安机关因犯罪嫌疑人死亡，申请人民法院裁定通知冻结犯罪嫌疑人存款、汇款等的金融机构，将该犯罪嫌疑人的存款、汇款等上缴国库或者返还被害人的案件，人民法院应当在通过阅卷、审查等有关证据材料后作出裁定。但上诉规定仅是针对犯罪嫌疑人的、被告人死亡时以及冻结的欠款如何处理作出了规定，而且也为其构建了明确的程序。因此，刑事诉讼法修改时在第五编第三章规定了犯罪嫌疑人、被告人逃匿、死亡案件违法所得的没收程序。

第三节　没收程序

一、犯罪嫌疑人、被告人逃匿、死亡案件违法所得的没收程序所适用的案件范围

根据《刑事诉讼法》第280条的规定，该程序主要适用于两类案件：第一，贪污贿赂犯罪。主要是指《刑法》第八章中贪污贿赂罪中的罪名，根据第382条至第396条中规定的贪污罪、挪用公款罪、受贿罪、行贿罪等。第二，恐怖活动罪和《刑法》第120条之一的资助恐怖活动罪的规定，而且，全国人大常委会2011年也制定了《关于加强反恐怖工作有关问题的决定》，对恐怖活动的含义作了进一步界定。第三，其他重大犯罪案件。除上诉两类案件外，还包括洗钱罪、毒品犯罪等案件，但应同时符合以下条件：首先，案情重大。1998年5月9日的最高人民法院《关于处理自首和立功具体应用法律若干问题的解释》第7条对重大犯罪作出界定，该条规定，“重大犯罪”、“重大案件”、“重大犯罪嫌疑人”的标准，一般是指犯罪嫌疑人、被告人可能被判处无期徒刑以上刑罚或者案件在本省、自治区、直辖市或者全国范围内有较大影响等情形。第二，犯罪嫌疑人、被告人逃匿，在通缉一年后不能到案，或者犯罪嫌疑人、被告人死亡的。第三，有追缴其违法所得及其他涉案财产的需要。

二、犯罪嫌疑人、被告人逃匿、死亡案件违法所得的没收程序的没收对象

根据《刑事诉讼法》第280条的规定，该程序的没收对象是犯罪嫌疑人、被告人的违法所得及其他涉案财产。此处的“违法所得及其他涉案财产”包括犯罪嫌疑人、被告人在犯罪过程中非法获取的财物和产生的收益以及与其他案件有关联的财产，包括动产、不动产、存款、汇款、债券、股票、基金份额等，而且，公安机关在向人民检察院递交违法所得意见书前，可以对犯罪嫌疑人、被告人的违法所得及其他涉案财产进行查封、扣押和冻结。人民法院在必要的时候，也可以查封、扣押、冻结申请没收的财产。

三、犯罪嫌疑人、被告人逃匿、死亡案件违法所得的没收程序的阶段

犯罪嫌疑人、被告人逃匿、死亡案件违法所得的没收程序主要分为4个阶段：第一阶段是公安机关向人民检察院提出没收违法所得的申请。根据《刑事诉讼法》第280条的规定，当公安机关发现侦查过程中出现犯罪嫌疑人、被告人逃匿、死亡的情形且符合条件时，应当写出没收违法所得的意见书并移送人民检察院。该申请应当提供与犯罪事实、违法所得相关的证据材料，并列明财产的种类、数量、所在地及查封、扣押、冻结的情况。第二阶段是人民检察院经审查后向人民法院提出没收所得的申请。第三阶段是人民法院审理前的公告程序。第四阶段是人民法院的审判程序。

四、犯罪嫌疑人、被告人逃匿、死亡案件违法所得没收程序的管辖

根据《刑事诉讼法》第281条的规定，没收违法所得的申请，由犯罪地或者犯罪嫌疑人、被告人居住地的中级人民法院组成合议庭进行审理。这里需要明确的是，立案管辖和审判管辖与犯罪嫌疑人、被告人逃匿、死亡案件违法所得没收的管辖法院并不是一一对应的关系。当公安机关在侦查过程中，发现有犯罪嫌疑人、被告人逃匿、死亡且可以适用没收程序的情形时，应当向对应的人民检察院提出申请。人民检察院经审查后应按照《刑事诉讼法》第281条的管辖规定向相应的中级人民法院提出没收违法所得的申请，而不必受审判管辖的约束。

五、犯罪嫌疑人、被告人逃匿、死亡案件违法所得的没收程序的公告程序

根据《刑事诉讼法》第281条的规定，人民法院受理没收违法所得的申请后，应当发出公告。公告期间为6个月。人民法院在公告期满后对没收违法所得的申请进行审理。设立前置的公告程序，一方面是为了督促逃匿的犯罪嫌疑人归案参加诉讼，另一方面也是便于犯罪嫌疑人、被告人的近亲属和其他利害关系人了解案情和被没收财产的范围，同时有时间委托诉讼代理人参加诉讼。

六、犯罪嫌疑人、被告人逃匿、死亡案件违法所得的没收程序的裁判

犯罪嫌疑人、被告人逃匿、死亡案件违法所得的没收程序的审判方式是以公开开庭审理为原则，以不开庭为例外。其原因在于：第一，没收程序是在对犯罪嫌疑人、被告人定罪量刑的前提下没收其财产，公开审理能够保证诉讼的公证性。第二，根据《刑事诉讼法》第281条的规定，人民法院应当组成合议庭进行审理，这说明没收程序不实行独任制审判。第三，根据《刑事诉讼法》第281条的规定，犯罪嫌疑人、被告人的近亲属和其他利害关系人有权申请参加诉讼，也可以委托诉讼代理人参加诉讼，利害关系人参加诉讼的，人民法院应当开庭审理。

根据《刑事诉讼法》第282条的规定，人民法院经审理，对经调查属于违法所得及其他涉案财产，除依法返还被害人的以外，应当裁定予以没收；对于不属于应当追缴的财产的，应当裁定驳回申请，解除查封、扣押、冻结措施。因此，人民法院审理后，应当依据法律规定作出裁定并制作出相应的法律文书，对于犯罪嫌疑人、被告人的赃款、赃物，一律予以追缴；对于被害人的财物应当及时返还；对于与案件无关的财物，应当及时返还犯罪嫌疑人、被告人及其近亲属或者其他利害关系人。

七、犯罪嫌疑人、被告人逃匿、死亡案件违法所得的没收程序的上诉、抗诉

根据《刑事诉讼法》第282条的规定，对于人民法院依照前款规定作出的裁定，犯罪嫌疑人、被告人的近亲属和其他利害关系人或者人民检察院可以提出上诉、抗诉。对犯罪嫌疑人、被告人逃匿、死亡案件违法所得的没收程序是特别程序，但法律并不能因此剥夺他们的上诉权和抗诉权，相反，赋予双方充分的救济权利是诉讼公正的内在要求。

八、犯罪嫌疑人、被告人逃匿、死亡案件违法所得的没收程序的终止

根据《刑事诉讼法》第283条的规定，在审理过程中，在逃的犯罪嫌疑人、被告人自动投案或者被抓获的，人民法院应当终止审理。终止审理意味着案件将回归正常的审判程序，对犯罪嫌疑人、被告人涉案财物的处理问题将在判决中一并作出。

九、救济措施

根据《刑事诉讼法》第283条的规定，没收犯罪嫌疑人、被告人财产确有错误的，应当予以返还、赔偿。根据此条规定，一方面应当允许犯罪嫌疑人、被告人或者人民检察院在没收裁定生效后向作出裁定的中级人民法院提出申诉，请求启动审判监督程序。同时，人民检察院和人民法院也能相应地启动对没收裁定的审判监督程序。另一方面，经过审判监督程序审理，发现没收裁定确有错误的，能够返还的应当返还；不能返还或者有毁损的应当作出赔偿，即相应启动执行回转程序。

【导例评析】

根据《刑事诉讼法》280条规定，对于贪污贿赂犯罪、恐怖活动等重大犯罪案件，犯罪嫌疑人、被告人逃匿，在通缉一年后不能到案，或者犯罪嫌疑人、被告人死亡，依照刑法规定应当追缴其违法所得及其他涉案财产的，人民检察院可以向人民法院提出没收违法所得的申请。《最高人民法院关于适用〈中华人民共和国刑事诉讼法〉的解释》中规定，依据刑法规定应当追缴违法所得及其他涉案财产，且符合下列情形之一的，人民检察院可以向人民法院提出没收违法所得的申请：1. 犯罪嫌疑人、被告人实施了贪污贿赂犯罪、恐怖活动犯罪等重大犯罪后逃匿，在通缉一年后不能到案的；2. 犯罪嫌疑人死亡的。本案中温州市检察院认为犯罪嫌疑人吕某涉嫌集资诈骗罪现已死亡，平阳县公安局依法扣押、冻结的轿车、房产、存款系其违法所得及涉案财产，事实清楚，证据确实充分，应当予以追缴，遂依法向温州市中院提出没收违法所得申请是正确的。

【实务训练】

中国农业银行临高支行原副行长尹某贪污、挪用公款2 100万元后，潜逃8年。2012年12月21日，海南省第二中级人民法院以贪污罪、挪用公款罪，一审对其判处无期徒刑，剥夺政治权利终身，并处没收个人全部财产。

21日，海南省第二中级法院对犯罪次数多、犯罪数额大、社会影响巨大的原中国农业银行临高县支行副行长尹某（男，42岁）贪污、挪用公款一案进行一审宣判，以贪污罪判处其无期徒刑，剥夺政治权利终身，并处没收个人全部财产。以挪用公款罪判处其有期徒刑十一年，剥夺政治权利一年。数罪并罚决定执行无期徒刑，剥夺政治权利终身，并处没收个人全部财产。

法院审理查明，1998—2003年，尹某任临高县加来营业所副主任、主任期间，先后多次利用职务之便，指使营业所工作人员使用银行内部特种转账支票、以他人名义办理虚假贷款、挂失支取、抹账等各种手段疯狂套取银行资金后转存入由其控制的账户，并采取虚拟贷款空收还贷、以现金支票或现金冲抵库存短款、盗取他人账户资金"填补漏洞"等方式掩盖犯罪事实，累计贪污公款共计15 653 440.7元，挪用公款共计541万元。

法院审理认为，被告人尹某身为国家工作人员，多次利用职务之便，侵吞公共财物共计15 653 440.7元，其行为已构成贪污罪，将公款共计541万元挪给他人从事营利性活动，数额巨大不退还，其行为又构成挪用公款罪。鉴于被告人尹某自动投案且如实供述自己的罪行，具有自首情节，遂依法作出前述判决。宣判后，尹某当庭并没有明确表示是否上诉。

1998—2003年，陈建学任临高县加来营业所副主任、主任期间，先后多次利用职务之便，贪污公款共计1 565万余元，挪用公款共计541万元。2003年12月，农行海南省分行对临高县支行加来分理处进行例行检查时，发现巨额现金短款，临高县支行原副行长尹某闻风潜逃。经海南省人民检察院调查，立案查处涉嫌贪污、挪用公款案34件共有34人，另有包括9名银行行长、副行长在内的63人被尹某"拖"进了农行海南省分行的行政处分名单。

尹某隐姓埋名潜逃8年，其间，公安部曾将其列为B级通缉犯，悬赏10万元全国通缉。逃亡8年间，尹某的妻子入狱、孩子吸毒、父亲瘫痪在床。尹某在临高老家附近山林里挖山洞藏身，喝溪水、吃野菜，上演了现代版“白毛女”。2011年11月8日，陈建学来到海南省人民检察院投案自首。

问：对犯罪嫌疑人、被告人逃匿、死亡的案件，应如何处理其财产？

资料来源：法制日报，2012（12）。

【评析】

本案对犯罪嫌疑人、被告人逃匿、死亡的案件的财产应没收。《刑事诉讼法》第280条规定了没收违法所得程序的适用范围、申请以及查封、扣押、冻结措施的规定，第281条规定了没收违法所得的审理程序的规定，第282条规定了没收违法所得的救济程序以及对于人民法院裁定上诉、抗诉的规定，第283条规定终止违法所得的没收程序以及有关返还、赔偿的规定。本案是贪污、挪用公款案件，符合没收违法所得程序的适用范围的规定。本案犯罪嫌疑人逃匿，且在通缉8年期间不能到案。本案依照《刑法》规定应当追缴违法所得及其他涉案财产。人民检察院向人民法院提出了没收违法所得的申请是正确的。

【司考真题】

1. 关于犯罪嫌疑人、被告人逃匿、死亡案件违法所得的没收程序，下列哪一说法是正确的？（　　）（2012/二/38/单选）

A. 贪污贿赂犯罪案件的犯罪嫌疑人潜逃，通缉1年后不能到案的，依照《刑法》规定应当追缴其违法所得及其他涉案财产的，公安机关可以向法院提出没收违法所得的申请

B. 在A选项所列情形下，检察院可以向法院提出没收违法所得的申请

C. 没收违法所得及其他涉案财产的申请，由犯罪地的基层法院组成合议庭进行审理

D. 没收违法所得案件审理中，在逃犯罪嫌疑人被抓获的，法院应当中止审理

2. 刘某涉嫌受贿5 000万元人民币的公款被人民检察院移送到法院审判，在人民法院审理刘某贪污案过程中，刘某在看守所内自杀身亡。下列做法正确的是？（　　）

A. 人民法院对刘某裁定终止审理

B. 人民检察院决定撤回起诉

C. 人民法院对刘某缺席判决

D. 人民法院直接作出没收其违法所得的裁定

【拓展与反思】

《联合国反腐败公约》

当今世界，腐败犯罪猖獗，腐败犯罪还越来越呈现出有组织、跨国化的趋势，腐败犯罪已成为世界各国共同关注的一种国际公害。许多国家都日益感到，必须把世界各国的力量普遍调动起来，加强国际合作，才能有效地预防和打击腐败现象。正是在这一背景下，

第五十八届联合国大会于2003年10月31日通过了《联合国反腐败公约》(以下简称《公约》)。《公约》是联合国历史上通过的第一项指导国际反腐败斗争的法律文件，也是迄今为止关于治理腐败的最为完整、全面而又具有广泛性、创新性的国际法律文件。它对腐败的预防、腐败犯罪的界定、腐败利益的剥夺、反腐国际合作等问题进行了法律上的规范，对各国加强国内的反腐力度、提高反腐成效、促进反腐国际合作具有重要而深远的意义。2003年12月10日，中国外交部副部长张业遂代表中国政府在《公约》上签字，这将对中国未来的反腐败机制产生积极的影响。

第二十五章　依法不负刑事责任的精神病人的强制医疗程序

【导读案例】王某，曾考入大连某大学，但因精神问题而因病退学。王某曾先后于2006年、2008年两次来到该大学用刀刺伤学校领导，致使一死，一重伤，而王某均因精神疾病司法所鉴定其为精神分裂症患者，无责任能力，仅对王某采取医疗措施，并未立案受审。2011年5月10日，王某再次来到这所大学持刀乱刺，致使一人被刺伤，警方再次把他送到精神疾病司法鉴定所进行鉴定，结论为其患精神分裂症，但属于限制行为能力。根据这份鉴定，考虑这次伤人不重，警方以涉嫌寻衅滋事罪，刑事拘留了他。为慎重起见，精神卫生中心法医司法鉴定所给王某又鉴定一次，结论是患有精神分裂症，无刑事责任能力。2014年3月，检察机关依法向法院提起申请，对王某予以强制医疗。

问：能否对其进行强制医疗？

资料来源：大连新闻网，2014（3，8）。

【重点、难点】强制医疗的特征；强制医疗的适用条件；强制医疗的决定程序。

第一节 概 述

一、强制医疗的概念和意义

强制医疗是出于避免社会危害和保障精神疾病患者健康利益的目的而采取的一项对精神病患者的人身自由予以一定限制并对其所患精神病进行治疗的特殊安保处分措施。

从性质上说，强制医疗是针对精神病人的一种社会防卫措施，而非刑事措施。在精神病人的犯罪中，由于病理作用的影响导致其在丧失辨认与控制能力的情况下实施了犯罪行为，因而不能追究其刑事责任以及对其适用通常意义的刑法措施。然而，由于很多精神病人具有严重地暴力性攻击倾向，人身危害性极强，如果不把这些精神病人强制医疗，他们很可能会继续危害社会。所以，不追究刑事责任、不处以刑罚并不意味着对无刑事责任能力的精神病人放任自流，相反，为了维护公共利益和社会秩序，我国法律专门规定了强制医疗制度。

二、强制医疗的特征

1. 适用对象的特殊性

根据《刑事诉讼法》第284条的规定，我国强制医疗的适用对象是经过法定程序鉴定确认，实施了危害公共安全或者严重危害公民人身安全的暴力犯罪行为，并有可能继续危害社会的精神病人。由此可见，强制医疗制度的适用对象仅仅局限于具有暴力倾向且有社会危险性的精神病人。

2. 适用措施的强制性

与自愿性入院医疗不同，强制医疗的适用具有显著的强制性特征，即如果行为人符合法定的强制医疗的适用条件，不论其本人或其家属是否同意，只要经过司法机关认定和裁决都应强制入院，在专门的医疗机构中接受监护隔离和康复治疗。

3. 适用目的的双重性

强制医疗的目的具有双重性：一是通过积极康复治疗，使被强制对象恢复健康、改善精神状态，从而达到维护精神病人身体健康利益的目的。二是通过强制性医疗，消除被强制对象的人身危险性，使其不再对社会公众构成威胁，从而实现保障公众安全、维护社会和谐有序的目的。

第二节　刑事强制医疗程序的适用

一、强制医疗的适用条件

依据《刑事诉讼法》第284条的规定，行为人如果同时满足以下三个条件，无论家属是否能够、愿意履行监护职责，都应入院接受强制治疗。

1. 实施了危害公共安全或者严重危害人民人身安全的暴力行为

立法将强制医疗的适用对象限于具有暴力倾向以及主动攻击意识的精神病人，这在客观上要求行为人实施了暴力行为并造成了一定的危害结果，即对公共安全造成了危害或者严重危害了公民的人身安全。

2. 法定鉴定程序确认为无刑事责任能力的人

我国精神病鉴定程序的相关内容的主要规定在以下几部法律中：《刑事诉讼法》《全国人民代表大会常务委员会关于司法鉴定管理问题的决定》（简称《司法管理决定》）、《精神疾病司法鉴定暂行规定》（简称《暂行规定》）、《人民检察院刑事诉讼规则》以及《司法鉴定程序通则》（简称《司鉴通则》）。依据上诉法律的规定，在侦查、审查起诉阶段，公安机关、人民检察院有权启动精神病鉴定程序。在审判阶段，针对控辩双方有争议的意见进行核实时，法院可以启动重新鉴定或者补充鉴定，犯罪嫌疑人的辩护人、近亲属在审查起诉阶段有权申请启动精神病鉴定程序，对于侦诉机关进行的鉴定应当将鉴定结论告知犯罪嫌疑人或者被害人，被害人死亡或者丧失诉讼行为能力的，应当告知被害人的近亲属或法定代理人，犯罪嫌疑人或者被害人（被害人死亡或者丧失诉讼行为能力时其近亲属或者法定代理人）有权申请重新鉴定或者补充鉴定。

对于精神病的鉴定时限，《司法鉴定程序通则》第24条第2款规定，司法鉴定机构应当在与委托人签订司法鉴定协议书之日起30个工作日内完成委托事项的鉴定。鉴定事项涉及复杂、疑难、特殊的技术问题或者检验过程需要较长时间的，经本机构负责人批准，完成鉴定的时间可以延长，延长时间一般不得超过60个工作日。司法鉴定机构与委托人对完成鉴定的时限另有约定的，从其约定。在鉴定过程中，补充或者重新提取鉴定材料所需的时间，不计入鉴定时限。

3. 行为人有继续危害社会的可能

所谓精神病人的社会危险性，是指已经实施了危害行为的精神病人再次实施危害行为的可能性。对于精神病人的社会危险性，可以从主观状态和客观表现两个方面来作出衡量和判断。首先，精神状态作出影响主观状态认定的主要因素，应由精神病鉴定人在精神病鉴定过程中附加作出相应的评估。其次，行为人实施的危害行为和造成的危害结果可以被视为社会危害性的客观表现。最后，应由法院在综合考虑上诉两方面的基础上，对精神病人是否具有继续危害社会的可能作出判断和认定。

二、强制医疗的启动和决定程序

1. 强制医疗的启动程序

依据《刑事诉讼法》第 285 条的规定，强制医疗的启动程序可以分为以下两种方式：一是检察院的申请启动方式，即对于公安机关移送的或者在审查起诉过程中发现的精神病人符合强制医疗条件的，人民检察院应当向人民法院提出强制医疗的申请。二是法院的决定启动方式，即人民法院在审理案件过程中发现被告人符合强制医疗条件的，可以作出强制医疗的决定。上诉启动方式确立了检察院和法院强制医疗启动主体的法律地位，从而明确排除了公安机关、精神病人的监护人、法定代理人以及受害人的程序启动权。其中，如果公安机关发现精神病人符合强制医疗条件的，应当写出强制医疗意见书，移送人民检察院，并由人民检察院向人民法院提出强制医疗的申请。

2. 强制医疗的决定程序

（1）强制医疗的决定主体。

我国《刑事诉讼法》第 285 条和第 286 条专门规定了精神病强制医疗的决定主体，即对实施暴力行为精神病人的强制医疗，由人民法院组成合议审理、决定，明确规定强制医疗的决定主体为人民法院。

（2）法律援助制度。

我国《刑事诉讼法》第 286 条专门规定了法律援助，即如果被申请人或者被告人没有委托诉讼代理人的，人民法院应当通知法律援助机构指派律师为其提供法律帮助。

（3）鉴定人出庭作证。

精神病鉴定意见作为判断行为人是否承担刑事责任的法定依据，以及决定行为人是否适用强制医疗措施的主要证据，在整个精神病人强制医疗程序中占有举足轻重的地位。因此，如果精神病人的监护人、法定代理人、受害人或者辩护人、诉讼代理人对鉴定意见有异议的，或者人民法院认为鉴定人有必要出庭的，鉴定人应当出庭作证。经人民法院通知，鉴定人拒不出庭作证的，鉴定意见不得作为定案的根据。

（4）强制医疗的审理时限。

人民法院经审理，对于被申请人或者被告人符合强制医疗条件的，应当在一个月内作出强制医疗的决定。

三、强制医疗的救济程序

1. 强制医疗的复议程序

依据《刑事诉讼法》第 287 条的规定，被决定强制医疗的人、被害人及其法定代理人、近亲属对强制医疗决定不服的，可以向上一级人民法院申请复议。

2. 强制医疗的解除制度

依据《刑事诉讼法》第 288 条的规定，强制医疗解除的申请程序可以概括为以下两种方式：一是由医疗机构提出解除申请，即强制医疗机构应当定期对被强制医疗的人进行诊断评估。对于已不具有人身危险性，不需要继续强制医疗的应当及时提出解除意见。二是由被强制医疗的人及其近亲属申请解除强制医疗。无论采取哪种启动方式，都必须由决定强制医疗的人民法院作出批准。

【导例评析】

依据《刑事诉讼法》284条规定，实施暴力行为，危害公共安全或者严重危害公民人身安全，经法定程序鉴定依法不负刑事责任的精神病人，有继续危害社会可能的，可以予以强制医疗。王某实施暴力，导致一人死亡多人受伤，严重危害公民人身安全和公共安全，社会危害已达到犯罪程度，经法定程度鉴定王某为依法不负刑事责任的精神病人，有继续危害社会的可能，应予以强制医疗。

【实务训练】

刘某家住昌图县付家镇某村，2009年7月，因怀疑父亲要杀掉自己，于傍晚将父亲骗至偏僻处，以徒手挖眼、猛踢头部等方式将父亲打死。

刘某外逃后很快被公安抓获，但经专家鉴定，其作案时是在“被害极度妄想”的支配下所为，在此种精神分裂的状态下，实质性辨认及控制能力丧失，刘某因此不负刑事责任。2009年9月30日，昌图县公安局撤销案件。

此后，刘某被家人送医，直至2013年春节前，刘母将其带回家中生活。其间，刘某多数时间表现正常。然而，在当年年中，刘某用备好的斧头猛砍母亲头部数下致其当场死亡，后至祖父家中，见夫妇二人在菜园内，便先将祖父唤至房内，用斧头砍其头部致其倒地，又将祖母唤至房内，砍其头部致其死亡。稍后，刘某在院内遇见婶婶，将婶婶砍伤，逃离现场。

案发当日，刘某被抓获，但经司法鉴定，刘某被诊断为患有精神分裂，依旧无刑事责任能力，昌图县公安局再次撤销案件。

2013年7月29日，刘某祖父经医治无效死亡。当年9月，昌图县人民检察院发出辽铁昌检医申［2013］1号强制医疗申请书。

近日2014年2月12，昌图县人民法院决定对被申请人进行强制医疗，公安机关当庭将刘某送往指定机构进行治疗。

资料来源：北方法制报，2014（3）。

【评析】

根据《刑法》第18条规定，精神病人在不能辨认或者不能控制自己行为的时候造成危害结果，经法定程序鉴定确认的，不负刑事责任，但是应当责令他的家属或者监护人严加看管和医疗；在必要的时候，由政府强制医疗。根据《刑事诉讼法》第284条规定，实施暴力行为，危害公共安全或者严重危害公民人身安全，经法定程序鉴定依法不负刑事责任的精神病人，有继续危害社会可能的，可以予以强制医疗。

根据以上法律规定并不是所有的精神病人造成危害后果都要进行强制医疗，而是应由其家属看管并就医。强制医疗的使用，重在审查人身危险性和有无必要性。

本案中，检察机关在审查案卷阶段专程去往刘某曾就医的医院，向主治医生了解情况后，肯定了精神鉴定的意见。在走访刘某所在村落时，不少村民表示刘某接二连三实施暴力，村内人人自危，希望有关部门能将其妥善控制。综合卷宗材料，多名同监犯人对刘某在押期间的异常举动做了一致证明，结合刘某多次实施暴力、已造成四人死亡的事实，检察机关认定刘某有继续危害社会的可能，存在人身危险性。

同时，刘某家属的管控能力也几乎完全丧失。刘某早年与妻子离异，至双亲被其亲手杀害，年长者不具备管束壮年精神病人的能力，其他旁系亲属对其存在恐惧心理，监管成为烫手的山芋，无人敢接。此外，刘某家中贫困，因长期治疗已花费数万元。由此可见，无论是管控能力，还是经济条件，都存在启动强制医疗的必要性。

此外，对刘某采取强制医疗，既能消除其对公民安全的威胁，也能解决其无人照顾、无条件就医的困境。

【司考真题】

1. 公安机关在案件侦查中，发现打砸多辆机动车的犯罪嫌疑人何某神情呆滞，精神恍惚。经鉴定，何某属于依法不负刑事责任的精神病人。关于公安机关对此案的处理，下列哪一选项是正确的？（　　）（2013/二/41/单选）

A. 写出强制医疗意见书，移送检察院向法院提出强制医疗申请

B. 撤销案件，将何某交付其亲属并要求其积极治疗

C. 移送强制医疗机构对何某进行诊断评估

D. 何某的亲属没有能力承担监护责任的，可以采取临时的保护性约束措施

2. 法院受理叶某涉嫌故意杀害郭某案后，发现其可能符合强制医疗条件。经鉴定，叶某属于依法不负刑事责任的精神病人，法院审理后判决宣告叶某不负刑事责任，同时作出对叶某强制医疗的决定。关于此案的救济程序，下列哪一选项是错误的？（　　）（2013/二/42/单选）

A. 对叶某强制医疗的决定，检察院可以提出纠正意见

B. 叶某的法定代理人可以向上一级法院申请复议

C. 叶某对强制医疗决定可以向上一级法院提出上诉

D. 郭某的近亲属可以向上一级法院申请复议

【拓展与反思】

法医精神病鉴定

法医精神病鉴定，是指运用司法精神病学的理论和方法，对涉及与法律有关的精神状态、法定能力、精神损伤程度、智能障碍等问题进行鉴定。《刑法》第18条规定，精神病人在不能辨认或者不能控制自己行为的时候造成危害结果，经法定程序鉴定确认的，不负刑事责任，但是应当责令他的家属或者监护人严加看管和医疗；在必要的时候，由政府强制医疗。间歇性的精神病人在精神正常的时候犯罪，应当负刑事责任。尚未完全丧失辨认

或者控制自己行为能力的精神病人犯罪的，应当负刑事责任，但是可以从轻或者减轻处罚。《刑事诉讼法》第60条规定，凡是知道案件情况的人，都有作证的义务。生理上、精神上有缺陷或者年幼，不能辨别是非、不能正确表达的人，不能作证人。通过以上法规，可以作为精神病人鉴定的指导意见。

第二十六章　涉外刑事诉讼程序与司法协助制度

【导读案例】 2006 年 8 月 7 日，上海高院受理了该市第一例引渡请求审查案件。该案被请求引渡人为俄罗斯联邦公民沙宾科夫·尼古拉·米哈伊洛维奇，2005 年 1 月 11 日，沙宾科夫在靠泊上海港的圣文森特和格林纳丁斯籍“领袖”号货轮上，殴打另一俄罗斯联邦公民，并致其死亡。该市司法机关应俄罗斯联邦驻沪总领事馆的要求，立案侦查并羁押了沙宾科夫。俄罗斯联邦根据本该司法机关移送的证据确认，沙宾科夫已涉嫌俄罗斯联邦刑法第 103 条所规定的杀人犯罪，据此请求将其引渡至俄罗斯联邦司法机关并追究刑事责任。

问： 根据以上案例引渡请求审查案件主要依据哪国法律？

资料来源：上海法院网，2007 (2)。

【重点、难点】 涉外刑事诉讼程序适用的案件范围。

第一节　涉外刑事诉讼程序概述

一、涉外刑事诉讼程序的概念

涉外刑事诉讼程序，是指诉讼活动涉及外国人（包括无国籍人，下同）或需要在国外进行的刑事诉讼所特有的方式、方法和步骤。简言之，涉外刑事诉讼程序就是涉外刑事诉讼所特有的方式、方法和步骤。

涉外刑事诉讼与涉外案件的刑事诉讼（又称涉外刑事案件的诉讼）不同。涉外案件是指以下三类案件：在中华人民共和国领域内，外国人犯罪的或者中国公民侵犯外国人合法权利的刑事案件；在中华人民共和国领域外，符合我国《刑法》第 8 条、第 10 条规定情形的，中国公民犯罪或者外国人对中华人民共和国国家和公民犯罪的案件；符合《刑法》第 9 条规定的情形，中华人民共和国在所承担国际条约义务范围内行使管辖权的案件。涉外案件的刑事诉讼，是指中国司法机关处理涉外刑事案件的方式、方法和步骤。涉外刑事诉讼，是指刑事诉讼活动涉及外国人或者某些诉讼活动需要在国外进行这两种情况。涉外刑事诉讼包括涉外案件的刑事诉讼，但又不仅仅指涉外案件的刑事诉讼。在司法实践中，有些案件不是涉外案件，但案发时或案发后的一些特殊情况，使得这些案件的诉讼活动涉及外国人或者需要在国外进行。例如，目击案件发生的证人是外国人，或虽是中国人，但诉讼时已身在国外。或案件发生后，犯罪嫌疑人、被告人潜逃国外等。随着中国对外开放的深入，这类案件数量会逐年增多。这些案件在诉讼时所采取的方式、方法和步骤不同于其他非涉外案件，可能要请求外国司法机关协助调查，或者需要外国申请引渡犯罪分子等。从这方面讲，这些案件的刑事诉讼与涉外案件的刑事诉讼有共同的地方，故应一并予以研究。把涉外刑事诉讼程序等同于涉外刑事案件的诉讼程序是不正确的。

涉外刑事诉讼在程序上有涉外因素，因而在处理案件时需要采取特殊的方式、方法和步骤。例如，在调查取证，羁押犯罪嫌疑人、被告人，和送达法律文书等方面，都要采取非涉外刑事诉讼所没有的方式、方法和步骤。

二、涉外刑事诉讼程序适用的案件范围

由于涉外刑事诉讼是诉讼活动涉及外国人或者某些诉讼活动需要在国（境）外进行的刑事诉讼，所以只有以下几种案件才可能适用涉外刑事诉讼程序。

（1）中国公民在中华人民共和国领域内对外国公民、无国籍人及外国法人犯罪的案件。

在这种案件中，外国公民、无国籍人或者外国法人是被害人，诉讼活动涉及外国人，故应适用涉外刑事诉讼程序。

（2）外国公民、无国籍人或外国法人在中华人民共和国领域内对中国国家、组织或者公民实施犯罪的案件。这种案件的犯罪嫌疑人、被告人是外国公民或法人，诉讼活动涉及外国人，也应适用涉外刑事诉讼程序。

（3）外国公民、无国籍人或者外国法人在中华人民共和国领域内侵犯外国公民、无国籍人或者外国法人的合法权利，触犯中国刑法，构成犯罪的案件。这种案件中，犯罪行为没有危害中国国家、组织和公民的利益，但犯罪地点在中国境内，中国司法机关具有管辖权。这种案件的被害人、犯罪嫌疑人、被告人都是外国人，其侵害行为也可能是多种多样的，但只有那些根据中国刑法规定构成犯罪的行为，才适用涉外刑事诉讼程序予以追究。

（4）中华人民共和国缔结或者参加的国际条约所规定的，中国有义务管辖的国际犯罪行为。改革开放以来，中国缔结和参加了不少国际条约，例如，1980 年十月加入了《关于制止非法劫持航空器的公约》（即《海牙公约》）和《关于制止危害民用航空安全的非法行为的公约》（即《蒙特利尔公约》），1982 年 12 月签署了《联合国海洋公约》，1989 年 10 月批准加入了《联合国禁止非法贩运麻醉药品和精神药物公约》等，这些条约规定了一些国际犯罪行为。根据这些条约和中国国内法的有关规定，凡中国有义务管辖的国际犯罪案件，均适用我国涉外刑事诉讼程序。

（5）外国公民、无国籍人、外国法人在中华人民共和国领域外对中国国家或公民实施的，按照中国刑法的规定最低刑为 3 年以上有期徒刑的犯罪案件，但按照犯罪地法律不受处罚的除外。这类案件的犯罪嫌疑人、被告人是外国人，犯罪地也不在中国境内，但因为犯罪行为是针对中国国家或公民实施的，按照保护管辖原则，我国有权依照涉外刑事诉讼规则追究其刑事责任。

（6）某些刑事诉讼活动需要在国外进行的非涉外刑事案件。包括中国《刑法》第 7 条规定的中国公民在中国领域之外犯罪的案件；中国公民在中国领域内犯罪，犯罪后潜逃出境的案件；犯罪嫌疑人、被告人、被害人均为中国公民，但证人是外国人且诉讼时已出境的案件。在上诉案件的诉讼过程中，某些诉讼活动如查缉犯罪嫌疑人、被告人或者收集证据等活动需要在国外进行，而中国的司法机关又不能直接到国外去行使职权，故需要按照国际条约的规定或者互惠原则等，请求外国司法机关予以协助。其中“请求外国司法机关予以协助”是涉外刑事诉讼程序的重要组成部分。

（7）外国司法机关管辖的，根据国际条约或者互惠原则，外国司法机关请求中国司法机关为其提供刑事司法协助的案件。承办这类案件的主体是外国司法机关，中国的司法机关只是在为其查缉犯罪或调查取证等方面给予协助。提供协助的方式、步骤也要按照涉外刑事诉讼程序进行。

三、涉外刑事诉讼所适用的法律

涉外刑事诉讼是中国刑事诉讼活动的一个组成部分，因而它所适用的实体法和程序法都应是中国的法律，以及中国参加或者缔结的国际条约或国际公约，不存在适用外国实体法和程序法的问题。即使中国司法机关接受外国司法机关的请求，协助它们调查取证、查缉罪犯，也应按照中国《刑事诉讼法》规定的方式、步骤进行。

中国关于涉外刑事诉讼的法律规定是不完备的。1979 年颁布、1997 年修订并实施的《刑法》和 1979 年颁布、1996 年修订的《刑事诉讼法》只有 7 个条文涉及涉外刑事诉讼问题，这 7 个条文分别是《刑法》第 7 条至第 11 条，《刑事诉讼法》第 16 条和第 17 条。这些条文只是关于涉外刑事诉讼的原则性规定，并未规定涉外刑事诉讼的具体方式、方法和步骤。这种状况与中国不断深入的改革开放形势和涉外刑事诉讼日益增多的实际情况极不适应，很有必要加强涉外刑事诉讼方面的立法工作。

在司法实践中，中国司法机关进行涉外刑事诉讼，主要依照最高人民法院、最高人民检察院颁布的司法解释，以及公安部、国家安全部和司法部颁发的部门行政规章。这些司法解释和部门行政规章目前有二十多种，其中除外交部、最高人民法院、最高人民检察院、公安部、国家安全部、司法部发布的《关于处理涉外案件若干问题的规定》（1995 年），《高法解释》、最高人检察院《人民检察院刑事诉讼规则》以及《公安部规定》等少数文件系统规定了涉外刑事案件程序外，其他军事对个别问题的规定，既不系统，也不全面，给我们进行涉外刑事诉讼的学习涉外刑事诉讼程序带来了困难。

第二节　涉外刑事诉讼的特有原则

涉外刑事诉讼的特有原则，是指司法机关及诉讼参与人进行涉外刑事诉讼时所应遵守的行为准则。本节所称的“刑事诉讼基本原则”，是指我国《刑事诉讼法》第一编第一章规定的，适用于各种刑事诉讼的摹本行为准则。

我国目前尚没有系统的涉外刑事诉讼立法，现行刑事诉讼法对涉外刑事诉讼的规定也不完善，所以至今并未有法定的涉外刑事诉讼原则。但是，作为一种与非涉外刑事诉讼不完全相同的涉外刑事诉讼，它本身应当具有一些特有原则。涉外刑事诉讼的特有原则，有的是对刑事诉讼基本原则的补充，如适用中国刑事法律与信守国际条约相结合的原则、外籍当事人委托中国律师辩护和代理的原则。有的是对某项刑事诉讼基本原则的具体化，如外籍被告人依法享有中国法律规定的诉讼权利并承担诉讼义务原则，就是保障诉讼参与人享有诉讼权利这一基本原则的具体化。

一、适用中国刑事法律和信守国际条约相结合的原则

适用中国刑事法律和信守国际条约相结合原则，是指司法机关及诉讼参与人在进行涉外刑事诉讼时，除了要遵守我国《刑法》和《刑事诉讼法》外，还应当遵守中国缔结或者参加的国际条约中有关刑事诉讼程序的具体规定，除非中国对该条款有保留。如果中国的刑事法律与中国缔结或者参加的国际条约有冲突，应当适用国际条约的有关规定。

涉外刑事诉讼适用中国刑事法律，是我国刑法和刑事诉讼法明确规定的。我国《刑法》第 6 条至第 10 条规定，在中华人民共和国领域内犯罪及在中华人民共和国领域外犯罪，需要依照中国刑法追究刑事责任的，都适用中国刑法对其定罪量刑。我国《刑事诉讼

法》第16条规定，对于外国人犯罪应当追究刑事责任的，除非改外国人享有外交特权或者豁免权，均适用中国《刑事诉讼法》的规定。涉外刑事诉讼适用中国法律，是我国独立行使刑事司法管辖权的标志，也是国际公认的国家主权原则的基本要求。因此，我国司法机关不论是立案、侦查、起诉、审判涉外案件，还是协助外国司法机关调查取证、查获犯罪人，都必须适用中国法律，绝不允许任何外国国家、组织或者公民以任何形式进行干涉。国际条约是主权国家之间订立的多边或双边协议。我国对于自己参加或者缔结的国际条约，历来是认真信守的。

我国《刑事诉讼法》虽然没有明确规定司法机关及诉讼参与人在涉外刑事诉讼中，在遵守中国《刑事诉讼法》的同时遵守中国参加或缔结的国际条约，但是，司法机关在刑事诉讼实践中一贯坚持了这一原则。最高人民法院、最高人民检察院、公安部，国家安全部、司法部和外交部在1987年8月27日发布的《关于处理涉外案件若干问题的规定》中指出，涉外案件依照我国法律规定办理，以维护我同主权。同时亦应恪守我国参加和签订的多边或双边条约的有关规定。当国内法及某些内部规定同我国所承担的条约义务发生冲突时，应适用国际条约的有关规定。

二、外国籍犯罪嫌疑人、被告人事有中国法律规定的诉讼权利并承担诉讼义务的原则

外籍犯罪嫌疑人、被告人享有中国法律规定的诉讼权利并承担诉讼义务原则，是指具有外国国籍的犯罪嫌疑人、被告人（包括无国籍人及外国籍法人）在涉外刑事诉讼中，依照中国《刑事诉讼法》和其他法律的有关规定，享有诉讼权利，承担诉讼义务，他既不能享有本国法规定的诉讼权利，也不必遵循本国法所规定的诉讼义务，中国《刑事诉讼法》虽然没有明确规定这项原则，但根据《刑事诉讼法》第16条的规定，是认可这项原则的。最高人民法院对这项原则已经予以认可，在其发布的有关司法解释中明确规定，外国籍被告人在刑事诉讼中，享有我国法律规定的诉讼权利并承担义务。司法实践中，司法机关既不能迁就外国籍犯罪嫌疑人、被告人，也不应对其加以歧视，应当依法保障他们行使诉讼权利，强制他们履行刑事诉讼义务。

三、使用中国通用的语言文字进行诉讼的原则

使用本国通用的语言文字进行涉外刑事诉讼，是国家司法主权独立和尊严的象征，是各国涉外刑事诉讼立法普遍采用的一项原则。

（1）最高人民法院在其发布的有关司法解释中，对人民法院审判涉外刑事案件如何适用这项原则作了明确规定。

根据这个规定的内容及司法实践经验，使用中国通用语言文字进行诉讼原则包括以下内容：

①司法机关在进行涉外刑事诉讼时，使用中国通用的语言进行预审、法庭审判和调查讯问。

②司法机关在涉外刑事诉讼中制作的诉讼文书为中文文本。

③司法机关在涉外刑事诉讼中，应当为外国籍犯罪嫌疑人、被告人提供翻译，如果外国籍犯罪嫌疑人、被告人通晓中国语言文字，拒绝为其提供翻译的，应当由本人出具书面声明，或者将他的口头声明记录在卷。

④为便于诉讼的顺利进行，司法机关在送达外国籍犯罪嫌疑人、被告人及其他当事人的中文本诉讼文书时，应当附有犯罪嫌疑人、被告人通晓的外文译本。但外文译本不必加盖司法机关印章，送达的文书内容以中文本为准。

（2）司法机关在遵守这项原则时，要注意以下两个问题：

①不能以使用中国通用的语言文字进行诉讼为理由，强迫外国籍当事人尤其是懂中国通用的语言文字的外国籍当事人使用中国通用的语言文字来回答司法人员的审（讯）问、询问和书写诉讼文书、发表辩护等意见。应当允许他们使用国籍国通用的或他们通晓的语言文字。

②不能在使用中国通用的语言文字方面无原则地迁就外国籍犯罪嫌疑人、被告人。如果外国籍当事人以不懂中国通用的语言文字为由拒收诉讼文书，送达人应当在有见证人在场的情况下，把文件留在他的住处或者羁押场所，并记录在卷，该诉讼文书即认为已经送达。

四、外国籍当事人委托中国律师辩护或代理的原则

根据中国《刑事诉讼法》的规定，犯罪嫌疑人、被告人和其他当事人可以委托律师担任其辩护人或诉讼代理人。律师担任辩护人或诉讼代理人，有利于充分保护刑事案件当事人的合法权益，律师制度是国家司法制度的重要组成部分。一国的司法制度只能在本国领域内适用，不能延伸至他国，这是公认的准则。因此，任何主权国家都禁止外国律师在本国法院以律师名义从事诉讼业务。中国历来不允许外国律师在中国法院以律师名义执行职务，一贯坚持外国籍当事人如欲委托律师必须委托中国律师辩护或代理的原则。中华人民共和国全国人民代表大会常务委员会于1956年4月25日颁布的《关于处理在押日本侵略中国战争中战争犯罪分子的决定》明确指出，被告人可以自行辩护，或者聘请中华人民共和国司法机关登记的律师为他辩护。1981年10月20日，司法部、外交部、外国专家局发布的《关于外国律师不得在我国开业的联合通知》中指出，外国律师不得以律师名义在我国代理诉讼和出庭。

根据上述规定及司法实际情况，外国籍当事人委托中国律师辩护或代理原则的含义是外国籍当事人如欲委托律师辩护或代理，必须委托在中国注册的律师，不允许委托外国律师。外国律师接受委托担任辩护人或诉讼代理人参加诉讼，不以律师的名义或身份出庭，不享有中国法律赋予律师的权利，人民法院只将其视为一般的辩护人或诉讼代理人。人民法院为没有委托辩护人的外国籍被告人指定辩护人，应当指定中国律师。

在司法实践中，为了保证外国籍当事人委托中国律师辩护或代理合法有效，最高人民法院在1998年9月2日发布的有关司法解释中规定，在中华人民共和国领域外居住的外国人寄给中国律师的授权委托书，必须经所在国公证机关证明，所在国外交部或者其授权

机关认证，并经中国驻该国使、领馆认证才具有法律效力。但中国与该国之间有互免认证协定的除外。

第三节　刑事司法协助

一、刑事司法协助的概念和意义

1. 刑事司法协助的概念

刑事司法协助是指一国的法院或者其他的司法机关，根据另一国的法院或者其他司法机关的请求，代为或者协助实行与刑事诉讼有关的司法行为。刑事司法协助是司法协助的一种。司法协助除了刑事司法协助外，还有民事司法协助。

刑事司法协助有狭义的和广义之分。狭义上的刑事司法协助是指与审判有关的刑事司法协助，它包括送达刑事司法文书、询问证人和鉴定人、搜查、扣押、有关物品的移交以及提供有关法律资料等。广义的刑事司法协助除了狭义上的刑事司法协助外，还包括引渡等内容。所谓引渡，是指一国把在其境内而被他国指控为犯罪或已被定罪判刑的人，根据有管辖权的国家的请求，在条约或互惠的基础上，移交给请求国，以便追究其刑事责任或执行刑罚的一项制度。本节的刑事司法协助是指广义上的，不仅包括审判，而且包括对案件的侦查、审查起诉甚至判决的执行。

2. 刑事司法协助的意义

（1）有利于有效地打击犯罪。

人类社会的进步，交通和通讯事业突飞猛进的发展，为人类社会的交往带来了便利，也为一些不法之徒进行跨国犯罪或犯罪后潜逃国外开了方便之门。按照国际法准则，每一个国家不论大小，都拥有主权，一个国家的司法机关不能进入他国逮捕犯罪嫌疑人或者进行搜查、扣押等刑事诉讼行为，为了不使潜逃国外的犯罪嫌疑人逃避法律的制裁，国家间开展刑事司法协助就有了必要。因此，刑事司法协助是有效打击有涉外因素犯罪的重要手段。

（2）有利于尊重他国的司法主权。

刑事司法协助的实质是两个有司法主权的国家的司法机关在打击刑事犯罪方面互相配合。刑事司法协助活动的依据是双方共同参加的国际公约、双方签订的司法协助条约或者根据互惠原则，开展刑事司法协助，需要两个主权国家的司法机关在互相尊重他国司法主权的前提下进行。如果不尊重他国的司法主权，刑事司法协助就不能进行。

二、刑事司法协助的法律依据

1. 国家间共同参加或签订的国际公约

如 1959 年欧洲一些国家签订的《欧洲刑事司法协助公约》，同泰国、俄罗斯、白俄罗斯等多个国家签订的引渡条约，1987 年我国与波兰人民共和国签订的《关于民事和刑事司法协助的协定》等。

2. 互惠原则

如 1990 年 2 月我国向日本国提出引渡劫机到日本的犯罪分子张振海，因两个国家间没有刑事司法协助协定，我国在提出引渡的同时，承诺在今后类似案件中，将向日方提供类似的协助，这就是一次两个国家达成的关于刑事司法协助的互惠协议。

3. 国内相关的法律规定

《刑事诉讼法》第 17 条规定，根据中华人民共和国缔结或者参加的国际条约，或者按照互惠原则，我国司法机关和外国司法机关可以相互请求刑事司法协助。

在我国，司法机关对外提供刑事司法协助或者请求外国司法机关提供刑事司法协助，除了遵守上述中华人民共和国缔结或者参加的国际条约及《刑事诉讼法》第 17 条的规定外，还需要遵守有关的司法解释、行政法规。《最高人民法院关于适用〈中华人民共和国刑事诉讼法〉的解释》第十八章所述的涉外刑事案件的审理和司法协助、最高人民检察院《人民检察院刑事诉讼规则》第 16 章所述的刑事司法协助、公安部《公安机关办理刑事案件程序规定》第 13 章所述的刑事司法协助和警务合作都是有关司法机关进行刑事司法协助时应当遵守的规定。

三、刑事司法协助的范围和种类

1. 代为送达刑事诉讼文书

包括与刑事诉讼有关的司法文书以及诉讼文件和其他文字资料等司法外文书。

2. 委托调查取证

包括询问证人、被害人、鉴定人和其他诉讼参与人，讯问当事人、嫌疑犯、罪犯，调查核实有关人员的身份及履历情况，进行勘验、检查、鉴定，调取物证、书证、视听资料，委托搜查和查封财产等等。

3. 协助侦查案件和通缉通报

国际刑警组织在这一活动中往往起着极为重要的协调作用。

4. 移交赃款赃物或者扣押品等

5. 引渡

即一国把当时在其境内而被他国指控犯有罪行和判刑的人，根据该国请求，移交给该国进行审判或处罚的一项制度。它主要是将犯罪嫌疑人由所在国转交给犯罪地国或者受害国管辖审判的移交。

6. 诉讼移转管辖

即一国司法当局接受另一国委托或者请求，依照本国法律受理国际刑事案件的司法协助形式。它主要是为减少外交阻滞带来的投人、更好地惩罚和教育罪犯，由犯罪地国或者受害国将有关案件的证据及其他诉讼材料转交给实际控制人犯的非犯罪地国或者犯罪嫌疑人国籍国管辖审判的移转。

7. 对外国生效判决的承认和执行

8. 有条件判刑或有条件释放罪犯的转移监督

即一国（一般为罪犯国籍国或者长期居住国）受罪犯判刑国委托，对外籍罪犯根据外国判决适用缓刑或者假释的变通执行刑罚方式。

四、刑事司法协助的主体

刑事司法协助的主体，是指请求提供刑事司法协助和接受请求提供刑事司法协助的司法机关。它包括请求国的司法机关和接受请求国的司法机关。在主张刑事司法协助狭义说的国家，刑事司法协助的主体一般仅指法院；在主张刑事司法协助广义说的国家，刑事司法协助的主体，除了法院外，还有检察机关、警察机关。我国主张刑事司法协助广义说，因此，我国的公安机关、检察机关和人民法院，都是刑事司法协助的主体。

五、刑事司法协助的程序

1. 司法协助请求

申请司法协助要制作请求书。请求书应包括以下内容：

（1）请求机关和被请求机关的名称和地址。

（2）案件名称。

（3）执行请求所需涉及的人的姓名、性别、国籍、出生地、出生日、职业、住所或居所，以及其在诉讼中的身份。

（4）必要时，应提供当事人的代理人的姓名和地址。

（5）案情摘要。

（6）执行请求所附具的其他材料。

（7）请求的内容。请求书应由请求机关签署并加盖公章。请求书及其附件所适用的文字应用请求方的文字书写，并提供被请求方译文本，还要注明经证明无误的字样。

2. 司法协助的提出

双方提出的司法协助请求书，均需通过外交途径送达被请求方。即经过被请求方国家外交部送达中央主管机关，再转交有关下级法院办理。对于双方有条约规定的，应按条约规定途径联系送达。例如，我国与乌克兰关于民事和刑事司法协助的条约第二条规定，首先，除本条另有规定外，缔约双方的 法院和其他主管机关相互请求的提供民事和刑事司法协助，应通过各自的中央机关进行联系。其次，第一款中的中央机关，在中华人民共和国方面系指中华人民共和国 司法部、中华人民共和国最高人民法院和中华人民共和国最高人民检察院；在乌克兰方面系指乌克兰司法部、乌克兰最高法院和乌克兰总检察院。

3. 刑事司法协助请求的执行和通知执行情况

在刑事司法协助请求的执行中，如果被请求国的机关认为自己无权执行请求，则应将该项请求转送有权执行的主管机关，并通知请求国的请求机关；如果被请求国的机关无法按照请求书所示的地址执行请求，应依被请求国法律采取适当措施确定地址，完成请求事项。必要时要求请求国提供补充情况；如无法确定地址或由于其他原因不能执行请求，被请求国应通知请求国有关机关，说明妨碍执行的原因，并退回请求书及所有附件。对于执行情况的通知，应通过外交途径将执行情况通知请求国的主管机关。并附送达回证和所取得的证据材料。送达回证应有送达机关盖章、送达人和收件人的签名. 以及送 达方式、日期和地点。如收件人拒收，应说明拒收理由。

4. 刑事司法协助的拒绝

凡符合下列情形的，被请求国可以拒绝提供刑事司法协助：

（1）被请求国认为提供的司法协助有损于被请求国的国家主权、安全或公共秩序的；

（2）按照被请求国的法律，该项请求所涉及的行为不构成犯罪的；

（3）该项请求所涉及的罪犯或嫌疑犯虽有请求国国籍，但不在提出请求的该国境内。凡拒绝提供刑事司法协助，应将拒绝的理由通知提出请求的一方。

【导例评析】

根据我国引渡法的规定，引渡请求审查案件由最高人民法院指定高级人民法院管辖，高级人民法院应当组成合议庭公开开庭进行审查，并作出引渡请求是否符合我国引渡法和有关引渡条约规定的裁定，报请最高人民法院核准。

【实务训练】

被告人沈容焕（英文名 YONG HWAN SIM），男，1954 年 8 月 5 日出生，大韩民国国籍，原系韩国 SIMPSON 商社营业董事。因涉嫌犯合同诈骗罪于 2007 年 12 月 17 日被逮捕。上海市人民检察院第二分院以被告人沈容焕犯合同诈骗罪向上海市第二中级人民法院提起公诉。被告人沈容焕否认起诉指控的事实，辩称其未骗取上海菲西尔进出口贸易有限公司（以下简称菲西尔公司）的货物，也未携款逃逸，且他是代表韩国 SIMPSON 商社与菲西尔公司签订合同，应由韩国 SIMPSON 商社来承担责任。其辩护人认为，起诉指控沈容焕犯合同诈骗罪的事实不清，证据不足，沈容焕既没有非法占有的目的，也未实施非法占有菲西尔公司财物的行为，故沈容焕不构成合同诈骗罪。

上海市第二中级人民法院经公开审理查明，被告人沈容焕系韩国 SIMPSON 商社的营业董事，负责处理所有业务。2004 年 9 月至 10 月间，沈容焕代表韩国 SIMPSON 商社与菲西尔公司先后签订了编号为 YGB-4042 和 YGB-4043 的两份购销合同，由 SIMPSON 商社向菲西尔公司采购价值合计 13.4 万美元的女式羽绒服和女式麂皮绒夹克各 1 万件，并由沈容焕指定的货代公司 CLOVER 商社的上海合作方易运国际货运有限公司（以下简称易运公司）负责运输。同时，沈容焕代表 SIMPSON 商社再将上述货物卖给了美国的 Pacific Whale Textile Corporation。同年 11 月 1 日和 5 日，在沈容焕支付了 2.5 万美元定金后，菲西尔公司分别将合计 13.7 万余美元（折合人民币 113.7 万余元）的货物交易运公司运输。当沈容焕收到美国 Pacific Whale Textile corporation 支付的全部货款后，未将货款人民币 93 万余元支付给菲西尔公司而逃逸。2007 年 11 月 10 日，沈容焕欲从我国吉林省长春市口岸出境时，被边防检查人员抓获。

上海市第二中级人民法院认为，被告人沈容焕担任营业董事的韩国 SIMPSON 商社，以非法占有为目的，在签订、履行合同过程中，骗取他人财物共计人民币 93 万余元，其行为已构成合同诈骗罪，且数额巨大，依法应予惩处。虽然公诉机关未指控韩国 SIMPSON 商社构成犯罪，但被告人沈容焕仍应作为韩国 SIMPSON 商社直接负责的主管人员承担刑事责任。驻韩使馆明传电报“关于复韩警方协查沈容焕合同诈骗案事”，韩国可流发国际物流有限公司广州代表处出具的“情况说明”，美国联邦调查局驻北京办公室出具的“关于协查沈容焕涉嫌合同诈骗案”的函，相关定金收据、收条，被害单位菲西尔公司员工严阳的陈述，证人全锦善、许维祥、陈修俊的证言以及被告人沈容焕在公安侦查阶段的供述等证据证实，沈容焕系 SIMPSON 商社的营业董事，在收到美国 Pacific Whale Textlile Corporation 支付的全部货款后仅向菲西尔公司支付了 2. 5 万美元后逃匿。上述证据已证实了被告人沈容焕具有非法占有的主观故意和客观行为，故沈容焕的辩解及其辩护人的辩护意见与查明的事实不符，不予采纳。依照《中华人民共和国刑法》第二百二十四条第（四）项、第二百三十一条、第六条第一款、第三十五条和第六十四条之规定，判决如下：

1. 被告人沈容焕犯合同诈骗罪，判处有期徒刑五年，并处罚金人民币十万元，驱逐出境。

2. 违法所得予以追缴并发还被害单位，不足部分责令退赔。

一审宣判后，被告人沈容焕不服，向上海市高级人民法院提出上诉。之后，沈容焕提出撤诉。上海市高级人民法院经审理认为，原判认定被告人沈容焕犯合同诈骗罪事实清楚，证据确实、充分，适用法律正确，量刑适当，审判程序合法，依法裁定准许沈容焕撤回上诉。

问：境外公司在我国境内犯罪的，我国是否有管辖权？对于应当认定为单位犯罪的案件，检察机关只起诉单位中责任人员的，法院应如何处理？

资料来源：大连法律网 www. dalianlaw. com. 2012（4）。

【评析】

境外公司在我国境内犯罪的，我国具有管辖权。

《刑法》第 6 条第 1 款规定，凡在中华人民共和国领域内犯罪的，除法律有特别规定的以外，都适用本法。这表明了我国刑法的属地管辖原则。由于我国刑法将单位与自然人作为犯罪的主体，因此不管行为人是我国自然人或单位还是外国自然人或单位，只要在我国领域内犯罪的，除法律有特别规定的以外，都适用我国刑法。我国对于在我国境内犯罪的境外公司具有管辖权，对此，2003 年《最高人民法院研究室关于外国公司、企业、事业单位在我国领域内犯罪如何适用法律问题的答复》明确指出，符合我国法人资格条件的外国公司、企业、事业单位，在我国领域内实施危害社会的行为，依照我国《刑法》构成犯罪的，应当依照我国《刑法》关于单位犯罪的规定追究刑事责任。

一般认为，成立单位犯罪要符合以单位名义实施犯罪，经单位决策机构作出决定或由负责人员决定，为本单位谋取非法利益这三个特征。本案中，根据驻韩使馆及韩国警方提供的证据证实，韩国 SIMPSON 商社系在韩国依法成立的公司，沈容焕作为该商社的营业董事，负责处理所有业务。沈容焕代表韩国 SIMPSON 商社与上海菲西尔公司签订服装购销合同，在菲西尔公司发出全部货物后，沈容焕代表韩国 SIMPSON 商社再将货物卖给了美国 Pacific Whale Fextile Corporation，在收到美国 Pacific Whale Textile Corporation 支付的全部货款后仅向菲西尔公司支付了 2. 5 万美元后逃匿。可见，韩国 SIMPSON 商社的上述行为完全符合单位犯罪的特征，我国依法具有刑事管辖权。

对于境外公司在我国境内犯罪的，只要其符合我国刑法规定的单位犯罪特征，就应认定为单位犯罪，并适用刑法分则中关于相关罪名的单位犯罪处罚条款对境外单位及其责任人员追究刑事责任。

如上分析，韩国 SIMPSON 商社的行为完全符合单位合同诈骗罪的构成要件，故依据我国刑法第二百三十一条之规定，应对韩国 SIMPSON 商社判处罚金，对直接负责的主管人员沈容焕判处相应的刑罚。但是由于检察机关未起诉韩国 SIMPSON 商社，只将本案作为沈容焕自然人犯罪案件起诉，法院处理的办法在《全国法院审理金融犯罪案件工作座谈会纪要》中有着明确规定，即对于应当认定为单位犯罪的案件，检察机关只作为自然人犯罪案件起诉的，人民法院应及时与检察机关协商，建议检察机关对犯罪单位补充起诉。如检察机关不补充起诉的，人民法院仍应依法审理，对被起诉的自然人根据指控的犯罪事实、证据及庭审查明的事实，依法按单位犯罪中的直接负责的主管人员或者其他直接责任人员追究刑事责任，并应引用刑法分则关于单位犯罪追究直接负责的主管人员和其他直接责任人员刑事责任的有关条款。这样处理的理由在于，第一，根据《刑事诉讼法》的规定，对于“起诉书中有明确的指控犯罪事实并且附有证据目录、证人名单和主要证据复印件或者照片的，法院应当决定开庭审判，据此，法院对于检察院提起公诉的案件，不能主动将案件退回检察院补充侦查。同时，此类案件也不符合中止审理的条件。第二，根据“不告不理”的诉讼原则，检察院没有起诉单位，法院不能将其直接列为被告单位追究其刑事责任。第三，单位犯罪与自然人犯罪的刑事责任不同，对于单位犯罪案件中有关责任人员按照自然人犯罪追究刑事责任违反了“以事实为依据，以法律为准绳”的定罪原则，也不符合罪刑相适应原则。第四，《刑事诉讼法》解释第 215 条规定，审判人员认为必要时，可以询问证人、鉴定人、有专门知识的人。人民法院审理单位犯罪案件，被告单位被注销或者宣告破产，但单位犯罪直接负责的主管人员和其他直接责任人员应当负刑事责任的，应当继续审理。参照这一规定精神，对于单位犯罪案件，检察院作为自然人起诉的，法院应当继续审理，但是，法院对被起诉的自然人应根据具体情况按单位犯罪中的直接负责的主管人员或直接责任人员处罚。需要注意的是，由于此类案件没有将单位列为被告，法院在追究有关责任人员刑事责任，制作裁判文书时，不能将单位列为被告，但应引用刑法分则关于单位犯罪追究直接责任人员刑事责任的有关条款。

本案审理中，一审法院及时与检察机关进行了协商，建议检察机关对犯罪单位补充起诉。在检察机关未补充起诉的情况下，一审法院仍对本案进行了审理，对被起诉的被告人沈容焕根据其实施的犯罪行为，依法按单位犯罪中的直接负责的主管人员追究刑事责任，并引用了刑法中关于单位犯罪追究直接负责的主管人员的条款是完全正确的。

【司考真题】

1. 下列哪些案件适用涉外刑事诉讼程序？（　　）（2010/二/79/多选）

A. 在公海航行的我国货轮被索马里海盗抢劫的案件

B. 我国国内一起贩毒案件的关键目击证人在诉讼时身在国外

C. 陈某经营的煤矿发生重大安全事故后携款潜逃国外的案件

D. 我国驻某国大使馆内中方工作人员甲、乙因看世界杯而发生斗殴的故意伤害案件

2. 根据我国涉外刑事案件审理程序规定，下列哪一项是正确的？（　　）（2009/二/38/单选）

A. 国籍不明又无法查清的，以中国国籍对待，不适用涉外刑事案件审理程序

B. 法院审判涉外刑事案件，不公开审理

C. 对居住在国外的中国籍当事人，可以委托我国使、领馆代为送达

D. 外国法院通过外交途径请求我国法院向外国驻华使、领馆商务参赞送达法律文书的，应由我国有关高级法院送达

【拓展与反思】

我国的《引渡法》

引渡是世界上最古老的国际刑事合作形式，最早有记载的引渡条约可以追溯至公元前1268年。许多国家的国内法律中包含了引渡的条款，各国的法律在内容和特性上存在差异。最早具有现代意义的犯罪人引渡法是1833年比利时制定的，该法从贯彻三权分立原则的立场出发，把引渡定位于行政权与司法权之间。这种立法模式随之被各国所借鉴和效仿。

中国在引渡制度上相对滞后。1984年我国成为国际刑警组织成员国后，具体做法有所改变。

随着中国改革开放的不断深入和国际交往的日益频繁，涉外刑事案件不断增多，愈来愈多的案件需要得到相关国家的司法协助。1992年，外交部、最高人民法院、最高人民检察院、公安部、司法部联合颁布了《关于办理引渡案件若干问题的决定》用以指导处理部分涉外案件。同时，我国开始积极关注国际刑事司法合作事务，积极参加或签署有关的多边引渡条约，作为解决部分涉外案件引渡问题的依据。

中国与外国开展引渡合作的历史虽短，但发展较快，截止2005年5月底，我国已经与21个国家缔结了双边引渡条约，并已经加入17种包含引渡条款的国际公约。2000年12月28日，第九届全国人民代表大会通过的《中华人民共和国引渡法》（以下称《引渡法》），该法是对我国引渡制度发展几十年成就的肯定与总结，是对我国签署的双边引渡条约、缔结或加入的涉及引渡活动的国际公约中所含原则和内容的体现与归结，是我国解决引渡问题最重要的单行法律。我国《引渡法》的相关内容反映了全球引渡立法的大趋势，在一定程度上体现了国际社会对引渡制度的普遍认识，弥补了我国长期以来没有专门引渡法律制度的空白。

参考文献

[1] 陈光中. 刑事诉讼教学案例. 北京：法律出版社，2007.
[2] 严励. 刑法案例教程. 北京：法律出版社，2006.
[3] 陈卫东. 刑事诉讼法案例分析. 北京：人民大学出版社，2001.
[4] 汪红军，张新究. 法律适用典型案例. 北京：法律出版社，2009.
[5] 程荣斌. 刑事诉讼法练习题集. 北京：人民大学出版社，2006.
[6] 刘金友. 刑事诉讼法. 北京：中国政法大学出版社，2010.
[7] 史殿国. 刑事诉讼法学. 北京：中国市场出版社，2002.
[8] 易延友. 刑事诉讼法. 北京：法律出版社，2003.
[9] 韩玉胜. 刑法各论案例分析. 北京：人民大学出版社，2004.
[10] 孙谦. 新刑事诉讼法条文精解与案例适用. 北京：中国检察出版社，2012.
[11] http：//wenku. baidu. com/view/386daeedaeaad1f346933fc7. html。
[12] http：//swmlaw. blog. sohu. com/101340754. html。
[13] http：//jpkc. ne. sysu. edu. cn/xsss/class/5
[14] http：//course. zjnu. cn/xsssfx/ReadNews. asp? NewsID=2153。

图书在版编目（CIP）数据

新编刑事诉讼法原理与实务/徐黄华主编；中国高等教育学会组织编写. —北京：中国人民大学出版社，2014.7

普通高等教育“十二五”高职高专规划教材·专业课（文科）系列

ISBN 978-7-300-19671-8

Ⅰ.①新… Ⅱ.①徐…②中… Ⅲ.①刑事诉讼法-中国-高等学校-教材 Ⅳ.①D925.2

中国版本图书馆 CIP 数据核字（2014）第 151188 号

普通高等教育“十二五”高职高专规划教材·专业课（文科）系列

新编刑事诉讼法原理与实务

主　编　徐黄华　杨　红

副主编　赵昌平　杨　静　崔樱花　和　梅

主　审　刘新民　延永生

Xinbian Xingshi Susongfa Yuanli yu Shiwu

出版发行　中国人民大学出版社

社　　址　北京中关村大街 31 号　　**邮政编码**　100080

电　　话　010－62511242（总编室）　010－62511770（质管部）

010－82501766（邮购部）　010－62514148（门市部）

010－62515195（发行公司）　010－62515275（盗版举报）

网　　址　http://www.crup.com.cn

http://www.ttrnet.com（人大教研网）

经　　销　新华书店

印　　刷　北京东方圣雅印刷有限公司

规　　格　185 mm×260 mm　16 开本　　**版　　次**　2014 年 7 月第 1 版

印　　张　28　　**印　　次**　2014 年 7 月第 1 次印刷

字　　数　613 000　　**定　　价**　48.00 元

教师信息反馈表

为了更好地为您服务，提高教学质量，中国人民大学出版社愿意为您提供全面的教学支持，期望与您建立更广泛的合作关系。请您填好下表后以电子邮件或信件的形式反馈给我们。

您使用过或正在使用的我社教材名称		版次	
您希望获得哪些相关教学资料			
您对本书的建议（可附页）			
您的姓名			
您所在的学校、院系			
您所讲授的课程名称			
学生人数			
您的联系地址			
邮政编码		联系电话	
电子邮件（必填）			
您是否为人大社教研网会员	□ 是，会员卡号：__________ □ 不是，现在申请		
您在相关专业是否有主编或参编教材意向	□ 是　　□ 否 □ 不一定		
您所希望参编或主编的教材的基本情况（包括内容、框架结构、特色等，可附页）			

我们的联系方式：北京市西城区马连道南街 12 号
中国人民大学出版社应用技术分社
邮政编码：100055
电话：010-63311862
网址：http://www.crup.com.cn
E-mail：smooth.wind@163.com